기독교문서선교회(Christian Literature Center: 약칭 CLC)는 1941년 영국 콜체스터에서 켄 아담스에 의해 시작되었으며 국제 본부는 미국 필라델피아에 있습니다. 국제 CLC는 59개 나라에서 180개의 본부를 두고, 약 650여 명의 선교사들이 이동 도서차량 40대를 이용하여 문서 보급에 힘쓰고 있으며 이메일 주문을 통해 130여 국으로 책을 공급하고 있습니다. 한국 CLC는 청교도적 복음주의 신학과 신앙 서적을 출판하는 문서선교기관으로서, 한 영혼이라도 구원되길 소망하면서 주님이 오시는 그날까지 최선을 다할 것입니다.

역사적으로 교회는 시대의 요구에 따라 그 역할도 달라졌다. 오늘날 기독교의 가장 큰 도전은 포스트모더니즘과 다원주의이다. 하지만 이 도전들은 선택의 문제가 아니다. 우리는 이미 포스트모던 다원 사회 내에 있다. 이러한 다원 사회에서 신학과 선교의 가장 어려운 과제는 타종교와 타종교권 사람들을 어떻게 수용하고 서로 교류할 수 있을지 그 근본 태도의 문제일 것이다.

『기독교와 타종교 선교』(Christianity Encountering World Religions) 저자들은 지난날 기독교 선교에 (특히 남반구에서) 많은 성과가 있었지만, 타종교가 이미 공고히 자리 잡은 지역에서는 그다지 성공적이지 못한 채 정체되어 있음을 현실적으로 지적한다. 또한 오늘날 기독교 선교 방법이 종교성을 배제한 사회 영역에 집중할 것인지, 정복과 개종을 토대로 할 것인지 사이에서 방법론적 혼란을 경험하고 있다고 밝힌다. 그렇다. 우리들의 선교는 지금 변화된 세계에서 길을 잃고 방황하고 있다.

저자들은 "선물 공여 선교"(giftive mission)라는 유용한 은유를 통해 중요한 선교 방법론을 제시한다. 그것은 타종교권 선교지에서 기독교의 정복과 승리가 아닌 본질적 책임을 강조한 것이다. 즉 타자에 대한 배타성과 호전적 개종보다는 공존과 교류를 통해 적절한 속도로 설득해 가는 방식이다. 선물의 교환은 오늘날 다원주의적 혼합주의와 사회적 충돌 사이에서 교리를 넘어 예수님이 말씀하신 대로 통전적인 '복음'(good news)을 제시하는 것이다. 이는 전혀 새로운 것이 아니라 이미 우리에게 있는 은총의 실현이다. 하지만 실천에 있어 우리는 매우 정교하고 세련된 커뮤니케이션 능력이 요청된다.

저자들은 본서에서 기독교 선교의 내용과 우리가 사는 사회적 정황, 그 텍스트와 상황 모두를 냉철하게 분석해, 적절한 방법과 적절하지 못한 방법 모두를 제시하고 있다. 아울러 본서는 기독교와 선교학 영역을 넘어 우리들이 살고 있는 현 다원 사회에서 인류가 어떻게 서로의 '선물'을 때로는 교환하고, 때로는 경쟁하며 상호 교류할 수 있을지, 그 중요한 과제와 자료와 방향을 제안한 역작이다.

윤영훈 박사
성결대학교 문화선교학과 주임교수

* / * / * / *

21세기 기독교 공동체는 선교의 한계를 경험하며 새로운 돌파구가 절실한 시대를 살아가고 있다.

다원주의와 상대주의가 증폭되고, 급격한 기술의 진보가 문화적 변동을 촉발하며 선교의 미래를 뒤 흔드는 오늘!

시공간을 초월해 모든 종교가 함께 공존하며 치열한 경쟁을 벌이고 있는 삶의 현장 속에서 그리스도인들은 어떻게 부여된 사명을 감당할 수 있을 것인가!

여기 종교적 긴장과 갈등을 타개하고 복음의 유일성을 증거 할 새로운 전략이 있다. 그것은 바로 기독교의 공적 책임과 사명을 수행하며 세상을 향한 "선물 공여 선교" 방식이다.

그렇다. 하나님은 세상을 구원하시기 위해 가장 위대한 선물인 예수 그리스도를 보내주셨고, 우리는 그 선물을 전달하는 사명자로 부름받았다. 그런 의미에서 『기독교와 타종교 선교』(*Christianity Encountering World Religions*)는 이 시대의 모든 그리스도인이 들어야 할 보석 같은 이야기를 전달해준다. 어떻게 복음의 신념을 유지하면서 동시에 신실한 선교적 증인이 될 수 있는지를 성경적, 역사적, 실천적 방식으로 보여주며 가르쳐준다. 과거 제국주의적이며 문화우월주의적 한계를 넘어 복음의 아름다움을 극대화하며 세상을 변화시키는 이 거룩한 여정에 독자 여러분을 초청한다. 본서를 읽어가는 동안 우리 모두는 "선물 공여 선교"의 주인공이 될 것이다.

이상훈 박사

『리폼처치』, 『리뉴처치』, 『처치시프트』 등의 저자,
Fuller Theological Seminary, SOMA University 등에서 강의 중

Christianity Encountering World Religions: The Practice in the Twenty-first Century
Written by Terry Muck & Frances S. Adeney
Translated by Dae Hŏn Lee
Copyright © 2009 by Terry Muck & Frances S. Adeney
Originally published in Englsih under the title
Christianity Encountering World Religions: The Practice in the Twenty-first Century
by Baker Academic, Translated and used by the permission of Baker Academic a division of Baker Publishing Group P.O. Box 6287, Grand Rapids, MI 49516-6287 www.bakeracademic.com
All rights reserved
Korean Edition Copyright © 2018 by Christian Literature Center, Seoul, Korea

기독교와 타종교 선교

21세기 선교의 실제

기독교와 타종교 선교: 21세기 선교의 실제

2018년 9월 30일 초판 발행

지 은 이 | 테리 머크 & 프랜시스 S. 아드니
옮 긴 이 | 이대헌

편   집 | 변길용, 곽진수
디 자 인 | 신봉규, 전지혜
펴 낸 곳 | (사)기독교문서선교회
등   록 | 제16-25호(1980.1.18)
주   소 | 서울특별시 서초구 방배로 68
전   화 | 02-586-8761~3(본사) 031-942-8761(영업부)
팩   스 | 02-523-0131(본사) 031-942-8763(영업부)
이 메 일 | clckor@gmail.com
홈페이지 | www.clcbook.com

ISBN 978-89-341-1866-4 (93230)

이 도서의 국립중앙도서관 출판시 도서목록(CIP)은
서지정보유통지원시스템 홈페이지(http://seoji.nl.go.kr)와 국가자료공동목록시스템
(http://www.nl.go.kr/kolisnet)에서 이용하실 수 있습니다. (CIP제어번호: CIP2018026950)

이 책의 저작권은 저자와 (사)기독교문서선교회가 소유합니다.
신저작권법에 의하여 한국 내에서 보호받는 저작물이므로 무단 전재와 무단 복제를 금합니다.

21세기 선교의 실제

기독교와 타종교 선교

테리 머크 | 프랜시스 S. 아드니 지음
이 대 헌 옮김

CLC

저자 서문

테리 머크
E. Stanley Jones School of World Mission and Evangelism의 학장 및
Mission and World Religion 담당 교수

프랜시스 S. 아드니
Evangelism and Global Mission Emerita at Louisville Seminary 교수

이미 타종교를 신봉한 채 그 종교 공동체에 속해 있는 사람들에 대한 기독교인의 책임은 무엇일까?

기독교인은 불교도, 힌두교도, 무슬림, 또는 그 외 타종교를 신봉하는 사람들에게 어떻게 복음을 증거해야 할까?

우리는 기독교인의 책임이 하나님께서 예수 그리스도를 통해 우리에게 허락하신 구원의 선물에 대해 증거하는 것으로 시작되어야 한다고 믿는다. 우리는 "선물 공여 선교"(giftive mission)야말로 21세기에 우리가 택해야 할 복음 증거 형식이라 믿는다. 본서는 선물 공여 선교가 무엇인지를 설명하고, 그것이 갖는 타당성에 대해 주장하기 위해 저술되었다.

오늘날에는 선물 공여 선교 방식이 필수적으로 요구된다. 왜냐하면 우리 문화가 타종교에 속한 사람들에 대한 기독교인의 책임에 관한 질문에 전혀 다른 답변을 제시하고 있기 때문이다.

첫째, 답변 스펙트럼의 한 쪽 끝에는 "아무 것도 하지마라!"는 대답이 있다.

이 관점에 따르면, 기독교인들은 비기독교인들의 영적 성향에 관해 아무 것도 해서는 안 된다. 만일 기독교인이 기독교 외 타종교를 신앙하는 사람들에 대해 어떤 책임을 지고자 한다면, 그 책임의 처음과 마지막은 인간의 복지에 대한 단순한 요구 사항들, 예를 들어 음식, 물, 의복, 피난처, 평화 그리고 정의 등과 같은 것들로 그 관심을 한정해야 한다.

둘째, 답변 스펙트럼의 다른 쪽 끝에는 "그 종교들을 소멸시켜 버려라!"는 대답이 있다.

기독교인들은 이 세상에 존재하는 모든 비기독교 종교를 소멸시키는 데 일말의 에너지까지 남기지 말고 쏟아 부어야 한다. 기독교 외 모든 종교와 그 종교를 추종하는 사람들은 모두 악마적이기 때문이다. 이 목적을 성취하기 위해서라면, 정치권력과 복지를 포함한 모든 수단의 동원이 전적으로 정당화될 수 있다.

이런 유의 질문에 대한 모든 극단적인 답변들이 그렇듯, "아무 것도 하지 말라!"와 "그런 종교들은 없애버려야 한다"라는 식의 답변에는 에둘러 하는 표현이 없다. 일부 선교단체가 다소 완화된 표현을 사용하고 있기는 하지만, 결과적으로 극단적 입장과 같은 태도를 고수하고 있기는 매한가지이다.

그러나 비록 전부는 아닐지라도, 대다수 선교단체는 양 극단의 입장과는 다소간 거리를 둔 다양한 입장을 고수하고 있다. 우리는 본서에서 이 같은 입장들에 대해 많이 다루게 될 것이다. 그러나 오늘날 종교 간 긴장 국면에 나타나고 있는 당혹스럽고도 경계할만한 사실은, 타종교에 대한 입장의 스펙트럼 상에서 양 극단을 차지하는 입장들이 더 많은 사람들에게 설득력을 주고 있다는 현실이다.

더더군다나 놀랍게도 그런 사람들의 비율이 점차 증가하고 있다. 지적으로 볼 때, 이런 입장들이 환원주의적 고정관념으로 보일 수 있다. 그러나 경험적으로 볼 때는 그렇지 않다. 그러한 극단적인 입장을 믿고 그 믿음에 근거해 움직이는 사람들이 긍정적인 영향을 끼치는 경우는 거의 없다. 오히려 부정적인 영향만을 증가시킬 따름이다. 기독교인들은 자신들이 전통적인 방식의 선교 노력에 여전히 긍정적인 영향을 끼치고 있기를 간절히 원한다. 그리고 이 같은 믿음에 대한 증거를 산출하는 것이 어려운 일도 아니다. 역사적으로 지금 현재보다 더 많은 선교사들(미국 선교사들, 유럽 선교사들, 한국 선교사들, 인도 선교사들)이 해외로 파송된 적이 결코 없었다. 이런 노력의 결과로 매 년 수 없이 많은 사람들이 기독교 신앙으로 개종하고 있다. 여전히 기독교는 세계 최대 종교이며, 그 구성원의 수는 20억 명에 이르고 있다.

그러나 이 숫자가 의미하는 것이 무엇인가?

생각해 보라.

역사 이래로 지금보다 많은 수의 불교 선교사들과 힌두교 선교사들, 그리고 이슬람 선교사들이 해외로 파송된 적이 없었다. 이들이 기울인 노력의 결과로, 매년 수많은 사람들이 불교와 이슬람교, 그리고 힌두교로 개종하고 있다. 지난 20세기 동안 이슬람은 기독교보다 빠르게 성장했고, 불교는 유럽과 북미에서 독자적인 종교로 성장했다.

사실 기독교 인구의 성장을 세계 인구증가 비율로 계산해 보면, 지난 백여 년 간 진행된 기독교 선교운동의 결과가 정체 상태에 머물러 있다는 것을 알 수 있다. 데이비드 바렛(David Barrett)과 토드 존슨(Todd Johnson)이 저술한 『세계 기독교 동향』(*World Christianity Trends*)에 따르면, 1900년 기독교 인구는 세계 인구 중 34.5%를 차지하고 있었지만, 2000년에는 세계 인구 중 33%(2001.4)를 자치하고 있을 따름이다.

이런 사실에 어떻게 반응할 것인가?

우리는 지금도 기독교가 성장하고 있는 지역들에 대해 언급하는 반면, 정체하거나 하락하는 지역에 대해서는 무시하고 있다. 우리는 측정할 수 없거나 확인할 수 없는 성장, 즉 중국의 가정 교회와 이슬람 세계에 존재하는 익명의 성도들을 미화한다. 그리고는 10/40 창에 속한 지역의 많은 나라들이 기독교 선교사역자들에게 국경을 폐쇄하고 있다는 점에 대해서도 주목하지 않는다. 소위 남반구라 불리는 지역에서 진행되고 있는 기독교 성장은 참으로 놀라운 이야기이다. 그러나 현재 중동, 북미 그리고 유럽 지역의 기독교 상황은 상당한 문제를 내포하고 있다. 아시아와 남아시아에서의 핍절한 기독교 성장은 악몽과도 같다. 사람들이 기독교가 아닌 오랫동안 그들과 함께 공존해 온 종교를 포용하는 지역에서 발생한 성공적인 선교 사례는 거의 없거나 아예 존재하지 않는다.

이 같은 악몽 중 하나인 불교 세계에 대해 생각해 보자.

기독교 선교운동은 불교의 영향이 지배적인 문화권에서 실패했다.

좀 관대하게 평가해서, 지난 한 세기 동안의 노력에도 불구하고 예수 그리스도를 그들의 구세주로 고백하는 사람들의 비율이 전체 인구 중 그 비율이 25% 이하인 지역을 실패한 지역이라 정의해 보자.

그렇게 본다면, 불교 문화권에 속한 지역 중에서 기독교 선교가 성공한 곳은 단 한 군데도 없다. 즉, 전체 인구 비율 대비 25%가 기독교 신앙을 수용하고 있는 불교 지역은 없다.

한국의 경우가 25%에 가장 근접한 지역이라 할 수 있다. 가장 최근에 조사된 통계를 보면, 25%에서 30%에 해당하는 한국인들이 자신을 기독교인이라 간주하고 있다. 그러나 만일 북한까지 더한다면, 그 숫자는 25% 아래로 떨어지게 된다. 다른 불교 국가의 경우를 보면, 25%에 미처 근접하지도 못하고 있다.

다른 아홉 개의 불교 국가의 경우를 보라.

국가	불교인구(%)	기독교인구(%)
부탄	78	1
캄보디아	86	1
일본	55	3
라오스	43	3
몽골	23	1
미얀마(버마)	73	8
스리랑카	68	9
태국	83	2
베트남	49	9

위에서 언급하고 있는 불교 국가들의 통계 수치를 보면, 거의 2세기 동안 지속된 기독교 선교운동에도 불구하고 이들 국가에 속한 사람들 중 기독교를 수용한 인구 비율이 평균 5% 미만이라는 것을 알 수 있다.

이런 경우가 기독교 선교 노력의 일반적 경우라 생각하지 않기 위해, 선교 노력의 결과가 대단히 양호한 두 지역, 즉 오세아니아와 아프리카의 선교 결과와 비교해 볼 필요가 있다.

최초의 기독교 선교 사역자가 아프리카로 간 것은 17세기였다. 그리고 1900년까지 천만 명의 아프리카인들이 그리스도를 알게 되었는데, 이 수치는 아프리카 전체 인구의 10%에 해당하는 수치였다. 2000년까지 3억 6천만 명의 아프리카인들이 그리스도를 영접했는데, 이 수치는 아프리카 전체 인구의 46%에 해당하는 수치다.

최초의 기독교 선교 사역자들이 오세아니아를 향해 떠난 것은 1843년으로 행선지는 남양군도(the South Sea Islands)였다. 놀랍게도 1900년까지 전체 인구의 76%가 기독교인이 되었고(5백만 명), 2000년까지 전체 인구의 83%에 해당하는 2천 5백만 명이 기독교 신앙을 고백했다.

우리가 기독교 선교에 대해 말할 때 "실패"라는 단어가 의미하는 것은 유효하다. 우리가 강조하려는 점을 명확히 하고자 하는 의도에서, 성공과 실패를 기독교로 개종한 사람의 숫자에 근거하기로 했다. 물론 숫자 외에도 기독교 선교의 성공 또는 실패를 측정하는 다른 중요한 방식들이 존재한다.

만일 우리가 개종한 숫자가 아닌 다른 점을 강조하고자 했다면 그런 방식들을 채용했을 것이다. 다른 방식들은 "신실함"(faithfulness)이란 단어로 간단히 요약될 수 있다. 만일 "성공"을 기독교 선교사들이 자신의 소명과 복음을 선포하는 일에 신실했느냐의 여부에 근거하여 정의한다면, 불교 문화권에 파송되었던 수많은 기독교 선교사들은 "성공"했다고 보는 것이 옳다.

또한, 비록 본서가 성공을 수적 성공에 비춰 정의하기는 하지만, 불교 문화권에서 살아가는 많은 사람들이 기독교 신앙으로 개종하지 않은 데에는 다른 많은 원인이 있을 것이라는 사실에 대해 유념하고 있다. 정치적 상황이 좋지 않을 수도 있다. 아마도 복음이 이들 불교 문화권에서 뿌리내리기에 좋은 하나님의 때가 아직 되지 않았을 수도 있다. 만일 이러한 이유들이 선교 노력이 "실패"한 이유들이라면, 선교사들이 할 수 있는 것은 신실함을 지속하는 것 외에 따로 할 수 있는 것이 아무 것도 없다.

그럼에도 불구하고 우리는 불교인들과 힌두교도인들, 그리고 무슬림에게 복음을 제시할 수 있는 다른 방법들에 대해 고려해 봐야 할 것이다. 그러면 아마도 더 많은 수의 사람을 그리스도께로 돌아올 수 있도록 하는 더 나은 기회를 확보할 수 있을 것이다.

아마도 우리는 복음의 명백한 요구인 사람들의 물리적 필요에 부응하는 새로운 방식이 필요할 수도 있다. 이 같은 시도를 통해 예수 그리스도께서 우리에게 가르치신 방식을 불교인들에게 보여줄 수 있을 것이다.

본서에서 제시하는 생각은 단순하다. 역사적으로 기독교 복음에 저항적인 종교권역에 속한 사람들에 대한 선교는 선교에 대한 성경적 은유, 즉 값없이 선물을 공여하는 것에 대한 은유(the metaphor of free gift)를 더함으로써 더 쉽고 생산적이게 할 수 있다는 것이다.

우리가 선물 공여 선교(giftive mission)라 부르는 선교는 우리가 다른 사람들을 정복하는 정복자 이상이라는 것, 그리고 우리가 영혼을 추수하는 추수꾼 이상이라는 것, 그리고 형이상학적 논쟁에서 이기는 승리자 이상이라는 것을 의미한다. 우리는 하나님께서 은혜로 허락하신 선물을 전달하는 사람들이다. 우리는 선물들 중 가장 위대한 선물인, 하나님께서 세상을 위해 예수 그리스도를 통해 이루신 일에 대한 이야기를 세상에 전달하는 사람들이다.

이 은유의 렌즈를 통해 선교를 조망할 때 우리가 생각할 수 있는 것 이상의 변화를 야기한다. 선물을 공여하는 것은 다른 종류의 활동이다. 사실, 최상의 기독교 선교 역사는 선물의 공여, 즉 최상의 선물이신 예수 그리스도에 대한 가시적 표현들인 의료적 돌봄, 교육, 기독교 공동체라는 선물이라는 렌즈를 통해 볼 때 더 잘 파악할 수 있다.

그리고 오늘날 가장 힘겨운 지역, 즉 중국, 인도, 동남아, 중동에서 성공을 이루어내는 선교 노력들을 보면, 의료, 교육, 기독교 공동체에 더하여 그리스도라는 은혜를 가시적으로 표현하는 방식으로서의 영어 교육, 전문 사업,

그리고 깨끗한 음료수 개발 등이 더해질 때 성공적일 수 있다는 점을 확인할 수 있다. 선물 공여라는 렌즈를 통해 하나님 나라를 세우는 일에 헌신하기 시작할 때 우리에게 많은 선한 일들이 발생한다.

① 우리는 성경을 더 잘 읽게 된다.
하나님의 은혜에 대한 은유야말로 우리 가운데 역사하시는 하나님의 활동하심에 대한 근본적인 비유(the root metaphor)가 아닌가?
우리는 사단과 대결하거나 선한 행위를 통해 구원받지 않는다. 우리는 하나님의 은혜로 받는 것이다. 구원은 선물이다(제2장을 보라).
② 우리가 시장의 비유, 즉 타종교들과의 경쟁을 선물을 공여하고 받는 비유로 대체할 때 우리가 속해 있는 문화와 타종교와의 관계를 맺어갈 때 우리 자신을 더 잘 표현할 수 있다(제1장을 보라).
③ 우리가 선물 공여라는 렌즈를 통해 신학을 볼 때, 문화적으로 민감할 뿐만 아니라, 더 근본적으로 중요하게는 복음증거에 대한 명령에 성경적으로 신실한 신학들을 발전시킨다(제3장을 보라).
④ 우리가 자만심을 내려놓고 세상을 구원할 작은 구원자들(mini-saviors)이 되려하기보다 선물 공여자(gift-givers)와 선물 수용자(gift-receivers)가 되고자 할 때, 권력과 조작, 그리고 승리주의라는 미혹에 굴복하지 않고 더 나은 선교를 수행할 수 있다. 지난 이천 년 동안 기독교 선교사에서 신실한 선교가 수행될 때마다 어떤 식이였든지 간에 선물 공여(gift-giving)가 그 핵심이었다(제4-15장을 보라).

반대로, 기독교 선교가 부실하게 이루진 때를 살펴보면, 부적절한 선교 행위(bad practices)에 대한 선호 때문에 적절한 선교 행위(good practices)가 무시된 경우들이었음을 알 수 있다. 부적절한 선교 행위의 의미에 대한 독자들의 이해를 돕기 위해, 본서의 각 장은 부적절한 선교 행위의 예를 보여주는 "반선교"(antimissionary) 박스, 즉 어떻게 선교를 수행하면 부적절한지에 관한 사례를 담은 박스를 포함하고 있다.

무엇이 성경적 선교인지를 보여주는 성경적 은유를 강조함으로써, 하나님께서 오늘날 이 세상에서 무엇을 할 것을 우리에게 기대하시는지에 대해 더 잘 알 수 있을 것이라고 주장할 것이다. 선물 공여 선교(giftive mission)가 지난 수세기 동안 논의해 온 선교에 대한 다른 성경적 은유(제22-24장을 보라)를 무효화하는 것은 아니지만, 현재 세계의 상황이 선교에 대한 우리의 이해와 기대가 우리를 향하신 하나님의 자비로우신 역사에 더욱 부합하게 하고 있다.

우리는 개인의 거룩한 삶을 거룩하게 성장시키시는 데 있어 하나님의 역사를 모방하는 자 이상이 되어야 한다. 우리는 이 세상을 위하여 지금도 역사하시는 하나님의 방법을 우리의 선교활동 가운데 모방할 필요가 있다. 예수께서는 아버지께서 당신을 보내셨듯이 우리를 보내신다고 말씀하셨다. 하나님께서는 예수를 선물을 값없이 공여하는 전달자로 보내셨다. 그렇다면 우리 또한 그 선물의 전달자가 되어야 한다. 좀 더 정확하게 말하자면, 우리는 그 선물에 대한 소식을 전달하는 담지자들이다.

역자 서문

이대헌 박사
미래문화연구원 원장

아마도 독자들은 "무례(無禮)한 기독교"란 표현을 들어본 적이 있을 것이다. 기독교에 대해 비판적인 시각을 갖고 있는 비기독교인들 사이에서 통용되기 시작한 이 표현은, 이제 기독교 진영 내부의 비판적 기독교인들 사이에서도 심심찮게 통용되고 있다.

사실 예(禮)가 없는 기독교란 표현은 결코 정확한 표현이 아니다. 정확하지 않은 표현일 뿐만 아니라, 엄청난 오류를 내포하고 있는 표현이기도 하다. 그러나 이런 표현이 등장하게 된 배경을 이해한다면, 이 표현이 기독교 자체가 아니라 기독교 신앙을 따른다는 일부(?) 무례한 기독교인들에 대한 비판적 시각에서 기인한 것임을 알 수 있다.

한 가지 안타까운 사실은, 무례한 기독교라는 표현의 원인을 제공한 기독교인들 대다수는 자신들이 믿는 기독교 신앙에 대해 그 누구보다 강한 열정을 품고 있다는 점이다. 이런 분들은 자신들이 믿는 기독교 신앙을 완전한 진리라 확신한다. 역자는 이 부분에 대해 일고의 이의도 없다. 역자 자신도 그렇게 확신하고 있기 때문이다.

그러나 기독교 신앙에 대한 이 분들의 확신은 세상 모든 비기독교인들 혹은 비기독교 진영이 완전한 비진리에 사로잡혀 있다는 확신과 맞물려 있기 때문에, 비진리에 사로잡힌 비기독교인들을 구원하기 위한 구령의 열정을 여과 없이 표현한다. 심지어는 그런 열정을 얼마나 적극적으로 표현하느냐를 기준으로 신앙에 대한 충성도를 척도하기도 한다.

진리를 소유하고 있으므로 영적으로 우월할 수밖에 없다는 확신(그리고 임박한 종말에 대한 긴급성)과 이 확신에 기초한 구령의 열정은 비기독교인 혹은 비기독교 진영에 대한 일방적 선포를 정당화시키는 근거로 작동한다. 이런 분들에게 중요한 것은 오직 '예수 천당, 불신 지옥'으로 대표되는 영혼구원 밖에 없고, 그 외 어떤 가치도 고려 혹은 배려의 대상이 될 수 없다. 구령의 열정은 소중한 것이나, 구령이라는 프레임에 갇힐 때 구령이 모든 것을 정당화시키는 준거로 작동하기 시작한다.

이러한 주장은 크게 두 가지 면에서 선교학적 문제를 내포할 수밖에 없다.

첫째, 영혼구원의 가치가 소중한 것임은 기독교인이라면 누구도 부인할 수 없다.

그러나 복음을 영혼구원과 등치시키는 태도는 예수께서 전하신 복음의 본질을 한정된 부분으로 환원시키는 위험한 시도에 다름 아니다. 예수께서 전하신 하나님 나라의 복음이 갖는 가치는 인류의 조상인 아담과 하와의 범죄로 인해 끊어진 하나님과의 관계를 회복(이 부분이 영혼구원에 해당한다고 볼 수 있다)하고 부정된 하나님의 통치를 온전히 회복시키는 것과 관련된 것이다. 따라서 기독교 복음은 영혼만이 아니라 전인을 구원하는 것과 관련이 있고, 또한 사람만이 아니라 타락으로 손상된 모든 피조세계의 회복과도 관련 있다. 이런 까닭에 기독교 복음은 총체적 복음일 수밖에 없다. 영혼구원을 복음과 등치시키는 태도는 복음의 총체성이 갖는 광대함과 풍요로움에 손상을 가할 수밖에 없다.

둘째, 영혼구원을 기독교 복음의 전부로 간주하는 태도는 복음 전도의 두 가지 방식, 즉 '선포'와 '설득' 중 오직 전자만을 강조하게 한다.

"때를 얻든지 못 얻든지"(딤후 4:2) 말씀을 전파하라는 디모데후서의 성구는, 복음 전도란 "영혼을 구원하기 위해 '예수 천당, 불신 지옥'을 선포하는 것"이라는 주장을 정당화시키는 근거로 작용하며, 무례한 기독교인 됨을 정당화시킨다. 이런 경우, 예수의 성육신과 30년 동안의 사생애, 그리고 십자가는 단순히 믿음의 대상이 될 뿐이고, 무례한 기독교인의 삶에서 가치를 발하는 것은 십자군의 칼을 얼마나 날카롭게 제련하고 휘두르느냐에 달려 있다.

이런 태도를 가지고 구령의 열정으로 무장한 기독교인들을 대하는 비기독교인들이 과연 기독교를 어떻게 생각하겠는가?

무례한 기독교... 당연하지 않겠는가?

참으로 답답한 것은, 기독교 진영 안에서 이런 비판적 숙고를 하는 것이 쉽지 않다는 사실이다. 기독교 진영 내에서 십자군적 구령의 열정을 주창하는 사람들은 "아멘!"과 더불어 쉽게 수용되고 지지받는 반면, 성육신적 십자가의 복음을 주장하는 사람들의 주장은 복음의 가치를 희석시키는 타협론자로 의심의 눈길을 받기 마련이기 때문이다.

그러나 다시 한 번 힘주어 강조하거니와, 성경이 증거하는 복음은 총체적인 하나님 나라의 복음이고, 이 복음은 성육신과 십자가의 가치를 핵심 가치로 삼다는 사실이다. 이 복음을 따르는 사람은 영혼만이 아니라 온 사람과 온 세상을 하나님의 통치 아래 이끄는 것을 구현하는데 온 힘을 기울이므로, 사람과 그 사람이 속해 살아가는 문화를 예수의 심정으로 바라본다.

역자가 본서를 번역하면서 본서가 담고 있는 가장 중요한 가치라 생각한 것이, "어떻게 하면 기독교 복음을 무례하지 않게, 아니 더 나아가 복음을 들을 수용자들에게 최대한 예우를 갖춰 효과적으로 전달할 것인가?"를 학문적으로 그리고 선교 역사에서 증명된 실질적 사례들을 통해 증명하고 있다는 사실이다.

본서의 저자들은 선물 공여 선교(giftive mission)라는 신조어를 사용한다. 대단히 흥미롭고 신선한 주장은, 선물 공여가 복음의 전달자가 수용자들에게 일방적으로 전달하는 것만이 아니라, 수용자들(혹은 문화)로부터 복음을 전달하는 사람들에게도 공여되기도 하는 쌍방적인 사건이라 주장하고 있다는 점이다. 이 같은 주장은, 선교사가 복음을 전하기 전에 이미 성령께서 선교의 사역을 진행하고 계신다는 선교학계의 오랜 격언과 상황화(contextualization), 그리고 자신학화(self-theologizing) 개념을 진지하게 수용하는 사람이라면 누구나 수용할 수 있는 주장이다.

본서가 가지는 더욱 실질적인 가치는, 저자들이 기독교 선교역사에서 열한 개의 사례(그리고 각 장이 담고 있는 반선교적 사례)를 뽑아 그들이 주장하는 선물 공여 선교가 무엇임을 실재적으로 증명한다는 사실에 있다. 그리고 선물공여에 대한 서구와 동양(인도), 그리고 토착 사회의 일반 내용을 분석하고 그것을 성경의 선물 공여와 비교함으로써, 각 사회에 복음이라는 선물을 공여할 때 어떤 방식으로 진행해야 할 것인가에 대한 깊은 숙고를 제공하고 있다는 데 있다.

예수의 성육신과 십자가, 그리고 부활의 복음은 결코 무례하지 않다. 반복음적 세력과 대적하지 않았다는 의미가 아니다. 그 대적하는 방식이 공격적 반응을 초래하지 않았다는 의미도 아니다. 결코 그렇지 않다. 그러나 예수께서는 하나님 나라의 복음을 전하시기 위해 하늘 보좌를 버리고 인간의 몸을 입고 이 땅에 오셔서 우리와 함께 웃고 우셨다. 그리고 그분은 하나님 나라의 복음을 대적하는 적대자들에 대해 영원한 승리를 성취하시기 위해 십자가의 고난을 택하셨다. 수치와 고난의 십자가를 지셨기 때문에 부활의 영광을 이룰 수 있으셨다.

바라건대, 본서를 통해 독자들께서 선교는 결코 무례한 것이 아니라는 사실, 아니 그 어떤 주장이나 종교적 사상보다 겸비하며, 그렇기 때문에 기독교인들뿐만 아니라 비기독인들에게도 설득력을 가질 수밖에 없다는 사실을 깨닫게 되길 기도할 뿐이다.

2018년 뜨거운 여름
미래문화연구원 연구실에서

차례

추천사 1 / 윤영훈 박사(성결대학교 문화선교학과 주임교수)
추천사 2 / 이상훈 박사(『리폼처치』, 『리뉴처치』, 『처치시프트』 등의 저자)
저자 서문 / 테리 머크(E. Stanley Jones School of World Mission and Evangelism 교수)
　　　　　　프랜시스 S. 아드니(Evangelism and Global Mission Emerita at Louisville
　　　　　　Seminary 교수)　　　　　　　　　　　　　　　　　• 8
역자 서문 / 이대헌 박사(미래문화연구원 원장)　　　　　　• 16

제1부 / 상황, 텍스트, 그리고 프리 텍스트　　　　　• 22
제1장 상황: 현대 세계의 종교　　　　　　　　　　　• 25
제2장 텍스트: 성경이 말씀하는 것　　　　　　　　　• 55
제3장 프리 텍스트: 신학과 개성　　　　　　　　　　• 89

제2부 / 실천들: 경쟁과 협력을 넘어　　　　　　　• 134
제4장 보편성: 기독교인을 포함하는 모든 사람을 향한　• 137
제5장 교제: 소속됨이 믿음에 선행한다　　　　　　　• 161
제6장 지역화: 지역 공동체의 질문들과 관심사들에 집중하라　• 182
제7장 헌신: 확신을 가지고 개념들 고수하기　　　　　• 201
제8장 자유: 종교 선택 원리 존중하기　　　　　　　　• 223
제9장 효과: 상황에 맞춰 증거 형태 결정하기　　　　　• 242
제10장 일관성: 방법들과 목표들 간 일관성 추구하기　• 261
제11장 다양성: 다양한 방식을 통해 복음 전달하기　　• 282
제12장 존중: 자신이 우위를 점하기 위해　　　　　　• 302

제13장 사랑: 복음을 증거하는 대상자 사랑하기 • 318
제14장 선교적 통합: 교회 협력 프로젝트로서의 선교 실천하기 • 340
제15장 예수, 선교 혁신가: 선물로 받은 은혜를 나누는
 선교에 대한 예수의 모델 • 361

제3부 / 방법론: 우리가 그것을 어떻게 해야 할까? • 372

제16장 상승 나선형 지식 습득: 새로운 문화와 종교에 대한 배움 • 377
제17장 경험하기: 우리 개인사의 영향 • 392
제18장 잠시 내려놓기: 확신 보류하기 • 425
제19장 대면하기: 새로운 문화와 종교로부터 배우기 • 451
제20장 평가하기: 기독교 관점에서 새로운 문화와 종교 평가하기 • 475
제21장 통합하기: 우리의 관점과 선교적 실천 행위 재형성하기 • 497

제4부 / 선물 공여 선교 • 511

제22장 선교를 위한 은유들 • 513
제23장 네 가지 선물 • 561
제24장 선물 공여 선교 • 605

부록 / 성경에 등장하는 종교 간 대면 • 649

주제 색인 • 658

제1부

상황, 텍스트, 그리고 프리 텍스트

제1장 상황: 현대 세계의 종교
제2장 텍스트: 성경이 말씀하는 것
제3장 프리 텍스트: 신학과 개성

우리는 근본적인 질문, 즉 "다른 종교 전통에 속한 사람들에 대한 기독교인의 책임은 무엇인가?"라는 질문에 대해 답하기 위한 어떤 자원들을 가지고 있는가?

그저 그럴듯해 보이는 답변을 지어내서는 안 될 것이다. 기독교인으로서, 우리는 인간적인 견해를 초월하는 어떤 것에 근거한 답변을 준비하고 있어야 한다.

이 질문에 대답하기 위한 "기정 사실"(givens) 중 하나는 21세기를 시작하는 이 시점에 우리가 살아가는 이 세상이라는 **상황**(context)이다. 모든 역사적 상황과 마찬가지로, 오늘 우리가 살아가고 있는 현재의 시간과 공간도 독특(unique)하다. 현재 우리가 살아가는 세계와 같은 시기는 결코 존재하지 않았고, 또 존재하지도 않을 것이다.

상황은 매우 중요하다. 왜냐하면 주어진 상황이가 오늘 우리가 직면하는 문제들이 지닌 성격을 결정하기 때문이다. 오늘날 기독교인들이 대면하는 문제들에 대한 리스트, 즉 무슬림 성전주의자들, 아시아에서 발생하고 있는 힌두교와 불교와의 종교 경쟁, 서구 기독교 자체에 내재한 부패한 물질주의를 작성하기는 그리 어렵지 않을 것이다. 이러한 모든 이슈에 우리는 너무나 익숙해졌고, 이들 이슈 각각이 본서가 다루는 근본적인 질문을 제기한다.

기독교인들은 다른 종교들에 관하여 무엇을 해야 하는가?

물론, 우리가 처한 상황이 제기하는 문제에 답변하기 위해 요구되는 최우선적 자원은 성경이다. 성경은 우리 기독교인들이 거룩하고 성스러운 것으로 간주하는 텍스트이다. 성경은 정확한 답변을 제시해 주는 답안지가 아니다. 성경은 오늘날 우리가 직면하고 있는 근본적인 문제들과는 다른 문제들에 직면했던 시대에 기록된 것이다. 따라서 성경이 제시하는 답변들이 우리가 직면한 상황이 겨냥하는 것들과는 살짝 다른 목표들, 즉 고대 그리스의 오시리스 신비 종교들, 로마의 전쟁신들을 겨냥하고 있었다는 것은 분명하다.

그렇다고 이런 이유 때문에 성경이 기독교인의 책임에 대한 해답을 담은 최우선적 지위를 상실하는 것은 아니다. 우리가 긴 답변에 도달하기 위해 해석을 해야 하지만, 성경 텍스트가 최종 지침이 되어야 한다는 사실에는 이견이 있을 수 없다. 어떤 상황에 처해 있든, 기독교인에게 있어 성경은 처음부터 끝까지 의지할 대상이자 최종 지침이다. 우리는 처음에 지혜를 얻기 위해 성경에 접근하고, 또 마지막에 우리가 세운 이론과 전략이 텍스트가 말하는 것과 부딪히는지 여부를 점검하기 위해 성경에 접근한다.

이러한 이론과 전략의 개발은 오늘 우리가 살아가는 문화가 제시하는 이슈들을 어떻게 볼 것인가에 달려 있다. 이런 이론과 전략은 우리의 신학이 지향하는 전제들이 무엇이냐에 달려 있다. 이런 이론과 전략은 결정권자의 인격, 그리고 이런 주관적 요소들이 하나님의 영광을 위해 작동하는 방식 같이 매우 기본적인 것들에 달려 있다.

이러한 프리 텍스트(pre-text), 즉 우리가 성경 텍스트를 읽는 데 동원하는 가치들과 사고 유형들은 역사를 통해 일하시는 하나님의 전능한 행위와 비교할 때 보잘것없는 것처럼 보일 수도 있다. 큰 그림에 집중하면 실재로 그렇게 되기도 한다. 그러나 우리가 큰 그림을 항상 명확히 보는 것은 아니다. 그리고 우리가 해석과 이해를 위해 동원하는 독특한 은사들과 열망들에 내재한 요인들을 경시하면 큰 그림을 볼 기회가 더욱 줄어들게 된다.

따라서 질문에 답변하기 위해, 어떤 방식으로든 우리에게 모든 정보를 제공하고 영향을 끼치는 상황과 텍스트, 그리고 프리 텍스트를 이해하는 것으로 시작해야 한다. 일단 그 임무를 달성하고 나면, 우리는 즉시 다음 문제로 넘어갈 수 있다.

제1장

상황: 현대 세계의 종교

기독교는 항상 타종교들과 조우해 왔다. 초대 교회 성도들은 자신들을 유대교로부터 구별하고자 했다. 1세기 로마 기독교인들은 당시 존재하던 많은 신비 종교와 싸웠을 뿐 아니라 그들 종교로부터 많은 것들을 차용하기도 했다. 영지주의는 바울 자신이 개척한 소아시아의 여러 교회로 보내는 서신에서 여러 차례 등장하는데, 바울은 서신을 통해 다양한 방식으로 영지주의를 상기시킨다.

기독교가 그리스와 로마 세계 전체로 확장해 가는 과정에서 동쪽에서는 불교, 중동에서는 이슬람, 그리고 중앙 유럽과 서부 유럽 지역에서는 켈틱 신앙을 비롯한 다른 이교 신앙체계들 같은 토착 종교들과 조우했다. 이러한 조우는 타종교를 신봉하는 사람들을 대상으로 하는 활발한 기독교 선교 노력을 야기시켰다(Neil 1986). 이런 점에서, 기독교 신앙은 항상 종교적으로 다원적인 상황에 처해 있었다.

그러나 오늘날 기독교가 직면하고 있는 종교적 다원 상황은 우리 신앙의 조상들이 직면했던 상황과는 현저히 다르다. 전 세계 국가들이 처한 정치적, 경제적, 그리고 문화적 환경의 급격하고 다양한 변화가 질적인 면에서뿐만 아니라 양적인 면에서 종교 간 상호 접촉 양상을 다르게 만들고 있기 때문이다.

오늘날 기독교는 전 세계적인 시장 경제, 상대적인 종교의 자유 그리고 전 세계를 가상의 이웃으로 연결하는 소통망(communication network)으로 인해 상호 대등한 것으로 인식되는 세계 종교들과 조우하고 있다.

오늘날 대부분의 장소에서, 기독교는 세계 종교들과 조우할 뿐만 아니라 그들 종교들과 공존하고 있다. 힌두교인, 불교인, 무슬림 그리고 유학자들(Confucians)은 더이상 낯선 이들이 아니라 우리의 이웃에 거주하고 있는 이웃들로 존재한다. 그리고 우리가 그들의 이웃으로 거주하는 양상도 점차 증가하고 있다(Muck 1992).

박스 1.1

어떻게 각 상황을 선교적으로 활용할 것인가

문화와 복음 양자의 정체를 확인하라.	선교 형식을 결정하라.	선교는 공동체에 근거하고 있다는 것을 인식하는 가운데 실천하라.
• **공여하기:** 복음을 "그곳"으로 가져가지 말고, 어떻게 하면 우리의 삶의 자리에서 복음과 문화가 상호교류할지(conversation)를 결정하라. • **수용하기:** 어떻게 하면 교회 공동체인 우리에게 문화가 하나의 선교가 될 수 있는지를 질문함으로써 각 문화 안에서 새로운 방식으로 복음을 청취하라.	• 사람들이 굶주리고 있다면, 그들에게 빵을 제공하라. • 사람들이 병을 앓고 있다면, 그들을 치료하라.	• 새로운 상황 속에 복음의 길을 제시하기 위해, 그리스도와 새롭고 신선한 방식으로 관계를 맺는 것을 허용할 때 필요한 변화가 조성될 수 있다. • 교회 안에서 새 삶을 시작하기 위해서는 옛 삶을 내려놓을 필요가 생길 수 있다.

- **사랑하기:** 급진적 사랑으로 그리스도를 따르라.
- 사람들이 절망에 빠져 있다면, 그들을 위로하라.
- 고통스럽거나 분열을 초래하는 경험속에 있는 선교에 대해 새로운 방향을 찾아라.

- **청취하기:** 복음을 새롭게 들을 기회로 각각의 상황을 보라.
- 사람들이 삶의 의미에 대해 혼란스러워한다면, 그들에게 구원의 메시지를 전하라.
- 공동체 안에서 하나님의 임재와 능력으로서의 성령을 상상하라.

세계 종교 상황의 이 같은 변화들이 본서를 집필할 동기를 제공했다. 상황과 세계 종교에 대한 기독교 선교 목표가 변화되었거나 중요한 방법이라는 측면에서 수정되어져왔다. 새로운 선교 상황은 세 가지 측면으로 정의될 수 있다.

첫째, 우리는 종교 사상들에 대한 자유시장(free marketplace of religious ideas) 형성이 증가하는 세상에 존재한다.

둘째, 우리는 반사적 전도(reflexive evangelism)라 부를 수 있는 것으로 결과되는 경쟁적 전도(competing evangelism)의 접점에서 선교를 수행한다.

셋째, 기독교와 타종교들과의 상호교환은 경쟁과 협력(compete and cooperate)이라는 두 가지 방식으로 진행된다.

1. 종교 사상들의 자유시장

오늘날 한 가지 대단히 강력하고 편만히 퍼져있는 은유가 우리의 사고와 행동을 사로잡고 있다. 시장은 단지 하나의 복잡한 사상을 설명하는 데 도움이 되는 문자적 의미에서의 은유가 아니다(비록 그렇기는 하지만). 시장의 은유는 모든 의미에서 실재이며, 국제정치라는 거시적 차원으로부터 사람들

간의 상호관계라는 미시적 차원에 이르는 모든 상호관계에 영향을 미친다. 우리는 말 그대로 세계를 하나의 거대한 구매처로 생각하고 있고, 우리 삶의 모든 것이 사고파는 것에 관한 다양한 "법칙"에 따라 운영되는 것처럼 행동한다.

시장에 대한 지배적 사고가 너무 편만히 퍼져있기에 세상이 마치 경제지상주의 이념에 의해 운영되고 있다고 말할 수 있을 정도이다. 시장은 경제지상주의 이념의 핵심 은유이다. 경제지상주의는 세계 종교들 간에 발생하는 상호작용을 바라보는 방식을 포함하여 우리의 삶 모든 면에 영향을 미친다.

종교는 다른 모든 것과 마찬가지로 소비 제품이 되었다. 그리고 종교를 믿는 사람들은 개별의 회중이 아닌 소비자들인 것처럼 행동한다. 우리는 종교를 구매한다. 만일 그 종교가 우리를 만족시키면, 그 종교에 대한 구매 행위를 지속한다. 그러나 만일 그 종교가 우리의 기대에 부응하지 못하면, 타종교 또는 교단이라는 상품을 선택한다.

1) 시장의 역동성

이 같은 종교 시장은 영향력 있는 세 가지 영향력 있는 역동성, 즉 세계화, 종교의 자유 그리고 종교 사상에 대한 소극적 관용(negative tolerance)이 조성하였다. 세 가지 역동성 각각은 세계 종교들이 상호작용하는 방식과 기독교 선교사들이 사역을 수행하는 방식에 중요한 함의를 제공한다.

첫째, 세계화(globalization)를 정의하는 방식은 다양하다.
그러나 일반적으로 세계화가 의미하는 바는 다음과 같다. 세상 대부분은 점차 더 발전하고 있는 전 세계적 의사소통망, 점차 더 증진하고 있는 상호 의존적 경제구조, 과학적 방법에 기초해 발전된 공통적인 사고방식, 자본주의라는 경제구조에 의존한 채 점차 대세로 등장하고 있는 전형적인(default) 정치형식으로서의 민주적 다원주의에 의해 연결된 지구촌 문화(a global culture)에 참여하는 것이다.

이러한 역동성에 직면하여, 종교도 세계화 과정을 밟아가고 있다. 비록 세계인이 공유하는 공동 종교(a common world religion)가 개발될 것 같아 보이지는 않지만, 세계 종교들이 공유하는 공통적인 종교 형태가 등장하고 있다. 이 종교 형태의 등장 때문에 다양한 종교들이 갖고 있는 차별성들이 점차 약화되고 있다. 오늘날 종교들은 예전에 비해 한결 유사해 보인다.

정치와 경제가 융합되고 있는(homogenize) 것과 유사하게, 동일한 문화 환경 속에서 종교가 감당하는 역할도 융합되고 있다. 종교 간 가르침이 서로 얼마나 다른지에 상관없이, 세계화된 문화 안에서 살아가는 사람들은 과거 그 어느 때보다 가속화되고 있는 세속화된 문화 안에서 자신들이 추종하는 종교를 의미를 제공하는 대상으로 여기고 있다. 학교에서 발생하는 말도 안 되는 비극적 총기 사고를 포함하여 미국 사회에 만연한 다른 불필요한 폭력 사태에 직면한 미국 기독교인들은, 자신들에게 어떤 의미를 제공해 줄 대상으로 기독교 신앙을 바라보고 있다.

스리랑카의 불교인들은 수십 년간 나라의 모든 동력을 흡수해 온 불안한 정치상황 속에서, 자신들에게 의미를 제공할 대상으로 자신들의 종교를 바라보고 있다. 세상 어느 곳에서 살아가고 있는 지간에, 모든 종교인은 그들의 종교를 자신들이 살아가고 있는 세상 속에서 직면하는 딜레마에 대해 어떤 식으로든 의미를 제공해 줄 대상으로 바라보고 있다.

인류 역사상 처음으로, 세계화는 "종교"에 대한 포괄적 사고를 가능하게 하고 있다. 과거, 종교를 어느 특정 종교로 한정해 생각하던 사람들에게 세계 종교를 포괄하는 "종교"에 대한 추상적인 범주(abstract category)는 아무런 의미도 줄 수 없었다. 미국이나 서부 유럽에서 살던 사람들에게 종교는 기독교를 의미했고, 중동 대부분 국가에서 살던 사람에게는 이슬람을 의미했고, 인도에서 살아가던 사람에게는 힌두교를 의미했고, 특정 부족이나 기타 그와 비슷한 공동체에서 살았던 사람들에게는 특정 부족 종교를 의미했다.

그러나 세계화의 도래와 함께, 특정 문화 내부와 문화와 문화 사이에 종교에 대한 다원주의적 환경이 조성되었고, 특정 종교가 아닌 일반적 의미의 종교에 언급이 실질적으로 설득력을 갖게 되었다. 누구든지 종교적일 수 있다. 그리고 종교라 할 때, 심지어 하나의 문화 내에서도 다양한 방식으로 표현될 수 있는 의미가 되었다.

둘째, 종교의 자유는 종교의 세계화를 가능하게 한 개념이다.

종교의 자유 없이 종교 사상의 자유 시장은 작동하지 않을 것이다. 그리고 "종교"라 통칭되는 세계적 범주의 종교 개념은 아무런 의미가 없을 것이다. 역사를 보면, 사람들이 함께하는 모든 사람이 동일한 종교를 신봉하며 신앙의 통일성을 유지하도록 하기 위해 죽음까지 불사하고 싸운 경우들이 있었음을 심심치 않게 볼 수 있다.

이 같은 태도에 대한 변화가 발생하기 시작한 것은 겨우 200여 년 전부터에 불과했다. 이 변화는 미국의 헌법 제정자들이 반포한 새로운 개념을 통해 성취되었다. 미국의 헌법 창시자들은 유럽에서 오랜 동안 진행되었던 종교전쟁(사실 이 전쟁은 기독교 내부 세력 간의 전쟁이었다)의 도가니로부터 막 벗어나 신대륙으로 온 사람들이었고, 따라서 자신들이 세운 새로운 나라가 유럽에서 발생했던 것과 유사한 종교 전쟁으로부터 자유로울 수 있는 방법을 모색하고자 했다.

그들은 문제의 원인이 종교적 신념 그 자체에 있는 것이 아니라 종교와 정치권력 간의 불안정한 결합에 있다고 확신했다. 종교적 신념이 정치권력을 확보하면, 어김없이 그 권력을 사용하여 다른 이들에게 그들의 종교를 강요했다. 그러므로 "종교에 대한 열정을 정치권력으로부터 분리하라. 그러면 평화가 도래할 것이다." 이것이 바로 미국의 헌법 제정자들이 가지고 있었던 생각이다. 그들은 미국 수정헌법 제1조에 이 사실을 명시함으로써 자신들의 확신을 실천했다. 미국 수정헌법 제1조는, "의회는 종교를 세우는 법령을 제정하지 아니하고, 또한 자유로운 종교 활동을 금하는 법령을 제정하지 않는다"라고 명시하고 있다.

박스 1.2
종교의 자유: 하나님의 주권, 교회와 국가의 분리, 인권

미국 기독교인들에게 있어, 종교의 자유는 세 가지 가장 중요한 문서, 즉 성경과 미국 헌법, 그리고 인권에 대한 유엔 선언에 의해 보장된다. 각 문서는 종교에 대한 자유를 보장하는 세 가지 다른 근거를 제공한다.

성경: 시편 2:1-2, 4-5

> 어찌하여 이방 나라들이 분노하며 민족들이 헛된 일을 꾸미는가? 세상의 군왕들이 나서며 관원들이 서로 꾀하여 여호와와 그의 기름부음받은 자를 대적하며... 하늘에 계신 이가 웃으심이여 주께서 그들을 비웃으시리로다. 그때에 분을 발하며 진노하사 그들을 놀라게 하여 이르시기를, '내가 나의 왕을 내 거룩한 산 시온에 세웠다' 하시리로다.

이 성구가 내세우는 근거는 열방이나 개인이 아니라 오직 하나님께서 전 우주의 궁극적 권위라는 것이다. 하나님만이 주권자이시며, 그분이 개인들로 하여금 자유롭게 당신을 선택하도록 하셨기에(창 1:27), 어떤 국가 권력도 종교적 일체성을 요구함으로써 그 자유를 침해할 수 없다.

미국 헌법: 미국 수정헌법 제1조

> 의회는 종교를 세우는 법령을 제정하지 아니하고, 또한 자유로운 종교활동을 금하는 법령을 제정하지 않는다.

미국 헌법이 제시하는 근거는 현실정치(realipolitik)이다. 교회권력과 국가권력의 분리는 어떤 한 종교 또는 종교집단이 지배세력이 되는 상황을 불가능하게 하여 종교이익들 간 균형을 형성하게 한다.

인권에 대한 유엔 선언: 이 선언의 제18조

> 모든 사람은 사상과 양심, 그리고 종교에 대해 자유로울 권리를 갖는다. 이 권리는 자신의 종교 또는 신념을 바꿀 자유와, 개인적 또는 집단적으로 그리고 사적 또는 공적으로 자신의 종교 또는 신념을 종교적 가르침과 실천, 그리고 예배와 예식의 준수를 통해 고백할 수 있는 자유를 포함한다.

유엔 인권 선언의 근거는 모든 사람이 어떤 양도할 수 없는 권리를 가진다는 것이다. 이러한 보편적 권리는 이 세상에 존재하는 모든 정부의 보호를 받아야 한다.

종교 권력과 정치 권력의 이러한 분리는 합리적으로 잘 작동되었다. 비록 미국 내 종교 분쟁이 없지는 않았지만, 종교 분쟁이 지속적으로, 그리고 폭력을 수반하는 대립으로 발전하지는 않았다. 최소한 전 세계 곳곳에서 벌어지고 있는 종교 분쟁들에 비하면 그렇다. 미국 내 종교인들은 교회와 국가의 엄격한 분리에 의해 보장된 개인의 종교 선택권을 신이 부여한 것으로 이해하고 있다. 그리고 전 세계 모든 사람이 종교를 선택할 자유를 갖는다는 원리와 그에 따른 당연한 귀결로서의 정치 권력과 종교의 분리도 신이 부여한 것이 이해하고있다.

물론 종교의 자유가 보편적인 현상인 것만은 아니다. 대다수 이슬람 세계는 여전히 이슬람을 종교적 이념으로써 뿐만 아니라 모든 시민에게 부과되어야 할 정치구조의 기초로 인식하고 있다. 중국과 같은 일부 사회주의 국가도 종교 자유에 대한 개념을 여전히 수용하지 않고 있다. 이러한 현상은 전체주의 정권이 장악하고 있는 소규모 국가들에서도 동일하게 나타난다. 그러나 전 세계적으로 종교다원주의와 교회와 국가의 분리가 점차 대세로 등장하고 있다.

종교의 자유가 주는 많은 좋은 영향이 있다. 우선 종교가 부흥하고 있다. 규모가 가장 큰 종교인 불교, 기독교, 유교, 힌두교 그리고 이슬람교는 경이로운 비율의 성장세를 보이고 있다(Barrett and Johnson 2001). 또한 새로운 종교 운동들이 확산되고 있다. 정부가 자국 내 종교의 자유를 보장할 때, 새로운 사상(들) 혹은 오랜 사상(들)을 새롭게 조합한 내용을 들고 나오는 종교 혁신가들(religious innovators)이 다수 등장한다.

한 개 부족이나 종족이 신봉했던 토착 종교 가운데서, 과거에나 존재했을 것으로 치부되던 종교 사상들이 새롭게 부각되는 것을 경험하기도 한다. 어떤 면에서, 종교적으로 이렇게 활성화된 시기는 역사상 처음일 것이다.

셋째, 그러나 다른 면에서 볼 때, 세계화와 종교의 자유는 모든 종교의 영향력을 최소화시키는 일종의 종교에 대한 소극적 관용(negative tolerance of all religions)을 조성하기도 했다.

종교에 대한 소극적 관용은 다음과 같은 방식으로 발생했다.

종교의 힘은 매우 강력하다. 그래서 사람들은 종교에 열정적인 경향을 띤다. 그 결과 종교 간 분쟁이 종종 발생하기도 하는데, 이는 특정 종교를 따르는 사람들이 자신들의 종교가 너무도 중요하고 설득적이기에 모든 사람이 자신들의 종교 진리와 독특함을 수용해야 한다고 주장하기 때문이다.

만일 종교의 자유와 종교 간 평화를 유지하고자 한다면, 종교 신앙에 대한 이런 식의 열정은 어떻게든 통제되어야 한다. 의도성이 개입돼 있는지 여부에 대해서는 알 도리가 없지만, 종교 사상들에 대한 시장 선택식 자유가 개 종교가 주장하는 전반적 가치를 축소하는 경향이 있는 것만은 사실이다.

만일 특정 종교가 궁극적 진리를 제시하지 못한다고 한다면, 그 종교가 유지하던 중요성에 대한 인식의 정도도 축소될 수밖에 없다. 진리에 대한 상대주의적 접근은 한 가지 진리에 대한 헌신의 규모를 필연적으로 축소시킬 수밖에 없다.

종교 시장에서 특정 종교를 시험할 수 있는 유일한 방법은 그 종교의 활동에 대해 살펴보는 것이다. 일반적으로 종교는 그 종교가 주장하는 진리의 가치만이 아니라 개인의 영적 필요와 사회의 영적 필요를 만족시키는 해당 종교의 능력을 기초하여 평가된다. 세계 시민들은 어떤 종교가 되었든 그들의 개인적 필요를 충족시키는 종교를 선택할 자유가 있다. 종교는 우리를 지배하는 죽고 사는 문제가 아닌 그 종교가 갖고 있는 활용성에 따라 선택 여부가 결정되는 소비품에 불과하다. 시장의 보이지 않는 손이 하나님의 신비의 손길을 대체하고 있다.

박스 1.3
소극적 관용과 적극적 관용

소극적 관용: 생존을 위한 관용	적극적 관용: 실재 차이에 대한 수용
• **교환**: 타종교들의 관점을 관용함으로써 자기 종교의 관점도 허용되도록 한다. • **상호보상**(quid pro quo): 나는 괜찮고 당신도 괜찮다. • **결과**: 상대적인 진리 • **진리에 대한 주장들의 평준화**: 만일 종교에 대한 모든 관점을 관용한다면, 어느 한 관점이 절대적으로 옳을 수 없다.	• **불일치의 수용** • **비판할 용기** • **결과**: 반응적(reflexive) 전도/선교 • **다름을 존중하는 선교**: 만일 실재 차이들을 수용한다면, 선교가 발생할 수 있다.

2) 선교학적 상황들

세계 종교들과 관련하여, 종교 사상에 대한 시장식 자유가 제공하는 선교학적 적용들에는 어떤 것들이 있을까?

많은 적용들이 있을 것이다. 그러나 본서에서는 간단하게 다섯 가지만 언급하도록 하겠다.

(1) 우리는 시장의 은유가 지배적이라는 것을 인지한 후, 그런 현실에 굴하지 않겠다는 듯 결연히 행동하기보다 선교의 유익을 위해 그 현상을 선용할 줄 알아야 한다.

기독교인이든, 불교인이든, 힌두교인이든, 무슬림이든, 아니면 다른 종교를 신봉하는 사람이든 간에, 누구든 문화를 벗어나서 살아갈 수 있는 사람은 없다. 또한 그 문화의 지배적 사고 형식들을 외면한 채 살아갈 수 있는 사람도 없다. 따라서 이런 상황 속에서 우리가 할 수 있는 것은, 이 시대가 공유하는 공통 은유들을 명확하게 규명하고 인지함으로써, 기독교 신앙이 내포하고 가르치는 종교적 가르침의 본질이 이 시대의 복합적 은유가 초래하는 가상의 관념들에 휩싸인 채 소실되지 않도록 하는 것이다.

한 가지 예를 들어 보자.

복음을 전하고자 하는 선교사들이 사역 현장에서 경제주의(economism)가 초래하는 함의들로부터 벗어날 수 있을 것이라 간주하는 것은 어리석은 생각에 다름 아닐 것이다. 경제주의적 사고는 사람들이 사고하는 방식이다. 선교사들 또한 경제주의적 사고방식으로부터 자유로울 수 없다. 그러므로 선교사는 경제주의적 방식으로 사고하는 동시에, 복음의 본질을 통해 경제주의적 사고를 극복하고 대체할 수 있는 지를 보여줄 수 있어야 한다(예를 들어, 박스 1.4에 소개된 시장에 대한 바울의 견해를 보라).

예를 들면, 서구 출신 기독교 선교사들이 경제적 곤경에 빠져 있는 사람들에게 음식과 의료 서비스를 제공하는 경우가 종종 발생한다. 그런데, 이런 선교 활동이 돈으로 개종자들을 구매하려는 시도에 불과하다는 비난을 받는 경우가 심심치 않게 발생한다. 만일 비판자들의 비난이 사실이라면, 두말할 나위 없이 그런 방식은 경제주의가 선교 전략을 결정하는 것에 대한 한 가지 사례가 될 것이다.

그럼에도 불구하고, 이런 식의 공격에 대한 적절한 대응은, 선교사들의 활동을 경제주의적 관점으로만 해석하려는 사람들에게 그들의 비난하는 바가 사실과 다르다는 것을 증명하기 위해, 지금까지 지속해 왔던 취약 계층에 대한 음식과 의료 서비스 제공을 멈추는 것이 아니다. 오히려, 선교사들은 자신들이 품고 있는 동기의 순수성을 더 명백히 보여줄 수 있어야 한다. 즉, 단지 가난한 사람들을 돈으로 "사서" 기독교로 개종시키려 하는 시도가 아니라는 사실을 보여주어야 한다. 동시에 선교사들의 활동이 단지 사회복지를 위한 것이 아니라는 사실 또한 보여주어야 한다. 선교사들이 그런 활동을 하는 이유는, 성경이 취약한 사람들에게 연민과 자비를 보여주라고 명령하기 때문이라는 사실을 보여주어야 한다.

박스 1.4
시장에 대한 바울의 관점

고린도후서 2:12-17에서, 바울은 선교 수행을 위한 은유로서 시장에 대한 비판을 어느 정도까지 해야 하는지를 언급한다.

> 그리스도의 복음을 위하여 드로아에 이르매 주 안에서 문이 내게 열렸으되, 내가 내 형제 디도를 만나지 못하므로 내 심령이 편하지 못하여 그들을 작별하고 마게도냐로 갔노라. 항상 우리를 그리스도 안에서 이기게 하시고 우리로 말미암아 각처에서 그리스도를 아는 냄새를 나타내시는 하나님께 감사하노라. 우리는 구원 받는 자들에게나 망하는 자들에게나 하나님 앞에서 그리스도의 향기니, 이 사람에게는 사망으로부터 사망에 이르는 냄새요, 저 사람에게는 생명으로부터 생명에 이르는 냄새라. 누가 이 일을 감당하리요? 우리는 수많은 사람처럼 하나님의 말씀을 혼잡하게 하지 아니하고 곧 순전함으로 하나님께 받은 것 같이 하나님 앞에서와 그리스도 안에서 말하노라 (고후 2:12-17).

	종교 상품을 파는 사람들	고린도교인들에 대한 바울이 메세지
활동	시장에서 팔리는 향품의 향기 하나님의 말씀을 혼잡하게 하는 자	그리스도의 향기 바울의 복음
태도	판매를 통해 이익을 남기고자 하는 욕망	그리스도를 알게 하려는 욕망
효과	종교 상품의 판매 고린도 지역 판매에 영향을 끼치는 종교	어떤 이들에게는 사망에 이르게 하는 냄새, 다른 어떤 이들에게는 생명에 이르는 냄새로서 그리스도의 향기 고린도에 영향을 끼치는 그리스도의 향기

> **시장의 은유 사용에 대한 바울의 관점의 현대적 적용**
>
> **활동:** 성령께서는 기독교인들 주변에 어떤 사람들에게 끌림이 되지만 다른 어떤 사람들에게는 꺼림이 되는 냄새를 조성하신다.
>
> **태도:** 합리성과 과학적 방법의 영향 때문에, 우리가 살아가고 있는 현재 상황에서 바울의 향기 이론을 수용하는 일은 결코 쉽지 않다.
> 그러나 어떤 이들은 그리스도의 향내의 아름다움에 끌려오고, 어떤 사람들은 그 아름다움에 반발하기도 한다는 것을 기억해야 한다.
>
> **효과:** 우리의 삶을 통해 퍼져가는 그리스도의 향기가 뿜어내는 영향에 대한 의심 때문에, 우리는 이 세상에 존재하는 그리스도의 영향에 대한 표식을 보지 못한다.

(2) 선교 사역자들은, 복음을 확산시키는 사역에 도움을 얻고자 하는는 의도에서 정치권력이나 경제권력과 같은 문화 매개체에 의존하려 해서는 안 된다.

이 세상의 정치 권력과 경제 권력력은 전적으로 세속화되었을 뿐만 아니라 반종교적 가치를 드러내고 있다. 특별히 권력은 종교 가치를 증진시키는 일에서 확실히 손을 떼었을 뿐만 아니라, 심지어 평화와 정의에 관한 일이라 할지라도 종교 가치를 암시하는 경향이 보이면 아예 삼가려 하고 있다. 그런 권력들에게 있어, 교회와 국가의 분리는 자신들이 주력하는 이익(정치 권력과 경제적 이익)의 추구를 허용하는 일종의 허가증이 될 뿐이다. 이들은 자신들의 권력과 이익을 증진시키는 범위 안에서 인간의 안녕에 관심을 가질뿐이다.

(3) 예전에 비해 사람들은 종교에 대한 훨씬 복잡한(sophisticated) 입장을 견지하고 있다. 이 같은 복잡함의 상승 때문에 선교 접근에 더 신중한 태도를 취할 것이 요구된다.

특정 종교를 신봉하는 사람들에게 그들과 다른 종교 체계를 단순하게 언급할 수 있던 시절이 있었다. 그 당시에는 특정 종교를 신봉하는 사람들이 자신들이 신봉하는 종교 외 다른 종교에 대해 거의 무지했기에 그렇게 접근하더라도 새로운 종교를 온전히 수용할 것이라고 기대할 수 있었다.

그러나 이제는 더이상 그것이 불가능하다. 세계화와 종교의 자유로 인해, 특정 종교를 신봉하는 사람들이 다른 타종교들에 대한 폭넓은 지식을 가질 수 있게 되었기 때문이다. 이 때문에 사람들은 타종교들에 대해 매우 복잡한 태도를 취한다. 기독교인들 중에도 타종교들에 대해 점차 복잡하고 신중한 태도를 취하는 사람들이 늘고 있다. 이는 선교에 대해서도 점차 신중한 태도가 요구됨을 의미한다(Muck 2006).

(4) 종교가 한낱 소비 대상으로 전락한 시대에 있어, 일반적으로 두 가지 차원에서 선교를 조망해야 할 경우가 발생하곤 한다. 먼저는 종교 일반의 적절한 역할과 지위가 무엇인지에 대해 재고하는 것이고, 다음으로 예수 그리스도의 가르치심에 대해 이야기하는 것이다.

종교는 심리치료나 사회학, 또는 철학이 아니다. 비록 오늘날에는 종교가 이들 세 가지 중 하나 혹은 세 가지 전부로 환원되는 경우가 있기는 하지만, 종교의 역할과 지위는 그렇지 않다.

이와 반대로, 종교는 인간의 초월적 차원과 연관된다. 종교가 인간의 안녕에 대해 적극적인 관심이 있음은 물론이다. 그러나 종교의 우선적 관심은 신들(gods)이 갖는 관심사에 대해 인간이 초점을 맞추는 것과 연관되어 있다.

모든 인간이 이 점을 잘 이해하던 시절이 있었다. 하지만 현대 세계에서, 이같은 종교의 역할을 이해하는 사람은 극히 드물다. 우리의 첫 번째 임무는 종교의 일반적인 역할을 재조정하고 재정의하는 것이다. 그래야 기독교를 포함한 특정 종교의 가르침들을 종교의 핵심 내용이 말로 설명할 수 없는 (ineffable) 초월성과 연결시킬 수 있다.

(5) 종교의 자유에 대한 현대의 조건은 인간의 본성(human nature)인 하나님의 형상(the *imago Dei*)에 대한 이해를 더 유용하게 할 수 있도록 한다. 그러나 동일한 조건이 인류의 마음(hearts)과 영혼(souls)을 얻기 위한 경쟁을 격화시키기도 한다.

인간의 본질에 대한 더 나은 이해는, 참된 종교는 개별 인간과 그들이 구성한 공동체가 자유롭게 선택한 것일 때 융성한다는 사실을 인지하는 것으로부터 유래한다. 이러한 사실로 알 수 있는 것은, 사람들이 우리가 승인과 상관없이 종교적 선택들을 할 때 우리가 만족한다는 점이다. 마찬가지로 이러한 더 나은 인간 이해는 우리가 타종교의 가르침에 동의하지 않을 수 있는 자유를 허용한다.

이 이해는 또한 사람들이 자신들이 원하는 종교를 선택할 자유를 존중하고 옹호할 것을 요구하기도 한다. 또한 기독교 신앙의 원리 중 하나로 종교에 관해대해 자유롭게 선택할 권리를 옹호할 때, 타종교(모든 종교)뿐 아니라 우리가 믿는 기독교 신앙을 선교(또는 종교의 자기주장을)할 권리가 있음을 암묵적으로 지지한다. 이는 오늘날 선교가 역사상 그 어느 때보다 더 강경한 경쟁에 직면할 것임을 의미하는 것이기도 하다. 지금까지 다룬 다섯 가지 내용은 종교에 대하여 시장의 자유가 주는 암시점들 중 단지 몇 가지에 불과하다.

박스 1.5
21세기 상황에 대한 선교적 적용들

1. 우리는 시장의 은유가 지배적이라는 것을 인식하고, 그 현실에 굴하지 않겠다는 듯 행동하기보다 선교의 유익을 위해 그 현상을 선용해야 한다.
2. 선교 사역자들로서, 복음을 확산시키는 사역에 도움을 얻으려는 의도로 정치권력이나 경제력과 같은 문화적 매개체에 더이상 의존하면 안 된다.
3. 예전에 비해 사람들은 종교에 대해 훨씬 복잡한(sophisticated) 입장을 견지하고 있다. 이 같은 복잡함의 증가 때문에 선교적 접근에 더 신중한 태도를 취할 것이 요구된다.

4. 보통 종교가 한낱 소비 대상으로 전락한 시대의 선교 사역은 두 가지 차원에서 봐야 할 경우가 종종 발생한다. 첫째, 종교 일반의 적절한 역할과 지위가 무엇인지에 대해 재고하는 것이고, 둘째, 예수 그리스도의 가르치심에 대해 이야기하는 것이다.
5. 종교 자유에 대한 현재의 조건은 인간의 본성(human nature)인 하나님의 형상(the imago Dei)을 더 잘 이해할 수 있게 한다. 그러나 이러한 조건은 또한 인류의 마음(hearts)과 영혼(souls)을 얻기 위한 경쟁을 격화시키기도 한다.

2. 반응적 전도

종류를 막론하고 현재 기독교 사역에 참여자라면, 타종교들이 무시할 수 없는 세력들임을 안다. 목사와 선교사가 종교 사상의 자유시장에서 자신의 신앙을 선교하고자 하는 유일한 종교인은 아니다. 힌두교인, 불교인, 무슬림, 유교인, 미국 원주민, 사이엔톨로지 숭배자들, 그리고 다른 각종 종교에 속한 종교인들은 영적 갈망이 실재하는 문화 속에서 나름의 방식으로 각자의 종교를 선전하고 있다. 신들이 난무하는 오늘날, 우리는 그런 신들을 선전하려는 사람들이 북적거리는 현상을 목도하고 있다.

이 경쟁이 다양한 형식으로 일어나고 있지만, 그들 중 세 가지만 살펴보자.

1) 교회와 국가영역에서의 경쟁

미국 정부가 기독교를 포함한 특정 종교의 이익을 도모하려 하지는 않았으나, 지배 세력인 개신교인들의 주도권을 지원했음은 사실이다. 국기에 대한 충성 맹세와 주기도문으로 학교가 시작되었다. 독해교육을 위해 제작된 『매거피 리더스』(Mcguffey Readers) 같은 교과서에는 성경 구절과 성경 관련 자료가 그대로 담겨 있었다. 교사들은 자신들이 가르치는 학생들을 기독교인으로 여겼고, 따라서 추수감사절, 성탄절 그리고 부활절 같은 휴일이 담고 있는 기독교적 의미에 대해 가르쳤다. 어떤 특정 종교에 대한 지원 금지를 담고 있는 수정헌법 조항의 금지명령은 정부가 다른 교단의 이익을 침해하면서 특정 기독교 교단을 지원하지 말아야 함을 의미하는 것으로 해석되었다.

그러다가 미국 내 인구비의 통계적 변화는 수정헌법 1조의 해석을 극적으로 바꾸었다. 1950년대 이후부터 미국 내 비기독교 종교들이 눈에 띠게 성장했다. 오늘날 미국에는 장로교인들의 수보다 무슬림의 수가 더 많으며, 성공회교인들의 수보다 불교인들의 수가 더 많다. 또한 회중교회 교인들의 수보다 힌두교인들의 수가 더 많다.

장로교단과 성공회, 그리고 회중교회가 식민 시대의 미국을 대표하는 세 개 교단이었음을 기억해 보라.

이와 같은 비기독교 종교들의 성장은 입법의회 의원들(상원의원들과 하원의원들)과 법률가들(판사들과 법원)의 주목을 끌 수밖에 없다. 이들은 수정헌법 1조를 재해석하여 개신교 교단들뿐만 아니라 비기독교 종교들을 고려 대상에 포함시켰다. 더이상 미국정부는 기독교인들의 종교적 자유만을 지지하지 않는다. 이제 정부는 모든 종교를 공정하고 동등하게 보호해야 한다고 믿는다(Barrett and Johnson 2001).

몇 가지 실례들을 보면, 현재 미군은 개신교, 가톨릭 그리고 유대교 채플린(군종장교)뿐만 아니라, 무슬림과 불교 채플린도 운용하고 있다. 미국 내 교도소 채플린은 이제 무슬림들이 이슬람 방식으로 예배를 드리는데 필요한 자원을 지원하고 있다.

정부정책에 관해, 무슬림들은 수도인 워싱턴시(Washington, DC)에서 적극적인 로비그룹을 운용하고 있는데, 이들은 이슬람이 지배하는 국가들에 대해 미국이 좀 더 유리한 대외정책을 펼쳐나가도록 영향을 끼치고 있다. 이러한 무슬림 로비그룹들의 활동은 이스라엘에 유리한 대외정책을 펼치도록 영향을 끼치는 유대인 로비그룹들과 유사하다.

달라이 라마와 그를 협력하는 사람들은 미국이 티베트를 지원하도록 로비하였는데, 비록 부분적이지만 불교도들이 마땅히 누려야 할 최소한의 종교 자유를 명목으로 로비를 진행하기도 했다. 북미 원주민들도 자신들의 권리를 위한 로비를 진행하곤 하는데, 이들이 진행하는 로비 내용에는 공동묘지 장소와 그 장소가 지닌 신성함, 그리고 신성한 산과 같은 특정한 지형지

물처럼 종교적 이슈들이 포함된 경우도 있다.

비록 스스로를 기독교인이라 생각하는 인구 비율이 전체 미국 인구 가운데 대략 80%를 구성하지만, 기독교 신앙을 옹호하는 사람들은 더이상 정부와 공적 인사들이 암묵적으로라도 기독교 신앙을 미국의 유일한 시민 종교로 지지해줄 것으로 기대할 수 없다. 만일 미국정부가 어떤 시민 종교를 지원한다면, 그것은 점차 미국인들의 공적 생활에서 절대적 기준이 되고 있는 수정헌법 1조의 두 가지 조항("어떤 특정 종교를 지지해서는 안 된다"와 "모든 합법적 종교행위들을 보호해야 한다")을 기초로만 그렇게 할 것이다.

이런 진행과정이 미국에서만 발생하는 것은 아니다. 다른 나라들에 비해 미국에서는 오래 전부터 종교의 자유에 대한 이같이 특별한 개념이 발전해 왔기 때문에, 종교 자유에 대한 옹호가 더욱 적극적일 뿐이다. 러시아의 경우에는 개종에 대한 이슈는 매우 뜨거운 정치적 문제이다. 프랑스에서는 공립학교 복장의 제한 규정, 특히 공립학교 교실에서 여학생들이 이슬람식 히잡을 착용하는 것을 금지하는 규정에 대한 조정이 법정 다툼으로까지 비화되었다. 독일에서 노동자의 권리는 종교 정체성에 깊은 영향을 받는다. 종교의 자유에 대한 이슈는 인도의 지난 몇 차례 정권에서 심각한 문제로 대두되었다.

2) 이웃 윤리

좀 덜 형식적인 경쟁이 이웃 간에 발생한다. 이는 미국의 경우와 전 세계의 경우가 동일하다. 심지어 이웃 간에 발생하는 이런 현상을 "경쟁"이라 부르는 것 자체가 이 단어의 의미를 지나치게 확장시켜 적용한데 따른 것에 불과하다. 사실 그 이전 어느 때보다 오늘날 세계 종교들 간 협력이 잘 이루어지고 있다. 그리고 이러한 협력의 상당 부분은 서로 이웃하고 있는 종교들 사이에서 발생하고 있다. 이러한 상호교환은 가족생활, 일상적인 삶의 조건들 그리고 공적 학교교육을 통해 일어난다.

아마도 이들의 이웃 윤리에 관한 이슈 중 가장 불안한 것은 서로 다른 종교적 배경을 갖고 있는 어린이들이 상호작용, 즉 함께 놀고, 생애 주기적 사건이 발생하는 시기에 타종교 의식이 행해지는 장소를 방문할 때, 그리고(아이들이 성장하면서) 서로 사귀고 결혼하게 될 때 발생하는 다양한 상황들과 관련 있다.

오늘날 그리스도인 어린이들의 부모는, 자녀들에게 힌두교인, 불교인 그리고 무슬림 이웃들과 상호작용하는 방식에 대해 어떻게 가르쳐야 할지에 관한 질문에 직면하곤 한다. 물론 힌두교인, 불교인 그리고 무슬림 부모들도 동일한 이슈에 직면하고 있다.

법원으로까지 비약되곤 하는 많은 공적 이슈들이 이웃 차원에서 다뤄지며 해결되는 중이다. 예를 들면, 마약과 종교에 관해 가르치는 종교 성격의 휴일, 남녀 학생들이 함께하는 체육수업 그리고 학교에서 착용하는 특정 종교의 복장과 같은 문제들를 다루려고 이웃 차원의 각 종교의 대표를 포함한 관심 부모 그룹을 구성하는 경우도 있다. 일부 학교의 행정집행부는 종교적 함의를 갖는 문제에 대한 학교정책을 정립하기 위한 위원회를 구성하면서 이 그룹들을 활용한다.

직장에서 발생하는 종교에 관한 많은 문제들도 이웃 차원에서 다뤄지고 해결되고 있다. 예를 들면, 무슬림들은 하루에 다섯 번씩 기도할 장소와 시간을 필요로 하는데, 그 중 두 번의 기도 시간이 전통적인 일과 시간에 포함되는 정오와 늦은 오후 시간과 겹친다. 많은 직장에서 무슬림들이 기도를 할 수 있는 공간을 제공하며, 무슬림들은 점심 시간과 오후 휴식 시간에 기도한다고 말한다.

종교적인 성격을 띠는 휴일은 또 다른 사례가 된다. 유대인들은 가을에 속죄일(Yom Kippur)을 포함한 대축제일(the High Holy Days)을 지키려고 휴가를 필요로 한다. 사업장에서는 보상 근무 면제 시간(comp time)을 제공하여 이러한 휴일을 준수할 수 있도록 특별조항을 제정하고 있다. 또한 만일 대부분의 노동자들이 휴일 준수를 필요로 할 경우, 아예 전체 회사 차원에서 공식 휴일로 지정하기도 한다.

이런 종류의 경쟁이 너무 일상적으로 발생하고 있기 때문에 해결방법 과정에 대한 일정한 패턴이 발견된다.

첫째, 분쟁의 발생이다.
이 분쟁은 두 개의 종교 집단 구성원들이 겉보기에 다루기 매우 힘든 이해관계를 놓고 다투는 분쟁의 형식을 띤다.

둘째, 이해관계에 관련된 모든 분쟁 집단을 대표하는 사람들이 모여 제기된 문제들에 대해 토론하는 형식을 띤다.

셋째, 모두를 만족시키는 분쟁 조정이 발생하기도 한다.

종교 간 이런 경쟁이 이 패턴으로 발생하면, 특정 문제를 해결하는 것(그것만으로도 충분한 성취가 되겠지만) 이상의 것을 성취하게 된다. 분쟁에 대한 협상의 성공은 미래에 발생할 수 있는 새로운 분쟁을 손쉽게 해결할 수 있게 하는 패턴이 되기도 한다.

3) 적절한 선교에 관한 경쟁

종교 간 발생하는 경쟁 중에는 종교적으로 순결하면서도 단순한 경쟁이 있는데, 선교와 전도 때문에 발생하는 경쟁이 그것이다. 세계 종교들은 자신들의 가르침을 옹호하고 알리려고 점차 공통 방법론을 적용하고 있다. 그리고 이 방법론은 경제 시장 모델(economic market model) 형식을 띤다.
어떤 종교는 자신들의 가르침을 영적으로 굶주린 세상 안에서의 판매상품으로 여긴다. 이 영적 상품은 가능한 표적 문화에 속한 사람들이 인식하고 또 실재로 표출하는 필요에 부응하도록 제작된다. 경우에 따라 대중에게 제공되는 예배(the service)가 새로운 형식의 예배일 수도 있다. 새로운 방식의 예배를 제공함으로써, 해당 문화에 속한 사람들 가운데 새로운 필요에 대한 자각의식을 불러일으킬 수 있기 때문이다.

영적 상품에 대한 시험과 준비가 완료되면, 이제 사람들에게 그것에 대해 알려야 한다. 이런 과정을 통해 만들어진 가치 있는 이 상품을 대중에게 알리는 다양한 방법들, 즉 라디오, 텔레비전, 신문, 소책자 그리고 선전을 위한 가장 공통 수단인 말을 통해 알리는 방법 등이 고안된다. 영적 상품 판매자들은(종교 전문가들과 일반 성도 모두) 이 상품을 잘 판매하기 위해 훈련받는다. 이 상품의 판매와 확산을 위한 핵심인 "이야기들"이 만들어진다. 다른 영적 상품보다 더 우월함을 강조하려고 가끔씩 비교 광고를 실행하기도 한다.

세속 상품을 위한 수많은 방식들이 존재하듯이, 영적 상품들 또한 다양한 방식으로 판매된다. 이런 다양한 방식들 덕분에 영적 시장에 풍성함이 더해진다. 어떤 종교는 자신들의 영적 상품이 오직 문화의 특정 부분에만 적합하다고 본다. 그래서 그런 종교는 매우 절제되고 엘리트적인 방법론만 채용한다.

어떤 경우에는 아예 광고를 하지 않거나 매우 제한적으로만 한다. 이는 상품의 가장 중요한 특징이 갖는 희소성을 강화시키는데 그 목적이 있는데, 희소성 자체를 특정 대상을 끄는 매력 포인트로 만드는 것이다. 다른 종교는 대중광고를 활용한다. 또 다른 종교는 시장을 경제적, 민족적, 인종적, 또는 국가적 경계에 맞춰 분할하기도 한다.

핵심(은유를 지속하기 위한)은 우리가 종교 시장의 분배를 놓고 경쟁이 점증하는 문화 안에서 살아가고 있다는 것이다. 역사적으로 과거에 진행된 선교에 대한 과도한 노력들로 인해 그런 시도를 불편해하는 일부 종교집단이 존재함에도 불구하고, 더 많은 종교집단들이 더 공격적 방식으로 자기 종교를 선전하기 위해 가용한 선전도구들(예를 들면 인터넷 같은)을 사용하고 있다.

이런 현실에 직면해 있는, 기독교인들은 어떻게 행동하도록 부르심을 받았는가?

두 가지 면으로 생각해보자.

첫째, 우리는 경쟁에서 벗어날 수 없음을 인지해야 한다.

현재 세계가 직면한 조건하에서라면, 경쟁에서 벗어나는 한 가지 방법은 시장으로부터 벗어나는 것이다. 위의 설명처럼 그 영향력이 미치지 않는 곳이 없는 시장의 본질 때문에, 이 선택을 할 경우 주류 사회에서 철수해야 한다. 물론 대부분의 종교집단은 이 선택을 거부할 것이다. 모든 종교는 공적 참여를 선교를 위한 최소 조건으로 보기 때문이다.

둘째, 시장으로부터 벗어날 수 있는 또 다른 방식은 마치 시장을 독점하고 있는 것처럼 행동하는 것이다.

이 선택 또한 심각한 결점을 내포하고 있다. 왜냐하면 근본적으로 이 선택은 세계 종교 인구 분포에 대한 수정주의적 관점을 요구하기 때문이다. 기독교는 전 세계의 종교 분포에서 독점적 지위를 누리고 있지 않다. 만일 양과 염소에 대한 비유를 심각하게 받아들인다면 결코 그런 생각은 불가능하다. 세상 끝날까지, 이 세상에는 기독교인들과 비기독교인들이 존재할 것이기 때문이다.

박스 1.6

종교 경쟁(Barrett and Johnson 2001, 4)

기독교 교단들만이 개종자를 찾는 유일한 종교는 아니다. 시장 중심적이고 세계화된 세상에 존재하는 대부분의 종교들은 타종교를 신봉하는 사람들을 끌어모아 성장하려고 노력한다. 1990년에서 2000년까지, 가장 큰 규모의 네 종교들이 성장했다. 그중 세 종교가 개종자의 증가로 성장했다. 즉 이들 종교에서는 자신의 종교에서 타종교로 넘어 간 사람의 수보다 자신의 종교에 가입한 사람의 수가 더 많았다.

종교	2000년의 종교인구	매년 개종자 수	비율
기독교	1,999,563,838	2,501,396	1.36
이슬람	1,188,242,789	865,558	2.13
힌두교	811,336,265	-660,377	-1.69
불교	359,981,757	156,609	1.09

따라서 현재의 세계 상황을 볼 때, 기독교인들에게 남은 선택은 거의 없다. 종교에 대한 사상들이 넘실대는 시장에 개입할 수밖에 없다. 달란트 비

유는 기독교인들에게 자신들의 달란트를 무덤에 묻어둔 채 물러나 있는 대신, 자신들이 가진 달란트를 세상 시장에 투자하라고 가르친다. 기독교인들은 개입해야 한다.

남아 있는 한 가지 질문은 이와 같은 종교 경쟁에 어떤 방식으로 참여할 것인가이다. 두 가지 원리가 특히 중요해 보인다.

첫째, 신약성경에서 말씀하는 것처럼, 기독교의 사랑은 다른 이들에 대한 강력하고 무조건적인 사랑을 요구한다.

예수, 요한, 그리고 바울은 세상 사람들을 향한 급진적 사랑에 대해 말씀하셨다. 초대 기독교인들은 자신들 가운데 거하는 이방인들을 환대하는 것에 대한 유대의 전통적 가르침을 수용했고, 이 가르침을 단지 이방인에 대한 환대뿐만 아니라 모든 이에 대한 사랑으로 확장시켰다.

그들은 당신의 이웃을 사랑하라고 말했다. 그들은 당신의 적을 사랑하라고 말했다. 당신의 이웃을 당신 자신처럼 사랑하라고 말했다. 하나님과 이웃에 대한 사랑은 우리의 삶의 기준이 되어야 할 모든 율법의 강령이라고 말했다.

사랑에 대한 이런 명확한 가르침을 고려해 볼 때, 세계 종교에 대한 적용은 다음과 같을 것이다.

"당신의 이웃을 사랑하라.

당신과 이웃한 비기독교인 이웃을 사랑하라.

힌두교인, 불교인, 무슬림 그리고 타종교를 따르는 사람들을 당신 자신처럼 사랑하라.

심지어 당신이 예수 그리스도의 복음을 가지고 그들의 삶에 개입할 때도 그들을 당신 자신처럼 사랑하라."

어떤 의미에서, 시장에서의 대면은 예수께서 모든 이를 사랑하셨던 것처럼 모든 사람을 사랑하기 위한 기회일 뿐이다. 이웃사랑의 한 가지 특징은 그 이웃에게 예수를 전하는 것이다 그러나 고린도전서 13장의 지적처럼, 사랑에는 다른 많은 특징들이 있다. 친절하고, 인내하고, 참는 것 등이 사랑의 특징에 포함된다. 사랑은 비록 우리의 지식이 불완전하며 항상 그럴 것이지만, 모든 것을 견딜 것임을 인정하는 것을 의미한다.

사랑은 우리가 경쟁으로부터 벗어날 수 없다는 것을 의미한다. 그러나 사랑은 또한 기독교인의 경쟁은 매우 특별한 방식으로 진행된다는 것을 의미한다. 적어도 사업 중심적이고 이기는 것에 초점을 맞추는 스포츠 중심적인 문화에 의해 설정된 경쟁이 정한 기준과는 다른 방식으로 진행된다는 것을 의미한다.

기독교적 경쟁이 의미하는 것은 "열정을 다해 게임에 임하는 것"을 의미하지만, 또한 게임에서 이기고 지는 것을 온전히 하나님께 맡기는 것을 의미한다. 경쟁이 의미하는 것이 무엇인지에 대한 우리의 일상적 이해를 고려할 때, 이러한 경쟁의 개념은 파악하기 쉽지 않다.

둘째, 경쟁은 타종교에 속한 사람들을 변화시킬 뿐 아니라 기독교인들도 변화시킨다.

타종교 신앙인들 가운데 참여한다는 것은 많은 면에서 기독교인들에게 변화를 불러일으킨다. 제3부에서 이러한 변화가 어떻게 발생하는지 좀 더 자세하게 살펴볼 것이다. 우리는 이것에 대한 설명을 해석학적 순환(the hermeneutical circle)이라 부를 것이다.

반응적 전도(reflexive evangelism)는 종교 사상들의 시장(marketplace of religious ideas), 세계화, 종교 자유 그리고 소극적 관용(negative tolerance)을 고려하며 복음을 전파하라는 성경적 명령을 실천한다. 그러나 이 명령의 실천은 세상이라는 거대한 이웃을 포용하는 방식으로 진행된다. 이 명령은 하나님의 사랑이 내포하는 유일 무이한 본질과 하나님의 피조세계의 안녕에 대한 우리의 절대적 헌신을 보여줌으로써 세상의 모든 이웃을 포용한다.

3. 협력과 경쟁

현대 세계가 처한 조건들도 선교와 전도의 목표에 새로운 의미를 부여한다. 이 새로운 목표는 한 마디로 개종이 아니라 협력과 경쟁에 대해 말하는 것이다. 불행하게도, 이 간단한 설명이 기독교 선교와 전도에 관심을 가진 대다수의 사람들을 불쾌하게 할 가능성이 높다.

첫째, 이 설명은 마치 우리가 개종에 대한 개념을 완전히 포기하는 것처럼 들린다.

그렇지만 그렇지 않다.

둘째, 우리가 앞서 제시한 것처럼, 많은 사람들은 경쟁이 지금도 진행 중인 선교와 전도의 목표(ongoing goal)**임을 듣고 싶어하지 않는다.**

왜냐하면 전 세계 다른 종교들을 대상으로 한 전통적인 선교와 전도가 내포하고 있는 문제의 본질은 당시 선교와 전도가 유지하고 있던 경쟁적 성격에 있다고 생각하기 때문이다.

셋째, 다른 이들은 협력이란 말을 듣고 이 말이 선교와 전도의 전통적 목표에 대한 포기를 의미하는 것이라 생각한다.

따라서 "새로운" 목표를 설명하는 간단한 방식은 상당한 분량의 설명을 필요로 한다(Martinson 1999).

개종에 대한 이슈로부터 시작해보자.

많은 전통적 선교 모델은 개종의 필연성으로 시작한다. 예를 들면, 선교를 향한 윌리엄 캐리(William Carey)의 위대한 촉구는 『이교도 개종을 위한 수단 사용에 대한 기독교인의 의무에 관한 연구』(*An Enquiry into the Obligations of Christians to Use Means for the Conversion of the Heathens*, 1988; 1792년 초판 발행)라는 제목으로 출간되었다. 이 촉구를 포함하여 수많은 초기 근대 선교사들의 많은 글을 보면, "이교도"를 개종시키는 것은 기독교 선교사들의 특정

(singular) 목표였음이 분명하게 드러난다.

그러나 경제 모델 위에 건설된 현 세계에서 개종의 필연성으로 시작하는 것은 두 가지 이유에서 최선의 방법이 아닐 수 있다.

첫째, 시장의 은유는 개종을 하나님께서 착수하시는 초월적 행위가 아닌 시장의 한 가지 기능으로 축소시켜 버리는 경향이 있다.

개종은 성공적 판매와 동일하게 여겨진다. 우리는 상품에 대해 고심하고, 그것에 대해 광고하고, 판매고를 올리기 위해 최선의 노력을 다한다. 그리고 소비자는 그것을 구입, 즉 개종한다. 구입하지 않기로 선택한 소비자는 개종하지 않은 것이다. 물론 이와 같이 시장 모델에 부합하는 축소된 개종의 의미를 피할 수 없는 것은 아니다.

많은 기독교 선교사들이 시도하는 내용을 보면, 개종을 우리가 성취하는 것이 아니라 성령께서 성취하시는 어떤 것으로 간주하는 개종에 대한 온전한 견해를 유지하고 있음을 알 수 있다. 그러나 시장의 은유에 대한 적용이 너무 쉽게 성립되고 있는 것 같다. 그래서 개종이 선교의 처음과 최종적인 목표처럼 보일 때, 시장의 은유가 비등해진다.

둘째, 개종을 선교와 전도의 유일하고 명백한 목표로 사용하는 것은 타종교에 속한 사람들이 복음을 들었을 때 일어날 여타의 일들을 지나치게 단순화시키는 위험이 있다.

이는 복음이 세상과 사람들을 위해 할 수 있는 일에 대한 비전을 협소화시킨다. 시장의 은유가 지배적인 상황일 때, 기독교로의 개종은 정치적, 경제적 그리고 문화적 영향력과 분리하기 어렵다. 정반대로, 정치적, 경제적 그리고 문화적 영향력을 아무것도 아닌 것으로 여기면서 단지 지나치게 단순화된 영적 실재만 생각하려는 유혹에 빠지기도 쉽다. 둘 중 어떤 경우이든, 기독교인이 되는 것이 의미하는 실재와 복합성에 유해를 가한다는 점에서 동일하다.

그렇다고 해서 반개종주의적(anticoversionist) 모델을 받아들이는 것도 지나치게 단순한 반응이다. 어떤 경우라도 우리는 반개종주의자가 될 수 없다. 우리가 자신을 배제하고, 실제 개종을 일으키시는 하나님의 역사를 볼 수 있는 종교 간 상호작용이 갖는 복잡한 역동성에 대해 더 잘 이해할 때(혹은 이해할 때) 개종이 발생한다.

이 부분을 설명하기 위해 우리는 더 복잡한 모델을 필요로 한다. 따라서 현재의 세계 상황이 내포하는 복잡성을 더 적절히 설명하는 것으로 여겨지는 모델을 제공하고자 한다.

(최소한 지금은) 그것을 경쟁과 협력 모델(the compete and cooperate model)이라 부르도록 하자.

우리는 세계의 다른 여타 종교들과 경쟁과 협력을 진행할 능력을 개발해야 한다.

1) 경쟁

왜 경쟁해야 하는가?

하나님께서 예수 그리스도를 통해 이루신 복음을 세상에 선포해는 것이 복음의 본질 중에 본질이기 때문이다. 성경은 여러 차원에서 경쟁에 대해 찬성한다.

감정적 차원에서, 우리 안에 존재하는 소망의 빛이 비춰져 뻗어나가는 것을 막는 것은 이기적인 행위에 불과하다. 신학적 차원에서, 열방을 가르치고 그들에게 복음을 전하라는 소명을 거부하는 것에 불과하다. 철학적 차원에서, 모든 종교가 주장하는 실재를 동시에 거부하고 모든 종교를 합리성이라는 하나의 공통분모로 환원하는 것은 오만한 것이기 때문이다.

기독교 계시는 경쟁을 요구한다. 불교의 다르마도 경쟁을 요구한다. 인간의 합리성은 경쟁을 요구한다. 성경 텍스트가 요구하는 이와 같은 경쟁은 경쟁에 대해 분명하며 원만한(chastened) 태도를 취한다. 성경이 요구하는 경쟁은 그 경쟁을 통해 맺어지는 열매들과는 별개의 것으로, 매우 어려운 작업이다. 성경이 요구하는 경쟁은 그 결과가 무엇이 될지에 대해 확실히 아는 것이 아무 것도 없는 상태에서 게임에 참여하는 것이다. 성경이 요구하는 경쟁은 성공 또는 실패에 대한 여하간의 전망이 다른 사람과의 관계를 틀어지게 하는 것을 허용하지 않겠다는 결심을 시도하는 것이다.

더욱이, 이 경쟁은 보완이 필요한 경쟁이다. 채식주의자들은 영양상태를 충족시키기 위해 두 가지 다른 종류의 음식에서 나오는 성분이 필요한 단백질인 불완전단백질에 익숙하다. 경쟁 그 자체는 풍성해지기 위해 무언가를 필요로 하는 불완전단백질과도 같다. 좀 더 강하게 표현하자면, 현대의 상황에서 보완과 협력이 없는 경쟁 그 자체는 성경적 사고에 부합할 수 없다.

2) 협력

왜 협력인가?

두 가지 주요 이유가 있는데, 하나는 전통적인 이유이고, 다른 하나는 현대적인 이유이다.

전통적 이유는 네 이웃을 네 몸과 같이 사랑하라는 성경적 명령이다. 이 가르침은 하찮은 것이거나 고립된 주제가 아니라 성경이 가르치고 있는 핵심 주제이다. 앞서 보았듯이, 예수께서는 우리 가운데 거하는 이방인을 환대하라는 중동지방의 기본 법칙을 수용하시면서, 그 법칙을 보편적인 윤리 명령으로 확대하셨다.

예수께서는 "네 이웃을 사랑하라"고 말씀하셨을 뿐만 아니라, "네 원수를 사랑하라"고까지 말씀하셨다. "네 이웃을 너 자신을 사랑하는 것 같이 사랑하라"고 말씀하셨다. 이 명령은 모든 율법의 강령이다.

협력에 대한 현대적 이유는 오늘날 세상에서 종교가 감당하는 역할 때문이다. 간단히 말하자면, 짐작하겠거니와 종교는 세상에서 살아가는 민족들 사이에 문명화되고 인간적인 협력을 가능하게 할 마지막 희망일 것이다.

그렇기에 만일 부분적으로 복음이 정의로운 사회시스템을 지지하거나 심지어 조성하려 할 때, 그런 시스템을 조성해나가는데 타종교와의 협력이 일정 부분 기여한다면, 그 같은 협력은 복음이 요구하는 것의 일부에 해당한다.

이것은 상대적으로 새로운 현상이다. 종교 간 상호접촉이 정치세력이나 경제세력에 의해 이루어진 때가 있었다. 당시 종교는 오직 특정 부족이나 국가와 공존하였다. 미국인들은 기독교인이었고, 인도인들은 힌두교도였으며, 중국인들은 유자들이었다. 그 같은 특정 부족과 국가 내 존재하는 종교가 상대적으로 종교적 균일성을 유지하는 시스템이 지배적인 상황일 경우, 모든 종교 내에 내재된 협력에 대한 요구는 국가 차원이나 부족 차원에서만 성사될 수 있었다. 비록 종교적 요구에 근거를 두고 있기는 했으나, 정의는 정치와 경제사정을 더 낫게 해주는 기관들에게 위임될 수 있었다.

정부와 상인들이 이 기능을 매우 불완전하게 수행했음은 물론이다. 식민주의와 제국주의에 대한 민족국가의 암울한 기록은 문서로 잘 정리되어 있다. 종교가 이같이 소위 불완전한 정의를 세우고자 하는 시도의 부역자로 역할한 적이 너무 많았다. 그럼에도 불구하고, 민족국가와 같은 문화적 실체들에 종교적 요구를 부과하고자 하는 세계 종교의 이상주의적 노력으로 비록 제한된 범위 내에서나마 정의가 실현되기도 했다.

그러나 이제 조건들이 변했다. 정의는 더이상 전통적인 정치시스템과 경제시스템을 통해 작동될 수 없다. 그 이유는, 더이상 하나의 부족 혹은 국가가 종교적으로 일체성을 갖지 않기 때문이다. 문화 내부에서 성장하고 있는 종교다원주의에 직면한 각 종교는 자기가 주장하는 정의, 즉 네 이웃을 사랑하라는 명령을 실현할 통로로서 정치시스템과 경제시스템에 더이상 의존할 수 없게 되었다. 국가는 국가대로, 점증하는 종교다원주의에 직면하여 정치/경제적 기능과 종교적 기능의 엄격한 분리를 선택하는 양상이 증가하고 있다.

비록 이같은 분리가 좋은 면모(즉, 사회 내에서 종교분쟁의 완화와 식민주의와 제국주의의 남용을 완화하는)를 보여주기도 하지만, 이 같은 발전의 부정적 측면은 종교와 경제시스템 어느 쪽에서도 더이상 종교적 가치가 동기로 작용한 변화가 일어나지 않는다는 점이다. 정부는 권력의 법칙에 따라 작동하고, 경제시스템은 이윤의 법칙에 따라 작용한다. 권력 또는 이윤의 성취 여부와 상관없는 인권증진 같은 정의에 대한 요구는 종교에 의존하고 있다.

이러한 환경 속에서, 네 이웃을 네 자신처럼 사랑하라는 것(특히 그 이웃이 당신의 종교와 다른 종교를 추종할 경우에)은 새롭고도 더욱 급진적인 의미를 내포할 수밖에 없다. 종교는 세상에서 인간의 안녕을 주요 주제 중 일부로 인정하고 헌신하는 주요 기관이다. 현실정치와 초국가적으로 협력하는 탐욕의 추구는 정의를 거의 전적으로 종교 문제로 만들어 놓았다.

이 같은 현실의 변화가 타종교와 관계를 맺는 과정에서 발생하는 선교사역의 내용을 복잡하게 만든다는 것은 의심의 여지가 없다. 타종교를 따르는 사람들 중에 전 세계적 차원의 평화와 정의에 관한 이슈에 대해 효과적으로 주장하는 사람들이 많다. 그런 사람들은 기독교와 유사한 방식을 통해 인간의 안녕을 성취하는 데 관심을 갖는 선한 사람들이다.

이런 상황에서 기독교인들에게 제기되는 질문은 타종교에 속한 사람들 그리고 그들이 수행하는 문명적 활동들과 어떤 관계를 정립해 나갈 것인가이다. 이 질문(즉 경쟁하고 협력하는 법을 배우는 일에 관한 질문)에 대한 답변을 모색하는 것이 우리가 본서에서 다루려는 주제이다.

21세기에 기독교인들은 어떤 방식으로 다른 세계 종교에 개입해야 하는가?

제2장

텍스트: 성경이 말씀하는 것

타종교를 추종하는 사람들에게 복음 이야기를 의미 있게 전달하고 싶다면, 우리가 살아가고 있는 21세기 상황을 인지하고, 이용하고, 확대시켜 나가야 한다. 특히 종교들 간 발생하는 상호 교류(interreligious interchange)를 조망하는 지배적인 방식으로 시장의 은유가 작동하고 있다는 엄연한 상황을 인지하고, 이용하고, 확대시켜 나가야 한다.

그러나 이러한 실재, 즉 다변화하는 환경 속에서 우리가 사용할 수 있는 접촉 방식과 우리가 본서를 통해 주장하고자 하는 내용은 여전히 탐구되지 않은 영역으로 남아 있다. 이들 두 가지 이슈들을 탐구하기 위해, 우리는 상황에 대한 연구로부터 성경에 대한 연구로 이동해야 한다.

성경은 타종교를 추종하는 사람들에 대해 우리가 어떤 책임을 져야 한다고 말씀하고 있는가?

왜 성경인가?

왜냐하면 성경은 우리가 전해야 할 이야기를 말씀하고 있기 때문이다. 선교와 전도는 생각과 말, 그리고 행동으로 예수 그리스도에 대한 이야기를 세상에 전달하는 것을 의미한다. 성경은 우리가 전달해야 할 것이 무엇인지 말해 주며, 어떻게 전달해야 하는지에 대한 다양한 생각들을 제공한다. 단순하게 말하기는 하지만, 항상 단순하게 이루어지는 것만은 아니다.

예수에 대한 이야기 그 자체는 일견 단순하게 표현할 수 있을 것 같아 보인다. 하지만 그 이야기를 특정한 문화적 상황에 적용하는 일은 매우 복잡해 보인다. 우리에게 제공하는 성경 예들의 암시가 있다면, 그것은 예수 이야기를 사상(즉, 우리가 누구인지에 대한 증거)과 말(우리가 하는 말에 대한 증거) 그리고 행위(우리가 하고 있는 것에 대한 증거)를 통해 전하는 일, 곧 타종교의 전통 안에서 또는 다른 문화 안에서 살아가는 사람들에게 전도를 "실행하는 일"은 문자 그대로 수많은 방식을 통해 이루어질 수 있다는 것이다.

박스 2.1
타종교에 대한 성경의 말씀

부록에 수록된 239개의 성경에 등장하는 사건과 가르침은 하나님의 백성들(족장들, 이스라엘 백성, 예수를 믿는 신약의 성도들)이 타종교 전통에 속한 사람들과 접촉하게 될 때 발생하는 또는 발생해야 하는 것에 대한 내용들이다. 이들 239개 예들에 기초하여 우리는 몇 가지 일반적인 결론을 유추해낼 수 있다.

- 수록된 성경 구절들 중 75%가 구약성경에서 발췌한 것이다.
- 가장 자주 등장하는 다섯 종교는 다음과 같다.
  - 이집트 종교(5%)
  - 나바티안(Nabatean, 현재 요르단 지역에서 주전 3세기부터 주후 1세기까지 번성하던 왕국으로 로마에 의해 멸망당함-역자 주) 종교(10%)
  - 가나안 종교(25%)
  - 메소포타미아 종교(10%)
  - 그리스/로마 종교(30%)
- 참조 성구들은 대략 140여 차례 발생한 타종교와의 접촉을 기록하고 있다.
- 이들 접촉을 보면, 협력적이었던 경우보다 갈등을 촉발했던 경우가 2배가량 많다.
- 239개의 참고 성구에는 대충 100여 개의 타종교에 대한 가르침이 있다.
- 이 가르침은 하나님, 예수, 바울로부터 유래한 것이다.

성경은 하나님의 백성들(족장들, 이스라엘 백성, 예수를 따르는 신약의 성도들)이 타종교를 따르는 사람들이나 그들의 지도자와 접촉했던 사건에 대해 최소 239개 이상을 기록하고 있는데, 이 기록들은 우리에게 타종교인들과 접촉하는 방식에 관한 교훈을 제공해 준다.

본서 뒤편에 수록된 부록은 타종교들과의 접촉과 그에 대한 교훈들과 더불어 각각의 경우에 관한 짤막한 주를 함께 제공해 준다. 성경의 기록은 하나님의 백성들이 창의적인 방식으로 증거하고 이야기를 전달했던 방식에 대한 239개 이상의 모델과 우리가 힌두교인, 불교인, 무슬림 그리고 기타 종교인들과 책임 있는 방식으로 상호작용하는 데 도움이 될 239개 이상의 교훈을 제공하고 있다.

이들 성구를 잠시 숙독하는 것만으로도 성경의 선교적 의도가 얼마나 명백한지를 확인할 수 있다(Bosch 1991). 우리가 성경에서 읽는 이야기, 궁극적으로는 예수 그리스도에 대한 이야기는 세상에 소망을 부여하고자 하는 명백한 의도를 담고 있다.

이들 239개의 예들이 동일한 선교적 의도를 공유하고 있다는 것은 너무도 분명한 사실이다. 그러나 이들 성구가 복음을 증거하는 것에 대한 오로지 한 가지 처방만을 제시하지 않다는 것 또한 분명한 사실이다. 이들 239개 성구를 읽고 그 안에 담겨 있는 교훈을 올바로 소화하고 나면, 풍성한 방법과 결론 그리고 지혜의 말씀에 대해 깨닫게 될 것이다.

이 성구들을 깊이 있게 읽는다는 것은 마치 영어 문학작품들 중 최고의 짧은 이야기들을 모아 놓은 전집을 읽는 것과도 같다. 모든 이야기는 하나의 진리를 전달한다. 그러나 모두 다른 방식으로 전달한다. 그 모든 이야기 각각이 흥미로운 특징을 담고 있다. 이것을 통해 알 수 있는 명백한 사실은, 다른 모든 종류의 인간관계와 마찬가지로 복음을 증거하는 일도 매우 복잡한 과정이라는 사실이다.

이 예들은 하나님의 백성들이 타종교를 따르는 사람들과 접촉하는 방식, 즉 전쟁(공격적이거나 방어적인), 우정, 공동체 프로젝트, 경제적 거래, 결혼, 여행 등이 매우 다양하다는 것을 보여준다. 이렇게 다양한 방식의 접촉은 분쟁이나 협력, 그리고 비난이나 개종으로 결과될 수 있다. 종교 간 접촉이 발생하는 정치시스템은 "기성"(established) 종교가 정립되어 있는 왕정체제로부터 다양한 부족 신앙이 공존하는 봉건적 복합체에 이르기까지 다양하다.

이와 같은 다양성 때문에 재미있는 독서가 가능해진다. 그러나 이 같은 다양함 때문에 타종교를 추종하는 사람들에 대한 성경적 접근(the biblical approach)을 포착하는 일이 어려울 수 있다는 것 또한 사실이다. 만일 우리가 타종교와의 접촉에 관해 성경이 증거하는 몇 가지 원리를 추출하고자 한다면 해석의 필요성이 절실해진다.

그러나 사려 깊은 독자들은 이 과정이 만들어내는 위험성에 대해 알아차릴 것이다. 해석 원리가 실천으로부터 지나치게 유리되면, 타종교 접근 원리에 대한 다양성을 상실하고 만다. 특정 상황 안에서 잘 작동했던 원리가 다른 상황에서는 작동되지 않는다. 성경이 다양한 상황에서 발생한 일들을 다양한 문학 장르를 통해 기록한 66권의 책으로 구성되었다는 것은, 예수 그리스도에 대한 복음 이야기 자체를 제외한 다른 모든 것에 다양성이 적용될 수 있어야 함을 보여준다. 복음이 새로운 문화적 상황에 진입할 때마다 이전의 상황들에서 사용했던 방식들과 구별되는 독특한 방식을 사용해야 한다(Scherer 1987).

이 같은 해석의 복잡함 때문에 타종교에 관한 성경적 진리를 구별하는 일 자체가 참으로 대단한 모험이 된다. 이 같은 성경 주석의 복잡함은 마치 동일한 비행기에서 뛰어내리는 스카이다이빙같이, 그리고 가파른 동일한 산 등성이를 기어올라가는 산악 등정같이, 또는 동일한 야구장에서 벌어지는 세계야구대전과 같이, 일변하는 상황에 따라 다른 방식을 적용해야 하는 일이 된다.

이처럼, 성경을 해석하는 일은 위험을 감수하는 일이다. 이는 복음을 해석하는 우리의 달란트를 취하여 돈키호테처럼 매일 끊임없이 유동하는 세상에 투자하는 것과 같은 일이다. 잃어버린 하나를 찾는 것보다 아흔 아홉을 돌보는 일이 더 안전할 것이다.

따라서 그처럼 심장을 멈추게 할 정도의 위험과 우리의 마음에 상당한 부담을 주는 복잡성에 직면할 때, 더 안전한 기반의 확보를 모색하려는 노력은 충분히 이해할만한 일이다. 우리는 방법론적인 면에서 더 안전한 기반을 찾고자 노력한다. 우리는 일련의 질문을 제기하며 텍스트에 접근하기로 결정한다. 우리는 그렇게 제기하는 질문들에 대한 허용 가능한 답변들의 범주를 의도적으로 제한한다(delimit). 이렇게 답변의 범주를 제한하는 이유는, 단지 안전을 확보하기 위해서가 아니라(성경 주석가들이 맹수 사냥꾼들(big-game hunters)이 되는 실수를 결코 범하지 않을 것이기는 하지만) 우리 가운데 활발한 토론을 가능하게 하려 함이기도 하다. 만일 우리 모두가 유사한 질문을 제기한다면, 질문에 대한 답변을 비교하기가 훨씬 수월할 것이다.

그러나 답변을 요구하는 새로운 질문이 등장하는 경우가 발생할 것이라는 사실에 대한 안목을 잃지 않아야 한다. 이런 질문은 우리가 이전에 전혀 생각해 보지 않았던 것에 대한 질문이거나 우리의 기존 생각을 뒤집는 질문일 것이다. 아마도 이러한 질문은 성경 주석가들이 머나먼 나라에서 성경 텍스트를 탐구하기 위해 개발한 다양한 방법론들의 원천일 것이다.

따라서 우리가 힌두교인과 불교인, 그리고 무슬림을 포함한 타종교인들에게 복음을 증거할 때 성경이 말씀하는 것을 사용하는 방식에 관한 새로운 제안들이 필요하다는 것을 발견하게 된다. 이제 다음에 제기할 토론에서, 우리는 이 문제에 대해 생각하는 한 가지 단순한 방식, 즉 우리가 성경 해석의 세 가지 영역이라 부르는 방식을 제안할 것이다. 그 세 가지 영역은 자료 영역(the data spheres)과 질문 영역(the question spheres), 그리고 주제 영역(the theme spheres)이다. 각 영역은 한 가지 질문으로 설명될 수 있다.

자료 영역: 성경은 타종교에 속한 사람들에 대해 무엇을 말씀하는가?
질문 영역: 이 관계에 관해 내가 제기하는 구체적인 질문은 무엇인가?
주제 영역: 성경이 말씀하시는 바에 비추어 내 질문을 이해하기 위해 어떤 렌즈 혹은 해석학적 원리를 사용해야 하는가?

박스 2.2
성경해석의 세 가지 영역

1. 자료 영역: 성경은 무엇을 말씀하는가?
성경은 우리가 직면한 이슈를 다루는데 필요한 자료를 담고 있는 자료집이다. 우리가 제기하는 핵심 질문, 즉 타종교 전통에 속한 사람들에 대한 기독교인의 책임과 만날 때, 그 문제에 대해 성경이 무엇을 말씀하는지를 알 필요가 있다.

2. 질문 영역: 내 질문에 성경은 답변하는가?
성경 텍스트에 대한 가장 구체적인 질문은 내가 제기하는 혹은 내가 속한 집단이 제기하는 특정한 질문에 대한 답을 발견할 수 있는지 여부이다. 그러나 그 질문은 세상에 대한 나의 이해와 경험을 기초로 형성된다. 그 질문은 나의 신분(군인, 선원, 땜장이, 간첩 등), 나의 은사들과 개인적 자질들(지적, 실천적, 공동체 지향적 등), 그리고 세상에 대한 내 경험의 정도(대단하다. 좋다. 보통이다. 나쁘다)에 의존한다.

3. 주제 영역: 다양한 장소에서 성경이 말씀하시는 것을 어떻게 일치시킬 것인가?
성경에서 찾은 자료에 대한 평가는 일반적으로 더 일반적인 주제 혹은 주제들 하에서 어떻게 정리할 것인가로 시작한다. 기독교 주석가들에게 있어, 일반적인 주제가 있다는 것, 즉 특정 성경 자료가 다른 성경 자료들과 일관성을 유지한다는 것은 자명한 이치로 통한다.

1. 자료 영역: 성경이 무엇을 말씀하시는가?

어떤 의미에서, 성경은 우리가 제기하는 이슈를 다루는데 필요한 자료를 담고 있는 자료집이다(McQuilkin 1984). 어떤 질문에 직면했을 때, 예컨대 "타종교를 추종하는 사람들에 대한 기독교인의 책임은 무엇인가?" 같은 질문에 직면했을 때, 우리는 그 질문에 관해 성경이 무엇을 말씀하는지 알 필요가 있다.

이 같은 발견 과정은 다섯 가지 과정으로 세분할 수 있다.

① 관련 성경 구절들을 모두 파악한다.
② 이 구절들을 모아 관련 구절별로 분류한다.

③ 각 구절이 담고 있는 "황금알," 즉 중요한 정보나 독특한 진리를 파악한다.
④ 각 그룹으로 분류된 성구들이 담고 있는 가장 중요하거나 지배적인 핵심 내용(negget)을 찾아낸다.
⑤ 발견한 독특한 진리를 특정 상황에 적용한다.

이런 접근 방법에 대한 특히 분명한 한 가지 예는, 『기독교와 종교: 세계 종교에 대한 성경신학』(Christianity and the Religions: A Biblical Theology of World Religions, 1995)이다. 이 책의 편집자인 에드워드 로멘(Edward Rommen)과 해럴드 네트랜드(Harold Netland)는 자신들이 이 책을 통해 진행한 작업을, "성경 자료를 새로운 방식으로 조망함으로서 종교다원주의로 인해 제기되는 현대적 질문들을 다루는 것"이라고 설명했다(5).

이 책에 담겨 있는 두 사람을 포함한 여러 저자들이 저술한 논문들은 성경적 진리라는 순정 금속으로 정련하기 위해 성경의 자료라는 원석을 파내는 광부들과 같은 과정을 거쳐나갔다. 이 같은 과정을 거친 후, 그들은 자신들이 발견한 진리를 현대 세계의 선교 상황에 적용했다. 위에 언급한 제목들에 비추어 그들이 제기한 논리를 시험해 보는 것도 도움이 될 것이다.

박스 2.3
성경 자료에 대한 주요 목록

Rommen and Netland (1995)

- 모세오경: 야훼의 성품들
- 지혜 문서: 하나님께 초점을 맞춤
- 선지서: 오직 하나님만 예배함
- 복음서들과 사도행전: 종교다원주의 상황에서의 복음
- 바울: 상황신학
- 서신서들과 요한계시록: 예수 그리스도의 유일성과 우월성

첫째, 이 책의 저자들은 먼저 성경 구절들을 파악했다.
성경 구절들을 파악하는 과정에서, 그들은 비록 중요할 수도 있는 것을

잃는 실수를 피하기 위한 목적이긴 했으나, 중요성이 떨어지는 원석들까지 수집하는 실수를 저지른 것 같아 보인다. 따라서 수집한 성구의 규모가 지나치게 많고 포괄적이다.

둘째, 저자들은 수집한 성구 자료들을 쉽게 파악이 가능하도록 집단별로 구별했다.

자료를 정리하는 원리들은 다양하지만, 이 책의 저자들은 전통적인 성경 구별 방식, 즉 모세오경, 지혜 문서, 선지서, 복음서들과 사도행전, 바울 서신들, 일반 서신들과 요한계시록을 따랐다.

애드 매튜스(Ed Mathews)는 모세오경로부터 야훼의 비교불가성, 다른 신들에 관한 야훼의 질투, 야훼의 유일성(Oneness), 우상숭배의 금지 그리고 이 문제를 다루는 데 필요한 중요한 주제로서 야훼의 배타성에 대해 파악했다 (Rommen and Netland 1995, 30-44).

마이클 포칵(Micheal Pocock)은 지혜문학에서 종교에 대한 정죄를 거의 발견하지 못했다. 오히려 지혜문학 문서들은 "하나의 북극(야훼)을 겨냥하고 있는 하나의(the single) 화살"이라는 긍정적인 면에 초점을 맞추고 있다(Rommen and Netland 1995, 54).

로버트 키솜(Robert Chisholm)은 선지서의 가장 중요한 주제가 바알숭배에 대한 논쟁이라고 말한다. 선지서 내에서, 논쟁적인 야훼는 당신만을 예배하라 요구하시며 우주적 권력을 쥐고 계시는 분으로 드러난다(Rommen and Netland 1995, 56-71).

윌리엄 라킨(William Larkin)은 복음서들과 사도행전이 우리에게 "종교다원주의 상황에서 복음에 대해 이해하는 방식(복음은 유익하고 복음의 수용은 구원에 필수적)에 대해" 알려주고 있음을 발견했다(Rommen and Netland 1995, 73). 특히 사도행전은 다양한 비기독교 종교를 다루는 전도전략에 대해 가르쳐 준다.

돈 하웰(Don Howell)은 바울이 그리스와 로마, 그리고 이집트의 종교들과 다른 신비 종교들을 하나님 중심적 기독론과 대립시키고 있음을 발견했다.

또한 바울은 복음의 메시지를 전달하기 위하여, 이교의 종교 용어를 사용하곤 했다. 바울은 특히 우상숭배와 혼합주의에 대해 특히 공세적이었다(Rommen and Netland 1995, 92-112).

셋째, 안드레아스 코스텐버거(Andreas Köstenberger)는 서신서들을 연구하면서, 서신서들이 예수의 우월성과 고난받는 종으로서의 예수의 유일성에 대한 강조와 더불어, 비기독교 종교들이 "기독교 신앙과 순결성을 왜곡하는" 방식에 대해 말씀하고 있음을 발견했다(Rommen and Netland 1995, 136).

2. 질문 영역: 성경이 나의 질문에 답변하는가?

성경 텍스트들에 관해 제기할 수 있는 가장 구체적인 질문은, "내가 어떤 일반적인 질문에 대한 답변을 발견할 수 있느냐 혹은 "내가 보편적인 이론들을 개발해 낼 수 있느냐?"가 아니라, "내가 개인적으로 혹은 내가 속한 그룹이 제기하는 구체적 질문에 대한 답변을 발견할 수 있느냐?"이다. 이 질문이 매우 구체적일 경우도 있지만, 좀 더 일반적인 경우도 있다. 그러나 이런 질문은 세상에 대한 나의 이해와 경험에 의해 만들어진다.

이런 방식에 대한 특히 명백하고 교훈적인 예로는『기독교와 다원성: 고전적 독서 자료와 현대적 독서 자료』(*Christianity and Plurality: Classic and Contemporary Readings*, 1999)라는 자료집 안에서 발견할 수 있다. 이 책의 편집자인 리처드 플랜팅가(Richard Plantinga)는 기독교 역사에서 우리가 살아가는 이 세상의 종교 다원성 때문에 제기될 수 있는 다양한 질문들에 관해 다룬 일단의 학술자료들을 제공한다. 그러나 오늘 우리의 관심을 끄는 것은 플랜팅가가 그 자료집의 서론과 제1부에서 성경적 자료를 다룬 방식이다.

플랜팅가는 우리가 살고 있는 현대 상황에서 종교다원성이 문제가 될 수밖에 없는 이유를 분석하므로 논의를 시작한다. 그는 오늘날 종교 다원성이 문제가 되는 이유는 종교 다원주의라는 사실 자체가 새롭게 부각된 문제이기 때문이 아니라는 결론 내린다. 종교다원성은 과거부터 늘 존재해 왔다. 1세기(기독교의 역사적 실존이 시작될 때)에 이미 (이슬람을 제외한) 세계의 모든 주요 종교가 존재하고 있었다.

비록 종교다원성 자체가 새로운 것은 아니지만, 종교다원성이라는 상황에 대한 이해는 새롭다. 현대의 다양한 조건들이 우리의 의식 안에 종교다원성을 매우 생생한 방식으로 부각시켰다(Hastings 1999). 종교다원적 상황에 대한 점증하는 주관적 인식은 몇 가지 역사적 요인들, 즉 세상에 대한 발견과 탐험, 아시아 종교들의 부활, 세계화로 인해 발생한 것이다.

이러한 모든 변화 때문에, 오늘날 이 세상의 다원적 종교환경 속에서 기독교만이 가지는 독특성에 대한 질문이 기독교 공동체를 향해 제기되고 있다. 이 질문에 대하여 몇 가지 신학적 답변들, 즉 배타주의, 포용주의, 다원주의 그리고 보편주의가 제시되었다.

플랜팅가는 이 문제에 관해 종교다원성에 관하여 취합한 원자료(raw data)를 취급하는 방법을 제시한다. 그는 원텍스트, 즉 구약성경에서 선정한 37개의 텍스트와 신약성경에서 선정한 39개의 텍스트를 읽는 방식을 간단하게 제시한다. 플랜팅가는 "실존했던 모든 기독교 전통은 하나님과 세상, 그리고 인간을 알고 이해하기 위해 성경 해석의 필요성 뿐 아니라 성경의 권위를 인식했다"(1999, 12)는 사실에 주목함으로써 자신의 취급 방식을 정당화한다.

플랜팅가 자신이 철학자이기에, 이 질문에 대한 답변을 그가 이해하고 있는 바 철학 용어로 제시한다. 그는 텍스트들을 읽어내려갈 때 끊임없이 명심해야 할 것을 질문 형식으로 진술한다.

> 구원으로 절정에 이르게 되는 신인 관계(divine-human relationship)라는 특별한 관계가 가능하도록 특별한 신적 계시가 주어졌음을 고려할 때, 기독교인들은 그 실재가 보편적이라 인식되는 종교성(religiosity)에 대해 어떻게 생각해야 할까?
> 다양한 형식으로 표현될 뿐만 아니라 외견상 성경에 기록된 특별한

신적 계시를 망각하게 하는 종교성의 보편적 실재에 대해 기독교인들은 어떻게 생각해야 할까?(1999, 2)

제기되는 문제에 대한 이런 식의 진술은 그리스 철학자 플라톤과 아리스토텔레스 사상에 근거한 서구 철학 전통의 후예인 서구 독자들에게 특히 유용하다. 플라톤과 아리스토텔레스는 각기 보편적인 것과 특별한 것에 관한 문제, 특히 그 둘이 서로 어떻게 상관되는가에 대한 문제를 다루었다.

플라톤과 그의 추종자들은(이상주의자라고 불리는) 본질적으로 보편적인 것은 특별한 것과 분리되고 구별되는 것으로 간주했다. 아리스토텔레스와 그의 추종자들은(현실주의자라 불리곤 하는) 보편적인 것을 물질적 객체들이 담고 있는 유사성들에 대한 인간의 경험이라고 간주했다. 따라서 보편적 이데아가 실재이긴 하지만 연구 대상들과 분리되지는 않는다고 보았다.

문제에 대한 이런 공식화는 몇 가지 중요한 기독교 교리(하나님의 초월성과 내재성, 그리고 예수 그리스도의 성육신을 포함하는)에 관한 이슈에 반영되어 있다. 플랜팅가는 이것이 한 분 하나님과 그분을 찾는 다양한 종교적 표현 현상을 조망하는 하나의 유용한 방식이라고 본다.

이 같은 접근 방식을 설명하기 위해, 플랜팅가는 그가 선택한 76개의 성경 텍스트를 검토한 후, 그 성구들이 다원주의 문제와 보편성과 특수성의 문제에 연관되는 방식을 밝혀낸다.

예를 들어, 우리는 창조 기사를 통해 무로부터 이 세상과 하나님과 관계를 맺을 수밖에 없는 인간을 창조하시는 초월적 하나님을 볼 수 있다. 이것은 다른 많은 것들과 관련 있는 보편적 하나님의 창조 행위에 대한 좋은 실례다.

또 다른 예는 모든 열방을 향한 하나님의 보편적인 창조 의도를 증거하기 위해 하나의 특별한 나라인 이스라엘을 택하신 하나님의 결정이다. 이런 방식으로 선택한 성구들을 고찰한 후, 플랜팅가는 보편성과 특수성에 대한 문제가 종교다원성에 대한 기독교적 관점과 연결되는 방식에 대한 결론에 이른다.

> 창조에 대한 보편적인 신적 관심은 특수성, 즉 기독론적 계시로 그 특성을 드러낸다. 그리고 특히, 그리스도 안에서 드러난 하나님의 속죄의 계시(atoning revelation)는 온 세상의 구원을 가능하게 하는 보편적 결말에 대한 것이다(1999, 24).

플랜팅가의 방법론이 맺은 결실은 발견에 대한 감(a sense)과 일견 압도적으로 복잡하고 심지어 혼란스러워 보이기까지 한 일단의 자료를 분석하고 설명하는 데 사용할 수 있는 강력한 도구에 대한 감(a sense)이다. 보편성-특수성의 구별은 자료가 암시하는 바를 관리하고 제한하는데 상당한 도움을 제공한다.

그러나 서구 철학 전통의 후예가 아닌 성경 텍스트 독자들에게 이러한 방식이 얼마나 도움이 될 것인지에 대해 의구심을 가질 수 있다. 어떤 사람들에게 보편성과 특수성이 연관되는 방식은, 설사 있다손 하더라도 거의 가치가 없는 분석 도구에 불과할 수 있다. 확신하건대, 그런 사람들조차 텍스트를 읽는데 도움이 될 도구를 기꺼이 환영할 것이다. 그러나 그들에게는 위에 제시한 도구와는 다른 방식이 더 도움이 될 것인데, 도움의 여부는 아마도 그들이 소유한 철학 전통이 무엇인가에 달려있을 것이다.

3. 주제 영역: 성경이 말씀하시는 바를 어떻게 일치시킬 수 있는가?

성경에서 유래한 자료를 평가하는 또 다른 방식은, 선택한 자료를 하나의 일반 주제하에서 분류하는 것이다. 많은 사람들에게 있어, 일반 주제의 실재는 매우 자명한 것으로 받아들여진다. 발견된 모든 내용들은 다른 모든 내용들과 어떤 식으로든 일치하게 된다. 이 같은 분류 방식은 "통합"(synthesis)이라고 불리는데, 이 방식에 대한 예는 에드워드 로멘과 해롤드 네트랜드가 편집을 맡은 책에 포함된 로멘의 논문에서 발견할 수 있다.

로멘은 "비기독교 종교들에 대한 복음주의 신학에 대한 조직적 진술"을 작성하는 것으로 통합 작업을 진행한다(Rommend and Netland 1995, 241). 로멘은 신학을 "계시의 본질을 포착하고 그 가르침을 적용하는 것에 대한 지침을 제공하는 요약 진술을 산출하는 인간 행위"라고 정의한다(241).

이 일을 달성하기 위해, 로멘은 성경 텍스트에서 발굴한 모든 자료를 설명하는 정의들(definitions), 공리들(axioms) 그리고 명제들(propositions)로 구성된 체계를 구성한다. 처음 두 가지, 즉 정의들과 공리들은 성경이 제공하고, 마지막 하나인 명제들은 정의들과 공리들을 접한 독자가 추론한다.

> 명제 1: 기독교는 여타 타종교들의 실재에 대해 알아야 한다.
> 명제 2: 타종교에 대한 기독교의 평가는 기본적으로 부정적이다. 그러나 고도로 차별화한 평가이어야 한다.
> 명제 3: 타종교에 대한 기독교의 개입 방식은 의도적 상황(the intentional context)에 달려 있다.

마지막으로, 명제들은 우리가 처해있는 상황에 적용된다. 해롤드 네트랜드는 자신의 논문에서, 스스로 발견한 내용들을 다원주의적 세계에서 발생하는 선교사역에 적용했다. 새로운 다원주의, 세계적 상황에 대해 토론한 후, 해롤드는 선교의 실천을 위한 여섯 가지 지침, 즉 타종교에 대해 이해할 것, 기독교 선교를 통해 복음화할 것, 현대의 타당성 구조와 다원주의에 참여할 것, 선교를 위한 적절한 대화 형식들을 적용할 것, 예수 그리스도의 제자로서 일관성있는 삶을 살 것, 기도로 타종교와의 접촉에 몰두할 것을 제공한다.

4. 세 가지 질문들에 대한 답변들의 통합

세 질문들 모두 당연히 가치 있다. 그리고 타종교 전통에 속해 있는 사람들에 대한 우리의 책임을 제대로 파악하기 위해 세 가지 질문들에 대한 답변이 필요함도 물론이다. 문제는 그 세 가지 질문들을 어떻게 통합할 것인가에 대한 것이다. 질문 1(자료 영역: 성경이 무엇을 말씀하시는가?)과 2(질문 영역: 성경이 나의 질문에 답변하는가?)는 서로 통합하는 것 같아 보인다. 질문 1과 3(주제 영역: 성경이 말씀하시는 바를 어떻게 일치시킬 수 있는가?)도 서로 통합하는 것 같아 보인다. 그러나 질문 2와 3은 일치시키기에 뭔가 이상해 보인다.

그럼에도 불구하고 이 세 가지 질문들 모두가 일순간에 통합할 수 있을까? 만일 통합할 수 있다면, 어떻게 가능한가?

그림 2.1은 성경 해석의 세 가지 영역을 설명하고, 종교다원주의에 대해 성경이 말씀하고 있는 바를 이해하기 위한 통합적 접근 방법을 제시한다. 이 접근 방법을 설명하기 위해, 우리는 다섯 가지 논지와 관련된 도표에 대해 토론할 것이다.

1) 논지 1

타종교에 대한 성경 한 구절을 이해하기 위해, 관련 성경 구절들(그림 2.1의 타원 1)을 파악해야 하고, 이 구절들에 적용하는 성경 해석 원리들에 대해 이해해야 하며(그림 2.1의 타원 2), 그 구절들을 오늘날 우리가 직면하는 상관성 있고 구체적인 질문과 관련시켜야 한다(그림 2.1의 타원 3).

이 논지는 타당한 성경적 지혜를 얻기 위해 이 세 가지 타원 모두가 제시되어야 함을 가르쳐 준다. 타원 1에 있는 자료만 사용한다면, 결과적으로 자신의 주장을 확증하기 위해 임의로 텍스트를 끼워 맞추는 것(proof-texting)에 불과하다. 타원 2에 있는 자료만 사용한다면, 현학주의(scholasticism)로 결론날 것이다. 타원 3에 제시된 자료만 이용한다면, 문화적 혹은 종교적 상대주의로 결론날 것이다.

그림 2.1

성경 해석을 위해 통합된 세 가지 영역

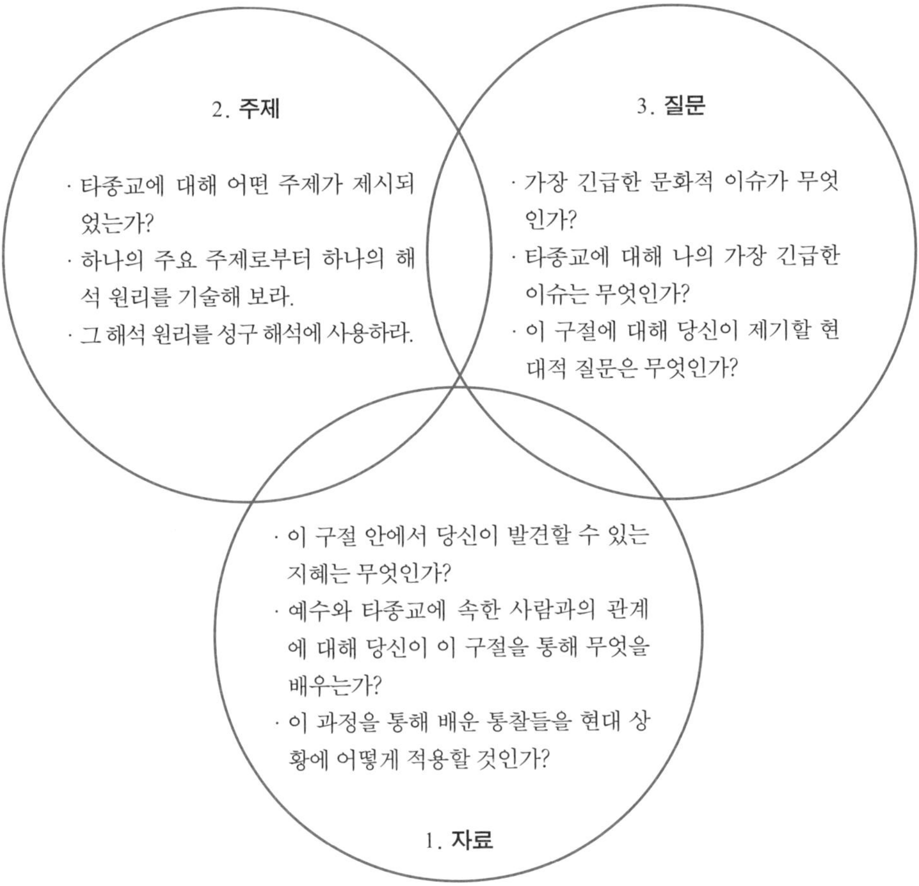

2. 주제

- 타종교에 대해 어떤 주제가 제시되었는가?
- 하나의 주요 주제로부터 하나의 해석 원리를 기술해 보라.
- 그 해석 원리를 성구 해석에 사용하라.

3. 질문

- 가장 긴급한 문화적 이슈가 무엇인가?
- 타종교에 대해 나의 가장 긴급한 이슈는 무엇인가?
- 이 구절에 대해 당신이 제기할 현대적 질문은 무엇인가?

- 이 구절 안에서 당신이 발견할 수 있는 지혜는 무엇인가?
- 예수와 타종교에 속한 사람과의 관계에 대해 당신이 이 구절을 통해 무엇을 배우는가?
- 이 과정을 통해 배운 통찰들을 현대 상황에 어떻게 적용할 것인가?

1. 자료

2) 논지 2

질문이 야기된 상황에 적절하게 각 원(circle)에서 한 가지 측면(텍스트, 원리, 질문)을 선택하는 것이 나머지 두 개의 원에 있는 텍스트들, 원리들, 그리고 질문들의 효과를 손상시키지 않는다.

예를 들어, 기독교인이 타종교인과 관계를 맺는 방식에 대한 가능한 적용을 모색하기 위해 단지 이웃만이 아니라 원수까지 사랑하라는 예수의 명령인 마태복음 5:43-44을 검토하기로 했다고 하자.

세 개의 타원은 각각 독특한 기여를 한다. 타원 1에서 마태복음 5:43-44을 선택하는 것이 나머지 238개의 가능한 자료를 쓰레기통에 던져 넣는 것이 아니다. 각각의 성구는 다른 가능한 상황에서 작동할 수 있는 잠재적 가치를 지닌다. 같은 맥락에서, 타원 2로부터 성경 해석 원리로 분쟁 완화(평화)를 선택하는 것이 다른 모든 성경 원리를 잘못된 것으로 생각하게 하는 결과를 초래하지 않는다.

그리고 '나와 이웃하고 있는 무슬림과 어떻게 관계를 맺어가야 하는가?' 같은 질문의 선택이 '알카에다에 소속된 무슬림들의 경우는 어떤가?' 같은 사뭇 다른 상황에서는 이 텍스트와 원리를 적용할 수 없음을 의미하지 않는다. 이 두 번째 논지는 중요하지만 거의 상식적인 두 가지 요점을 표명한다.

첫째, 우리는 항상 특정한 관점으로 성경을 대한다는 것이다.

우리는 삶의 특정 순간에 발생하는 일에 의존하는 경향이 있기 때문에, 특정 방식을 통해 성경을 조망한다. 우리는 동일한 성구를 반복해서 읽을 수 있는데, 읽을 때마다 동일한 성구로부터 새로운 것을 얻을 수도 있다. 따라서 하나의 성구나 주제, 혹은 질문이 어떤 특정한 순간에 우리에게 더 중요하게 작용할 수 있다. 그러나 그렇다고 해서 다른 성구들이나 주제들, 혹은 질문들이 덜 중요하다는 것을 의미하지 않는다.

둘째, 각 타원의 모든 측면이 어느 한 순간에 동시에 표현될 수 없다는 것이다.

우리의 생각은 제한적이다. 우리가 진행할 수 있는 것도 제한되어 있다. 심지어 우리가 모든 성구, 모든 신실한 주제, 그리고 모든 질문에 완전히 개방되어 있더라도, 오직 한 가지씩만 진행시킬 수 있을 뿐이다. 우리가 하나의 렌즈를 통해 사물을 바라볼 때, 다른 정보는 일시적으로 간과하게 된다. 이 때문에 다음 논지에 내재된 위험성이 예견된다.

3) 논지 3

하나의 측면을 선택하여 우리의 해석학적 초점으로 삼고 연구하거나 사용하므로, 우리는 다른 측면들이 주는 논리와 의미를 보지 못할 수도 있다.

이런 위험은 이해할만한 것이다. 일반적으로 이 같은 위험은 신앙에 대한 우리의 단호한 헌신이 내포하는 대단히 긍정적인 사실들에서 유래한다. 하나님께서는 당신의 나라를 위해 일하도록 우리를 부르신다. 우리는 적절하고 알맞다고 생각하는 방식을 따라 행동한다. 이 경우에 아마도 우리는 특정 성경 구절를 근거로 행동할 것이다.

많은 사람은 이런저런 이유로 행동을 자극해주는 생애성구(life verses)가 있다. 또한 우리의 신앙 공동체가 함께 공유하는 신실한 섬김에 대한 성경적 요구를 근거로 행동할 것이다. 나아가, 우리는 우리가 목도하는 세상의 필요들에 근거해서 행동할 수도 있다.

우리가 선호하는 수행 방식으로 인해 특정 행동과 방식에 지나치게 몰두할 경우, 일의 수행을 위한 다른 방식(들)이 갖는 가치와 신실함에 대한 시각을 상실할 수도 있다. 『신학으로서의 전기』(Biography as Theology, 2002)라는 저술을 통해, 제임스 맥클렌돈(James McClendon)은 사람들이 겪은 인생에 대한 경험이 그들이 기독교 신앙을 이해하고 실천하는데 어떻게 영향을 끼치는지를 소개한다.

예를 들어, 마틴 루터 킹 주니어(Martin Luther King Jr.)는 인종 갈등이라는 상황 속에서 성장했을 뿐만 아니라 인종차별이 초래한 고통을 실재로 경험했다. 성경을 읽어 나가던 중에, 마틴 루터 킹 주니어는 구약의 선지자들과 그들이 살아가던 정치 환경 속에 실현되는 하나님의 공의를 목도하는데 받친 그들의 헌신에 큰 감동을 받았다. 그의 인생 성구, 그리고 많은 설교와 연설때에 사용한 다른 많은 성구는 선지서에 기록된 성구들이었다.

오직 정의를 물 같이 공의를 마르지 않는 강 같이 흐르게 할지어다
(암 5:24).

4) 논지 4
매 순간마다 세 가지 타원에서 유래한 기여가 발생한다.

이것은 성경의 충만함에 대한 진술이다. 연대로는 성경이 비록 오래된 텍스트이긴 하지만, 매일 매 순간 텍스트로부터 유출해 적용할 수 있는 하나님의 말씀이기도 하다. 성경이 오늘날 상황들에 대해 명확하게 말씀하시기도 한다.

예를 들면, 산상수훈이 먼 과거에 기록된 것이기는 하지만, 오늘날 사람들 간 상호 관계와 하나님께서 창조하신 피조 세계에 대한 존중에 대한 명확한 지침을 제공해 준다. 성경이 현재 상황에 대해 암시적으로 말씀하시기도 한다. 하나님의 말씀은 줄기세포 연구와 인간복제 문제에 대해 명확하게 말씀하지는 않는다.

그러나 기도와 성경 연구를 통해, 이 같은 문제에 대한 메시지를 얻어낼 수 있다. 그림 2.1의 도표에서 볼 수 있듯이, 주님의 말씀은 세 가지 영역이 서로 만나고 중첩된다. 성경이 말하는 내용이 성경의 보편적 주제를 통해 이해되는 오늘의 문제와 교차하는 곳이 바로 그곳이다.

한 가지 예를 들어보자.

아침 경건의 시간에 마태복음 25장의 양과 염소 비유를 읽었다고 가정해 보자.

텍스트를 읽어보면 한 가지 명확히 드러나는 것이 있다. 그것은 비유가 제시하는 요점 중 하나로, 마지막 날에 드러나는 인간의 습성과 최후의 심판 날에 타종교를 추종하는 사람들에 관해 제기되는 누가 구원받을 것인가?라는 주요 질문이 상호교차한다는 것이다.

좀 더 구체적으로, 그 질문은 그 질문의 하부 질문, 즉 '모두가 구원받는가?'와 교차한다. 또한 그 질문은 모든 성경 기록의 중요 주제인 다양한 언약들, 궁극적으로는 당신의 아들 예수 그리스도를 통해 인간에게 허락된 하나님의 은혜로운 섭리라는 주제와 교차된다.

일반적으로 세 가지 타원 중 한 가지에 속한 요소, 즉 텍스트나 질문 또는 성경의 주제로 시작한다는 것에 주목하라.

그러나 그렇게 시작한 텍스트나 질문 또는 주제를 공정하게 다루려면, 다른 두 영역에 속한 요소들도 고려해야 한다. 과거와 다른 현재 세계의 상황 때문에, 즉 과거에는 인구의 거의 100%가 기독교인들로 구성된 지역에 타종교를 추종하는 사람들이 이웃으로 들어오고 있는 상황 때문에, '모두가 구원받을 것인가?'라는 질문으로 시작하는 것은 자연스러운 일일 것이다. 이 질문을 제기한 다음에는 자료(양과 염소의 비유)로 향하게 될 것이고, 다음에는 성경의 전체 주제(하나님의 말씀을 찾기 위해 다른 다양한 텍스트를 검토할 수 있게 하는)를 검토하게 될 것이다.

마지막으로, 특정 텍스트 혹은 우리가 살아가는 일상 상황에서 유래한 질문으로 시작하기보다 그러한 주제로 시작하는 연구를 쉽게 상상해 볼 수 있다. 이 같은 특정한 예, 즉 다양한 언약, 궁극적으로는 당신의 아들 예수 그리스도를 통해 인간에게 허락된 하나님의 은혜로운 섭리에 대한 주제는 기독교 역사 2천 년 동안 기독교 신학자들과 목회자들, 그리고 평신도들의 관심을 끌어왔다.

5) 논지 5
성경 말씀에 대한 적절한 이해는 성령, 즉 그리스도의 마음을 덧입을 것을 요구한다.

성경 공부는 그것이 믿음을 구하는 이해와 관련된 경우에 한해 성공적일 수 있다. 믿음은 계시된 하나님의 말씀 앞에 겸손한 태도로 성령께서 인도해 주시길 하나님께 정기적으로 간구하며, 우리가 구하는 의가 하나님께서 찾으시는 의인 지를 인지하는 것으로 표현된다. 우리는 이 같은 믿음 안에서 이해를 발견할 수 있다. 믿음을 배제한 채, 노력으로만 얻고자 하는 우리의 이해는 아무리 잘해도 불완전할 수밖에 없다.

바울이 고린도전서 2장에서 "그리스도의 마음을 가지고"(2:16)라는 개념을 어떻게 사용하고 있는지 보는 것은 흥미로우면서 교훈적이기도 하다. 바울은 분열된 교회, 즉 논쟁에 휩싸인 어린 교회에 편지를 쓰고 있다. 그들은 적절한 기독교적 행위에 대해, 그리고 적절한 기독교적 행위에 대한 동의방식조차 합의하지 못하고 있었다.

어떻게 이 큰 어려움을 해결할 것인지에 대한 바울의 권면은 하나님의 성령을 의존하는 것이었다. 사역에 대한 자기 자신의 접근 방식과 경험을 하나의 모델로 사용하면서, 바울은 사람의 지혜가 아닌 그리스도를 선포할 것을 권면한다.

그는 그 시대에 속한 지혜가 아니라 하나님의 신비로운 지혜를 사용함으로 교만이 아닌 약함과 떨림 안에서 사역할 것을 권면한다. 우리는 바울이 권면한 것과 동일한 방법을 사용하며 하나님의 성령에 동일하게 의지함으로써, 신자의 공동체로써 뿐만 아니라 개별 신자로서도 선을 이루어갈 수 있다.

박스 2.4

영역들을 해석하는 것에 대한 다섯 가지 논지

논지 1: 타종교에 관한 성경 구절 하나를 이해하기 위해서는 관련된 성경 구절들(타원 1)을 파악해야 한다. 그리고 이들 성경 구절에 적용하는 성경 해석 원리들을 이해하여(타원 2), 그 구절들을 오늘날 우리가 직면한 상관된, 구체적인 질문과 연관시켜야 한다(타원 3).
논지 2: 각 타원의 한 가지 측면(텍스트, 원리, 질문)을 질문을 제기한 상황에 적절한 것으로 선택하는 것은, 세 개의 타원의 나머지 텍스트, 원리 그리고 질문을 손상하지 않는다.
논지 3: 한 가지 측면을 선택하여 해석학적 초점으로 삼고 연구하거나 사용하려 할 때, 다른 측면들이 주는 논리와 의미를 보지 못할 수도 있다.
논지 4: 매 순간, 이 세 가지 타원을 통해 얻는 기여가 발생한다.
논지 5: 성경 말씀에 대한 적절한 이해는 성령, 즉 그리스도의 마음을 덧입을 것을 요구한다.

5. 질문 영역

질문은 문화 조건의 변동에 따라 바뀐다. 즉, 특정 문화가 제기하는 질문들을 검토해가는 과정에서 해당 문화에 대한 많은 것을 말할 수 있다. 게다가, 문화적 유행이 새로운 질문들을 생성하면서 다른 질문들은 쓰레기통에 던져버리는 데는 그리 오랜 시간이 걸리지 않는다.

예를 들면, 1970년에 영국 선교학자인 스티븐 닐(Stephen Neil)이 기술한 타종교에 속한 사람들에 관한 질문 목록(박스 2.5를 보라)을 생각해 보라.

타종교 전통에 속한 사람들에 대한 기독교인의 책임을 둘러싼 질문들을 수록하고 있는 비교적 최근(1995년 이후)에 발간된 서적들에 대한 연구조사를 보면, 닐이 제기한 질문 중 일부를 여전히 사용하고 있음을 볼 수 있다. 반면 닐이 제기한 질문들 중 삼분의 이 가량은 (설사 제기된 경우가 있다 하더라도) 더이상 제기하고 있지 않음도 볼 수 있다.

닐이 작성한 목록이 40년이 채 되지 않았음을 감안해 보라.

닐이 제기했던 질문들 중 많은 것들이 더이상 제기되고 있지 않는데 반해, 새로운 질문들이 등장하고 있다. 오늘날 제기되고 있는 대표적 질문 목록은 다음과 같은 질문들을 포함하고 있다.

① 진리: 타종교들에 진리가 있는가?
② 구원: 타종교 신자들도 구원받을 수 있는가?
③ 협력: 우리가 타종교에 속한 사람들과 어느 정도까지 협력해야 하는가?
④ 대화: 우리는 타종교를 믿는 사람들과 대화를 해야 하는가? 아니면 그들을 전도해야 하는가?
⑤ 훈련행위: 타종교에서 유래한 영적 훈련 행위들(묵상, 요가 등)이 기독교인들에게도 작동하는가?
⑥ 하나님(신): 기독교의 하나님이 타종교의 신이기도 하신가?
⑦ 종교: 타종교들은 무엇으로부터 생겼는가?

이 일곱 가지 질문 각각에 어떻게 대답해야 할까?

우리에게는 이 답변 한 가지 한 가지에 대해 충분한 답변할 수 있는 시간과 공간이 없다. 그러나 분명한 경계는 있어야 한다. 이 질문들에 대해 어떤 답변을 해야 하는지에 대한 합의가 있는 것도 아니다. 책임 있는 기독교인들이 이 질문들에 대해 다른 답변을 내놓는다는 것을 잘 안다. 성경적 증거는 각 질문이 제기하는 이슈의 양 방향 모두에 영향을 끼칠 수 있다. 일부 질문에는 두 가지 이상의 이슈가 걸려있기도 하다.

그러나 이 질문들은 오늘날 대단히 중요한 질문들이기에, 각 질문을 둘러싸고 어떤 논의가 발전될 수 있는지에 대해 살펴보자.

우리는 대다수 질문이 여전히 논의 중에 있는 것으로 안다. 따라서 세상의 조건들이 변하고 진전되면서 답변도 진전되고 있다. 그러나 지금 각 질문에 대한 우리의 입장을 진술하는 것으로 결론을 내리겠다.

박스 2.5

타종교에 대한 스티븐 닐의 질문

Stephen Neil(1970)

1. 타종교들은 전적으로 잘못된 것으로 취급하고 가능한 완전히 없애버려야 하는 것인가?
 아니면 그들 종교 가운데도 상당한 정도의 진리가 있는 것으로 취급해야 하는가?
2. 기독교 신앙과 서구 문화는 함께 가는 것이기 때문에 가능한 범위 내에서 개종자들을 유럽화해야 하는가?
 아니면 피선교지 문화가 기독교 복음과 공존 불가능한 것으로 명백히 판명되지 않는 한 기존 문화를 그대로 존치시켜야 하는가?
3. 교육을 열망하는 사람에게 차별 없는 교육을 제공해야 하는가?
 아니면 기독교인들에게만 교육을 제공해야 하는가?
4. 정치 환경이 허용될 때 비기독교인들이 기독교로 개종하도록 압력 수단을 사용해야 하는가?
 아니면 그리스도를 따르는 것에 대한 결정 여부를 전적으로 개인의 양심에 맡겨야 하는가?
5. 복음을 기꺼이 수용하고자 하는 사람들이 세례를 받도록 하는데 총력을 기울여야 하는가?
 아니면 그리스도에 대한 신앙이 세례보다 더 중요한가?
6. 가난하고 억압받는 사람들을 대할 때, 복음을 전하기에 앞서 사회적 조건을 개선시켜야 하는가?
 아니면 바로 복음을 전하는 것을 우선시해야 하는가?
7. 구 교회가 이해하는 총체적 신앙이 아직 신앙을 수용하지 못한 사람들에게 그대로 전달되어야 하는가?
 아니면 복음의 진수만을 전달하고, 개종자들이 신앙의 온전한 의미를 자발적으로 발견할 수 있도록 허용해야 하는가?
8. 선교의 목표가 교회를 세우는데 있는가?
 아니면 어떤 문화 형식으로든 간에 보다 본질적인 성도의 모임이 조성되기만 하면 교회의 설립에 대해서는 부차적인 문제로 취급해도 되는가?
9. 모든 복음 선포의 목적은 개종인가?
 아니면, 상호 이해의 분위기를 조성하기 위해 선교를 시작할 때 개종에 대한 개념을 배제해야 하는가?

10. 선교의 목적이 비기독교 문화 내부에 살아있는 기독교인 세포를 형성하는 것인가?
   아니면 기독교적 이해를 비기독교 문화 속으로 침투시켜 해당 문화 내부로부터 변혁이 발생하도록 하는 것인가?
11. 기독교인들은 가능한 한에서 세상의 타락한 영향으로부터 분리된 "폐쇄된 동산"이어야 하는가?
   아니면 기독교인들이 세상에 온전히 참여하여 그들의 실존함이 모든 차원에서 세상에 영향을 끼치게 해야 하는가?
12. 기독교인은 정치와 아무런 상관도 가지면 안 되는가?
   아니면 기독교인들이 우리 시대의 사회혁명과 정치혁명에서 주도적인 역할을 감당하도록 준비해야 하는가?

1) 진리: 타종교에도 진리가 있는가?

이 질문은 매우 중요하다. 왜냐하면 타종교에 대한 대다수 기독교인들의 지식이 지난 한 세기 동안 기하급수적으로 증가했기 때문이다. 그래서 이 질문에 대해 손쉽게 주어지곤 했던 '아니오'를 이제는 답변하기가 상당히 힘들어졌다.

비기독교 종교들에 대해 거의 모르고, 주일 저녁에 선교사들이 선교 보고를 하면서 "저 먼 곳에 있는" 낯선 사람들이라 소개하던 시절에는 '아니오'라는 대답이 쉬웠다. 하지만 그 종교를 믿는 이웃들이 매우 친절하고 도덕적인 사람들일 경우에는 그렇게 말하기가 훨씬 어려워진다.

그럼에도 불구하고 그 질문에 대한 답변은 여전히 성경에서 유래되어야 한다. 성경이 타종교도 진리를 내포하고 있을 수 있다고 가르친다고 주장하는 사람들은 자연 계시를 지지하는 다음의 성구들을 근거로 주장을 편다.

① 창세기 1:27은 우리 모두가 하나님의 형상대로 지으심을 받았다고 말씀한다.
② 시편 22:27은 피조세계 전역에서 하나님의 영광을 발견한다고 말씀한다.
③ 로마서 1:19-20은 그 누구도 하나님에 대한 지식이 없이 남겨진 사람

이 없다는 점을 확인시켜준다.
④ 로마서 2:15은 심지어 흠이 있는 인간의 양심이라 할지라도 하나님의 율법을 기억하게 한다고 말씀한다.
⑤ 사도행전 17:22-34을 통해 바울은 아테네인들이 존재한다고 알고 있던 이름을 알지 못하는 신에 대해 설교한다.
⑥ 요한계시록 21:24-26은 모든 문화의 대표자들이 하나님의 보좌 주변에서 하나님을 찬양할 것에 대해 말씀한다.

타종교에는 진리가 없다고 주장하는 사람들은 일반적으로 진리를 훨씬 제한된 의미로 정의한다. 그들에게 있어 진리는 구원으로 인도하는 지식만을 의미하며, 다음과 같은 성구를 들어 자신들의 주장을 정당화한다.

① 요한복음 14:6에서 예수께서는 그로 말미암지 않고는 아버지께로 갈 자가 없다고 말씀한다.
② 에베소서 2:8은 구원이 행위가 아닌 은혜에 근거한다고 말씀한다.
③ 디모데전서 2:5은 오직 한 분 하나님과 한 분 중보자에 대해 말씀한다.
④ 요한일서 5:11은 생명은 오직 아들 한 분 안에서만 발견된다고 말씀한다.

우리는 타종교에도 실재로 상당 정도의 진리가 있다고 믿는다.

2) 구원: 타종교를 추종하는 사람들도 구원받을 수 있는가?

이 질문은 첫 번째 질문에 대한 답변에서 주목했던 동일한 몇 가지 이유 때문에 특별하다. 우리가 매우 친밀하게 느끼지만 타종교를 신앙하는 이웃들을 알고 있을 때, 그들의 영원한 운명에 대한 질문은 답변하기 어려운 개인적 질문이 된다. 타종교를 따르는 사람들은 그들의 종교적 신념과 행위로 구원받지 못한다고 주장하는 사람들은 다음과 같은 성구를 들어 자신들의 주장을 펼쳐나간다.

① 요한복음 3:16은 구원에 대한 고전적인 성구로, 예수를 믿는 자는 누구든지 구원을 얻을 것이라고 말씀한다.
② 사도행전 4:12은 구원은 다른 이름이 아닌 오직 예수의 이름으로만 얻을 수 있다고 말씀한다.
③ 로마서 10:9은 입으로 시인하는 것을 구원과 동일시한다.
④ 디모데후서 1:10은 예수께서 이루신 사역에 대해 설명한다.

타종교에 속한 사람도 구원받을 수 있다고 주장하는 사람들은 일반적으로 멜기세덱(창 14:17-20)과 욥과 같은 "거룩한 이방인들"의 전통에 대해 말씀하는 구약성경에 주장의 기반을 둔다.

① 또한 이들은 마태복음 2:1-12에 등장하는 동방박사들과 로마 백부장인 고넬료(행 10장)를 인용하기도 한다.
② 로마서 5:18은 그리스도께서 모두를 위해 죽으셨다는 점을 확인해준다.
③ 사도행전 15장의 비유처럼, 만일 이방인들이 기독교인이 되기 위해 유대의 문화를 덧입을 필요가 없다면, 비기독교인들이 구원받기 위해 기독교 문화를 덧입을 필요가 없다는 것이다.

우리는 세 번째 입장을 취하는데, 세 번째 입장은 다음과 같은 성구를 근거로 "아마도"의 태도를 갖는다.

① 이사야 55:8-9은 우리의 생각이 그분의 생각에 미치지 못함에 대해 말씀하신다.
② 마태복음 7:1-5은 다른 사람들의 영원한 운명에 관해 판단하는 것에 대해 경고하신다.

이 "아마도"의 입장은 디모데전서 2:4과 같은 성구들이 표현하고 있듯이, 모두를 구원하고자 하시는 하나님의 바라심에 대해 매우 신중하게 생각한다. 우리는 위에서 언급했던 진리와 동일한 것으로 취급하지 않기 위해 특히 조심한다.

3) 협력: 우리가 타종교를 추종하는 사람들과 협력해야 하는가?

어떤 기독교인들은 아니라고 말한다.

① 이스라엘 백성이 가나안으로 들어갔을 때, 하나님께서는 이스라엘의 종교적 순결이 위험에 처하게 될 것에 대한 염려 때문에 그들이 가나안 족속들과 혼합되는 것을 경고한다(예, 창 28:1).
② 잠언(예, 1:10-15)은 나쁜 친구가 좋은 성품을 타락시킬 것에 대해 경고한다.
③ 고린도후서 6:14은 믿지 않는 사람과 멍에를 함께 메지 말 것을 경고한다.
④ 히브리서 10장은 성도들과의 모임에 대해서는 언급하지만, 비기독교인들과의 모임에 대해서는 언급하지 않는다.
⑤ 요한이서 10-11절은 거짓 스승과 관련을 맺는 것에 대해 경고한다. 어떤 기독교인들은 그렇다고 말한다.

반면 그 반대도 있다.

① 레위기 19:18은 이방인과 적에게 환대를 베푸는 것이 율법의 요구를 이루는 것이라 말한다.
② 예수께서는 세리와 죄인들과 더불어 음식을 드셨다(마 9:10-13).
③ 예수께서는 자신의 달란트를 세상에 투자하지 않는 어리석은 사람에 대한 비유를 말씀하셨다(마 25:15).
④ 고린도전서 10:27은 비기독교인들과 더불어 먹을 것을 권면한다.
⑤ 갈라디아서 2:11-13에서 바울은 비기독교인들과의 분리에 대한 요구를 위선이라고 생각했다.

⑥ 요한일서 1:8은 다른 사람들에 대한 우리의 견해를 희생시키면서까지 우리 자신을 너무 높게 생각하는 것에 대해 경고했다.

우리는 협력에 대해 좋게 생각한다. 우리의 입장은 기본적으로 두 가지에 근거하고 있다.

① 우리 모두가 하나님의 형상으로 지음받은 존재들이기 때문에 다른 사람들과의 연대에 헌신한다.
② 이는 증거에 대한 헌신에서 유래한 것으로, 더 연약한 자에게 자리를 양보하는 것에 대한 헌신이다.

적의 또는 분리에 기초한 증거라면, 오늘날 세계에서는 실패할 것이다. 우리는 증거사역이 실패하지 않길 바란다. 성공적 증거는 관계에 근거해야 하고, 관계는 부분적으로 정기적인 교제와 협력에 근거해서 정립된다.

4) 대화: 우리가 타종교 전통을 추종하는 사람들과 대화를 나눠야 하는가? 아니면 그들을 복음화해야 하는가?

어떤 기독교인들은 대화를 주장한다.

① 사마리아 여인에 대한 예수의 사역은 비심판적(nonjudgemental)이자 대화적이었다(요 4장).
② 사도행전 17:16-34에서 아테네신전에서 아테네인들과의 대화에 바울이 등장한다.
③ 베드로전서 3:15은 우리 안에 있는 소망에 대해 언제든지 설명해줄 준비를 하고 있으라고 말한다.

다른 기독교인들은 전도를 강조한다.

① 갈멜산에서 엘리야는 야훼와 바알 중 택일하라고 주장했다(왕상 18:16-46).
② 마태복음 28:18-20은 가르치고 설교할 것을 강조한다.
③ 디모데에 대한 바울의 요구는 명백히 전도를 촉구한다(딤전 2:4).

어떤 사람들은 대화도 아니고 전도도 아닌 관점을 취하는데, 이는 상당한 변화를 초래한다.

① 마가복음 10:40은 생명책에 기록된 사람들이 이미 결정되었으며, 하나님의 주권은 부정될 수 없다는 사실을 일깨운다.
② 로마서 8:29-30은 하나님의 예정 의지에 대해 말씀한다.

우리는 네 번째 입장을 취한다. 이 입장은 타종교에 속한 사람들과 관계를 맺는 기독교인들은 대화와 전도의 책임 모두 요구된다는 것이다. 생각과 말과 행위로 증거하는 다양한 방법론들은 비기독교인들과의 상호작용을 위해 많은 방식이 요청됨을 의미한다.

① 에티오피아 내시와 빌립의 대화(행 8장).
② 고넬료와 베드로의 만남(행 10장).
③ 아테네인들과 바울의 대면(행 17장).

이것들은 다양한 사례들 중 단지 세 개의 예에 불과하다.

5) 실천: 타종교에서 유래한 영적 훈련 행위들(명상, 요가 등)이 기독교인들에게도 유용할까?

기독교인들도 타종교에서 행하는 종교적 훈련 행위들, 예컨대 불교의 명상과 힌두교의 요가 같은 것들을 이용할 수 있다고 주장하는 사람들은 선한 나무는 그 열매를 보고 판단한다는 마태복음 7:15-20을 인용하곤 한다. 타종교에서 실천하고 있는 훈련 행위들 중에서 선한 기독교 덕목들을 산출하는 훈련 행위라면 허용가능하다는 것이다. 이보다 좀 더 나간 주장은 사회봉사(가난한 자를 위한 음식, 추위에 방치된 사람을 위한 옷, 노숙자들을 위한 쉼터)에 모든 종교가 함께 참여함을 통해 도움이 필요한 사람들에게 도움을 제공할 수 있다(마 25:31-40)는 주장이다.

이에 반대하는 주장을 펴는 사람들은 순결과 연대, 그리고 복음증거에 대한 근거들을 인용한다. 구약성경에는 타종교와는 모든 점에서 거리를 두라고 명령하는 구절들이 많다(예를 들면, 아세라 상을 찍어 무너뜨리라는 출 34:13의 명령). 고린도후서 6:14은 잘못된 신과의 단순한 연계조차 위험한 것이라 경계한다. 바울은 복음증거에 나쁜 영향을 줄 것을 우려해 우상에게 받쳐진 음식을 먹는 것에 대해 경고한다. 전도자가 우상에게 받쳐진 음식을 먹음으로써 사람들이 마음에 전도자의 궁극적 충성 대상이 무엇일까에 대한 의구심을 품게 할 수 있기 때문이다(고전 10:14-22).

우리는 이 문제에 대해 일종의 "상황에 달려있다"는 입장을 취한다. 어찌되었든 복음증거는 위험한 일이기 때문에(한 마리의 잃어버린 양을 찾기 위해 아흔아홉 마리의 양을 위험에 노출시키는, 눅 15장), 하나님의 자비에 대한 증거를 받아들이는 사람들이 하나님을 예배하고 그분께 영광을 돌리는 방식을 찾을 때 실수를 범하지 않도록 하는 것이 최선이다. 아마도 다음의 질문이 하나의 범주가 될 수 있겠다.

우리의 개인 경건생활과 대중적 복음 증거 과정에서 그 실천 행위를 통해 하나님께 영광을 돌릴 수 있는가?

결국 실천 행위라는 것은 단지 실천 행위일 뿐이다. 동일한 실천 행위가 하나님을 영화롭게도 할 수 있고 반대로 하나님의 영광을 가릴 수도 있다.

기도에 관한 바리새인의 실수를 보라(마 6:5).

6) 하나님: 기독교의 하나님은 다른 모든 종교의 신인가?

이 질문에 대해 긍정하는 사람들은 하나님께서 온 세상과 그 안에 모든 것을 창조하셨다는 사실에 주목한다. 하나님께서는 우리 모두를 그분의 형상대로 만드셨다(창 1:27). 하나님께서는 우리로 하여금 당신을 알기 원하는 존재로 만드셨다. 따라서 언제 혹은 어디에 있는지 여부와 관계없이, 사람이 시공의 차원을 넘어 존재하는 어떤 대상에게 손을 뻗을 때, 그것이 무엇인지에 대해 아는지 여부와 상관없이, 그들은 하나님(*the* God)께 손을 뻗고 있다.

이 질문을 거부하는 사람들은, 타종교들이 그들의 초월적 원리에 대해 묘사할 때, 그것이 브라마(Brahma)이든, 다르마(dharma)이든, 알라(Allah)이든, 혹은 그 어떤 존재인지 여부와 상관없이, 그 원리와 기독교 성경이 증거하는 하나님 간의 차이가 너무도 커서 둘이 동일하다고 말하는 것은 말도 안된다. 성경의 하나님은 당신의 백성이 다른 신에게 갈 때 질투하는 하나님이시다(출 34:14).

우리는 긍정과 부정 모두에 동의한다. 만일 우리가 철학자라면, 우리는 그렇다고 말했을 것이다. 만일 당신이 이 질문에 대해 사물이 존재하는 방식을 다루는 존재론적으로 답변한다면, 당신은 그렇다고 말했을 것이다.

이 세상에는 오직 한 분 참된 하나님만이 존재하신다. 따라서 누구라도 우주의 궁극적 원리를 설명한다면, 그 설명의 질과 상관없이 오직 성경의 하나님에 대해 언급하고 있는 것이다. 그러나 만일 당신이 이 질문에 대해 인간이 세상을 알고 세상을 인식하는 방식에 대해 다루는 인식론적인 방식으로 답변한다면, 궁극적 원리가 설명되는 방식에 따라 구별하고자 했을 것이다.

7) 종교: 비기독교 종교들은 어디에서 유래했는가?

어떤 사람들은 비기독교 종교들의 유래는 모든 거짓의 아비인 사탄(마 13장)으로부터 온 것이라 말한다. 사탄은 우리를 속이려 한다(욥 1:9-11). 다른 사람들은 하나님께서 모든 것의 창조자이시기 때문에(창 1:1), 그분이 창조하신 피조물로서, 모든 종교는 하나님께로부터 유래한 것이란 점을 강조한다. 하나님께서는 우리 자신의 운명, 따라서 우리 자신의 종교를 선택할 책임을 우리에게 부여하셨다(시 119:45).

그러므로 아무리 좋게 말한다 하더라도, 비기독교 종교는 좋은 의도를 내포하고는 있지만, 많은 면에서 본능적으로 하나님께 손을 뻗치는 인간이 만들어 낸 잘못된 대상에 지나지 않는다. 그런 방식으로 존재하게 된 종교들은 진리와 비진리, 선과 악의 불완전한 복합체에 불과할 따름이다(고후 11:13-15). 우리는 세상의 종교들은 인간이 만들어낸 것이라 생각한다.

6. 해석학적 주제의 영역

비록 우리가 답변하고자 하는 어떤 특정 질문을 선택하는 것으로 성경 자료의 범위를 제한한다 하더라도, 우리 중 대다수는 여전히 더 큰 질문, 예컨대 "기독교인으로서 우리는 타종교를 추종하는 사람들과 어떻게 관계를 맺어야 하는가?"와 같은 질문을 포괄하는 방식을 찾고자 열망한다. 우리들 대부분은 그 같은 상황 속에서 기독교인이 된다는 것이 의미하는 바가 무엇인지에 대한 더 간명한 진술을 열망한다.

이는 예수를 찾아와 경건한 삶을 살아가는 데 있어 자신의 부족한 점이 무엇이냐고 질문했던 젊은 부자 관원이 간절히 찾고자 한 것이었다. 예수께서는 그 부자 관원에게 필요한 한 가지를 사실을 밝혀주심으로 그의 질문에 답하셨다.

> 네가 온전하고자 할진대 가서 네 소유를 팔아 가난한 자들에게 주라
> (마 19:21).

이것은 또한 예수께 나와 율법들 중 어느 율법이 가장 중요한 율법인지를 질문했던 율법 선생들이 간절히 알고자 했던 것이기도 하다. 우리 모두가 알고 있듯, 그 질문에 대한 예수의 대답은, "네 이웃을 네 몸과 같이 사랑하라"는 것이었다. 이 외에도, 예수께서는 아버지께로 돌아가기 위해 제자들을 떠나시기 전, 우리가 해야 할 일에 대해 축약 적이지만 포괄적인 말씀을 주셨다.

가서 모든 민족을 제자로 삼으라!

박스 2.6
여덟 가지 주제

무제한적으로 많은 해석학적 주제들이 있을 것이라고 말하는 것은 아마도 틀린 주장일 것이다. 그보다는 우리가 실재로 성경 안에서 찾을 수 있는 주제들에 대해 생각하는 것이 더 나을 것이다. 그러나 당신의 호감을 끄는 해석학적 주제가 당신의 가장 친한 친구의 호감을 끄는 주제와 같지 않을 수 있음 또한 사실일 것이다. 복음이 당신에게 작용하는 실재가 되게 하는 다음의 주제들에 대해 기도하는 마음으로 생각해 보기 바란다.

1. 지상명령: 복음을 전파하라.
2. 대명령: 네 이웃을 네 몸과 같이 사랑하라.
3. 황금률: 다른 사람들이 당신에게 해 주길 바라는 그대로 다른 사람들에게 하라.
4. 위대한 모델: 예수라면 어떻게 하실까?
5. 위대한 변혁: 하나님 나라.
6. 종말론: 영적 전쟁.
7. 인간의 안녕: 하나님께서는 가난한 자를 편애하신다.
8. 심판: 보상과 형벌.

가장 먼저 우리의 주목을 끄는 주제 중 하나는, 이들 진술이 다른 요약 진술들이라는 사실이다. 하나는 가난한 자들에게 나눠주라는 것이었고, 하나는 네 이웃을 사랑하라는 것이었으며, 세 번째는 제자 삼으라는 것이었다.

타종교에 속한 사람들과 관계를 맺기 위해 하는 모든 활동을 조직하는데 기초를 제공하는 포괄적 진술을 찾을 때, 우리는 무엇을 하는가?

우리는 이들 요약 진술을 상호 경쟁하는 관계로 설정하는 것이 실수가 되리라는 것, 즉 이들 진술들 중 어느 한 가지 진술이 시대를 초월하여 모든 사람에게 무조건 옳은 것이라 결정하는 것이 중대한 해석학적 실수가 될 것임을 본능적으로 안다.

결국, 이 모든 진술은 예수께서 하신 말씀이다. 우리는 예수께서 이 모든 말씀에 의미를 부여하셨으리라 생각한다. 우리는 예수께서 귀찮은 질문을 제기하는 사람들을 만족시키기 위해 그냥 되는대로 무언가를 말씀하신 것이 아니라 생각한다.

 그렇다면 우리들이 제시해야 할 답변은, 이 모든 주제가 참되고 선하다는 것을 인지하는 데 있다. 그리고 복음을 삶으로 살아내고자 하는 우리의 시도는, 무엇보다 우리의 소명과 우리의 은사의 성격을 결정하는데 있음을 아는 데 있다. 모든 증거는 바로 이 점이 예수께서 하고자 하셨던 것임을 증명한다. 젊은 부자 관원을 위한 원리는 가난한 사람들을 섬기라는 것이었고, 율법 선생들을 위한 원리는 율법의 요약된 강령을 따르라는 것이었으며, 제자들을 위한 원리는 제자 삼으라는 것이었다. 아마도 예수께서는 각 그룹에 속한 사람 각자의 삶에서 복음이 살아나게 하는 것이 무엇인지에 대해 관심을 갖고 계셨을 것이다.

제3장

프리 텍스트: 신학과 개성

우리의 마음을 완전한 백지상태로 비우고 성경을 대할 수 있다고 생각하는 것은 이상적인 생각에 불과하다. 우리가 이미 인지하고 있는 일련의 개념들이나 생각들을 비우고자 노력하더라도, 텍스트를 읽는 과정에서 그런 개념과 생각들 중 상당수가 여전히 텍스트를 이해하는 데 영향을 끼칠 것이기 때문이다. 이 개념들과 생각들은 우리가 성경을 해석하는 틀이 된다. 이해를 돕자면, 이들 개념과 생각들은 두 가지 범주로 나뉜다.

① 신학적 범주
② 개성적 범주

이 두 가지 범주가 통합적으로 작용하여 특정 개인의 독특한 신학적 지문을 형성하게 된다. 이 두 가지 범주가 특정 개인이 텍스트를 읽을 때 해석하는 방식을 결정한다. 적어도 텍스트를 처음 읽을 때 내지는 두 번째 읽을 때, 이 두 가지 범주가 텍스트를 해석하는 방식을 결정한다. 사고의 범주들과 학습 방식들, 그리고 개인적인 성향들 모두가 우리가 성경의 기록을 읽으며 하나님의 말씀을 발견하고자 하는 과정에 영향을 끼친다.

신학과 개성은 타종교를 추종하는 사람들과 관계를 맺는 방식을 결정하는 데도 매우 중요하게 작용하기 때문에, 우리가 생각하는 문제에 관해 우리와 다른 방식으로 생각하는 견해들에 관심을 기울일 필요가 있다. 우리는 우리 자신을 하나님께서 은혜로 주신 선물을 담지하고 있는 담지자로 볼 필요가 있다.

우리가 제기해야 할 질문은 어떻게 하면 은혜로 받은 선물을 가장 적절한 방식을 통해 전달할 수 있느냐와 관련이 있다. 선물 공여 선교(giftive mission)는 타종교를 추종하여 접근 자체가 어려운 사람들에게 성공적으로 접근할 수 있는 최선의 방식이다. 복음 증거의 은유를 핵심으로 여기는 것의 가치에 주목한다는 것은, 타종교의 실재에 접근하는 방식을 결정하는 데 가장 자주 영향을 끼치는 다른 신학들에 근거한 대안적 은유들을 확인하는 데 도움이 된다.

이제부터 다룰 내용은 가장 일반적인 가능성들에 대한 짤막한 요약이다. 이 요약은 전통적인 교회의 활동 분야들, 가장 일반적으로 수용되는 신학적 입장들과 선교학적 입장들, 그리고 이 세상의 다양한 지리적 지역에 따라 분류한 것이다.

독자가 동의하는 부분이 무엇인지 찾아보라.

한 가지 이상에 대해 동의하는 것으로 인해 염려할 필요는 없다.

1. 신학

우리가 제기하는 주요 질문, 즉 "타종교를 믿고 그 공동체에 속한 사람들에 대한 기독교인의 책임은 무엇인가?"라는 질문에 답변하는 방식에 신학이 끼치는 영향이 무엇인가에 대해 살펴보기 전에, 신학이 무엇인지를 먼저 알아야 한다.

신학은 성도 공동체가 세상을 구성하는(constructive) 방식이다. 구성원들은 이 방식을 통해 세상을 바라보시는 하나님의 시각을 알 수 있고, 적절하게 행동하는 가운데 구성원들 간에 의사소통을 교환할 수 있다.

신학에 대한 이와 같은 정의가 어떻게 기능하는지 알아보기 위해, 이것이 지닌 네 가지 주요 아이디어에 대해 살펴보도록 하자.

첫째, 공동체이다.

결과적으로 신학은 특정 개인이 아닌 일단의 그룹이 시도한 결과로 생성된다. 공동체는 그 구성원들이 함께 발전시킨 신학에 맞춰 성장하고, 믿고, 행동한다. 대부분의 기독교 신학이 특정 신학자의 이름, 예컨대 어거스틴, 아퀴나스, 루터, 칼빈, 시몬스, 웨슬리, 에드워즈, 바르트, 틸리히 그리고 이 외에도 수백 명에 이르는 많은 신학자의 이름과 함께 거론되고 있다는 점에 비춰볼 때, 신학을 공동체가 함께 개발하는 것이라는 진술이 좀 이상하게 들릴 수도 있다.

그러나 이 신학자들이 개발한 신학이 다양한 기독교 공동체, 즉 로마 가톨릭, 루터교, 개혁파교회 자유교회, 감리교에 영향을 미쳐 그들의 신학적 가르침에 따라 각 공동체가 행동하도록 하지 않았다면, 그들에 의해 개발된 신학은 그들의 사후 사라져버리고 말았을 것이다.

둘째, 신학은 구성하는 활동이다.

즉, 신학은 신적 구성물이 아니라 인간의 구성물이다. 하나님께서 성경을 주신 것이지 칼빈주의가 준 것이 아니다. 신학은 특정 상황을 통해 드러난 하나님의 계시가 내포하는 즉각적인 의미를 규명하고자 하는 인간의 시도, 즉 구성이다.

하나님께서는 모든 세대에게, 그리고 모든 시대와 장소에 말씀하시고자 당신의 계시인 성경을 주셨다. 그러나 언어와 문화, 역사, 철학적 세계관, 그리고 기타 다른 다양한 조건들 때문에, 하나님의 의미(God's meaning)는 끊임없이 상황화되어야 한다. 즉, 다양한 인간 그룹에게 의미를 줄 수 있는 형식을 입어야 한다.

하나님의 계시는 어제나 오늘이나, 그리고 영원토록 동일하다. 그러나 신학은 변한다.

박스 3.1
신학의 정의

신학은 특정한 성도의 공동체가 세상을 구성하는 방식이다. 구성원들은 이 방식에 따라 세상을 바라보는 하나님의 시각을 알 수 있고, 적절하게 행동하는 가운데 구성원들 간 의사소통을 나눌 수 있다.

공동체적: 신학은 어떤 개인이 아닌 한 집단의 시도이다.
구성적: 신학은 인간이 만들어낸 것이다. 성경은 계시이나 신학은 이성이다.
독자적: 신학은 세상을 인식하는 독특한 방식이다. 신학을 철학이나 이데올로기, 또는 경건과 혼동해서는 안 된다.
의사소통적: 신학은 서로와 의사를 소통하는 방식이다. 이를 통해 어떻게 행동할 지를 알게 된다.

실질적으로 말할 때, 이 말이 의미하는 바는 우리가 의미하는 것을 전달하기 위해 선택할 수 있는 선택의 폭이 매우 다양하다는 점이다. 우리는 어느 날 웨슬리주의자가 될 것을 선택할 수 있다. 그리고 다음엔 칼빈주의자가 될 것을 선택할 수도 있다.

그러나 우리들 대부분은 그럴 정도까지 신학적으로 무신경하지는 않다. 우리는 특정 신학이 취하는 관점을 선택한다. 왜냐하면 우리가 삶을 영위하고 있는 상황 속, 즉 우리가 살아가는 시대와 장소라면, 우리가 소유한 신학이 하나님의 계시를 가장 진실하게 제시해 준다고 믿기 때문이다.

우리는 우리가 갖고 있는 신학이 참되다고 믿는다. 그렇기 때문에, 비록 이론상으로는 "신학하기"(doing theology, 신학의 정태성이 아니라 신학의 동태적 성격을 강조하기 위한 선교학 용어-역자 주)가 지금도 계속되고 있다고 믿지만, 실재로는 신학을 가볍게 변경하지 않는다.

셋째, 신학은 세계를 인식하는 특별한 방식이다.

즉, 신학은 철학이나 이데올로기, 또는 일종의 종교 광고로 오해받을 수 있는 어떤 구태의연한 구조가 아니다. 신학을 하면서, 우리는 세상을 다른 방식으로 바라보려고 한다. 기독교인들은 신앙의 핵심이 우리의 시각을 재정향한다고 믿는다.

우리는 한 때 믿지 않는 자들로서 우리의 열정과 탐욕, 그리고 열망을 통해 세상을 바라보았으나, 이제는 다른 가치체계를 통해 세상의 필요를 발견하고 바라본다. 우리는 하나님의 눈을 통해 세상을 바라본다. 이 말의 의미는 우리의 가치가 아닌 하나님의 가치를 우리의 기준으로 사용하여 세상의 필요를 측정한다는 것이다. 우리는 하나님의 마음을 아프게 하는 것과 동일한 이유 때문에 우리의 마음도 아프기를 바라게 된다(Graham 1984).

자기를 확장하고자 하는 우리 자신 또는 우리가 속한 공동체의 시도를 방지하는 것이 신학의 자세이자 목적이다. 이것이 신학을 통해 이룰 수 있는 건설적인 시도이다. 우리가 신학이라는 건물을 건설하고 있다는 것은, 어떤 면에서 우리가 아닌 하나님의 거하실 거처를 짓는다는 것을 의미한다.

하나님의 눈으로 바라보는 신학은 우리를 놀라게 할 수 있다. 이런 신학은 우리에게 도전이 될 수 있으며, 참으로 그래야 한다. 어떤 측면에서 볼 때, 우리의 신학은 우리가 만드는 것이다. 그러나 신학의 작용을 이런 방식으로 인식할 때, 신학은 그 즉시로 자체적인 생명력을 갖게 된다. 신학이 판단의 도구가 된다. 신학이 자비의 저장고가 된다. 신학이 전통을 보관하는 창고가 된다. 왜냐하면, 우리가 신학을 기록하는 와중에도 하나님께 영광을 돌리기 위해 신학을 포기하기 때문이다(Newbigin 1995).

넷째, 신학은 결과적으로 의사소통을 발생시킨다.

신학은 의사소통에 대한 것이다. 좋은 신학은 우리로 하여금 함께 생활하고 행동할 수 있게 하는 사고의 형식과 관념, 그리고 용어와 기대를 발생시킨다. 그럼으로써 "같은 마음과 같은 뜻(원문에서는 NASB를 인용하는데, NASB에는 '판단'이라는 단어를 사용하고 있다-역자 주)으로 온전히 합하게" 한다(고전 1:10). 우리들 대부분은 살아있는 동안 두 개의 신학을 갖는다.

첫째, 신학 1이라 부를 수 있는 신학은 우리가 우리의 부모와 교회로부터 물려받은 신학이다.

이런 신학의 경우, 경우에 따라 분명하지 않을 경우도 있다. 이런 경우, 신학적으로 명백하기보다 우리가 주일학교에서 배웠던 다양한 질문들과 설교를 통해 들은 답변들을 통해 성경을 조망하는 방식이다. 또한 이런 방식은 자신들도 그렇게 배웠기 때문에 특정 성경 텍스트들을 강조하던 어린 시절 우리를 가르쳤던 목사, 사제, 교사들이 타종교인들을 바라보는 방식으로, 성경을 조망하는 하나의 방식이다.

둘째, 우리 중 어떤 사람은 신학 2라고 부르는 보다 명확한 신학을 발전시켜 나간다.

이 신학은 나이도 들고 신앙적으로 성숙해 가면서 시작한 특별한 연구 결과이다. 이렇게 조성된 신학이 신학 1과 큰 차이가 없는 경우도 있다. 그러나 때로 우리는 다른 방식들을 통해 질문들을 조망해 보거나 새로운 질문들을 선택하기도 한다.

이제 이 신학들 중 몇 가지 신학이 강조하는 것, 특히 타종교에 속한 사람들을 대하는 선교에 대해 이들 신학이 강조하는 내용에 대해 살펴볼 것이다. 우리 중 대다수는 비기독교인들에 대한 선교를 조망하는 다음의 방식들 중 한 가지, 혹은 그 이상의 방식들에 큰 영향을 받았다.

1) 로마 가톨릭

어떤 의미에서 볼 때, 로마 가톨릭교회에 속한 신학자, 선교사 그리고 선교학자로 구성된 공동체는 타종교 전통에 속한 사람들에 대해 고려하는 것에 관한 가장 오랜 전통을 소유하고 있다. 로마 가톨릭은 자신들의 공동체 역사의 시작을 마태복음 16:18-19의 예수께서 베드로에게 하신 말씀까지 거슬러 올라간다.

내가 네게 이르노니, 너는 베드로라. 내가 이 반석 위에 내 교회를 세우리니 음부의 권세가 이기지 못하리라. 내가 천국 열쇠를 네게 주리니 네가 땅에서 무엇이든지 매면 하늘에서도 매일 것이요. 네가 땅에서 무엇이든지 풀면 하늘에서도 풀리리라 하시고(마 16:18-19).

따라서 선교에 대한 로마 가톨릭의 접근방식은 이 성경 구절에 대한 다양한 강조로부터 시작된다(Schmidlin 1933). 로마 가톨릭에서는 두 개의 강조, 즉 교회를 세우는 것과 하나님의 지상 대리로서 교회 성직자 계급의 중요성이 선교와 관련하여 특히 중요해 보인다. 이 두 가지가 지닌 우선적 중요성 때문에, 로마 가톨릭 선교의 목적은 교회를 개척하고 사도적 계보를 따라 정식으로 안수받은 성직자로 구성된 교회 지도자를 세우는 데 초점을 맞춰왔다. 교회를 세우는 것과 성직자로 구성된 지도자를 세우는 것에 대한 우선적 강조는 로마 가톨릭의 선교적 접근을 특징짓는 주요 언급을 통해 잘 예시된다.

교회 밖에는 구원이 없다(*extra eccesium nulla salus*).

선교에 대한 이와 같은 접근방식이 최근 일부 로마 가톨릭 선교학자들 사이에서 확장되고 있기는 하지만, 주요 요소, 즉 사도적 리더십에 완전히 부합하는 교회의 개척은 변하지 않고 있다(Abbott 1966).
이러한 전통 안에서 로마 가톨릭의 근대 선교운동은 로마 가톨릭 국가인 스페인과 포르투갈의 식민지 확장과 병행하며 나갔다. 선교사들은 상선을 타고 다니면서 이 가톨릭 국가들의 왕이 자행한 군사적 침탈 행위와 함께했다.
두 국가의 선교사들 간 발생하는 분쟁을 피하기 위해, 15세기 무렵 두 국가의 왕들과 교회 지도자들 간에 조정이 발생했는데, 이 조정을 통해 최초의 식민 지역들을 두 개로 나누고 각 지역에 대한 권력을 양 국의 왕에게 주기로 약속했다. 이 조정을 파트로나토 레알(*patronato real*)이라 부른다.
식민지의 지속적인 확장은 많은 수의 선교사에 대한 필요를 창출했다. 이 필요 때문에, 16세기 로마 가톨릭교회 내에는 다수의 선교수도회(missionary

order), 회합(congregation) 그리고 선교회들이 설립되었다. 선교 방식에 대한 다양한 선택으로 인해 각 수도회가 자신들만의 선교 방법에 집중하는 것을 허용하는 방향으로 조정되었다.

이같이 짧은 기간 동안에 성립된 수많은 선교단체의 설립으로 인해, 1622년 가톨릭교회 내에 선교행정위원회(mission administration body)가 성립되었다. 이 위원회는 신앙전파성(the Congregation of the Propagation of the Faith)이라 불렸다. 이 위원회의 사무실은 지금도 바티칸에 있으며, 여전히 로마 가톨릭 내 선교행정을 총괄하고 있다.

그러나 선교사역의 소명을 받은 모든 로마 가톨릭교회 신자가 교회의 질서에 편입될 것을 요구받은 것은 아니기 때문에 평신도들로 구성된 선교조직들도 왕성하게 활성화되었다. 1817년에 건립된 신앙전파회(the Society for the Propagation of the Faith)는 수많은 평신도 선교 그룹을 위한 우산 조직과 같은 역할을 하고 있다.

로마 가톨릭의 선교활동은 전 세계 곳곳에서 일어났다. 이같은 노력의 결과, 위대한 선교 영웅들이 등장했다. 이들 중 일부만 언급하자면, 프란시스 샤비에르(Francis Xavier, 1506-52 인도와 일본), 후니페로 세라(Junipero Serra, 1713-84 캘리포니아), 바르톨로메 데 라스 카사스(Bartolome de Las Casas, 1484-1566 라틴아메리카), 그리고 로베르토 데 노빌리(Roberoto de Nobili, 1577-1656 인도) 등이다. 로마 가톨릭 선교 연구의 시조로 간주되는 조셉 슈미들린(Joseph Schmidlin)은 1876년부터 1944년 사이 기간 동안 뮌스터에서 선교에 대한 논문들을 저술했다(Dries 1998). 오늘날 전 세계의 로마 가톨릭교회 신자의 숫자는 10억여 명에 이른다. 그리고 대략 10만여 명에 이르는 해외 선교사들이 활동하고 있다(John Paul II 1990).

박스 3.2
로마 가톨릭 선교

선교의 표지	교회와 교회 전통의 설립
기원	1세기
대표 성구	너는 베드로라 내가 이 반석 위에 내 교회를 세우리니…(마 16:18)
선교의 영웅들	남미의 바르톨로메 데 라스 카사스, 로마의 이그나티우스 로욜라, 일본의 프란시스 샤비에르, 중국의 마테오 리치, 인도의 로베르토 데 노빌리, 북미의 후니페로 세라
인구	10억 이상의 가톨릭 인구, 그리고 10만 여명의 해외 선교 사역자들

2) 동방 정교회

어떤 사람들은 "동방 정교회 선교"라는 어구가 하나의 모순어법이라 생각할 것이다. 그러나 동방 정교회(소위 정교회라 불리는) 교회사는 그러한 생각이 잘못된 것임을 보여준다. 콘스탄틴 자신이 초대 교회로부터 영광스러운 칭호, 즉 "사도들과 동등한" 그리고 "신앙 밖에 있는 자들의 감독"을 얻었는데, 그 칭호는 선교에 대한 교회의 기대를 담고 있다.

이러한 칭호를 통해 그리고 초대 동방 정교회의 활동을 통해 명백해지는 것은 동방 정교회에서 선교가 중요했다는 사실이다. 동방 정교회는 다른 교회들이 선교에 대한 개념을 갖기도 전에 선교에 대한 정신을 품고 있었다 (Ware 1963).

우리는 서쪽 지역에 대한 로마 제국 군대의 정복을 따라 진행된 교회의 확장에 관한 많은 자료를 읽었다. 그러나 교회는 동쪽으로도 확장되어 나갔는데, 이 경우에는 제국의 군사적 확장을 뒤쫓는 식이 아니었다.

아다이 신조(The Doctrine of Addai)는 로마의 동쪽 국경을 넘은 최초의 선교사인 아다이(2세기)가 어떻게 시리아 지역에 복음을 전했는지에 대해 말해준다. 울필라스(Ulfilas, 311-83)는 튜턴족들(the Teutonic tribes)에게 복음을 성공적으로 전했는데, 이로 인해 고트족의 사도(Apostle to the Goths)라는 호칭을 얻었다. "대단이 덕이 높은 사람" 알로펜(Alopen)은 635-49년 사이에 옛 비단길을 따라 중국에까지 복음을 전했는데, 그는 당태종의 주목을 받기도 했다(Moffett 1992).

아다이, 울필라스, 그리고 알로펜을 동방 정교회 선교사들로 부르는 것은 물론 시대착오적 오류를 범하는 것이다. 왜냐하면 동방 정교회 역사는 일반적으로 1054년에 있었던 동방 교회와 서방 교회 간의 대분열로 시작되었다고 보기 때문이다. 그러나 동방 정교회와 가장 일치하는 인물들로 꼽히는 위대한 선교사 키릴(Cyril)과 메소디우스(Methodius)는 대분열이 발생하기 약 두 세기 전 사람들이다. 이 두 사람은 대 분열이 있기 대략 두 세기 전에 슬라브족을 대상으로 선교를 진행했다.

서구의 전통적인 관점에서 볼 때, 동방 정교회의 선교의 두드러진 활동이 보이지 않는다. 왜냐하면 동방 정교회가 벌인 선교활동은 서구 교회가 생각하는 선교에 대한 전통적 사고와 전적으로 일치하지 않기 때문이다. 동방 정교회는 토착화라는 말이 생기기 오래 전부터 이미 그 개념을 포용하고 있었다. 동방 정교회 선교가 중요시하는 성구는 사도행전 2:9-11의 말씀일 것이다.

> 바대인과 메대인과 엘람인과 또 메소보다미아, 유대와 갑바도기아, 본도와 아시아, 브루기아와 밤빌리아, 애굽과 및 구레네에 가까운 리비야 여러 지방에 사는 사람들과 로마로부터 온 나그네 곧 유대인과 유대교에 들어온 사람들과 그레데인과 아라비아인들이리 우리가 다 우리의 각 언어로 하나님의 큰일을 말함을 듣는도다 하고…(행 2:9-11).

박스 3.3
동방 정교회 선교

선교의 표지	민족/지역 교회의 성립
기원	10세기 대분열
대표 성구	바대인과 메대인과 엘람인과 또 메소보다미아, 유대와 갑바도기아, 본도와 아시아, 브루기아와 밤빌리아, 애굽과 및 구레네에 가까운 리비야 여러 지방에 사는 사람들과 로마로부터 온 나그네 곧 유대인과 유대교에 들어온 사람들과 그레데인과 아라비아인들이라 우리가 다 우리의 각 언어로 하나님의 큰일을 말함을 듣는도다 하고...(행 2:9-11)
선교의 영웅들	시리아의 아다이, 고트족을 대상으로 한 울필라스, 중국을 대상으로 한 알로펜, 그리고 몬로비아의 메소디우스
인구	2억 5천만 명, 약 2,500명의 타문화권 선교사

동방 정교회 선교사들은 선교를 함에 있어 토착어, 즉 그들이 복음을 전하고자 하는 대상이 사용하는 언어를 사용해야 한다고 믿었다. 그들은 성경을 토착어로 번역했다. 그들은 또한 각종 예식을 토착어로 번역했다. 그리고 그들은 직접적으로 교회는 토착 지도자들이 운영해야 한다고 주장했다. 목적은 교회를 세우는 것이었다. 그러나 그 교회는 본질적으로 자체적으로 운영되고 콘스탄티노플의 총대주교(the patriarch)와 느슨하게 연결된 "민족 교회"(national church)여야 했다.

> 목적은 지역민들만이 갖는 독특한 특성들을 구현시킨 민족 교회의 성립이었다(Stamoolis 1986, 53).

실재로 이는 동방 정교회 선교가 진행하는 대부분의 사역이 민족 교회를 세우기 위해 집행되는 것으로, 그 지역의 일이었음을 의미한다. 동방 정교회 선교는 길거리에서 복음을 선포하는 것만큼 예식을 중요시하고, 복음이 전달되지 않은 타 지역에 있는 사람들에게 접근하는 것만큼 이곳에 있는 사람들에게 접근하는 것을 중요시한다. 현재는 약 2억 5천만 명의 동방 정교회 신자가 있고, 그들이 타문화권 선교에 파송한 선교사 수는 대략 2,500여 명에 이른다.

3) 성공회주의

엘리자베스 1세 여왕은 헨리 8세가 시작했던 일을 종결지음으로써 영국교회가 영국 국경을 넘어 먼 곳까지 성장해 나갈 수 있는 기반을 마련했다. 엘리자베스 1세가 잉글랜드 국교회(the Church of England)를 세웠을 때, 영국 국내에서의 성공에 대해서는 확신하고 있었다. 그러나 교회의 교회됨은 교회에 달려있다. 즉 선교하는 교회(a mission church)로서 국경을 넘어갈 수 있느냐의 여부는 교회에 달려있다.

사실 이 과정에 도달하는 데까지 상당한 시간이 소요되었다. 스티븐 닐(Stephen Neil)이 관찰한 것처럼, 18세기 이전까지 "선교에 위한 성공회의 노력은 거의 없었고, 있었다 하더라도 미약했으며, 그것마저도 간헐적으로 발생했을 뿐이다"(1986, 286).

그런데 1699년과 1701년에 발생한 두 사건이 선교에 대한 교회의 헌신을 가속화시켰다. 1699년에 기독교지식고양회(the Society for Promoting Christian Knowledge, SPCK)가 기독교 신앙에 관한 서적과 소책자, 그리고 신앙에 대한 다양한 정보에 관한 책자를 출판하고 배포하기 위한 목적으로 설립되었다. 그리고 1701년에 해외복음선교회(the Society for the Propagation of the Gospel in Foreign Parts)가 설립되어 최초의 선교사를 미국으로 파송하는 것으로 해외선교운동을 시작했다. 1999년에는 세 번째 그룹인 교회선교회(the Church Missionary Society, CMS)가 설립되어 선교에 대한 정신을 근간으로 한 삼두(三頭) 기관이 조성되었다.

주교 구조를 갖추고 있는 교회에서, 세 개의 선교 기관들 중 두 개의 기관이 본질적으로 교회의 공적인 질서 구조 밖에서 적절한 방식으로 교회를 돕는 기관들(parachurch)이었다는 점이 상당히 의아해 보일 수도 있다. 그러나 성공회가 가톨릭식의 성사와 개신교 신학, 그리고 주교 구조라는 여러 부분을 함께 모아 구성한 교회였음을 감안해 본다면, 그리 이상한 일이 아닐 수도 있다.

성공회의 선교 목적은 세상과 그 안에 존재하는 모든 것을 변혁시키는 것이다. 이 변혁에 개인의 영혼이 포함된다는 것에는 의심의 여지가 없다. 이 변혁 대상에는 정치과정, 경제적 기능, 예술 그리고 과학 등과 같은 사회 구조도 포함된다. 대영 제국의 확장과 성공회의 확장 뿐 아니라 대영 제국과 성공회가 차용한 방법론 사이에도 놀라울 만큼의 유사성이 존재한다. 토착성(indigenity)은 뒤늦게 시작되었다.

그럼에도 불구하고 성공회는 토착화를 진행했다. 성공회는 토착화와 지역 참여에 관한 모델이 되었다. 성공회는 문화적으로 적절한 다양한 신학의 포용이 가능하기 때문에 이 분야에서 이점을 누렸다. 성공회의 교회 예식과 공동기도서(the Book of Common Prayer)에는 신앙의 영웅들, 즉 36년이라는 짧은 기간 동안 성경을 아랍어와 힌디어, 그리고 페르시아어로 번역한 인도의 헨리 마틴(Henry Martin 1781-1812), 유교 고전들을 영어로 번역한 중국의 제임스 레그(James Legge 1815-97), 오세아니아인 거의 전원을 개종시킨 멜라네시아의 로버트 코드링턴(Robert Codrington 1830-1922), 그리고 여기에는 20세기 선교학 관련 서적들 중 가장 영향력 있는 책들 중 한 권인『바울의 선교 vs 우리의 선교』(Missionary Methods: St. Paul's or Ours?, 1962)를 저술한 롤랜드 알렌(Roland Allen 1868-1947) 등이 다수 포함되어 있다.

성공회 선교사들은 복음을 가지고 "오직 훔치고 죽이기 위해 가만히 들어 온 강도"처럼 세상에 침투하지 않았다. 그들은 "생명을 얻게 하고 더 풍성히 얻게 하려고"(요 10:10) 위해 선교지로 들어갔다. 지역 교회의 공식위원회(official church board)와 자발적으로 구성된 선교회를 통해 말씀이 확산되었다. 오늘날 전 세계 성공회의 성도 수는 대략 8천만 명에 이르고 있으며, 이들이 공식적으로 파송한 해외 선교사는 대략 4천 명에 이른다.

박스 3.4
성공회 선교

선교의 표지	공동기도서를 사용하여 함께 드리는 예배.
기원	16세기 영국
대표 성구	공동기도서
선교의 영웅들	인도의 헨리 마틴, 중국의 제임스 레그, 오세아니아의 로버트 코드링턴
인구	약 8천만 명, 4천 명의 해외 선교사

4) 주류 교회(Mainline Churches)

개신교 종교개혁으로 인해 루터교회와 개혁교회를 포함하는 주류 교회가 탄생했다. 18세기에는 존 웨슬리가 이끈 후기 종교개혁의 결과로 감리교회가 탄생했다. 20세기에 이르러, 이들 세 개의 교회는 선교에 대한 각자의 접근 방법을 개발했는데, 이 방법은 마틴 루터, 존 칼빈 그리고 존 웨슬리로 인해 발생한 신학의 영향을 뚜렷하게 반영하고 있었다. 그러나 이 접근 방법들은 일련의 공통적인 특성을 공유하기도 하는데, 이로 인해 이들 모두를 대체로 주류 교회라고 부르기도 한다.

각각의 차이점을 보면, 루터에게 있어 선교는 예수 그리스도와 복음에 기반을 둔 참된 복음적 기초 위에다 교회를 재건하는 것을 의미했다. 선교의 목적은, 비록 보편적 구원은 아니더라도, 보편적 선포에 있었다. 개신교 선교학의 아버지라 불리는 구스타프 왈넥(Gustav Warnack 1834-1910)은 이 접근 방법을 조직화했다. 인도의 바르톨로메우스 지겐발크(Bartholomaeus Ziegenbalg 1682-1719)와 모라비아의 니콜라우스 루드비히 폰 진젠도르프(Nikolaus Ludwig von Zinzendorf 1700-1760)는 루터교회 선교의 가장 중요한 실례이다.

존 칼빈은 선교의 목적이 하나님을 영화롭게 하는 것이라 가르쳤다. 예수께서는 요한복음 17:4을 통해 당신의 사역을 요약하셨다.

> 아버지께서 내게 하라고 주신 일을 내가 이루어 아버지를 이 세상에서 영화롭게 하였사오니…(요 17:4).

선교는 그 결과가 아니라 그 부르심에 대한 신실한 반응으로 인해 성공한다. 하나님 나라 밖에는 아무것도 존재하지 않기 때문에, 그리고 하나님의 주권이 미치지 못하는 곳이 없기 때문에, 어떤 의미에서 하나님 나라를 더 확대하기 위해 우리가 하는 모든 일이 선교이다.

존 웨슬리는 그 자신이 한 동안 미국 식민지로 파송된 선교사였다. 본인이 했던 경험의 결과, 웨슬리는 항상 스스로를 오늘날 우리가 세계 기독교인(a Global Christian)이라 부르는 기독교인으로 여겼다. 웨슬리는, "세계가 나의 교구다"라고 말하기를 좋아했다. 그 결과, 모든 감리교인은 선교를 위한 열정을 가지고 있다. 연합감리교회(United Methodists)의 경우, 이 열정은 세계사역위원회(the Board of Global Ministries)를 통해 제도화되었다.

주류 교회가 주목하는 선교 노력과 관련해서 최근의 중요한 강조는 파트너십 개념이다. "파송" 교회와 "수용" 교회 간의 명확한 구분이 점차 모호해지고 있으며, 둘 혹은 그 이상의 파트너들이 함께 연합으로 추진하는 노력이 선교에 관한 새로운 아이디어로 성장하고 있다. 파트너십 관계에서라면, 각 파트너는 빌립보서 2:3과 로마서 12:10이 증거하는 것처럼 자신보다 남을 더 낫게 여긴다. 파트너십이란 결정을 내리는데 대한 완전한 평등과 자유가 보장된다는 것을 의미한다(Hutchison 1987).

박스 3.5
주류 교회의 선교

선교의 표지	토착 교회들과 동반자 관계를 성립
기원	20세기
대표 성구	아무 일에든지 다툼이나 허영으로 하지 말고 오직 겸손한 마음으로 각각 자기보다 남을 낫게 여기고(빌 2:3)
선교의 영웅들	구스타프 왈넥, 인도의 바르톨로매우스 지겐발크, 몬로비아의 니콜라우스 폰 진젠도르프, 북미의 존 웨슬리

5) 자유교회

16세기에 발생한 개신교 종교개혁의 결과 중 하나는 소위 자유교회들의 개화였다. 자유교회는 두 가지 면에서 "자유"를 누렸다.

① 구속적인 교단의 구조로부터의 자유였다.
② 민족 교회로 건립하는 자유였다.

대단히 흥미롭게도, 이들 자유교회가 발전시킨 연합 구조는 선교에 대한 헌신에서 발생한 경향이다(Latourette 1941).

원래 "자유교회"라는 용어는 국교회에 반대하는 세 개의 교회, 즉 침례교회, 회중교회 그리고 감리교회를 언급할 때 사용하던 용어였다. 그러나 그 이후에 이르러서, 이 용어는 스스로를 로마 가톨릭교회, 동방 정교회, 또는 주류 교회 구조로부터 의도적으로 구별하려는 모든 교회를 지칭하는 명칭이 되었다.

자유교회에 속한 교회들은 원시 교회의 특징이었던 느슨한 구조와 연결망 때문에 원시 교회를 교회 구조를 위한 규범이라 생각한다. 따라서 오늘날 자유교회는 침례교회, 메노나이트교회, 그리고 형제교회 등을 포함한다. 비록 이들 교단 각각이 선교에 대한 독특한 접근 방법을 가지고 있지만, 침례교회의 선교 이야기는 자유교회의 선교가 작동하는 방식을 설명해 주는 좋은 실례다.

"근대 개신교 선교의 아버지"라 호칭을 얻은 윌리엄 캐리(William Carey)는 영국 침례교 목사였다. 캐리와 다른 영국 침례교 소속 형제들은 일종의 분리주의자들이었다. 왜냐하면 당시 영국의 많은 교회가 고수하고 있던 칼빈주의 이해(하이퍼 칼빈주의-역자주)가 선교에 참여하는 것을 방해하고 있었기 때문이다. 적어도 예정에 대한 그들의 이해는 선교를 부차적인 것으로 여기게 했다.

성경 연구, 특히 이사야 54:2-3를 연구한 후, 캐리는 선교에 대해 미온적인 당시의 분위기에 이의를 제기하고 타문화권 선교에 대한 소명을 주장하기 시작했다. 그는 선교를 장려하는 글인,『이교도 개종을 위한 수단을 사용하는 것에 대한 기독교인의 의무 연구』(*An Enquiry into the Obligations of Christians to Use Means for the Conversion of the Heathen*, 1792)를 저술하기도 했다.

이 글을 저술한 후, 캐리는 침례교선교회(the Baptist Missionary Society)를 세우는 데 기여했는데, 이 선교회는 선교비를 모아 이듬해인 1973년 캐리와 그 가족을 인도 선교사로 파송했다. 이후 이 흐름은 유행처럼 번져나갔다. 회중교회 성도들이 런던선교회(the London Missionary Society, 1794)를 설립했고, 1810년에는 해외선교를 위한 미국위원회(the American Board of Commissioners for Foreign Missions)가 설립되었다. 미국의 침례교회 성도들은 미국침례교선교대표자총회(the General Missionary Convention of the Baptist Denomination in the United States, 1814)를 구성했다. 이 총회에서 파송한 최초의 선교사가 현재의 미얀마로 파송된 아도니람 저드슨(Adoniram Judson)이었다. 남침례교총회(the Southern Baptist Convention)는 1845년에 자체적인 선교위원회를 구성했다.

자유교회 선교사역의 범위와 성격은 자유교회가 가지고 있던 회중주의적 정체성과 교회와 국가의 분리에 대한 자유교회의 강조에 영향을 받았다. 교회 구성원들의 영적 필요에 주목하는 자치적인 지역 교회의 개척이 자유교회 선교의 목표다. 이것이 선교의 선포적 측면과 사회적 활동의 필연적 분리로 해석될 필요는 없기는 하지만, 자유교회 선교사들은 대부분의 선교 상황에서 상대적으로 후자에 대한 관심을 덜 가졌다. 예를 들면, 메노나이트 성도들은 "조용한 사람들," 즉 사회적 이슈에 대해 침묵하는 사람들로 취급되었다.

그렇다고 자유교회들이 다수의 선교사를 산출하지 않았다는 말이 아니다. 자유교회가 파송한 선교사들 중 주목할 만한 선교사들에는 조지 휫필드(George Whitefield 1714-70), 윌리엄 캐리(William Carey 1761-1834), 사무엘 밀스(Samuel Mills, 1783-1818), 아도니람 저드슨(Adoniram Judson 1788-1850), 그리고 토마스 코크(Thomas Coke 1747-1814) 등이 있다.

놀라운 한 가지 사실은, 비록 비교적 규모가 큰 교단들이 자체 선교위원회를 구성하는 비율이 높아지기는 했으나, 자유교회 선교가 독립적인 선교위원회나 선교기관들을 통해 이루어졌다는 것이다. 어떤 교단들의 경우에는 자유교회로 명시하기 어려운 점이 있기 때문에, 자유교회에 속한 성도의 규모는 아주 대략적으로만 알 수 있다.

박스 3.6
자유교회의 선교

선교의 표지	비기독교인을 개종시킬 수단의 사용.
기원	18세기
대표 성구	네 장막터를 넓히며 네 처소의 휘장을 아끼지 말고 널리 펴되 (사 54:2).
선교의 영웅들	윌리엄 캐리, 조지 휫필드, 아도니람 저드슨, 토마스 코크

6) 오순절/은사주의

오순절/은사주의 운동은 20세기에 발생했던 네 개의 부흥, 즉 1901년 캔사스 주 토페카(Topeca)에서 발생한 부흥, 1904-1905년 사이에 발생한 웨일즈 부흥, 1906년 아주사거리(Azusa Street) 부흥 그리고 1906년 인도 부흥과 함께 전 세계적으로 시작되었다.

거의 그 시작 즈음부터, 이 운동은 선교적 성격을 띠었다. 오순절과 은사주의는 성령이 일으키시는 기적이 복음선포를 수반하는 것이기에, 선교는 어떤 계획에 따라 복음을 제시하는 것이 아닌 성도의 삶을 통해 역사하시는 성령의 능력을 즉석에서 증거하는 것이라고 믿기 때문이다(Wacker 2001). 이러한 자발적 증거의 목표는 성령으로 채워지고 충만해지는 것이다. 이 같은 증거는 요엘 2:28-29에 나와 있는 기대를 고대한다.

> 후에 내가 내 영을 만민에게 부어 주리니
> 너희 자녀들이 장래 일을 말할 것이며
> 너희 늙은이는 꿈을 꾸며
> 너희 젊은이는 이상을 볼 것이며
> 그 때에 내가 또 내 영을 남종과 여종에게 부어 줄 것이며(욜 2:28-29).

이러한 신학적 기대는 성령세례와 설교 중에 나타나는 기적들, 토착 교회에 대한 원리들, 그리고 교회 성장을 강조하는 선교의 노력으로 이어졌다. 이런 방법론이 기존 선교기관들과 잘 공존한 것만은 아니었기, 초기 오순절주의자들은 1914년에 설립된 하나님의 성회(the Assembly of God), 1922년에 캐나다에서 구성된 캐나다오순절성회(Pentecostal Assemblies of Canada), 1911년에 세워진 오순절성결교회(Pentecostal Holiness Church), 그리고 1902년 테네시주 클리브랜드에서 시작된 하나님의 교회(Church of God) 같은 자체 선교기관들을 구성했다.

그러나 얼마 지나지 않아 주류 교회에 속한 교단들도 선교사역을 위해 역사하시는 성령의 능력에 대한 인식을 수용했고, 주류 교회에 속한 교단들 안에서 발생한 다양한 은사주의적 회복운동은 선교의 두 번째 물결을 일으켰다. 세 번째 물결은 1960년대에 발생한 표적과 기사 운동과 더불어 발생했다.

오순절/은사주의 선교는 소위 제3세계 국가들 내에서 특히 대단한 영향력을 미쳤다. 성령의 역사에 대한 그들의 주목 때문에, 영적 세력, 오순절/은사주의 선교는 특히 사탄의 능력이 실재로 작동하고 있던 문화들과 어렵지 않게 연결되었다. 이로 인해 오순절/은사주의 선교사들은 영성에 대한 토착적 형식들에 쉽게 접근할 수 있었다. 이러한 접근은 합리적인 신학들을 통해서는 잘 할 수 없는 접근 방식이었다.

최근에 성립된 국제선교단체회(Association of International Missions Agencies, 1985)는 성령의 인도에 민감한 선교사들로 구성된 200개 이상의 조직을 회원으로 하고 있다. 예를 들어, 예수전도단(Youth With A Mission, YWAM)과 열방을 위한 그리스도(Christ for the Nations) 등이 국제선교단체회 회원 조직이다. 이 운동에 속한 주목할만한 선교사들과 선교 지도자들에는 A. J. 고든(A. J. Gorden), 조용기(David Yonggi Cho), 릭 시워드(Rick Seward), 로렌 커닝햄(Loren Cunningham), 그리고 고든 린세이(Gordon Lindsay) 등이 포함된다. 데이빗 뒤플레시스(David DuPlessis)는 이 운동을 대표하는 주요 이론가들 중 한 명이다.

오순절/은사주의 운동에서는 전도와 선교, 그리고 신학이 자연스럽게 융합한다. 성령의 채우심(이에 따르는 충만)에 대한 한 가지 확실한 표적은 국내외를 가리지 않고 복음을 증거하는 열정이다. 성령/다른 이들 안에 있는 영들과의 연결은 복음에 다다를 수 있는 교량을 만들어 내며, 이로 이해 가시적인 교회성장이 가능해진다. 전 세계에 대략 5억 8천 5백만 명에 이르는 성도들이 오순절/은사주의 운동에 속해 있고, 이들은 전 세계에 대략 8만 5천 명에 이르는 전임 타문화권 선교사들을 파송하고 있다.

박스 3.7
오순절/은사주의 선교

선교의 표지	성령으로 채워지고 충만하게 하라
기원	20세기
대표 성구	후에 내가 내 영을 만민에게 부어주리니(욜 2:28)
선교의 영웅들	A.B. 심슨, A.J. 고든, 조용기, 릭 시워드, 로렌 커닝햄, 데이빗 뒤플레시스
인구	전 세계에 거의 6억 명의 오순절 성도가 존재, 8만 5천 명의 해외 선교사 파송

7) 복음주의

아마도 다른 어떤 흐름보다 선교에 대한 복음주의적 접근 방식은 구식 접근 방식과 신식 접근 방식 모두를 포괄한다. 복음주의 선교학자들은 가장 최근에 선교계에 등장한 복음주의 접근 방식에 대해 인지하는 순간, 그 방식이 윌리엄 캐리 이래 전개된 현대 선교운동 방식들 가운데 최고의 접근 방식이라 가정한다.

현대 서구 복음주의 운동의 뿌리는 두 가지로 추적할 수 있다. 세속적 뿌리와 종교적 뿌리이다. 19세기 말엽에 이르러, 다윈주의, 성경 비평학, 마르크스주의가 그 당시까지 지배적이었던 유일신적 세계관을 대체했다.

이런 상황 속에서, 유일신론자들은 자신들이 수세에 몰려 있다는 사실을 발견했다. 교회 내부에 있던 일부 현대주의자들은 새롭게 등장한 이 유물론적 세계관과 신학을 화해시키려 했다. 근본주의자들이라 불리는 교회 안에 있던 다른 사람들은 초자연주의를 방어하기 위해 싸우기로 결심했다.

20세기 초반, 이 흐름이 복음주의의 두 번째 뿌리로 연결되는데, 흔히 근본주의-현대주의(자유주의-역자 주) 논쟁으로 알려진 교회 내부의 논쟁이 그것이다. 이 논쟁이 주요 교단, 그 중에서도 특히 침례교와 장로교를 휩쓸고 지나갔다. 근본주의자들은 이 싸움에서 패했고, 결국 교단을 떠나 새로운 교단을 구성했다. 이 때 새로운 선교 단체들도 세워진다(Marsden 2006).

비록 1940년대까지 복음주의가 근본주의적 분리주의자들과 동일시되기는 했지만, 복음주의자들은 근본주의-현대주의 논쟁에서 침묵하고 중립적인 입장에 서 있곤 했다. 개혁신학과 독일경건주의, 그리고 웨슬리 계열의 경험주의로부터 각기 최상의 것을 선택하면서, 당대 저명한 신학자였던 칼 헨리(Karl Henry)와 젊은 복음전도자였던 빌리 그레이엄(Billy Graham)의 인도를 받아 선교 이론 발전에 특별한 기여를 한 신학적 그리고 교회론적 입장을 정립해 나갔다.

① 아마도 복음주의가 한 가장 중요한 기여는 교회의 핵심(주변적이지 않은) 영역으로서 선교에 대한 변함없는 헌신일 것이다. 복음주의자들에게 있어, 선교는 그저 한 가지 더해지는 영역이 아니다.
② 개인의 회심 또는 거듭남에 대한 경험은 복음주의 선교의 목적으로 끊임없이 진술되었다.
③ 복음전도와 선교의 수단으로서의 자발적 단체들의 성립을 들 수 있인데, 미국에서는 이를 파라처치(parachurch)라 부른다.

이 세 가지 기여를 보면, 지상명령이라 불리곤 하는 마태복음 28:19-20, 즉 "너희는 가서 모든 민족을 제자로 삼아 아버지와 아들과 성령의 이름으로 세례를 베풀고, 내가 너희에게 분부한 모든 것을 가르쳐 지키게 하라. 볼지어다! 내가 세상 끝날까지 너희와 항상 함께 있으리라 하시니라"는 말씀이 왜 복음주의자들의 표준 성구가 되었는지를 알 수 있다.

이 성구는 모든 기독교인에게 선교를 교회의 핵심으로 삼아야 한다는 행군 명령으로 읽힐 수 있다. 만일 우리들 각자가 어떤 선교의 일에 부르심을 받았다면, 성공적인 선교를 수행하기 위한 목적에서, 이를 위한 다양하고 광범위한 기회를 제공하기 위해 교단 이외에 다양한 선교 기관들을 갖추는 것은 의미 있는 일이 된다. 따라서 대규모의 파라처치 선교 구조의 존재도 선교를 위해 의미 있는 것이다.

복음주의 선교 영웅들은 기독교인의 삶에서 핵심적 특징인 선교에 가장 급진적으로 헌신한 사람들이다. 이들은 자신들이 추진하는 선교 노력들의 성공을 위해 교회 이외의 파라처지 구조를 세우기도 했다. 짐 엘리엇(Jim Elliot, 1927-56)은 남아메리카의 위험한 부족들 사이에서 선교를 개척하려는 시도 중에 순교했다. 브루스 올슨(Bruce Olson)은 남아메리카 행 비행기에 탑승했다가 모틸론 부족(the Motilone, 콜롬비아 북동부 지역과 베네수엘라 서부에 걸쳐 거주하는 부족 – 역자 주)에 대한 선교사역을 시작했다(1978).

지상명령은 개인이 되었든 단체가 되었든 이런 식의 기업형 선교 유형이 지닌 가치를 높게 평가한다. 전 세계적으로 대략 2억 천만 명가량의 성도가 복음주의 교회에 속해 있고, 대략 5만 6천 명 정도의 선교사가 타문화권에서 사역하고 있다(Nichols 1989).

박스 3.8
복음주의 선교

선교의 표지	성경번역과 의료사역을 통한 회심
기원	20세기
대표 성구	너희는 가서 모든 민족으로 제자를 삼으라(마 28:19)
선교의 영웅들	빌리 그레이엄, 짐 엘리옷, 브루스 올슨
인구	대략 2억 천만 명, 56,000여 명의 타문화권 선교사

8) 에큐메니컬

에큐메니컬에 대한 단락을 따로 다루어야 하는지 여부에 대해서는 논란의 여지가 있다. 세 가지 중요한 점을 들어 에큐메니컬을 따로 다루고자 하는 시도에 반박할 것으로 보인다.

① 에큐메니컬 운동은 새로운 운동으로 20세기에 시작된 현상이다.
에큐메니컬 운동을 대변하는 기관으로는 세계교회협의회(the World Council of Churches, WCC)가 있지만, 그 역사는 반세기에 불과하다.
② 세계교회협의회는 교회가 아니며, 그 내부에 자체적으로 선교사를 파송하는 기관도 없다.
세계교회협의회는 최우선적 가치를 교회연합으로 보는 340개의 회원 교회들(개교회가 아닌 교단 혹은 교파)이 모인 협의체일 뿐이다.
③ 세계교회협의회는 선교에 대한 접근 방식에 있어 결코 전통적이지 않다.
세계교회협의회 이외 어떤 교회 그룹도 서구 교회의 전통적인 선교 행위들에 관해, 그 행위들이 식민주의와 서구 제국주의의 틀에 빠져 들 때마다 그 점에 대해 명확한 비판을 제기하지 않았다(Beaver 1962).

이러한 반론에도 불구하고, 어떤 사람은 전통적인 선교에 대해 이처럼 시끄럽게 따지는 접근 방식이야말로 세계교회협의회가 한 기여의 강점이라고 주장할 것이다. WCC는 현대 선교에 관해 가장 중요하고 영향력 있는 접근 방식 중 하나를 부상시켰다. 그리고 WCC가 발행하는 학술지인 「국제선교 논평」(the International Review of Missions)을 통해 현대 선교신학의 발전에 광범위하고 영향력 있는 기여를 했다(Thomas 1995).

WCC가 주창한 선교신학은 하나님의 선교(missio Dei)라 불리는 신학을 형성했다. 이 접근 방식은 선교가 무엇보다 우선적으로 하나님의 선교임을 가르친다. 교회는 세상에 존재하는 **하나님의 선교**를 대표하는 유일한 기관이라는 것과 달리, 세상에 존재하는 모든 교회는 **하나님의 선교**를 수행하는 수많은 기관들 중 하나이다. 정치 기관들과 경제 기관들도 적어도 복음의 진리에 근거해 행하고 그것을 구체화시키는 한에서 **하나님의 선교**에 참여하는 것이다. 당신이 세상에서 어떤 선한 것을 발견할 때마다, 이 세상 안에서 행해지고 있는 **하나님의 선교**(Vicedom 1965)를 경험하는 것이다.

이런 유형의 선교가 갖는 목적은 현재 실재하는 것보다 미래에 전망되는 것으로서 다양한 목표들이 갖는 성격을 매우 신중하게 다룬다. **하나님의**

선교는 종말론적 희망에 그 뿌리를 깊이 내리고 있다. 선교에 대한 이 같은 접근 방식의 목적은 세상의 모든 열방 가운데 하나님의 나라(the kingdom of God)를 건설하는 것이다.

> 때가 이르면 뭇 나라와 언어가 다른 민족들을 모으리니 그들이 와서 나의 영광을 볼 것이며(사 66:18).

> 이제부터 너희는 외인도 아니요. 나그네도 아니요. 오직 성도들과 동일한 시민이요. 하나님의 권속이라(엡 2:19).

이런 이해 구조로 볼 때 선교는 단지 말로 하는 것이 아니라 부딪히고 나누고 대화함을 통해 하는 것이다. 이 같은 이해가 20세기 최고의 선교학자들 중 한 명인 레슬리 뉴비긴(Lesslie Newbigin)을 있게 했는데, 그가 저술한 책들 중 가장 탁월한 책들은 WCC의 활동에 대한 반응으로 쓰인 것이다. 세계선교협의회에 소속된 성도의 수는 대략 5억 5천만 명에 이른다. WCC는 해외선교사를 공식적으로 파송하지 않는다.

박스 3.9
에큐메니컬 선교

선교의 표지	하나님의 우주적 선교(*missio Dei*)에 참여할 수 있게 하라.
기원	20세기
대표 성구	때가 이르면 뭇 나라와 언어가 다른 민족들을 모으리니 그들이 와서 나의 영광을 볼 것이며(사 66:18).
선교 영웅들	알로이시우스 피에리스(Aloysius Pieris), M. M 토마스(M. M. Thomas), 레슬리 뉴비긴, 코수케 코야마(Kosuke Koyama)

9) 아시아

우리는 일반적으로 아시아 교회가 새로운 다양한 교회들을 생산하는 교회가 아니라 선교적 노력의 소산이라 생각한다. 그러나 아시아 교회는 자체 신학을 발전시키고 있는데, 이렇게 발전된 신학은 선교에 대한 접근 방식에 새로운 풍미를 더해주고 있다. 그리고 아시아 교회는 수없이 많은 타문화권 선교사들을 산출하고 있다(Ramachandra 1996).

소위 아시아 신학들 중 일부는 서구신학을 모방한 것들이다. 전통적인 선교신학들은 어거스틴, 아퀴나스, 루터, 칼빈, 웨슬리, 틸리히, 또는 바르트 등을 동양 상황에 단지 옮겨놓은 것에 불과하다. 더 최근에 이르러 스리랑카의 알로이시우스 피에리스(Aloysius Pieris)와 한국의 민중신학자들이 라틴아메리카 해방신학의 아시아 판을 저술했다.

래이문도 파니카(Raymundo Panikkar), M. M. 토마스 그리고 스탠리 사마르타(Stanley Samartha) 등과 같은 인도 신학자들이 서구 다원주의 신학을 인도의 힌두 배경(파니카와 사마르타)과 세속적 배경(토마스)에 적용한 예를 보여주려고 시도했다. 빈재이 사무엘(Vinjay Samuel)과 켄 그나나칸(Ken Gnanakan)과 같은 복음주의자들은 복음주의를 아시아 상황에 옮기려는 시도를 했다.

카조 키타모레(Kazoh Kitamore, 하나님의 고통의 신학)과 코수케 코야마(물소 신학)와 같은 일본 신학자를 포함한 소수의 아시아 신학자들이 죄책감보다는 수치, 개인보다는 공동체, 귀신들(the spirits), 실재의 상호연결성(interconnectedness), 행동을 대신하는 명상 그리고 존재(being)에 반하는 것으로서의 되어감(becoming)에 초점을 맞춘 진실로 아시아적 신학을 시도했다(Fernando 2001).

이런 주제들은 방법과 실체를 포함하는 모두 면에서 복음을 드러내고자 하는 선교에 대한 독특한 접근 방식을 산출하고 있다. 자연스러운 일이겠으나, 30개가 넘는 아시아 국가들의 문화가 다양하듯, 선교에 대한 접근 방식들도 다양하다. 그리고 이들 접근 방식은 경제적 세계화, 과학주의, 그리고 세속화, 식민주의와 공산주의에 대한 더욱 세부적인 지역의 다양한 역사, 그리고 힌두교, 불교, 이슬람의 재부상과 같은 최근의 흐름들에 의존한다. 현재 아시아 30억 인구 중에 겨우 3% 정도만이 기독교인이기 때문에, 아시아의 선교화는 지나간 과거의 역사가 아닌 미래에 완수해야 할 임무이다.

이렇게 말한다고 해서 과거가 중요하지 않다는 것이 아니다. 도마는 복음을 전하기 위해 1세기에 인도로 갔고, 알로펜은 중국에 복음을 전하기 위해 7세기에 중국으로, 프란시스 샤비에르는 16세기에 중국으로, 그리고 저드슨은 19세기에 버어마(미얀마)로 갔다.

그러나 미래는 아시아 교회 자신의 책임이다. 아시아에서 활동하고 있는 선교 단체들 간의 협력을 위해 1973년에 아시아선교협의회(the Asia Missions Association)가 구성되었다. 1990년에는 제1차 아시아선교회의(the First Asian Mission Congress)가 1,200여 명이 참석한 가운데 서울에서 개최되었다.

제2차 회의는 300여 명이 참석한 가운데 태국의 파타야에서 열렸다. 3만 명이 넘는 아시아 선교사들이 아시아 국가들에 의해 파송되었는데, 인도가 약 2만 명을, 그리고 한국이 약 2만 명을 파송하며 아시아 지역 선교를 선도하고 있다. 아시아 선교는 힌두교, 불교 그리고 이슬람이라는 세계 종교가 내재하고 있는 세계관을 적극적으로 상대해야 할 절대적 필요로 특징지어진다. 아시아 선교를 대표하는 성구는 사도행전 17:23에서 온 것으로, 아테네에서 다양한 종교들에 관해 바울이 보여주었던 지식에 대한 것이다.

> 내가 두루 다니며 너희가 위하는 것들을 보다가 알지 못하는 신에게 라고 새긴 단도 보았으니 그런즉 너희가 알지 못하고 위하는 그것을 내가 너희에게 알게 하리라(행 17:23).

세계 인구의 60%를 차지하고 있음에도 불구하고, 인구의 대부분이 복음과 그리스도에 대해 알지 못하는 아시아야 말로 교회 선교의 미래의 열쇠를 쥐고 있다고 언급하는 것은, 오늘날 중국과 인도의 경제 성장을 목도하면서 이제는 아주 평범한 말이 되었다.

박스 3.10
아시아 선교

선교의 표지	아시아인의 사고 형식의 사용
기원	19세기
대표 성구	너희가 알지 못하고 위하는 그것을 내가 너희에게 알게 하리라 (행 17:23).
선교의 영웅들	워치만 니(Watchamn Nee), 존 성(John Sung), 비내이 사무엘(Vinay Samuel)
인구	3만 명 이상의 아시아 선교 사역자

10) 아프리카

오늘날 아프리카는 토착 교회 선교운동의 가장 좋은 사례이다. 초기 서구 교회의 선교적 노력과 아프리카인이 선도하는 교회운동(the African Initiated Church Movement)의 공동 결실인 아프리카 교회의 선교적 노력은 이제 세계에서 가장 빨리 성장하고 있는 교회들 중 하나로 그 열매를 맺고 있다 (Mugambe 1989).

흥미롭게도, 이런 선교 노력들 중 대다수의 저변에 깔려 있는 신학들 때문에, 많은 비아프리카 교회들이 아프리카 교회에 대한 신학적 동의를 꺼리고 있다. 한편으로, 아프리카의 주류 교회와 자유교회(free churches)들 내에 편재한 신학의 대부분은 서구에서 들여 온 신학, 즉 라틴아메리카에서 수입된 해방신학, 학계에서 조성된 다원주의 신학들, 그리고 자본주의 경제학을 모방한 복음주의 신학들에 아프리카식 주제를 덮어씌운 것들이다.

다른 한 편으로, 아프리카인들이 선도하는 교회운동의 저변에 깔려있는 신학은 아프리카 전통 종교에서 유래한 수많은 요소들을 포함하고 있기 때문에, 세계교회협의회는 혼합주의에 대한 염려로 이들 아프리카 교회를 회원 교회로 인정하는 것을 망설이고 있다(최근에 준회원으로 승인했다).

박스 3.11

아프리카 선교

선교의 표지	아프리카의 사고 형식을 사용
기원	18세기
대표 성구	살리는 것은 영이니(요 6:63)
선교의 영웅들	데이비드 리빙스톤(David Livingstone), 이사야 셈베(Isaiah Shembe)

여러 가지 면에서, 아프리카 대륙에는 중동을 제외한 다른 어떤 지리적 지역보다 훨씬 오래전부터 기독교가 존재하고 있었다. 1세기에 마가는 이집트에 복음을 전했다. 이렇게 전해진 복음은 이슬람 세력이 등장하기 전까지 아프리카 북쪽 해안지역으로 퍼져나갔다.

그리고 16세기부터 19세기에 이르는 동안, 포르투갈(로마 가톨릭), 화란(개혁교회), 영국(성공회), 그리고 다른 유럽인들(자유교회)이 무역을 위해 아프리카로 진출하면서 다양한 기독교 신앙 전통이 함께 도입되었다. 20세기는 아프리카인이 선도하는 교회운동의 발전이 두드러졌다. 이 교회운동으로 인해 서구 교회의 선교 방식과는 구별되는 독특한 방식의 선교를 지향하는 역동적인 교회가 탄생되었다(Irvin and Sundquist 2001).

토착적인 아프리카 선교의 두 가지 특이점은 매우 중요해 보인다.

첫째, 아프리카 선교의 급진적인 토착성(radical indigeneity)이다.
아프리카인이 선도하는 교회운동의 결과, 조상, 시간, 부족주의, 하나님, 그리고 죄와 같은 주제에 관한 아프리카인의 세계관을 상당하게 포용한 회중들이 형성되었다. 아프리카 신학은 아프리카적인 것과 기독교적인 것 모두를 포용하고 있다.

둘째, 아프리카 선교가 갖는 부수적(incidental) 성격이다.

이 특징은 선교 방법에 대한 관심이 부족한 다른 신학들보다 선교 방법에 더 많은 관심을 기울인다. 아프리카 교회는 사전에 계획된 선교 계획의 결과 때문이 아니라 사회의 도시화, 지리적 재배치, 그리고 정치적 혼란의 결과로 확장되었다(그러나, 식민 시대 이후 아프리카에서는 다양한 선교 집회가 있었다. 그리고 수많은 아프리카인들, 특히 케냐인과 나이지리아인이 교단의 색깔을 뛰어 넘으며 타문화권 선교에 참여했다).

이주와 이민과 관련하여 아프리카에서 교회가 확장되는 방식을 보면, 아프리카 외 타 지역에서 교회가 확산된 방식들을 재평가하게 되는데, 그런 방식들이 비종교적인 요인들을 통해 일하시는 성령의 돌발적 역사가 아닌 인간의 조직과 계획을 지나치게 강조한 것이 아닌 지 여부에 대해서도 생각하게 된다(Hiebert, Shaw, and Tienou 1999).

아마도 아프리카 선교의 대표 성구는 "살리는 것은 성령(the Spirit)이니"(요 6:63)일 것이다. 이런 종류의 선교가 지향하는 목적은, 현지의 부족 구조와 사회 구조에 기반을 둔 교회가 실재가 되었을 때 역사하시는 성령의 사역에 개방하는 것이다.

2. 개성

물론 오늘을 위한 하나님의 말씀을 찾을 때, 신학만이 선교학자들이 성경의 계시와 경험을 통해 얻은 자료를 조망하는 유일한 격자는 아니다. 개성(personality) 또한 우리가 모색하는 질문인 다른 종교에 속하고 믿는 사람들에 대한 기독교인의 책임은 무엇인가?에 대한 해답을 찾으면서 개인적으로 텍스트와 상황을 대할 때 하나의 격자 역할을 한다.

우리 모두는 다면적인 개성을 갖고 있다. 각자의 개성은 여러 가지 점에서 독특한 측면을 갖고 있기는 하지만 다른 면들에 대해서는 공통적인 측면을 갖고 있기도 한데, 사역을 수행할 때 이 같은 개성도 개입하게 된다.

개성이란 무엇인가?

개성은 한 사람으로 하여금 일단의 방식으로 행동하게 하는 기질의 경향을 말하는데, 한 사람의 성격을 특징짓는다. 이 같은 기질의 경향에는 버릇, 사고, 감정, 그리고 가치 등이 포함된다. 그리고 이 모든 것은 주변에서 발생하는 일들과 상호작용하고 적응할 때, 특히 우리가 타종교에 속한 사람들과 상호작용할 때 작동하기 시작한다. 우리 각자는 특별한 기질의 경향을 가지고 있다. 그런 면에서, 우리 모두는 특별하다.

만일 우리 모두가 다른 사람들과 구별되는 독특한 점을 갖추고 있다는 면을 언급하는 것으로 이야기가 종결된다면, 이 논의를 지속하는 것은 부질없는 일이 될 것이다. 모든 개인은 완전히 새롭게 연구해야 할 대상일 될 것이기 때문이다. 선교학적 질문에 대한 기독교인의 답변에 개성이 어떤 영향을 미치는가에 대해 토론할 때, "글쎄요. 우리는 존 스미스(John Smith)나 제인 도(Jane Doe, 불특정 개인)가 질문을 받았을 때 어떤 대답을 할지에 대해 토론할 수 있겠지요. 그렇지만 그렇다고 해서 어떤 일반화된 결과를 얻을 수는 없을 겁니다"라는 말만 듣게 될 것이다. 성경의 진리에 대한 탐구에서 개성의 역할이 갖는 중요성에 대해서는 말할 수 있지만 그 이상 더 할 수 있는 일은 없을 것이다.

그러나 우리가 할 수 있는 일이 더 있다. 왜냐하면, 다양한 관찰에 따르면 정의될 수 있고 측정 가능한 인간 개성이 갖는 공통 요소들이 있기 때문이다. 이들 공통 요소들에는 관찰 가능한 행위들, 사고와 감정 그리고 가치 구조의 경향들과 우리가 세상을 바라보는 방식을 구성하는 전반적인 접근 방식들이 포함된다.

다양한 연구를 통해, 사람들이 이 네 개 영역 중 한 가지 영역에 기초하여 행동하고, 사고하고, 가치를 평가할 뿐만 아니라, 제한된 방식들을 통해 삶을 구조를 구성하는 경향이 있다는 사실을 안다. 우리는 자신이 소유한 대다수의 특성과 기질을 다른 사람들과 공유한다(Hiebert 1985).

그렇다면 개성이 선교에 영향을 미치는 방식은 무엇이겠는가?

선교학자로서 우리가 하는 일은 자신의 개성에서 완전히 자유로울 수도 없지만, 동시에 전적으로 의존하지도 않는다는 것이다. 즉, 완벽한 객관성이란 영화적 허구에 불과하다. 그럼에도 불구하고, 우리가 하는 일이 우리의 개성과 우리가 처한 개별 환경에 절대적으로 의존할 것이라 생각하는 것도 실수에 불과하다.

우리의 개성이 타종교를 신봉하는 사람들을 대상으로 하는 선교적 증거에 어느 정도로 영향을 끼치는 하나의 요인으로 작용한다는 사실을 아는 것이 선교사역을 수행하는 데 도움이 될 수 있을까?

이 질문에 대한 단순한 답변은, 우리의 개성과 은사에 대해 무언가를 아는 것이 도움이 된다는 것이다. 우리의 개인적 접근은 우리가 하나님의 말씀을 발견하고자 할 때 감안해야 할 부가적인 자료에 해당한다. 성경을 주해하는데 기여하는 매우 다른 세 가지 종류의 "지식"이 있다. 그것은 계시, 상황에 대한 지식 그리고 개인적 지식이다.

개인적 지식(Personal knowledge), 즉 우리의 개성이 텍스트와 상황과 혼합된 결과로 얻어진 지식을 단순하게 분석하기는 힘들다. 개인적 지식은 공적으로 검증될 수 있는 자료가 될 정도의 질적 수준을 갖추고 있지 않다. 개인적 지식은 정의상 주관적이다. 아마도 개인적 지식을 하나의 도구라고 말하는 것이 더 쉬울 것이다. 개인적 지식은 우리가 어떤 주제를 다룰 때 동원하는 관점이다. 개인적 지식은 텍스트와 상황을 접할 때(그리고 접했기 때문에) 발생하는 일을 포함한다(Polanyi 1964).

비록 다양한 사람들만큼이나 개인적 지식에도 많은 차원들이 있겠으나, 설명을 위해 개인적 지식의 네 가지 차원을 살펴보자.

① 행동 방식
② 신학화 방식
③ 감정/가치 평가 방식
④ 지식을 갖추는 방식

사실, 이 네 가지 차원은 개인적 지식에 관해 임의로 선정한 차원들이 아닙니다. 우리는 두 가지 이유에서 이 네 가지 차원을 선정했다.

첫째, 이 네 가지 차원은 개성에 대해 잘 정의된 네 가지 단계가 있다는 개성 이론가들이 동의하는 내용이다.

각 단계는 공적이고 관찰 가능하고, 의식적인 것(행위)으로부터 사적이고, 암시적이고, 무의식적 것(지식)으로 이동해 간다.

둘째, 네 가지 단계 각각을 위한 측정 도구가 있다.

각 단계, 특히 각 단계의 종교적 표현들에 초점을 맞춰 짧게 설명한 다음, 우리는 그 범주의 종교적 차원에 초점을 맞추는 하나의 측정 도구(각 범주 안에 존재하는 수백 개의 측정 도구들 중에서)를 선정했다.

박스 3.12
신학적 개성을 구성하는 요소들

행위
스스로 방향을 설정하거나 집단적이거나 또는 추종하는 것

신학화
희극적이거나 낭만적이거나 또는 비극적이거나 아이러니한

감정/가치 평가
거룩한 의례나 옳은 행동 또는 헌신이거나 주술적 명상 또는 신비적 질문 또는 합리적 탐구

지식
동화자, 수렴자, 적응자, 확산자

1) 행위

첫 번째 차원은 **행위에 관한 것**이다.

종교적 행위에 대해 분석하는 많은 방법이 있다. 이런 방법에는 교회 출석수에 대한 명시적 측정부터 십일조 습관, 성경 읽기, 그리고 기타 존재하는 다른 행위를 측정하는 것에 이르기까지 다양하다. 그러나 일부 행위는 다른 것들에 비해 더욱 구체적이다. 이와 같은 일단의 행위는 문제 해결이라 불릴 수 있다.

사람들이 자신들이 신앙하는 종교와 종교적 믿음을 문제를 해결하는데 정도를 측정하기 위해, 케네스 파가멘트(Kenneth Pargament)와 그의 동료들은 종교적 문제 해결 등급(the Religious Problem-Solving Scale)이라 부르는 시험 도구를 개발했다(Pargament et al. 1988).

문제에 직면할 때, 우리는 우리가 신앙하고 있는 종교를 자원(resource)으로 사용함으로써, 문제 해결을 위한 세 가지 접근 방법들 중 한 가지로 택하는 경향이 있다.

① **스스로 방향을 설정하는**(self-directing) 접근 방법은 문제를 해결하기 위해 우리 자신을 종교적 자원으로 삼는 방법, 즉 하나님께 기도하지만 스스로 노를 저어 해안으로 가려는 접근 방식으로, 기본적으로 스스로 문제를 풀어가는(self-helping) 접근 방법이다.
② **협의적**(collaborative) 접근 방식은, 직면한 문제를 해결하기 위해 자기 스스로를 하나님의 동역자로 보는 사람들을 기초로 하는 방식이다.
③ **추종**(deferring) 접근방식은, 우리가 문제에 직면했을 때 전능하시며 주권자가 되신 하나님께 수동직으로 순종할 것을 강조하는 권위주의적 종교에 대한 에릭 프롬(Eric Fromm)의 개념에서 가져 온 것이다(1998).

우리들 대다수는 삶의 이슈에 직면했을 때 위에서 소개한 세 가지 기본적 지향들 중 한 가지를 택하는 성향이 있다.

2) 신학화(theologizing)

두 번째 차원은 **신학화**이다.

좀 더 일반적인 범주로는 신앙에 대해 생각하는 것(thinking)이라 부를 수 있다. 우리가 여기에서 신학화 또는 신앙에 대해 생각하는 것이라 부르는 범주는, 우리가 본 장의 처음 절반을 통해 토론했던 것으로, 어떤 특정인이 수용하는 신학적인 입장과는 구별되는 것이다.

물론 이 두 가지 차원이 서로 무관하지는 않다. 그러나 우리가 앞부분에서 토론한 것은 신학에 대해 관심을 갖는 것으로, 어떤 이슈가 발생했을 때 특정인이 갖는 실재 입장에 대한 것이다. 지금 우리가 다루려고 하는 것은 신학화 또는 신학을 하는 방식, 그리고 특정 임무에 실재로 동원되는 신학적 관점을 취하는 방식에 관한 것이다.

많은 시험들이 이것을 측정하는 데 사용되었다. 우리는 제임스 호프웰(James Hopewell 1987)이 개발한 한 가지 측정 방식을 선택했다. 제임스 호프웰은 신학화를 이루는 방식 혹은 세계관에는 네 가지가 있다고 말한다.

첫째, 제임스 호프웰은 첫 번째 방식을 희극적(comic)이라 부른다.

희극적 세계관을 소유한 사람들은 모든 것이 결국에는 잘 될 것이고, 따라서 이 세상의 위대한 힘들이 서로 조화를 이루게 될 것이라 확신한다.

이 방식은 일종의 영지주의적(gnostic) 영감을 통해 사물에 대해 배운다. 그리고 우리가 현재 직면하는 어려움들은 환영에 불과하며 그 어려움들 저변에는 우리가 아직 보지 못하고 있는 근본적 조화가 자리하고 있다고 확신한다. 인생은 그러한 조화를 발견하는 것에 대한 이야기다.

당신은 이런 본질적 가정들을 "흐름에 맡겨라" 또는 "결국 모든 것이 분명해 질 것이다"(it all adds up)라는 말을 통해 들을 수 있다. 로버트 슐러(Rober Schuller) 같은 종교 지도자가 이런 유형에 대한 실례가 된다.

둘째, 낭만주의자들은 인생을 카리스마적인 영(charismatic spirit)으로부터 유래한 지식으로 인도받는 하나의 탐구로 본다.

인생의 우여곡절은 주인공(종종 영웅적 인물)이 대적자에 대항하므로 초래되는 위험이자 모험의 결과이다. 그 결과는 값을 매길 수 없는 보상(위대한 사랑, 거룩한 물건, 세상을 위해 요긴한 것)이다. 이야기는 성취를 위해 평안함에서 위기로 이동한다. 당신은 이 같은 세계관을 "기적을 기대하라"와 같은 말이나 하나님의 영인 성령과의 변혁적 대면에 대한 설명을 통해 접할 수 있다. 오랄 로버트(Oral Roberts)같은 사람이 이 범주에 속한다.

셋째, 낭만처럼, 비극은 우여곡절 때문에 인생이 쇠락하게 되는 영웅에 대한 이야기를 포함하고 있다.

낭만과는 정반대로, 비극에 대한 이야기는 분명한(그러나 실수로 취득한) 성취로 시작해서 쇠락에 빠지는 위기를 향해 나아간다. 세상에는 사람이 굴복할 수밖에 없는 엄청난 힘이 있다. 이 어떤 힘은 그 힘에 대해 갈등하는 것조차 무의미한 초월적 의지이다. 이 같이 거룩한 의지를 드러내는 성스러운 정경 텍스트들이야말로 유일하게 확신할 수 있는 지식의 근원이다. 당신은 이런 유의 세계관을 "자아에 대하여 죽으라!"와 "하나님의 의지에 복종하라!"와 같은 요청을 통해 들을 수 있다. 제리 폴웰(Jerry Falwell)과 같은 사람이야말로 이런 유형에 잘 들어맞는 인물이다.

넷째, 세상에 대한 역설적(ironic) 시각은 그 나름의 방식으로 삶을 조망한다.

이 견해에 따르면, 영웅이나 직관, 또는 초월적 의지라는 것은 존재하지 않는다. 오직 경험을 통해 얻은 사실만이 있을 뿐이다. 특별한 축복이나 불확실해 보이는 이상한 현상은 증명을 통해 사연스러운 설명이 가능한 것으로 증명된다.

역설적 이야기의 보상은, 큰 딜레마를 해결하는 데서 오는 것이 아니라 딜레마에 봉착한 모든 인간 행위자가 서로를 향해 느끼는 동지애로부터 온다. 당신은 "연관"과 "교제"에 대한 강조를 통해 이 세계관을 이해할 수 있다.

월터 크론카이트(Walter Cronkite)의 유명한 마무리 말인 "다 그런 것이지요"라는 멘트야말로 역설적 세계관의 한 가지 예이다.

신학적 개성(theological personality)을 측정하는 이 같은 방식들은 우리가 소유하고 있는 열 가지 신학적 입장과 다른 방식으로 사물들을 구분한다는 사실에 주목하라.

어떤 사람은 희극적 세계관으로 신학화를 진행할 수 있고, 로마 가톨릭이나 동방 정교회, 성공회, 주류 교회, 자유교회, 오순절, 복음주의, 에큐메니컬, 아시아, 또는 아프리카 교회의 성도가 될 수도 있다.

다른 말로 하자면, 열 가지 신학적 입장 각각은 신학화를 위한 네 가지 입장인 희극적, 낭만적, 비극적, 그리고 역설적 입장 중 어느 한 가지 입장에 근거하여 신학하는 사람들을 포함한다. 여기에서 우리가 측정하고자 하는 것은 어떤 사람의 신학적 입장이 아니라 신학을 하는 그들의 방식에 대한 것이다.

3) 감정/가치 평가

한 사람의 신학적 개성의 세 번째 단계는 종교에 대한 그들의 감정, 구체적으로 말하면, 이 단계는 개인이 종교생활의 어떤 측면이 갖는 가치를 평가하는 방식에 대한 것을 포함한다. 개성이 갖는 이와 같은 측면을 측정하기 위해 우리가 제공하는 측정 검사는 대일 캐논(Dale Cannon)의 저서, 『종교적 존재됨의 여섯 가지 방식』(Six Ways of Being Religious, 1996)에서 가져왔다.

① 성스러운 종교 의례
이 방식을 택하는 사람들의 종교생활 중 가장 중요한 측면은, 혼자서 하던 공동체로 하던, 그들이 수행하는 종교 의례이다. 예식에는 정기적인 예배와 성찬식 같은 특정한 시기에 행하는 성례, 그리고 세례, 결혼, 교회의 정식 교인이 되는 예식 등과 같이 일생에 한 번만 행하는 의식 등이 포함된다. 종교적으로 이 같은 방식을 추구하

는 사람들은 의례의 가치를 가장 중요하게 생각한다.

② 올바른 행동

이 방식을 선호하는 사람들은 올바른 행위를 가장 중요하게 평가한다. 올바른 행위는 종교적 가르침에 따라 정의되어지며, 이 가르침은 소명을 받은 선지자들을 통해 배우고 격려받는다. 올바른 행동을 가장 중요시 여기는 사람들은 매일의 삶을 살아가며 옳은 행동을 하는 사람들을 그들의 친구로 가장 존중한다. 그들은 매일의 삶에서 그들과 같이 되기를 간절히 열망한다.

③ 헌신

어떤 사람들에게 있어, 종교적이기 위해 가장 중요한 것은 전통적으로 가장 중요시 여기는 핵심 존재, 특히 하나님과 예수 그리스도께 대한 헌신을 보여주는 것이다. 이들에게 있어 종교생활이란 감정적 양육이란 말로 가장 잘 설명될 수 있다. 이들에게 있어 종교적으로 성공적인 날이란, 하나님께 헌신되었음을 드러내는 태도로서 종교적 묵상을 함으로 시작하는 하루다.

④ 주술적 명상

종교적이기 위한 네 번째 방식은 가장 낯설어 보일 수 있다. 정경은 이를 주술적(shamanic)이라고 부른다. 그러나 이것은 세속적인 삶의 일상에서 벌어지는 다양한 일상사들에 도움이 되는 영적인 자원과 능력을 발견하고자 하는 매우 일반적인 관심이다. 이러한 이해에 있어, 종교의 가장 중요한 기능은 개인적 위기들로 인해 고통받는 사람들을 돕는 것이다.

⑤ 신비주의적 탐구

종교적이기 위한 다섯 번째 방식은 영적 여성의 여로다. 삶은 계속되는 과정으로 이미 확정된 어떤 것(*fait accompli*)이 아니다. 따라서 가장 중요한 것은 성장하는 것과, 앞으로 나가는 것이다. 종교생활은 감추어진 것을 드러내는 일련의 연속적인 사건과 경험이다. 사람들이 종교 생활에서 실패하는 이유는, 종교적인 경험을 추구하는 것으로 시작하지 않았거나 특정 경험에 갇혀 더이상 새로운 경험을 추구하지 않기 때문이다.

⑥ 합리적 탐구

어떤 사람들은 지적인 것을 종교생활의 가장 중요한 부분이라 생각한다. 하나님에 대해 생각하고, 하나님과 우리를 향하신 그분의 은혜로운 역사에 대해 올바로 믿는 것은 종교에 대한 합리적 탐구를 위해 필수불가결한 요소이다.

종교적이 되기 위한 여섯 가지 방식들을 설명하는 것에 관해, 정경은 이 여섯 가지를 지나치게 명확하게 구별하는 것에 대해 경계한다. 이 패러다임은 우리를 절망에 빠뜨리기 위한 함정이 아니라 우리를 조명하기 위해 고안된 학습 도구다.

이들 여섯 가지 방식은 누군가의 종교적인 상황과 내용에 관계될 때라야 비로소 중요해진다. 좀 더 구체적으로, 이 방식들은 누군가의 종교가 갖는 신학적 내용과 관련된 때라야 비로소 중요해진다. 종교적인 것에 대한 방식들 자체에는 아무런 내용이 없다.

4) 지식

신학적 개성의 네 번째이자 가장 깊은 단계는 전반적인 앎의 방식이다. 이 능력을 측정하는 많은 도구들이 개발되었다. 그러나 그 중 가장 유용한 도구들 중 하나는, 데이비드 콜브(David Kolb)가 개발하고 검사한 학습유형 저장고(the Learning Style Inventory)이다. 이 검사는 네 가지 유형의 학습자를 확인해 준다.

① 동화자들(Assimilators)

동화자들은 관찰(행동의 반대개념으로서)과 사고(감정의 반대개념으로서)를 높이 평가한다. 따라서 동화자들은 사상계(the thinking world)

에서 이론을 창출하는 사람들이 되는 경향이 있다.

② 수렴자들(Convergers)

수렴자들도 사고에 높은 점수를 준다. 그러나 관찰하기보다는 행동하기 위해 배운다. 그들은 사람들이 서로를 수렴할 수 있게 하는 윈윈 상황을 추구한다.

③ 적응자들(Accommodators)

적응자들은 감정과 행동에 높은 점수를 준다. 그들은 평화를 조성하는 사람들인데, 이들이 품는 감정은 조화를 불러일으키는 행동을 장려한다.

④ 확산자들(Divergers)

확산자들은 감정을 강하게 느끼는 관찰자들이다. 그들은 고도로 원리에 입각한 사람들인데, 이들은 세상에서 벌어지고 있는 문제들을 보고 느낀다. 세상의 문제에 주목할 것을 요청하는 데 자신들의 삶을 집중하기도 한다.

3. 신학적 개성에 관한 지식 활용

두말할 필요도 없이, 어떻게 아는가를 아는 것, 즉 이들 네 개의 범주, 즉 행동하기, 신학화하기, 느끼기/가치 평가하기, 알기를 통해 문제에 접근하는 방식은 타종교에 속한 사람들과 상호작용하는 사람이 어떤 길을 걸을 것인가를 예측하는 데 큰 도움이 될 수 있다.

세상에 대한 이들 네 가지 접근 방법 중 어느 하나가 반드시 좋거나 나쁜 것이 아니라는 것을 인식하는 것이 중요하다. 특정인이 갖고 있는 일반적인 신학적 개성을 아는 것에는 아마도 세 가지 특별한 가치가 있을 것이다.

① 타종교인들에 대해 우리가 품고 있는 생각에 대한 우리의 신학적 개성이 갖는 영향력을 감안하는데 도움이 된다.

② 우리의 선교학적 틈새, 즉 타종교인들에 관해 무언가를 하도록 우리를 부르신 하나님의 부르심이 무엇인지 발견하는데 도움이 된다.
③ 타종교인들과 효과적으로 관계를 맺어가는데 도움을 준다. 타종교인들도 자신들만의 특별한 "신학적" 개성을 소유하는 경향이 있다.

신학적 개성은 우리가 신학하는 방식과 우리가 성경을 읽는 방식에 영향을 미친다. 신학적 개성은 우리의 선교학에 영향을 미치며, 우리가 타종교에 속한 사람들에게 복음을 증거하는 방식에도 마찬가지이다.

이 영향은 한편으로는 명확하지만 다른 한편으로는 모호하기 때문에 분석하기 어렵기도 하다. 이 어려움은 인간 본성이 갖는 본래적 복잡함에서 유래한다. 신학적 개성을 네 가지 부분들, 즉 행위하기, 사고하기, 가치평가하기, 알기로 분류하는 것이 복잡한 인간 본성을 분석하는 데 어느 한도 내에서 도움이 된다.

그러나 결과적으로 그렇게 분류하는 것은 인위적인 것이다. 그리고 입증하는 일 또한 상당히 번거로운 일이기도 하다. 그럼에도 불구하고 매우 명확한 영향이 있다는 것은 우리가 그것이 무엇인지 이해하려고 노력해야 함을 의미한다.

한 가지 예를 들어 보자.

사도행전 17장에 등장하는 아테네인들을 향한 사도 바울의 설교, 즉 알지 못하는 신에 대한 바울의 설교를 예로 들어 보자.

바울은 종교다원적인 아테네인들이 "알지 못하는 신에게"라고 새겨진 상에 헌정함으로써 그들의 영적 기반을 덮어두고 있는 것을 보고, 그들이 한 가지를 놓치고 있음을 알았다. 바울은 알지 못하는 신을 성경의 하나님과 동일시했다. 이러한 바울의 시도는 상황화된 복음증거의 탁월한 예이다.

그러나 설교 그 자체는 복잡하고 미묘하다. 바울의 상황화 또한 미묘하다. 그의 선교 방법론은 많은 것을 드러낸다. 그리고 바울의 설교는 아주 조심스럽게 읽혀져야 한다. 바울의 설교를 읽으면 읽을수록, 더 많은 것을 배우게 된다.

당신이 바울의 설교를 읽는 가운데 성령의 인도하심을 받으면 받을수록, 더 커다란 통찰을 얻을 수 있을 것이다.

예를 들어, 동일한 텍스트를 읽은 두 가지의 다른 신학적 개성에 대해 생각해 보라.

어떤 독자는 신학적 개성의 네 가지 요소에서 유래한 네 가지 특징들을 추종하는 것으로 밝혀질 수 있는 신학적 개성을 소유하고 있다.

① 행동하기: 협력적 관점
제시된 이슈를 다루기 위해 하나님과 동역하는 동역자
② 신학화하기: 희극적 관점
하나님 창조하신 피조 세계의 연합을 강조하기 때문에 모든 것이 선을 이루기 위해 함께 잘 작동할 것이라는 낙관적인 확신
③ 가치평가하기: 신비적 탐구
우리를 하나님과의 관계로 더 가까이 인도하는 삶의 가장 중요한 영적 여정에 대해 생각하라.
④ 알기: 동화자
모든 경험을 포괄하는 가장 중요한 의미를 찾으라.
이론을 세우는 사람으로, 열외 지역에서 사색적인 관찰을 한다.

기독교인이 타종교 전통에 속한 사람을 만났을 때, 우리는 그 만남을 종교간 대면이라 부른다. 그 같은 유의 모든 만남에는 공통적인 일련의 요소들이 있다.

박스 3.13
종교 간 대면

1. 종교 간 대면은 반대하고자 하는 바람들과 일치하고자 하는 의지 모두를 반영하는 과정이다.
2. 종교 간 대면은 해결책을 요구하는 에너지와 관심이 산출하는 어떤 상태이다.
3. 긍정적이든 부정적이든, 종교 간 대면은 다음의 여덟 가지 목표로 인도되어진다.
    1) 우선적인 것과 부차적인 것 양자를 포함하는 다양한 이슈들에 대해 확인하기
    2) 사람들에 대해 이해하기
    3) 다름에 대해 인식하기
    4) 공격적인 내용들을 건설적인 표현 방식들을 전달하기
    5) 모두가 결정 산출 과정에 참여하도록 격려하기
    6) 문제 해결을 위한 합의 과정 확립하기
    7) 결정 산출 과정의 개선하기
    8) 분쟁 발생시 화해하기

이런 사람은 아테네인들을 향한 바울의 설교에서 무엇을 볼까?

그 혹은 그녀는 바울이 다루고자 한 주제들과 방법론들 중 일부를 강조하려 한다.

① 사도행전 17:22

아덴 사람들아 너희를 보니 범사에 종교심이 많도다(행 17:22).

이것은 일반은총에 대한 바울의 이해가 갖는 동화적 성향(the assimilationist tendencies)과(롬 1:19), 타종교인들로 하여금 자신들의 종교체계 안에서 이미 역사하고 계시는 하나님의 역사에 관심을 갖도록 하는 바울의 방식을 보여 준다.

② 사도행전 17:23

> 그런즉 너희가 알지 못하고 위하는 그것을 내가 너희에게 알게 하리라(행 17:23).

이것은은 종교에 대한 다양한 관점들이 만연할 때 그 관점들의 조화를 강조하는 회화적 관점(the comic outlook)에 호소한다.

③ 사도행전 17:28

> 우리가 그를 힘입어 살며 기동하며 존재하느니라(행 17:28).

이것은 그런 사람이 종교 생활의 신비를 탐구하는 본성에 부여하는 가치에 호소한다.

이제 두 번째 신학적 개성에 대해 생각해 보라.

① 행동하기: 순종하기(deferring)
하나님의 주권이 역사하도록 기꺼이 수용하는 것.

② 신학화하기: 비극적 인생관
사람이 무조건 복종해야 하는 엄청난 힘이 존재한다. 초월적 의지에 저항하는 것은 헛되다. 이러한 거룩한 의지를 드러내는 성스러운 정경 텍스트는 유일하게 확신할 수 있는 지식의 근원이다.

③ 가치평가하기: 합리적 탐구
하나님에 대해 생각하기와 하나님과 우리를 향하신 하나님의 은혜로우신 행위에 대해 바르게 믿는 것은 종교가 합리적인 탐구를 해나가는데 필수불가결하다.

④ 알기: 확산자
세상의 문제를 보고 느끼는 원리에 충실한 사람. 그러한 문제에 주

의를 요하는 것이 그 혹은 그녀 생애의 소명을 구성하기도 한다.

이런 사람은 아테네인들을 향한 바울의 설교에서 무엇을 발견할까?

그 혹은 그녀는 아마도 31절인 "이에 그를 죽은 자 가운데서 다시 살리신 것으로 모든 사람에게 믿을 만한 증거를 주셨음이니라"에 초점을 맞출 것이다. 이 성구는 어떤 신앙에 대한 보증을 제시하고, 이 사람이 합리적 탐구에 두는 가치에 호소할 것이다.

29절인 "하나님을 금이나 은이나 돌에다 사람의 기술과 고안으로 새긴 것들과 같이 여길 것이 아니니라"는 금이나 은, 도는 돌로 만들어진 상들을 대상으로 예배하는 아테네인들의 종교 행위에 의문을 제기하는데, 아마도 이런 의문은 세상 문제들에 관심을 가지는 확산자(diverger)가 주목할 만한 어떤 것이다.

그리고 이런 사람은 28절인 "우리가 그를 힘입어 살며 기동하며 존재하느니라"를 읽을 때, 신비를 추구하는 방식(mystical-quest way)이 아닌 불변하는 신적 의지로 세상을 바라보는 비극적 관점으로 읽을 것이다.

이들 두 가지 독서 방식 모두 바울의 설교와 그 설교가 오늘 우리를 위해 갖는 의미를 신실하게 읽어내는 방식이다. 그러나 각각의 독서 방식은 독자가 가지고 있는 신학적 개성에 따라 그 강조하는 바가 상당히 달라질 것이다.

제2부

실천들: 경쟁과 협력을 넘어

제4장 보편성: 기독교인을 포함하는 모든 사람을 향한
제5장 교제: 소속됨이 믿음에 선행한다
제6장 지역화: 지역 공동체의 질문들과 관심사들에 집중하라
제7장 헌신: 확신을 가지고 개념들 고수하기
제8장 자유: 종교 선택 원리 존중하기
제9장 효과: 상황에 맞춰 증거 형태 결정하기
제10장 일관성: 방법들과 목표들 간 일관성 추구하기
제11장 다양성: 다양한 방식을 통해 복음 전달하기
제12장 존중: 자신이 우위를 점하기 위해 다른 사람들을 폄하하지 않기
제13장 사랑: 복음을 증거하는 대상자 사랑하기
제14장 선교적 통합: 교회 협력 프로젝트로서의 선교 실천하기
제15장 예수, 선교 혁신가: 선물로 받은 은혜를 나누는 선교에 대한 예수
       의 모델

우리가 제2장에서 상황에 관해 말했던 것에 한 가지 요인을 더함으로써 이 문제를 좀 더 깊이 다루어 보자.

우리가 현대 세계의 종교 상황이 예전과 다른 상황이 되었다고 말한 것을 기억하라.

그리고 우리가 오늘날과 같이 복잡한 종교 상황이 내포하는 가장 중요하고 유난한 특징들을 설명한 것을 기억하라.

외면적으로 볼 때 아직까지는 꽤 단순해 보인다. 그러나 오늘날 현대의 종교적 상황을 더욱 복잡하게 만드는 요인은, 우리가 살아가는 상황에 일반적으로 영향을 미치는 세계적 요인들과 더불어, 그 요인들이 지역 상황에서 드러나는 양식에 영향을 미치는 다양한 지역 상황들이 갖고 있는 지역 특성들이다.

우리가 제기하는 질문, 즉 타종교에 속한 사람들에 대한 기독교인의 책임은 무엇인가?에 대한 답변은, 우리가 직면하고 있는 각각의 지역 상황에 따라 조금씩 달라질 것이다.

그렇다면 이 말이 의미하는 바는, 우리가 제기하는 질문에 대해 모든 상황에 일관적으로 적용할 수 있는 일반적인 결론을 도출하거나 보편적으로 적용할 수 있는 답변을 발견하는 것은 불가능하다는 것인가?

꼭 그런 것만은 아니다.

우리는 기독교 선교 역사를 연구함으로써, 타종교를 신앙하는 사람들을 대상으로 하는 신실하고 성공적인 기독교 선교의 예들로부터 우리 모두에게 유익이 될 수 있는 내용을 추출해 낼 수 있다고 믿는다. 우리는 타종교를 신앙하는 사람들에 대한 신실하고 성공적인 선교의 노력들이 내포하고 있는 열한 가지 선교 실천원리들을 파악할 것이다. 이들 열한 가지 실천원리들은 은혜로 공여된 선물 공여 선교(giftive mission) 방법론을 구성하는 요소들이다.

이들 열한 가지 실천원리들은 상황에 따라 각기 다른 모양을 띤다. 그럼에도 불구하고, 만일 우리가 좀 더 세밀하게 살펴보기만 한다면, 열한 가지 원리들이 내포되어있음을 발견하게 될 것이다. 이 원리들은 마치 잘 지어진 건물을 지탱하는 보이지 않는 구조 지지대들과도 같다. 이들 원리를 단순히 경쟁적으로 감행하는 선교, 협력 행위로서의 선교, 선포로서의 선교, 또는 섬김으로서의 선교를 위한 단순한 언급(bromides) 정도로 환원시켜서는 안 된다. 이들 실천 원리는 이론보다 깊고, 방법론보다 깊으며, 전략보다 깊은 것이다.

그리고 이들 실천 원리들이 이론들, 방법론들 그리고 전략들보다 깊은 것이기 때문에, 이들에 대해 추상적으로 말하기 쉽다. 이런 문제를 피하기 위해, 우리는 선교에 대한 접근 방법이 특별한 원리를 전형화시키는 것으로 보이는 한 기독교 선교 영웅을 찾았다. 몇 가지 면에서, 마치 이것은 그 선교 영웅이 그 원리를 발견한 것처럼 보인다. 이는 마치 그 선교 영웅이 선교 전략의 핵심인 특별한 원리를 만든 첫 번째 인물인 것처럼 보인다.

그러나 우리는 신실했을 뿐만 아니라 선물을 활용했던 모든 선교에, 이제 설명하려는 열한 가지의 선교 원리들이 실재했다고 믿는다. 우리가 이것들을 적절하게 이해하며 특정한 개별 상황에 적용하기만 하면, 이 원리들이야말로 기독교 선교를 기독교적인 것이 되게 하는 것이라 믿는다. 이 원리들은 오늘날 타종교에 속한 사람들을 대상으로 하는 기독교 선교가 지향해야 하는 선교의 모델들이자 기준들이다.

우리는 의도적으로 이런 관점을 증거하는 선교 영웅들을 선정했다. 이들 선교 영웅들은 전 세계 각지에서 사역했고, 다양한 교단 배경을 갖고 있으며, 다양한 종교 배경을 가진 사역지에서 섬긴 사역자들이다. 좋은 선교는 교단과 지리, 또는 해당 지역의 종교 상황과 무관하다. 왜냐하면 이 원리들은 성경적 보증에 신실하고 성령의 인도하심에 따라 전 세계 다양한 상황들에 정교하게 적용되기 때문이다.

제4장

보편성: 기독교인을 포함하는 모든 사람을 향한

선교 사례: 바울
위치: 소아시아, 로마
청중: 이방인들
시기: 1세기

연대표
- 기독교인의 박해자 사울(행 8장)
- 사울의 회심: 다메섹 도상의 경험(행 9장)
- 하나님께서 바울을 부르심(행 9:15)
- 베드로의 환상(행 10장)
- 안디옥교회의 파송(행 13장)
- 소명에 집중(행 13:46-52; 18:6)
- 이방인에 관한 논쟁(행 15장)
- 46-57년, 57-67년 바울의 선교 여행
- 67-68년 성숙한 선교(교회들에 보낸 서신들)
- 67-58년 로마에서의 투옥과 죽음

바울의 선교에 대한 자료

Roland Allen, *Missionary Methods: St. Paul's or Ours?* (Grand Rapids: Eerdmans, 1962)(『바울의 선교 vs. 우리의 선교』, IVP 刊)

Robert Banks, *Paul's Idea of Community*, rev. ed. (Peabody, MA: Hendrickson, 1994). (『바울의 공동체 사상』, IVP 刊)

Dieter Georgi, *The Opponents of Paul in Second Corinthians* (Philadelphia: Fortress, 1986)

Dean Gilliland, *Pauline Theology and Mission Practice* (Grand Rapids: Baker Academic, 1983)

Martin Goodman, *Mission and Conversion: Proselytizing in the Religious History of the Roman Empire* (New York: Oxford University Press, 1996)

Michael Green, *Evangelism in the Early Church*, rev. ed. (Grand Rapids: Eerdmans, 2004)

L. J. Lietaert Peerbolte, *Paul the Missionary* (Leuven: Peeters, 2003)(『초대교회 복음전도』, 복있는사람 刊)

Wayne Meeks, *The First Urban Christians: The Social World of the Apostle Paul*, 2nd ed. (New Haven: Yale University Press, 2003)(『바울의 목회와 도시사회』, 한국장로교출판사 刊)

Johannes Munck, *Paul and the Salvation of Mankind* (Richmond: John Knox, 1959)

Rodney Stark, *The Rise of Christianity: How the Obscure, Marginal Jesus Movement Became the Dominant Religious Force in the Western World in a Few Centuries* (San Francisco: Harper One, 1997)

바울이 기독교 교회의 첫 번째 선교 사역자였다는 것에 대해서는 논박의 여지가 없을 것이다. 독자들이 사도들(베드로, 야고보, 요한, 도마, 그 외 다른 사도들) 중 한 명을 첫 번째 선교 사역자의 사례로 들어도 무방할 것이다.

그러나 보다 광범위한 이해에 비추어 보면, 바울이 첫 번째 선교 사역자였다는 주장이 이해가 된다. 바울은 바울 이전 그 어느 누구보다 훨씬 더 광범위한 준거틀(frame of reference)로 사역을 조망했다. 그 광범위한 준거틀이 야말로 바울의 선교적 혁신과 실천을 잘 포착해 주는 것으로, 모든 선교 사역자가 나름대로의 유익을 얻을 수 있는 준거틀이다.

바울의 준거틀은 전 세계를 대상으로 하는 것이었다. 확신하건대, 바울과 같은 유대인들은 태초에 하나님께서 온 세상과 그 안에 거하는 모든 사람을 창조하셨고, 세상 마지막 날까지 세상과 그 안에서 살아가는 사람들을 섭리해 가시는 분이라는 점에서 하나님을 보편적이신 분(universal)으로 보았다.

그러나 바울에게 있어, 하나님을 보편적이라는 의미만으로 표현하기에 충분하지 않았다. 성자 하나님 되신 예수께서 이 땅에 오셨고 그 결과 온 세상이 구원을 얻게 되었다. 이 사실이야말로 1세기 청중들을 충격에 빠지게 만든 개념으로, 그들의 거의 이해할 수 없는 표현이었다. 한 "민족"의 하나님이 세상 모든 "민족"에 관심을 가지셨다.

이 같은 급진적인 혁신은 바울에게 두 가지 문제를 제시했다. 이 두 가지 문제는 모든 혁신가가 직면하는 바로 그 문제들이다.

① 그 혁신을 실재로 어떻게 실행할 것인가에 대한 문제였다. 바울의 경우에는 복음 이야기를 온 세상과 그 안에 거하는 모든 사람에게 선포하는 것이었다. 선포의 대상은 모든 이방인, 바울의 용어로 말하자면, 모든 비유대인을 포함한다.

② 이것도 첫 번째 못지않은 문제다. 교회 내부의 동료들에게 이것이(모든 이방인에게 복음을 선포하는 것) 예수께서 실재로 명하신 것임을 어떻게 확신시킬 것이냐는 것이다. 사실상, 바울은 두 가지의 전투를 동시에 치르고 있었다. 즉 이방인들과의 최전방 전선에서 전투를 치르는 동시에, 후방에서는 동류 유대인들과의 전투를 치르고 있었다.

급진적 혁신은 급진적 방법론을 필요로 한다. 즉, 사람들을 대응할 급진적 방법론들을 필요로 한다. 사도행전과 그가 개척한 신생 교회들에 보내는 서신서들에 등장하는 바울의 설교들은 바울의 새롭고 급진적인 접근 방식에 대한 예를 보여준다. 바울의 설교들은 이 같은 새로운 종류의 보편주의(universalism)에 가장 먼저 응답한 이가 누구냐, 그리고 누가 가장 저항했느냐에 대한 이야기로 시작한다.

어떤 사람들에게 새로운 보편주의에 대한 바울의 이야기는 해방을 주는 것이었다. 이 이야기는 빈곤과 계층, 그리고 인종과 종교의 감옥에서 그들을 자유롭게 했다. 다른 사람들에게 있어, 이 이야기는 자신들이 갖고 있던 권력과 특권에 대한 위협으로 작용했다. 바울의 보편주의는 유대인과 이방인 모두에게 선물로 제시되었다. 그러나 그 선물은 조건이 전제된 선물이었다.

예수에 대한 이야기는 모든 이에게 선물이 될 수 있는 것으로, 언제나 받을 수 있는 것이다. 이 점과 관련해서 도전이 되는 문제는 그것을 전달하는 방식을 모색하는 것이었고, 이는 말씀을 전파할 능력이 있는 사람들을 발견하는 것을 의미했다. 바울은 이야기를 기술할 수 있는 능력을 가진 사람들이 필요했다. 그는 조력자와 동역자들이 필요했다.

오해가 없기를 바란다. 바울은 혁신가였다. 그의 생각은 단지 추상적인 것만이 아니었다. 그것은 2천 년간 지속된 기독교 선교사를 통틀어, 모든 선교 사역자의 동기를 유발하는 선교를 수행하는 것에 대한 방식이기도 했다. 바울의 보편주의(모든 사람이 예수의 이야기로부터 유익을 얻을 것이므로 그 이야기를 들을 필요가 있다)는 모든 선교 사역자를 위한 전형이 되었다.

바울의 혁신에 대한 이야기, 즉 그의 고귀한 선교사역에 대한 이야기는 대단히 매력적인 읽을거리다. 그의 생각이 세상을 변화시켰다. 그의 이야기는 기독교로 하여금 세계에서 가장 큰 규모의 종교가 되게 하는 기독교 선교의 기나긴 여정의 첫 걸음이었다.

바울의 생각은 어디로부터 유래한 것이었을까?

도대체 바울의 이야기가 모두에게 그렇게나 생소한 이야기로 부딪혀 온 이유가 무엇이었을까?

1. 바울의 사상

바울과 그 이후 다른 사람들이 하나님을 혁신의 궁극적 원천으로 보았다는 것은 명백한 사실이다(행 9:15). 그리고 실재 선교사역을 통해, 베드로가 이 생각을 구성하는 기초의 중요한 일부분을 놓았음을 인식해야 한다.

이 사건은 베드로가 로마의 백부장인 고넬료를 방문하기 직전에 본 결정적 환상을 경험했을 때 생겼는데, 베드로가 본 그 환상은 정결한 것과 부정한 것의 차이를 모호하게 한 것을 넘어, 정결한 것과 부정한 것의 차별 그 자체를 폐기했다(행 10장). 심지어 이방인들과 유대인으로 구성된 초대 안디옥교회는 바울을 선교지로 파송하는 것과 관련하여 분명한 신임을 보이고 있었음이 분명하며, 그 결과 바울에게 선교사의 권위를 부여했을 뿐만 아니라 물질적 지원까지 할 수 있었다(Thomas 2004). 물론 당시 예루살렘교회의 많은 이들은 이 결정에 동의하지 않기도 했다.

그러나 베드로의 경험과 안디옥교회의 파송이 복음은 유대인과 이방인 모두를 위한 것이라는 바울의 새로운 생각에 완전히 정당성을 부여한 것은 아니다. 우리는 여전히 이같은 보편주의에 대한 바울의 이해가 당시 어떤 면에서 새로운 것이었는지에 대해 질문해야 한다.

이러한 보편주의가 바울이 살아가던 당시의 문화적 환경 속에서 일상적으로 통용되던 보편주의와 어떻게 달랐을까?

물론, 1세기 당시 중동지방에 회자되고 있던 모든 "보편주의"가 다 똑같았던 것은 아니다. 바울 당시에는 세 가지 보편적 "범주들," 즉 지리적, 인종적 그리고 공리적 범주들이 지배적이었다. 다소에서 헬라식 교육으로 훈련된 바울이었기 때문에, 당시 대다수 사람들이 가지고 있던 것보다는 더 광범위한 개념을 가지고 있었음에 틀림없다.

그가 품고 있던 지리적 영역은 로마 제국 경계의 너머까지 확장되어, 아마도 알렉산더 대왕이 이전에 정복했던 지역으로까지 확장되었을 것이다. 어쩌면 그가 스트라보(Strabo)의 지리에 대해 공부했을 수도 있다. 그러나 "전 세계"에 대한 그의 생각은 오늘날 우리가 생각하는 지리적 범주까지 확대된 것은 아니었을 것이다.

박스 4.1
보편성에 대한 여러 가지 의미

1. **사회학적:** 하나의 보편적 문화로서의 종교; "우리가 최선이고, 하나이며 유일한 종교이다."
2. **철학적:** 보편적 메시지로서의 종교; "유일한 하나의 참된 철학"
3. **종교적:** 모두를 위한 보편적 구원으로서의 종교; "모두가 구원받을 것이다."
4. **기독교:** 영원한 구원에 대한 보편적 제안으로서의 종교; "하나님의 은혜의 선물을 수용하는 모든 사람은 구원을 얻을 것이다."

바울 시대에 살았던 사람들에게 있어, 보편성에 대한 개념은 단지 지리적 범주뿐 아니라 계층과 기능적 범주 면에서도 제한적이었다. 바울 시대 사람들의 이해에 따르면, "내" 신(들)은 "모든 사람"을 위해 행동한다. 그러나 그 "모든 사람"이란 나와 같은 동류의 사람들을 의미할 뿐이다. 다른 사람들에겐 그들만의 신(들)이 있다.

더 나아가서, 내 신들이 갖는 보편성은 신들의 지리적 또는 인종적 범주 혹은 신적 의도가 아닌, 그 신들이 소유하고 있는 힘을 평가하는 것으로 측정되었다. 신들이 갖는 보편성은 불가피하게 그들을 숭배하는 사람들의 정치적 힘과 군사적 힘이 미치는 범위와 밀접하게 얽혀있었다.

아브라함에서 출발한 보편성에 대한 유대인들의 생각인 단일신론적(henotheistic) 분위기로 들어가 보자.

엘 샤다이(El Shaddai)는 원리상 보편적 하나님이긴 하지만 여전히 이스라엘이라는 하나의 민족과 연결되어 있다. 하나님께서는 모든 민족을 창조하시고 모든 민족을 돌보신다. 그러나 그분은 아브라함의 확대가족과 그 자손들과 특별한 관계를 맺으셨다.

이것이 바로 이중적(two-tiered) 보편성이다. 하나님은 오직 한 분이시다. 그러나 그 한 분 하나님께서 당시 부족사회 구조로부터 완전히 분리하여 자유로울 수 없으셨다.

바울은 이런 분위기 속으로 새로운 이해를 소개한 것이다. 이 새로운 이해는 다섯 가지 특징을 지닌다.

첫째, 유대인의 이해인 엘 샤다이와의 호환성(compatibility)이다.

인간을 당신의 형상대로 지으심으로 인간과 야훼와의 관계가 가능할 뿐만 아니라 바람직한 것이 되게 하신 야훼의 창조는 의도적인 것이었다. 보편성에 관한 이와 같은 유대인들의 초기 이해에서, 이스라엘을 위한 야훼의 특별한 섭리는 모든 민족으로 하나님과 화해케 하고 민족들 상호 간 화해를 가능하게 하는데 필수적인 단계였다. 이 단계는 에덴의 보편성이 타락으로 인해 훼손되었기 때문에 필연적으로 요구되는 것이었다.

둘째, 바울의 보편성은 이 같은 유대인의 이야기를 그 맥락으로 하는 것이었다.

바울 시대의 유대인들에게 바울의 보편성이 새로운 것으로 보이기는 했겠지만, 외래적인 것으로 보이지는 않았다. 그리고 유대인의 이야기는 급진적인 에덴의 보편성을 상정하는 것이었기 때문에, 바울의 헬라인 청취자들이 지닌 세계관과도 호환될 수 있었다. 보편성에 대한 자신의 제시한 새로운 이해에 대해 설명하면서, 바울은 역사에 대한 당시 유대인의 경험(바울의 설교가 유대인 청취자들을 우선시할 때 늘 그랬듯이)에 근거한 것일 수도 있었고, 보편성에 대한 헬라적 이해에 호소할 수도 있었다(행 17장을 보라).

어느 편이 되었든, 그의 혁신은 모든 성공적인 새로운 사상(이 새로움은 그의 청취자들이 공통 경험에 근거하는 것이었다)이 요구하는 모든 요구를 충족시키는 것이었다.

바울의 사상은 새로운 것이었고, 따라서 그는 보편성에 대한 자신의 새로운 이해가 이전의 사상들보다 우월한 것임을 보여주어야 했다. 바울의 사상은 보편성에 대한 옛 이해가 가지는 세 가지 전제 조건을 제거했다. 보편성에 대한 대부분 기존하는 생각들은 태생부터 어떤 특정 범주에 기반하고 있었다.

예를 들면, 이 보편성에 포함되기 위해서는 유대인 어머니를 통해 태어나거나, 로마인 아버지를 두어야 하고, 적절한 헬라인 가정에 태어나야 했다.

보편성에 대한 바울의 새로운 이해는 이러한 조건이 더이상 요구되지 않았다. 또한 보편성에 대한 기존하는 생각들의 대부분은 그 보편성에 포함되기 위해 해야 하는 특정한 행동을 요구했다. 적절한 태생이 요구되었으나 그것으로만 충분하지 않았다. 일련의 예배 의례도 요구되었다. 그리고 보편성에 대한 일부 생각들은 통과의례 의식을 전제조건으로 요구했다.

바울의 보편성은 이런 요구들 중 어느 하나도 요구하지 않았다. 그는 자신의 보편성을 선물이라 부르기를 좋아했다. 그가 암시하는 바에 따르면, 선물은 공짜로 주어진 것이다. 그 선물을 받을 사람은 수용하는 것 외에 아무 것도 요구받지 않는다. 특별한 태생일 필요가 없었다. 특별한 종교 행위도 할 필요가 없었다. 특별히 무엇을 배우거나 특별한 기술이 필요하지도 않았다.

물론 바울이 접촉한 모든 문화도 선물에 대한 의식이 있었다. 그러나 바울은 이러한 이해를 종교에 적용한 최초의 인물이었다. 그리고 선물에 대한 그의 새로운 이해가 더 나왔다. 왜냐하면 그 선물은 진실로 공짜였기 때문이다. 은혜의 선물이었기 때문이다.

셋째, 아마도, 진실로 은혜로 주어진 선물에서 바울의 보편성 중, 세 번째 특징인 단순함을 도출하기가 대단히 어려울 수도 있다.

그러나 아마도 그렇지 않을 것이다. 바울이 복음을 설명한 방식은 그가 만난 모든 사람이 이해할 수 있는 것이었기 때문이다. 모든 사람은 선물이 무엇인지 이해했다. 그들은 어린 아이였을 때부터, 선물을 주고받는 방식과 관련하여 그들이 속한 문화가 암시하는 규칙들에 대해 배워왔다. 그들이 요구받는 것이라고는 이러한 이해를 새로운 문화 영역, 즉 종교 영역에 적용하라는 것이었다.

넷째, 바울의 혁신이 갖는 네 번째 특징은 그 혁신의 시도가능성(trialability)이다(Rogers 1983, 231).

인간이 해야 할 모든 일은 이 선물을 받고 그 은혜를 덧입는 것이다.

그것이 당신의 삶에 큰 변화를 가져오는지 보라.

만일 당신이 그 선물을 받아들이기만 한다면, 완전한 헌신과 공적인 선언은 그 이후에 뒤따라 올 것이다. 지금은, "선물을 받아보라. 그러면 그것을 좋아하게 될 것이다"로 충분하다.

예수의 길(the way of Jesus)과 같은 초보적(fledgling) 급진운동에게 이러한 특징은 중요한 것이다. 유대인 세금징수원인 니고데모가 이에 대한 적절한 사례이다. 그가 한밤중에 찾아와 이 새로운 사상에 대해 알아보려 한 것은 공적 선언이 갖는 사회적 위험이 어느 정도였는지 보여준다.

비록 일부, 즉 가난한 자들과 이미 억눌림을 받는 자들에게는 별다른 위험이 중과되지 않았겠지만, 사회적으로 지위가 있는 사람들에게 있어, 새로운 종교를 시험해 보고 그 시도가 그들의 삶에 어떤 영향을 미칠지 시도해 볼 자유는 극단적 매력을 주는 특징이었다. 복음은 공짜이고, 모든 사람이 접근할 수 있는 것이며, 최소한 당장은 아무런 위험도 없는 것이다.

다섯째, 삶을 변화시키고 상황을 더 낫게 해 주는 성령의 능력은 복음 이야기에 대한 바울의 언급을 엄청나게 향상시켰다. 따라서 다섯 번째 특징, 즉 은혜의 선물을 시도하는 사람들의 삶에 변화를 가져온다는 사실은, 이 선물이 신비 종교들이 갖고 있는 비밀스러운 신앙들과 구별되는 것임을 보여준다.

하나님이 허락하신 은혜의 능력 때문에 특정인의 삶에서 차이를 느끼게 되는 것이 그 한 가지이고, 동일한 실험/길을 수용한 다른 사람들의 삶 속에 존재하는 차이를 관찰할 수 있는 것은 다른 한 가지이다.

박스 4.2

보편적 선교에 대한 바울의 설교

설교	청중	장소	접촉점
행 13:16-41	유대인/하나님을 경외하는 사람들	안디옥(회당)	하나님을 예배하는 사람들
행 14:15-17	불신자들	루스드라	인간 공통의 인간성
행 17:22-34	헬라 철학자들	아테네(신전)	알지 못하는 신
행 20:18-35	교회 장로들	에베소	우리와 공유하는 공동체
행 22장	유대인 군중	예루살렘	개인적 증거
행 26:2-23	아그립바 왕	가이사랴	종교적 권리

초대 교회 성도들은 서로를 돌봐주는 사람들로 알려졌다. 이들은 사람들이 원하지 않는 다른 이들의 시신을 장사지내주고, (제한된 범위 내에서) 다스리는 권력에 순종하는 평화롭고 신실한 백성들이었으며, 그들이 선택한 새로운 삶의 방식을 위해 핍박을 당하는 것을 기뻐할 뿐만 아니라 때로는 죽음까지도 기쁘게 수용하는 사람들이었으며, 예수 그리스도를 믿는 그들의 신앙과 양립할 수 없기 때문에 사악한 생활방식과 행위를 거부하는 사람들이었다.

2. 바울은 그의 새로운 사상을 어떻게 확산시켰나?

바울의 메시지가 담고 있는 내용, 즉 복음은 유대인과 이방인들 모두를 위한 것이라는 것이 혁신적이었다는 것에는 의심의 여지가 없다. 그러나 그가 동원한 방법들의 참신성에 대해서는 의견이 분분하다. 어떤 학자들은 바울이 당시 유대인들과 신비 종교가들, 그리고 헬라 철학자들이 이미 사용하고 있던 방법을 거의 그대로 받아들여 그것을 자신의 상황에 맞게 적용했을 뿐이라 주장했다.

학자들은 1세기 지중해 도시의 어느 거리든 당시 유대교로 개종시키려는 유대교 전도자들, 신비 종교 전도자들(cultic recruiters) 그리고 철학적 변증가들이 활보하고 있었다는 것에 대체로 동의한다. 자유로이 다니며 가르치는 선생들(성경 텍스트는 그들을 일컬어 "거짓 교사들"이라 부른다)과 영적 기회주의자들(마술사와 마녀 등)을 떠올려보면 쉽게 그림이 그려진다. 바울은 종교적으로 신실한 자들, 삶에 지친 자들 그리고 어리숙한 사람들에게 유용한 종교 개념들로 가득 찬 보고를 사용하는 것으로 시작했다.

그러나 이러한 바울의 타협은 신앙의 실재를 설명하는 것에 이르러 종결되었다. 어떤 사람들은 바울이 자기주장을 내세우는 동시대 다른 종교인들이 하는 것보다 훨씬 많은 일을 했다고 주장한다. 바울은 단지 고귀한 메시지만 전달한 것이 아니라 독특한 방법을 사용해서 그 메시지를 전했다.

어떤 이들은 주장하기를, 유대주의, 신비 종교 그리고 헬라철학을 가르치는 선생들은 기본적으로 정보를 전달하고자 하는 목적에서 가르친 반면, 바울은 회심자들을 적극적으로 찾는 것을 목적으로 했고, 실재로 그런 목적에 기초하여 가르쳤다고 주장한다.

물론 바울의 경쟁자들 또한 개종자를 원했던 것은 사실이다.

> 사람들이 때로는 공격적이거나 평화적인 방식들을 사용해서, 때로는 미묘하거나 절제된 방식들을 통해 자신들의 지경을 확대하고, 그 결과 다른 사람들로 하여금 자신들이 추구하는 종교나 철학에 참여하게 하려는 것은 자연스러운 것이다.... 다른 종교나 철학에 속한 사람들이 와서 그들을 바꾸려 한다거나, 또 실재로 자신의 공동체에 속한 사람들을 설득해 자신들의 것과 다른 새로운 종교나 철학에 참여하도록

했을 때 분노하는 것은 자연스러운 일이다. 이 같은 일들은 인간 사회가 존재하는 한 지속될 것이다(Borgen, Robbins, and Bowler 1998, 13).

그러나 비록 바울이 동시대 다른 많은 사람들이 했던 일을 동일한 장소에서 동일한 목표를 가지고 하는 것처럼 보였던 것은 사실이지만, 그가 사용한 방법은 다른 이들이 사용했던 것과는 다른 참으로 독특한 특징들을 가지고 있다.

이점을 탐구하기 위해, 바울 당시 존재했던 세 부류의 경쟁자들, 즉 유대인들, 신비 종교인들 그리고 헬라철학 선생들이 실재로 그들의 종교 혹은 철학을 적극적으로 전파하고자 한 것에 대한 증거를 살펴보도록 하자.

1) 유대교 전도자들

신약성경에 등장하는 유대인들이 그들이 소위 개종 활동이라 설명하는 일에 시간을 보냈다는 증거가 있다(Georgi 1986, 7-8). 예를 들면, 마태복음에는 "교인 한 사람을 얻기 위하여 바다와 육지를 두루 다니는"(마 23:15) 서기관과 바리새인들에 대한 비난이 담겨있다.

그리고 바울은 로마서 2:17-24에서 유대인들이 비유대인들과 관계하는 네 가지 방법, 즉 맹인의 길을 인도하는 자, 어둠에 있는 자의 빛, 어리석은 자의 교사, 어린 아이의 선생에 대해 설명한다. 유대인들이 로마에서 두 차례나 추방당한 이유들 중 최소한 한 가지는 그들의 개종 활동 때문이었다.

여러 헬라 저자들이 이 활동에 대해 기록하고 있다(오리겐, 요세푸스, 쥬베날, 호레이스). 마지막으로, 헬라어로 기록된 유대인 문학 중 많은 저작들에는 적어도 부분적으로나마 헬라 독자들에 향한 강력한 변증적 의도가 포함되어 있다.

2) 신비 종교 전도자들

신비 종교 전도자들에 대한 증거는 유대교 전도자들만큼이나 강력하다. 신비 종교들이 워낙 다양하다보니 이들 종교가 새로운 구성원들을 얻으려고 시도했던 특정한 노력들이 갖는 특징에 대해 설명하기가 쉽지 않다. 예를 들어, 미드라교(the cult of Mithras)는 로마 군인들에 의해 확산되었다. 로마로 몰려드는 이민의 물결은 아이시스(Isis)와 오시리스(Osiris)에 대한 이집트인들의 이야기를 확산시키는 가장 중요한 방식들 중 하나였다. 무역상들과 상인들은 항상 새로운 종교, 즉 로마 황제숭배와 같은 정치적 종교, 아스클레피우스(Asclepius, 헬라 신화에 등장하는 의술의 신-역자 주)숭배와 같은 좀 더 전통적인 신비 종교, 그리고 디오니시우스(Dionysius)의 가르침과 같은 철학을 전달하는 역할을 했다.

다른 종교들에 대한 주장은 변증적인 목적으로부터 자신들의 가르침을 전파하거나 개종자를 얻고자 하는 목적에 이르기까지 다양했다. 플루타르크(Plutarch, 플루타르크 영웅전 저자-역자 주), 리비우스(Livy, 로마 역사가-역자 주) 그리고 그 외 다른 사람들의 예는 바울 시대 수많은 종교들이 자신들의 신앙을 전파하려는 노력을 했다는 사실을 보여주는 명백한 증거다(Georgi 1986, 9).

3) 헬라의 철학 교사들

리비우스는 특히 유랑하는 헬라 철학자들에 대해 상세한 설명을 제공한다. 그들 철학자들은 마을로 들어가 마을의 광장에 자리를 설치하고, 1세기에 존재했던 "연사의 모퉁이"(speaker's corner, 누구나 서서 자신의 의견을 말할 수 있는 개방된 장소-역자 주)를 추종자를 찾는 통로로 사용했다. 리비우스는 바쿠스(Bacchus)숭배가 어떻게 "자신과 같은 숭배자들을 찾는 데 성공한 헬라인에 의해 소개되었는지"에 대한 이야기를 전해 준다(Lietaert Peerbolte 2003, 70).

유랑하는 철학 교사들의 명단에는 피타고라스의 가르침을 주창했던 티아나(Tyana)의 아폴로니우스(Apollonius), 아폴로니우스(Apollonius)의 가르침을 주장했던 아보누테이코스(Abonouteichos)의 알렉산더 그리고 알키다마스(Alcidamas)처럼 견유(Cynic)철학을 가르친 시노페(Sinope)의 디오게네스(Diogenes)가 포함되어 있다. 바울 서신서들로부터 우리는 바울이 특히 이 명단의 마지막 그룹에 속했던 견유 철학자들과 스토아 철학자들로부터 영향을 받았다는 것을 안다.

바울은 그들 철학자들의 가르침에 반발했을 뿐만 아니라(예를 들면, 고린도 교회에 대한 반응에서) 그들의 방법론을 모방하기도(예를 들면, 바울이 흔히 사용하던 강력한 비판을 통해) 했다(Hengel 1989, 11-12).

바울이 다른 사람들을 설득하는 일에 참여했다는 것과 시간과 장소 문제를 포함한 몇 가지 전략적 차별성을 제외한다면 그의 경쟁자들과 마찬가지로 설득적이었다는 것에는 이론의 여지가 없어 보인다. 설득자로서 바울은 사람들에게 변할 것을 요청했고, 이를 수행하면서 많은 경우에 따라서는 상당히 많은 수의 개종자들을 얻을 수 있었다.

그러나 이렇게 말한다고 해서 우리가 살펴보기 위해 선택한 네 개의 그룹들 간에 아무런 차이가 없었다는 의미는 아니다. 그러나 이 차이라는 것이 각 그룹을 대표하는 사람들이 사용했던 설득방식과는 상관이 거의 없었고, 변화가 모색되었다는 사실과도 상대적으로 거의 무관했다. 이 네 그룹들 간의 가장 큰 차이는 각 그룹이 주창한 변화의 종류가 서로 다르다는 것이었다.

개종할 사람을 찾아 온 천하를 두루 다니던 유대교 전도자들은 명백하게 규정된 문화적 규범에 부합하는 특정 문화의 구성원이 될 것을 포함하는 일련의 변화를 요구했다. 신앙은 부차적인 것이고 예배도 융통성이 있었다. 그러나 특정 민족의 일부가 되고 그 민족의 구성원들이 원하는 바를 하는 것(토라를 따르고, 할례를 행하고, 코셔[kosher, 유대 율법에 합치하는 음식 섭취- 역자 주]를 준수하는 것 등)은 다른 무엇보다 중요한 것이었다.

신비 종교의 전도자들은 본인들이 일종의 예배 행위로 규정한 **종교 의식**(cultus)에 사람들이 참여하길 원했다. 이런 예배 행위는 신비 종교의 핵심부를 차지하는 것이었다. 종교 의식은 대단히 중요한 것으로 취급되었기 때문에 비밀리에 시행되곤 했고 일정 수준의 지식에 이른 입회자들에게만 개방되었다. 신비 종교에 새로 가입한 사람들은 이런 의식들에 대해 배우고 신실하게 실행할 것인지에 대한 질문을 받았다.

박스 4.3
바울의 경쟁

경쟁	주창자	추구된 변화	사용된 방법론
유대인들	유대교 전도자들	새로운 문화/종교	생활 양식에 대한 훈련
신비 종교들	신비 종교 전도자들	새로운 숭배 행위들	비밀스러운 가르침
헬라 철학자들	철학 선생들	새로운 사고방식	변증법

헬라철학 교사들은 그들을 따르는 학생들이 새로운 사고방식을 수용하길 바랐다. 삶의 의미는 올바른 질문을 올바른 방식으로 제기하는 사람들에게만 명백해지는 것이다. 헬라철학에서는 지혜로 불리는 사고의 명확성과 정밀함이 생활방식과 예배(만일 어떤 식의 예배가 그 일부라면)를 대체한다. 주어진 문화적 여건이 무엇이든 간에, 올바르게 사고하는 것이 올바른 삶으로 인도할 것이다.

바울 역시 변화를 원했다. 그러나 그가 원한 것은 문화의 변화도 아니었고, 예배 형태의 변화도 아니었으며, 사고의 변화도 아니었다. 비록 이런 것들이 변화되기 위해서는 상당 정도의 시간이 필요한 것이 사실이긴 하지만 (정말 그럴 것이다), 바울이 추구했던 최우선적 변화는 사람들이 자신의 삶 속에 있는 의미를 바라보는 방식의 변화였다.

유대인은 표적을 구하고 헬라인은 지혜를 찾으나 우리는 십자가에 못 박힌 그리스도를 전하니, 유대인에게는 거리끼는 것이요. 이방인에게는 미련한 것이로되, 오직 부르심을 받은 자들에게는 유대인이나 헬라인이나 그리스도는 하나님의 능력이요 하나님의 지혜니라 (고전 1:21-23).

바울이 언급하는 가장 우선적인 요구 사항은, 사람들이 비록 자신들의 이야기가 포함되어 있기는 하지만 그 이야기를 대체하는 다른 이야기의 부분이 되라는 요청을 수용하라는 것이었다. 바울은 사람들을 청하여 모든 것을 포괄하는 복음 이야기, 즉 하나님 이야기의 일부가 될 것을 요구했다.

바로 이점에서 바울은 유대인들, 신비 종교인들 그리고 헬라 철학자들과 달랐다. 바울의 혁신은 사람들에게 새로운 삶의 방식에 뿌리내리고 살아야 할 이유는 제공하는 것이었다.

3. 바울의 초대에 대한 응답

우리가 주목해 보았듯이, 어떤 혁신이든 혁신은 두 개의 전선에서 성공적이어야 한다.

① 혁신이 시작된 공동체이다.
   초대 교회의 경우, 이것은 **내부 선교**(missio interna)라 불리는 경우에 해당하는 혁신이었다. 바울에게 있어 초대 교회는 예루살렘에 본부를 두고 이제 막 생성하기 시작하던 교회였다.
② 새로운 "고객들"로 구성되는데, 바울의 경우에는 복음에 대해 처음 들어보는 소아시아 지역에 거주하던 이방인들이 여기에 해당했다. 이것은 **외부 선교**(missio externa)라고 불리는 경우에 해당했다.

복음 이야기의 보편성을 수용하기 위한 기반은 잘 닦여졌다. 고넬료의 집을 방문하기 전, 이방인의 모든 부정함을 거부하는 환상을 접한 후, 베드로는 고넬료와 만찬을 나눌 용기를 발휘했고, 이를 통해 복음 이야기가 갖는 보편성에 대한 문을 열었다. 비록 베드로가 이방인에 관한 이슈에서 뒤로 물러선 적이 있기도 했으나(갈 2장), 이 사건을 통해 많은 유대 기독교인들은 복음의 보편성에 대한 사상에 노출되었다.

아마도 그렇게 노출된 유대인들 중 많은 수가 이 사상을 수용했을 것이다. 더욱이, 안디옥의 많은 이방인들은 하나님을 경외하는 사람들이 되는 중간 단계, 즉 유대교로의 개종 단계를 거치지 않고도 기독교인이 될 수 있었다. 안디옥교회의 이방인 기독교인들은 이방인들도 기독교인이 될 수 있다는 것을 보여주는 모델이었다.

이방인들이 완전한 유대교 개종자가 되는 단계, 즉 할례 의식을 치르는 단계를 거치지 않고도 기독교인이 될 수 있다는 것에 관한 논쟁은, 예루살렘 공의회에서 제1차 선교 여행의 성공을 보고한 바나바와 바울의 지원으로 예상했던 것보다 쉽게 이길 수 있었다(행 15장).

그러나 교회 구성원의 자격요건에 대한 일종의 범주를 세워야 할 필요를 느끼면서, 교회 지도자들은 겉보기에 서로 연관되지 않은 네 가지 범주를 요구(28, 29절; 일종의 체면을 세워주려는 요구?)하고, 바울에게 그가 하나님께 받은 소명을 따르라는 허가를 해 주었다.

안디옥교회는 교회 전체가 감당할 사역의 일부로 선교를 수행할 임무를 부여받았다. 안디옥교회는 바울과 바나바, 그리고 요한 마가를 첫 번째 선교사로 선정했다. 이후 계속된 선교여행에서, 바울은 실라와 함 팀을 이루었고, 바나바는 요한 마가와 한 팀을 이루었다.

이방인 선교에 대한 논쟁은 쉽사리 사라지지 않았다. 실재로 사도행전 21-23장은 바울이 "각처에서 우리 백성과 율법과 이곳을 비방하여 모든 사람을 가르치고, 또 헬라인을 데리고 성전에 들어가서 이 거룩한 곳을 더럽혔다"(행 21:28)는 이유로 바울을 체포하려는 예루살렘의 유대인 공동체에 대해 설명하고 있다.

바울에 대한 체포 노력은 바울이 재판을 위해 로마로 보내짐으로써 종결되었다. 그러나 이런 일이 진행되기 전에, 바울은 새로운 교회들이 개척되고 성장하던 소아시아 한복판의 여러 도시에서 보편성에 대한 사상을 확립했다.

결국 이것은 혁신의 두 번째 요건에 대한 것이다. 보편성에 대한 사상은 **외부 선교**(the *missio externa*)의 핵심 내용이었다. 더 많은 이방인들을 개종시키는 것을 성공이라고 말하는 것은 쉽다. 신생 교회들에게 보낸 바울의 서신서들은 복음의 보편성에 대한 생각이 이미 정착된 사상이라는 것에 대한 강력한 증거들이다. 바울 서신서들에 더해 우리는 바울의 동료이기도 했던 누가가 기록한 제삼자의 설명(사도행전)을 볼 수 있는데, 사도행전의 내용은 바울 서신서들에서 추출한 보편성에 대한 이야기를 확증해 준다.

예상하듯이, 사도행전과 바울 서신서들에 담겨있는 대다수 사건들에는 복음에 대한 바울의 초대를 듣고, 바울이 증거한 내용을 평가한 후, 바울이 제시한 선물을 수용한 다수의 이방인을 포함하고 있다. 바울 서신서들과 사도행전에는 90개가 넘는 이름들이 언급되고 있는데, 그 중 80개의 이름이 선물을 수용한 사람들이라고 언급되고 있다.

그리고 그들 중 많은 사람들(35명)은 복음을 수용한 후 복음을 더 전파하는 일에 바울의 동역자로 섬겼다(수용자들과 동역자들 사이를 구분하기가 어려운 경우도 있다. 불완전할 수도 있지만, 우리는 동역자들에 관해 바울과 누가가 언급한 내용에 의존하고 있다).

지중해 구브로(현재의 사이프러스) 섬 수도인 바보(Papho) 총독 서기오 바울(Sergius Paulus)의 이야기를 생각해 보라.

총독은 사람들로 하여금 로마 제국에 충성하도록 하는 일에 대한 책임을 맡고 있던 로마 관리였다. 누가는 회의론자들의 반대가 있었음에도 불구하고 서기오 바울이 사도 바울의 이야기에 귀를 기울였고 바울의 설명을 믿고 마침내 그리스도의 도를 따르는 사람이 된 학식 있는 사람으로 설명하고 있다(행 13:6-12).

어떤 사람들은 바울이 성령께 간구함으로 치유를 받게 했고, 그 결과 성도가 되었다. 이에 대한 좋은 예는 사도행전 14:8-18에 등장하는 한 무명의 불구자이다.

바울의 사역은 그 부모가 기독교인이기 때문에 그 자녀들도 예수 그리스도를 따르는 자가 될 때까지 지속되었다. 바울의 제자들 중 한 명인 디모데의 경우, 그의 아버지가 헬라인 기독교인이었기 때문만이 아니라 그의 유대인 어머니 또한 성도였기 때문에 기독교인이 될 수 있었다(행 16장).

가장 교훈적인 이야기들 중 일부는 아마도 바울의 이야기를 듣고, 이런저런 이유에서 바울이 전한 선물을 수용하지 않기로 결정한 사람들에 대한 이야기들이다. 이들의 거부에 대한 바울의 응답은 거부한 사람들 자신들만큼이나 교훈적일 때가 있다.

① 바예수(엘루마)는 바울의 선물을 개인적으로 거부했을 뿐만 아니라 다른 사람들을 향한 바울의 사역을 방해하려는 시도까지 했던 마술사였다(행 13:6-12을 보라). 예수께서 세우신 전통을 이어가면서, 바울은 큰 소리로 외쳐 종교적 행위를 판매하는 이 마술사의 눈을 일시적으로 멀게 했다.

② 아덴에서 바울은 스토아학파와 에피쿠로스학파에 속한 헬라 철학자들과 대화를 나누었다(행 17:18-31을 보라). 비록 바울의 주장에 대해 회의적이긴 했으나, 이들 철학자들은 바울을 청해 자신의 주장하는 바를 입증할 수 있는 기회를 부여했다. 바울은 그들의 말을 따라 복음에 대해 증거했다. 그들 중 일부는 바울이 증거하는 선물을 받아들였고, 일부는 거부했다. 바울은 자신의 말이 어느 정도 전달되었다고 느낀 것으로 보이며, 그 이후 그곳을 떠났다.

③ 바울의 사역을 통해 명백하게 드러난 치유하시는 성령의 능력을 목도한 사람들 중 어떤 사람들의 경우를 보면, 필요한 헌신을 하지는 않은 체 자신들의 목적을 이루기 위해 성령의 능력을 사용하려 시도한 것에 대한 명시적인 증거와 암시적인 증거가 있다. 사도행전 19:14-17에 언급된 스게아의 일곱 아들들은 이러한 사례의 가장 명백한 증거이다. 이들의 일에 대해 바울이 어떤 반응을 할 필요도 없었다.

④ 예수 그리스도에 대한 바울의 주장을 거부한 유대인들은 바울이

전개하던 사역에 가장 위협적인 인물들이었다. 사도행전 23장은 바울의 증거를 거부한 사람들 중 바울을 죽이기 전까지는 먹지도 마시지도 않기로 맹세한 40인에 대해 말하고 있다. 이에 대한 바울의 반응은 보호를 찾아 피하는 것이었다.

⑤ 은장색업자인 데메드리오 같은 일부 반대자들은 바울의 메시지가 자신들의 사업에 위협이 된다는 사실을 발견했다(행 19장). 데메드리오는 여신 아데미의 형상을 은으로 세공하여 판매하던 사람이었다. 만일 사람들이 아데미 여신을 숭배하기를 그만두게 되면, 자신의 사업이 망하게 될 것은 너무도 자명한 일이었다. 이런 경우의 거부가 발생할 때, 바울은 상업에 관한 법률이 이 문제에 대해 판결하도록 맡겼다.

⑥ 구리세공업자인 알렉산더는 바울에 대한 개인적인 공격을 감행했다. 바울은 디모데후서 4:14을 통해 "그는 내게 해를 많이 입힌 사람"이라 기록하고 있다. 바울은 알렉산더가 입힌 해를 바울 개인에 대한 공격으로 가정하고 있다. 이런 사람들에 대한 바울의 반응은 독특했다. 그는 자신이 당한 해에 대한 갚음을 단순히 하나님께 의탁했다.

주께서 그 행한 대로 갚으시리라(딤후 4:14).

자신이 전한 보편적 초대를 거부하는 문제에 대한 바울의 반응이 상황에 따라 다양하게 변했다는 것은 명백해 보인다. 그의 반응은 초대에 대한 거부의 성격이 어떤 것이었느냐에 달려 있었다. 그의 반응은 배격부터 침묵에 이르기까지, 그리고 부드러운 철수로부터 자신의 생명을 지키기 위해 피하는 것에 이르기까지 다양했다.

그러나 복음을 전하는 방식이 상황에 따라 다양하게 변했다는 사실이 바울이 보인 반응의 저변을 형성하는 보편적인 원리가 없었다는 것을 의미하지 않는다. 반응의 내용을 보면, 바울은 이상주의자이도 했고 실용주의자이기도 했다. 그가 보인 다양한 반응은 바울의 전도 원리라 불릴 수 있는 것으로 집약된다.

> 약한 자들에게 내가 약한 자와 같이 된 것은 약한 자들을 얻고자 함이
> 요. 내가 여러 사람에게 여러 모습이 된 것은 아무쪼록 몇 사람이라도
> 구원하고자 함이니(고전 9:22).

거부에 대한 바울의 반응은 그것이 무엇이 되었든, 복음 이야기에 대한 거부자의 이해를 더욱 고양하고 그들로 하여금 복음 이야기를 수용하도록 하려는 것이었다.

박스 4.4
반선교사적 인물: 요나

실천 보편성 – 기독교인을 포함한 모든 사람에게 다가가기

어려운 선교 업무는 그 자체로 보편성에 대한 바울의 실천에 장애가 될 수 있다. 선교는 어렵다. 선교는 우리의 모든 에너지를 요구한다. 선교는 단지 어떤 직업이나 소명을 훨씬 넘어서는 어떤 것이 된다. 선교는 삶의 방식이 된다. 그리고 선교가 발생할 때, 우리들 각자는 바로 눈앞에 놓인 일 자체에 더 집중하려는 자연적인 성향이 있다. 그런 성향 때문에 때로는 다른 사람들이 함께 참여하는 더 큰 선교에 대해 무지해 지기도 한다.

우리는 요나와 큰 물고기라는 틀을 통해 반선교사적 인물로 요나의 이름을 명명하기를 주저했지만, 결국 우리는 완전히 변화되기 전의 요나에 대해 말하는 것이라는 것을 전제로 그렇게 하기로 결정했다.

당신도 그 이야기를 기억할 것이다. 하나님께서서는 요나에게, "너는 일어나 저 큰 성읍 니느웨로 가서 그것을 향하여 외치라! 그 악독이 내 앞에 상달되었음이니라"라고 말씀하셨다(욘 1:2). 그러나 요나는 그 말씀에 순종하기를 거부했다.

그는 "여호와의 얼굴을 피하려고 일어나 다시스로 도망하려 하여 욥바로 내려갔더니 마침 다시스로 가는 배를 만났다"(3절). 그리고는 그 배를 타고 다시스를 향해 갔다. 엄청난 폭풍이 불어왔고, 완전히 겁에 질린 선원들은 요나를 바다로 던졌고, 큰 물고기가 와서 요나를 삼켜버렸다. 그러나 그는 생존했고, 결국에는 하나님께서 그에게 명하신 일을 하기로 결정했다.

자신의 부르심에 대한 요나의 꺼림 때문에 요나를 반선교사적 인물로 부르는 것이 아니다. 우리들 중 많은 이들도 처음 소명을 처음 받았을 때 그 소명으로부터 도망한다. 그러나 우리의 마음을 바꾸기 위해 큰 물고기가 와서 우리를 삼키는 것과 같은 극적인 일이 일반적으로 발생하지는 않는다.

니느웨 사람들을 용서하기로 결정하셨을 때, 심지어는 요나가 니느웨 사람들에게 그들의 운명에 대해 말하고 난 후까지도, 스스로의 자존심에 상처를 입었기 때문에 요나는 반선교사적인 인물이 되었던 것이다.

그는 하나님의 하나님 되심을 이유로 하나님께 화가 났다. 선물의 범주를 모든 사람에게까지 확대하고 그 선물을 수용하는 모든 사람을 용서하시는 것이 하나님의 본성이다.

만일 우리가 하나님의 선교사들이 되기를 원한다면, 선물이 가지는 바로 그와 같은 보편성이 우리 자신의 본성이 되어야 한다. 우리는 용서의 조건을 규정하는 사람들이 아니라 그분의 메시지를 전달하는 메신저일 따름이다. 우리는 단지 그 이야기를 말할 뿐이고, 우리 능력의 최선을 다해 하나님이 하신 일을 모델로 삼아야 한다.

요나가 하나님의 하나님 되심을 이유로 하나님께 성을 냈을 때, 하나님께서 그에게, "이 큰 성읍 니느웨에는 좌우를 분변하지 못하는 자가 십이만여 명이요 가축도 많이 있나니 내가 어찌 아끼지 아니하겠느냐"고 말씀하셨다(욘 4:11).

요나 또한 그런 생각을 해야 하지 않았을까?
우리도 그런 생각을 해야 하지 않을까?

• 생각과 토론

1. 어떤 개인들과 집단에 대해 당신이 원하는 것보다 더 큰 용서를 베푸시는 하나님 때문에 하나님께 성을 낸 적이 있는지 당신의 경험을 생각해 보라.
2. 다른 이들을 향하신 하나님의 끝없으신 사랑에 대한 당신의 태도가 더욱 고상해 지는데 도움이 될 세 가지를 규명해 보라.
   당신의 답변을 지원할 성경 자료를 찾아보라.
3. 어떻게 하면 하나님의 은혜의 선물을 "좌우를 분변하지 못하는" 사람들과 심지어 짐승들에게까지 확대할 수 있을까?(욘 4:11)

지금까지 언급한 거부의 유형들 외에도 한 가지 유형에 대해 언급하고자 한다. 이 유형은 유기 혹은 포기라고 부르는 것이 좋겠다. 어떤 사람들은 바울의 혁신적 메시지를 분명히 수용했다. 그러나 일정한 시간이 흐르고 난 후 그 메시지를 포기했다. 이들 중 몇몇의 이름이 디모데전서와 디모데후서에 기록되어 있는데, 아킵보, 후메네오, 알렉산더, 빌레도, 얀네와 얌브레 등이 그들이다.

이들에 대한 바울의 반응은 여전히 신실하게 메시지를 붙들고 있는 사람들에게 경계하는 것으로 특징지어진다. 유기자들이 복음에 대해 잘못된 내용을 가르치고 있었을 것이다. 따라서 신실한 사람들이 보호받을 필요가 있었다.

4. 바울의 혁신이 품은 효과들

바울의 선교사역이 미친 효과는 말 그대로 역사이다. 교회는 예수를 따르던 원래의 무리와 열두 제자들을 기반으로 하여 성장했고, 마침내 오늘날 20억 명에 달하는 신자수를 자랑하는 세계에서 가장 큰 규모의 종교가 되었다. 오늘날 이 지구상에서 살아가고 있는 65억 명의 인구 중 삼분의 일에 해당하는 사람들이 스스로를 기독교인이라 밝힌다.

복음은 모든 사람을 위한 것이라는 바울의 선교 혁신은 심지어 더 확대(ubiquitous)할 수 있다. 복음이 보편적 메시지라는 것이 논란의 대상이 된 적은 없었다(Meeks 2003, 107). 우리는 복음이 단지 미국인이나 아프리카인, 또는 아시아인들을 위한 것이라는 주장을 들어본 적이 없다. 오직 급진적이고 이단적인 소수의 사람들만이 그런 주장을 할 뿐이다.

심지어 오늘날 전 세계 비기독교인들도 예수의 이야기가 품고 있는 보편적 의도에 대해 알고 있다. 물론 그렇다고 해서 그들 모두가 예수 이야기에 감탄하지는 않는다. 심지어 그들 중 어떤 이들은 어떤 종교도 보편적 신앙이 될 수 없다고 주장하기도 한다.

그러나 그러면서도, 그들은 자신의 종교인 힌두교, 불교, 이슬람교, 또는 기타 종교가 보편 종교가 되기를 바란다. 이들 비판자들은 기독교 선교 방법론을 빌려 사용하기도 하고, 예수의 메시지가 갖는 보편성에 대한 기독교인들의 주장을 자신들의 종교 전통을 위한 논리적 근거와 방법론으로 빌려 사용하기도 한다.

바울은 세상과 종교 세계를 변화시켰다. 왜냐하면 그는 예수께서 1세기 팔레스타인 지역에서 하신 사역의 의미에 대해 심층적으로 탐구하고 이해했기 때문이다. 바울은 예수의 메시지를 이해했고, 예수께서 우리가 그 메시지를 가지고 무엇을 하길 기대하시는지도 이해했다. 나머지는 참으로 역사이다.

제5장

교제: 소속됨이 믿음에 선행한다

선교의 실례: 패트릭
장소: 유럽, 영국, 아일랜드
청중: 켈트족 원주민
시기: 5세기

연대표
(모든 사건이 4세기 후반부터 5세기 초반에 발생함)
- 영국 출생
- 15세때 납치되어 아일랜드로 끌려감
- 탈출해서 영국으로 돌아옴(노예로 6년간 지낸 후)
- 선교를 위해 훈련받음
- 선교사로 아일랜드로 돌아옴
- 여러 지역에 신앙공동체를 세움
- 동료 사역자에 의해 교회 법정에 제소당함
- 사망함

패트릭의 선교 연구 자료들

Bede, *The Ecclesiastical History of the English People,* ed. and trans. Judith McClure (Oxford: Oxford University Press, 1994)

John B. Bury, *The Life of St. Patrick and His Place in History* (New York: Dover, 1998).

Alexander Carmichael, *Carmina Gadelica* (Edinburgh: Floris, 1992)

Douglas Dale, *Light to the Isles: Missionary Theology in Celtic and Anglo-Saxon Britain* (Cambridge: Lutterworth, 1997)

Liam De Paor, *Saint Patrick's World* (Notre Dame, IN: University of Notre Dame Press, 1993).

Maire B. De Paor, *Patrick: The Pilgrim Apostle of Ireland* (New York: HarperCollins, 1998)

Esther DeWaal, *Celtic Light: A Tradition Rediscovered* (London: HarperCollins, 1997).

Joseph Duffy, *Patrick in His Own Words* (The Confession and the Letter to the Soldiers of Coroticus) (Dublin: Veritas, 2000)

John Finney, *Recovering the Past: Celtic and Roman Mission* (London: Darton, Longman and Todd, 1996)

George Hunter, *The Celtic Way of Evangelism* (Nashville: Abingdon, 2000) (『켈트 전도법』, 한국교회선교연구소 刊)

60세가 되던 나이, 그러니까 패트릭이 아일랜드 교회의 주교로 임명된 지 15년이 지난 어느 날, 그는 영국의 동료 주교의 제소로 인해 재판정에 서게 된다. 납치되어, 오랜 세월 동안 노예생활을 했고, 아일랜드를 기독교화시키기 위한 선교 과정에서 열두 번이나 폭력에 의한 살해 위협에 처했던 패트릭에게 있어, 날조된 죄목으로 교회 재판에 회부된 일이야말로 그의 일생 중 최악의 일이었다.

> 그 날, 나는 강력한 시험을 받았고, 아마도 그때로부터 영원까지 타락할 뻔했다(M. De Paor 1998, 26).

마이어 B. 데 파올은 자신이 저술한 탁월한 전기인, 『패트릭: 아일랜드의 순례 사도』(*Patrick: The Pilgrim Apostle of Ireland*)에서 다음과 같이 언급했다.

> 이 사건에 대해 패트릭이 견딘 비통함을 따로 과장하는 것은 불가능할 정도이다.... 아무런 증거도 없이 덧씌워진 혐의는 패트릭에게 영혼을 부서뜨릴 정도의 고통을 안겨주었다. 따라서 그에게 내려진 평결 때문에, 패트릭은 거의 절망에 내몰릴 정도의 충격에 빠졌다(147).

모멸감을 주기 위한 이 같은 재판(shame trial)이 패트릭에게 그렇게나 충격적이었던 이유가 도대체 무엇이었을까?

육체적인 위험이라는 점에서 보면, 그와 비교가 안 될 정도로 훨씬 열악한 사건들로 인한 고통을 숫하게 겪었던 패트릭 같은 사람에게 동료들에 의한 그런 시답지 않은 배신이 가장 고통스러운 경험이 되었던 이유가 무엇이었을까?

이 질문에 대한 대답이 패트릭과 그의 선교 혁신에 대해 많은 것들을 드러내 준다. 패트릭에게 가해진 혐의와 그 혐의를 입증하는 증거로 제시된 것은 패트릭의 가장 가까운 친구들 중 한 사람에 의해 제기되어졌다. 그 친구는 처음에 패트릭을 주교로 추천했던 사람이었다. 이런 이유로 인해 패트릭은 강한 충격을 받았다.

> 나는 그에게 내 영혼의 비밀을 털어놓았다.... 그는 내게 '이보게, 자내는 주교의 자리에 앉게 될 걸세"라는 말을 내게 개인적으로 해 준 바로 그 사람이었다. 그랬던 그가 어떻게 모든 사람 앞에서 나를 공개적으로 비난할 수 있단 말인가? 그것도 자신의 자유의지에 따라 기쁜 마음으로 내게 허락해 주고 난 후, 어떻게 그 일에 대해 그렇게 할 수 있단 말인가?(M. De Paor 1998, 32)

패트릭에 대한 공식적인 기소 내용은 두 가지였다.

① 그는 성인으로서 죄목조차 특정할 수 없는 무분별한 행동을 범했다.
② 그는 주교로서 관할구역의 자금을 잘못 관리했다.

조사와 이후 진행된 재판 과정에서, 두 개의 기소 내용 중 어느 것도 기소에 해당하는 내용이 아닌 것으로 밝혀졌다. 패트릭은 그의 성직과 주교좌를 온전히 지켜냈다. 그리고 비록 어려운 일이긴 했으나, 그 사건이 그의 선교사역에 방해가 되지 않았다. 오히려 그의 명성은 이전 어느 때보다 더 높이 고양되었다. 그의 정통성 또한 공적으로 인정되었다.

그럼에도 불구하고 이 경험이 패트릭의 인생에서 최악의 경험이 된 이유는 무엇일까?

왜냐하면 이 사건이 아일랜드를 향한 그의 선교사역의 전체 기반을 위협하는 것으로 보였기 때문이다.

패트릭은 진정한 선교는 공동체 안에서 조성되는 것이라 믿었다. 교회는 하나님의 위대한 이야기의 일부가 되는 것이 무엇을 의미하는지를 발견코자 하는 사람들로 구성된 살아있는 공동체를 만드는 것으로 시작된다고 그는 믿었다.

패트릭에게 있어, 그런 공동체의 일원이 되는 것이야말로 기독교인으로서 행동하는 것이 의미하는 바와 하나님을 신앙하는 것이 무엇인지를 발견하기 위한 첫 번째 단계였다. 패트릭의 선교 혁신은 다음과 같이 요약될 수 있다.

소속됨이 믿음에 선행한다(belonging precedes believing).

패트릭을 재판정으로 나가게 만든 배신은 복음증거를 위한 패트릭의 근본 원리를 위협하는 것이었다. 위협의 대상은 "소속됨"에 대한 것이었다. 우리가 이미 살펴보았듯이, 패트릭은 그의 "가장 사랑하는 친구"의 지원으로 인해 주교가 될 수 있었다. 패트릭은 그 친구에게 많은 것을 빚졌다. 왜냐하면 다른 주교들과 비교할 때 패트릭의 자격 요건은 그들이 중요하게 생각하는 분야에서 부족했기 때문이다.

① 패트릭은 영국 교회의 공식적인 교육을 많이 받지 않았다. 그의 친구들이 "체제" 안에 교육받는 동안, 패트릭은 아일랜드 노예상인들에게 납치되어 아일랜드로 끌려갔고 그 곳에서 강제 노역에 시달려야 했다.
② 패트릭은 주교좌로 가기에 충분할 정도의 전통적인 교회 직책들을 많이 맡지 못했다. 그는 좀 이상한 진로를 거쳐 왔다. 패트릭은 고향에서 전통적인 교회의 직분 사다리를 타고 오르기보다 오늘날 우리가 "전방선교"(frontier missions)라 부를 수 있는 사역을 자신의 소명으로 선택했다.
③ 패트릭은 선교 수행에 대한 교회 상관들의 충고에 많이 의존하지 않았다. 오히려 그는 분산된 아일랜드의 부족 상황에 맞는 상황화된(contextualized) 선교 방법에 더욱 전념했다.

하지만 이런 "부족함"에도 불구하고, 패트릭의 친구는 그가 주교가 되어야 한다고 주장했다. 그리고 그는 패트릭을 주교좌에 앉히겠다는 자신의 약속을 이루어냈다. 그런 이유 때문에, 재판에 직면했을 때 패트릭이 자신을 믿고 지지해 준 친구가 자신의 편에 서 줄 것을 기대한 것은 자연스러운 일이었다.

그러나 그 친구는 그렇게 하지 않았다. 심지어는 어떤 이유에선인지 패트릭을 변호하지 않았을 뿐 아니라 오히려 패트릭을 힐난하는 사람들 편에 섰다. 그런 상황이 되자, 패트릭은 깊은 배신감을 느낄 수밖에 없었다.

"소속됨"이야말로 가장 기본적인 것, 가장 중요한 것, 타협 불가능한 것이 아니었던가?

예배, 신념 그리고 정체성의 차이에도 불구하고, 그리스도의 몸 된 지체들은 그리스도 안에서 분리될 수 없는 연합을 유지해야 하는 것이 아니던가?

공동체는 아일랜드 사람들을 향한 패트릭의 선교를 가능하게 만든 것, 즉 사역자들의 팀 사역, 어느 때라도 공동체로 들어올 수 있도록 수용하는 열린 초대, 그리고 아일랜드 사람들이 본래적으로 지니고 있던 부족 근성(tribal nature)을 기독교 교회(a Christian church), 즉 온전하고 유일한 한 몸인 기독교 교회(the Christian church)의 부족 근성으로 확장하는 것이었다.

잘못된 기소와 패트릭 개인에 대한 배신으로 일어난 공동체의 파괴는 패트릭의 직분과 명성 이상의 것을 뒤흔드는 것이었다. 그 일은 패트릭으로 하여금 자신이 생을 바쳐 헌신한 사역의 기본 원리를 오랫동안 힘겹게 바라보게 했을 것임에 틀림없다.

1. 패트릭의 사상

그렇다면 소속됨이 믿음에 선행한다는 패트릭의 혁신은 무엇인가?

어떤 사람들에게 있어, 패트릭의 선교 혁신은 교회가 당시 관행적으로 유지하고 있던 것을 근본적으로 재고하게 하는 계기가 되었다. 로마 제국의 영향하에서 조직된 것으로서의 교회는, "기독교 신앙이 제도적 관점에서(로마는 조직들과 각종 기관을 세우는데 탁월했다) 접근될 때, 이 같은 접근 방법은 이해할만하다"라고 선언했다.

그것은 신앙을 대표하는 것은 기관이다. 기관의 건강 정도가 신앙의 건강 정도를 보여주는 보다 정확한 지표가 된다. 따라서 교회는 순결을 유지하기 위해서는 제도를 유지해야만 한다.

어거스틴이 이같은 입장에 대한 신학적 정당성을 제공했다. 어거스틴은 도나투스 논쟁에서 부적절한 신앙과 이교, 배교 등은 성직의 지위에서 해고하게 하는 근거로 작용한다는 결론을 주변 분위기로 인해 어쩔 수 없이 내려야만 했다. 이로 인해 교회의 순결은 그 어느 것보다 중요한 것으로 여겨지기 시작했고, 신앙을 측정하는 순결이 기준이 되었다.

패트릭은 신앙이 부족한 사람이 아니었다. 그의 신조는 자신의 신학적 감성과 정교함을 보여준다. 패트릭의 『고백록』(Confession) 각 단락은 신앙 언어로 시작한다.

예를 들면, 『고백록』 두 번째 단락을 보면, 이렇게 시작한다.

> 나로 하여금 마침내 나의 죄를 목도하게 하시고 주 나의 하나님을 향해 온 마음으로 돌아서게 하시는 분은 나로 하여금 나의 불신을 알게 하시는 주님이시다.

『고백록』 네 번째 단락은 삼위일체에 대한 패트릭의 진술이다.

> 하나님과 같은 존재는 없다.
> 그 누구로부터 유래하지도 않으셨고, 시작도 없으신 하나님 아버지 같은 존재는 예전에도 존재하지 않았고 이후로도 결코 존재하지 않을 것이다.
> 그분에게서 모든 것이 시작되었고
> 그분은 우리가 알고 배운 모든 것을 유지하시는 분이다.
> 그분의 아들 예수 그리스도
> 우리는 그분을 항상 성부와 함께 하시는 분이며
> 성부께서 우리가 설명할 수 없는 방식으로
> 모든 것이 시작되기 전에 성령으로 나신 분이시다.
> 그리고 그분을 통해 눈에 보이는 것이나 보이지 않는 모든 것이 창조되었다.
> 그분은 인간의 형상을 입으시고
> 사망을 이기시고
> 성부 아버지에 의해 천국으로 들리심을 받았다.
> 성부께서는 그분에게 하늘과 땅과 땅 아래 있는 모든 이름에 뛰어난 권세를 주셨다.

그러므로 모든 방언은 예수 그리스도가 주 하나님이심을 알아야 한다.
우리는 바로 그분을 믿는다.
그리고 우리는 모든 산 자와 죽은 자의 심판자로서
이제 곧 오실 그분을 고대한다.
그분은 모든 사람을 그들의 행실에 따라 대하실 것이다.
그분은 우리에게 영원한 삶에 대한 선물과 그에 대한 보증으로
성령을 풍성하게 부어주셨다.
성령은 그 아들을 믿고 순종하는 자들을 그리스도와 더불어 하나님의
아들들과 상속자들로 삼으신다.
우리는 그분을 거룩한 이름인 성삼위일체의 한 하나님으로 인정하고
높인다.

이 다섯 개의 문장은 우리가 믿는 기독교 신앙에 대한 탁월한 요약이다. 이 문장들은 패트릭 이후 발전된 켈틱 기독교 신앙의 본질이 된 삼위일체 신앙의 특징을 잘 드러낸다. 이 문장들을 읽고 그들이 어떤 신앙을 가졌는지를 파악한 사람이라면 누구나 기독교 신앙에 대한 패트릭의 이해가 지닌 신앙의 중요성에 대해 결코 의문을 제기하지 않을 것이다.

그러나 기독교 신앙에 대해 아무 것도 모르거나 아는 것이 미약한 사람들에게 복음 이야기를 전하고자 할 때, 패트릭은 그들을 신앙의 공동체에 초대하고 그 공동체에 속하게 하는 것이 교리 서약에 대한 요구에 선행돼야 한다고 느꼈다. 선교는 교리 서약을 요구하는 접근방법에 의해 증진되지 않았다. 그런 방식의 전도는 그런 연약한 사람들을 포용하기는커녕 오히려 신앙 공동체로부터 배제시켰다. 이는 신앙의 순결성-마치 그런 순결성이 실제로 존재라도 했던 것처럼-을 오염시키지 않으면서도 일반 대중을 흡수할 수 있는 하나님의 백성의 능력을 믿는 신앙의 부족을 노출하는 종교 전통에 대한 방어적인 접근 방법이었다.

로마 제국의 정치력과 군사력이 작용하던 4세기와 5세기 영국에서는, 교

리를 신앙공동체에 들어갈 자격을 정하는 기준으로 보는 접근 방법만이 성장으로 이어졌다. 간단하게 말하자면, 패트릭은 당시 같은 세계에서라면 대부분의 상황에서, 특히 거칠고 모든 상황이 분명하지 않은 아일랜드의 상황에서라면, 교리를 앞세운 접근 방법은 작동하지 않는다고 믿었다.

따라서 무언가 다른 것이 필요했다. 무언가 다른 것이란, 하나님께서 제공하시는 은혜의 선물을 수용할 것을 청하는 복음에의 초대가 완전한 신앙으로의 초대와 신앙공동체의 일원이 되는데 필요한 전제조건이 아니라는 것이었다. 그것은 아무런 전제조건 없이 공동체에 참여할 것을 청하는 초대였다. 비록 조직신학이 가르치는 모든 미묘한 내용들에 대해 알고 있지 못하다 하더라도, 그리고 특정인이 갖춘 지적 능력이 기독교 신앙이 내포하고 있는 신학적 정교함을 파악할 수 없다 하더라도, 신앙공동체의 일원으로 참여할 수 있도록 초대하는 것이었다.

모든 사람이 선행하는 조건에 대한 요구 없이 신앙공동체에 소속될 수 있었다. 그리고 그렇게 함으로써, 신앙의 수준이 어느 정도에 이르든 스스로가 자신의 신앙을 관리할 수 있는 수준으로, 그리고 성령의 열매로 살아가는 기독교인으로 행동하는 자리로 이끌려 갈 것이다. 이것이 패트릭의 생각이었다.

박스 5.1
패트릭의 흉갑

Carmichael(1992,79)

(기독교의 성삼위께 드리는 이 고전적인 기도를 패트릭 자신이 기록하지 않았을 수도 있다. 그러나 이 기도는 그의 신학에 대해 우리가 알고 있는 내용을 충분히 담고 있다. 그리고 그의 명성, 즉 그가 아일랜드에서 했던 일과도 잘 어울린다. 때때로 이 기도는 "사슴의 간절한 기도" 또는 "피갑"이라고도 불린다.)

나는 오늘 일어납니다.
전능하신 능력, 삼위일체께 드리는 간절한 기도를 통해
삼위에 대한 믿음을 통해
천지를 창조하신 창조주의 하나 되심에 대한 신앙고백을 통해
나는 오늘 일어납니다.
그리스도의 세례와 그분의 탄생의 능력을 통해
그리스도의 장사되심과 그분의 십자가의 능력을 통해
그리스도의 승천과 그분의 부활의 능력을 통해
나는 오늘 일어납니다.
케루빔의 사랑이 갖는 능력을 통해
천사의 순종 안에서
대천사의 섬김 안에서
보상을 받을 부활에 대한 소망 안에서
족장들의 기도 안에서
선지자들의 예언 안에서
사도들의 설교 안에서
신앙고백자들의 신앙 안에서
거룩한 처녀들의 결백 안에서
의로운 사람들의 행위 안에서
나는 오늘 일어납니다.
천국의 능력을 통해
태양의 빛
달의 따뜻한 광채
불의 화려함
번개의 속도
바람의 빠름
바다의 깊이
땅의 안정함
바위의 굳건함으로
나는 오늘 일어납니다.
나를 이끄시는 하나님의 능력을 통해
하나님의 능력이 나를 일으켜 세우시고
하나님의 지혜가 나를 인도하시며
하나님의 눈동자가 내 앞을 보게 하시며

하나님의 귀가 나를 듣게 하시며
하나님의 말씀이 나를 위해 말씀하시며
하나님의 손길이 나를 안위하시며
하나님의 길이 내 앞에 놓여 있으며
하나님의 방패가 나를 보호하시고
하나님의 인도가 악마의 혀끝에서
악의 유혹에서
내가 병들기를 원하는 모든 이로부터 나를 구원하십니다.
멀리서 그리고 지근거리에서
홀로 그리고 군중 가운데서
나는 오늘 나와 악마 사이에 있는 이 모든 세력을 소환합니다.
나의 육신과 영혼에 반대하는 모든 잔악하고 무자비한 권세에 대항하여
거짓 선지자들의 주문에 대항하여
이방 나라의 악한 법률에 대항하여
이교도의 잘못된 법률에 대항하여
우상숭배의 술책에 대항하여
마녀들과 술법사들의 주문에 대항하여
인간의 몸과 영혼을 부패하게 하는 모든 지식에 대항하여
오늘 그리스도께서는 나의 방패가 되십니다.
독에 대항하여, 타오르는 불꽃에 대항하여
물에 빠뜨림에 대항하여, 몸에 해를 입히는 것에 대항하여
그럼으로써 풍성한 보상이 내게 있을 것입니다.
그리스도께서는 나와 함께 하시며, 나의 앞에 계시며, 내 뒤에 계십니다.
그리스도께서는 내 안에 계시며, 내 아래 계시며, 내 위에 계십니다.
그리스도께서는 내 오른 편에 계시며, 내 왼편에 계십니다.
내가 누울 때, 내가 앉을 때 그리고 내가 일어날 때 그리스도께서 나와 함께 계십니다.
나를 생각하는 모든 사람의 마음에 그리스도께서 계시며
나에 대해 말하는 모든 사람의 입에 그리스도께서 계시며
나를 보는 모든 눈에 그리스도께서 계시며
나의 말을 듣는 모든 귀에 그리스도께서 함께 계십니다.
나는 오늘 일어납니다.
거룩한 능력을 통해, 삼위일체께 드리는 간절한 기도를 통해
천지를 창조하신 창조주의 삼위에 대한 믿음을 통해
하나 되심에 대한 신앙고백을 통해.

2. 패트릭은 어떻게 자신의 혁신을 시행했는가?

패트릭이 자신의 혁신을 실현하기 위해 실재로 어떤 일을 했는지 명확히 파악하는 데 도움이 될 만큼의 충분한 정보는 없다. 자신의 혁신을 시행한 것에 대한 사도 바울의 성경 기록과 비교할 때, 5세기 당시 아일랜드의 사정에 대한 기록은 거의 남아 있지 않다.

우리가 아는 것은 패트릭이 혁신을 시행하기 위한 더 나은 시대를 선택할 수 없었다는 사실을 알고 있다. 4, 5세기경 로마 제국, 영국 그리고 아일랜드에서 발생했던 일련의 사건들을 고려해 볼 때, 심오한 대격변이 사회적 불안정을 초래했고, 결과적으로 교회 구조와 실천의 변화도 더 큰 사회적 소란의 일부로 발생했을 뿐 아니라, 어느 정도 범위 내에서 수용되었을 것이라 보는 것이 정당하다.

예를 들어 당시의 로마 상황에 대해 생각해 보자.

당시는 매우 신중하게 조직된 지방과 도시(*civitas*), 그리고 주(cantons)로 조직된 로마 제국이 무너지고 있던 시기였다. 제국은 거의 모든 방향으로부터 공격당하고 있었다. 공격 세력들 중에는 일종의 자치권을 쟁취하고자 하는 부족 그룹들(제국의 지배권 안에 있던 부족들의 경우)로부터의 공격과 로마의 부를 약탈하려 하는 약탈자들(제국의 지배권 밖에 있던 부족들의 경우)로부터의 공격이 있었다. 이들 부족 약탈자들은 로마의 주둔지에 대한 공격뿐 아니라 서로를 공격하기도 했다. 이런 일련의 사태는 로마가 그렇게 자랑스러워했던 내부의 평화를 어지럽게 했다.

군사적 혹은 정치적 무질서만이 당시 발생힌 무질서의 전부는 아니었다. 교회는 펠라기우스 이단을 상대로 투쟁하고 있었다. 그리고 이 분쟁은 영국과 아일랜드의 경우에 특히 중요했다. 왜냐하면 이단 사상을 가르쳤던 펠라기우스 자신이 영국 출신이었기 때문이다. 전 세계 교회들은 이 논쟁, 즉 은혜와 자유의지에 관한 논쟁에서 어느 편을 들 수밖에 없는 처지에 내몰렸다.

패트릭에게는 제국 내에 일반적으로 확산되고 있던 무질서가 중요했다. 왜냐하면 제국의 질서(매우 신중하게 부과된)는 본질적으로 교회가 따랐던 그

질서와 동일한 질서였기 때문이다. 로마 제국의 영향 때문에, 당시 기독교는 위계적이고, 상명하달식이며, 도시를 중심으로 한 운동이었을 뿐만 아니라, 제국과 동일한 형태로 조직되어 있었다. 이제 앞으로 우리가 살펴볼 몇 가지 이유 때문에, 이러한 조직 형태는 아일랜드에서 잘 작동하지 않았다.

영국은 또 다른 예를 제공한다. 영국 교회는 로마의 모델과 동일한 교회를 조직했다. 교회는 도시들을 중심으로 조직되었고, 행정을 책임지는 주교들이 각 도시마다 주재하고 있었다. 주변 부족들, 즉 켈트족, 픽트족, 앵글로색슨족 그리고 다른 부족들로부터의 끊임없는 공격이 당시 상황을 불안하게 만들었다. 부유한 상인의 아들이었던 패트릭 그 자신도 켈트족들의 공격을 받던 와중에 사로잡혀 아일랜드에 노예로 끌려갔다.

마지막으로, 아일랜드는 도시가 없는 농촌으로 이루어진 지역이었다. 전원 지역의 황량함과 그 안에 산재해 있는 늪지와 수렁은 중앙집권적 통제 구조의 수립을 매우 어렵게 했다. 로마식 체제를 수립하고자 하는 시도들이 있어왔지만, 패트릭이 도착했을 때도 그런 시도가 필요했다.

그러나 지역이 갖고 있던 조건들 때문에 중앙집권적 통제 구조의 수립이 잘 작동되지 않고 있었다. 이런 사정을 인지했던 총명한 패트릭은 아일랜드 지역에서 성공적인 결과를 낳기 위해서는 아일랜드 교회 조직을 다른 방식으로 구성해야 한다고 보았다.

어떤 면에서 아일랜드 교회는 농촌 교회가 되어야 했다. 아일랜드 교회는, 정교하게 구분된 경계를 서로 마주 접하는 거대 지방들로 나뉘거나 엄격한 경계를 정하고 그 내부에 대해 영향력을 행사하는 방식이 아닌, 교회가 각 지역의 중심지가 되어 그 영향력을 외부로 확산시켜 나가는 방식이 되어야 했다.

그러한 교회의 기본 구조와 더불어, 패트릭은 교회 성도의 자격도 (하나의 주[canton]를 기본 경계로 하는 로마체계처럼) 어디에 사느냐가 아니라 교회 공동체에 속하기로 한 개개인의 선택을 기반으로 허락되어야 한다고 보았다. 따라서 어디에 살고 있는지가 교회 구성원이 되는 자격 기준이 되지 않았다. 성도의 자격 기준은 어떤 공동체에 속할 것인지를 선택한 사람의 참여 정도에 따라 결정되었으므로, 외부인들도 소속되고 싶어할 정도로 매력적인 것이어야 했다.

패트릭은 이러한 혁신적 관점이 당시 아일랜드의 조건에 가장 잘 어울리는 것이라는 것을 파악했기에 자신이 주도한 혁신을 시행했을 것이라고 말할 수 있다. 패트릭이 가장 힘들어했던 일은, 영국 교회의 상관들에게 자신이 계획한 혁신이 아일랜드 상황에 그대로 적용되어야 한다는 사실을 확신시키는 일이었다. 그런 면에서 볼 때, 그의 주요 전투는 동료들에게 아일랜드 같은 상황에서라면 소속됨이 믿음에 선행해야 한다는 것을 확신시키는 **내부 선교**(*missio interna*)였다.

3. 초기 소속됨에 대한 아일랜드인들의 반응은 무엇이었는가?

최근 두 명의 저술가, 즉 존 피니(John Finney, *Recovering the Past Celtic and Roman Mission* 1996)와 조지 헌터(George Hunter, *The Celtic Way of Evangelism* 2000)가 패트릭의 접근 방식에 대해 어느 정도 상세하게 설명했다.

피니와 헌터는 켈틱식 접근 방식과 로마식 접근 방식을 대조한다.

첫째, 로마식 접근 방식은 기독교 메시지를 비기독교인에게 제시하는 것이었다.

그리고 이 메시지에 기초해서 수용 여부를 결정할 준비가 되었느냐를 묻는 것이었다. 그리고 만일 그 사람이 긍정적으로 반응한다면 그를 교회로 청하여, 교회 성도로서의 자격을 부여하고 성도 간의 교제를 경험하도록 하는 것이었다. 헌터는 이런 방식이 매우 익숙하지 않은 것인지의 여부에 대해 질문한다.

"대다수의 미국 복음 전도자들이 이 방식을 따르고 있다"(53).

그는 이 모델을 제시, 결정, 동화 모델이라 부른다.

둘째, 헌터는 이와 대조되는 켈틱 방식의 전도 모델을 소개한다.

① 당신은 우선 사람들과 함께 공동체를 세우시오. 아니면 사람들을 당신이 속한 믿음의 공동체가 교제를 나누는 자리에 데리고 오시오.
② 교제를 나누면서 그 사람들과 더불어 대화를 시도하고, 사역이 기회를 갖고, 기도와 예배를 드리도록 하시오.
③ 때가 되면, 그들은 마침내 자신들이 이제 믿는다는 것을 발견하게 될 것이고, 그 때 그들을 헌신의 자리로 청하시오(Hunter 2000, 53).

피니와 헌터 두 사람 모두 로빈 길(Robin Gill)의 말을 인용하는데, 로빈 길의 주장에 따르면 오늘날 대다수의 사람들은 "믿기 전에 소속된다. 이런 이유 때문에, 전도는 이제 사람들로 하여금 소속될 수 있도록 돕는 일이며, 그럼으로써 그들이 믿을 수 있게 돕는 일이다"(Finney 1996, 46; Hunter 2000, 54).

예수께서 어부들에게 자신의 그물을 들고 당신을 따르라 청하셨을 때, 그분은 그들을 사도적 공동체의 일원이 되도록 청하신 것이었다. 사람을 낚는 어부가 되라는 수수께끼와 같은 언급(참으로 제자들은 사람을 낚는 어부가 되었다) 외에, 이들 갈릴리 바다의 어부들은 자신들이 어떤 자리로 또 누구에 의해 부르심을 받은 것인지에 관해서는 진정으로 이해하지 못하고 있었다. 그들은 자신들이 이 남자와 함께하는 교제의 일원이 되고자 한다는 것은 알고 있었다.

그러나 그것이 의미하는 것에 대한 완벽한 의미는 오직 서서히 파악해갔을 뿐이었다. 그들은 예수께서 일하시는 것을 지켜보았다. 그들은 그분이 사람들과 관계를 맺으시고, 병든 자들을 치료하시며, 악령을 퇴치하시는 것을 지켜보았다. 그들은 예수께서 이해하기 어려운 비유들을 말씀하시는 것을 들었다. 그들이 그 비유들의 의미를 물었을 때, 예수께서 들려주신 답변은 그 이야기들 자체만큼이나 이해하기 어려웠다.

그러나 시간이 흐르면서, 그들도 충분히 배우게 되었다. 그들은 이해하기 시작했으며, 예수께서 돌아가신 후 새로운 교회의 중심이자 영혼이 되었다.

그들의 헌신은 박해와 실패, 그리고 엄청난 성공이라는 시험을 견뎌내었다. 대다수의 어부들은 자신들이 부르심을 받은 이유로 인해 죽었다. 부르심에 대한 그들의 헌신은 신조에 대한 충성이 아니라 교제에 대한 초대를 수용하는 것으로 시작되었다.

4. 소속됨은 행함에 선행하고 행함은 믿음에 선행한다.

패트릭의 혁신이 아일랜드에 중요한 영향을 끼쳤다는 것에는 의심의 여지가 없다(다음 단락을 보라). 그러나 만일 우리가 패트릭이 기여한 혁신을 기독교 선교와 기독교 선교 역사라는 좀 더 큰 맥락에 위치시키려면, 패트릭의 혁신이 내포하는 사상에 대해 좀 더 깊이 다루는 것이 가치 있는 작업일 것이다.

우리는 일반적(usually)이라는, 한계를 설정하는 단어를 삽입하는 것으로 시작할 수 있다. 일반적으로 소속됨은 믿음에 선행한다. 기독교 신학에 대한 지적 경쟁력을 갖췄다는 것이 교회 멤버십을 박탈할 수 있는 요건을 갖췄다는 말은 분명히 아니다. 그런데 어떤 사람은 바로 그 점 때문에 기독교인이 되기도 한다.

우리는 실천에 대한 세 번째 요소, 즉 소속됨은 믿음에 선행하는 행함에 선행한다(belonging precedes behaving precedes believing)는 점을 첨가할 수 있다고 제안한다. 기독교인 됨의 중요한 부분은 우리가 기독교인답게 행동하는 것을 배우는 것이다. 바울은 갈라디아서를 통해 성령의 아홉 가지 열매(사랑, 희락, 화평, 오래 참음, 자비, 양선, 충성, 온유, 절제)를 소개함으로 기독교인다운 행동을 갖춘 삶이 어떠함을 요약한다(갈 5:22).

기독교 선교 역사를 보면, 어떤 이들은 잠재적 회심자들에게 기독교인답게 행동함, 즉 십계명, 수도원의 계율, 또는 교회법을 지키는 것으로 출발할 것을 요구하는 접근 방법을 주창하기도 했다. 또는, 잠재적 회심자들에게 성령의 아홉 가지 열매를 맺고 있음을 실질적으로 보여줄 것, 즉 성령의 아홉 가지 열매 중 하나가 동기로 작용하여 행동으로 실천된 어떤 일, 즉 가난한 사람의 달갑지 않은 시신을 장사지내주는 것 같은 일을 할 것을 요구하는 접근 방법을 주창하기도 했다.

이와 같이 규정된 생활방식을 실제로 실천함으로써 믿음의 교제에 대한 감정과 기독교인 됨의 의미를 좀 더 정확하게 규명하는 데 이르게 된다.

사실, 바울 사도 자신도 이런 식의 접근 방식에 반대하지 않은 것 같다. 특히 유대인 청중들에게 말할 때, 바울은 오히려 이런 방식을 지향했던 것 같다. 이것은 아마도 종교를 바라보는 가장 핵심적인 요소로서 토라 또는 율법을 인식하던 사람들에게 말하고 있었기 때문일 것이다. 유대교 같은 종교에 속한 사람들이 처음 제기하는 질문은 해당 종교의 실천, 즉 그 종교를 따르는 사람들에게 요구되는 행위들은 어떤 것이냐에 대한 것이기 때문이다.

내가 할례를 받았는가?

음식 소요에 대한 어떤 제약이 있는가?

내가 매주 매일 행하는 일을 결정하는 원리는 무엇인가?

어떤 사람들은 기독교인이 되기 위해 기독교인처럼 행동하는 것으로 시작해야 한다고 주장할 수 있다. 이런 방식은 전도에 대한 바울의 유대식 접근 방법이라 부를 수 있다.

박스 5.2

켈틱식 전도	로마식 전도	유대식 전도
켈틱식 전도(패트릭)	로마 가톨릭식 전도	유대식 전도(바울)
공동체 건설	복음 제시	생활 양식의 실천
대화(교제)에의 참여	헌신(믿음)에의 초대	공동체에 대한 연상
헌신(믿음)에의 초대	공동체 건설	새로운 이해로의 초대

이제 우리는 선교에 대한 세 가지 접근 방식에 대해 논한다.

첫째, 선교에 대한 유대식 방식인데, 이 방식은 생활방식에 초점을 맞춘다.
둘째, 로마식 선교 방식인데, 이는 일련의 신앙에 초점을 맞춘다.
셋째, 선교에 대한 켈틱식 방식인데, 이 방식은 교제에 초점을 맞춘다.

세 가지 방식 모두가 성경의 강력한 지지를 받는다.
우리는 이들 중 어느 것을 선택할 수 있을까?
우리가 이들 방법들 중 한 가지를 선택해야만 할까?
몇 가지 생각해 볼 문제가 있다.

① 이들은 복음을 증거하는 방법들이다. 그러나 그 자체가 구원과 어떤 상관이 있는 것은 아니다. 다른 식으로 말하면, 어떤 사람이 정통 기독교 신학의 모든 내용을 믿을 수는 있다. 그렇다고 해서 아직까지 구원받은 것은 아니다. 어떤 사람이 기독교인으로서의 삶을 살아갈 수 있다. 그러나 그렇다고 해서 아직까지 구원받은 것이 아니다. 어떤 사람이 기독교 교회나 공동체에 속할 수 있다. 그렇다고 아직까지 구원받은 것은 아니다. 구원은 하나님의 대가 없이 주시는 선물이다. 구원은 행위나 각종 종교적 신념이나 멤버십으로 얻을 수 있는 것이 아니다.

② 복음증거에 대한 다양한 방법들이 목표로 하는 것은, 비기독교인들을 인도하여 그들의 삶 속에서 역사하시는 성령의 능력을 충만히 경험하게 하는 마음의 상태와 물리적 상황, 그리고 생활 습관들을 덧입혀 줌으로서 구원이 그들을 위한 실재가 되게 하는 것이다. 참으로 구원이 목적이다. 그러나 복음증거에 대한 어떤 방법도 구원을 보증해 주지는 않는다.

③ 특정인의 구원 과정에서 반드시 발생해야 하는 소속됨과 행위, 그리고 믿음이 발생하는 순서에 오직 하나의 원칙만 있는 것은 아니

다. 특정한 상황이 내포하는 심리적, 사회적, 또는 철학적 조건들로 인해, 세 가지 방식 중 어느 하나가 다른 방식들에 선행할 수 있다. 이 점은 가장 효과적인 선교를 위한 필요조건이다. 패트릭의 총명함은 아일랜드에서 작동할 수 있는 순서를 발견했다는 점이다. 그리고 아마도 그것이 오늘날 우리가 살아가고 있는 현재 상황에 가장 잘 맞는 순서일 것이다. 그러나 다른 상황에서라면, 다른 순서가 최선이 될 수도 있다.

④ 성숙한 기독교인이 되기 위해서는 세 가지, 즉 믿음, 행위, 소속됨이 모두 중요하다. 신앙 안에서 성장하는 사람이라면, 세 가지 모두가 자라날 것이다. 어떤 사람의 기독교적 흔적의 깊이를 측정하는 한 가지 방법은 이 세 가지 분야의 성장을 확인해 보는 것이다.

⑤ 성숙한 기독교 전도자라면, 로마식 전도, 켈틱식 전도 그리고 유대식 전도를 수행할 수 있는 능력을 갖춰야 한다. 그리고 전도가 실행되는 상황에서 어떤 방식을 사용할 것인가를 결정하도록 해야한다.

박스 5.3
반선교사적: 후안 데 세뿔베다(JUAN GINÉ DE SEPÚLVEDA)

실천: 교제-소속됨이 믿음에 선행한다

올바른 신앙에 대한 지나친 주장은 전체 행동반경, 즉 교회 교리에 대한 이해와 호응만큼이나 회심에 중요하게 작용하는 심리적 그리고 사회적 행동반경을 모호하게 할 수 있다.

1550년 7월, 신성 로마 제국 황제이자 스페인의 군주 찰스 5세는 정복전쟁의 도덕적 합법성에 대한 논쟁이 종결될 때까지 신세계에서 스페인의 정복활동을 중지할 것을 요구했다. 이 논쟁은 발라도리드(Valladolid)에서 열렸고, 이 논쟁의 중요한 두 논쟁자는 바르톨로메 데 라스 카사스(Bartolomé de Las Casas)와 후안 기네스 데 세뿔베다(Juan Giné de Sepúlveda)였다.

찰스 5세가 표명한 질문에 대해 두 명의 논쟁자는 빠르게 동의했다. 이 논쟁에서 제기된 실재 질문은, "최상의 정부 형태와 최상의 법률에 관해 토론하고 결정하는 것과, 그 결정으로 신세계 안에서 거룩한 가톨릭 신앙이 확산될 것과 가장 흡족할만한 설교가 펴져나가도록 하는 것"에 대한 것이었다(Hanke 1974,67).

라스 카사스는 당시 복음을 확산시키기 위해 사용하던 엄격한 실천들, 즉 고문, 살해, 강간 그리고 노예제도는 기독교 복음전도 기술로 수용될 수 없는 것이라 주장했다. 반면 신학자 세뿔베다는 그것이 수용될 수 있다고 주장했다. 그의 주장에는 네 가지 요점이 있었다.

1. 하나님께서 택하신 도구인 스페인에 의한 복음의 확산은 가장 중요한 관심사에 속한다. 그리고 방법론에 대한 모든 질문은 이 거룩한 소명에 종속된다.
2. 아메리카 원주민들은 그들이 보여주는 식인 풍습, 인간 희생 제물 그리고 우상숭배 등은 그들이 본질상 열등한 존재들, 즉 소인족(homunculi) 또는 준인간(semihumans)임에 대한 증거이다.
3. 아리스토텔레스를 따라, 그는 바로 이러한 열등성 때문에 아메리카 원주민들은 본질상 노예에 불과하다고 주장했다.
4. 아리스토텔레스를 따라, 원주민의 노예화는 그들이 저지른 식인 풍습, 인간 희생 제물, 그리고 우상숭배에 대한 논리적 결과이며 형벌이라고 주장했다.

1550-51년 논쟁이라 명명된 이 논쟁은 어떤 결론에 도달하지 못했다. 물론 논쟁의 양측 모두 승리를 주장했다. 그러나 **엔코미엔다,** 즉 원주민 노예들과 그들의 이전 영토를 스페인 식민주의자들에게 분배하는 일은 지속되었다. 그러는 동안, 아메리카 원주민들의 수는 급감했는데, 수많은 지역에서 경우에 따라 90%에 이르는 인구가 소멸되기도 했다.

• **생각과 토론**

1. 스페인이 아메리카 원주민들을 개종시키기 위한 하나님의 도구이며, 따라서 그들의 사용한 방식이 정당화될 수 있다는 주장에 대해 어떻게 반박할 수 있겠는가
2. 특정 인간집단이 "본질적으로 열등하다는" 주장이 성경적 지지를 받을 수 없다는 것을 보여줄 수 있는 성경 구절들을 사용하라.
3. 이 논쟁에서 사용할 수 있는 선물 공여 선교(giftive mission)에 대해 요약해보라.

5. 효과들

수도원운동의 영향을 받은 패트릭의 혁신, 특히 당시 선교에 대한 지배적 접근 방식과 비교해 볼 때 패트릭의 혁신이 가져온 효과는 정확히 무엇이었는가?

물론 가장 명백한 것은 그 방식이 통했다는 것이다. 아일랜드는 기독교 지역이 되었다. 단지 명목상의 기독교 국가가 아닌 그 이전에 없던 기독교 선교사역의 선봉장이 되었다. 참으로 아일랜드는 세계의 후미진 모퉁이에 위치한 지역이었기 때문에, 패트릭 이후 수 세기 동안 아일랜드인 선교사들의 실존이 느껴지지 않았을 정도였다.

두 가지 다른 영향이 수도원 운동으로부터 직접 유래한 것으로 보인다.

첫째, 투명성이다.

패트릭의 혁신이 끼친 대중적 영향은 기독교 공동체에 속할 것을 장려하는 광고 문구와 같은 것이다.

> 우리 공동체에 속하시오.
> 우리는 모두와 같이 갈 것입니다. 우리 공동체에 속하기 위해 로마인이 될 필요는 없습니다. 기독교 공동체에 속하기 위해 아일랜드인임을 포기할 필요도 없습니다.

둘째, 단순성이다.

패트릭의 접근 방식은 대단히 단순했다. 그 방식은 논증과 설득을 위한 어떤 상세한 패턴을 요구하지 않았다. 그저 공동체에 참여하라는 단순한 초대였다. 무엇이 되었든 더 필요한 부가적 증거는 매일을 삶에서 하던 일을 함께 하던 공동체의 구성원들이 공급했는데, 그것은 평강 안에서 함께 생활하고, 공동체 주변에 있는 사람들의 필요를 채워주는 것이었다.

제6장

지역화: 지역 공동체의 질문들과 관심사들에 집중하라

선교 사례: 키릴(Cyril)과 메소디우스(Methodius)
지역: 콘스탄티노플, 비잔티움, 러시아
청중: 슬라브 민족들
시기: 9세기

연대표
- 815년 메소디우스의 탄생
- 826년 키릴의 탄생
- 837년 메소디우스, 스라브 지방 행정관으로 임명
- 842년 키릴, 콘스탄티노플 소재 황제의 궁정에서 수학
- 키릴, 성소피아성당 교구 사서가 됨
- 키릴, 수도원에서 철학 교사로 머뭄
- 메소디우스, 올림푸스산에 머뭄
- 키릴, 성상(총대주교인 아니스에 대항하여)과 성삼위일체(유대인들에 대항하여)에 관해 논쟁; 올림푸스산에서 메소디우스와 조우
- 860년 하라잔(Harazan) 선교
- 861년 메소디우스, 포리촌(Plichon)수도원 원장이 됨

- 862년 모라비아 선교
- 869년 키릴, 42세에 사망
- 870년 메소디우스, 슬라브 지방의 주교가 됨
- 871년 메소디우스, 감옥에 수감
- 879년 메소디우스, 로마에 머뭄
- 881년 메소디우스, 콘스탄티노플에 머뭄
- 885년 메소디우스, 70세로 사망

키릴과 메소디우스의 선교에 대한 자료들

I. Boba, *Moravia's History Reconsidered: A Reinterpretation of Medieval Sources* (The Hague: Springer, 1971)

Ivan Duichev, ed., *Kiril and Methodius: Founders of Slavonic Writing* (New York: Columbia University Press, 1985)

F. Dvornik, *Byzantine Missions among the Slavs* (New Brunswick, NJ: Rutgers University Press, 1970)

Edward G. Farrugia, Robert F. Taft, and Gino K. Piovesana, eds. *Christianity among the Slavs: The Heritage of Saints Cyril and Methodius; Acts of the International Congress Held on the Eleventh Centenary of the Death of St. Methodius, Rome, October 8–11, 1985, under the Direction of the Pontifical Oriental Institute* (Rome: Pontifical Institutum Studiorum Orientalium, 1988).

Kliment Ohridski, "Life and Acts of Our Blessed Teacher Konstantin the Philosopher," in *Kiril and Methodius*, ed. Ivan Duichev (New York: Columbia University Press, 1985), 49–80

Kliment Ohridski, "Memory and Life of Our Blessed Father and Teacher Methodius," in *Kiril and Methodius*, ed. Ivan Duichev (New York: Columbia University Press, 1985), 81–92

Michael Lacko, *Saints Cyril and Methodius* (Rome: Slovak, 1969).

Anthony-Emil N. Tachiaos, *Cyril and Methodius of Thessalonica: The Acculturation of the Slavs* (Crestwood, NY: St. Vladimir's Seminary, 2001)

A. D. Vlasto, *The Entry of the Slavs into Christendom* (Cambridge: Cambridge University Press, 1970)

키릴과 그의 형 메소디우스는 고유의 알파벳이 없었던 슬라브 민족을 위해 알파벳을 만들었다. 그리고 그렇게 만든 알파벳을 사용해 성경을 슬라브어로 번역하고, 슬라브 문학을 탄생시켰으며, 엄청난 피곤에 굴하지 않으면서 끊임없이 헬라어 텍스트를 슬라브어로 번역했다. 이런 고생에도 불구하고, 키릴은 이단으로 고소당해 주교들, 사제들, 수도사들 앞으로 소환되었다. 865년 베니스에서, 키릴을 고소한 사람들은 마치 "독수리의 발톱"처럼 그에게 덤벼들었다. 그들은 키릴에게 분노를 드러내며 이렇게 말했다..

> 우리에게 말해 보시오.
> 어떻게 슬라브 족속들을 위한 책을 만들고 그들을 가르칠 수 있단 말이오?
> 지금까지 그 어느 누구도 그런 책을 만들지 않았소.
> 사도들도, 로마의 교황도, 신학자 그레고리도, 어거스틴의 제롬(Jeromine of Augustine)도 그런 일을 하지 않았소.
> 우리는 하나님을 찬양하는 책을 만드는데 사용할 수 있는 언어는 오직 세 가지 뿐이어야 한다고 알고 있소.
> 그들 언어는 히브리어와 헬라어, 그리고 라틴어요(Kliment Ohridiski 1985a).

이 질문에 대한 답변을 통해, 키릴은 자신이 선택한 선교 접근 방식의 전형이 어떤 것이었는지를 보여주었다.

> 하나님께서는 의로운 자들과 불의한 자들 모두에게 비를 내려주시지 않으십니까?
> 그리고 태양은 악한 자들과 선한 자들 모두를 위해 떠오르지 않습니까?
> 여러분들은 어찌하여 다른 모든 언어에 속한 부족들과 민족들을 귀머거리와 봉사로 남겨둔 채 단지 세 개의 언어만을 지정하는 것에 대해 부끄러움을 느끼지 않는 겁니까?

내게 말씀해 보십시오.

하나님께서 그들에게 문자를 허락하실 수 없을 정도로 능력 없으신 분이라 생각하는 겁니까?

아니면 그분이 그들에게 문자를 허락하길 진절머리나게 싫어하신다고 생각하는 겁니까?

우리는 문자와 책들을 가지고 있는 수많은 민족들이 자신들의 언어로 하나님을 찬양하고 있다는 것을 익히 들어 알고 있습니다. 이미 알려져 있듯, 아르메니아인들(Armenians), 페르시아인들(Persians), 아브작인들(Abzags), 아이버스인들(Ivers), 수그드인들(Sugds), 고트인들(Goths), 트리시아인들(Trisians), 하자라스인들(Hazaras), 아랍인들(Arabs), 이집트인들(Egyptians), 시리아인들(Syrians) 그리고 그 외에도 수많은 민족들이 자신들의 언어로 하나님을 찬양하고 있습니다(Kliment Ohridski 1985b).

당시 베니스인들은 삼개 국어 사용론(triligualism)이라 불렸던 교리를 주도하고 있었다. 삼개 국어 사용론은 성경과 교회 예식은 오직 히브리어와 헬라어, 그리고 라틴어로만 번역될 수 있다고 가르쳤다. 그러나 얼마 지나지 않아 그들은 자신들이 파놓은 함정에 스스로 걸려들고 말았다.

남들을 이단으로 고소하는 대신, 그들 자신이 이단으로 고소당했다. 오랜 시간 동안, 삼 개 국어 사용론은 이단으로 간주되었고, 성경과 예식을 토착어로 번역하는 것이 허용되었다. 그러나 어떻게 이런 결론에 이르게 되었는지에 대해서는 오직 슬라브인의 사도요, 그들의 스승이요, 그들의 계몽자인 키릴과 메소디우스의 이야기를 통해서 알려질 뿐이다.

1. 키릴과 메소디우스

키릴과 메소디우스는 데살로니가의 존경받는 집안에서 태어났다. 일곱 형제들 중 두 명이었던 메소디우스와 키릴은, 각각 815년, 그리고 826년 아니면 827년에 태어났다. 두 사람 모두 영재로 알려졌다. 키릴은 그의 학업으로 이름이 떨쳤고, 메소디우스는 모든 면에서 두각을 드러낸 그의 전반적인 경쟁력으로 명성을 떨쳤다. 비잔틴 제국의 수도인 콘스탄티노플을 제외한다면 제국 내에서 두 번째로 중요한 도시였던 데살로니가에서 수학한 그들의 학업 내용은 주로 다양한 고전 헬라어 텍스트에 집중되어 있었다. 그들이 공부한 커리큘럼에는 문법, 시 그리고 수사학이 포함되어 있었다.

키릴은 학문에 탁월했다. 그는 탁월한 시인으로 알려졌고 그의 스승들이 제시하는 것이라면 그것이 무엇이든 완전히 습득했다(그 당시에는 학교와 같은 시설이 없었다. 따라서 모든 교육은 개별 스승들에 의해 수행되었다).

키릴의 성취가 워낙 높았기 때문에 그가 학생 과정을 마쳤을 때, 비잔틴 제국 황제가 그의 성취에 대해 듣고 콘스탄티노플로 초청하여 궁정 철학자인 **로고세테**(*logothete*)를 스승으로 모시고 궁정에서 공부할 수 있게 했다. 당시 **로고세테**의 이름은 테옥티투스(Theoctitus)였다. 키릴은 궁정에서 학생으로 매우 잘해냈고, 그 결과 **로고세테**는 키릴이 자신의 조카와 결혼하여 비잔틴 제국의 한 지방을 다스리는 지사가 되길 원했다.

키릴은 이에 동의하지 않고 지혜를 추구하는 학자로 결혼을 하지 않는 삶을 추구할 것을 선택했다. 그는 콘스탄티노플에서 철학교사로 지냈고 한동안 수도원에서 지내면서 당시의 신학 이슈에 관해 황제와 총대주교를 위해 논쟁하던 중, 자신과 형의 소명에 대해 기억하고 마침내 슬라브족을 위한 선교사가 되었다. 키릴은 너무도 열심히 사역을 감당했고, 매우 결단력 있게 사역을 추진했기 때문에, 42세라는 젊은 나이로 세상을 떠났다. 결국 학자로서의 자신의 부르심을 기독교 선교사역을 감당하는 데 헌신했던 것이다.

메소디우스 또한 학자로서 탁월했다. 그러나 그의 기술은 학자의 범주를 넘어 확대되었다. 메소디우스의 전기 작가는 우리에게 다음과 같은 말을 해 주었다.

다정다감했던 젊은 시절부터 그는 명사들로부터 사랑을 받았다. 그들은 메소디우스와 담화를 나누며 그를 칭송했는데, 그와 같은 시절은 마침내 황제 자신이 와서 그의 날카로운 지성을 경청한 후 그를 슬라브 지방의 지사로 임명할 때까지 지속되었다. 황제의 지사 임명은 마치 그가 언젠가 메소디우스를 슬라브족의 교사이자 초대 대주교로 보낼 것을 내다보는 듯 했다. 따라서 그는 슬라브족의 모든 풍습을 배워야 했고 점차 자신을 슬라브족에 동화시켜 나갔다(Kliment Ohridiski 1985a).

모든 것을 종합해 보건데, 비록 매우 젊은 나이에 지사로 임명되기는 했으나, 메소디우스는 행정가로서 자신의 첫 번째 책무를 탁월하게 감당했다. 그러나 그의 동생과 마찬가지로, 메소디우스도 보다 높은 소명이 있음을 깨달았다. 그는 지사로서의 직임을 사임하고 수도원으로 들어갔다. 메소디우스의 전기 3장에는 그의 소명에 대해 다음과 같이 설명한다..

지사로서 오랜 세월을 보내며 세속 생활을 통해 드러나는 숱한 혼란과 죄, 그리고 범죄를 목도한 그는 암울한 세속의 것들에 대한 열망을 천상의 생각들로 교체했다. 그는 자신의 고귀한 영혼이 영원하지 못한 일들 때문에 혼돈 속에 빠져들게 하고 싶지 않았다. 그러던 중 적절한 때를 만나자, 그는 지사직을 내려놓고 수많은 거룩한 사제들이 살고 있던 올림푸스로 갔다. 거기서 그는 검은 색의 옷을 입고 일상의 의무를 수행했으며, 부지런히 성경(the books)에 몰두하며 수도원의 계율에 삼가 복종했다(Kliment Ohridiski 1985a).

키릴이 슬라브 민족을 향한 두 번째 선교로 부르심을 받았을 때, 메소디우스는 그의 보좌관으로 함께 갔다. 키릴이 사망한 후, 메소디우스는 선교에 대한 책임을 통감했고, 결국 교황의 명에 따라 슬라브 지역 대주교로 임명되었다. 비록 메소디우스의 선교가 본시 비잔틴 제국의 황제와 총대주교에 의해 배태되었고 또한 지원을 받은 것도 사실이지만, 기술적으로 모라비아 지방은 로마의 관할권에 속해 있었다. 메소디우스는 이 지역을 지배하고자 하는 로마와 콘스탄티노플의 욕망이 초래한 매우 어려운 상황을 탁월하게 해결했다. 그는 키릴이 시작했던 성경을 슬라브어로 번역하는 일을 마무리했다. 메소디우스는 직접 저술 작업을 진행하기도 했지만, 여러 제자들 중 한 사람이 저술한 교회에 관한 다른 텍스트의 생산도 장려했다. 그는 70세의 나이에 세상을 떠났다.

2. 실천의 근원

키릴과 메소디우스의 사역은 데살로니가인들 뿐만 아니라 콘스탄티노플 사람들, 그리고 심지어는 비잔틴 사람들에게 알려진 바가 없다. 그러나 슬라브인들에게는 이들이 헌신했던 사역이 잘 알려져 있다.

슬라브인들에 대한 그들의 헌신은 우연히 발생한 것이 아니라 그들이 남다르게 준비했던 평생의 소명을 수행한 결과로 발생한 것이었다. 이들의 준비는 단순히 당시의 시대적 분위기 때문만이 아니라 개인적으로 의도했던 것이기도 했다. 그러한 그들의 의도, 그리고 슬라브족을 향한 그들의 선교와 선교를 성공적으로 수행하기 위해 필요한 혁신으로 이어진 그들의 영향을 추적해 보는 것이 큰 도움이 될 것이다.

어떤 의미에서, 두 형제가 슬라브인들에 대해 관심을 보인 것은 자연스러운 일이었다. 당시 슬라브족은 데살로니가 문화의 일부를 형성하고 있었다. 슬라브족은 사실상 유리하는 몇 개의 부족들을 통칭하여 부르던 용어인데, 이들 부족들을 한 민족으로 묶어준 것은, 그들이 함께 수행한 전쟁과 무역, 그리고 그들이 일상에서 서로 통용하는 단순한 언어가 있을 뿐이었다.

이 언어는 알파벳도 없는 언어였고, 따라서 글로 기록된 기록 언어도 아니었다. 글이 없었기 때문에, 결과적으로 슬라브족에게는 공통된 철학도 없었고 문학도 없었다. 언어 외 그들 부족이 공유하던 것이라고는 새로운 지역으로 확장해 나가 그 지역을 지배하도록 했던 공격성뿐이었다. 지난 수백 년 동안, 슬라브족은 데살로니가를 굴복시키기 위해 끊임없이 공격을 감행했다.

그러나 공격이 성공한 적은 단 한 번도 없었다. 키릴과 메소디우스가 살던 당시, 슬라브족은 데살로니가의 접경 지역에 평화롭게 정착하고 있었다. 평화가 유지되고 있었기 때문에, 데살로니가인들도 슬라브족과의 무역을 장려할 수 있었다. 심지어 낮 시간 동안에는 슬라브족들이 도시 성문 안까지 자유롭게 출입할 수 있게 허용하고, 그들이 자유롭게 무역활동을 할 수 있도록 허용하기까지 했다. 결론적으로, 비록 제한적이기는 했으나, 두 형제는 데살로니가인들 사이에서 두루 섞여 살고 있던 슬라브족과 함께 성장했다고 볼 수 있다.

키릴과 메소디우스는 타민족 그룹과 관계하는 방법에 대한 흥미로운 모델을 보여주었는데, 놀랍게도 이 모델은 궁극적으로 그들이 모라비아 지방에 세운 선교의 전조가 되었다. 안소니 엘 타치오스(Anthony-Eil Tachiaos)는 자신의 책,『데살로니가의 키릴과 메소디우스: 슬라브족의 문화변용』(*Cyril and Methodius of Thessalonica: The Acculturation of the Slaves*, 2001)에서 데살로니가 시장의 상업에서 흔하게 발견할 수 있었던 특이한 특징에 주목했다.

> 매일 아침, 도시 성벽의 거대한 성문들(황금 문, 레티아 문, 카산드라 문)이 열릴 때, 슬라브족 집단들이 성으로 들어와 자신들의 관심 업무를 추구했다.
> 그러나 슬라브인들이 여전히 문화적으로 미숙하고 헬라 거주민들과 의사소통을 나눌 능력이 없었기 때문에, 슬라브인들과 거래를 트고자 했던 헬라인들은 슬라브인들에게 그들의 언어를 배울 것을 요구할 수밖에 없었다.
> 수 세기 동안 이것이 데살로니가 시장의 특징이었다. 그리고 이런 현상은 심지어 오늘날까지도 이어지고 있다. 상인들은 자신들이 보유한 물건을 판매하기 위해 외국 고객의 언어를 배운다.

이로 보건데, 키릴과 메소디우스는 데살로니가 거리에서 들려오는 슬라브인들끼리 서로 주고받는 대화 내용을 들을 수 있었을 것이다. 배움과 새로운 사상에 대한 그들의 유별난 관심 때문에, 슬라브어에 대해 더 많은 것을 알고자 하는 그들의 관심은 단지 슬라브족 단어 일부와 간단한 문장 정도를 알아듣는 수준으로는 만족하지 못했을 것이다. 타치아오스는 두 형제가 바로 이 점 때문에 자연스럽게 슬라브인들에 대한 관심을 갖게 되었다고 생각한다. 이런 와중에 사역에 대한 초자연적 소명을 받게 되자, 두 형제는 영적인 유익을 위해 그들에게 많은 것을 제공해 주던 세속적인 정치 경력을 포기하기에 이르렀다. 이미 그때 두 사람은 슬라브족에 대한 공부를 시작했을 것이다. 메소디우스 개인의 경우를 놓고 볼 때, 아마도 이때 즈음이 일부 슬라브족이 거주하던 올림푸스 산의 수도원 내에 머무르고 있던 때였던 것 같다.

키릴과 메소디우스의 전기를 읽다 보면, 슬라브족을 향한 그들의 소명이 정치적인 동인 때문에 슬라브족을 위한 선교사를 훈련시키고 임명하고 지원했던 미카엘 황제의 관심에서 기인했을 것이라는 인상을 받게 된다. 물론 이야기를 이렇게 끌고 나가는 것이 논리적으로 자연스러울 뿐만 아니라 정치적으로도 신중하게 선택한 방식이었기 때문에, 일견 일리가 있어 보인다.

그러나 황제의 정치적 관심이 슬라브족을 대상으로 선교 사역을 하고자 했던 형제의 오랜 열망과 잘 들어맞았다고 말하는 것이 보다 옳은 해석일 것이다. 선교를 수행하는 비잔틴 방식이 이런 일을 가능하게 했다고 볼 수 있다. 그리고 두 형제가 데살로니가 시장에서 배운 슬라브식의 상호작용 방식 모델이 두 형제가 슬라브족을 기독교 신앙으로 인도하는 일을 가능하게 하는 유일한 상호작용 방식이었다는 것은, 어떤 면에서 행운이었다.

그 방식은, 슬라브인들의 관심사에 대해 고려하는 방식이었을 뿐만 아니라, 그들에게 헬라어를 배우고 자신들의 토착 문화를 포기할 것을 강요하는 것이 아니라, 복음의 형식을 그들의 문화에 적응하도록 함으로써 그들의 필요에 복음이 부응할 수 있도록 한 것이었다.

3. 모라비안 선교

모라비아 지방에 대한 선교는 그 지역의 대공들이었던 라스티스라브(Rastislav)와 스베토폴크(Svetopolk)가 미카엘 황제에게 요청한 것이 계기가 되어 시작되었다.

> 우리는 하나님의 은혜로 지금 이곳에 있습니다. 이탈리아와 그리스, 그리고 독일 여러 지역으로부터 많은 기독교 교사들이 우리에게 와서 다양한 것들을 가르쳤습니다. 그러나 우리 슬라브인들은 단순한 사람들이고, 우리 중에는 진리의 길을 우리에게 교훈하고 성경의 의미를 설명해 줄 사람이 없습니다.
> 그러므로 선한 주인이시여!
> 모든 진리의 길로 우리를 인도할 수 있는 사람을 여기로 보내주시기 바랍니다(Kliment Ohridski 1985a).

당시 모라비아인들에 대한 선교는 이미 진행되고 있었다. 그러나 선교가 특별히 효과적이었던 것 같아 보이지는 않는다. 우리는 그 원인이 무엇이었을 지에 대해 독일 선교의 경우를 들어 생각해 볼 수 있다. 독일인들은 모라비아에서 가장 가까이 살고 있던 사람들이었다. 그리고 잘 알려진 사실에 따르면, 독일인들이 모라비안 선교를 감행한 이유는 모라비아 교회를 지배하고자 하는 그들의 끊임없는 시도 때문이었다.

이 부분에서 우리가 주목해 볼 수 있는 것은 두 가지이다.

첫째, 이 지역에 대한 독일인들의 정치적 관심이 비잔틴 제국의 그것만큼이나 지대했다는 것이다.

모라비아지역은 지리적으로 로마의 접경지역에 걸쳐 있었다. 당시 독일은 로마 교회의 일부였기 때문에, 독일의 주교들은 슬라브족들을 영적인 자녀들과 로마 제국의 잠재적 시민들로 여기며 관심을 기울이고 있었다.

모라비아지역의 정치 지도자들이었던 대공 라스티스라브와 스베토폴크가 비잔틴 제국의 황제에게 지원을 요청했던 점을 미루어 볼 때, 아마도 당시 모라비아인들이 로마와 독일인들과 정치적으로 편하지 않았을 것이라는 점을 추론할 수 있다.

결과적으로 이런 이유로 인해, 이 지역 대공들은 영적인 도움과 더불어 정치적 구원도 모색하고 있었다는 점을 추론할 수 있다. 따라서 이 지역에 대한 선교의 부르심에 대해 연구할 때, 정치적인 측면이 갖는 중요성을 무시해서는 안 된다.

둘째, 이 부르심의 영적인 측면에 관하여, 우리는 독일인들이 라틴어가 이 지역 언어가 되어야 한다고 주장했음에 대해 알고 있다.

성경은 라틴어로 읽혀야 했다. 미사도 라틴어로 진행되어야 했다. 신학적 담론도 라틴어로 다루어져야 할 필요가 있었다. 독일인들은 성경과 각종 기독교 예식, 그리고 신학 논쟁조차 성경이 기록된 언어인 히브리어와 헬라어로 신실하게 수행되어야 한다고 생각하고 있었다. 그러나 실제로는 좋은 기독교인이 되기 위한 조건으로 슬라브족들에게 라틴어를 배울 것을 요구했다.

이것이 이유가 되어, 독일인의 선교 노력이 슬라브인들 가운데 만족스러운 기독교 공동체를 생성하는 데 실패했다고 보는 것은 지나친 억측일까?

슬라브인들은 기독교인이 되는 것에 대한 독일인들의 요구가 예수를 주로 인식하는 것을 훨씬 지나쳐 새로운 언어를 배우고 새로운 문화를 차용(라틴이든 독일이든 간에)하는 것과 자신들의 고유한 문화인 슬라브 방식으로 사물을 조망하는 것에 대한 포기를 포함한다는 것을 감지하고 있었다.

우리는 키릴과 메소디우스가 이런 식의 기대를 갖고 있지 않았다는 것을 안다. 키릴이 처음 실행한 실천 행위 중에는 슬라브어를 위한 알파벳을 만드는 것이 포함되어 있었다. 이 알파벳은 글라고리틱(the Glagolitic) 알파벳이라고 알려진 것이다.

시간이 흐르면서, 키릴과 메소디우스는 추상명사와 동사를 위한 단어를 만들어냈으며, 슬라브어에 존재하지 않는 신학 관련 단어들도 만들어냈다.

그러고 나서 그들은 성경을 슬라브어로 번역했다. 메소디우스와 그의 조력자들은 키릴의 사후에 성경 번역사역을 완성했다.

그러나 키릴이 생존해 있는 동안, 키릴과 메소디우스는 슬라브 예식을 만들었는데, 그 결과 슬라브족들도 자신들이 이해하는 언어를 사용하는 미사를 드릴 수 있게 되었다. 그리고 두 형제는 특별히 선별한 젊은 신학도들로 하여금 슬라브어로 된 신학작품과 문학작품을 생산할 것을 격려하였다.

그렇게 함으로써 슬라브 부족들 간에 존재하던 상당 정도의 문화적 차이를 효과적으로 좁혀나가도록 했다. 시간이 흐르면서, 이런 노력이 슬라브 문화를 한층 고상한 단계로 끌어올리는 계기가 되었고, 결과적으로 슬라브 문화와는 다르게 좀 더 전통적인 동구 유럽과 아시아의 문화들과 상호 교류를 나눌 수 있는 발판을 마련했다.

공정과 정확을 기하기 위해, 우리는 이 모든 과정에 대해 제기된 강력한 헬라적 편견에 주목해야 한다. 키릴이 만든 알파벳에는 비잔틴적 요소가 가미되어 있었다. 헬라어 고전 문학과 철학이 슬라브어(라틴어가 아니라)로 번역되었다.

그러나 목적은 라틴 문화나 독일 문화에 종속적인 봉신 문화를 만들어 내는 데 있지 않았다. 심지어는 비잔틴 문화의 봉신 문화를 만들어 내는 데 있지도 않았다. 목적은 궁극적으로 스스로 자립할 수 있는 독립적인 슬라브 문화를 양성하는 데 있었다. 이점에 있어 두 형제는 성공 이상의 성과를 거두었다.

모라비안 선교에 대한 이야기는 참으로 놀랍다. 상상할 수 있듯, 슬라브족들은 키릴과 메소디우스를 열광적으로 수용했고 그들에 대한 존경을 심화시켜 나갔다. 두 형제에 대한 슬라브족의 존경은, 키릴과 메소디우스 사후 얼마 지나지 않아 그들을 성인으로 인정한 데서 최고조를 이루었다. 두 형제는 오늘날 슬라브 문화의 시조로 인식되고 있다.

그러나 슬라브인들의 열광적인 수용에도 불구하고, 두 형제가 차츰 그리고 확실하게 대체한 독일인 사제들은 두 형제의 사역에 대해 부정적으로 반응했다. 독일인들은 두 형제의 갑작스러운 등장에 대해 로마에 불만을 표시했다. 그들은 기독교 예식에서 슬라브어를 사용하는 것에 대해 신학적으로 부적절하다고 주장하며 불만을 제기했다. 일시적인 동요가 몇 차례 있었음에도 불구하고, 교황들은 일관되게 신학적인 문제 제기에 대해 슬라브족들의 손을 들어주었다.

정치적인 문제는 좀 더 어려움을 겪었다. 로마는 이 지역에 대한 통제권을 행사할 필요가 있었다. 그리고 비잔틴 지향적인 성향을 지닌 두 형제도 이 지역에 대한 로마의 통제를 인지해야 했다. 두 형제는 실제로 이점을 잘 인지하고 있었다. 그 결과 메소디우스는 마침내 로마가 임명한 슬라브족의 주교가 되었다.

그러나 이로 인해 메소디우스와 키릴은 독일인들과 정치적 게임을 했어야 했으며, 이 게임에서 두 형제가 지는 일도 간혹 발생했다. 예를 들면, 메소디우스는 교황이 와서 그를 구해주기 전까지 체포되어 독일 감옥에 2년 반 동안 수감되어 있던 적도 있다.

장기적인 정치적 결과를 보면, 로마는 이 지역에 대한 정치적 통제를 잃은 적이 한 번도 없었다. 그리고 궁극적으로 이 지역은 라틴 지배적 기독교로 전환되었다. 슬라브 민족들의 성장은 모라비아와 무관하게 발생했다.

첫 번째 성장은 불가리아에서 보리스 대제(Boris the great)의 통치하에서 발생했고, 이어 10세기에 블라디미르가 기독교로 개종했을 때 러시아에서 있었다. 심지어는 키릴이 만든 알파벳이 그의 이름을 따서 키릴 알파벳(the Cyrillic alphabet)이라 명명되었는데, 정작 키릴 자신은 그렇게 쓴 적이 없다.

슬라브인들은 지금도 여전히 이런 발전이 키릴과 메소디우스가 한 일 때문에 발생한 것이라 인식하고 있다. 그들은 키릴과 메소디우스의 선교 전략과 제국이 세운 중앙집권적 교회보다 토착지역의 필요를 더 중요하게 고려한 그들의 실천 때문에, 이런 발전이 가능했다고 인식하고 있다. 이런 점들이야말로 그들이 선교 실천 역사에 기여한 위대한 공헌들이다.

박스 6.1

슬라브 알파벳

키릴은 슬라브 민족들을 위한 알파벳을 개발함으로써 신뢰를 얻었다. 그러나 오늘날 동부 유럽부터 러시아에 이르는 지역에서 슬라브인들이 사용하는 현재의 알파벳은 비록 키릴의 이름을 따고는 있지만 훗날에 개발된 것이다.

글라고리틱(Glagolitic) 알파벳: 철학자 키릴에 의해 만들어짐
  키릴릭(Cyrillic) I: 라브의 주교인 콘스탄틴에 의해 만들어짐
  키릴릭(Cyrillic) II: 총대주교인 불가리아의 유스미우스(Euthymius)에 의해 만들어짐

4. 실천의 효과

키릴과 메소디우스의 공헌을 측정하는 한 가지 방법은, 현재 동구 교회 내에 실재하는 두 사람에 대한 지극한 존경심을 감안해 보는 것이다. 선의적인 의미에서, 동방 정교회 안에 두 형제에 대한 숭배가 있다고 말하는 것이 과장된 표현은 아니다.

두 형제를 상징하는 친근한 성상이 있는데, 이 성상에 경의를 표하지 않는 동방 정교회는 지극히 드물다. 그러나 두 형제는 자신들이 실천한 결과가 자신들에 대한 개인적 숭배가 아닌 교회의 선교가 지속되는 것으로 이어지길 간절히 원할 것이다. 따라서 키릴과 메소디우스의 기여 중에서 가장 중요한 분야는 네 가지로 특정할 수 있다.

1) 동방 정교회

슬라브인들의 신학적 기여가 헬라/비잔틴 사상 유형 안에 공고하게 자리하고 있음을 인식해야 하기는 하지만, 슬라브 문화는 슬라브식이라는 채를 통해 부어지지 않았더라면 결코 발생하지 않았을 다수의 독창적 기여를 했

다. 이점을 제대로 이해하려면 두 형제가 기록한 문서를 살펴보는 것으로 시작해야 한다.

두 형제 모두 슬라브 전통에 중요한 텍스트들을 남겼다. 예를 들면, 키릴은 탁월한 시인이었다. 슬라브어로 기록된 그의 시작(詩作)은 슬라브 찬송과 비잔틴 찬송에 중요한 기여를 했다. 메소디우스도 많은 기여를 했다. 흥미롭게도, 메소디우스의 슬라브어 구사력은 그의 형제보다 훨씬 뛰어났다. 그의 저작들은 주로 교회의 조직과 행정에 관한 질문들을 다루는 데 초점이 맞춰져 있다.

슬라브인들이 모든 비잔틴 텍스트를 동일하게 수용한 것은 아니다. 그리고 그들이 비잔틴 텍스트를 선택한 방식은 슬라브비잔틴풍(Slavic Btzantinism)이 내포하는 성격에 영향을 끼쳤다. 슬라브인들은 특히 세 명의 저자들, 즉 바실(Basil the Great), 존 크리소스톰(John Chrysostom) 그리고 그레고리(Gregory the Theologian)의 저작들을 좋아했다. 동방 정교회 신학에 대한 가장 중요한 기여는 러시아 정교회가 성숙한 후에 발생한 것으로 보인다. 러시아 정교회가 성숙한 이후부터는 러시아인들의 신학적 기여가 중심이 되었다.

2) 번역

성경과 예식을 슬라브어로 번역하고자 한 결정은 대단히 중요한 결정이었다. 이 결정은 가장 중대하고 핵심적인 결정 중 하나였는데, 이런 결정이 내려지지 않은 상황에 대해서는 상상조차 할 수 없을 정도이다.

키릴과 메소디우스 이후 선교사들이 최우선적인 가치를 둔 것 중 한 가지는 성경을 선교지 사람들이 자신들의 언어로 이해할 수 있도록 번역하는 방법을 가능한 빨리 결정하는 것이었다. 이런 식의 사고는 선교의 가장 핵심적 사안이 되었고, 번역에 대한 선교사들의 이와 같은 충동이 발현되지 않았던 때는 거의 상상조차 할 수 없을 정도이다.

3) 상황화

아마도 좀 더 미묘한 것은 오늘날 우리가 상황화 논쟁이라 부르는 것에 대한 두 형제의 기여다. 키릴과 메소디우스가 한 기여들 중 가장 중요한 것은 단지 성경 번역뿐 만이 아니다. 그리고 심지어 선교의 국면을 바꾼 것은 자신이 만든 알파벳을 통해 키릴이 남긴 철학적 기여들도 아니었다.

그런 것들보다, 그들 형제가 보여준 더 큰 통찰은, 비록 때로는 단지 암시적으로만 드러나곤 하지만, 사람들은 그들만의 독특한 문화적 렌즈를 통해 세상을 조망한다는 사실을 밝힌 것이다. 이것은 인식 면에서 대단히 놀라운 기여이며, 이 같은 인식의 적용은 세상을 뒤바꿀 정도로 대단한 기여이다.

키릴과 메소디우스가 자신들이 하던 일들이 갖는 장기적 중요성에 대해 인식해 본 적은 한 번도 없다. 그들은 당연히 오늘날 우리가 선교 역사를 통해 뒤늦게 알게 된 적응(adaption)에서 문화변용(acculturation)으로, 문화변용에서 문화순응(accommodation)으로, 문화순응에서 상황화(contextualization)로 변환되는 과정을 알지 못했을 것이다.

그런 점에서 비록 그들 자신은 인지하지 못했다 하더라도 우리는 그들이 시대를 앞지르는 위대한 기여를 했다는 점을 알 수 있다. 그들 형제가 독일인과 이탈리아인, 그리고 헬라인들이 실패한 슬라브 지역에서의 이런 실천들을 선교의 성공을 위한 기술들로 보았음은 확실히 가능한 일이다. 그들 형제는, 복음 이야기가 슬라브인들의 사고방식을 통해 부어질 때, 동일한 방식이 전체 교회를 위해 매우 중요한 기여가 될 것이라는 사실을 본능적으로 깨닫고 있었다.

4) 민족 교회(national churches)

키릴과 메소디우스의 사역은 21세기에 세계 교회를 바라보는 방식에 관해 여전히 풀리지 않는 이슈를 제기한다. 이제 우리는 교회가 세계적 표현(global expression)뿐 아니라 지역적 표현(local expression)도 한다는 점과 인간된 우리는 두 가지 모두가 하나님의 사역을 이해하는 데 필수적이라는 점을 충분히 인지하고 있다.

그러나 교회의 다양한 분파들은 세계적 표현과 지역적 표현이 함께 작용하는 방식에 대해 각기 다른 이해를 갖고 있다. 키릴과 메소디우스는 당시 지배적이었던 로마 교회가 보유하고 있던 것과는 다른 이해를 갖고 있었다.

심지어 9세기 로마 교회는 "그곳에 존재하는 모든 것이 교회"라는 기독교 왕국(Christendom)식 개념 안에서 작동하고 있었다. 키릴과 메소디우스는 동방 정교회 모델인 민족 교회 개척자들이었다. 이 모델은 교회의 지역적 표현은 국가 또는 최소한 지리적 지역과 밀접하게 연계하고 있어야 함을 제안한다.

박스 6.2
반선교: 비칭(Wiching) 주교

실천: 지역화-지역 공동체의 질문들과 관심사들에 집중하기

지역화는 두 가지로 나누어 볼 수 있다. 지역화는 특정 지역에 거주하는 사람들에게 그들이 사용하는 언어로 복음 이야기를 제시하고 그들이 이해할 수 있는 언어로 예배를 드리는 것을 가능하게 하는 것으로 시작하는 방식이다. 키릴과 메소디우스는 지역화를 이런 방식으로 사용했다.

그러나 지역화가 각 지역의 자민족 중심주의를 부추기는데 사용될 수도 있다. 인간의 자기중심적 성벽은 개인적 바람과 욕망에만 적용되는 것이 아니라 특정 문화와 언어를 최고의 위치에 올려놓으려는 시도에도 적용될 수 있다.

그러한 자만심 때문에, 지역화는 자신들의 문화와 언어를 고양시키기 위한 목적에서 다른 문화와 언어를 비하하는 논거로 쉽게 사용될 수 있다. 프랑크족의 성직자로 나이트라(Nitra)의 주교이자 독일의 바바리아(Babarian, 독일 내 바바리아지역에 거주하던 민족-역자 주) 교회를 대표하면서 거침없이 자신의 의사를 밝히는데 타의 추종을 불허한 비칭이 바로 이런 경우에 해당한다.

그는 처음부터 키릴과 메소디우스가 추진했던 번역 계획에 반대했다. 그가 반대한 가장 우선적 이유는 슬라브 교회에 대한 자신의 교권에 위협이 된다고 생각했기 때문이다. 두 형제는 콘스탄티노플에서 파송된 동방 교회 출신이었다.

비칭 주교는 로마 교회로부터 주교직을 임명받았다. 심지어 메소디우스가 슬라브지역의 공식적인 주교로 임명을 받은 후에도 비칭은 그에 반대했고, 약 2년 동안 메소디우스를 독일의 성에 감금하기도 했다. 비칭은 복음은 슬라브어로 적절하게 번역될 수 없으며, 오직 히브리어와 헬라어, 그리고 라틴어로만 표현될 수 있을 뿐이라고 주장했다.

이런 주장은 삼 개 국어 사용론(trilingualism)이라고 불리는 신학적 교리로 제안되기도 했다. 다행히 이 주장은 교회의 지도부로부터 이교적 주장에 해당하는 것으로 선언되었다.

삼 개 국어 사용론은 지역화의 취지를 근본적인 뒤집는 주장에 근거하고 있었다. 오직 우리 "지역의 방식"만이 허용할 만한 것이다. 오직 우리가 사용하는 언어로 된 복음만이 수용할 만한 것이다. 이런 입장은, 우리가 사용하는 언어로 된 복음과 예배만이 열매를 거둘 수 있다는 소위 "우리"만을 인정한다. 따라서 다른 열매는 인간집단들에게까지 확장되지 않는다.

비칭 주교는 반선교적이었다. 왜냐하면 이런 왜곡된 지역주의를 가장 극렬하게 주장했던 사람이었기 때문이다. 이러한 지역주의는 모든 사람을 위한 하나님이라는 복음을 오직 특권을 소유한 일부를 위한 복음으로 왜곡시킨다. 메소디우스는 일생 동안 비칭의 접근을 막았다. 그러나 메소디우스 사후, 비칭은 자신이 정치적 권력을 장악한 지역에 있던 메소디우스의 제자들을 금지시키고 핍박했다.

• **생각과 토론**

1. 지역화의 내향적 개념에 집착했던 비칭 주교의 방식이 현대 교회에도 존재하고 있는가?
만일 그렇다면, 어떤 방식으로 존재하고 있는가?
2. 하나님이 허락하신 선물을 거저 주어진 은혜로 강조하는 선교가 내포하는 개념이 지역화의 전도(inversion)를 방지할 수 있을지 설명해 보라.
3. 지역화를 지원하기 위해(혹은 사용할 수 있기 위해) 당신이 속한 회중이 사용하는, 그리고 지역공동체의 관심사를 다른 공동체의 관심사에 우위에 놓지 않도록 하는 두 가지 실천 내용에 대해 설명해 보라.

우리로 하여금 여전히 갈등하게 하는 질문은 지역 교회의 이상적 표현은 무엇이어야 하느냐이다. 개신교는 4백 년이 넘는 기간 동안 교단 모델을 고수했다. 그러나 그 모델의 효과는 점차 약화되고 있는 것으로 보인다.

우리가 살아가고 있는 현시대에 가장 효과적인 지역 교회의 신실한 표현이 될 수 있는 것은 무엇일까?

개별적, 독립적, 자율적인 거대 대형 교회들과 교회 집단들일까?

키릴과 메소디우스는 자신들만의 답변을 가지고 있었다. 그들이 교회를 위해 한 것은 바로 그 질문에 집중하는 것이었다.

오늘날 그 질문에 대한 해답을 찾는 것은 우리에게 달려있다.

제7장

헌신: 확신을 가지고 개념들 고수하기 그 개념들로 분열을 초래하게 하지 말고, 그 개념들에 근거하여 단호하게 실행하기

선교 사례: 토마스 아퀴나스
지역: 유럽, 북아프리카
청중: 무슬림들
시기: 13세기

연대표
- 1225년 출생
- 1239-44년 나폴리학에서 수학
- 1244년 도미니칸 수도회에 가입
- 1245-48년 파리대학에서 수학
- 1248-52년 쾰른에서 수학
- 1258-60년 『대이교도대전』(Summa Contra Gentiles) 저술
- 1259-68년 이탈리아에서 가르침
- 1267-73년 『신학대전』(Summa Theologiae) 저술
- 1268-1272년 파리에서 가르침
- 1272-1274년 나폴리에서 가르침
- 1274년 사망
- 1323년 성인으로 시성됨
- 1879년 교황 레오 13세가 『신학대전』을 로마 가톨릭교회의 공식 가르침으로 공표함

토마스 아퀴나스의 선교에 대한 참고 자료

Curtis Chang, *Engaging Unbelief: A Captivating Strategy from Augustine to Aquinas* (Downers Grove, IL: InterVarsity, 2000)

Marie-Dominique Chenu, *Aquinas and His Role in Theology* (Collegeville, MN: Liturgical Press, 2002)

G. K. Chesterton, *Saint Thomas Aquinas* (Garden City, NY: Doubleday, 1956)

Jacques Maritain, *St. Thomas Aquinas* (New York: Meridian Books, 1958)

Josef Pieper, *Guide to Thomas Aquinas* (New York: Random House, 1962)

Thomas Aquinas, *Summa Contra Gentiles*, trans. Anton C. Pegis (Notre Dame, IN: University of Notre Dame Press, 1975)(『대이교도대전』, 분도출판사 刊)

    토마스 아퀴나스의 일생에서 지배적이었던 것은, 연구, 저술 그리고 교수 세 가지였다. 그는 신학의 대가가 되기 위해 나폴리, 파리, 그리고 퀼른에서 연구했다. 그는 많은 책을 저술을 했으나, 그 중 몇 권으로 구성된 두 개의 대표적 저술로는 『대이교도대전』(*Summa Contra Gentiles*)과 『신학대전』(*Summa Theologiae*)이 있다. 그는 이탈리아와 프랑스에서 가르쳤다.

    아퀴나스는 도미니칸 수도회에 가입했다. 그의 부모는 이 결정에 반대하고 아퀴나스가 자신의 소명을 쫓는 것을 어렵게 했으나, 아퀴나스는 자신의 뜻을 굽히지 않았다. 그는 학문적 대립을 통해 수많은 이단들과 대적했다. 아퀴나스는 학자로서 평화롭지만 감정에 좌우되지 않는 삶을 살았다. 그리고 모든 점에 비취어 볼 때, 그의 삶은 학자로써 연구하고, 저술하고, 교수하는 삶을 살았다.

    그러나 선교학적 기준에 비추어 볼 때, 토마스의 삶은 다르게 비춰진다. 그가 한 모든 일의 기저를 살펴보면, 복음의 확장에 대해 무관심한 수동적 성향이 아니라 복음에 대한 사도적 조바심을 감지할 수 있다. 토마스는 신학의 대가였는데, 이는 그가 성경 텍스트를 읽는 데 전문가였다는 것을 의미했다.

    그는 성경 텍스트에서 유래한 이슈와 문제들에 대해 논쟁을 벌였으며, 그가 학문적으로 성취한 것의 결과물들은 설교를 통해 교회에 전해졌다. 토마스는 성경에서 발굴한 신학은 오직 누군가(특히 오늘날 우리가 교회에 속하지 않은 사람들[the unchurched]이라 부르는 사람들)에게 전달될 때만 온전한 것이 된다는 사실을 그 누구보다 잘 이해하고 있었다.

토마스 아퀴나스는 교회의 선교에 헌신되어 있었는데, 이는 여타의 다른 신학의 대가들(mega-theologians)에게서는 발견하기 어려운 점이다. 선교와 관련하여 토마스가 『대이교도대전』에 기록한 내용들만으로도, 그가 선교 수행에 신실하게 참여한 주요 혁신가 무리에 속한다는 칭송을 받기에 충분하다.

뿐만 아니라, 토마스 자신이 선교에 대한 헌신의 모델이 된다. 왜냐하면 그가 기록한 내용들은 어떻게 하면 예수 그리스도의 복음에 온전히 헌신할 수 있는지에 대해 우리 모두를 가르치고 있고, 동시에 복음을 필요로 하는 사람들에게 복음을 전달하는 수많은 방법들을 고안하는데 온전히 개방되어 있기 때문이다. 그는 모든 민족에 속한 사람들을 구원하기 위해, 바울이 말한 것처럼 이방인에게는 이방인 같이 되고 유대인에게는 유대인 같이 되는 것에 대한 모델이 되는 삶을 살았다.

1. 토마스 아퀴나스는 누구인가?

토마스 아퀴나스의 생애에서 발생한 사건들에 대해서는 문서화가 잘 되어 있고 또한 신학적으로도 분석되어 있다. 이는 토마스가 남긴 업적이 기독교 교회의 가장 큰 부분을 차지하고 있는 로마 가톨릭교회의 가장 위대한 신학자의 업적으로 여겨지기 때문이다. 비록 교황 레오 13세가 그를 로마 가톨릭교회의 신학적 기초를 세운 신학자(the principal theologian)라고 선언한 것은 1879년이지만, 그의 업적은 아퀴나스가 자신의 사상을 저술하기로 헌신했던 첫 순간부터 레오 13세의 평가에 준하는 역할을 했다.

아직까지 제대로 평가되지 못하는 것으로는, 선교사로써 혹은 좀 더 정확하게 선교 이론가로서 아퀴나스의 공헌에 대한 부분이다. 토마스의 선교학적 공헌에 대해 매우 깊이 있게 탐구한 사람은 커티스 창(Curtis Chang 2000)이다. 창은 저술과 교수를 통한 아퀴나스의 논쟁(disputatio) 모델을 연구해서(다음 부분에서 좀 더 깊이 다룰 것이다) 그의 논쟁 모델이 현대 선교를 위해 얼마나 영향력 있고 적절한 공헌을 하는 지를 보여준다. 창은 논쟁 모델을 설명하기 위해 이야기 언어(the language of story)를 사용하고, 그것을 세 가지 단계로 단순화시켰다.

① 이야기로 들어가기(entering the story)
② 이야기 다시 말하기(retelling the story)
③ 이야기 잡아내기(capturing the story)

첫째, 창이 사용하는 "이야기로 들어가기"는 어떤 사람의 이야기를 이해하려 할 때 그 사람의 용어 등을 사용하여 그 사람의 관점에서 이야기를 이해하려는 최선의 노력을 의미한다.

예를 들어, 『대이교도대전』에서 아퀴나스는 하나님에 대해 아라비아인들이 알고 있는 지적인 이야기기의 세계로 능수능란하게 진입한다. 그는 무슬림 신학자들이 사용하는 동일한 자료들을 사용함으로써 무슬림들이 사용하는 용어들과 사고방식을 통해 무슬림들이 가지고 있는 하나님에 대한 개념을 이해하는데 성공했다.

아퀴나스는 무슬림들이 설명하는 하나님을 설명하기 위해 오직 아리스토텔레스와 이성만을 사용했다. 사실, 아리스토텔레스와 이성은 아퀴나스가 자신의 신학을 발전시키기 위해 사용한 두 가지 최우선적 자료였다. 그런 이유 때문에, 무슬림들의 이야기로 진입해 들어가는 데 그리 큰 어려움을 겪지 않았다. 아퀴나스가 한 언급을 기억해 보라.

나의 하나님은 이성의 하나님이시다.

바로 이런 점 때문에, 아퀴나스는 자신이 상대하고 있던 무슬림 대화 상대자들이 하나님에 대한 자신의 이해와 그들의 생각에 대한 자신의 동의에 대단히 편안함을 느낄 것이라 확신했다.

아퀴나스가 하지 **않은** 일에 주목해 보라.

그는 자신과 다른 기독교 신학자들이 하나님을 이해하기 위해 이용하는 우선적 자료인 구약성경과 신약성경을 사용하지 않았다. 이야기로 들어가는 단계에서는, 오직 무슬림들이 사용하는 자료들만을 사용했을 뿐이다. 이런 방식은 더 진일보된 토론이 발생할 때 상당한 시간을 벌 수 있게 해준다.

또한, 아퀴나스는 무슬림들이 하나님에 대해 무엇을 믿고 있는지를 살펴보는 것으로 무슬림들의 이야기 속으로 들어갔다. 무슬림들은 하나님이 존재하심(그분은 인간의 투사가 아닌 실존하시는 분이시다)과 하나님은 한 분이심을 믿는다. 아퀴나스는 하나님에 대한 무슬림들의 이와 같은 신앙에 동의한다는 것을 분명히 했다. 아퀴나스는 타종교에 속해 있는 사람들에 대한 선교적 상호작용은, 기독교인들이 선교 대상자들의 종교 체계에 동의한다는 것을 명확히 하는 정도에 따라 성공적일 수 있다고 믿었다.

그러고 난 다음에서야 비로소 하나님에 대해 무슬림들이 알고 있는 믿음의 어떤 부분에 동의하지 못하는지를 언급하는 것으로 그들의 이야기 속으로 들어간다. 무슬림들은 하나님의 창조적 활동으로 초래된 창조가 시간과 무관하다고 믿는다. 아퀴나스는 그들과 달리 기독교인들은 하나님이 세상과 인간을 역사 안에서 창조하셨다고 믿는다고 진술한다. 그러나 아퀴나스는 지체하지 않고 두 가지 의견 중 어느 하나도 증명이 가능하지 않으며, 따라서 그 점 자체가 핵심적인 내용이 아니라는 점에 주목한다.

그렇다면, 그 점에 대해 왜 논란을 벌여야 하는가?

이같이 핵심적이지 않은 내용에 대한 불필요한 논쟁을 피하는 아퀴나스의 방법은, 이후에 펼쳐질 토론에 대한 신뢰를 조성한다. 아퀴나스는 단순히 기독교인의 입장을 간과한 것이 아니라 그런 논쟁이 주변적인 부분이라는 점과 양 측 어느 쪽도 옳을 수 있음을 인정했을 뿐이다.

첫 번째 단계인 이야기로 들어가기는 무슬림의 영역에 온전히 남아 이슬람의 용어와 자료, 그리고 사상의 형식을 사용함으로써 이슬람 신학의 역동성을 이해하고자 하는 시도였다. 두 번째 단계는 첫 번째 단계가 발생했음을 보여주는 것이다.

둘째, 창은 이 두 번째 단계를 "이야기 다시 말하기"(retelling the story)라 부른다.

기독교인은 자신이 다른 사람의 논쟁 또는 이야기를 완전히 숙달하고 있다는 것을 보여준다. 결과적으로, 이 단계를 통해 기독교인은 무슬림이 "그래요. 당신은 우리의 이야기를 완전히 이해하고 있어요"라고 말할 수 있는 정도로 그들의 이야기를 다시 이야기하고(retelling) 있음을 보여준다.

이렇게 이야기를 다시 말하는 과정에서, 화자는 그 이야기에 대해 자신이 동의하고 존중하는 점을 명확하게 제시하고 재차 설명한다. 그러나 이야기를 다시 말해주는 마지막 부분에서 무슬림들의 이야기가 기독교인의 이해와 어떤 점에서 다른지를 명시해 줌으로써 세 번째 단계로 들어갈 준비를 시작한다.

아퀴나스는 이 단계가 잘 끝나는 것이 중요하다고 주장한다. 그는 다른 사람들의 종교가 내재하는 문제점들에 반박하는 것이 특별히 성과적이라 믿지 않는다.

그들의 주목을 끌어라.

그렇다.

그들과 동의하지 않는 것이 이유가 무엇인지 말해주라.

그렇다.

그러나 그들을 거부하려 하지 말라.

아니다.

그들을 거부하는 대신, 그들의 이야기를 담아내면서도 더욱 확장시킨 기독교적 설명이 담긴 긍정적인 논쟁을 제시하라.

셋째, 창은 이 세 번째 단계를 "이야기 잡아내기"(capturing the story)라 불렀다.

창은 아퀴나스가 기독교 이야기라는 더 큰 이야기 안에 반대자들의 이야기 대부분을 담아(capture) 제시하는 데 탁월했다고 주장한다. 이는 마치, 이렇게 묻는 것과 같다.

"그래요.

그러나 우리 기독교인들이 믿는 퍼즐의 추가조각에 대해 생각해 보신 적 있으십니까?

하나님께서 창조시에 하신 일들을 기독교적 관점에 비추어 볼 때, 당신들의 이야기가 어떻게 보일 것 같습니까?"

이 부분에서 아퀴나스가 말하고자 하는 것은, 기독교인은 무슬림들의 이야기에 담겨 있는 것 외에 성경에 드러나 있는 초월적 관점을 부가적으로 가지고 있다는 점이다. 바라건대, 기독교인 대화자가 기독교 이야기를 좀 더 광범위하고, 더 경쟁력이 있으며, 인간이 경험한 이야기에 대해 더욱 진실하다는 것을 보여주기 바란다. 기독교인의 이야기가 무슬림의 이야기가 갖는 신념들과 경험들을 전적으로 무시하는 것은 아니다. 그러나 기독교 이야기는 복음 이야기에 대한 더 광범위하고 더 포괄적인 맥락을 보여준다.

토마스의 모든 저작에서 분명하게 드러나는 사도적 조바심은 선교에 대한 핵심적 관심을 보여준다. 그러나 선교학자로서의 아퀴나스가 저술을 통해 완전히 드러난 것은 그가 여섯 권으로 이루어진 『대이교도대전』을 쓰고 난 이후부터였다.

아퀴나스는 스페인의 동료인 펜야포르테(Pennyaforte)의 라몬(Ramon)으로부터 무슬림을 대상으로 선교를 하고자하는 도미니칸 수도회 선교사들을 위한 기본 전도 지침서(primer)를 요청하는 편지를 받고 난 후 이 대작의 저술에 착수했다. 아퀴나스는 기본지침서를 쓰지 않았다. 만일 그가 기본지침서를 썼더라면, 그는 **기본 지침서**라는 단어의 의미를 오늘날 우리들 대다수가 사용하는 것보다 훨씬 정교하게 정의했을 것이다. 창은 실질적이고 선교학적인 형식으로 아퀴나스의 작업을 제시함으로써 분명한 기여를 했다.

2. 선교 방법에 대한 논쟁

아퀴나스의 모든 저작을 특징짓는 공통 유형을 대체적으로 인지하기 위한 목적에서라면, 그의 저서들 중 많은 내용들을 읽을 필요는 없다. 아퀴나스가 자신의 모든 저작뿐 아니라 교수를 통해 전반적으로 사용했던 것은 논쟁 방식(the method of disputation)이었다. 물론 아퀴나스가 논쟁을 만들어 낸 것은 아니다. 논쟁 방식은 교회 내에서 스콜라철학을 이용한 신학이 지배적이었던 시대에 사상가들이나 신학자들이 공통적으로 사용하던 방식이었다. 그렇지만 아퀴나스의 모든 저작물을 살펴볼 때, 아퀴나스는 논쟁 방식을 수정하고 발전시켰다.

조세프 피퍼(Josef Pieper)는 자신의 책 『토마스 아퀴나스 안내서』(Guide to Thomas Aquinas, 1962)에서 아퀴나스가 사용한 논쟁 방식에 대해 잘 요약했다. 다음에 전개되는 논의에서, 우리는 아퀴나스의 논쟁 방식에 대한 피퍼의 요약에 상당 부분 의존할 것이다. 그러나 아퀴나스가 자신의 논쟁 방식을 효과적인 선교 방식으로 어떻게 사용했는지에 대해서는 우리의 견해를 첨가할 것이다.

디스푸타티오(Disputatio)는 두 부분으로 나뉠 수 있다.

① 논쟁 방식의 실질적 단계들에 대한 내용
② 토마스 자신이 중요한 부분으로 생각한 다음 단계는 **디스푸타티오**의 정신(spirit)인데, 이 정신은 논쟁의 일부를 구성하는 요소로 고려되는 생각을 내놓는 사람들과 관계하는 방식

디스푸타티오는 다섯 단계, 즉 질문, 반대 논쟁, 반대 논쟁에 대한 동의, 반대 논쟁과의 충돌(disagreement) 그리고 답변으로 구성된다. 아퀴나스의 저서들 중 가장 유명하고 영향력 있는 작품인 『신학대전』의 일부만이라도 읽어 본 사람이라면, 아퀴나스의 조직적 토론 형식에 다섯 가지 단계가 있음을 즉각적으로 인지할 것이다. 피퍼는 『신학대전』의 질문들 중 하나를 택하고, 그것을 단계별로 분석해봄으로써 다섯 가지 단계에 대해 설명한다.

1) 질문

피퍼가 하나의 예로 선택한 질문은 "어떤 활동에 대한 열정의 정도가 증감하는 여부와 상관없이 그 활이 갖는 도덕적 가치"에 관련된 것이다(Pieper 1962, 80). 다른 모든 위대한 사상가와 마찬가지로, 아퀴나스도 가장 논리적이고 탄탄한 방식으로 질문을 제기하는 데 전문가였다.

예를 들어, 『신학대전』에 등장하는 질문들은 아퀴나스의 주요 목적들 중 한 가지인 포괄성(comprehensiveness)을 성취하기 위해 고안된 것들이다. 아퀴나스는 당대에 제기된 조직신학적 이슈들과 관련된 모든 가능한 질문을 제기하고 그 질문에 답변하고자 했다. 신학대전의 경우, 이 대작의 네 가지 주요 주제인 하나님, 창조, 섭리, 그리고 구원에 관한 모든 질문을 포함시키고자 했다.

2) 반대자의 답변들

질문이 제기하는 진술에 따라, 아퀴나스는 반대자들이 제기한 다양한 질문들에 대한 답변을 요약 형식으로 제시하고자 했다. 경우에 따라서는, 오직 한 가지 답변만이 주어지기도 했다. 그러나 두 가지, 세 가지, 혹은 네 가지에 이르는 답변들이 주어지는 경우가 더 많았다. 행위의 도덕적 구성요소와 관련하여 열정(passion)이 가지는 효과에 대한 질문의 경우, 그는 답변을 세 가지로 규정하고 요약했다.

① 열정은 합리적 판단을 흐리게 한다.
② 하나님과 순결한 영혼들은 열정을 알지 못한다. 그러므로 열정이 아니라 냉철함(passionlessness)이 도덕적 가치에 부합된다.
③ 열정으로 인해 잘못된 일을 하는 것이 명백한 의도를 가지고 잘못된 것을 행하는 것보다는 덜 악하다. 반대로, 열정으로 인해 옳은 행동을 했을 경우 행동에 대한 도덕적 가치가 감소된다.

이 부분에서 아퀴나스는 대화 상대자의 입장에 대해 판단을 내리지는 않았다. 그의 목적은 그것들에 대해 가능한 명확하고 관대하게 진술하는 것이었기 때문이다. 그는 타고난 재능이 있었기에 이 일에 크게 성공했다.

> 토마스는 반대자의 일탈적이고 심드렁한 반대 의견과 그 사유의 근본 원인까지 있는 그대로 제시하는 일뿐 아니라, 반대자가 제시한 것보다 더 명확하고 확실한 답변을 제시하는 일까지 성공적으로 수행했다 (Pieper 1962, 73).

3) 동의

반대자들이 제시한 답변들 중 일부 올바른 답변을 인정해 줌으로써, 아퀴나스는 자신이 진리에 대해 진지한 관심이 있다는 점을 한층 더 부각시켰다. 반대자들의 답변들 중 일부를 인정하는 것은 단지 공정을 기하는 것과 관련된 문제일 뿐만 아니라 인간 존재에 대한 핵심적 진리를 인지하는 방식이기도 했다.

그 진리란 진리와 오류는 순수한 형태로 존재하지 않으며, 우리는 인간이기 때문에 우리가 하는 모든 행동, 생각, 감정은 거의 항상 진리와 오류의 혼합 형태로 존재할 수밖에 없다는 것이다. 아퀴나스에게 있어, 신학자의 임무 중 하나는 각각의 질문과 답변 안에서 이러한 요소들을 분류해 내는 것이었다.

반대자와 논쟁하는 이와 같은 특별한 접근 방식은 대단히 중요한 선교학적 원리이다. 교회의 위대한 신학자들은 모두 창세기 1장과 로마서 1장에 주목하고, 어느 정도가 되었든 하나님께서 시간과 공간을 초월하여 세상에서 역사하고 계시다는 것을 인식하고 있었다.

칼빈에게 있어, 이것은 우리 모두가 소유하고 있는(그리고 모든 피조 세계가 소유하고 있는) 하나님에 대한 감각(the sensus divinitatus)이었으며, 하나님에 대한 감각이란 심지어 우리가 인식지 못하고 있는 상태라고 할지라도, 우리가 드리는 최선의 노력에 어떤 식으로든 하나님의 선하심이 반영된다는 것을 의미한다.

은혜에 대한 낙관주의를 주장한 웨슬리는 하나님께서 당신의 모든 피조물에게 선한 일들을 허락하시기 위해 모든 곳에서 일하셨으며, 일하고 계신다고 제안했다. 선교 사역자들인 우리는, 우리 자신이 있는 곳이 기독교 공동체로부터 얼마나 멀리 떨어져 있는 곳이냐 여부와 상관없이 바로 그곳에서 하나님의 선하심에 대한 증거를 발견할 수 있음을 기대해야 한다.

아퀴나스는 우리의 타락이라는 실재, 즉 우리 안에 자리잡고 있는 죄성(sinful nature)에도 불구하고, **이마고 데이**(*imago Dei*), 즉 하나님의 형상은 우리 모두 안에 존재하는 한 가지 본질적인 요소라고 가르쳤다. 명백하고 합리적인 인간의 사고를 통해, 우리는 인간 안에 잔류하는 하나님의 형상을 발견한다. 심지어는 전반적으로 우리와 의견을 달리하는 반대자들 속에서도 그 형상을 발견할 수 있기를 기대해야 한다. 그리고 그 형상이 드러날 때 그 진리를 인지할 수 있어야 한다.

4) 충돌

물론, 어느 지점에 이르러서 우리는 질문에 대한 우리의 답변과 반대자들과의 답변 사이에 존재하는 다름에 대해 지적해야 한다. 따라서 **디스푸타티오**의 다음 부분은 반대자들의 답변이 진리에 부합되지 않는 이유를 제시하는 것을 포함한다.

5) 답변

마침내 제기된 질문에 대해 답변하는 것으로 아퀴나스 자신의 토론을 요약할 시점에 이르렀다. 앞에서 언급한 사례를 예로 들자면, 아퀴나스의 답변은 "열정**으로부터**(out of) 유래한 실천은" 가치와 행동의 무가치함 모두를 감경시킨다는 것이었다. 다른 한편, 아퀴나스의 답변은 '열정적**으로**(with) 실천하는 것"은 가치와 그 행동의 무가치함 모두를 증진시킨다는 것이었다.

그러나 아퀴나스에게 있어, **디스푸타티오**의 정신 또는 반대하는 방식에 대한 훈련을 진중하게 고려하고 따르지 않는다면, **디스푸타티오** 형식이 완성되지 않은 것이었다. 그는 "정신"(spirit)을 다섯 가지로 요약했다.

(1) 상대를 이해하기

아퀴나스는 특정 이슈에 대해 신실한 토론을 벌이기 위해서는 반드시 반대자의 논쟁을 이해해야 한다고 가르쳤다. 비록 자신의 주장을 이해하는 것보다 나을 수는 없다 할지라도 토론자는 토론 상대자의 논쟁을 이해하려고 노력해야 한다.

아퀴나스의 규칙에 따르면, 반대자의 논리를 재진술한 것을 반대자가 들었을 때 자신의 주장과 동일한 것으로 이해할 수 있을 정도에 이를 때까지 반대자의 논쟁을 이해하지 않는다면, 반대자의 논쟁에 비판적으로 반응할 수 없다. 이것은 체면을 유지하거나 이상적인 친절을 유지하기 위한 목적 때문이 아니다. 또한 이것은 자신의 논쟁에 대한 일종의 인격적인 겸손을 위한 것도 분명히 아니다. 아퀴나스가 이와 같은 접근 방식을 주창한 이유는, 이는 이러한 방식이 반대자의 논쟁이 가지는 진정한 강점을 이해하는 데 필수적이기 때문이었다.

그렇게 함으로써 우리는 반대자의 논쟁에 존재하는 강점과 무엇이 되었든 그 논쟁 안에 내재된 진리를 인식할 수 있기 때문이다. 피퍼가 주목했듯이, 아퀴나스의 생각은, "[반대자의 주장 안에는] 언제나 옳고 진실한 부분이 존재한다는 것이었다. 비록 그 부분이 최소한에 불과할지라도, 반대자에 대한 거부는 그 최소한의 부분에 대한 확신이 있고 난 이후부터 시작되어야 한다"는 것이었다(1962, 78).

이것은 단지 기독교 내 신학적 반대자들에게 뿐만 아니라 타종교에 속한 사람들에게까지 적용된다. 아퀴나스는 이점을 무슬림들의 사고를 교정하기 위해 저술한 『대이교도대전』에서 반복적으로 지적했다. 그러나 만일 아퀴나스에게 있어서 힌두교인이나 불교인에게도 13세기 유럽의 지리적 접근성이 가능했더라면, 힌두교인과 불교인와의 관계에 대해서도 동일한 주장을 했을 것이다.

(2) 논쟁과 사람 모두를 존중하기

다른 사람의 논쟁을 이해하는 것은 당연히 그 자체로 존중의 한 형태이다. 그러나 아퀴나스의 방식은 "단순한 존중" 이상으로까지 확대된다. 아퀴나스의 존중은, 비록 반대자의 논증이 틀렸다 할지라도 명확하고 설득력 있는 논쟁을 만들기 위해 드린 시간과 노고에 대한 진실한 감사의 형식을 띤다. 아퀴나스는 이를 다음과 같이 설명한다.

> 우리는 우리가 의견을 함께 나누는 사람들뿐만 아니라 우리가 반대하는 의견을 가진 사람들까지 사랑해야 한다. 왜냐하면 두 부류의 사람들 모두 진리를 찾는데 노고를 아끼지 않았고 진리를 발견하고자 하는 우리의 노력에 도움이 되기 때문이다(Pieper 1962, 78).

아퀴나스는 이런 종류의 존중을 요구하는데 문제가 없었다. 기독교 교회의 모든 위대한 신학자도 동일한 요구를 했다. 비록 아퀴나스가 어거스틴과 중요한 점에서는 불일치했지만, 이점에 대해서는 두 사람 다 동일한 의견을 가지고 있었는데, 이점은 어거스틴이 오랜 적이었던 마니교도들에 반대하여 쓴 에세이에 언급한 내용에서도 잘 드러난다.

> 어떤 노고를 통해 진리를 발견하는지 모르는 당신들에게 진노가 있기를… 인간 내면의 시야가 온전하게 되기 위해 얼마나 큰 어려움을 겪어야 하는지 모르는 당신들에게 진노가 있기를… 심지어는 거룩한 통찰의 자그만 조각을 얻기 위해 수반되는 신음과 한숨이 얼마나 많아야 하는지 모르는 당신들에게 진노가 있기를…(Pieper 1962, 79).

아퀴나스와 동시대를 살았던 사람들 중 한 명은 아퀴나스가 그의 반대자들을 잘 대우했다는 증언을 남겼는데, 그는 마치 자신의 학생들을 대하듯 반대자들을 대했는데, 그들을 대할 때 진리 안에서 함께 성장하는 학생들에게 제공하는 동일한 돌봄과 배려를 제공했다.

박스 7.1
선교 방법으로서의 논쟁

디스푸타티오의 단계들	디스푸타티오의 정신
질문	논쟁 상대자 이해하기
반대자의 답변	논쟁과 사람 모두를 존중하기
동의	자신을 반대자에게 드러내기
충돌	임의의 전문 용어 삼가기
답변	관용으로 명확함 추구하기

(3) 타인에게 말하기

아퀴나스에게 있어 신학적 담화와 종교간 담화를 위한 조건은 대화에 참여하기로 동의하고 참여한 두 참가자가 가능한 명확하게 대화 상대방에게 자신들 드러내는 것이다. 잘못된 방향으로 이끌어 가는 것을 논쟁을 위한 전술로 채택하는 것은 대화에 참여하는 두 당사자로 하여금 아무 것도 성취하지 못하게 한다.

대화 참여자는 상대방에게 자신의 입장을 가능한 명확하고 정직하게 설명해 줄 것이라 기대 받는다. 물론, 명확하고 정직하며 개방적이 되는 데는 일정 정도의 위험이 따르기 마련이다. 어떤 사람은 스스로를 교정하려는 목적에서 자신을 개방한다. 그러나 아퀴나스에게 있어 개방 행위는 논쟁의 한 부분이었다.

(4) 임의의 전문용어 삼가기

이러한 개방성은 남용, 지나친 단순화, 심지어 아무 의미 없이 악의적인 의도로 특정한 언어를 사용하는 것을 피한다. 그런 언어는 전문용어(jargon)라 불리기도 한다.

예를 들어, 현대적 맥락에서 발생할 수 있는 사례 한 가지를 생각해 볼 수 있다. 상대방의 입장을 "분명한 자유주의적 견해" 또는 "분명한 근본주의적 견해"라고 부르는 것으로 언급을 시작하는 것은, 이미 지나치게 일반화된 용어들이기 때문에 실재 아무런 의미를 갖지 못할 뿐만 아니라, 사실상 논쟁의 실재를 다루지 않는 용어 사용에 의존하는 것에 다름 아니다. 이런 방식은 상대방의 입장을 단순히 전형화된 입장과 동일시하여 일고의 가치도 없는 것으로 묵살해 버리는 태도에 불과하다.

(5) 선정성이 아닌 명확함 추구하기

아퀴나스는 학문적인 대화에 관해 이상주의자였다. 그는 이같은 논쟁 방식이 모든 대화 당사자로 하여금 진리에 대한 좀 더 명확한 이해에 도달하는데 도움이 될 것이라고 진심으로 믿었다. 그는 잠언 27:17인 "철이 철을 날카롭게 하는 것 같이 사람이 그의 친구의 얼굴을 빛나게 하느니라"을 자신의 주장을 방어하는 방패로 삼았다.

그리고 아퀴나스에게 있어 본문에 등장하는 친구는, 그들의 신학적 입장, 혹은 그들의 종교가 무엇이든 간에, 모든 사람을 의미했다. 그러나 이것은 오직 명확함과 관용이 논쟁의 전형적인 특징이 될 때라야 비로소 발생할 수 있다.

3. 헌신

선교 실천에 관한 아퀴나스의 가장 큰 공헌은, 기독교 신앙을 가지고 있지 않은 사람들, 즉 우리가 기독교 신앙에 헌신한 것처럼 힌두교, 불교, 이슬람, 그리고 다른 종교와 같은 그들의 신앙체계에 헌신한 사람들로부터 우리 자신을 분리하는 상황을 만들어 내지 않고도 굳건한 신학적 입장을 견지하는 방식을 보여주었다는 것이다. 이 같은 태도가 그저 상식적인 문제로 보일 수도 있다. 아니면, 아마도 이런 방식에 관해 어떤 식의 문제 제기도 하지 않앉을 수도 있다. 그러나 상대방을 존중하는 방식, 즉 선교를 수행하는 것으로 알맞은 방식으로 신학적 변증을 하는 것은 실재로 그렇게 행하기보다 말하기가 쉽다.

우리는 이 같은 선교 실천 방식을 **헌신**(commitment)이라 부르기로 결정했다. 우리는 기독교 선교가 신학적 헌신을 상실할 때 선교 방식도 상실한다고 믿는다. 최고의 선교는 명확하게 연결된 신학적 헌신에 기초한다. 선교 실천이 신학적 헌신과 결별할 때, 그것은 사회봉사, 정치적 정의, 우정, 친교 그리고 인간적 연대와 구별할 수 없게 된다.

물론 그 모든 것은 아주 선한 것들이다. 그러나 그것들 자체가 기독교 선교인 것은 아니다. 최소한 명확하게 연결된 신학적 헌신이 수반되지 않을 때 그렇다. 기독교인의 신학적 헌신은 선교를 다른 것과 구별되게 하는 독특한 향미를 제공하는 소금과도 같다.

4. 오늘날의 아퀴나스

오늘날 선교가 이미 다른 종교적 신념을 굳게 붙든 사람들에게 복음을 제시하는 일을 포함할 때, 특히 힌두교와 불교, 그리고 이슬람과 같이 문명화된 종교를 신앙하는 사람들에게 복음을 제시하는 일을 포함할 때, 아퀴나스가 제공할 수 있는 도움이 많다. 그는 많은 점에서 당시대보다 상당히 앞서가고 있던 사람이었다.

그의 기여들 중 두 가지에 대해 생각해 보자.

첫째, 타종교를 신앙하는 사람들과 대화하는 방법에 대해 오랜 동안 지속된 토론에서, 아퀴나스는 기독교인들이 이 일을 수행하는 방식에 대한 실질적인 제안들을 지속적으로 제공했다.

아퀴나스는 다소 상충되는 세 가지 목표를 제시한다.

① 우리의 기독교적 헌신에 굳건히 서라.
② 그 헌신 위에서 선교적으로 행동하라.
③ 그러나 그 같은 헌신과 행동으로 인해 인류의 2/3에 해당하는 사람들과 분리되지 않도록 하라.

예를 들면, 그는 타종교가 갖고 있는 오류를 반박하려는 시도가 얼마나 어려운지를 설명했다. 우리가 지금까지 살펴본 바, 그의 접근 방식은 기독교인들이 다른 종교와 의견이 다른 부분에 대해 주의를 환기시킨 후, 기독교 입장을 긍정적으로 진술하는 것이었다.

아퀴나스는 또한 다른 종교에 속한 사람들이 권위 있는 것으로 생각하지 않는 자료에 근거하여 논쟁하는 것의 무용함을 강조했다.

인간의 이성(하나님께서 창조하신)과 자연적 창조물(하나님께서 창조하신), 그리고 공통적으로 동의하는 자료(무슬림과 기독교인의 경우에는 아리스토텔레스)를 공통의 권위로 인정할 때, 그것들을 이용해서 기독교적 입장을 명확하게 설명하는 것이 안 될 이유가 도대체 무엇이란 말인가?

하나님의 계시적 진리, 특히 다양한 이적과 기사들처럼 초자연적 현상들과 관련되었을 때, 그것을 합리적으로 증명하려고 하지마라.

그러한 현상들은 이성을 통해 만족스럽게 증명할 수 없기 때문에, 다양한 종류의 경험적 증거를 사용하라(박스 7.2를 보라).

박스 7.2
불신자에 대한 아퀴나스의 증거

토마스 아퀴나스, 『대이교도대전』 1, 2, 그리고 9

오류에 대해 논쟁하는 것은 어려운 일이다. 우선, 다양한 반대 의견들 가운데 존재하는 갈등 요소들을 파악하는 것에 너무 미약하기 때이다. 따라서, 우리는(우리가 그래야만 하는 것처럼) 그들의 잘못된 결론들에 비판적으로 응수하기 위해, 그들이 실제로 느끼는 것을 조사하는 것으로 논쟁을 시작할 수는 없다.

초기의 박사들은 본인들 스스로가 한 때 이교도들이었기(또는 최소한 한동안 이교도들 가운데서 거주했고 따라서 그들이 어떻게 생각하고 있는지에 대해 알고 있었기) 때문에 이교도들에 대한 교리를 알고 있었다.

더욱이, 우리가 무슬림이나 이교도들과 대화를 할 때라면, 우리끼리 주고받는 논증들을 지지해 주는 권위들에 의존할 수 없다. 유대인들과 대화할 때, 우리는 구약성경을 동원할 수 있다. 이단들과 논증할 때는 신약성경을 동원할 수 있다. 그러나 비신자들은 신구약 성경의 권위를 인정하지 않는다. 따라서 비신자들과 대화할 때, 우리는 모두가 동의할 수 있는 순수한 이성적 추론에 의존할 수밖에 없다. 그러나 이성은 신적 문제들을 다루는 데는 약하다.

합리적 진리들을 다룰 때, 우리는 합리적 논증을 통해 반대자들의 확신을 얻어낼 수 있다. 그러나 하나님의 계시를 다룰 때, 우리의 조사는 이성적 추론을 짜내는 고통의 범주를 넘어서야 한다. 우리는 계시에 관해 다른 사람들을 확신시키고자 할 때 합리적 논쟁을 통해 확신시키려 해서는 안 된다. 이성은 오직 이성 자체가 신앙과 충돌하지 않는다는 것을 보여줌으로, 신앙에 대한 반대를 해소하는 데만 사용할 수 있을 뿐이다.

신학적 토론에 대한 방법은 하나님의 말씀이 기적을 통해 확인된 권위를 내포한다. 왜냐하면 초자연적 진리와 하나님에 대한 우리의 신앙은 오직 말씀 위에서만 세울 수 있기 때문이다. 성도들과 대화를 나눌 때, 우리는 그들 안에 이미 존재하는 신앙을 확장하고 강건하게 돕기 위해 설득이라는 논증에 의존할 수 있다.

그러나 비신자들에게는 이런 방법이 통할리 없다. 왜냐하면, 우리의 불충분한 합리적 논증은 그들이 신앙을 부정하려는 것을 확신시켜주며, 우리의 신앙이 우리가 찾아낸 빈약한 추론에 의존한다는 생각으로 그들을 이끌어 갈 수 있을 것이기 때문이다.

둘째, 별로 다루어지지 않은 분야이기는 하지만, 종교의 목표가 무엇이 되어야 하는 가라는 중요한 질문에 대한 일련의 동의를 발견했다는 점에서 아퀴나스는 자신의 시대에 앞 서 있던 사람이었다.

타종교인들과의 토론을 나누는 대다수의 사람들은 토론의 출발점이 될 수 있는 공동의 경험을 발견하는 것이 대단히 유용하다는 것을 안다. 가장 중요한 것들 중 하나는, 인간이 뭔가 부족한 존재이며, 그 부족함을 만족시킬 것이라 믿는 목적들, 즉 종교적 목적들을 가지고 있다는 점에 동의한다는 것이다.

아퀴나스는 모든 종교의 공동의 목적이 하나님 안에서 행복을 발견하는 것이라는 사실을 제안함으로써 도움을 준다. 아퀴나스는 "종교: 하나님을 섬기는 행복"이라는 장의 "인간의 거룩한 삶"이라 불리는 『대이교도대전』 IIb에서 인간은 그들이 하나님을 섬길 때 가장 행복하다는 점을 상정한다. 그가 이점을 믿는 이유는 다음과 같다.

① 하나님께서 인간을 창조하신 것이지 그 반대가 아니라는 것을 인정하는 표지이기 때문이다.
"하나님께서 인간을 창조하셨다. 그러므로 그분은 인간의 출발점이시다."
② 하나님께서 하나님 자신을 위해 인간을 창조하셨음을 인정하는 표지이기 때문이다.
"하나님께서는 당신을 위하여 인간을 창조하셨다. 그러므로 그는 인간의 최종 목적이 되신다."
③ 이 두 가지를 인식하는 것은 인간이 종교 영역에서 하는 일은 그들 자신의 안녕을 위하는 것임을 의미한다.
"인간은 하나님의 목적이 아니라 자신의 유익을 위해 하나님께 경의를 표한다."

따라서 종교는 인간의 일이다. 아퀴나스의 정의에 따르면, 이렇다.

> 종교는 선인데, 인간은 하나님으로 인해 종교를 통해 하나님께 예배와 경의를 드린다.

인간이 종교 연구를 위한 수많은 교과서에서 발견할 수 있는 종교에 대한 수많은 정의들 중에서, 아퀴나스가 제시한 정의는 종교 간 긍정적인 토론과 기독교에 대한 생산적인 증거를 확대한다는 점에서 가장 유익한 정의들 중 하나이다. 아퀴나스의 정의는 분명히 기독교의 신학적 정의이다. 그러나 이 정의는 타종교가 갖고 있는 종교적 열의를 전적으로 불필요한 것으로 묵살하지 않는다. 그보다 이 정의는 타종교를 위한, 적어도 타종교가 갖는 가능성을 위한 공간을 마련해 준다.

아퀴나스가 살았던 시대적 상황에 대해 알고 있기 때문에, 우리가 생각하는 것처럼, 그의 방식은 무슬림과의 관계에서 가장 유용하다. 왜냐하면 무슬림들은 그가 내린 정의에 대해 아무런 반론을 제기하지 않을 것이기 때문이다. 아시아의 종교들과 그 추종자들에 대한 경험이 있는 우리의 경우에도, 아퀴나스의 정의는 심금을 울리고도 남는다.

이 정의는 일련의 결핍과 인간으로써 우리 모두가 필요로 것이 무엇인지를 확인해 줌으로써 모든 종교가 갖는 보편적 뿌리를 인식시켜 준다. 이 정의는 우리 모두가 그 결핍을 충족시키기 위한 방식, 즉 모든 종교의 공통된 욕구를 모색하고 있음을 인정한다. 그리고 행복은 모든 인간을 이런 저런 형식으로 연결할 수 있는 무엇이다. 따라서 이 정의는 토론을 위한 매우 흥미로운 출발점이다.

물론 이것은 종교가 선인지의 여부, 혹은 심지어 선이 무엇인지에 대한 여부에 대한 질문에 대해서는 열어놓는다. 이것은 하나님이 누구이신지 혹은 무엇을 하는 분이신지에 대한 질문에 대해서도 열어놓는다. 물론 예배의 개념은 보편적이지만, 종교적 예배의 실재 형식들과 예배를 위한 동기들은 대단히 다양하고 광범위하다. 아퀴나스는 다시 한번 자신이 대단한 교사, 대단한 신학자, 대단한 선교 신학자임을 보여준다. 그의 기여는 지속적으로 기독교 교회를 풍성하게 해 줄 것이다.

박스 7.3
반선교사: 교황 이노센트 4세

실천: 헌신 – 개념들에 대한 확신을 유지할 것, 그 개념들에 기초하여 단호하게 행동할 것, 그러나 그 개념들이 상호 분리되지 않도록 할 것

진리에 대한 헌신은 선교의 좋은 결과를 맺는데 기여한다. 그러나 우리를 다른 기독교인들로부터 분리하고 복음을 필요로 하는 사람들로부터 분리할 때, 나쁜 선교의 결과를 초래했다.

교황 이노센트 4세가 남긴 교황으로서의 행적 기록에는 나쁜 기록이 남아 있지는 않다. 그러나 두 가지 사례에 근거해서, 우리는 그가 반선교적이었다고 말해야 할 것이다.

첫째, 그가 저술한 교황 칙서인 "근절에 관하여"(Ad exstirpanda)**이었다.**

이 교황 칙서는 이교도들이 스스로 이교도임을 고백했을 경우 국가가 그들을 처벌할 수 있는 권리를 인정해 주는 조서였다. 이 교황 칙서는 국가가 종교재판을 할 수 있도록 용인하는 암묵적 보증서였을 뿐만 아니라, 정치권력이 이단 사상을 징계하는 행동을 취할 수 있음을 인정한 것이기도 했다.

둘째, 대면적(face-to-face) 선교활동이었다.

1246년에 교황 이노센트 4세는 65세의 프라노 카르피니(Plano Carpini) 출신 사제 프리아르 지오바니(존이라 불리운, Friar Giovanni)를 징기스칸의 손자인 기위크칸(Güyük Khan, 몽고 제국의 3대 황제)에게 보내는 칙사로 파견했다. 비록 기위크의 어머니가 기독교이었고 기위크 자신도 기도교인이었을 가능성이 있었음에도 불구하고, 이노센트가 보낸 메시지 내용은 그리스도 안에서 한 형제된 자에게 보내는 환영의 서한이 아니라 예수의 생애와 기독교 주요 교리들을 기록한 현학적 개요서였다.

이것이야말로 양도둑질(sheep-stealing)의 13세기식 모델이었는데, 왜냐하면 이노센트가 보낸 서한이 담고 있는 메시지는, "만일 우리가 믿는 그대로 믿지 않는다면, 당신은 신자가 아니다"였기 때문이다. 아퀴나스가 기독교의 정통적인 가르침이 무엇인지 심사숙고하는 과정에서 자신과 생각이 다른 기독교인들이 가지고 있던 자료에서 포함시킬 내용이 무엇인지 항상 찾고 있었던 것에 반해, 이노센트는 자신이 믿고 있는 것과 다르다 생각되는 것이라면 무엇이든 거부하려했다.

징기스칸의 전기 작가인 잭 웨더폴드(Jack Weatherford)는 그가 저술한 징기스칸 전기에서 이런 식의 선교활동이 초래한 결과들에 대해 잘 요약하고 있다.

몽골인들과 유럽인들이 함께 공유하고 있던 광범위한 영적 신념들에도 불구하고, 양자 간 공개적 관계가 매우 부정적이고 경도되어 있었기 때문에, 불과 얼마의 세월이 지나지 않아 서로 공유하고 있던 종교적 기반이 사라져버리고 말았다. 몽골인들은 여러 세대에 걸쳐 기독교 유럽과 좀 더 친근한 관계를 조성하고자 하는 노력을 지속했다.

그러나 결과적으로 몽골인들은 자신들의 기대를 포기할 수밖에 없었다. 결국, 몽골인들은 기독교 신앙을 완전히 저버리고 불교와 이슬람교를 수용하기에 이르렀다 (2005, 125).

• 생각과 토론

1. 현대의 교회와 국가 간 분리(정교 분리)가 갖는 두 가지 이점을, 둘 간의 관계가 지나치게 가까웠던 결과로 초래되었던 13세기 실례(위에서 기술한)에 비추어 기술해 보라.
2. 프리아르 지오바니와 기위크칸의 상호작용을 평가해 보라.
   기독교를 소개하는 지오바니의 방식이 어떻게 분열적 결과를 초래했는가?
3. 당신이 친구 중 한 명의 부모님들과 우정 어린 관계를 시작했다고 가정해보라.
   부모님들 중 한 분은 기독교인이고 다른 한 분은 무슬림이다.
   그들과 신앙이라는 주제들에 대해 나눌 때 어떤 방식을 사용할 것인가?

제8장

자유: 종교 선택 원리 존중하기

선교 사례: 바르톨로메 데 라스 카사스(Bartolomé de Las Casas)
지역: 남아메리카, 라틴아메리카
청중: 토착민들
시기: 16세기

연대표
- 1484년 세비아(Seville)에서 출생
- 1498년 부친이 콜로버스와의 항해 여행 중 얻은 노예를 선물로 받음
- 1502년 스페인을 떠나 신세계를 향해 감
- 1510년 평신도 사제로 서품받음
- 1514년 쿠바 정복을 돕고 난 후 엔코미엔다(encomienda, 스페인령 아메리카에서 1503년에 제정된 제도로, 스페인의 정복자 또는 식민지 정착민이 현지 토착민(인디오)들과 함께 토지 또는 마을을 수여받던 제도-역자 주)라는 칭호를 받음
- 1515년 엔코미엔다의 모든 지위를 반환하고 왕과 왕비에게 토착민들에 대한 착취를 알려주기 위해 스페인으로 돌아옴
- 1522년 도미니칸 수도회에 입교
- 1531년 토착민들을 평화롭게 설득할 것을 주장하는 편지를 동인도위원회(Council of the Indies, 스페인이 아메리카와 아시아 식민지에 대한 행정적 통치를 위해 구성한 기구-역자 주)에 편지를 보냄
- 1532년 『유일한 길』(the Only Way) 저술
- 1533년 엔코미엔데로스(encomenderos, 엔코미엔디의 직을 갖고 있는 사람-역자 주)에 대한 사면 거부
- 1537년 논문 "유일한 소명에 관하여"(De Unico Vocationes)와 교황 바오로 3세의 교서 "숭고한"(Sublimis Deus)

- 1542년 토착민들을 보호하고 식민주의자들에 찬성하는 새로운 법이 통과되다
- 1550년 세뿔베다(Sepúlveda)에 대항해 변증
- 1576년 사망

바르톨로메 데 라스 카사스의 선교에 관한 참고 자료들

Lewis Hanke, *All Mankind Is One: A Study of the Disputation between Bartolome de Las Casas and Juan Gines de Sepulveda on the Religious and Intellectual Capacity of the American Indians* (DeKalb: Northern Illinois University Press, 1974).

Bartolome de Las Casas, *In Defense of the Indians,* trans. Stafford Poole (DeKalb: Northern Illinois University Press, 1992).

Bartolome de Las Casas, *The Devastation of the Indies: A Brief Account,* trans. Herma Briffault (Baltimore: Johns Hopkins University Press, 1992).

Bartolome de Las Casas, *A Short Account of the Destruction of the Indies,* trans. Nigel Griffin (New York: Penguin Putnam, 1992).

Bartolome de Las Casas, *Witness: Writings of Bartolome de Las Casas,* trans. George Sanderlin (Maryknoll, NY: Orbis, 1971).

Paul S. Vickery, *Bartolome de Las Casas: Great Prophet of the Americas* (New York: Paulist Press, 2006).

바르톨로메 데 라스 카사스가 14세였을 때, 그는 자신의 아버지로부터 선물 하나를 받았다. 그 선물은 그와 비슷한 또래의 아메리카 인디언 소년이었는데, 그 소년은 그의 아버지가 1498년 신세계로 모험을 떠났다가 돌아온 콜럼버스에게서 받은 노예였다. 어린 노예 후아니코(Juanico)는 바르톨로메의 친구가 되었는데, 후아니코와의 우정은 어린 바르톨로메에게 노예 제도에 대한 정당성을 확인하도록 한 것이 아니라 인디언들이 인간성을 소유한 온전한 사람임을 가르쳐 준 놀라운 선물이었다.

후아니코는 총명했고 친구가 될만한 소년이었다. 그와 라스 카사스는 친밀한 친구가 되었다. 몇 년 후, 이사벨라 여왕은, "무슨 권리로 제독이 내 신하에게 누군가를 줄 수 있단 말인가?"라고 주장하며 콜럼버스가 잡아 온 삼백 명의 노예 전원을 신세계로 돌려보낼 것을 명령했다. 바르톨로메와 그의

새로운 친구는 서로에 대한 영원한 우정을 맹세했고, 바르톨로메 자신이 훗날 신세계로 여행을 떠나게 되면 다시 만나기로 계획했다(Vickery 2006, 32).

바르톨로메 데 라스 카사스가 살던 시대의 유럽은 식민지 확장이 날로 증가하던 시대였다. 1484년 스페인의 세비아에서 출생한 바르톨로메는 상인 집안에서 성장했고, 그 때문에 어린 시절부터 상인들과 선교사들로부터 신세계 탐험에 관한 이야기들을 들을 수 있었다.

바르톨로메의 아버지가 최근 동행했던 콜럼부스의 두 번째 신세계 탐험은 스페인의 새로운 식민지들을 확보하기 위한 여행이었다. 바르톨로메는 18세가 되었을 때 신세계를 향해 떠났다. 그리고 1502년 4월 15일에 현재의 아이티(Haiti)에 도착했다. 식민주의자의 일원으로 그는 왕과 교회를 위해 봉사했다.

처음에 그는 토착민들을 복속시키는 것에 대해 아무런 의문도 제기하지 않았다. 1510년 평신도 사제로 서품을 받은 후, 그는 스페인을 위해 쿠바를 정복하는 일을 도왔고 1515년 교황으로부터 **엔코미엔다**를 부여받았다. 토착민들을 보호하고 개종시키기 위해 이사벨라 여왕이 설립한 **엔코미엔다** 시스템은 스페인 정복자들에게도 많은 이득을 안겨주었다. 사실, 라스 카사스가 받은 **엔코미엔다**는 수많은 노예들이 생산한 소득을 취할 수 있는 권리를 보장하는 제도였다.

1. 라스 카사스의 심경의 변화

그러나 라스 카사스는 점차 **엔코미엔다** 시스템에 대해 불편함을 느꼈다. 비록 토착민들을 보호하고 그들에게 기독교를 가르치기 위해 만들어졌다고는 하나, 그 시스템은 토착민들을 노예 상태로 전락시키는 데 효율적인 제도였다. 스페인 정복자들은 토착민들이 살고 있던 지역과 그들이 하는 일, 그리고 그들의 노동력을 통해 거두는 소산을 어떻게 사용할 것인지를 통제했다. 이러한 일련의 과정에 대해 라스 카사스의 기독교적 양심이 그로 하여금 불편을 느끼게 했다.

  인간의 존엄성을 훼손하면서 경제적 이득을 위해 사람들을 착취하는 그와 같은 일은 하나님이 허락하신 은혜의 선물이 모든 사람에게 공짜로 부여되었다는 것을 믿는 그의 신앙과 갈등을 일으킬 수밖에 없었다. 1511년 그는 아메리카 인디언들을 노예 상태에 잡아두는 것을 반대하는 도미니칸 수도사인 안토니오 몬테시노스(Antonio Montesinos)의 설교를 들었고, 또 그가 쓴 글들을 읽었다. 안토니오 몬테시노스는 인디언들이 합리적 이성을 가진 사람들이라는 것과 기독교인들은 자신들을 사랑하는 것처럼 그들을 사랑해야 한다고 주장했다(Las Casas 1992d, xx).

  라스 카사스가 느낀 내적 긴장은 1514년에 최고조에 이르렀는데, 그 때 라스 카사스는 "다메섹 도상"의 경험을 했다. 부활절 설교를 준비하기 위해 공부하던 중에 그는 "이웃의 생계수단을 취하는 자는 그를 죽이는 것이요"(집회서 34:26)라는 말씀을 읽고 큰 충격에 빠졌다(가톨릭교회는 개신교가 인정하는 66권 성경 외 7권의 외경, 즉 토빗기, 유딧기, 마카베 상하권, 지혜서, 집회서, 바룩서를 가톨릭 성경에 포함시킨다-역자 주).

  라스 카사스는 심각한 고민 속에 빠져들었고, 여러 날의 시간 동안 고뇌를 하고 난 후, "인디언들의 땅에서 인디언들에게 가해진 모든 일은 부당하고 압제적인 것"이라는 결론에 도달했다(1992d, xxii). 기독교인은 토착민들을 착취하고 그들을 인간 이하의 존재들로 취급하는 **엔코미엔다** 시스템에 참여할 수 없다. 이런 결론에 이른 라스 카사스는 급진적인 단계를 밟아나갔다. 그는 **엔코미엔다**의 특권을 포기했고, 스페인의 왕에게 그 시스템의 불의를 알리기 위해 몬테시노스와 함께 길을 떠났다.

  이 문제에 대해 깊이 깨달은 후, 라스 카사스는 다시는 뒤를 돌아보지 않았다. 그는 그의 남은 삶을 인디언들이 자신들의 종교를 선택할 자유를 누리는 합리적 존재이며 완전한 인간이라는 사실을 옹호하는 데 바쳤다.

2. 신세계의 스페인 정복자들

모든 인간은 복음을 자유롭게 선택할 수 있다는 생각으로 전환한 라스 카사스의 견해가 현대인의 귀에는 그저 평범하게 들릴 수도 있다. 그러나 당시 식민지 정복과 확장에 열을 올리고 있던 유럽의 상황에서는 믿을 수 없는 소리로 들렸다. 신세계에서 진행되고 있던 스페인의 군사적 확장은 토착 인구를 정복하고 착취하여 부를 얻는 것에 기초하고 있었다.

금과 은은 지역 왕들로부터 얻었고, 인디언들은 광산에 강제로 내몰려 노역을 해야 했다. 토착민들은 진주를 채취하기 위해 물 속으로 뛰어 들어야 했고, 스페인들을 위해 작물을 키워야 했다. 노예무역이 시작되었고 인디언들은 배로 운반되어 다른 섬 지역으로 팔려갔다. 인디언들이 마땅히 인간으로서의 권리와 공정한 대우를 받아야 할 인간이라는 주장은 스페인 사람들이 식민지역을 통제하기 위해 사용했던 모든 전술에 반하는 것이었다.

스페인 군사 정복자들의 열정을 타오르게 한 것은 그들이 스페인으로 날라오는 경제적 이득이었다. 일부 새로운 지역에 스페인 사람들이 정착했는데, 핵심 목표는 그들의 모국인 스페인으로 보화를 가지고 가는 것이었다. 아메리카 인디언들은 금광에서 일하도록 내몰리므로 농사는 무시되었다. 이로 인해 굶주림이 광범위하게 확산되었다.

그나마 있는 소량의 음식들도 스페인 정착민들에게 돌아갔다. 질병이 창궐하여 수천을 헤아리는, 어쩌면 수백만을 헤아리는 아메리카 인디언들을 몰살시켰다. 땅과 그 땅에 거주하는 거주민들의 황폐화는, 지역에 정주하는 것이 아닌 경제적 부의 착취가 최우선적 관심이었던 스페인 정착민들에게 고려의 대상이 아니었다.

물론, 스페인 정착민 자신들 중 많은 수가 농민들이었음에도 불구하고, 토착민들의 인권을 무시하는 방식을 통해 얻는 이득을 취하고 있었다. 토지를 정리하고 토착민들을 농장 노동에 종사하는 노예들로 이용함을 통해 스페인 정착민들은 엄청난 경제적 이득을 취할 수 있었다.

라스 카사스에 따르면, 정착민들은 잔혹한 지배자들이었다. 스페인은 유죄판결을 받은 범죄자들을 신세계로 보내면서, 만일 그들이 식민지에서 단지 일 년이나 이 년 동안만 일한다면 그들을 교도소에서 방면하겠다고 약속했다. 그들 중 많은 사람들이 중범죄자들이었는데, 심지어 그들 가운데는 살인자들도 있었다. 그런 사람들이 자유 정착민들이 되었고, 결국 잔혹한 주인들이 되었다.

좀 더 "문명화된" 유럽인들이 이들에 비해 훨씬 나았다는 의미가 아니다. 사회적으로, 유럽인들의 문화는 문화들과 긍정적 방식으로 상호작용하는 경우가 거의 없는 것이나 진배없었다. 수세기 전 아랍 정복자들에 대한 경험은 유럽인들에게 무슬림들을 두려워하고 심지어는 혐오하도록 가르쳤다.

문명화의 경계를 유럽으로 한정하게 된 이 같은 경험 때문에 스페인인들도 다른 문화 속에 존재하는 선한 것을 보는 것에 어려움을 겪을 수밖에 없었다. 그들의 눈에 낯설게 보이는 종교 행위들은 우상숭배로 보였고, 그들에게 낯선 풍습들은 악마적인 것들로 보였다. 다름은 중립적이거나 심지어는 좋은 것이라는 생각은, 그러한 생각에 대한 아무런 경험이 없었던 사람들에게는 이해할 수 없는 것으로 보였다.

라스 카사스는 토착민들의 가지고 있는 선한 것들에 대해 알려주고 싶어 했다. 그는 인디언들의 천진함과 순진함을 강조했다. 그는 인디언들의 얌전함과 단순함에 대해 소리 높여 말했다. 어느 정도가 되었든, 그는 유럽인들에게 자신이 먼저 배운 것들, 즉 신세계의 토착민들이 완전한 인간들이며 자신들의 문화와 종교를 자유롭게 선택할 권리가 있다는 점을 간접적으로나마 가르치려 노력했다.

그러나 토착민을 스스로의 종교를 선택할 완전한 권리를 가진 인간들로 인정하는 것에 반대하는 정치적, 경제적 그리고 사회적 압력은 이 문제에 대한 철학적 생각들로 인해 한층 더 복잡한 양상을 띠게 되었다.

헬라철학의 영향을 받은 유럽인들은 사람들이 특정한 사회 계층에 속하고 특정한 기능을 갖고 태어났다고 주장한 아리스토텔레스의 사상을 따르고 있었다. 아리스토텔레스는 노예가 고도로 숙련된 의사나 은세공사일 수는 있으나, 그 노예의 삶의 목적은 더 큰 공동체의 선을 위해 그 역할을 완수하는 것이라 주장했다. 노예는 시민으로서의 지위가 없었다. 여성의 경우도 마찬가지였다. 아리스토텔레스에 따르면, 여성들은 도덕적 추론 능력이 낮기 때문에 재산을 소유할 수 없었다.

이러한 주장들이 액면 그대로 수용되었고, 사제들이나 정부 관료들이 토착민들을 노예로 착취할 수 있는 논거가 되었다. 이들에게 있어, 인디언들은 도덕성에 대해 추론할 수 없는 어린아이들과 같은 존재일 뿐이었다. 많은 이들의 주장에 따르면, 이들 토착민들은 정복당하고 굴종상태에 이르지 않으면 기독교 신앙을 수용할 수 없는 존재들에 불과했다.

3. 때가 이르다

그러나 이런 대세적 흐름에도 불구하고, 당시 상황은 라스 카사스의 주장에 도움이 되는 요소들을 다수 포함하고 있었다.

첫째, 12세기 이래로 스페인 왕들은 좋은 통치를 위해 법률가들과 신학자들의 조언을 받고 있었다.

기독교적 가치에 영향을 받은 신학자들이 군사 정복 시기와 그 이후 사람들을 대하는 방식에 대해 왕에게 조언을 주기 시작했다. 박애주의에 기초한 다양한 고려들과 군사적 모험에 관한 도덕적 고려가 식민지 확장을 결정하는 데 중요한 요소들로 작동하기 시작했다.

이런 논의들은 많은 유럽인들 사이에 양심의 불편함을 일깨우는 요인으로 작용하였다. 라스 카사스는 아메리카에서 자행되고 있던 스페인 거주민들의 비도덕성에 대해 주장함으로써 스페인 지배자들 내부에 양심의 자극이 발동하도록 도왔다.

둘째, 또 다른 긍정적인 요소는 다른 문제들에 대한 라스 카사스의 관점이었다. 그의 관점은 왕을 지지하고 그에게 비평자로서 신뢰를 주는 것이었다.

라스 카사스는 실재로 그의 온 생애 동안 정치적으로 뿐만 아니라 종교적으로도 보수적인 입장을 견지했다. 그는 스페인 왕이 식민지를 지배**해야** 한다고 믿었다. 그는 교회에 대한 **복종**도 지지했다. 또한 기독교 전파에 대한 열망이 당시 선교운동을 배태시키기도 했다. 콜럼버스 자신도 토착민을 개종시키기 위한 목적으로 이사벨라 여왕에 의해 파견되었다.

신세계의 토착민들이 기독교에 대해 배워야 한다는 여왕의 관심이 **엔코미엔다** 시스템의 이면에 자리하고 있던 사실상의 동기였다. 이사벨라 여왕은 이 제도를 자애로운 후원의 일환으로 수립했다. 스페인 정착민들과 지도자들은 이 제도를 통해 토착민들을 문명화하고 그들을 기독교 신앙으로 가르치고 돌볼 것이라 기대했다.

인디언들을 그리스도께로 인도하고자 하는 열정으로 표현되는 기독교적인 의도는 신세계서 펼쳐진 스페인 통치의 부차적 가치가 아니었다. 이사벨라 여왕에 따르면, 사실 그것이야말로 가장 우선하는 목적이었다. 기독교 신앙의 도덕성을 전달하는 선교사들이 인디언들에게 선택의 자유를 허용해야 한다는 라스 카사스의 주장에 대해서도 개방적인 태도를 보였다.

선교사들이 아메리카를 여행할 때 토착민들이 제공하는 넉넉한 환대를 받았다. 선교사들은 토착민들이 복음 메시지에 대해 지적으로 탐구할 뿐 아니라 기독교 신앙에 대해 공부한 결과 그들의 생활양식이 진솔하게 변화되는 것을 경험하기도 했다. 기독교 신앙을 받아들이도록 하기 위한 목적으로 토착민들을 군사적으로 종속시킬 필요가 없다는 것을 선교사들에게 확신시키는 것은, 정착민들이나 왕을 위해 보물을 찾는 사람들을 확신시키는 것보다 쉬웠다.

셋째, 두 명의 세비아 출신 인쇄공들은 라스 카사스의 생각을 전파하는 데 중요한 역할을 감당했다.

당시 세비아는 주요 무역항 중 하나였으므로, 식민지와의 상거래에 종사하고자 하는 유럽인들이 모여드는 장소였다. 1552년 한 해에 동안, 한 명의 인쇄공이 아메리카 식민지의 황폐한 형편을 고발하는 라스 카사스의 진술서 아홉 개를 발행했다.

이 "소책자들"은 신세계에서 스페인 정복자들이 자행하고 있던 잔혹 행위에 대한 생생한 묘사를 포함하고 있었다. 삽화도 추가되었고, 정복자들에 의해 고문당하고, 노예가 되고, 죽임을 당한 사람들의 구체적인 숫자가 기록되었다. 이 숫자가 정확한 것인지 여부와 상관없이 전달하고자 하는 핵심 내용은 명확하게 전달되었고, 그 결과 이 소책자들이 주목받기 시작했다.

고위 성직자였던 후안 기네스 데 세뿔베다(Juan Gínes de Sepúlveda)와의 논쟁도 회자되었다. 여기에는 라스 카사스의 소책자가 거둔 "놀라운 성공"에 더하여, 기독교적 그리고 철학적 논쟁이 추가되었다. 스페인들의 잔혹 행위에 대한 소식이 전 유럽으로 퍼져나갔다.

라스 카사스의 노력은 국제 공동체의 관심을 끌었고, 결과적으로 유럽 식민주의자들의 양심을 일깨웠다. 거의 40여 년의 세월 동안, 즉 1514년 그 자신의 회심부터 1550년대에 이르는 기간 동안 라스 카사스는 여러 분야에 대한 자신의 논쟁서들을 발간했다.

4. 어떻게 이런 일들을 할 수 있었나?

이런 일들을 추진해 나가기 위해, 라스 카사스는 가장 우선적으로 인디언들이 완전한 사람들이라는 사실을 증명해주어야 했다. 이 문제가 16세기에 발생한 논쟁의 핵심이었다. 라스 카사스의 전략은 네 가지 주요 내용을 포함하고 있다.

① 라스 카사스 자신의 삶의 경험이 갖는 권위
② 성경의 권위
③ 복음전도의 중심성
④ 청중의 지혜로운 선택

1) 경험의 권위

그가 했던 모든 논쟁과 증거를 통해, 용감하게도 라스 카사스는 자기 자신의 경험을 핵심적 권위의 하나로 제시했다. 그는 아버지로부터 한 명의 아메리카 인디언 노예를 받았던 경험을 회상했다. 자신의 가치관이 형성되어 가던 시기에, 라스 카사스는 자신에게 주어진 노예 친구가 지적이고 친절한 한 명의 완전한 인간이라는 것을 배웠다. 훗날

그의 경험들, 즉 **엔코미엔다** 시스템에 참여하고, 인디언들에 대한 가혹한 처우를 문서로 기록하고, 그리고 그의 정신에 확신을 심어 준 성경 구절들과의 대면한 것은 모두 그가 전하고자 했던 메시지의 핵심이 되었고 그가 선포하고자 했던 내용의 힘이 되었다.

『고백록』(*Confession*)을 통해 어거스틴이 그랬던 것처럼, 라스 카사스는 반복적으로 자신의 악한 행위, 즉 쿠바를 정복하는 군사 행동에 참여한 것, **엔코미엔다** 시스템을 통해 얻은 개인적 이득, 자신의 행동이 수반하는 잘못을 인지하지 못하는 무능력에 대해 언급했다.

그리고 나서, 그는 회개하지 않은 상태에서 돌이켜 스페인 정복자들이 신세계에서 저지른 모든 악행에 대해 완전히 새로운 인식을 가지는 상태로의 전환에 대해 묘사했다. 라스 카사스는 그와 같은 전적인 전환이 그의 행동에 어떤 혁명적 변화를 가져왔는지에 대해 반복적으로 설명했다.

그는 **엔코미엔다**로서 누릴 수 있는 모든 특권을 포기했으며, 아메리카 인디언들과의 동등을 실천한 베네수엘라의 티에라 피르마(Tierra Firma)와 같은 식민지 마을을 건설했다. 라스 카사스는 이런 경험을 통해 스스로 보고 배운 것들에 대해 말하고 기록했다.

라스 카사스는 왕의 선한 의도에 대해 확신하고 있었으며 콜럼버스에 대해 평생 동안 존경의 마음을 간직했다. 만일 이사벨라 여왕과 페르디난드 왕이 그들이 보낸 정복자들이 자행한 잔혹 행위들에 대해 알았더라면 신세계에서 유지하던 전술을 바꿨을 것이라고 확신했다. 라스 카사스는 자기 자신이 그런 잔혹 행위들을 직접 목도했었기 때문에 그 같은 사실을 왕과 여왕

에게 알리고자 했다.

2) 성경의 권위

유럽 지성인들에 대한 아리스토텔레스의 영향 또한 언급될 필요가 있다. 왕은 세뿔베다와 라스 카사스가 "논쟁"을 벌일 수 있는 장을 마련했다. 각자는 상대방의 주장에 대해 반박하는 글을 썼다. 이슈는 토착민들의 인간성에 대한 것이었다.

세뿔베다는 아리스토텔레스의 논리를 따라 어떤 사람들은 노예로 태어난다고 주장했다(Aristotle, *Politics* 1.1). 그들은 도덕적으로 추론할 수 없기 때문에 일과 도덕적 행위에 대해 자유 시민들에 의해 지도를 받아야만 한다. 세뿔베다는 토착민들이 비도덕적 행위를 보였기 때문에 영원히 노예의 범주에 속해 있어야 한다고 믿었다.

라스 카사스는 이런 식의 분류에 대해서 뿐만 아니라 아리스토텔레스의 주장 자체에도 강력하게 반대했다. 그는 성경을 인용하며 모든 사람이 완전한 사람이며 도덕성에 대해 추론할 수 있다고 주장했다. 모든 사람이 하나님의 형상에 따라 지음을 받았기 때문에 선을 선택할 수 있다는 것이다.

그는 만일 그렇게 많은 사람들, 즉 특정 지역에 거주하는 모든 사람이 완전한 인간일 수 없다면 선한 창조에 대한 하나님의 계획은 실패한 것으로 밖에 볼 수 없다고 주장했다. 또한, 선택의 자유는 사도 바울에 의해서도 선포되었다. 그렇다면, 성경은 아리스토텔레스의 사상에 반대하고 있다고 밖에 볼 수 없다. 이런 이유에서, 라스 카사스는 "아리스토텔레스여, 안녕!"이라고 말했다.

그리스도로부터 오는 영원한 진리는 우리에게 "이웃을 네 몸과 같이 사랑하라"고 명령하고 있다(Las Casas 1992a, 40).

3) 복음전도의 중심성

회심의 경험을 한 후, 라스 카사스는 왕에게 스페인의 새로운 경내에서 발생하고 있던 파괴적 사건들에 관한 정보를 개인적으로 제출하기 위해 몬테시노스와 함께 스페인으로의 귀국 여행길에 올랐다. 그는 스스로를 신세계로 여행할 수 없는 사람들에게 자신이 직접 경험한 지식을 알려주는 증인으로 여겼다.

라스 카사스는 신세계를 복음화하고자 하는 여왕의 목적에 대해 잘 알고 있었고, 그 목적을 성취하고자 했던 콜럼부스의 노력을 존경했다. 이제 그는 그 실패담에 대해 보고하기 위해 본국으로 돌아갔다. 그는 **엔코미엔다** 시스템으로 인해 발생한 학대 행위들을 설명하고 군인들에 의해 자행된 토착민들에 대한 고문 행위를 고발하기 위해 자료를 문서화했다. 그는 인디언들을 개종시키려는 목적으로 그들을 굴종시키는 행위들이 효과적이지 않다고 주장했다.

라스 카사스가 전하고자 했던 메시지의 핵심에는 복음전도가 자리하고 있었다. 라스 카사스는 신세계에 대한 스페인의 참여는 말과 행위로 그리스도의 사랑을 제시하는 것이어야 한다고 이해했다. 페르디난드 왕과 이사벨라 여왕은 토착민들이 그리스도께로 회심하는 것을 스페인 탐사의 주요 목적임을 분명하게 명시했다. 더 나아가 라스 카사스는 복음전도가 토착민들을 위해서뿐만 아니라 스페인들을 위해서도, 즉 교회 밖에 있는 사람들뿐만 아니라 교회 안에 있는 사람들을 위해서도 필수적인 것이라고 주장했다.

그는 모든 사람이 구원의 좋은 선물을 이해하고 수용할 능력을 가지고 있다고 믿었다. 하나님의 은혜를 선포하는 방식을 가로막고 있는 것이라면 그것이 무엇이라도 옆으로 치워져야 한다. 그렇게 함으로써 하나님의 사랑이 모든 사람에게 미칠 수 있다. 그는 스페인이 우선 정복하고, 그 후 토착민들이 공손해졌을 때 복음으로 회심할 수 있다고 생각하는 사람들에 대해 격렬하게 반대했다.

4) 청중의 현명한 선택

라스 카사스는 자신의 적이 누구인지 재빨리 규정하고 자신의 메시지를 들을 사람들을 끌어당기는 능력이 있었다. 1532년 그는 자신이 경험한 사례를 새로운 국경을 조정하는 정부단체인 동인도위원회(the Council of the Indies)로 가져갔다. 위원회에 호소하는 그의 편지가 거부되고 난 후, 위원회에 호소하는 대신 그는 교회와 스페인의 왕, 그리고 국제공동체에 호소하는 방법을 택했다.

1534년 그는 자신의 저술인 『유일한 길』(The Only Way)에 대한 저술을 마쳤다. 그는 저술을 통해 복음을 전하는 방법으로서 강제력을 동원하는 것이 갖는 취약점을 무엇인지를 설명했다. 그는 "이성을 가진 마음을 얻으라. 그리고 동기를 가진 의지를 얻으라. 부드럽고 상냥하게"라고 말했다(Vickery 2006, 27-28). 스페인 정복자들의 일에 동원하기 위해 스페인 공동체로 강제로 편입된 인디언들은 하나님께서 제공하신 값없는 은혜의 선물을 수용하지 않았다.

라스 카사스의 메시지는 토착민들과의 접촉을 통해 부를 축적하려 하는 사람들에게 주는 호소라기보다 신세계에서 벌어질 하나님의 사역에 진정으로 관심 있는 사람들에게 주어진 것이었다.

박스 8.1
라스 카사스의 선교 방법

Las Casas, 『인디언 회심을 위한 유일한 방식』(*The Only Method of Converting the Indians*) (1971a, 137-42; 1992c)

■ **유일한 방법 요약**
참된 종교를 가르치는 하나의 유일한 방법은 전 세계를 위한, 그리고 모든 시대를 위한 하나님 섭리에 의해 세워진다. 즉 이성적으로 이해를 설득함으로써, 그리고 부드럽게 관심을 끌거나 의지를 권면함으로써 세워진다.

■ **유일한 방법에 따른 설교**
- 설교자는 설교를 통해 청취자들에게 강제를 부과할 의도가 없음을 명백하게 전달해야 한다.
- 설교자는 청취자들에게 부에 대한 어떤 욕망도 없다는 것을 명백하게 전달해야 한다.
- 설교자는 부드럽고, 공손하고, 정중하고, 선한 의지를 가지고 있어야 한다.
- 설교자는 세상에 있는 모든 사람에 대한 사랑을 보여주어야 한다. 그렇게 한다면 청중들이 구원받을 수도 있다.
- 설교자들은 거룩하고, 공정하고, 흠결이 없어야 한다.

■ **회심을 시키는 데 정복이 왜 잘못된 방법인가?**
- 합리적 피조물은 선택의 자유를 소유하기 때문에 감동받고, 지도받고, 선한 일에 끌려 부드럽게 이끌리는 자연적 능력을 가지고 있다.
- 만일 사람들에게 강제로 듣게 한다면, 그들은 그들이 듣는 것에 대해 동의하고 싶지 않을 것이다.
- 정복은 그리스도답지 않고, 옳지 않고, 효과적이지도 않다.

• **생각과 토론**

1. 라스 카사스가 활동하던 16세기 상황에 대해 설명해 보라.
 아메리카 인디언들에 대한 상반된 두 가지 견해는 무엇이었는가?
 그리고 이러한 두 견해는 어떤 환경과 관심으로부터 발생했는가?
2. 라스 카사스의 경험이 신세계에서 빈번히 발생하고 있던 토착민들에 대한 억압에 대한 그의 마음을 바꾸는데 어떤 영향을 끼쳤는가?
 그로 하여금 인디언들의 자유와 종교를 선택하는 그들의 권리를 주장하게 하는데 이런 경험이 어떻게 사용되었는가?

3. 라스 카사스 주장의 가장 기본적인 가정, 즉 그의 모든 주장을 세운 기본 토대는 무엇이었는가?
그 가정이 아메리카 인디언들에게 복음을 제시하기 위해서는 오직 평화로운 수단만을 채용해야 한다는 그의 주장에 어떻게 사용되었는가?
4. 종교 문제에 관련하여, 당신은 선택의 자유에 대해 어떻게 주장하겠는가?
어떤 권위들을 적용할 것인가?
당신의 견해에 영향을 끼친 어떤 경험이 기억나는가?
5. 종교 선택에 대한 자유는 다음의 내용들에 대한 당신의 견해에 어떤 영향을 미치는가?

· 인권과 책임
· 복음전도
· 개인주의
· 공동체의 책임

라스 카사스는 같은 신념을 가진 사람들과 연합을 형성했다. 그는 인디언의 선택권에 대한 권리를 표명하는 몬테시노스를 비롯한 다른 사람들과 협력했다. 그는 왕에게 해결방안을 추천할 때 산타 마르타(Santa Marta) 지방주교와 같은 지역 지도자들의 말을 인용하기도 했다(Las Casas 1992d, 81-82).

그는 동일한 마음을 가진 사람들과 공동체를 세우는 일에도 협력했는데, 그 중 하나는 당시 가장 미개한 지역으로 생각되던 베네수엘라에 위치하고 있었다. 그곳은 다음과 같이 묘사되었다.

> 하나님을 경외하고 왕께 의무를 다하며, 동료를 존중하라는 주장이 정복자들의 맹목적이고 과도한 탐욕 때문에 무너진 곳이었다. 더 나아가서, 정복자들은 자신들이 바라는 금과 은을 얻기 위해 새롭고 더 정교하게 개발된 잔혹하고 사악한 방법들을 사용했는데, 그러한 방법들은 그들의 선배들이 자행했던 것보다 더한 것들이었다. 그들은 마치 자신들의 관할지 안에서 절대권을 소유한 독재자처럼 행동했으며, 자신들의 영혼을 위한 생각조차 하지 않았다(1992d, 96).

5. 누가 들었는가? 라스 카사스의 영향

라스 카사스는 교회에 영향을 끼쳤는데, 특히 1522년 도미니칸 수도회에 입교하고 난 후에 더 많은 영향을 끼쳤다. 수사로서의 수련과 공부기간을 보낸 후, 그는 도미니칸 수도회에게 인디언들의 자유에 관해 설득력 있게 말했고, 이후에는 프란시스칸 수도회에도 말했다. 비록 그가 이 같은 횃불을 치켜 든 첫 번째 인물도 아니었고, 그것을 실천한 최후의 인물도 아니었으나, 그는 훗날 자신의 글에서 가톨릭수도원들이 이 생명의 길을 도입하는데 자신이 영향을 행사했다고 선언했다.

아마도 이보다 더 중요한 사실은, 그의 저술 『유일한 소명에 관하여』(*De Unico Vocationis Modo*)가 평화적 수단만을 사용하여 인디언들을 회심시킬 것을 주창한 교황 요한 3세의 교칙인 **서브리비스 데우스**(*Sublimis Deus*)에 영향을 끼쳤다(Hanke 1974, 17)는 것이다.

라스 카사스는 유럽 철학자들과 기독교 간 발생한 논쟁에도 영향을 끼쳤다. 기능에 대한 아리스토텔레스의 견해를 완화시키려는 의도에서, 사회생활에 대한 좀 더 인간 중심적(person-centered)인 접근을 위한 방식을 준비했다. 이 접근 방식은 신약성경의 가르침에 더 부합되는 것이었다. 계몽주의가 초래한 개인주의와 하나님에 대한 인격적 반응에 대한 종교개혁가들의 아이디어는, 개별적인 삶에서 드러나는 결연한 의식으로부터 자유로운 선택에 이르기까지 이 동향을 따랐다.

또한 라스 카사스는 1515년 몬테시노스와 함께 자신의 겪은 경험과 그 이후의 사례를 스페인 국왕에게 보고함으로써 스페인 왕의 결정에도 영향을 끼쳤다. 이사벨라 여왕은 그의 말에 귀를 기울였다. 그리고 비록 여왕 자신도 자신이 파견한 모든 정복자의 잔혹 행위를 멈추게 할 수는 없었으나, 토착민들을 개종시키기 위해 평화로운 수단을 사용하도록 지속적인 후원을 아끼지 않았다.

이사벨라 여왕은 페르디난드 왕과 필립 왕자에 대한 자신의 마지막 유언을 통해, 토착민들을 괴롭히지 않으면서도 그들에 대한 복음화 사역을 지속할 것을 강력하게 촉구했다.

　라스 카사스는 식민지에도 영향을 끼쳤다. 비록 토착민들과 동등한 기반 위에서 함께 살아가고자 했던 그의 두 가지 노력이 실패로 끝나기는 했지만, 이들 공동체는 식민지 공동체들의 형성에 영향을 끼쳤다. 평등과 자유의 가치를 확증했던 선교사들과 정착민들은 라스 카사스의 실례가 보여준 실례의 본질을 취할 수 있었다. 그들은 기독교 복음을 가지고 인디언들에게 접근하는 데 강제 노동이 필요하지 않다는 사실을 볼 수 있었다. 모든 사람을 이성을 부여받은 인간으로 대접함으로써, 거룩한 사랑에 대한 평화적인 실례는 매일의 삶의 구체적인 영역 안에서 실제로 나타날 수 있다.

박스 8.2

반선교적: 루이 9세

실천: 자유-종교 선택에 대한 원리 이행하기

선교는 사람들이 복음을 자유롭게 선택할 때(혹은 거부할 때) 더욱 효과적일 수 있다. 사람들이 신앙을 믿도록 조작하거나 정치적인 지시나 군사적 힘으로 강제로 믿게 하려고 할 때, 선교는 하나님께 부정한 것이 된다.
루이 9세(1215-70, 1226-70년까지 제위)보다 더 나쁜 프랑스의 루이 왕들이 있었다. 예를 들면 개신교 신앙을 프랑스 내에서 불법으로 금지한 루이 16세를 들 수 있다. 루이 16세는 왕이 되기에 너무 성마르고 제대로 교육도 받지 못한 왕이었다. 사실, 루이 9세는 그의 종교적 열심 때문에 널리 알려진 왕이다. 그는 1297년에 성인으로 추대되었고, 프랑스에서 그렇게 우대받은 유일한 왕이다. 미국 도시 중 하나인 세인트 루이스(St. Louis)는 그의 이름을 따라 명명되었다. 그런데 어떻게 그런 왕이 반선교적인 왕이 될 수 있는 것일까?
우리는 그가 한 행위들 중 세 가지에 대해 생각해 볼 수 있다.

첫째, 그는 중동의 이교도 무슬림들에 대항하는 십자군 전쟁을 두 차례나 주도했는데, 하나는 1248년 제7차 십자군 전쟁이었고, 다른 하나는 1270년 제8차 십자군 전쟁이었다.
물론, 루이 9세가 살던 시절에는 이러한 그의 행동이 다른 누구보다 더 종교적인 것으로 보였을 것이다.

그러나 무슬림에 대항하는 이들 십자군 전쟁이 끼친 장기적인 영향은 재앙이었다. 무력을 동원해 기독교로 개종하게 하려는 이 같은 시도의 결과로, 오늘날 무슬림 국가 내에서 기독교 복음을 자유롭게 표현하는 것이 불가능한 일이 되었다. 루이 9세가 추진한 두 차례의 십자군 전쟁은 그가 반선교적이었음을 충분히 드러낸다.

둘째, 1243년 그는 모든 유대인을 프랑스에서 추방했다.
그는 유대인들의 재산을 압수했다. 이는 그의 첫 번째 십자군 전쟁에 대한 재원을 마련하기 위함이었다. 그러고 나서 그는 분서를 추진했다. 그는 자신과 그의 심복들이 발견할 수 있는 모든 탈무드 책(어떤 자료들에 따르면, 최소한 만 이천 권에 이르는)을 모아 대중들이 모인 프랑스의 광장에서 불태워버렸다.

이러한 루이 9세의 행동들과 오늘날 프랑스가 다른 서구 국가들을 선동해 수많은 반유대주의적 행동을 주도하는 것과 관련이 있을 가능성이 없을까?

물론 현대에 발생하는 이런 일들에 대한 모든 책임을 루이 9세에게 돌리는 것은 아마도 불가능할 것이지만, 불과 수세기 전에 프랑스에서 가장 강력한 정치가들과 가장 신앙이 좋은 기독교인들이 유대인들과 그들의 종교를 그렇게 무시한 것과 전혀 무관할 수도 없다.

지난 2천여 년 동안 기독교는 세속권력을 이용해 사람들을 기독교로 강제로 개종하게 했던 경우들이 있었다. 기독교가 선교를 조작하기 위해 비록 조금이었다 할지라도 이런 식으로 권력을 사용할 때마다 그 결과는 재앙이었다.

• 생각과 토론

1. 루이 9세의 십자군 전쟁이 그가 경건한 신앙인 상을 갖게 만든 두 가지 이유를 설명하라.
2. 유대인들의 "다름"이 13세기 프랑스에서 그들에 대한 범죄를 초래한 이유가 무엇이라고 생각하는가?
3. 오늘날 사람들 사이에 존재하는 어떤 종류의 다름들 안에서 불안 요소를 발견하는가?

라스 카사스는 법체계에도 영향을 끼쳤다. 선택의 자유는 자연권이라 그의 주장은 왕의 법률 조언가 중 한 명이었던 프란시스코 데 비토리아(Francisco de Vitoria)의 추론을 따른 것이었고, 계몽주의가 진행됨에 따라 합법적 추론으로 통합되었다.

라스 카사스의 주장은 아퀴나스로부터 인종적 딜레마를 풀기 위해 자연법(*jus naturae*)이라는 용어를 언급했던 네덜란드의 법률가 그로티우스(Grotius)에 이르는 사상의 계보에 강력하게 근거하고 있다(Vikery 2006, 15-16).

라스 카사스는 자연법에 대한 생각을 다른 인종과 문화에 적용했다는 점에서 시대를 상당히 앞서 있었다. 그는 노예제 반대에 목소리를 높인 그 시대 최초의 인물들 중 한 명이었다. 비록 토착민들에 대한 압제를 완화시킬 목적으로 아프리카 노예들을 히스파니올라(Hispaniola, 서인도 제도에서 두 번째로 규모가 큰 섬-역자 주)에 들여오는 것에 한 동안 찬성하기도 했으나, 집회서(Ecclesiasticus)에 대한 연구가 이에 대한 그의 생각을 바꾸었다.

그는 모든 종류의 노예제를 반대하는 데 열정적인 인물이 되었다. 이후 수세기기 지나지 않아서, 모든 인간을 완전한 인간으로 간주하는 인식과 모든 인간을 완전한 인간으로 대하는 것에 대한 책임이 국제법의 일부가 되었고, 1948년 인권에 대한 유엔 선언서로 문서화되었다.

현대 세계에서, 16세기에 종교의 자유를 반대했던 바로 그 나라들의 헌법에 종교의 자유가 명시되어 있다. 종교의 자유는 스페인과 다른 유럽 정복자들이 오용했던 "전도" 방법의 피해 대상자들이었던 신세계에 세워진 국가들의 헌법에도 동일하게 명시되어있다.

세계 종교의 지도자들은 세계종교들에 의한 인권선언(the Declaration of Human Rights by the World's Religions)을 통해 종교 자유의 실천을 고양했다(Adeney and Sharma 2007). 그리고 종교의 자유는 가톨릭, 정교회 성공회, 아니면 개신교든 가리지 않고 모든 선교계의 규범적 실천 원리가 되었다. 자신의 종교를 선택할 자유를 허용하는 것은 이제 복음 메시지의 핵심으로 간주되고 있다. 이것은 하나님의 구원을 값없이 주어진 은혜로 강조하는 선교(giftive mission)의 핵심이기도 하다.

제9장

효과: 상황에 맞춰 증거 형태 결정하기

선교 사례: 마테오 리치(Matteo Ricci)
장소: 아시아, 중국
청중: 유자, 도교 신자, 불교도
시기: 16세기

연대표
- 1552년 이탈리아 마세라타(Macerata)에서 출생
- 1571년 예수회에 가입
- 1578년 첫 번째 사역지: 인디아의 고아(Goa)
- 1583년 중국 자오칭(Chao-ch'ing, Zhaoqing)
- 1595년 중국 난징(Nanking)
- 1601년 중국 베이징
- 1602년 천주실의(The True Meaning of the Lord of Heaven) 저술
- 1610년 중국 베이징에서 사망

마테오 리치의 선교에 관한 자료들

William Theodore De Bary, Wing-tsit Chan, and Burton Watson, eds., *Sources of the Chinese Tradition* (New York: Columbia University Press, 1960)

Kenneth Latourette, *A History of Christian Missions in China* (New York: Macmillan, 1929)

Samuel Moffett, *A History of Christianity in Asia*, vol. 1 (San Francisco: HarperCollins, 1992)

Matteo Ricci, *China in the Sixteenth Century: The Journals of Matteo Ricci, 1583–1610*, trans. Louis Gallagher (New York: Random House, 1953)

Matteo Ricci, *The True Meaning of the Lord of Heaven*, trans. Douglas Lancashire and Peter Hu Kuo-chen, ed. Edward J. Malatesta (St. Louis: Institute of Jesuit Sources, 1985)(『천주실의』, 서울대학교출판문화원 刊)

Arnold Rowbotham, *Missionary and Mandarin: The Jesuits at the Court of China* (Berkeley: University of California Press, 1942)

Christopher Spalatin, *Matteo Ricci's Use of Epictetus* (Taegu, Korea: Waegwan, 1975).

Jonathan Spence, *The Memory Palace of Matteo Ricci* (New York: Penguin, 1984). (『마테오 리치 기억의 궁전』, 이산 刊)

C. K. Yang, *Religion in Chinese Society* (Berkeley: University of California Press, 1961)

> 유럽에 알려진 모든 이교 분파 중에서, 먼 옛날 고대 중국인들이 했던 것보다 더 적은 오류를 범한 분파에 대해 들어 본 바가 없다. 중국인들은 다양한 저술을 통해 역사가 시작되는 그 순간부터 하늘의 왕, 곧 천제라 불리거나 혹은 하늘과 땅을 다스리는 존재로서 그에게 돌려진 다른 이름으로 불린 최상의 존재를 인지하고 숭배했다는 기록을 남기고 있다....
>
> 그 어느 기록에서도 중국인들이 이 최상의 존재로부터 근원한 악한 괴물들 혹은 그 존재의 명을 받들어 섬기는 신적 존재(로마인들과 헬라인들, 그리고 이집트인들의 경우에는 신들이나 모든 악의 배후에 존재하는 세력으로 진화시킨 존재들)를 만들어 냈다는 내용에 대해 읽어보지 못했다 (Ricci 1953).

위 내용은 마테오 리치의 일기인 『16세기 중국 선교사』(*Sixteenth Century Missionary to China*)에서 인용한 것이다. 마테오 리치는 매우 특별한 선교사였다. 마테오 리치는 오늘날 아시아에서 사역하는 수많은 선교 사역자들이 대면하고 있는 여러 가지 어려움, 특히 고대 아시아의 풍성한 문화유산을 복음 이야기에 편입시키는 방법과 관련된 질문 때문에 야기되는 어려움들에 관해 고심했다. 동양의 유산을 그저 "동방의 흑암과 악마적 영향"으로 치부해버리고 완전히 거부해버리는 손쉬운 방식이 더이상 유효하지 않다는 것은 분명해 보였다. 이런 방식은 동양의 것에 대해 거부하고, 거부하고, 또 거부하고, 나중에는 진공상태까지 몰아가서, 그 진공 속에 복음 이야기를 삽입시키는 것으로 끝나는 방식이었다.

확실한 것은, 이러한 태도가 복음 이야기의 전달을 쉽게 해주는 것은 사실이라는 점이다. 그러나 전달하는 입장에서 말하기는 쉬울런지 모르지만, 이런 방식으로 진행될 때 복음 이야기는 실재로 전달되지 않는다. 그 어떤 아시아 국가에서도 이런 식으로 전달된 복음 이야기에 상당수 사람들이 반응한 적이 없다.

예를 들어 보자.

규모가 어느 정도였든, 아시아의 불교 문화 또는 힌두 문화권에 대한 선교, 그 중에서도 중국과 일본, 인도 그리고 남아시아와 동남아시아 국가들(세계 인구의 거의 50% 이상을 헤아리는 지역)에 대한 선교가 오백 년의 역사가 되었음에도 불구하고, 이들 국가 중 기독교 인구가 5% 이상 되는 나라는 없다.

한국이 이 통계에서 유일한 예외가 될 것이다. 한국의 기독교 인구가 거의 20%에 이르고 있기는 하지만, 그럼에도 불구하고 기독교인이 한국 사회의 다수가 되는 데는 한참을 못 미치고 있는 형편이다.

마테오 리치는 아시아에서는 토착 종교와 문화에 대한 정죄가 아무런 성과를 거두지 못한다는 것을 인식한 최초의 선교사였다. 리치는 아시아의 유교문화를 서구의 기독교 문화로 대체하려는 시도가 갖는 내재적 어려움들을 보았다. 그리고 아시아 문화를 서구 문화로 대체하지 않으려는 시도가 갖는 참신한 생각에 직면했다.

그는 아시아 문화를 서구 문화로 대체하는 대신 아시아 문화와 양립이 가능한 아시아 기독교를 발전시키는 시도를 해 보는 것이 어떨까 하는 생각을 하는 데 이르렀다. 마테오 리치의 시도가 겪은 성공과 실패로 인해, 그는 기독교 선교 역사에서 가장 중요한 혁신가 중 한 사람이 되었다.

1. 마테오 리치는 누구인가?

마테오 리치는 1552년 10월 16일에 이탈리아의 마세라타(Macerata)에서 태어났다. 리치의 가족은 그가 18살이 되었을 때 법을 공부시키려고 로마로 보냈다. 그러나 그는 법을 공부하고 싶지 않았고, 대신 축복받은 동정녀회 (the Sodality of the Blessed Virgin)라는 종교단체에 가입하여, 그들이 정한 규칙에 따라 살았다. 교회에 대한 매력 때문에, 그는 신학을 공부했는데, 신학 공부를 하는 중에 선교사역에 대한 부르심이 점차 명확해져갔다.

리치는 뒤늦게 교황 바오로 3세으로부터 공인받은(1540년) 새로운 수도회에 들었갔는데, 이 수도회는 세상에서 가장 어려운 지역에서 살아가고 있을 뿐만 아니라 구성원들 중 대다수가 복음에 대해 들어보지 못한 사람들을 대상으로 선교를 하려고 하는 수도회였다.

이 수도회는 예수회(the Society of Jesus)로 불렸고, 1534년 이그나티우스 로욜라(Ignatius Loyola)에 의해 설립되었다. 예수회는 그 목적을 "특히 신앙에 대한 변증과 선전, 그리고 기독교적인 삶과 교리의 진보," 그리고 "[교황이] 선택해서 보내는 곳이라면 그곳이 어디든지... 가는" 것이라 선언했다. 교황이 보내는 곳이라면 투르크족이든, 또는 어느 다른 불신자들이 있는 지역이든, 심지어는 동인도(the Indies)라 불리는 곳에 사는 사람들에게도 기쁜 마음으로 갈 것이다(Papasogli 1959, 198). 리치가 살던 시대에, 예수회 소속 수사들은 이미 아메리카와 인도, 그리고 동아시아에서의 선교사역에 착수하고 있었다.

이런 형태의 선교사역에 대해 배우면 배울수록, 더 강한 호기심이 리치를 이끌었다. 그는 1571년에 예수회에 가입했고, 이후에도 수도회의 지도에 따라 교육을 지속했다. 로마에서의 공부를 모두 마치기 전, 리치는 수도회로부터 인도 선교에 참여해도 좋다는 허락을 받았고, 1578년에 인도의 고아(Goa)에 도착했다. 예수회의 선교철학은 교육과 언어 준비를 강조하고 있었다. 도착 후 4년 동안, 리치는 인도에서 공부를 지속하면서 중국어에 대한 집중 공부를 시작했다.

1583년, 마침에 중국 정부로부터 중국에서 거주해도 좋다는 허락을 받을 수 있었다. 허가를 받은 그 해인 1583년, 리치는 중국의 차오칭(Chao-ch'ing)으로 이주했다. 1595년에는 사역지를 난징으로 옮겼는데, 난징이 그의 궁극적인 목적지인 베이징과 가까운 곳이기 때문이었다.

1601년, 마침내 그는 수도인 베이징에 선교본부를 세워도 좋다는 허가를 얻을 수 있었다. 그리고 1610년 사망할 때까지, 그 곳에서 10여 년 동안 사역했다. 그가 중국에서 중국을 위한 선교 접근 방법을 개발하면서 사역한 기간을 모두 합산하면, 잘 알려진 것처럼 27년에 이른다.

마테오 리치는 자신이 중국에서 겪은 모든 경험과 생각을 기록했다. 그는 일기를 성실하게 기록했는데, 1953년 루이스 갤러거(Louis Gallagher)가 그의 일기들을 모아 편집, 번역한 후, 『16세기 중국: 마테오 리치의 일기, 1983-1610』(*China in the Sixteenth Century: The Journals of Matteo Ricci, 1583-1610*)라는 제하로 출간했다. 리치는 매우 많은 편지를 남겼는데, 우리는 그가 남긴 편지들을 통해 많은 것을 배울 수 있다. 리치는 1601년에 『천주실의』(*The True Meaning of the Lord of Heaven*)를 발간했는데, 이 책은 리치가 유교 학자와 더불어 기독교와 유교의 유사점들과 차이점들에 대해 대화를 나누는 형식으로 구성되어 있다.

2. 중국에서의 도전

중국에서의 선교사역은 초기부터 어려움을 겪었다. 일본인들과 마찬가지로 중국인들도 서구의 영향에 대해 염려하고 있었는데, 심지어 중국이 식민 세력들과 무역을 개시했을 때조차 서구의 영향에 대한 염려 때문에 경제 분야로만 상호접촉을 제한하려 했다.

서구의 영향에 대한 염려로 중국이 택한 접촉 방식의 한 가지 예를 보자면, 무역항을 개설한 후 오직 그곳에서만 포르투갈인들(이후에는 이탈리아인, 그리고 궁극적으로는 영국인들까지)과 중국 상인들의 접촉을 허용했을 뿐이다. 경우에 따라 이 같은 접촉마저도 육지에서 상당히 떨어진 섬으로 제한되었다.

중국인들은 기독교 자체에 대해서는 걱정하지는 않았다. 그들은 종교에 관한한 다원주의자들이었고, 따라서 종교에 대한 토론에 대해서는 모든 면에서 개방적이었다. 635년 경, 페르시아로부터 네스토리우스 기독교인들이 중국으로 건너 와, 중국인들과 성공적인 접촉을 했다. 특히 대승불교인들과 종교 간 대화의 나눈 결과, 현재의 시안(Xi'an) 근처에 기독교 교회를 세우기까지 했다. 그러나 다양한 이유들로 인해, 아마도 중국 내에서 발생한 일보다는 점차 감소하는 지원과 서구에서 발생한 신학 논쟁 때문에 네스토리우스 선교는 점차 소멸되었을 것이다.

세 가지 종교, 즉 유교, 도교, 그리고 불교를 신봉하는 것으로 알려진 중국인들은 외래 종교 사상 자체를 두려워했기보다 외국 종교로 인해 초래될 수 있는 정치적 영향을 꺼려했다. 중국인들은 종교를 식민지화를 초래하는 정치적인 위협으로 인식하지 않는 한, 새로운 종교 사상에 상당히 개방적이었다.

새로운 종교가 중국인들에게 정치적 위협이 되지 않음을 인식시키기 위한 가장 좋은 방법은, 새로운 종교가 중국인들의 생활방식과 양립이 가능하다는 것을 보여주는 것이었다. 기독교에 관한 예를 들자면, 중국인들은 서구 기독교에 대해서는 끊임없이 염려하겠지만 중국 기독교에 대해서는 개방성을 유지할 것이다.

예수회는 이점에 대해서 잘 알고 있었다. 이것은 프란시스 샤비에르(Francis Xavier)와 알레산드로 발리그나노(Alessandro Valignano)와 미셸 루기에리(Michele Ruggieri)와 같은 다른 예수회 지도층(Jesuit officials)이 남긴 위대한 통찰이었다. 이 통찰이야말로 리치가 중국에서 이전에 그 누구도 이룬 적이 없고 이후에도 아무도 이룬 적이 없는 선교전략을 세우면서 마음에 품고 있었던 통찰이었다.

이 통찰을 유지하기 위한 조건들에 대해서는 이후 토론에서 더 상세하게 다룰 것이지만, 리치의 통찰과 선교 혁신은 그의 사후 오랫동안 지속되지 못했다. 선교에 대한 그의 접근 방식은 그의 사후 더 풍성하게 발전하지 못했는데, 아마도 그 이유는 리치 이후 그가 본국의 상관들로부터 받은 지원 약속만큼의 지원이 지속되지 못했다는 점과 그를 이어 사역을 지속해 나갈 강력한 후배가 없었다는 점을 들 수 있을 것이다.

3. 마테오 리치의 선교 원리

자신의 선교전략을 개발하고 정착시키면서, 리치는 포르투갈인들이 밟은 전철을 피하고 싶었다. 포르투갈인들은 자신들의 상선에 선교 사역자들을 동선시켰다. 16세기 최초의 개종자들은 포르투갈 선교사들이 거둔 열매였다. 최초의 개종자들은 이런 저런 이유에서 마카오의 포르투갈 상인들과 접촉하러 온 중국인들이었다.

포르투갈인들은 먼저 그들에게 포르투갈어를 가르치는 것으로 시작했다. 포르투갈인들은 중국인들에게 포르투갈 이름을 지어주었고 포르투갈인처럼 사는 방법을 가르쳤다. 중국인들이 기독교인으로 개종한 것은 분명했지만, 그들은 포르투갈 기독교인들에 불과했다.

비록 소수에 불과했으나, 리치는 이들 중국인 개종자들이 갖는 가치를 하찮게 취급하고자 하지는 않았다. 그러나 이러한 접근 방식이 중국 전역을 위한 최우선적인 선교 방식으로 채택하고 반복할 수는 없다고 보았다. 중국이 포르투갈 기독교인들을 대규모로 산출하는데 필수 조건으로 간주되었던 포르투갈의 식민지가 될 여지는 전혀 없었다. 또한 중국이 포르투갈 외 다른 나라의 식민지가 될 가능성도 거의 없었다. 중국에서의 선교 사역이 제대로 작동하게 하려면, 기독교가 중국의 문화적 채를 통해 부어져야 했다.

리치가 마음에 품은 질문은 어떻게 하면 기독교 진리에 대한 자신의 헌신을 희생시키지 않으면서 기독교를 중국의 채를 통해 부어 넣을 수 있을까 하는 것이었다. 이를 위해 리치가 택한 최선의 접근 방식은, 이미 3세기에 인도에서 중국으로 전파되었으나 중국인의 세계관에 토착화되기 위해 그 형태를 상당 정도 변화시켰던 불교를 통로로 삼는 것으로 시작하는 것이었다.

그가 불교를 중국 진입을 위한 통로로 사용한 이유는 불분명하다. 아마도 대승불교를 이런 방식으로 이용했기 때문에 중국 선교에서 부분적으로나마 성공을 거두었던 네스토리우스 선교 방식에 익숙했기 때문일 것이다. 이 때문에, 마침내 그와 미셸 루기에리가 중국으로 들어갈 수 있는 허가를 받았을 때, 중국인들의 호의를 얻고자 하는 의도에서 삭발을 감행하고 턱수염을 면도했을 뿐만 아니라 당신 불교 승려들이 입고 다니던 회색빛 가사를 입기도 했다.

그러나 리치와 그의 동료들이 중국에 들어갈 당시, 중국의 문화적 조건은 네스토리우스 선교사들이 활동하던 시기의 그것과 상당히 달랐다. 중국에서 불교의 승세는 황실의 지원에 의해 승하기도 하고 쇠하기도 했는데, 네스토리우스 선교사들이 활동하던 시기에 중국 불교가 가장 승하던 때였다.

그러나 리치가 중국에 갈 시기에는 불교의 영향력이 그리 높지 않았다. 그는 얼마 되지 않아 불교 승려들이 중국 사회의 고위층 인사들로부터 존경을 얻지 못하고 있다는 것을 파악했다. 당시 중국의 고위층은 불교 승려들이 게으르고 중국의 문화와 경제에 아무런 기여도 하지 못한다고 여기고 있었다. 만일 리치가 기독교의 가치를 중국인들의 생활방식을 통해 전달하려 한다면, 불교와 연관을 맺는 것이 반생산적인 일이 될 수밖에 없었다.

리치는 재빨리 자신의 전략과 목표를 수정했다. 리치는 유교 가치를 중요하게 생각하는 고위층들에게 접근하기 위해서는 기독교의 가르침이 유교의 가르침이 갖는 일부 원리들과 양립이 가능하다는 것을 보여주는 것이라 생각했다. 그래서 그는 유교에 대한 학식을 갖추기로 결정하고 유교 고전들을 연구하기 시작했다.

1591년이 되자, 리치는 유교의 주요 고전들, 즉 논어, 맹자, 대학, 그리고 중용을 라틴어로 번역할 수 있을 정도로 중국어에 능통하게 되었다. 그는 또한 유교 학자들이 입는 복장을 입고 유교 학자처럼 행동했다.

중국 문화에 대한 이러한 적응은 일부 부정적인 결과를 가정하고 있음을 의미했다. 그 시대에 유자가 된다는 것은 불교와 도교의 적이 됨을 의미했기 때문이다. 리치는 유교의 세계관에 대한 자신의 동질성을 보여 주기 위해 이들 두 종교체계와의 논쟁에 참여하기도 했다.

결과적으로, 그의 주요 사역전략과 원리는 불교와 도교의 종교적 가르침들을 비난하는 데 참여하는 한편, 기독교를 원시 유교의 가르침을 완성하는 것으로 제시하는 것이었다. 따라서 중국에서는 "유교를 가까이 하고 불교를 멀리 하라"는 경구가 리치의 좌우명이 되었다.

4. 유교에 대한 마테오 리치의 접근 방식

유교에 대한 리치의 접근 방식은 불교와 도교에 대한 그의 접근 방식과 반대였다. 이점에서 선교 상황이 선교의 수행 방식을 결정하도록 허용하라는 리치의 혁신이 가장 명확하게 드러나고 있음을 발견한다. 리치는 고대 유교 텍스트들에 복음의 씨앗이 있다고 확신했다.

유교 텍스트들에 대한 리치의 독서에 따르면, 유교 사상은 일신교적(monotheistic)이었다. 그리고 유교 경전들은 윤리적인 자기 수양에 관심을 갖고 있었다. 비록 천제(the Lord of Heavean)에 대한 일신교적 신앙, 그리고 신적 관계와 인간관계에 대한 유교의 윤리적 접근 방식이 성경적 기독교에 부합하기 위해서는 상당 부분에 대한 수정이 필요하긴 하지만, 리치의 인식에 따르면, 두 가지 방식 모두 기독교 신앙과 양립 불가능하지는 않았다. 그러므로 유교를 기독교로 대체할 필요는 없지만, 기독교 신앙으로 인해 더 온전해 질 수는 있었다.

리치는 정직한 탐구 자세로 이와 같은 이해에 이르렀다. 그는 이 같은 자신의 이해를 전적으로 새로운 것(de novae)으로 여기지 않았다. 그의 접근 방식은 예수회 전통의 일부였기 때문이다. 중국에 관해 가장 먼저 표현한 형식은 예수회 설립자 중 한 명인 프란시스 샤비에르에 의한 것이었다.

일본에서 교회를 세우고 있던 샤비에르는 중국에도 관심을 갖게 되었다. 일본인들은 철학적 논쟁과 종교적 논쟁을 벌일 때마다 중국인들의 지혜를 언급했으며, 만일 기독교가 진정 유일하게 참된 종교라면 중국 지성인들은 분명히 그에 대해 알고 있을 것이라는 말을 샤비에르에게 했다. 샤비에르와 그의 후계자(샤비에르는 생전 중국에 가지는 못했다)는 중국인의 사상에서 기독교에 대한 증거를 발견할 수 있게 되기를 간절히 기대했다.

리치가 이와 같은 유산을 샤비에르에게서 직접 물려받은 것은 아니나, 샤비에르의 후계자이자 예수회의 아시아선교회 수장인 알레산드로 발리그나노(Alessandro Valignano)를 통해 이 같은 기대를 이어받았다.

우리는 앞서 리치가 예수회에 가입했을 때 발리그나노가 예수회 수련수사들의 선생으로서 리치의 생각과 훗날 그의 선교 실천에 지대한 영향을 끼쳤음에 주목했다. 리치의 접근 방식은 이 같은 이해에 근거하였고, 적어도 다섯 가지 요소로 구성되어 있었다.

1) 중국어

발리그나노는, "만일 선교사들이 중국인들 사이에서 어떤 식의 성공을 거둘 기회를 갖고자 한다면, 지금까지 아무도 하지 않았던 것을 하려 해야 한다. 그들은 중국어에 능통해져야 한다"는 확고한 생각을 가지고 있었다(Ricc 1985, 5). 리치는 인도의 고아에서 중국어를 배우며 4년을 머물렀고, 1583년 중국에 도착한 이후에도 중국어에 대한 자신의 이해를 증진시키기를 결코 멈추지 않았다.

2) 유교와의 문화적 차이들

중국어를 배우고 유교 고전들을 접하는 과정에서, 리치는 중국 문화와 중국인들의 관심사에 대해 익숙하게 되었다. 중국인들은 지리학, 천문학, 음악에 대해 깊은 관심을 기울이고 있었지만, 이들 분야에 대한 중국인들의 지식은 다분히 지역주의(parochial) 차원에 머물고 있었다. 중국인들은 이들 분야에 대한 유럽인들의 접근 방식에 관심을 보였다. 리치는 지도와 시계, 점성학, 수학적 통찰 그리고 그가 중국인들을 위해 만든 음악으로 유명해졌다.

3) 유교의 행동 요강들

리치는 초월적 존재에 관하여 중국인들 사이에 이미 존재하고 있던 신앙과 도덕적 삶에 대한 중국인들의 총체적 헌신에 대한 증거를 찾기 위해 다양한 유교 고전들을 탐독했다. 그는 기독교 신앙을 표현할 수 있는 중국어 단어들, 예컨대 천국, 지옥, 악마, 천사, 영혼, 거룩, 신성, 성인 그리고 그 외에 다른 단어들에 관한 대화를 나누기 위해 유교 학자들과 상당히 오랜 시간을 보냈다.

박스 9.1
용어 문제

마테오 리치는 주요 기독교 용어들을 유학자들이 가능한 친숙하게 접할 수 있도록 하기 위해 중국어로 만들기로 작정했다. 다음은 세 가지 주요 용어들에 대한 그의 생각을 요약한 것이다.

용어: 하나님
문제
중국인들은 좀 더 인격적인 호칭인 상제(*shang-ti*)로부터 우주를 다스리는 비인격적 힘으로서 천(*tien*)이라는 용어로 옮겨갔다. 상제를 선택하게 되면 당시 중국인들의 사고와 부합하지 않을 것이었고, 천을 선택하면 하나님이 비인격적 존재로 보일 수 있다.
해결 방법
그는 하늘의 주인을 의미하는 천주(*tien-chu*)라는 어구를 만들었다.

용어: 영혼
문제
리치는 세 가지 영혼 – 식물적(vegetative), 감각적, 지적 – 에 대한 토마스 아퀴나스의 아이디어를 사용하고 싶었다. 중국인들에게는 이에 관한 용어가 없었다.
해결 방법
그는 중국인들이 몸과 분리해서 존재할 수 있는 영을 표현할 때 사용하는 용어인 혼(*hun*)을 기본어로 택하여, 식물(*chih-hun*)과 감정(*chueh-hun*), 그리고 지성(*ling-hun*)을 의미하는 중국어와 결합시켜 기본 용어를 만들었다.

용어: 거룩, 신성, 성인
문제
유교의 용어는 이상적 인간을 의미하는 성(sheng)이었다. 그러나 성(sage, saint)의 반대는 죄와 죄인이 아닌 무지와 무지자였다.
해결 방법
그는 성을 사용했다. 그러나 영을 의미하는 단어를 더했다. 따라서 만들어진 용어가 성신(sheng-shen)이었다.

4) 출판

유학자들은 글을 읽고 쓸 줄 안다. 리치와 그의 동료들은 만일 기독교에 대한 가르침이 글로 기록되어 출간되지 않는다면 식자들에게는 큰 의미를 부여하지 못할 것이라는 사실을 재빨리 인식했다. 그래서 그는 출판에 초점을 맞추기로 결심했다. 리치가 출간한 대부분의 서적은, 그가 생각할 때 중요하고 흥미롭다고 생각한 것들에 관한 내용들을 중국어로 번역한 것들이다.

그는 십계명, 주기도문 그리고 사도신경 등과 같은 매우 간단한 내용의 번역들로 시작했다. 그러고 난 후, 그는 요리문답 등과 같이 간단한 텍스트들의 번역으로 이동했다. 이미 앞에서 언급했듯, 1601년 그는 한 유교 학자와 대화를 나누는 형식을 빌어 『천주실의』라는 제목으로 기독교 변증서를 출간했다.

5) 전도 전(pre-evangelical) 대화

리치는 현실주의자였다. 그는 중국어와 유교 고전들, 그리고 중국 문화를 배운 후, 그것을 복음 이야기와 연결시키는 것을 평생의 사역으로 인식했다. 이 단계를 건너뛰고 결코 소멸될 수 없는(unvanished) 복음을 서구의 사고 형식(예를 들면, 중국인들은 기독교 신앙의 중심이신 예수의 수난과 죽으심을 이해하지 못했다)을 빌어 제시하는 것은 중국인들을 복음으로부터 소외시키는 것과 다름없는 것이라 믿고 있었기 때문에, 리치는 자신이 하고 있는 일을 전도전 대화(pre-evangelical dialogue)에 해당한다고 생각하고 있었다.

그는 자신을 다가올 미래에 자신이 추진하는 선교사역이 지속되도록, 이후 복음의 초자연적 요청에 관해 더 많은 것을 제공할 장래의 선교 사역자들을 위한 길을 예비하는 사람으로 보았다.

여기에서 아퀴나스 사상의 영향을 엿볼 수 있다. 리치의 사역은 (철학적 고려와 설명, 그리고 증명을 사용하여) 이성의 입장에서 접근할 수 있는 모든 주제를 다루었다. 그러나 그는 오직 하나님의 초자연적 계시를 통해서만 알려질 수 있다는 것과 같은 아퀴나스 사상에 대해서는 별반 강조하지 않았다. 리치는 자신의 사역을 중국의 문화적 유산의 도움을 받아 기독교 사상에 대한 설명을 제시하는 것이라 보았다.

분명히, 중국 종교에 대한 리치의 접근 방식이 이상적인 것은 아니었으나 상황적인 것이기는 했다. 리치는 비기독교 종교 사상을 다루는 오직 하나의 올바른 방법이 있다고는 생각지 않았다. 접근 방식의 선택은 목표로 하는 청중이 복음을 잘 이해하도록 하는 데 가장 도움이 되는 것이 무엇인가로 결정된다. 그가 사역하던 16세기 중국의 경우라면, 복음을 전달하기 위해 불교와 도교를 변증법적으로 공격하는 한편 유교철학에 대해 호의적으로 평가하는 것을 의미했다.

5. 의례에 대한 논쟁

리치의 접근 방식은 성공적이었을까?

이에 대한 답변은 질문을 누구에게 하느냐에 달려있다. 예수회 수사들과 많은 현대 선교학자들(그리고 우리)에 따르면, 답변은 "예"일 것이다. 더글라스 랭카셔(Douglas Lanchashire)는, "천로역정의 최초 원고와 이후 필사본 형태로 회자된 원고들에 이르기까지, 리치의 작업은 기독교 신앙의 전파에 비교불가한 효과를 거두었다"는 사실에 주목한다(Ricci 1985, 39).

리치는 중국에 머무는 동안 상당한 성공을 거두었다. 그는 중국인 지도자들에게 신임을 얻었고, 궁극적으로 중국의 수도인 베이징으로 이주하여 황제의 거처에서 가까운 곳에 살도록 허락받았다. 그리고 비록 그가 황제를 알현(그의 목표들 중 하나였던)한 적은 없지만, 황제는 신하들을 통해 리치의 전도 전 대화를 활용한 접근 방식을 인정해 주었다.

리치가 죽었을 때, 황제는 리치를 특별한 장소에 장사할 수 있도록 허락했고, 그의 사역이 그의 사후에도 지속될 수 있도록 허락했다. 그리고 후대 황제였던 강희제(K'ang-hsi 1662-1723)가 1692년 기독교인들에 대한 관용칙서를 발표할 때, 리치의 자료를 숙독하는 등 부분적으로 리치의 업적에 기초해서 했다고 전해지고 있다.

그러나 이것이 리치에 대한 수용이 중국에서 보편적이었음을 말하는 것이 아니다. 분명히 불교 신자들과 도교 신자들은 리치에 대해 부정적으로 반응했을 것이다. 결과적으로, 리치는 불교와 도교에 대한 강한 부정적 언급들과 그들 종교 전통이 가지는 부적절한 요소라고 이해했던 내용들(잘못된 것으로 드러났지만)에 대한 언급들을 남겼다. 불교와 도교는 이에 대해 실망감을 느꼈고, 그들에 대한 리치의 부족한 이해를 공격했다.

일반적으로, 중국인들은 중국 문화가 과학적으로 퇴보하고 있다는 리치의 암시에 반대했다. 일반적으로는 리치의 노고에 대해 호의를 보이기는 했으나, 중국 정부도 기독교를 허용했을 때 중국에 정치적 발판이 마련될 수 있다는 점에 대한 우려를 결코 내려놓지 않았다. 불교 신자들은 유교와의 화해할 기회를 얻음으로써 중국 문화 내에 불교가 자리할 부분을 확보하기 위해 노력했는데, "유교와 가까이 하고 불교를 거부하는" 리치의 전략은 그러한 시도에 위협이 되는 것으로 비춰졌다.

심지어 유학자들조차 그의 견해를 수용하려 하지 않았다. 아마도 리치의 사역에 대한 가장 강력한 반대는 주자학자들(neo-Confucianists, 혹은 성리학-역자 주)로부터 온 것일 것이다. 그들은 자신의 종교가 더 고차원의 종교인 기독교를 위한 준비 단계로 간주되는 것을 불쾌해 했다. 유교 학자 허창취(Hsu Chang-chih)는 1640년 리치의 업적에 대해 비판적인 자료들을 모아『이

단사설에 반박하기 위한 모음집』(Collection of Writings of the Sacred Dynasty for the Countering of Heterodoxy)이라는 제목의 전집을 발간했다.

주자학 계열의 많은 학자들은 드러내놓고 혹은 암시적으로 불교의 가르침 중에서 매력적인 내용들을 중국의 삼 대 종교로 편입시키고자 했는데, 리치의 전략은 그러한 그들의 노력에 반하는 것이었다. 이들의 공식적 입장은 유교(도교와 불교의 내용으로 일정 부분에 대한 조율만 거친다면)는 그 자체로 완전하며, 따라서 기독교에서 유래한 것들을 통해 완전해질 필요가 없다는 것이었다.

박스 9.2
중국인의 의례에 대한 논쟁

이슈: 기독교 용어와 행위를 유교 용어와 행위에 더 만족스럽게 연결시키기 위해 조정해야 하는지에 대한 여부

리치의 조정: 다음에 따르는 사례들을 보라.
　　　　　천(tien, 하늘)을 하나님에 대한 용어로 사용하기
　　　　　유교의 성(sheng)을 거룩이라 부르기
　　　　　유교 학자처럼 복장하기

불만: 도미니칸 수도사들과 프란시스칸 수도사들은 리치의 방식에 반대했다.

해결 방법: 교황 클레멘트 11세는 1704과 1710년 리치의 조정에 대해 반대하고 라틴 방식으로 회기할 것을 명령했다.

그러나 리치의 업적에 대한 가장 강력한 반대는 교회 내부로부터 왔다. 이 같은 결과는 우리가 선교 혁신가들에 대해 다루면서 반복적으로 드러났던 내용이다. 외부 선교(missio externa)의 어려움은 선교사역의 수행이 초래하는 자연스러운 결과로, 지리적 혹은 철학적 환경이 우호적이냐 아니면 적대적이냐 하는 것 때문에 겪는 어려움이다.

그러나 내부 선교는 이보다 더 어렵다. 왜냐하면 새로운 선교 방식이 거

둔 바로 그 성공이 당시의 선교 이론가들(일반적으로 "그런 식으로는 안 된다"고 말하는 사람들)이 신학적으로 민감해하는 부분이거나, 교회 내부의 세력 균형(교회 내 집단들끼리 제한된 선교 자원을 놓고 경쟁을 벌이기도 했다)에 위협이 되거나, 교회 내부에서 개인적인 질투를 불러일으킬 수 있기 때문이다.

리치의 경우를 볼 때, 이러한 비판은 세 가지 점, 즉 기독교의 하나님을 중국의 상제(shang-ti)와 동일시한다는 점, 기독교의 핵심적 개념에 대한 다른 중국식 용어(예컨대 하늘을 의미하는 것으로 천[tien]을 사용하는 것)를 사용한다는 점, 그리고 전통적인 선교 사역자들이 복음이라 이해하는 것이 리치의 작업 속에서 거의 발견되지 않는다는 점에 초점을 맞춰져 있었다. 이런 지적들이 별반 문제될 것이 없었기 때문에, 리치는 마지막 비판에 동의했다.

리치는 항상 자신의 사역이 전도 전(pre-evangelistic, 본격적으로 복음을 전하기 전에 복음의 수용성을 높이기 위해 진행하는 사역-역자 주) 사역이라고 생각했다. 즉 자신의 사역을 중국어로 만들어진 발판을 마련하여 자신 이후에 오는 사역자들이 그것을 기반으로 온전한 사역을 세우게 하는 것이라 생각했다. 이런 시각을 취하고 있었기 때문에, 리치 자신은 다른 사람들이 비판의 대상으로 삼았던 것을 오히려 강점으로 보았다.

내부로부터의 비판은 의례논쟁(the rites controversy)이라 알려진 것을 발생시켰다. 선교를 진행하고 있던 다른 수도회, 예컨대 도미니칸 수도회(the Dominicans)와 프란시스칸 수도회(the Franciscans)는 리치의 방법론에 반대했고, 이점에 대해 로마에서 지속적으로 문제를 제기했다.

결국 이 논쟁은 교황이 주관하는 종교법정으로 가져갔고, 리치가 사망한 지 한 참의 세월이 흐른 1704년과 1710년에 교황 클레멘트 11세는 리치의 방법을 부인하기에 이르렀다. 당시까지도 여전히 리치의 선교 방법을 따르고 있던 중국의 예수회 수사들은 중국 기독교인들에게 로마의 방식들을 가르치는 것으로 회기할 것을 명령받았다. 교황 클레멘트 11세의 결정은 20세기에 이르러, 로마 가톨릭교회는 그들 스스로 문화화(enculturation)라 부르고 개신교가 궁극적으로 상황화라 부르기 시작한 원리들을 수용하기 전까지 지속되었다.

21세기 선교의 관점에서 볼 때, 많은 선교학자들은 리치가 이런 방식을 지나치게 과도하게 사용한 점이 아니라 충분히 사용하지 않았다는 점을 비판한다. 리치의 선교 방식은 적응(accommodation)으로 분류된다. 이 관점에 따르면, 선교사들은 여전히 "적응"을 실천하고 있다.

예컨대, 선교사들은 토착 중국인들이 복음 이야기를 자기들 식으로 표현하게 하는 대신, 리치가 하늘을 의미하는 것으로 '천'(*tien*)이란 단어를 사용하고 하나님을 의미하는 것으로 상제(*shang-ti*)를 사용한 것과 같은 방식을 그대로 사용하고 있다. 리치는 또한 좀 더 심층적인 종교 구조보다는 의례와 예배 등과 같은 외면적인 것에 초점을 맞추었다는 비판을 받는다.

박스 9.3
반선교: 피에르 장 데 스메트(Pierre-Jean De Smet)

실천: 효과–상황이 복음증거 형식을 결정하게 허용하기

선교는 선교사가 선교지 문화를 이해하기 위해 각고의 노력을 하고 나서 그 이해를 매개로 예수 이야기를 가르치고자 할 때 가장 효과가 있다. 선교는 선교사가 자신들이 이미 정립한 복음 이해의 틀(set-piece)을 그대로 가져다가 단순히 다른 문화에 이식시키고자 할 때 가장 쉬운 일이 된다.
당신은 당신이 섬기는 선교의 사역을 쉬운 사역이 되게 할 것인가, 아니면 효과적인 사역이 되게 할 것인가?
아메리카 인디언들을 대상으로 선교활동을 했던 벨기에 예수회 선교사인 피에르 장 데 스메트(1801-73)에 대한 글을 찾아보는 것은 쉬운 일이 아니다. 그에게 아첨하기 위해 기록된 글들은 상대적으로 발견하기 쉽다. 그는 자신의 사역을 아이오와주의 카운실 블러프스(Council Bluffs)에서 시작해서, 이후 사역을 서부로 확장하여 미조리주와 몬타나주, 그리고 마침내 오레곤주의 윌래매트((Willamette)강 지역에까지 확장시켰다.
다른 사람들의 말에 따르면, 그는 대단히 열심히 일하는 사람이었다. 비록 외국에서 태어나기는 했으나, 그는 미국 정부의 신임을 얻었으며, 그런 결과로 미국 정부가 인디언들과의 평화협상을 마무리할 때 그를 협상가로 내세우곤 했다.

이점이 선교사로서 그의 자격을 논하게 되는 이유들 중 하나이다. 소위 평화협정이라고 불리는 것들의 결과는 거의 항상 아메리카 원주민들에게 불리한 것이었다. 예를 들면, 그는 1868년 수(Sioux) 부족과의 협정인 라코타 수족의 시팅 불(Sitting Bull, 커스터가 거느린 백인기병부대를 전멸시킨 수족의 추장-역자 주)과의 초기 협상에 도움을 제공했다.

그 때까지만 하더라도 시팅 불은 백인과의 평화로운 공존을 주창하던 사람이었음에도 불구하고, 너무도 불공평한 협상 내용이었기 때문에 그가 할 수 있는 유일한 결정은 수족의 권리를 위해 싸우겠다는 것이었다. 그 결과 1876년 리틀 빅혼(Little Bighorn) 전투가 벌어졌다.

결과적으로 시팅 불은 체포되었고 이후 석방되었다. 그는 그의 생애의 남은 기간을 아메리카 원주민 전사에 대한 쇼인 버팔로 빌 코디의 서부의 황야쇼(Buffalo Bill Cody's Wild West Show)를 위해 일하며 보냈다.

쇼가 진행되는 중 적절한 시간이 되면 그는 인디언 복장을 한 체 말을 타고 나와 군중들에게 인사를 전하고 인디언 언어로 몇 가지 대사를 말했다. 그러면 관중들은 우레와 같은 환호를 질렀다. 그가 나와서 한 말이 관중들과 그들의 정부, 그리고 그들의 신앙인 기독교에 대한 저주의 말을 던진 것이라는 것을 아는 사람은 거의 없었다.

아메리카 원주민에 대한 글을 쓰는 조지 팅커(George Tinker)는, 장 데 스메트가 소유하고 있던 합리주의적인 가톨릭신학에 대한 신앙과 아메리카 원주민의 신앙에 대한 그의 경멸이 가질 수밖에 없던 취약성을 추적했다. 장 데 스메트는 "토착민들의 의식과 종교 행위를 조롱하는 투로 흉내 내곤" 했다. 궁극적으로 아메리카 원주민들 사이에 기독교를 심으려는 그의 노력은 실패할 수밖에 없었다.

• **생각과 토론**

1. 공공연한 분쟁의 부재를 평화로 간주하는 생각이 어떤 점에서 드 스메트가 추구한 효과적인 복음 지향적 선교와 반대로 작동하는가?
2. 아메리카 원주민들에 위한 어떤 식의 선교가 미국 정부의 목표를 이루기 위해 일한 데 스메트의 방법보다 더 유익한 것이었을까?
3. 어떻게 하면 기독교 외 타종교의 종교적 행위를 조롱하는 위험을 피할 수 있을까?

그럼에도 불구하고, 오늘날 상황화를 추진하는 선교 사역자들은 리치에게서 올바른 행로를 택한 선교 사역자의 모습을 발견한다. 따라서 리치의 가장 위대한 성공은 그의 사후 오랜 시간이 흐른 후에나 성취되었다고 말하는 것이 공정할 것이다. 그가 거둔 가장 중요한 성공은 지금 우리가 경험하고 있는 것, 즉 상황이 어떤 선교 형식을 취할지를 결정하게 하라는 것일 것이다.

리치가 알고 있었는지 여부와 상관없이, 그는 21세기 선교에 기념비적으로 중요한 신학적 이슈를 제기했다. 질문은 복음 이야기를 아시아인들 그리고 아프리카인들과 라틴 아메리카인들의 세계관을 통해 붓는 일이 가능하냐는 것이다. 만일 아니라면, 복음 이야기를 바르게 표현하기 위해 서구 신학자들과 이론가들의 세계관이 요청되느냐는 것이다.

오늘날 리치가 살아 있다면, 틀림없이 그는 자신이 16세기에 시도했던 것들, 즉 선교지의 종교적 세계관이 내포하고 있는 일부 요소가 더 장대한 기독교 이야기와 공존하는 것이 가능하다는 것을 제시하는 것이 오늘날에도 여전히 완수돼야 할 사역의 내용이라고 주장할 것이다.

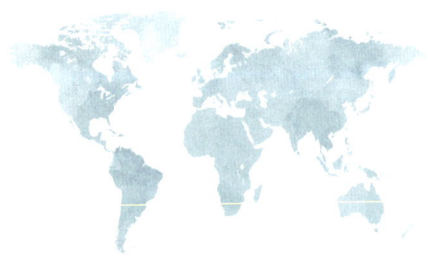

제10장

일관성: 방법들과 목표들 간 일관성 추구하기

선교 사례: 윌리엄 캐리
장소: 아시아, 인도
시기: 18세기

연대표
- 1761년 영국의 폴러스퍼리(Paulerspury)에서 출생
- 1781년 도로시 플랙키트(Dorothy Plackett)와 결혼
- 1785년 랭커스터(Leicester)에서 목사 안수
- 1792년 불후의 설교문 간행
- 1793년 침례교선교회(the Baptist Missionary Society)를 위한 구성 자금을 조성 인도로 파송
- 1801년 세람포(Serampore)로 이주
- 1834년 사망

윌리엄 캐리의 선교에 관한 자료들

Eustace Carey, *Memoir of William Carey, D D* (Hartford, CT: Canfield and Robins, 1837)

Pearce S. Carey, *William Carey* (New York: George H. Doran, 1923)

William Carey, *An Enquiry into the Obligations to Use Means for the Conversion of the Heathens* (『이교도 선교방법론』, 미션아카데미 刊)
Mary Drewery, *William Carey: A Biography* (Grand Rapids: Zondervan, 1979).
Timothy George, *Faithful Witness: The Life and Mission of William Carey* (Birmingham, AL: New Hope, 1991)
John C. Marshman, *Life and Times of Carey, Marshman and Ward: Embracing the History of the Serampore Mission* (London: Longman, 1859)
George Smith, *The Life of William Carey, D.D.* (London: John Murray, 1885)

윌리엄 캐리를 우리가 살아가는 21세기를 위한 사람이라고 말하려면 설명이 필요하다. 왜냐하면 많은 점에서 그는 우리 시대를 위한 사람이 아니었기 때문이다. 그는 18세기에서 살아간 사람이었기 때문이다.

윌리엄 캐리가 비기독교인들과 자신의 생각에 동의하지 않은 사람들을 묘사하려고 사용하곤 했던 언어에서 드러나는 기념비적인 편협성을 생각해 보라.

그가 저술한 대표적 역작인,『이교도 개종을 위한 수단 사용의 의무에 대한 탐구』(*An Enquiry into the Obligations to Use Means for the Conversion of the Heathen*)에서, 우리는 다음과 같은 단어들을 발견할 수 있다.

"문명화된 미개인," "남해의 야만인," "가장 역겨운 무지," "위험한 불신(infidelity)," "이교주의," "우상숭배," "암흑," "이교도," "교황주의자(popish, 가톨릭교도에 대한 모욕적인 표현-역자 주) 선교사," "비문명화된 부족들," "야만적인 씨족들," "이교도 혹은 유대인," "위선자들," "협잡꾼," "벌거벗은 이교도들," "식인주의자들," "교황주의자들의 잔혹함," "성공회의 독재," "역겨운 미신숭배."

이런 단어들과 또 다른 많은 부정적 표현들이 불과 65페이지 분량에 불과한 짧은 책 안에 등장하고 있다.

이런 종류의 언어를 사용한다는 것은 내면 깊숙이 자리 잡고 있는 타문화와 그 문화 속에서 살아가는 사람들에 대한 적대감을 드러내는 것에 다름 아니다. 이런식의 적대감은 식민주의(선교사와 동행하기도 했던)와 문화제국주의를 통해 드러나는 정치적이고 문화적인 월권행위의 발생에 상당 정도 기여했다. 윌리엄 캐리는 21세기 선교학자들이 기독교에 서구문명을 더한 신드롬(the Christianity plus Western civilization syndrome)이라 부르는 전형적인 사례에 속한다. 기독교 선교 사역자들은 선교지에 복음만 들고 간 것이 아니라 서구라는 우월한 문명도 함께 가지고 갔다.

캐리의 비하는 비기독교인들뿐 아니라 자신의 기대에 부합하지 못하는 다른 기독교인들에게로까지 확대되었다. 로마 가톨릭의 선교는 "교황주의자들의 잔혹함"을 수반했다. 성공회주의자들은 대상이 누가 되었든 간에, 자신들에 반대하는 사람들을 대상으로 "성공회식의 독재"를 선보였다. 그리고 유대인들은 "교회의 적"이었다. 캐리는 지난 1,500백 년 동안 진행되었던 기독교 선교의 가치를 다음과 같은 언급을 통해 묵살해 버렸다.

> 그 모든 시대가 맹목적인 열정, 역겨운 미신숭배, 그리고 악명 높은 잔혹성으로 종교의 외양을 뚜렷하게 장식하고 있었기 때문에, 기독교에 대해 가르치는 교사들도 이교 세계만큼이나 회심이 필요했다(W. Carey 1988, 22).

그럼에도 불구하고 윌리엄 캐리는 우리 시대를 위한 사람이기도 하다. 왜냐하면 우리가 살아가는 이 시대도 캐리가 교회공동체에서 목도했던 갈등과 동일한 이유 때문에 갈등하고 있기 때문이다. 이 갈등은 일련의 조건들을 조성하는 것과 관련이 있다. 그 갈등의 핵심은, 성령께서 비기도교인들의 삶 가운데 역사할 수 있으며, 그 결과 비기독교인들이 예수 그리스도가 그들의 주님과 구세주 되심을 아는데 이를 수 있느냐의 여부에 대한 것이다. 핵심은 이것이 선교를 위해 적절한 것인지 여부이다.

이제부터 살펴 볼 것이지만, 캐리 시대에 만연했던 선교에 대한 이러한 신학적 의구심은 칼빈주의의 아류(캐리 시대를 풍미하던 칼빈주의는 하이퍼 칼빈주의이다. 하이퍼 칼빈주의는 하나님의 주권을 지나치게 강조한 반면 인간의 책무나 책임에 대해서는 방기하는 입장을 취하고 있었다. 하이퍼 칼빈주의의 사상 중 대표적인 것이 절대 예정설인데, 만일 하나님께서 머리털 하나의 움직임까지 예정하셨다면, 선교를 위한 인간의 노력이라는 것은 하나님의 주권을 침해하는 것에 다름 아닐 따름이다. 따라서 이방인이 이방인인 것은 하나님이 주권에 따른 것이므로 그것을 바꾸려는 선교의 노력은 하나님의 주권에 역행하는 무익한 노력일 뿐이라는 논리가 가능하다-역자 주)에서 유래한 것이다. 오늘날에는, 캐리 시대를 풍미했던 반선교적 입장이 신학적 요인들만큼이나 문화적 요인들 때문에 발생하고 있다. 이점에 대한 좋은 예는 유명한 텔레비전 연속 시리즈물인 "스타트랙"(Star Trek)일 것이다.

스타 트랙에 등장하는 두려움이라곤 모르는 우주 탐험가들은 외계인들(그렇다. 우리에게도 이를 표현하는 캐리식의 언어가 있다!)로부터 와서 자신들을 도와 당면한 문제를 해결해 달라는 요청을 받았을 경우에 한하여 타문화에 참여한다. 그런 요청이 없을 경우, 그들은 그냥 지나쳐 가버린다.

이러한 태도를 윌리엄 캐리가 개신교 근대 선교의 핵심으로 내세운 성경적 선교 임무인 마태복음 28:19 "그러므로 너희는 가서 모든 민족을 제자로 삼아 아버지와 아들과 성령의 이름으로 세례를 베풀고, 내가 너희에게 분부한 모든 것을 가르쳐 지키게 하라"의 지상명령과 비교해 보라.

이 명령에 내포되어 있는 확신이 윌리엄 캐리로 하여금 오늘 우리 시대를 위한 사람이 되게 한다. 그는 선교는 기독교의 신학적 핵심이라 주장했다. 좀 더 구체적으로 말하자면, 하나님께서는 인간들이 당신의 선교사역을 진행시키는 "수단들을 사용함으로" 선교 노력에 참여할 것을 기대하신다고 주장했다. 윌리엄 캐리는 선교를 위한 전략적 수단에 부합하는 신학적 목적들을 개발하는 데 착수했다.

캐리는 이 외의 다른 내용들도 제안했다. 그는 하나님께서 인간이 당신의 선교사역의 보조자로 참여할 것을 기대하신다는 그의 의견에 동의하는 사람들에게 중요한 지침을 제공했다. 그러나 "수단들"이라는 말을 사용함에 있어 상당히 엇나가기도 했다.

모든 수단?

모든 수단이라면 윤리적 일관성과 수단도 상관없다는 뜻인가?

일단 목적을 위해 작동하기만 한다면 어떤 수단이라도 상관없다는 의미인가?

21세기 기독교 선교를 위한 캐리의 가장 큰 기여는, "복음 메시지에 부합하는 모든 수단"이 무엇이냐는 질문에 답변하는 것일 것이다. 모든 "합법적 방법"만이 사용되어야 했다.

1. 윌리엄 캐리는 누구인가?

윌리엄 캐리는 1761년 영국의 노스햄톤셔(Northamtonshire) 폴러스퍼리의 한 마을에서 태어났다. 그의 아버지는 방직공이었다. 그 당시 방직공이었다는 말은 자기 집에 작업을 위한 작은 방직기가 있었다는 것을 의미했다. 그리고 캐리가 아버지의 발자취를 따라 방직공의 길을 갈 것이라는 것은 일반적인 일이었다. 그러나 산업혁명의 여명기에 가내수공업 형태였던 대다수의 방직업이 공장으로 대체되었고, 따라서 캐리는 다른 직업을 찾기 시작했다.

그는 원예에 큰 관심을 가졌는데, 아마도 원예를 통해 목회와 간호, 또는 농업에 관한 일로 진출해 나갈 수 있으리라 생각했을 것이다. 그러나 심각한 알레르기로 원예일을 지속할 수가 없었다. 그래서 캐리는 실내에서 할 수 있는 직업을 찾게 되었다.

그는 구두수선공을 택했다. 캐리는 구두제작자로서 견습생 일을 했고 그의 가족을 부양할 정도의 수입을 벌어들이기 위해 거래하는 법을 배우기 시작했다. 견습생으로서 그의 일은 종교에 대한 그의 관심에 불을 지피는 역할을 했다. 그의 스승인 클락 니콜스(Clarke Nichols)는 성공회 신자(churchman)였다. 그리고 같은 집안에 있던 또 다른 견습공인 존 왈(John Warr)은 종교 반대자(a Dissenter)였다.

구두를 만드는 시간 중 많은 부분이 당시 회자되던 종교 문제들에 대한 토론으로 채워지기도 했다. 심지어 십대 기간 동안에도, 캐리는 성경과 성경 문학에 대한 깊은 관심을 보였다. 그는 성경을 공부하는데 많은 시간을 보냈고 지역 교회에서 헌신적으로 봉사했다. 그는 언어 능력이 탁월하여 자력으로 라틴어와 헬라어를 습득했다.

1781년 캐리는 돌리 플래킷(Dolly Plackett)과 결혼했고 이후 여섯 명의 자녀를 가졌는데, 그 중 네 명은 아들이었고 두 명은 딸이었다. 그러나 두 딸은 어린 나이에 사망했다. 결혼 후 삶의 현실로 인한 문제들이 캐리의 마음을 흔들었다. 이제 그는 부양해야 할 가족이 있었다. 얼마 지나지 않아 그의 매제가 죽자, 캐리는 자신에게 의존하는 두 가정을 돌보아야 했다.

그는 경제적 필요를 채우기 위해 이중직을 겸하게 되었는데, 구두수선공 일과 더불어 조그만 특별침례교회(Particular baptist church) 목사로서 사역을 시작했다. 일반적으로 여타의 다른 침례교도인이 알미니안식의 접근 방식을 택한 것에 반해, 특별침례교회 성도들은 칼빈주의 신학을 고수하고 있었다.

얼마 되지 않아, 레스터(Leicester)의 좀 더 큰 규모의 특별침례교회에서 캐리를 청빙했다. 이로 인해 얼마간의 부수적인 수입이 발생했지만, 그는 여전히 생활비를 충족시킬 수 없었고, 결과적으로 조그만 문법학교의 교사직이라는 세 번째 직업을 가질 수밖에 없었다.

목사-구두수선공-교사라는 세 개의 직업들 중 어느 하나도, 아니 이 세 가지를 다 합치더라도 캐리가 일생의 소명으로 생각하고 있던 사역으로부터 그를 돌이킬 수 없었다. 성경 공부와 목양 경험을 하던 중에, 캐리는 교회가 선교의 책무를 유기하고 있다는 확신에 이르렀다. 전 세계 도처에서 구원받지 못한 영혼들이 죽어가고 있는데, 교회는 그에 대해 아무 것도 하고 있지 않았던 것이다. 무슨 일을 하든, 잉글랜드국교회가 진행하는 방식은 지상명령 목적을 성취하는데 이르지 못하고 있었다.

이 같은 개인적 확신의 위기는 1792년 캐리가 이사야 54:2-3 "네 장막 터를 넓히며 네 처소의 휘장을 아끼지 말고 널리 펴되, 너의 줄을 길게 하며 너의 말뚝을 견고히 할지어다. 이는 네가 좌우로 퍼지며 네 자손은 열방을 얻으며 황폐한 성읍들을 사람 살 곳이 되게 할 것임이라"에 근거한 설교를 했을 때 최고조에 이르렀던 것으로 보인다.

이와 같은 성경 텍스트는 점차 강해지고 있던 캐리의 선교에 대한 초점을 명확하게 했을 것이다. 불후의 설교라 불리게 될 설교 중에, 그는 그의 청중을 도전한 것으로 유명한 말을 언급한다.

하나님으로부터 위대한 일을 기대하십시오.
하나님을 위해 위대한 일을 시도하십시오!

이즈음에 이르러, 캐리는 주사위를 던졌다. 그는 그의 남은 생애를 다른 사람들이 선교의 일을 하도록 격려하고, 그 자신의 생애를 선교에 헌신된 삶이 어떠해야 하는지에 대한 모델로 사용하기로 결심했다.

캐리는 모든 기독교인이 선교의 일에 참여해야 할 의무가 있다는 내용을 담은 설교만 하는데 머무르지 않았다. 그는 그런 내용에 대한 글도 썼는데, 설교를 한 바로 그 해인 1792년에 그 자신을 기독교 선교 역사에 핵심적 인물로 부상시킨 소책자 한 권을 발간했다.

그는 그 책의 제목을 『이교도 개종을 위한 수단 사용의 의무에 대한 탐구』(*An Enquiry into the Obligations to Use Means for the Conversion of the Heathen*)로 지었는데, 이 제목이 갖는 가장 큰 장점은 캐리 자신이 생각하고 있던 선교에 대한 기본 내용을 명확하게 진술하고 있다는 것이다. 모든 기독교인은 비기독교인들에게 복음을 전해야 할 의무가 있다. 그리고 그들은 그 목적에 부합하는 수단을 사용해야 할 의무가 있다.

이 의무는 당시 영국 교회 교단에게는 강매와 같은 것이었다. 특별침례교인이 되기 위해 캐리가 떠났던 영국 교회는 캐리의 주장에 관심을 기울이지 않았다. 그리고 특별침례교회도 선교활동을 할 수 있을 정도로 조직이 정비되어 있지 않았다.

그래서 캐리는 스스로가 나서 선교에 관한 활동을 수행하기로 결심했다. 앤드류 풀러(Andrew Fuller), 존 라이랜드(John Ryland) 그리고 존 서트클리프(Joun Sutcliff)와 더불어, 캐리는 1792년 10월에 "이방인에게 복음을 전하기 위한 특별침례회"(the Particular Baptist Society for Propagating the Gospel among the Heathen, 얼마 후 이 명칭은 침례교선교회로 줄였다)를 세웠다.

목표는 비신자들에게 선교사를 파송할 수 있을 정도의 자금을 모으는 것이었다. 이 조직을 통해 그들이 한 첫 번째 행동은 인도 의료선교사인 존 토마스(John Thomas)를 지원하기로 결정한 것이었다. 당시 존 토마스는 본국에서 휴가 중이었다. 그들이 토마스 선교사가 동료 선교사를 원한다는 것을 알고 난 후, 캐리 자신이 선교사로 자원했고, 결국 선교회는 캐리를 선교사로 파송하기로 결정되었다.

캐리는 1973년 4월에 인도로 출발했고 그 해 11월에 인도 캘커타에 도착했다. 캐리의 선교 원리 중 하나는 선교 사역자들은 가능한 한 자립해야 한다는 것이었다. 이를 위해, 그는 인디고 농장을 관리하는 직업을 찾았다. 그리고 6년간 캐리는 농장을 관리하며 신약성경을 벵갈어로 번역했다. 그의 언어 능력은 그가 정한 선교 원리 중 다른 하나를 충족시키는 데 도움이 되었다. 그것은 선교사의 가장 우선적인 임무 중 하나는 토착어로 된 성경을 제공하는 것이다.

그의 첫 번째 인도 사역 도중 첫째 아들 피터가 태어났지만, 어린 나이에 이질로 사망했다. 아마도 어린 아들을 잃는 경험이 그의 아내가 신경쇠약을 앓게 되는 원인이 되었을 것이다. 그의 아내는 캐리의 선교 여정에 참여하는 데 망설여 했고, 인도에서의 생활이 매우 어렵다는 것을 알고 있었다. 그 이후로 그녀는 건강을 회복하지 못하고 1807년 52세의 나이로 사망했다. 당시 겨우 53세에 불과했던 캐리는 1808년과 1823년 두 번에 걸쳐 재혼했다.

침례교선교회는 더 많은 선교사들을 인도로 보내기로 결정했다. 선교사들은 모두 1800년 세람포(Serampore)로 이주했고, 큰 집을 구입한 후 공동으로 생활했다. 그들은 학교(죠수아 마쉬맨이 주도하여)와 인쇄소(윌리엄 왈드가 주도하여)를 설립했다. 그들이 그곳에 머무는 34년 동안, 대략 6백여 명의 인도인들이 그리스도께 돌아왔다.

캐리는 번역일을 계속하여 학자로 알려지기에 이르렀다. 캐리는 공무원들을 교육하고자 하는 의도에서 설립된 포트윌리엄대학(Fort William College)의 벵갈어 교수직을 제안받았다. 캐리의 생애 동안, 선교회는 44개 언어와 방언으로 번역된 성경의 일부 혹은 전부를 인쇄하고 보급했다. 이들 일 중 대부분이 캐리에 의해 이루어졌다. 캐리는 또한 힌두 산스크리트를 영어로 번역하는 일을 시작하기도 했다.

1818년 선교사들은 교회에서 사역할 토착 목회자들을 훈련시키 위해 세람포대학(Serampore College)을 설립했는데, 이 또한 캐리의 선교 원리 중 하나였다. 선교 사역의 일부로 선교사들은 카스트 제도에 따른 차별의 불의함, 영아 살해, 그리고 과부화장과 같은 사회적 이슈들에 대해서도 의견을 표명했는데, 이로 인해 과도한 행위를 금지하는 괄목할 만한 법률의 제정을 이끌어 내기도 했다. 캐리는 1834년 6월 9일 세람포에서 73세의 나이로 사망했다.

2. 탐구

세람포 선교는 개신교 선교 역사를 통해 이룬 가장 성공적인 이야기 중 하나이다. 세 명의 주요 사역자들-캐리, 왈드, 그리고 마쉬맨-의 헌신은 그들에 대한 자서전으로 출간될 정도로 높이 평가받고 있다. 그러나 캐리의 사역이 단연 뛰어났는데, 이는 그가 침례교선교회를 설립하는데 주도적인 역할을 했기 때문만이 아니라, 수많은 문서들을 저술하고 출간했기 때문이기도 하다.

그리고 그가 저술한 문서들 중 아마도 가장 중요한 것은 그의 초기 고백인 『이교도 개종을 위한 수단 사용의 의무에 대한 탐구』(*An Enquiry into the Obligations to Use Means for the Conversion of the Heathen*)일 것이다. 그 소책자는 너무도 중요하기 때문에, 그 내용에 대해 상세히 다룰 가치가 있다.

탐구는 여섯 가지 부분으로 구성되어 있다.

첫째 부분은 짧게 기록한 서론인데, 캐리는 서론을 통해 기독교인들은 모든 비기독교인에게 "그분의 이름에 대한 지식을 전파하기 위해 모든 합법적 방법을 사용"해야 한다는 논지를 펼쳤다. 일반적으로 표현하자면, 우리는 우리의 죄 때문에 모든 합법적 수단을 사용할 필요가 있다. 그런데 우리는 우리의 죄 때문에 마땅히 해야 할 선교의 일을 하지 않고 있다. 따라서 우리의 죄를 극복하기 위해 선교의 일을 하는 것은 하나님의 의도하시는 바다.

둘째 부분에서, 캐리는 마태복음 28:19-20 전반부에 표명되어 있는 지상명령이 오늘날 우리에게도 적용되는지 여부에 대해 토론한다.

우리는 예수와 그분의 제자였던 사도들이 그랬던 것처럼 복음을 가지고 나가 선포해야 하는가?

캐리는 그렇게 하는 것이 성경적 의무라고 말했다. 그는 성경적 명령들이 폐지되고(예를 들면, 율법), 거부되고(예를 들면, 바울은 비시니아로 가지 말라고 말했다), 환경으로 인해 고려할 가치가 없는 것으로 취급되거나 (예를 들면, 모두가 기독교인인 곳들), 혹은 다른 이유로 인해 불가능한 일이 되는 경향이 있음을 알고 있었다. 경우에 따라서는 시기가 맞지 않기도 했다. 다른 말로 하면, 그 곳을 위한 하나님의 때가 아직 이르지 않기도 했다. 그러나 캐리는 이런 요인들 중 어느 하나도 복음을 전하기 위한 수단을 사용해야 할 의무를 가로막지 못한다고 주장했다.

셋째 부분에서, 캐리는 자신이 주장하는 요점, 즉 여전히 우리는 회심을 시키기 위한 수단을 사용해야 할 의무를 진다는 점을 납득시키기 위해 기독교 선교 역사를 기술한다. 그는 기독교 역사를 여덟 가지 시대, 즉 기독교 이전, 오순절, 스데반/빌립/베드로/바울, 초대 교회, 로마 제국, 기독교 왕국(Christendom) 시대 그리고 현재로 나누고 각 시대별로 어떤 선교활동이 존재했는가를 보여준다.

캐리는 그가 살고 있던 현재, 즉 그가 "교회의 씨앗"이라 부르는 현재를 제외한 다른 모든 시대에 존재했던 완벽한 선교에 대해 조사했다. 캐리가 주장하고자 하는 초점은, 비록 교회가 항상 신실하게 임한 것은 아니었다 할지라도, 복음을 전해야 하는 교회의 의무에 대해서만큼은 항상 인지하고 있었다는 것이다.

넷째 부분에서, 캐리는 독자들에게 전 세계와 그에 대한 선교의 필요성에 대한 조사를 제시한다. 그는 전 세계를 네 개의 지리적 영역들, 즉 유럽, 아시아, 아프리카, 아메리카로 나누었다. 이와 유사하게, 그는 세계를 네 개의 종교 집단, 즉 유대교, 기독교, 이슬람 혹은 마흐메트교도 그리고 이교도로 나누었다.

그는 지리적 영역들을 지역들과 나라들로 다시 나누고, 각 지역과 나라에 존재하는 네 개 종교의 추종자들에 대한 통계를 제시했다. 캐리는 기독교를 하부 집단으로 구분하고 그 하부 집단에 해당하는 통계를 제공하기도 했다(박스 10.1을 보라).

다섯째 부분에서, 캐리는 합법적인 수단을 사용하는 것에 대한 질문으로 돌아간다.

박스 10.1
캐리의 통계 대 현재의 통계

Barrett and Johnson (2002, 4)

종교	캐리 시대의 통계	현대의 통계
유대교인	7백만(1%)	1천 3백만(.002%)
기독교인	1억 7천 4백만(24%)	20억(33%)
무슬림	1억 3천만(18%)	12억(20%)
이교도*	42억(57%)	28억(46%)

◆ 힌두교인, 불교인, 토착 종교와 기타 다른 종교의 추종자들, 그리고 세속주의자들을 포함하는 숫자이다.

만일 성경이 우리가 그렇게 해야 한다고 말씀한다면, 그리고 만일 기독교 선교 역사가 기독교 선교를 위한 긍정적 과정을 보여주는 궤적을 보여준다면, 사람들이 선교를 하지 않을 이유가 무엇이겠는가?

캐리는 사람들이 선교에 임하지 못하게 하는 다섯 가지 이유에 대해 말한다.

① 단순히 외진 지역까지 가야 하는 데 따른 거리로 인한 부담이다.
② 일부 지역에서 살아가며 겪어야 하는 어려움들인데, 그는 이를 야만적인 생활이라고 불렀다.
③ 세상의 많은 지역에서 외국인으로 살아가는데 수반되는 위험성이다.
④ 생활에 필요한 것들을 획득하고, 외진 지역까지 가는데 드는 여행 비용을 확보하고, 그곳에서 살아가는데 필요한 생활비를 마련하기 위해 겪는 어려움이다.
⑤ 새로운 언어를 배우는 것에 대한 필요성과 새로운 언어를 배움에

따르는 어려움이다.

캐리 자신이 그랬던 것처럼, 어떤 사람들에게는 새로운 언어를 배우는 것은 제2의 천성일 수 있다. 그러나 다른 사람들에 있어 새로운 언어를 배우는 것은 매우 어려운 일이고, 대화를 나누는 것이 가능할 정도로 토착어로 익숙해지는 것이 일생을 투자해야 하는 일일 수도 있다.

캐리는 이러한 장애 요소가 갖는 어려움의 실재를 잘 인지하고 있기는 했으나, 그들 중 어느 것도 너무 어려워서 우리가 극복하지 못할 것은 없다고 주장하기도 했다. 우리는 조직적으로 이러한 어려움들을 극복해야 한다.

여섯째 부분은 일종의 요약과 선교의 부르심에 무장할 것을 요구하는 부분이다. 캐리는 우리들 각자가 세상 도처에서 발생하는 하나님의 선교를 위해 기도의 역군이 되어야 한다고 말했다.

> 우리에게 부여된 의무들 중 가장 우선되고 가장 중요한 것 중 하나는 열정적이고 합심으로 드리는 기도다. 그러나 많은 요인들 때문에 성령의 영향이 아무런 작용을 못하고 위축되는 상황이라면, 기도 없이 우리가 사용하는 모든 수단은 아무런 효과도 없을 것이다(W. Carey 1988, 59).

우리는 기도를 멈출 수 없다. 우리는 하나님을 대리하여 행동해야 한다. 캐리는 이를 설명하기 위해 소매업과 도매업의 예를 사용한다. 그러한 사업은 사업을 위한 공장을 짓고 나서는 아무 일도 하지 않는 그런 류의 사업이 아니다. 이들 사업에 종사하는 사업가들은 시장에 나가 이윤을 얻고자 노력하는 그런 사업가들이다.

이와 같이, 기독교 교회의 본질은 하나님의 사업, 즉 복음을 전파하는 것이다. 그리고 그 사업의 "이윤"은 그리스도를 알기 위해 돌아오는 사람들이다. 따라서 이 목적을 이루기 위한 다양한 선교회들(societies)을 구성해야 한다. 캐리는 다음과 같이 말한다.

선교에 대해 심각하게 생각하는 목회자들과 다른 기독교인들이 하나의 선교회를 구성하고, 계획을 실행하기 위해 정한 규정을 존중하는 일단의 규칙들을 만들고, 선교사로 고용되고자 하는 사람들과 비용 부담 등에 관한 일단의 규칙들을 만들려 한다고 가정해 보자(W. Carey 1988, 62).

박스 10.2
사람들이 선교를 하지 않는 이유에 대한 캐리의 다섯 가지 분석

윌리엄 캐리(1988, 52-58)

1. **거리**: 선교지가 너무 멀어서 도달하기가 너무 어렵다.
2. **다른 생활양식**: 대부분 선교지의 생활 조건이 너무 원시적이고 조악하다.
3. **위험**: 해외 선교를 하다가 병에 걸릴 수도 있고 사망에 이를 수도 있다.
4. **자원**: 선교지까지 도달하기 위해 필요한 여행 경비와 도착 후 선교를 지속적으로 수행하는 데 필요한 재정적 지원을 확보하기 어렵다.
5. **언어**: 설교와 교육이 가능할 정도로 외국어를 습득하는 것은 매우 어려운 일이다.

교회가 다양한 교단들로 분열되어 있었기 때문에, 캐리는 각 교단이 개별적인 선교회(society)을 형성할 것을 추천한다. 캐리는 자신이 속한 특별침례 교단 모임을 시작하려고 작정했다.

> 각 교단들이 서로를 간섭하지 않아도 될 정도로 선교지는 넓다. 만일 비우호적인 간섭이 발생하지만 않는다면, 각 교단은 다른 교단들을 향해 선의를 품을 수 있을 것이다. 그리고 다른 교단의 성공을 기원하고 그 교단의 성공을 위해 기도할 것이다(W. Carey 1988, 64).

마지막으로, 지역 교회들은 이들 선교회들을 재정적으로 지원해야 한다. 지금까지 요약한 내용이 캐리가 지은『이교도 개종을 위한 수단 사용의 의무에 대한 탐구』의 내용이다. 24페이지에 해당하는 분량을 차지하는 표를 제외한다면, 이 책은 불과 14,000자로 이루어진 소책자에 불과하다. 가장 최근에 발간된 최신판을 보면, 전체 분량이 65페이지에 불과하다.

이 책의 논조는 주로 선언서 형식인데, 기독교 교회를 각성하여 기도와 선교사 파송, 재정적 지원을 통해 선교에 참여할 것을 독려하는 내용으로 채워져 있다.

이 책의 세 가지 특징은 살펴 볼 가치가 있다.

첫째, 논쟁적 성격이다.

캐리는 이 책의 논조를 의도적으로 신학적 논쟁을 띠게 했다. 옳은 것은 옳은 것이고 아닌 것은 아닌 것이라는 식의 논조였다는 의미이다. 그는 극단적 칼빈주의자들(Dordtian Calvinists), 즉 하나님의 주권 때문에 만일 하나님께서 구원코자 하신다면 하나님께서 하실 것이며 구원받을 사람들은 이미 결정되었다고 주장하는 사람들과 직접적으로 충돌하려 하지는 않았다.

이런 이슈들에 대해 명쾌한 반박을 진술하거나 예정에 대해 반대하는 언급을 주장하기보다, 캐리는 선교에 대한 성경적 부르심, 특히 마태복음 28:19-20 전반부를 언급함으로써 선교에 대한 매우 긍정적인 논조를 제시했다. 그리고 어떤 면에서 그는 역사를 통해 드러난 선교에 대한 교회의 언급을 우리가 이 사역을 지속해야 함에 대한 지표로 사용함으로써, 논쟁에 역사신학적 접근을 채용하기도 했다.

둘째, 캐리가 선교를 위해 주로 사용한 은유는 전쟁이다.

우리는 이미 캐리가 기독교 선교에 반대하는 사람들과 기독교 선교의 대상이 되는 사람들에 대해 이 언어를 사용하고 있음에 대해 살펴보았다. 그들은 적이며 전투부대원들이다. 하나님의 의도는 다음과 같다.

> 최종적으로 사탄의 능력을 굴복시키는 것과 사단의 모든 일을 도말하는 것이다(W. Carey 1988, 2).
> 문명화되지 못한 야만인들이 십자가에 굴복했다(2).

사악한 "증인들은 죽임을 당할 것이다"(7).

우리 주 예수 그리스도께서 오시기 전까지, 전 세계는 이교도 혹은 유대인들로 뒤덮여 있었다. 그리고 이 둘 모두 복음의 적들이다(9).

바울과 바나바는 "이교 세상에 처음으로 공격을 행한" 이들이다(13).

선교 역사에서, 교회는 "군대의 힘으로 이교 나라들을 정복했고 그들을 기독교로 복속시켰다"(21).

셋째, 비록 캐리가 복음을 증진시키기 위해 모든 합법적 수단을 사용해야 한다고 명백하게 말하기는 했지만, 합법적인 것이 무엇인가에 대한 그의 이해는 암시적으로만 표현되어 있을 뿐이다.

아마도 캐리는 선교전략에 대한 결정은 합법적인 것이어야 할 것이라고 단순하게 생각한 것 같다. 왜냐하면 선한 특별침례교인들이 선교전략에 대한 결정을 내릴 것이고, 따라서 그 결정은 당연히 합법적인 것일 수밖에 없기 때문이다. 그러나 불행하게도, 역사를 보면 항상 합법적인 수단이 선택될 것이라는 그의 신뢰를 지지하지는 못했다.

예를 들면, 때로 교회의 다양한 분파들은 회심을 강제하거나, 돈으로 사거나, 또는 조작하기까지 했다. 캐리가 시작한 운동이 채용한 일부 과도한 선교의 예에 비추어 보면, 캐리가 합법적 수단으로 고려했던 것에 대한 좀 더 구체적인 이해를 『이교도 개종을 위한 수단 사용의 의무에 대한 탐구』에서 찾아볼 가치가 있다.

합법적인 것이 무엇인가에 대한 그의 고민에서, 캐리가 세 가지 권위, 즉 성경, 교회의 역사, 성령의 인도하심을 언급했다는 것은 명백하다. 그는 자신이 살던 시대의 종교 권위들과 전문가들을 무시하고, 주장하는 바의 근거를 곧바로 성경과 하나님의 부르심에 대한 자신의 경험에서 끌어왔다.

캐리에게 있어, 합법적 수단을 선택하는 것과 관련한 하나님의 역할 또한 명확하다. 하나님께서는 우리의 능력에 오직 일정한 수단만을 부여해 주신다. 이러한 주장은, 마치 하나님께서 우리가 무엇인가 할 것을 원하시면 하나님께서 그 일을 가능하게 하실 것이기 때문에 그 일이 무엇인지 명확하게 보일 수밖에 없다는 주장과 거의 유사하다. 하나님께서는 우리를 선교로 부르신다.

그러나 하나님께서는 다양한 선교를 위해 다양한 사람들을 부르신다. 캐리가 일단 우리가 하나님의 부르심을 인식하면 우리에게 능력을 부어 주실 성령의 권능에 대한 강한 믿음을 가지고 있었다는 것은 명백하다.

그는 합법적인 것이 무엇이냐는 질문이 대단히 쉬운 질문인 것처럼 생각했던 것으로 보인다. 이 질문은 캐리가 분수령이 되는 결정(the watershed decision)으로 간주하는 수단을 사용할 것인 지를 결정하는 것이다.

캐리 이후 전개된 개신교 선교역사를 판단해 볼 때, 합법적인 수단이란 것이 부름받은 우리 모두에게 그렇게 분명하게 드러난 것인지 여부에 대해 의문을 제기할 수 있다. 개신교 선교역사를 통해 드러난 여러 가지 문제들에 비추어 볼 때, 캐리는 하나님의 성령의 인도하심에 대한 그의 의존에 더 분명하게 표명했어야 했다.

3. 선교의 상태: 그 때와 지금

윌리엄 캐리가 오늘날 우리를 위한 모범적인 선교사가 될 수 있는 데는 여러 가지 이유가 있다.

첫째, 그는 단지 선교에 대해 말만 하지 않았다.
그는 선교에 대한 하나님의 부르심에 관한 자신의 이해를 일관되게 실천했다. 그는 교회의 선교를 믿었다.

둘째, 그는 자신의 믿음을 가장 실천적인 방식으로 행동에 옮긴 사람이다.
이 실천은 너무도 중요한데, 왜냐하면 이 실천이 바로 오늘날 공격 받는 바로 그 내용이기 때문이다. 이와 같은 공격은 캐리 시대에도 있었던 공격이다. 그것은 선교를 제외한 다른 기독교 사역을 추구할 것을 주창하는 방식으로 전개되는 공격이다. 이 공격은 선교를 수행하되, 비기독교인들에게 위해를 가하는 방식으로는 하지 말자는 히포크라테스식 접근 방식에 대한 주장이 아니다. 이것은 단지 우리가 수행하는 일련의 선별적인 행동이 비기독교인들에게 위해가 아닌 선이 되도록 해야 한다는 식의 주장도 아니다.

비기독교인들에게 위해가 되지 말아야 한다는 주장은 선한 주장임이 틀림이 없다. 그러나 지금 우리가 지금 대적해야 하고, 아마도 향후에도 지속적으로 대적해야 하는 것은 교회사역에서 기독교 선교를 완전히 제거하자는 주장이다. 캐리는 이런 자극에 대항해 싸웠고, 그리고 아마도 이런 싸움은 기독교 역사를 통해 교회가 늘 싸워오던 그런 싸움일 것이다.

4. 효과

그렇다면 기독교 선교에 대한 윌리엄 캐리의 접근 방식 중에서 여전히 그 효과가 지속되고 있는 것은 무엇일까?

『이교도 개종을 위한 수단 사용의 의무에 대한 탐구』의 내용일까?

인도에서 행한 캐리의 선교사역 중 어떤 내용일까?

어떤 이유에서였건, 캐리의 생애가 전개되던 중에 발전된 영향들 중 어떤 것일까?

다음에서 다섯 가지 내용들에 대해 말해보자.

1) 유산

윌리엄 캐리에게 붙은 일반적인 호칭은 "개신교 근대 선교운동의 아버지"이다. 이러한 호칭이 갖는 진실에 대해 의문을 제기하는 몇 가지 강력한 이유가 있다. 그가 인도로 파송된 최초의 선교사들 중 한 명에 속한 것은 맞지만, 그가 파송받은 최초의 개신교 선교사로 이해될 수는 없다.

바르톨로메우스 지겐바르그(Bartholomaeus Ziegenbalg)는 덴마크의 후원을 받아 캐리에 앞서 남인도로 파송되었다. 그리고 오랜 기간 동안 공헌한 많은 개신교 선교 사역자들의 노력을 보면, 효과적인 복음 전파라는 관점에서 캐리가 섬겼던 사역보다 더 낫기도 하다. "자녀들"이 "아버지"에 비해 유리하게 보이기 때문이기도 한다.

그러나 캐리는 한 명의 "아버지"에 해당한다. 왜냐하면 그는 당시 교회가 보였던 사도적 책임의 방기(apostolic inaction)에 반대하여 변화를 일으켰던 사람이기 때문이다. 그로 인해, 반선교적(amissional) 교회들이 선교적 교회들이 되었다. 그는 선교의 방식을 보여준 사람이었다. 그리고 그는 선교를 하는 방식에 대한 모델을 보여주었다.

2) 수단의 사용

그는 당시 선교에 대해 "아무 것도 하지 않는" 접근 방식에 경종을 일으켰다. 선교활동의 방기(inaction)이 신학적 확신에서 왔든, 게으름에서 왔든, 편협한 지역주의에서 왔든, 아니면 탐욕에서 왔든, 캐리는 선교에 반대하는 모든 논쟁이 거짓된 것임을 보여주었다. 모든 경우에서, 그는 모든 합법적 수단을 동원해 예수 이야기를 사람들에게 들려주는 데 사용해야 함의 당위성을 설득력 있게 주장했다.

3) 선교회(들)

우리가 살펴본 것처럼, 당시 공적 교회 기관들과 교단들이 보였던 망설임(foot dragging) 때문에, 캐리는 해외 선교 개척자들을 후원하기 위한 목적에서 동일한 마음을 품은 선교의 동역자들(missiophiles)을 조직했다.

이렇게 모인 그룹들이 근대의 독립적인 선교 조직들을 일으킨 선도자들이 되었다. 이들 선도자들이 없었다면, 개신교 선교 노력이 맺은 현재 존재하는 선교의 열매는 겨우 그 흔적만 존재하게 되었을 것이다.

4) 통계

캐리의 업적은 오늘날 선교계측(missiometric)이라 불리는 분야의 발아에 도움이 되었다(Barrett 2000). 선교계측이란 선교사역의 성공 여부와 대면하게 될 도전들을 계측하기 위한 통계의 사용을 말한다. 캐리는 통계 사용이 선교의 열매를 맺는 방식이라는 것을 알고 있었고, 따라서 『이교도 개종을 위한 수단 사용의 의무에 대한 탐구』의 상당 부분을 직면하고 있는 도전들에 대한 개요를 설명하는 데 할애했다.

물론 전화통신이나 전 세계를 연결하는 연결망이 없는 시대에 작성된 자료였기 때문에, 그가 인용한 통계 자료들은 심각한 흠결을 담고 있었다. 그러나 그럼에도 불구하고 캐리의 작업은 미래를 드러내 보여주었다. 캐리는 자신의 선교활동들과 선교전략들을 통계 자료에 근거하여 세웠고, 그렇게 함으로써 오늘날 당연한 것으로 알고 진행하는 고도의 기술을 동원한 선교(high-tech missions)를 가능하게 해 주었다.

박스 10.3
반선교: 종교재판소장, 토마스 데 또르케마다(Tomád de Torquemada)
실천: 일관성-방법론과 목적 간 일관성의 추구

종교재판을 교회의 선교사역이라는 맥락에서 다루는 것이 일반적인 것으로 보이지 않을 수 있다. 그러나 종교재판의 논리, 즉 불신자들은 육체적 고문을 통해서 신앙으로 인도할 수 있다는 다른 사람을 회심시키기 위해 사람이 동원할 수 있는 모든 노력에 대한 생각들 중 최악의 생각에 해당한다.

토마스 데 또르케마다는 1482년 2월 11일, 교황 식스투스 4세(Sixtus IV)에 의해 필요한 모든 수단을 사용해서라도 신앙을 보호하라는 임무를 부여받았다. 자신이 부여받은 임무에 대한 열정 때문에, 또르케마다는 스페인종교재판소(the Spanish Holy Office of the Inquisition)의 핵심 인물(the face)이 되었다.

또르케마다는 스페인 신학자 후안 데 또르케마다(Juan de Torquemada)의 아들이었다. 후안 데 또르케마다는 신학자였을 뿐만 아니라 바야돌리드(Valladolid, 마드리드 서북쪽에 위치한 스페인의 도시로 콜럼부스가 사망한 곳-역자 주)의 대주교이기도 했다. 후안 데 또르케마다는 두 가지로 알려져 있다.

첫째, 그의 개인적 금욕으로, 그는 결코 육식을 하지 않았고 오직 마로 만든 옷만 입었으며, 그에게 돌려지는 모든 존경을 거부한 인물이었다.
둘째, 종교재판관으로 그가 보여준 극도의 잔인함이다.

도미니칸 수도회의 수사였던 데 또르케마다는 그를 추종하는 사람들에 의해 "이교도의 해머, 스페인의 빛, 나라의 구원자, 그리고 그가 속한 수도회의 영광"으로 알려졌다. 그러나 역사는 그를 전혀 다르게 판단하고 있다.
기독교인으로써 우리 모두가 알고 있고 형식에는 다소 차이가 있을지라도 우리가 전달하려는 복음 이야기는, 하나님께서 모든 것을 통제하고 계시며 우리 모두는 다른 이들을 구원에 이르게 할 수 없는 자들일 뿐 아니라 우리 자신도 구원에 이르게 할 수 없는 죄인들이라는 사실이다. 오직 하나님만이 그렇게 하실 수 있는 분이시다.
하나님께서 구원하시는 분이라는 것을 인지하지 않는 가운데 우리가 선교를 위해 동원하는 모든 수단은 성경의 가르침에 부합하지 않는 방법들에 불과하다. 물론, 종교재판뿐만 아니라 종교재판에서 사용한 고문과 같은 극단적 잔혹성이 성경의 가르침과 일치하지 않는 대표적인 예라는 것을 밝히는 것은 어렵지 않은 일이다.
그러나 첫 눈으로 볼 때 단순히 과도한 열정 정도로 보일 수 있지만 좀 더 자세히 관찰해 보면 그 방식이 종교재판이 동원했던 방법들만큼이나 하나님의 능력과 권한을 찬탈하는 좀 더 미묘한 수단일 경우에는 그 실체를 밝혀내기가 쉽지 않다.

• 생각과 토론

1. 종교재판이 기독교 역사의 일부라는 사실에 어떻게 반응을 보여야 할까?
2. 사람들을 그들의 의지에 반함에도 불구하고 그리스도를 수용하도록 강요하는 것과 그들이 복음을 수용하는 데 대한 망설임을 극복하도록 설득하는 것 사이 어느 부분에 선을 그어야 할까?

5) 성공에 대한 재정의

캐리는 매우 조심스럽게 근대 선교사역의 성공과 실패에 대한 기준을 재정의했다. 회심자의 숫자에 근거해 본다면, 인도에서 행한 그의 선교는 실패한 것에 해당한다. 만일 선교에서의 성공이 단지 고립된 소수의 사람들과 마을만이 아니라 그들의 문화권에 속한 대다수의 사람들을 기독교 신앙으로 회심시키는 것을 의미한다면, 캐리의 선교는 분명히 실패한 것이다.

최대로 잡아보더라도, 현재 인도 전체 인구 중에서 기독교인이 차지하는 비중은 불과 2-3% 정도에 불과하다. 그리고 향후에도 그 비율이 상당 정도로 성장할 것으로 보이지 않는다.

그러나 오늘날 선교학자들과 선교 사역자들의 마음에는, 캐리가 성공한 선교사로 아로새겨 있다. 그는 중요한 경고의 나팔을 불어 하나님이 원하시는 것이 교회가 선교에 참여하는 것이라는 사실을 각성시켰다.

그는 기독교회의 중요한 부분에 동기를 부여하여 선교사역에 참여할 수 있도록 했고, 그들로 하여금 선교의 일을 교회의 책임으로 인식하게 했다. 그는 선교의 목적과 부합하는 많은 합법적 수단들이 사용될 수 있다고 선언했다. 그리고 그는 자신의 생애를 바쳐 인도 선교에 헌신했다. 그는 복음 사역에 자신을 온전히 헌신하는 최상의 모델을 제공했다.

제11장

다양성: 다양한 방식을 통해 복음 전달하기

선교 사례: 캐서린 부스(Catherine Booth).
장소: 유럽, 영국.
청중: 일반 기독교인들.
시기: 19세기.

연대표
- 1829년 영국에서 출생
- 1835-43년 가정에서 교육을 받음
- 1844년 감리교에 입교
- 1855년 윌리엄 부스(William Booth)와 결혼
- 1859년 『여성사역』(*Female Ministry*) 저술
- 1878년 구세군 시작
- 1880-84년 야외설교 캠페인
- 1890년 암으로 사망

캐서린 부스의 선교에 관한 자료들

Catherine Booth, *Aggressive Christianity* (Wheaton: Worldwide, 1993)
Mildred Duff, *Catherine Booth: A Sketch* (Whitefish, MT: Kessinger, 2004)
Andrew Mark Eason, *Women in God's Army: Gender and Equality in the Early Salvation Army* (Ontario: Wilfrid Laurier University Press, 2003)

Roy Hattersley, *Blood and Fire: The Story of William and Catherine Booth and the Salvation Army* (New York: Doubleday, 2000)
Norman H. Murdoch, "The 'Army Mother,'" *Cross Point* 8 (Fall 1995): 36–39
Diane Winston, *Red Hot and Righteous: The Urban Religion of the Salvation Army* (Cambridge, MA: Harvard University Press, 1999)

사람들이 복음의 기쁜 소식에 영향을 받지 않는 것처럼 보일 때, 그들이 대단한 곤궁에 처해 있을 때, 그리고 그들이 곤경을 감경하는 수단을 사용할 수 없는 상황에 처해 있는 것처럼 보일 때, 복음을 선포하는 혁신적인 방법들이 만들어 질 수 있다.

캐서린 부스와 윌리엄 부스의 삶과 사역은 다양한 방식, 즉 언어와 비언어 모두를 사용하는 방식으로 복음을 선포하는 실천 속에 내재되어있는 가능성에 대한 사례가 된다.

1. 배경

구세군은 1878년 런던에서 시작되었다. 구세군은 기독교선교회(the Christian Mission)의 자연스러운 결과물이었으며, 런던의 동쪽 자락에 있는 슬럼가 한 가운데에서 설립되었다. 불과 8년 만에, 구세군은 영국 내 여러 도시에 1,271명의 사관과 1,039개의 단위 부대(corps)를 조직하였고, 해외에 1,921명의 사관과 747개의 단위 부대가 조직하였다(Eason 2003, 47). 이러한 섬김활동(outreach) 프로그램의 성공은 다양한 방식으로 복음을 선포하는 것과 상당한 연관성이 있다.

캐서린 부스는 19세기 영국이 소요와 변화로 몸살을 앓고 있던 시대에 살았다. 산업혁명으로 수많은 사람들이 일을 찾아 도시로 몰려들자 도시의 모든 양상이 바뀌었다. 런던의 이스트엔드 지역(East End, 전통적으로 노동자 계층이 모여 사는 런던 동부지역에 대한 명칭-역자 주)에 위치한 공장들로 몰려든 엄청난 노동력에 대한 착취는 수많은 어려움을 양산해냈고 광범위한 슬럼가를 형성했다. 변화는 불안정을 몰고 왔다. 1810년 영국 인구의 겨우 4%만이 도시에 거주하고 있었으나, 1840년까지 그 비율은 50%로 급성장했다.

젊은 여성 캐서린은 당시 전도운동의 긴급성에 고무되어 있었다. 웨슬리안감리교교회의 활동적인 구성원이었던 그녀는, 1850년 감리교 개혁가들을 정죄하라는 요구를 거부함으로써 웨슬리안감리교교회에서 제명되었다 (Murdoch 1995, 36). 캐서린이 웨슬리안감리교 개혁가를 대변하던 설교가인 윌리엄 부스를 만났을 때, 그녀는 젊은 설교가의 설교 능력과 술절제에 대한 그의 메시지에 깊은 인상을 받았다(Eason 2003, 36; Murdoch 1995, 36). 두 사람 사이에 우정이 싹트기 시작했는데, 이 일로 인해 캐서린의 인생은 극적인 방식으로 형성되어 갔다. 캐서린과 윌리엄은 1855년 6월에 결혼했다.

캐서린은 윌리엄이 여성사역과 양성 평등에 우호적인 동역자임을 알았다 (Eason 2003, 36). 캐서린은 성경을 올바로 읽는다면, 그리고 하나님이 부르신 사람이라면 누구든지 공적 사역을 감당할 수 있으며 양성 평등은 하나님께서 주신 권리임을 알 수 있다고 주장했다(39).

또한 그녀와 윌리엄은 런던 동부 끝 지역에 거주하며 가난에 찌들려 살아가는 사람들의 구원에 대한 관심을 공유했다. 그들은 이 두 가지 이슈를 중심으로 힘을 결집했다. 재능 있는 설교자였던 캐서린에게는 교회에 한 번도 들어간 본 경험이 없는 많은 사람들의 마음을 고양시키는 능력이 있었다. 그녀는 1860년 윌리엄의 설교가 끝나고 난 후 부흥회에서 그녀 일생의 첫 번째 "설교"를 했다. 그녀의 설교를 들은 윌리엄은 즉시 그녀가 다음 날 저녁에도 설교를 할 것이라고 선언했다(110).

그런 행동만으로도 중산층 교회와 가난한 노동자들의 관심을 끌 수 있었다. 1700년대, 존 웨슬리는 일단의 여성 설교자들을 지원했다. 그리고 원시감리주의(primitive methodism) 또한 1800년대 초반 여성 지도자들에 의해 많은 영향을 받았다. 비록 원시감리주의 내에서 소수의 여성 설교자들이 여전히 효과적으로 사역을 감당하고 있기는 했지만, 1850년대에 이르러 여성 사역자의 활동이 시들해졌다(Eason 2003, 15).

대중 집회에서 행해진 캐서린의 "설교"와 윌리엄 부스의 선언은, 남성이 지배하며 여성들을 고립시키고 남성의 영역과 여성의 영역을 분리하던 빅토리안 사회 중산층의 고상한(polite) 구조를 돌파해 나갔다(15). 캐서린은 남성들이 주도하는 공적 세계로 진입해 들어갔고, 그녀의 남편은 그녀를 지원했다.

2. 혁신적 사역

가난한 사람들에 대한 캐서린과 윌리엄의 관심이 그들을 새로운 방향으로 이끌었다. 그들은 도시 내부 깊숙한 곳에서 살아가는 빈민들의 곤궁과 파경을 목도했다. 범죄와 알코올 중독이 뒤엉킨 개탄할 만한 생활 조건과 초과 노동, 그리고 굶주림으로 인한 고통이 상황을 더욱 악화시키고 있었다.

캐서린의 인식으로는 이러한 형편에서 살아가는 사람들은 자력으로 하나님을 발견할 능력이 없었다. 그들은 구출과 구원을 필요로 하고 있었다. 그러나 그들의 마음이 완악해져서 복음의 좋은 소식에 관한 메시지를 들을 수 없었다(Booth 1993, 27).

그녀의 이러한 관점은 노동 계층에 속한 많은 사람들이 보여주는 행태로 인해 더욱 강화되었다. 그들의 행동, 즉 폭력, 실질적 학대는 그들의 가난을 영속화시켰고, 그와 같은 영향들은 런던 이스트엔드지역에서 개인들과 가족들에게서 너무도 확실하게 드러났다.

가난한 사람들이 하나님을 필요로 하는 것은 사실이지만, 하나님의 말씀을 듣는 것에 저항하는 것만을 보는 것은 문제의 한 단면만을 보는 것에 불과했다. 산업혁명의 부정적 영향으로 고통받는 사람들이 겪는 고난에 제대로 응답하지 못하는 교회의 부족함이라는 다른 면을 보는 것도 필요했다. 윌리엄 부스가 전도 여행을 위해 교회에 지원했을 때, 교회 지도자들은 지원을 거부했다.

그럼에도 불구하고 캐서린과 윌리엄은 1861년에 전도 여행(the Methodist

New Connection)을 떠났다(Eason 2003, 39; Murdoch 1995, 37). 캐서린은 교회가 가난한 사람들의 곤궁에 응답할 능력이 없다는 것과, 자신들의 잇속만 챙기고(self-serving) 있는 정체된 모습을 목도했다. 교회 지도자들이 윌리엄의 요청을 거부하는 것을 모습을 보며 캐서린의 마음에는 이러한 생각이 더욱 공고해졌다.

여기에 딜레마가 있었다.

> 가난한 사람들은 교회에 가지 않는다. 그리고 교회도 가난한 사람들을 원하지 않는다(Eason 2003, 43).

캐서린과 윌리엄이 이와 같은 딜레마를 경험하면서, 복음 이야기는 전적으로 새로운 국면으로 접어들었다. 복음의 좋은 소식은 궁핍한 사람들을 위한 좋은 소식이 되어야 한다. 복음의 좋은 소식은 깊은 알코올 중독에 빠져 점차 소멸하는 삶을 살아가고 있는 사람들에게 선포되어야 한다.

복음은 실업, 빈곤한 생활 형편 그리고 그로 인해 야기되는 침체를 소망에 찬 생산적 행동으로 변혁시켜야 한다. 부스에게 있어, "영혼을 구원하는 것"은 내세의 중요성을 잃어버리지 않으면서 이생에서 더 나은 삶으로 가는 길이 되는 것이다.

> 캐서린은 예수 그리스도의 제자들은 잃어버리고 깨진 사람들의 영혼을 위한 사역을 하는 동시에 그들의 물리적 필요에도 부합할 수 있다는 것을 보여주었다(Booth 1993, 10).

그녀는 "아이들과 아직 태어나지 않은 앞으로의 세대를 위해" 기독교의 기준을 높은 곳에 맞춰져야 한다고 주장했다.

> 세상에 실질적이고, 생생하고, 자기희생적이고, 성실하게 노동하는 승리의 복음을 보여주어야 한다. 그러면 세상은 그 복음의 영향을 받

을 것이다(21).

캐서린 자신이 여성과 아동에 대한 착취에 맞서 싸워나가는 일을 함으로써 스스로 모범이 되었다. 부흥회도 열었다. 그러나 노동교육, 재배치프로그램 그리고 반알코올중독캠페인 또한 캐서린과 윌리엄 부스가 복음을 전달하는 방식의 일부가 되었다.

3. 캐서린 부스의 신학

캐서린의 신학은 거룩과 희생에 대한 개념의 기초 위에 세워졌다. 신실한 기독교인은 "주님께 헌신되어 있어야 하며 세상과 분리되어야 한다. 그렇게 살아감으로써, 그들의 삶 자체가 모든 불신앙에 대한 책망이 된다"(Booth 1993, 29). 이러한 생활방식은 다른 사람들의 핍박을 불러일으킨다. 따라서 자기희생이 요구된다. 캐서린은 하나님께서는 인간의 연약함을 통해 역사하실 수 있다는 것을 인지했고, 따라서 자기 부인에 기초한 설교를 했다.

기독교인에게 요구되는 희생은 지식과 책임의 상호연결에 그 뿌리를 두고 있었다. 캐서린은 기독교인들은 영혼 구원의 책임이 있다고 믿었다. 만일 사람들이 다른 데 정신이 팔려있거나 관심이 없어 보이면, 부스 부부는 "나가서 그들의 주목을 끌어야 할" 책임감을 느꼈다(Booth 1993, 27). 기독교인의 접근 방식은 굳건한 것이어야 하고 사랑에 근거한 것이어야 한다.

> 그들로 하여금 당신이 그들이 처해 있는 위험을 느끼고 있으며 그 위험 때문에 괴로워하고 있음을 인식하게 하라. 하나님께서 성령을 주실 것이고, 그들은 구원을 받을 것이다(28).

4. 사용한 방법들

그들과 동시대를 살아갔던 많은 기독교인들과 함께, 부스 부부는 전도의 방법은 하나님께서 부여해 주시는 것이 아니라 그 시대를 살아가는 사람들과 상관성이 있어야 함을 이해하고 있었다. 그들이 서로 만나기 한참 전인 1840년대부터, 그들 부부는 각기 개종에 대한 찰스 피니(Charles Finney)의 신학을 수용하고 있었다.

전도에 대한 찰스 피니의 "미국식 방법"은 영혼을 구원하는 목적을 성취하기 위해 과학적 수단을 사용하는 것이었다. 피니를 비롯하여 이전의 많은 사람들처럼, 캐서린과 윌리엄은 대중들에게 다가가는 데 필요한 고상한 방식을 고안했다. 그 방식은 이전 시대에는 아무도 사용하지 않았던 그런 방식이었다. 실용주의와 효과가 성공의 척도였다.

"그들로 하여금 강권하여 들어오게 하라."

캐서린은 "가난한 사람들은 자신들의 사정에 대해 명확하게 파악할 수 없다"는 생각에 근거한 접근 방법을 설교했다. "매 순간마다 그들과 대면하라"는 그녀가 내세운 모토였다. 부스 부부는 다방면으로 이 같은 "공격적 전도"를 수행하기 시작했다. 캐서린과 윌리엄 부스는 수많은 부흥 집회에서 설교하기 위해 여행을 다녔다. 처음에는 함께 다녔지만, 1860년대 후반에는 그들의 설교에 대한 밀려드는 요구 때문에 따로 다녔다.

그들 부부 사이에는 상보성이 발전되었는데, 윌리엄이 런던 이스트 앤드 지역에 위치한 댄스홀을 빌려 가난한 사람들에게 설교하고 캐서린은 런던 웨스트엔드지역(전통적으로 부유층들이 거주하는 런던의 서부지역, 역자 주)에서 살아가는 부유한 사람들을 대상으로 설교했다.

그녀의 설교를 들은 많은 사람들이 슬럼가에서 진행되는 부스 부부의 선교 활동의 후원자들이 되었다. 그들이 행한 총체적 사역은 인류애를 실천할 수 있는 돈과 시간이 있는 수많은 기독 여성들을 위한 출구가 되었다. 다른 사람들은 가난한 이웃 동네에 세워진 주일학교 사역에 참여했다. 깊은 헌신과 자기희생에 대한 캐서린의 설교로 인해 확신을 갖게 된 부유한 회심자들은 그들의 사역에 많은 자원을 지원했다.

박스 11.1
부스 부부의 다양한 사역

모두에게 복음을 전파해야 한다는 긴박성 때문에, 캐서린과 윌리엄 부스는 그 목적을 성취할 수 있는 혁신적인 방법들을 공격적인 방식으로 추구했다. 이러한 혁신들에는 다음과 같은 것들이 포함된다.

- 부흥회 모임을 위해 댄스홀을 임대함
- 새로운 회심자들(가난한 노동자 계층에 속한 남성들과 여성들)을 훈련시킴. 그러나 그들이 반드시 교회에 출석할 것을 지나치게 강요하지는 않음
- 새로운 회심자들을 훈련시켜 노상 설교를 할 수 있도록 함
- 부유한 웨스트엔드 거주자들에게 설교하여 그들이 이스트엔드 선교를 재정적으로 지원하거나 자원봉사자로 참여하게 함
- 여성들의 재능을 활용하여 설교사역을 섬기도록 함
- 노동자 계층에 문화적으로 매력적인 군대의 상징들과 형식들을 사용함
- 다양한 설교 방식(캐서린과 윌리엄)을 활용하여 더 많은 사람들에게 다가감

• 생각과 토론

이들이 사용한 모든 방식은 말이 중심이 된 봉사 형식이거나 말로 복음을 제시하는 활성화한 형식이었다.
캐서린이 사용한 비언어적 형식에는 무엇이 있었을까?

윌리엄 부스가 설교와 사역 부분에서 여성의 리더십을 지원한 데에는 실용적인 이유들이 깔려있었다. 순회 전도자로 원시 감리주의자들과 함께 사역하는 동안, 그는 원시 감리주의자들 그룹에 속해 있던 소수의 여성 전도자들 중 한 명인 벅(Miss Buck)에 대해 들었는데, 그녀는 노련한 순회 설교자였다. 윌리엄은 그녀의 능력과 성공에 큰 감명을 받았다.

비록 그 때까지만 설교를 한 경험이 없었던 캐서린은 여성의 설교사역에

대해 윌리엄에게 자신의 견해를 말했다. 그녀는 양성 간 평등이 성경적이고 여성들도 모든 영적인 은사를 받았다는 것에 대해 확신하고 있었다. 또한 캐서린의 설교는 점차 가중되는 가족부양을 위한 중요한 경제적 수익이 되기도 했다. 사실상 윌리엄은 전통적인 여성 리더십 견해를 고수하지 않으므로 결혼과 사역에서 많은 수혜를 얻을 수 있었다.

그러나 이스트엔드의 슬럼가에서 진행되는 급진적인 기독교사역이 모두에게 환영받은 것은 아니었다. 사역 초기에는 설교 중에 폭력이 발생하는 일은 흔했다. 교회 구성원들 중 일부는 부스 부부의 방법론을 공격하기도 했다. 그들은 부스 부부가 품위가 없고 무례했다고 주장했다. 야단스러운 행진 악대와 노상 설교, 그리고 가난한 사람들을 사역자로 훈련시키는 것 등이 그들의 비위를 거슬렀다.

그들은 지도층과 문제가 발생할 것에 대해 걱정했다. 캐서린은 "복음의 위엄"은 인간의 위엄이 아니라 신적 위엄, 궁극적으로는 사랑의 위엄이라고 주장하는 것으로 이러한 공격에 응대했다(Booth 1993, 30). 비록 일부 성공회 지도자들이 구세군을 후원하고 싶어했으나, 여성 설교자들의 "품위 없는" 활동들과 거침없이 말하는 여성 지도자들이 반대를 야기했고, 결국 후원에 대한 제안은 철회되었다.

사람들이 있는 곳으로 가는 것이 기독교 선교회 사역의 핵심이 되었는데, 이 외에도 몇 가지 다른 복음적 선교단체들이 19세기 중반 무렵 런던의 이스트엔드지역에 설립되었다. 가난한 사람들이 직접 교회의 문을 두들이지 않았기에, 기독교인들이 가난한 사람들에게로 가야만 했다.

그들은 가난한 사람들에게 단지 설교를 위해서 뿐 아니라 음악홀에서 그들과 더불어 "자유롭고 격식을 차리지 않는" 저녁(free and easy evenings)을 함께하려고 갔다. 이 같이 일종의 선술집에서의 대중을 대상으로 한 전도방식은 일반인들이 선술집에서 여흥을 나누는 방식을 사역에 적용한 것이다. 기독교선교회는 이스트엔드의 낡은 가게를 얻었고, 이후 그곳은 이스트엔드지역 선교를 위한 본부가 되었다.

궁극적으로 그곳은 회심자들을 위한 교회가 되었다. 가난한 사람들은 자신들의 생활환경 안에서 함께 모여 사역하고 예배를 드렸다. 사역을 위한 재화와 서비스는 중산층들이 박애를 실천하기 위해 모은 자원에서 제공받았다. 주일학교 사역들이 일구어졌고, 복음이 이스트엔드지역에 뿌리내려져 더욱 풍성하게 확산되어 갔다.

1878년 기독교선교회는 조직을 재구성하고 명칭을 구세군으로 바꾸었다. 구세군은 조직과 복장에 군대식을 도입했다. 당시 군대의 상징은 대중적인 주목을 끌었는데, 특히 일상에서 육체노동을 강조하는 노동자 계층에 속한 남성들 사이에서 대중적이었다.

구세군 사역자들은 부대 단위(corps)를 구성하고 눈에 띠는 군대식 유니폼을 입었으며, 거리 모퉁이에서 음악을 연주하는 것으로 대중들의 관심을 끌어 모았는데, 이런 이유에서 설교사역에 도움을 주는 밴드를 양성했다. 여성 설교자들과 "할렐루야 아가씨들"(Hallelujah Lasses)이 대중의 관심을 끌었다. 이는 그들이 보인 고결함과 인류애, 그리고 여성과 어린이들을 위한 훈련 교실로 대중을 인도한 그들의 호의적 태도 때문이었다.

5. 방법론에 대한 분석

구세군 사역이 발전해 나간 자취를 추적해 보면, 구세군의 선교사역을 성공으로 이끈 교차로와 선택이 드러난다. 일반적으로 방법은 세 가지 단계를 포함한다.

1) 사람들의 관심 끌기

선교사역이 성장을 담보하려면, 우선 선교대상그룹의 관심을 끌어야 한다. 구세군의 경우에는 두 개의 관심그룹이 있었다. 하나는 가난한 사람들이었고, 다른 하나는 부유한 사람들이었다. 윌리엄은 슬럼지역에서 부흥회를 개최함으로써 가난한 사람들의 관심을 끌었다. 그는 이스트엔드 노동자 계층에게 호소력을 갖는 창의적인 방식으로 복음을 제시했다. 또한 여성 설교자들과 밴드를 동원함하여 대중의 관심을 끌었다. 그리고 이스트엔드 한복판에 기독교선교회를 세웠다. 캐서린은 부유한 사람들이 모이는 교회에서 그들이 자신들이 갖춘 지식과 수단을 동원하여 동일한 지식과 수단을 갖추지 못한 사람들에게 복음을 전해야 하는 책임에 대해 설교함으로써 관심을 끌었다.

두 가지 경우 모두에서, 일종의 창조적 충돌이 발생되었다. 그리고 그러한 충돌은 충격을 야기했다. 매체들이 이스트엔드의 부흥회 모임에 대해 다루었다. 여성들의 설교는 중산층 내에서 엄청난 논쟁을 야기했다. 캐서린과 윌리엄 부스는 이들 두 개의 대상그룹의 관심을 끌었다.

2) 필요 채우기

가난한 사람들의 필요를 충족시키는 데 초점을 맞추는 것은 구세군 사역의 발전과정의 핵심을 차지했다. 런던 안에 조악한 조건하에 사는 사람들의 숫자가 1800년대 중반에 폭발적으로 성장했다. 증가세에 있던 중산층에 속한 기독교인들은 빈곤으로 살아가는 사람들에 주목하고 그들을 돌아보았다. 문제는, 어떻게 하면 빅토리아 시대 중산층의 특징이었던 겸손함과 세련됨을 고양하면서도 가난한 이들에게 접근할 것인가 하는 것이었다.

캐서린의 공격적 전도캠페인은 부유한 기독교인들을 자극했고 자선하는 마음에서 우러나온 기부와 주일학교 사역에 참여할 수 있는 출구를 제공했다. 심지어는 "격식을 차리지 않는" 저녁사역이 이스트엔드에서 진행되는 동안에도, "선한 도덕적 가치들"은 여전히 고양되고 있었다. 설교, 그리고 알코올이 가미되지 않은 음료수가 저속한 농담과 술을 대신했다. 캐서린은 사람들을 인도하여 여성과 어린이에 대한 당시 사회의 억압에 항의했다. 그녀는 이들을 위한 증진된 생활 조건에 대해 강력하게 요구했고 알코올 중독자들의 재활하기 위한 사역을 진행했다.

박스 11.2
구세군 사역의 놀라운 성공

캐서린과 윌리엄 부스의 사역이 성공했을 뿐만 아니라 그렇게 빠른 속도로 확장된 이유는 무엇일까?
그들이 진행한 사역을 살펴보면 그들이 사역에 성공한 몇 가지 가능한 이유들이 드러난다.

양립 가능성

캐서린은 슬럼가에 있는 사람을 "점잖은" 교회 안으로 데리고 들어오기보다, 복음을 들고 그들에게 가기로 결정했다. 그렇게 함으로써, 부스 부부는 사람들의 생활방식에 부합하는 방식을 추구했다. 부흥회를 위해 댄스홀을 대여하는 것은 사람들로 하여금 그들이 살고 있는 익숙한 지역 정서로 사람들을 청하는 것이었다. "격식을 차리지 않는" 저녁 또한 지역성을 고수하는 것이었고 이스트엔드 거주민들이 정기적으로 즐기는 세속적 오락을 흉내낸 것이었다. 양립 가능성은 구세군사역의 초기부터 정립되었다. 부스 부부는 낡은 가게를 구입했는데, 그곳에 사역을 위한 행정사무실을 차렸다. 그들은 자신들이 복음을 전하고자 하는 대상들의 문화적 환경 속에서 확고하게 정착했다.

복잡성

그들이 설정한 목표를 달성하기 위해 사용한 방식에는 단순한 것은 존재하지 않았다. 부스 부부의 사역을 위한 재정적 기반이 자산가들(people of means)로부터 오고 있었기에, 캐서린은 부유한 사람들의 필요와 감성에 호소해야만 했다. 복잡한 신학(complex theology)은 중산층 기독교인들의 지원을 확보하고 그들로 하여금 가난한 사람들의 복지에 대한 책임을 느끼게 하는 쪽으로 발전되었다.

더 나아가서, 부스 부부가 당시 대중적이었던 군대의 상징을 사역 구조에 차용하자 그 복잡성은 한층 가중되었다. 군대식 상징의 차용은 조직의 재구성과 더불어 이 같은 변화를 위한 신학적 근거를 마련하게 했다. 여성의 설교와 리더십에 대한 근거 또한 수립될 필요가 있었다. 사람들의 육체적 안녕을 돌아보는 구세군사역과 다른 고용을 위한 훈련을 통해 사람들에게 자신들의 경제상태를 호전시키도록 하는 것을 포괄하는 것을 정당화시켜줄 수 있는 신학의 개발은 그들의 사역에 또 다른 지경을 더하도록 했다.

상관성의 이점

비록 런던 이스트엔드지역에서 선교사역을 발전시키는 것은 단순한 과정이 아니었지만, 그 일을 위한 다양한 수단들의 사용이 다른 교회들이 쏟는 선교적 노력에 우위를 차지하는 계기가 되었다. 부스 부부는 그들의 사역이 아니고서는 교회에 출석하지 않을 사람들을 대상으로 사역을 했다. 당시 일반적인 교회는 이스트엔드 거주민들을 대상으로 하는 정기사역을 진행할 수가 없었다. 슬럼가를 대상으로 한 구제사역들이 진행되었으나, 가난한 사람들의 마음을 바꾸지는 못했다. 캐서린과 윌리엄 부스가 가난한 사람들을 위한 사역에 불어넣은 활력과 연민은 그들의 설교와 선교사역에 가난한 사람들에 대한 접근성을 높였을 뿐만 아니라 그들의 관심을 불러일으키기도 했다. 선한 의지에서 나온 동기와 사람들의 구원을 위한 간절함이 선교에 대한 그들의 노력을 통해 드러났다.

시험 가능성

캐서린과 윌리엄 부스가 느낀 가난한 사람들을 위한 사역에 대한 강한 소명 자체가 사역의 성공을 보장하지는 않았다. 그들은 위험을 감수했고 시행착오를 통해 진보를 이루었다. 사역을 시작할 초기에는, 기독교선교회 사역자들이 경우에 따라 육체적인 공격을 받기도 했다.

캐서린은 메시지를 들고 도심지역에 대한 사역을 지원할 부자들에게 다가갈 새로운 방식들을 시도해야 했다. 부스 부부는 새로운 방식들을 시도했다. 그들은 사역의 성공적인 부분은 지속하고 그렇지 않은 부분은 폐기하면서 접근 방법들을 개선해 나갔다. 그들은 여성의 설교와 리더십이 효과적이라는 것을 발견했다. 만일 지역의 문화 유형을 모방한다면, 음악과 오락으로 사람들의 관심을 이끌어내는 것 또한 성공적으로 작동했다.

구세군 사역자들은 사역 대상자들의 문화에 맞춰 "세련되지 못한" 행동을 시도했고 그 또한 효과적이라는 것을 발견했다. 만일 사역이 사람들을 그리스도 앞으로 인도하고 그들의 육체적 고통을 경감시키는 것이라면, 캐서린은 다른 사람들의 승인을 얻기 위한 노력을 거의 하지 않았다. 시행착오, 수정과 재구성은 구세군 발전 과정의 일부였다. 방법은 상대적인 것으로 여겨졌기에, 실용성을 근거로 새로운 방법이 시도되거나 유지되거나 폐기되었다.

관찰 가능성

기독교선교회와 구세군의 성공을 도표로 작성하는 것은 어렵지 않았다. 회심자와 새로운 사역자들의 수는 빠르게 성장했다. 결과가 눈에 보였다. 벗은 자에게 옷을 입혔다. 가난한 사람들이 복음을 들었다. 주님을 믿으라는 설교가 선포되었다. 사역의 성공은 가시적이었을 뿐만 아니라, 심지어 눈으로 볼 수 있을 정도로 더 빠른 속도로 성장했다.

캐서린은 가시적 결과는 성령께서 인도하시는 모든 노력에 있어서 매우 중요하다고 주장했다. 그녀의 의견으로는, 만일 교회가 복음을 전하라는 명령을 수행하는데 성공적이라면, 세상은 훨씬 더 많이 바뀔 것이다(Booth 1993, 28). 사도 바울 시대에도 복음 설교는 소란을 불러 일으켰고 혼란이 뒤따랐다. 캐서린에 따르면, 동일한 일이 오늘날 성공적인 기독교사역에서도 발생할 수 있다. 만일 세상의 변화를 볼 수 없었다면, 그리고 복음을 설교함으로 초래되는 핍박을 경험하지 않았다면, 많은 것을 성취할 수 없을 것이다.

부스 부부가 거둔 사역의 성공에 대한 이와 같은 근거들은 그들의 생애와 노고를 통해 역사하신 하나님의 사역을 경감시키지 않았다. 오히려 양립 가능성, 복잡성, 상관성의 이점, 시도 가능성, 그리고 관찰 가능성은 그들이 거둔 사역의 성공에 기여한 요인들임을 볼 수 있다.

이 과정은 복음의 좋은 소식이 사람들의 삶 속에서 작용할 수 있는 변혁적 변화들을 강조했다. 사람들은 복음 안에서 의미를 발견했다. 그 의미가 그들에게 소망을 주었고 결과적으로 그들의 삶을 변화시킬 수 있었다.

사례 연구:
매니토위시(Manitowish)공동체교회

다양한 상황에 적절한(context-appropriate) 방법과 신학을 사용하는 성공적인 총체적 사역은 위스콘신주 북쪽에 위치한 성장하고 있는 교회사역에서 볼 수 있다. 매니토위시공동체교회는 자그마한 시골 마을의 장로교 회중인데, 그 마을의 생계는 여름과 겨울에 마을을 방문하는 관광객들에 의존하고 있다. 여름에는 낚시와 수상 스포츠를 운영하고, 겨울에는 눈썰매를 운영하는 것이 주요 관광수입이다. 이와 관련한 사업체들을 운영하는 은퇴자들과 그 가족들이 이 작은 마을 공동체의 영구 거주민을 형성한다.

문화 환경은 보수적이고 애국적인데, 마을 주민은 매우 열심히 일하는 사람들이다. 공동체의 핵심 가치는 자연에 대한 사랑과 독자적 번영이다. 정직과 일에 대한 열심, 그리고 이웃과 국가에 대한 헌신은 높은 가치로 여겨진다.

이러한 공동체의 필요는 마을을 방문했다 떠나는 관광객들에게는 명확해 보이지 않는다. 비록 중산층의 관광사업이 번창하고 있기는 하지만, 매니토위시 워터는 경제적으로 침체된 지역의 한 가운데 위치하고 있다. 일 년 내내 거주하는 사람들 중에 가난한 사람들도 더러 있다. 그러한 상황에서라면 방치나 폭력과 같은 가족 내에서 자행되는 학대가 쉽고 흔하게 발생한다.

사람들로 하여금 이 지역 공동체에 대한 관심을 유발하도록 하는 것에는 벼룩시장과 공예품 풍물장터, 낚시 그리고 여름에 진행되는 야구 등이 포함된다. 함께 음식을 먹는 것은 이 지역에서 흔히 발생하는 유희에 속한다. 이런 이유에서 여름에는 공동체가 함께 참여하는 소풍이 자주 발생한다. 물고기 튀김, 각종 축제, 저녁을 위한 모임 등이 일 년 내내 진행되며 사람들의 관심을 끈다.

매니토위시공동체교회는 교회의 상황에 맞게 몇 가지 조정을 거치면서 이 지역의 문화환경에 적응해 들어갔다. 일 년 내내 거주하는 소수의 거주민들만으로 공동체의 정체성과 정신을 조성해야 하는 작은 마을의 일부인 매니토위시공동체교회는 사람들을 함께 모을 수 있는 다양한 방법을 고안했다.

특정 교단에 대한 명칭 때문에 조성될 수 있는 거부감을 피하기 위해, 이 장로교 회중은 자신의 교회 이름을 공동체교회라 부르고 있다. 시골지역의 자연이 주는 아름다움을 이해하고 있기 때문에, 교회는 지방 고속도로에서 교회 주차장에 이르는 길을 넓고 구불구불한 포장도로로 조성했다. 공동체가 즐기는 유희를 잘 이해한 교회는 북쪽지역의 숲문화에 대한 관심을 유발할 수 있는 섬김사역을 개발했다. 연중 내내 거주하는 거주민들로 이루어진 공동체의 경제적 필요와 사회적 필요에 대해 잘 알고 있기에, 교회는 지역을 섬기는데 필요한 다양한 사역프로그램을 개발했.

잡동사니시장(rummage sale)은 관광객들이나 이 지역에서 연중 내내 거주하는 주민들 모두가 좋아하는 대중적인 여름행사였다. 많은 소도시들이 특정한 날을 택해 공동체 전체가 참여하는 잡동사니 시장을 연다. 가까이 위치한 위스콘신주 메르켈(Mercer)시는 상공회의소가 조직한 공동체참여판매의 날을 지정하고 있다.

이를 위한 지도가 제공되고, 거주민들은 집집마다 방문하며 이웃들을 만나기도 하고 중고품을 구매하기도 하면서 즐거운 하루를 보낸다. "한 사람에게는 쓰레기일 수 있는 것이 다른 사람에게는 보물이 될 수 있다"라는 말이 사람들의 마음을 유쾌하게 해 주는 그 날의 주제어다.

행사 전 수개월 동안 회중들 내에 하나의 공동체가 구성된다. 왜냐하면 함께 물건을 모으고, 물건을 정리하고 가격을 책정하고, 보트와 자전거를 포함한 큰 물건들을 위한 침묵경매(silent auction)에 참여하기 위해 필요한 용지들을 만드는 일 등을 함께 해야 하기 때문이다.

판매 당일, 모든 여성은 "오늘 장로교인 한 명을 안아주셨나요?"라는 질문이 인쇄된 각종 색깔의 앞치마를 입는다. 스포츠와 전기제품들, 접시와 유리제품들, 가구, 예술, 골동품 그리고 다른 제품에 관심 있는 남성과 여성들이 벼룩시장의 각 섹션의 판매인들이 된다.

마을공동체에 속한 사람들은 교회로 와서 물건을 구매함으로 나름의 유익을 얻는다. 서로 간에 나누는 일상적인 대화와 거래를 통해, 그리고 편하게 나누는 마음을 통해 서로에 대한 좋은 감정이 생겨난다. 청소년 그룹들은 아이스크림을 판매하고, 여성공동체는 핫도그와 아이스티를 제공한다.

저녁 10시에 베팅이 종결되는 침묵 경매를 위해 기다리는 동안 사람들은 함께 식사를 나눈다. 대략 오후 두시 즈음이면 남는 상품들 중 여행가방이나 여성용 가방 같은 물건은 1달러에 판매된다. 사람들은 여행가방을 1달러에 사서 그 안에 물건을 채워 간다.

이는 단지 그다지 좋지 않은 물건들을 재활용하도록 돕는 일일 뿐만 아니라 눈에 띄지 않는 방식으로 가난한 사람들을 돕는 일이기도 하다. 공동체는 이런 잡동사니시장의 운영을 통해 다른 이들을 돕고 또 그 일로 인해 자존감을 느끼는 장이 된다.

벼룩시장은 선교를 위한 장이다. 판매수익금은 교회 선교사역, 지역을 위한 사역 그리고 해외 선교사역을 위해 기부된다. 학대당하는 여성을 위한 쉼터인 도브(DOVE)와 같은 지역을 섬기는 사역이 수혜대상이다. 비록 지역사역을 위해 할당되는 돈의 양이 가장 큰 부분을 차지하기는 하지만, 국제기아대책(international hunger relief), 재난구호 그리고 기독교 선교프로그램들 또한 수익금의 일부를 지원받는다. 2004년 벼룩시장은 38,000달러의 수익을 올려 기독교 선교를 위해 사용했다.

매년 이 행사의 규모가 늘어나고 있다. 사람들은 이 행사에 대해 듣고 기부할 물건들을 교회로 가져오고 있다. 지역민들은 여름 스케줄에 이 행사를 미리 올려놓고 있다. 관광객들은 수많은 차들이 지방 도로변에 주차한 것을 보고 이유가 궁금해 멈춰 들려본다. 위스콘신주 매니토위시의 장로교인들은 계속 확장되고 있는 사역을 시작했다. 이들은 이 같은 사역을 어떻게 했을까?

지역 문화와의 상호작용과 공동체의 핵심 가치에 대한 존중, 교단의 차이로 인한 분열의 축소, 사역과 펀드를 위해 사람들을 함께 끌어들일 수 있는 활동의 발견, 지역민들이 관심을 갖는 일들에 대한 지원, 그리고 세상의 필요에 대한 마음을 갖는 것 등이 그들이 이러한 과정을 밟아 나가게 된 여러 가지 이유 중 일부다.

부스 부부는 이 사역에 대해 동감했을 것이다.

3) 문화에 대한 공감얻기

마지막으로, 구세군의 사역들을 개발하는 과정은 거부할 수 없는 문화적 공감대를 불러일으키는 과정이었다. 비록 18세기의 합리주의가 여전히 살아있었고 중산층 가운데서 작동하고 있었지만, 19세기 낭만주의의 영향에 그 자리를 내어주고 있었다. 낭만주의가 번창하여 그 시대에 감정의 표출과 연민의 시대를 도래케 했다.

구세군들은 이를 기회로 삼아 활용했다. 그들은 소외된 대중들이 겪는 고통에 대해 강조하고, 다른 사람들의 심금을 울리는 방식으로 사역의 당위성을 알렸고, 드라마를 사용하여 흥분을 불러일으키며, 자신들의 사역을 제시함에 있어 필요한 이미지들을 강조했다.

중산층에 속한 많은 사람들이 가난한 사람들의 고통에 민감했으나 그 문제에 대해 어떻게 다루어야 할지 모르고 있었다. 캐서린은 기독교인들이 압제에 대항하고 가난한 사람들을 도우면서 동시에 영국의 가치를 가장 잘 보여줄 수 있는 모델이 될 수 있음을 보여주었다. 그녀는 중산층의 마음을 감동시켰으며 그들을 격려하여 가난한 사람들을 향한 그들의 연민을 보여줄 수 있게 했다.

그녀는 "그들로 하여금 당신의 눈에 흐르는 눈물을 보게 하라"고 교훈했다(Booth 1993, 28).

박스 11.3

반선교사: 존 라이랜드(John Ryland)

실천: 다양성 – 다양한 형식으로 복음 전달하기

윌리엄 캐리가 젊었을 때("개신교 선교의 아버지"가 되는 힘든 과정을 걷고 있을 때), 영국자유교회(the Free Churches of England)의 관심의 초점을 선교로 옮기고자 했던 그의 사역에 가장 큰 적들은 선교가 필요하지 않다고 가르치던 일단의 칼빈주의자들이었다. 그들은 특별침례교인들이었는데, 존 라이랜드, 존 서트클리프(Johb Sutcliff) 그리고 앤드류 풀러(Andrew Fuller)와 같은 사람들이었다. 그런 사람들이야말로 캐리가 선교의 핵심적 중요성을 확신시켜 주어야 했던 사람들이었다.

이야기는 다음과 같이 전개되었다. 캐리는 바톤(Barton) 마을의 한 교회에 청빙받아 주일마다 정기적인 설교를 하게 되었다. 이 교회는 캐리 자신이 1783년 10월 5일 세례를 받았던 그 교회였다. 바로 그 주일, 캐리는 교회에서 사역자들의 모임을 인도하면서 그가 가장 중요하게 생각하고 있던 선교에 대한 주제를 강조하고 있었다.

그 주제는, 어디에 거주하고 있든 간에 복음을 모르는 다른 사람들이 구원받을 것을 소망으로 복음을 선포해야 하는 모든 기독교인의 의무에 대한 것이었다. 캐리가 자신의 주제에 대한 발언을 마친 후, 존 라이랜드가 "젊은이, 앉게나. 하나님께서 이교도들을 개종시키길 기뻐하실 때, 자네나 나의 도움 없이 그분이 그 일을 하실 것이네."라고 말했다는 기록이 남아 있다.

라이랜드와 같은 사람들은 선교에 관한 아무런 일도 할 필요가 없다는 주장을 방어하기 위한 신학적인 근거로, 하나님은 전지하시다(all-knowing)는 신학적 전제를 사용했다. 하나님께서는 이미 발생한 모든 것을 아시고 계실 뿐 아니라 앞으로 발생하게 될 모든 일도 알고 계신다.

따라서 그분은 누가 구원받을 것이고 누가 구원받지 않을 것인지도 알고 계신다. 하나님께서는 심지어 어떤 일이 발생하기 전에 이미 그 일에 대해 알고 계신다.

그러니 이미 모든 것이 완전히 결정되어 있다면, 선교를 통해 우리가 할 수 있는 것이 무엇이겠는가?

우리가 앞서 살펴보았던 것처럼, 캐리의 메시지는 잃어버린 영혼들이 복음의 선물을 수용하고 기독교인이 될 수 있도록 하기 위해 모든 수단을 사용해야 한다는 것이었다. 어떤 사람은 "모든 수단을 사용하기 위해" 배 밖으로 나갈 수도 있다. 그러나 결국 선교는 하나님의 선교이다. 만일 하나님의 의지가 발동하지 않으면 아무런 일도 발생하지 않을 것이다. 그러나 캐리는 하나님의 의지라는 부분이 우리가 복음 이야기에 대해 전달하는 신앙의 대사들이 되어야 한다는 것임을 보았다. 훗날, 캐리를 비판했던 존 라이랜드의 아들인 존 라이랜드 2세가 특별침례교 내에서 가장 강력한 캐리의 지원자들 중 한 명이 되었다.

• 생각과 토론

1. 선교에 대한 (지난 장에서 반선교사의 예로 제시했던) 종교재판소장 토마스 데 또르케마다의 접근 방식과 존 라이랜드의 접근 방식을 비교해 보라.
2. 강제성 또는 수동성 어느 쪽에 대한 실수를 범하지 않는 중도적 방식의 기독교 전도에 대해 정리해 보라.
3. 2번 질문에 대한 당신의 답변에서 대략적으로 드러나는 복음전도에 대한 중도적 방식이 암시하는 복음 전달 방식들(언어적 방식과 비언어적 방식 모두를 포함해서)에 대한 리스트를 작성해 보라.

6. 무엇을 배울 수 있을까?

구세군 사역에 대한 분석은 현대 선교사역을 위한 훌륭한 방향을 제공한다. 우리는 어떻게 하면 복음의 좋은 소식을 현대 문화에 전달할 수 있을까?

현대의 다원주의적 상황에 언어와 비언어 모두를 통해 복음을 선포하려면 어떤 접근 방법이 적합할까?

부스 부부가 그들의 선교를 어떻게 성취했는지를 연구하는 것은, 우리가 잠재적인 사역에 접근하는 데 활용할 수 있는 질문지를 만드는 데 도움이 된다.

1) 과정

① 어떤 사회집단에 접근하는 것이 중요한가? 그리고 그 이유는 무엇인가?
② 태도, 관심사, 필요, 가치, 희망 그리고 두려움이란 측면에서, 대상 문화와 상황이 처한 최고의 긴급성은 무엇인가?
③ 참여 대상 공동체, 즉 국가, 지역, 교회, 가족의 핵심 가치는 무엇인가?

2) 방법

① 어떤 방법을 사용하여 대상 그룹에 속한 사람들에게 접근할 것인가? 인터넷인가? 서커스 기술인가? 음악과 연극인가? 그들의 종교에 대한 대화인가?
② 그러한 방법을 차용하는데 당신이 속한 신앙공동체에 장애가 되는 것은 무엇인가?
③ 그러한 장애물들은 어떻게 제거할 수 있을까?

3) 신학

① 문화적 환경의 어떤 차이가 오늘 우리 시대를 위한 신학적 강조점에 차이를 초래하는가?
② 당신이 살아가는 상황 속에 함께 살아가면서 타종교에 속한 사람들과 상호작용하기 위해 개발될 필요가 있는 신학은 무엇인가?
③ 당신이 고안한 다른 방법을 지지하는데 사용할 수 있는 성경신학은 무엇인가?
④ 타종교에 속한 사람들과의 상호작용이 당신의 신학과 당신이 속한 신앙 공동체의 신학에 어떤 영향을 끼치는가?

제12장

존중: 자신이 우위를 점하기 위해
다른 사람들을 폄하하지 않기
다른 사람들을 존중하기 위해
자신을 폄하하지 않기

선교 사례: 윌리엄 셰퍼드
장소: 아프리카
청중: 아프리카 전통 종교 추종자들
시기: 19세기와 20세기

연대표

- 1865년 버지니아주 웨이네스보로(Waynesboro)에서 3월 8일 출생
- 1886년 알라바마주 소재 투스칼루사신학원(Tuscaloosa Theological Institute) 졸업
- 1888년 시온장로교회의 목사로 애틀랜타노회에서 안수
- 1890년 콩고선교사로 파송
- 1891-92년 루보(Luebo)에 미국장로교콩고선교회 설립
- 1893년 왕립지리협회(the Royal Geographic Society) 회원으로 위촉받아 런던을 거쳐 미국으로 여행
- 1894년 플로리다주 잭슨빌에서 루시 그랜트(Lucy Grantt)와 결혼
- 1900년 레오폴드 왕의 잔혹 행위에 대한 셰퍼드의 증언록이 런던 타임스를 통해 발간됨
- 1905년 백악관에서 루즈벨트 대통령을 예방; 콩고인들의 곤경에 대해 말함
- 1906년 콩고로 귀환
- 1910년 은퇴 신청

- 1912년 루이빌의 은혜장로교회의 목회 직을 맡음
- 1912-26년 루이빌에서 청소년 사역 개발
- 1927년 루이빌에서 사망

윌리엄 셰퍼드의 선교에 관한 참고 자료들

Joseph Conrad, *Heart of Darkness* (New York: Harcourt, Brace and World, 1967)

Adam Hochschild, *King Leopold's Ghost: A Story of Greed, Terror, and Heroism in Colonial Africa* (New York: Houghton Mifflin, 1999)

Pagan Kennedy, *Black Livingstone: A True Tale of Adventure in the Nineteenth-Century Congo* (New York: Viking Penguin, 2002)

William E. Phipps, *The Sheppards and Lapsley: Pioneer Presbyterians in the Congo* (Louisville: Presbyterian Church [USA], 1991)

William E. Phipps, *William Sheppard: Congo's African American Livingstone* (Louisville: Geneva, 2002)

William H. Sheppard, *Pioneers in Congo* (Wilmore, KY: Wood Hill, 2006)

Dinitia Smith, "A Black Adventurer in the Heart of Darkness," *New York Times*, January

1893년, 아프리카로 파송된 첫 번째 흑인계 미국 장로교 선교사인 윌리엄 셰퍼드는 콩고에서 3년간의 사역 기간이 지난 후 자신이 겪은 선교사역을 보고하려고 미국으로 돌아왔다. 그의 마음은 카사이(Kasai)강을 따라 전개된 삶의 이미지들, 그리고 첫 번째 조우에서는 그를 죽이려 했으나 훗날 좋은 친구가 된 토착민들의 추장들과의 모험에 대한 생각들로 가득 차 있었다.

이제 그의 임무는 자신을 아프리카로 파송한 기독교인들에게 콩고에서 하나님의 사역이 자신의 리더십 하에서 어떻게 진행되고 있었는지 보고하는 것이었다. 그는 버지니아주 웨인스보로의 영향력 있는 여성의 집에 도착할 때 그 상황에 대한 자신의 처신에 대해 생각하고 있었다. 이 같은 초대는 매우 이례적인 것이었다. 백인 여성이 흑인 남성을 자신의 집으로 초대해 오후 티 시간을 함께 한다는 것은 당시로서는 매우 이례적인 일이었기 때문이다.

그러나 셰퍼드는 교회가 파송한 선교사였고, 더구나 남북전쟁이 끝난 이후였기 때문에 남부에서도 백인들과 흑인들 간에 새로운 종류의 상호작용이 허용되고 있었다. 셰퍼드는 여전히 마음속으로 자신에게 일어난 상황에 대해 깊이 생각하고 있었다.

거의 전례가 없는 이런 만남에 어떻게 접근해야 할까?

문 앞에서 잠시 망설인 후, 셰퍼드는 집의 뒷문 쪽으로 돌아갔다. 그리고 그는 문을 두드렸다. 부엌에서 일하는 흑인 한 명이 문을 열어주었다. 윌리엄 셰퍼드는 그녀를 만나기 위해 앞 쪽 거실로 안내되었다.

후에 그 여주인은 친구들에게, "그는 참 좋은 검둥이였어요(darky, 흑인을 낮춰 부르는 속어-역자 주). 그가 아프리카에서 돌아온 후, 그는 자신의 원래 자리를 기억했고, 그래서 항상 뒷문으로 들어왔어요"라고 말했다(Kennedy 2002, 152).

우리가 살아가고 있는 21세기 정서로 볼 때, 이 사건은 터무니없는 일로 보인다. 그는 콩고에서 수년 동안 섬긴 후 돌아온, 미국에서 첫 번째로 파송된 흑인계 미국장로교 선교사였다. 콩고에서 선교사로 사역하는 동안 그는 기독교 신앙을 전하는 데 자신의 목숨을 걸었다.

그는 왕들과 대화를 나누었고 쿠바(Kuba) 부족의 최고 전사들과 함께 사냥 모험을 떠나기도 했다. 이제, 그가 속해 있던 미국 교회의 교인들에게 돌아왔음에도 불구하고, 그는 마치 노예처럼 뒷문으로 들어갔다. 백인 농장주들에 대한 흑인계 미국인들의 노예로서의 굴종은 셰퍼드가 태어난 해인 1865년에 종결되었다.

그 후 20여 년 간 흑인계 미국인들과 백인들 간의 관계에 변화가 발생했다. 이러한 변화는 흑인계 미국인들은 혼란스럽게 만들기도 했지만 미국 생활에 이전에 없었던 기회를 제공하기도 했다. 셰퍼드는 남북전쟁 후 경제가 팽창하던 시대에 어린 시절과 청소년기를 보냈다. 그러나 성인이 되어서는 경제가 팽창하던 시대에 뒤따른 침체기(backslash)를 경험했다.

북군이 남부에서 떠났을 때, 흑인들에 대한 서비스와 백인들에 대한 서비스를 분리하고 흑인에 대한 린치를 포함한 인종 차별을 강화하는 짐크로우법(Jim Crow laws)이 강력하게 시행되었다. 교회들은 백인교단과 흑인교단으로 나뉘었고, 이점에서 장로교회도 예외는 아니었다. 해방의 창이 닫히기 시작했다.

뒷문으로 들어간 셰퍼드의 행동은 두려움에서 기인한 것이었을까?

백인들이 주도하는 상황에 있는 굴종적인 흑인계 미국인으로서의 그의 사회적 지위에서 나온 것이었을까?

셰퍼드의 생애와 사역이라는 더 큰 상황을 통해 볼 때, 우리는 이러한 셰퍼드의 행동이 존중, 즉 인간관계를 조망하는 다른 방식에 대한 존중에서 나온 것이었다고 말하고자 한다. 셰퍼드가 백인들의 우위를 주장하는 체제가 잘못된 것임을 알고 있었다는 데는 의심의 여지가 없다.

그는 선교 지도자로서, 그리고 세상의 가장 외지고 위험한 지역으로 들어간 기독교 봉사의 개척자로서 그의 사역에 대해 말하기 위해 그 백인 여성을 방문하고 있었다. 그러나 비록 그 자신은 전적으로 동의하지 않았음에도 불구하고, 자신이 방문하고 있던 사람과 그녀가 수용하고 있던 사회 구조를 존중하는 방식을 따라 행동했다. 다름을 존중하는 그의 방식이 이번 장의 주제이다.

1. 상황

19세기 개신교 선교운동은 독특한 문화 개념들과 사회/경제적 조건들을 중심으로 전개되었다. 찰스 피니같은 전도자들에 의해 불이 지펴졌고 감리교 경건주의에 의해 그 불꽃이 확장된 18세기와 20세기의 대각성운동(the Great Awakening)은 19세기 후반 미국에 예측하지 못했던 복음의 열정을 타오르게 했다. 교단들은 선교부를 조직했고, 회중들은 선교사역에 동참하기 위해 자금을 모았다. 부모들은 자신의 자녀들을 선교사역이라는 하나님의 일에 헌신했다.

효율적인 항해기술과 통신기술의 발전과 함께, 기독교인들은 복음을 들고 세상 끝까지 가는 일에 대해 흥분하고 있었다. 많은 사람들의 선교사역에 대한 소명을 좇아 고향과 가족을 떠났다. 이들 충성된 선교사들 중의 대략 3분의 1은 고향으로 돌아오기 전에 선교지에서 사망했다.

당시 지성계는 기독교와 문명을 일체화하는 분위기가 강하게 조성되어 있었는데, 이러한 분위기는 사업을 위한 모험, 유럽인들의 식민지 확장 노력, 그리고 기독교 선교의 협력을 조성시켰다. 기독교 메시지를 들고 머나먼 오지의 "원시" 미개인들에게 가는 데에는, 학교와 병원을 세우는 일들이 포함되어 있었다.

공동체와 교회를 세우는 것은 서구의 가치를 조성하는 것이었고, 유럽과 미국의 사업가들에게 부를 가져다 준 경제적 모험을 지원하는 것이었다. 백인의 우월성에 대한 진화 이론들과 명백한 사명에 대한 개념은 서구 문화를 통해 전 세계를 문명화하는 것을 운명으로 보게 만들었다. 이러한 분위기에 눈이 먼 기독교인들은 토착민들에 대한 착취를 감행하기도 했다.

불가능하지는 않았다 할지라도, 이런 상황에서 백인들이 흑인계 미국인을 선교 지도자로 아프리카로 파송하는 것을 수용하기는 당시로서는 어려운 일이었다. 남북전쟁 직후, 미국 사회의 급속한 팽창은 일부 교회로 하여금 흑인계 미국인을 아프리카 선교사로 파송하는 것에 관한 문제에 대해 고려할 수 있게 했다.

결과적으로, 많은 백인들은 흑인계 미국인들을 아프리카로 돌려보내는 것을 미국의 인종 문제를 해결하는 방편으로 간주했다. 많은 사람들은 자유를 쟁취한 노예들을 남부 사회에 위협 요소로 인식하고 있었다. 한 사람의 흑인계 미국인 선교사가 다른 흑인계 미국인을 격려할 수 있을 것이었다. 흑인들도 흑인계 미국인들에게 조상들의 땅으로 돌아가자는 운동을 주도하던 마커스 가비(Marcus Garvey)에 대해 들었다.

이러한 상황에서, 셰퍼드는 아프리카 선교사로 지원했다. 비록 지원이 거절되었으나, 이어 제안받은 다른 제안들을 마다하면서 교단에서 허락하고 축복해 주기를 기다렸다. 그러나 여전히 교회 지도자들은 그를 홀로 선교지로 보내는 일에 대해 상상할 수 없었다. 그들은 젊은 백인 장로교인인 사무엘 랩슬리(Samuel Lapsley)가 지원할 때까지 기다렸다. 셰퍼드와 랩슬리는 1890년 콩고의 루보에 있는 선교기지를 인수하기 위해 함께 출발했다. 랩슬리가 책임자였을 것이라 짐작하는 것에는 의심의 여지도 없었다.

랩슬리는 그의 아버지의 법률 동업자였고 당신 벨기에 군주였던 레오폴드 왕과 관계가 있었던 헨리 셀튼 샌폴드(Henry Shelton Sanford) 장군의 권유에 따라 콩고사역에 지원했다. 아프리카를 향한 여정을 준비하면서, 랩슬리는 벨기에에 있던 샌폴드와 레오폴드 왕을 방문할 기회가 있었다. 레오폴드는 콩고 지역의 가능한 많은 부분에 관한 지배권을 확보하기 위해 바쁜 날들을 보내고 있었다.

자신을 박애주의자로 여기고 있던 레오폴드 왕은 아프리카 내륙으로 일꾼들을 보내고 있었는데, 그들은 그곳에서 상아를 가지고 돌아왔고, 고무농장에서의 노역과 확보한 상품운반을 위한 내륙 방향의 기차선로 건설에 아프리카인들을 강제로 동원하였다. 사실, 랩슬리와 셰퍼드에게 자신이 다스리는 왕국의 중심인 카사이 지역에 선교본부를 세울 것을 제안한 것은 레오폴드 왕 자신이었다.

샌폴드 장군은 콩고를 착취하려는 레오폴드의 잔인무도한 전술들을 알고 있었다. 그러나 강을 따라 천천히 상류를 향해 올라가면서 그 길을 따라 벌어지던 레오폴드 왕의 착취가 초래한 끔찍한 공포를 마주 대할 때까지는 셰퍼드와 랩슬리는 그러한 전술들에 대해 전혀 모르고 있었다(Kennedy 2002, 30).

기차선로 공사에 동원된 일꾼들은 말 그대로 죽을 때까지 노동에 시달렸다. 벨기에 감독관들은 레오폴드 왕에게 자신들이 사용한 잔인한 방식을 보고하기 위해 살해된 아프리카인들의 잘린 손과 발을 말려 왕에게 보냈다. 죽은 아프리카인들의 손과 발을 태양 빛에 말리기 위해 중앙역(the central station)에 매달아 놓은 것을 볼 수 있을 정도였다.

병에 걸린 아프리카인들은 그들을 도와주거나 불쌍히 여기는 사람 없이 그저 죽어가도록 방치되었다. 셰퍼드와 랩슬리가 그 지역에 대한 여행을 마친 지 불과 수 주 후에 조셉 콘라드(Joseph Conrad)가 콩고 내륙의 동일 지역을 여행했다. 그의 소설 『어둠의 심장』(*Heart of Darkness*, 1899)은 강 상류에서 벌어지는 실상에 대해 생생하게 묘사하고 있다.

흥미롭게도, 콩고 선교사로서 보낸 첫 해에 대한 자서전적 요약인 『콩고의 개척자들』(Pioneers in Congo, 2006)에서, 셰퍼드는 이 같은 잔인한 실상에 대해서는 어느 한 가지도 언급하지 않았다. 이러한 반응에 대해, 그가 카사이강 상류를 따라 올라가며 겪었던 첫 번째 여정에서 그가 목도한 잔혹 행위들에 대해 본격적으로 느끼기 전이었기 때문이라고 짐작할 수 있을 따름이다.

대신, 그의 설명은 여행의 주는 물리적 도전들과 토착민들에 대한 그의 인상들(거의 대부분 긍정적인 것이었다), 그리고 랩슬리와 함께 세운 선교사역을 위한 토대에 대한 내용들만을 강조했다. 그들의 목적은 선교본부를 세우고 교회를 시작하는 것이었다. 셰퍼드의 자서전은 근처 지역에 대한 그의 여행들, 다양한 추장들과의 조우 그리고 지역 풍습과 문화에 대한 그의 인상에 대해 언급하고 있다.

2. 사역자와 사역

윌리엄 셰퍼드는 1865년 버지니아주 웨인스보로에서 태어나 1927년에 62세의 나이에 사망했다. 그의 어머니는 흑인 자유민이었고, 따라서 옛 법에 따라 그는 노예로 팔릴 수 없었다. 윌리엄이 겨우 생후 한 달이 지났을 때, 남북전쟁이 종결되었고 노예제가 폐지되었다. 심지어 노예제가 폐지되었음에도 불구하고, 그의 어머니의 해방문서(manumission paper)는 가족에 의해 보관되었는데, 안전한 금고 안에 보관되었다. 그렇게 한 이유는 아무도 윌리엄과 그의 형제들이 노예 제도의 폐지 여부와 상관없이 자유민이라는 것에 대해 실수하지 않도록 하기 위함이었다(Kennedy 2002, 8).

윌리엄의 아버지는 매우 근엄한 사람으로, 지역 장로교회의 교회관리인이었고, 자녀를 잘 양육하며 가정을 잘 이끈 사람이었다. 매주 주일학교를 참석하면서, 윌리엄은 장로교회가 하고 있는 선교에 대한 노력들에 대해 알게 되었다. 그는 머나 먼 땅에서 벌어지는 이야기들에 매혹되었고, 그 모든 일에 대한 습득이 빨랐다.

윌리엄이 11살이나 12살이 되었을 때, 그는 그의 집에서 12마일 떨어진 곳에 위치한 마을인 스톤턴(Staunton)에 있는 치과의사의 집 마구간 일을 돕지 않겠느냐는 제안을 받았다. 윌리엄은 헹켈가족(Henkels)과 함께 살기 위해 집을 떠났다. 그렇게 고용된 후, 그는 마구간을 청소하며 글을 배우고 백인들과 편하게 지내는 법에 대해 익혀 나갔고, 그 과정에서 치과기술을 배우기도 했다.

헹켈가족과의 좋은 관계는 앞으로 셰퍼드에게 많은 기회를 제공할 백인들과 맺을 관계의 패턴이 되었다. 윌리엄이 영향력 있는 백인 지도자들을 찾아 그들을 존중할 뿐 아니라 그들에게 존중받는 방식으로 관계를 맺어갈 수 있었던 것은 그의 부모님들로부터 물려받은 자신감과 강력한 정체성이 그 근간이 되었을 것이다.

15세에 그는 부커 T. 워싱턴(Booker T. Washington)이 운영하는 햄톤 기관(Hamton's Institute)의 혁신적인 야간 학교에 들어갔다. 그는 워싱턴이 결단력 있는 졸업생(the Plucky Class)이라는 별명을 붙여 준 첫 번째 졸업생이 되었다.

졸업 후 그는 남쪽에 있는 현재의 스틸맨대학(Stillman College)인 투칼루사신학원(Tuscaloosa Theological Institute)에서 신학을 공부했다. 가난으로 인한 심한 어려움에도 불구하고 그는 자신감이 있었고, 투칼루사신학교 최고 학생으로, 흑인 목회자 양성을 위해 신학교를 세운 찰스 스틸맨(Charles Stillman)의 총애를 얻었다.

이후 장교교회와의 연계 가운데, 협력선교사로서 랩슬리, 그리고 강력한 영향력을 발휘하던 영국과 미국의 세계적인 지도자들과의 관계에서도 동일한 패턴을 반복했다. 자신에 대한 존중과 자신과 다른 사람들에 대한 존중은 윌리엄 셰퍼드의 핵심 가치였다.

졸업 후, 셰퍼드는 애틀랜타노회의 안수를 받고 시온장로교회를 섬겼다. 얼마 후 루시 그랜트를 만났고 그녀와 10년간의 약혼 기간을 가졌다. 그랜트는 학교 교사였는데, 지적이고 음악적 재능이 뛰어난 여성이었다. 콩고를 향한 셰퍼드의 첫 번째 선교 여정은 그녀와의 약혼 기간 동안 이루어졌다. 그러나 그가 두 번째 사역을 위해 선교지로 돌아갈 때, 루시와 결혼한 후 함께 갔다. 루시는 새로운 교회에서 음악사역과 교육사역을 섬겼는데, 아프리카 상황에 잘 맞는 찬송가를 개발했다. 이 찬송가들은 훗날 발간되었다.

1891년 셰퍼드와 아프리카에 도착하고 오래지 않아 사망한 랩슬리와는 달리, 루시는 오랜 세월을 아프리카에서 셰필도와 함께 했다. 그들 사이에 네 명의 자녀가 태어났다. 처음 두 자녀는 아프리카 콩고의 어려운 환경 속에서 태어난 첫 해에 모두 사망했다. 결과적으로, 루시는 세 번째 자녀인 빌헬미나(Wilhelmina)를 미국으로 돌려보냈고 그녀의 자매가 아이를 양육했다. 네 번째 자녀인 맥스가 막내였는데, 셰퍼드가 선교지에서 은퇴할 때 태어났다.

셰퍼드와 랩슬리는 카사이강의 상류와 하류를 탐색하는 것으로 사역을 시작했는데, 그들은 장로교회를 위한 새로운 선교본부를 세우기에 적절한 장소를 물색했다. 그들은 첫 두 해를 선교 장소를 물색하는 시간으로 보냈는데, 선교본부는 결국 루보에 세웠다.

랩슬리가 사망한 후, 셰퍼드는 두 명의 다른 백인 선교사들과 함께 사역했다. 그 중 한 명인 S. 필립스 버너(S. Phillips Verner)는 불성실한 사람으로 훗날 노예무역에서 일하기 위해 선교지를 떠났고, 다른 한 사람은 윌리엄 모리슨(William Morison)으로 레오폴드 왕이 지배하는 콩고에서 발생하는 인권에 대한 위반사안들에 대해 침묵하기를 거부했던 강한 마음을 소유한 이상주의자였다(Pillips 2002, 150).

셰퍼드가 모리슨과 대략 2년간의 사역을 함께 한 후, 두 사람 모두 중요한 지도자들이어서, 루보는 두 사람이 함께 사역하기에 좁은 지역이라는 것이 명확해졌다. 셰퍼드는 해안에서 2백마일 가량 떨어져 있는 위험한 쿠바지역에 선교본부를 세우기 위해 떠났는데, 그는 수년 전 그곳에서 거의 죽음을 당할 뻔한 경험이 있었던 곳이다.

일부 부족들이 서구인들에 대해 대단히 적대적이었다는 것은 그리 놀랄 만한 일이 아니었다. 카사이강회사(the Kasai River Company) 일꾼들은 마을 사람들이 그들에게 음식과 필요한 물품들을 무료로 제공하지 않으면 강을 따라 형성된 마을들을 정기적으로 약탈했다. 그런 부족들 중 한 부족인 자포(Zappo)족은 백인 노예상들과 함께 일하면서 아프리카인들을 잡아 강 하구에 위치한 포구까지 옮기는 일을 했다.

심지어 선교사들을 태워 나르던 증기선의 선장들조차 일꾼들이 마을에 갔다가 빈손으로 돌아오면 그 일꾼들을 구타하곤 했다. 셰퍼드와 랩슬리가 강 상류를 향한 첫 번째 여정을 떠났을 때, 그들은 일단의 일꾼들을 만났는데, 그들은 무리한 선로 작업과 채찍질, 그리고 물과 음식의 부족으로 매우 약해져 있었고, 옹기종기 모여 죽기만을 기다리고 있었다.

1898년, 셰퍼드는 자신의 일기에 자신이 지나친 움막집에 81개의 손이 건조 후 벨기에로 보내지기 위해 매달려있었다는 사실을 기록했다. 그의 동역자였던 윌리엄 모리슨은 이 일기의 앞부분을 떼어 런던으로 보냈다. 수개월이 되지 않아 그 기록이 「런던 타임스」(London Times)에 실렸고, 이로 인해 콩고 토착민 인권에 대한 투쟁이 국제적으로 확장되었다.

셰퍼드는 노예상들에 대한 두려움을 느꼈고, 자신들의 땅과 심지어는 생명까지 잃은 마을 사람들에 대한 연민을 느꼈다. 이제 그는 공적 영역에서 그들의 권리를 위해 싸울 수 있는 기회를 얻게 되었다. 그는 위험에도 불구하고 사실을 발견하기 위한 모험을 감행했다.

처음에는 모리슨을 위해서였고, 다음에는 영국 영사인 콩고리즈(Congolese)와 함께했다. 그는 런던과 미국에서 벨기에의 잔혹 행위에 반대해 목소리를 높였고, 1905년에는 테오도르 루스벨트 대통령을 만났다. 셰퍼드와 모리슨은 카사이강회사에 의해 고소를 당했고 수년간의 투옥과 엄청난 벌금에 대한 가능성에 직면하게 되었다.

궁극적으로 그들은 무죄를 선고받지만, 토착민들이 겪고 있던 곤궁함이 변화는 매우 더디게 나타났다. 1906년 휴가 후 콩고로 돌아오는 길에, 셰퍼드는 쿠바의 상황이 거의 변하지 않은 것을 보고 실망했다. 그러나 선교사들에 의해 조성된 국제적 압력은 궁극적으로 콩고에 좀 더 정당한 조건들을 야기하는 계기가 되었다. 학대에 대한 조사와 콩고인들의 권리를 위한 셰퍼드의 용기는 자신과 다른 사람들에 대한 그의 존중감이 갖는 깊이를 보여준다.

셰퍼드의 선교사 경력은 건강 악화와 가족에 대한 염려로 은퇴를 신청한 1909년에 종결되었다. 빌헬미나는 루시의 자매와 함께 미국에 한동안 머물렀다. 그들의 막내인 매스는 그들과 함께 콩고에 있었다. 그리고 그의 생명은 적도의 질병들로 인해 끊임없이 위협을 당하고 있었다. 아프리카인들에 대한 그의 열정에도 불구하고, 그 자신과 가족을 위해 사역을 종결할 수밖에 없었다.

1912년 그는 켄터키주 루이빌(Louisville)에 있는 은혜장로교회(Grace Presbyterian Church) 목사직을 맡아 사역자로서의 남은 생애를 보냈다. 그들은 거의 1,000명에 달하는 어린이들을 성공적으로 섬기면서 제퍼슨 카운티(Gefferson County)에서 가장 규모가 큰 주일학교를 일궈냈다.

3. 셰퍼드의 선교가 맺은 결과

셰퍼드는 여행 중 다양한 상황들에 직면하면서 존중에 대한 다양한 모습을 보여주었다. 특히, 존중을 표현하는 셰퍼드의 방식은 선교사역 중에서 사회정의(a social-justice)의 측면, 즉 타문화에 대한 인류학적 평가가 어떠해야 함을 보여주었다. 타문화에 대한 인류학적 평가는 선교 대상자들의 영혼뿐만 아니라 그들의 육신까지 돌본 많은 선교사들의 총체적 사역을 통해 표현되었다.

기독교의 사랑은 존중에 기초한다. 선교사역을 섬기는 동안 셰퍼드가 보여준 존중의 방식은 다른 선교사들이 가지고 있던 우월감을 줄이고 그들이 보내심을 받은 선교 대상자들이 하나님의 형상으로 지으심을 받은 완전한 인간들임을 수용하는 길로 인도하였다.

그가 미국에서 동시대를 살아가는 백인들에게 보여준 존중 때문에, 셰퍼드는 아프리카로 가서 그곳에 많은 교회를 개척할 수 있었다. 그리고 그의 파송과 성공은 더 많은 흑인계 미국인들을 해외 선교사들로 파송하는 단초가 되었다.

흑인계 미국인 선교사들에 대한 존중은 백인 장로교회 내에서도 증가했다. 켄터키 주 루이빌에서의 지속적인 인종 차별에도 불구하고, 루이빌의 제이장로교회(the Second Presbyterian Church)는 콩고에서의 사역뿐 아니라 훗날 루이빌에서 지속된 셰퍼드의 사역도 지원했다. 그의 사망 후, 셰퍼드의 삶과 죽음을 기념하는 추도 예배에 흑인계 미국인들뿐만 아니라 백인들도 모였다.

박스 12.1
존중의 동심원

교훈: 동심원들을 그리고, 화살표가 안쪽에서 바로 바깥쪽으로, 그리고 그 바깥쪽에서 그 다음 바깥쪽으로 향하도록 그려보라.
그러고 나서 가장 바깥쪽에서 안쪽으로, 그리고 그 안쪽에서 더 안쪽으로 향하는 화살표를 그려보라.
각각의 동심원에 라벨을 붙이고, 셰퍼드가 그의 삶에서 보여준 존중에 관한 사건이 어디에 위치할 지를 표시해 보라.
이유: 개인과 다른 사람에 대한 존중을 개발하는데 있어, 사회에 끼치는 개인의 영향과 개인에 끼치는 사회의 영향을 보여주기 위함이다.

안쪽 동심원
라벨: 자신에 대한 존중.
실례: 남북전쟁 후 분위기가 자기에 대한 가치에 대한 셰퍼드의 감각에 영향을 미쳤다. 많은 흑인계 미국인들이 새로운 분야들에서 성공을 거두고 있었다(바깥쪽 동심원에서 안쪽 동심원으로 향한 화살표).
셰퍼드는 자신을 초대한 백인 여성의 집 뒷문으로 들어갔다. 이 때문에 백인 여성은 많은 변화로 인해 혼란스러웠던 시절에 과거 자신이 누리던 존중감을 유지할 수 있었다. 자신에 대한 존중감을 갖고 있던 셰퍼드는 여성이 존중감을 느낄 수 있도록 대우할 수 있는 여유가 있었다(자신에 대한 존중감으로부터 두 번째 동심원인 공동체를 향하는 화살표).

두 번째 동심원
라벨: 공동체 안에서의 존중.
실례: 셰퍼드는 치과의사를 위해 일하러 가서 단지 농장 창고를 정리하는 일만 한 것이 아니라 치과 기술을 배웠다. 이는 존중의 상보성을 보여준다. 헹켈은 셰퍼드가 치과 기술을 배우기에 충분하다는 점을 존중했다. 셰퍼드는 그런 헹켈을 존중했다.

아프리카에서, 랩슬리가 여행을 떠났을 때, 셰필드는 하마로 인해 위험에 처한 선교사를 구하고 그 하마를 사냥하러 갔는데, 이 일로 인해 전체 공동체와 여행에서 돌아온 랩슬리의 존중을 받게 되었다. 자기 자신에 대한 셰퍼드의 존중감은 공동체가 그에 대한 존중감을 표현하게 될 때 더욱 고양되었다.

세 번째 동심원
라벨: 공적 존중.

콩고인들을 존중하는 그의 태도 때문에, 아프리카의 교회가 성장했다. 셰퍼드의 영향은 다른 지역으로 퍼져나갔고, 콩고인들 가운데 기독교 회중들이 일어나기 시작했음을 표지했다.

셰퍼드는 지역 종교들에 접근할 때 문화에 민감하게 반응하며 접근하는 모델을 보여줌으로써, 미래 세대의 선교 실천에 영향을 끼쳤다. 토착화는 셰퍼드에게 단순히 하나의 개념이 아니었다.

토착적인 행위들에 대한 그의 존중과 아프리카 음악을 사용한 루시의 방법은 아프리카지역의 습관들이 쿠바 교회의 회중생활에 적절하게 융합될 수 있도록 했다. 이는 아프리카 교회가 성장하고 아프리카의 많은 문화 형식들이 그들의 예배와 공동체 생활에 통합되어 들어감에 따라 발생한 신학의 발전에도 간접적인 영향을 끼쳤다.

루시 셰퍼드의 아프리카 찬송인 **우삼부 와 잠비**(*Musambu wa Nzambi*, 하나님에 대한 찬송)는 실루바(Tshiluba)어로 인쇄된 첫 번째 찬송이 되었는데, 이는 아프리카의 문화적 토양에서 교회신학이 성장해가면서 아프리카의 음악과 사고, 그리고 태도를 함유하는 찬송가가 시작되었음을 의미하는 것이었다.

토착 문화에 대한 그의 존중 때문에, 셰퍼드가 모은 공예품들과 콩고의 문화적 의례들에 대해 그가 저술한 책이 미국에 알려지게 되었고 지금은 스틸만대학에 보관되어있다. 셰퍼드가 아프리카 사역 중에 모든 다른 공예품은 루이빌 소재 스피박물관(the Speed Museum)에 전시되어 있다. 셰퍼드는 다른 지역의 문화 활동들을 정직하고 존중하는 방식으로 문서로 정리한 첫 번째 서구인들 중 한 명이었다.

아프리카인들에 대한 그의 존중 때문에, 셰퍼드는 벨기에 식민정부와 플랜테이션농장 운영자들에 의해 자행되던 무자비한 행위로 인해 아프리카인들이 불구가 되거나 죽는 일들에 대해 항의를 하게 되었다. 그리고 미국과 영국의 백인 지도자들을 존중했기 때문에, 그는 영국과 백악관에 초청되어 국제위원회에서 그러한 잔혹 무도한 행위들에 대해 연설할 수 있었.

국제위원회는 그러한 잔혹 행위들을 종결지을 수 있는 힘이 있는 위원회였다. 식민주의에 대한 이 같은 초기의 비평은 다른 이들로 하여금 서구의 확장으로 인한 억압적인 착취가 초래한 파괴적인 결과들을 볼 수 있도록 했다.

이러한 행동들은 단지 그 시대의 토착민들에게만 도움이 된 것이 아니라 미국의 사회시스템에도 간접적인 영향을 끼쳤다. 아프리카의 노예제에 대한 국제적인 주목은 미국에 있는 사람들로 하여금 자신들의 땅에서 벌어지고 있는 인종차별을 목도하도록 자극했다. 비록 노예제는 폐지되었으나, 20세기 초반이 되었음에도 남부에서 자행되는 인종차별적 행위들은 너무도 흔하게 발생하고 있었다. 윌리엄과 루시 셰퍼드의 사역에 감사하는 기독교 교회들은 그러한 인종차별적 행위들에 굴하지 않았고, 미국 내에서 자행되고 있는 인종차별에 주목할 수 있는 기반을 마련했다.

한 명의 흑인계 미국인이었던 윌리엄 셰퍼드는 흑인계 미국인들과 장로교단을 위한 모델 선교사가 되었다. 그는 콩고인들을 위한 정의를 위한 투쟁에서 국제적으로 주목받는 인물이 되었다. 그는 문화에 대한 인류학 연구의 모델을 제공했고 전 세계로 하여금 콩고문화에 대해 더 깊은 지식을 접할 수 있게 했다. 그리고 미국에서 필요 했던 인종 간 관계의 변화를 위한 사례가 되었다.

셰퍼드는 존중에 대한 혁신, 즉 얼마나 그와 다른지와 상관없이 인간을 존중하는 것, 그들의 관점이 얼마나 잘못된 것으로 보이는지의 여부와 상관없이 인간을 존중하는 것에 기초한 결과들을 달성했다. 윌리엄 셰퍼드는 격정적으로 변하고 있던 폭력의 시대 한가운데서, 미국에서뿐만 아니라 콩고에서도 이같이 완전히 성숙한 존중을 보여주었다.

어떤 환경이 그에게 닥쳤더라도, 그는 다른 사람과 자신에 대한 존중을 보여주었다. 그는 다른 사람들의 신념을 무시하지 않으면서도 자신의 신념을 달성해나간 사람이었다. 셰퍼드의 생애는 매 순간마다 존중이 어떻게 실현될 수 있는지를 보여주었다. 각 사람들은 하나님의 형상에 따라 지으심을 입었다. 따라서 모든 기독교인의 존중을 받을 자격이 있다. 셰퍼드의 생애는 존중에 대한 그와 같이 진보적 실천이 초래할 수 있는 결과들을 보여주었다.

박스 12.2
반선교사: 다비드 데 실바(David de Silva)

실천: 존중-당신의 뜻을 관철시키기 위해 다른 이들을 폄하하지 말라. 다른 사람을 존중하기 위해 당신 자신을 폄하하지 말라.

다른 사람들의 신앙체계를 존중하는 것은 좋은 선교에 기여한다. 빈정대거나 불신하거나, 또는 다른 사람들의 신앙을 잘못 제시하는 것은 나쁜 선교 결과를 초래한다. 다비드 데 실바는 스리랑카의 기독교 개종자였는데, 19세기 말 서구 선교사들은 그를 토론자로 내세워 불교 승려들(bhikkhus)과 공개적인 논쟁을 벌이게 했다. 이 논쟁에서 각 진영은 상대편 진영의 신앙체계를 공격하고, 각 주제에 관련된 자기편의 교리를 확신시키고자 했다.

다비드 데 실바는 인간이 하나님의 형상으로 피조되었다는 것이 의미하는 것이 무엇인지에 대한 기독교의 이해를 제시하는 것뿐만 아니라, 누구도 따라갈 수 없는 에너지를 가지고 불교의 무아(無我, anatta) 교리를 공격하는 논쟁자로 알려졌다.

기독교의 하나님의 형상(*immago Dei*) 교리를 제시하는 것 때문에 실바가 반선교적 인물이 된 것이 아니다. 그를 반 선교적 인물이 되게 하는 것은 그가 불교의 무아 교리를 공격하는 방식 때문이다.

일부 논쟁에 대한 보고서에 따르면, 실바는 이 공격을 통해 불교의 가르침이 인간을 인간 이하 또는 짐승 수준까지 축소한다고 주장하는 지점까지 끌고 갔다. 두말할 필요도 없이, 이러한 주장은 자신들의 종교 유산에 대해 매우 자랑스러워하는 사람들에게 대단히 공격적인 것이었다. 또한 이 같은 주장은 무아의 특성에 대한 부정확한 주장이기도 했다.

단기적으로 볼 때, 이런 식의 전술이 효과적으로 보일 수도 있다. 기독교 선교사들은 초기의 논쟁에서 승리하는 듯 보였다. 그러나 불교 승려들은 이런 논쟁을 통해 교훈을 얻었고, 곧바로 기독교 교리에 대해 열정적(그리고 부정확하게)으로 공격했다.

이러한 그들의 방식은 실바의 공격 방식과 일치하는 것이었다. 이런 방식에 익숙해진 불교승려들은 1873년 8월 26일과 28일에 스리랑카의 파나두라(Panadura)에서 열린 논쟁에서, 대중들은 만장일치로 승려들의 승리를 선언했다. 이것은 승려들의 첫 번째 승리였다.

장기적인 효과면에서 볼 때, 많은 학자들은 이런 종류의 전략이 기독교의 선교 노력과 기독교와 불교 간 관계에 파괴적이라고 보고 있다. 엘리자베스 해리스(Elizabeth Harris)는 그녀의 책, 『대승불교와 영국의 조우: 종교적 경험, 19세기 스리랑카에서의 선교사 경험과 식민주의 경험』(*Theravada Buddhism and the British Encounter: Religious, Missionary and Colonial Experience in Nineteenth Century Sri Lanka*)에서 오늘날 스리랑카의 반기독교 선교 정서, 즉 선교사들에 대한 지속적인 공격과 교회를 방화하는 것으로 귀결되는 감정들은 19세기 기독교의 반선교적 행위의 직접적인 결과라고 확신하고 있다.

• **생각과 토론**

1. 불교의 무아에 대한 견해의 폄하가 기독교의 가르침에 대한 불교도의 경시로 결과된 두 가지 이유에 대해 말해 보라.
2. 서로를 경시하는 풍조의 발생을 방지하기 위해, 타종교를 추종하는 사람들과 세계관 혹은 교리에 대해 논쟁할 때 지켜야 할 기본적인 규칙들을 만들어 보라.
3. 현재 스리랑카에서 사역하는 선교사들이 어떻게 하면 불교도들 사이에 존재하는 반기독교 선교 감정을 치유할 수 있겠는가?

제13장

사랑: 복음을 증거하는 대상자 사랑하기

선교 사례: 마더 테레사
장소: 인도
청중: 힌두교도
시기: 20세기

연대표
- 1910년 세르비아 스코페(Skopje)에서 니콜라(Nichola)와 다나(Darna) 보자히우(Bojaxhiu)의 자녀로 출생
- 1922년 "하나님께 완전히 귀속하라"는 부르심을 받음
- 1928년 로레토수녀원(religious order of Loreto Sisters)에 입회하고 아기예수회의 마리 테레사 수녀(Sister Mary Teresa of the Child Jesus)로 인도를 향해 항해
- 1937년 5월 24일에 로레토자매회 소속 성모 마리아회의 수녀로 최종 서약함
- 1946년 9월 10일 "소명 중의 소명"(call within a call): 수녀원을 떠나 가난한 사람들 속으로 들어가 그들을 돕기 위해 자신을 성별함
- 1950년 사랑의선교회(the Order of Missionaries of Charity)가 로마의 인준을 받음
- 1952년 극심한 빈곤 때문에 죽어가는 사람들을 위한 집이 칼리하트(Kalighat)에 세워짐
- 1965년 교황 바오로 4세가 사랑의 선교회를 칭송받아 마땅하다는 칙령을 반포함. 세계 도처에 새로운 집들이 세워짐

- 1970-79년 국제적인 상들을 수상함: 선한사마리아인상, 종교의 진보에 대한 템플턴상, 교황 요한 23세로부터 받은 평화의 상, 노벨 평화상.
- 1980-89년 사랑의선교회가 확장됨. 레바논, 서독, 유고슬라비아, 멕시코, 브라질, 페루, 케냐, 아이티, 스페인, 에티오피아, 벨기에, 뉴기니, 아르헨티나, 남예멘, 니카라과, 쿠바 그리고 러시아에 새로운 집을 세움.
- 1990년 건강의 악화로 짧은 기간 은퇴한 후, 마더 테레사는 사랑의선교회 최고총무로서 그녀의 직무에 복귀함.
- 1996년 빌 클린턴 대통령이 마더 테레사를 명예 미국 시민으로 인정하는 증서에 서명함.
- 1997년 마더 테레사 사망.

마더 테레사의 선교에 관한 자료들

Becky Benenate, ed., *In the Heart of the World* (New York: Barnes and Noble, 1997)

Jose Luis Gonzalez-Balado and Janet N. Playfoot, eds., *My Life for the Poor : Mother Teresa of Calcutta* (New York: Ballantine, 1985)

Joly Le and Jaya Chaliha, eds., *Mother Teresa's Reaching Out in Love* (New York: Barnes and Noble, 2002)

Malcolm Muggeridge, *Something Beautiful for God : Mother Teresa of Calcutta* (New York: Harper, 1971)

Kathryn Spink, *Mother Teresa : A Complete Authorized Biography* (San Francisco: HarperCollins, 1997)

Becky Benenate and Joseph Durepos, eds., *Mother Teresa : No Greater Love*(『이보다 더 큰 사랑은 없다』, 바오로딸 刊)

Teresa de Bertodano, ed., *Daily Readings with Mother Teresa*(『마더 테레사의 아름다운 선물』, 샘터 刊)

Brian Kolodiejchuk, ed., *Mother Teresa : Come Be My Light*(『먼저 먹이라』, 학고재 刊)

다르질링(Darjeeling)에서 로레토수녀회 일원으로 보낸 첫 한 해 동안, 마더 테레사는 의료센터에서 시간제근무로 일했다. 마더 테레사는 그곳에서 겪었던 한 가지 기억에 대해 말했다.

어느 날 한 남자가 꾸러미 하나를 가지고 도착했는데, 처음에 수련수녀였던 저는 가지 같은 것 두 개가 꾸러미로부터 불쑥 불거져 나온 것을 보았습니다. 그런데 알고 보니, 그 가지 같은 것들은 너무 여위어서 가지처럼 보인 한 소년의 두 다리였습니다. 그 소년은 너무 약해져 죽어가고 있었습니다.
아이를 꾸러미에 싸서 데려온 그 남성은 우리가 그 소년을 돌봐주지 않을 것에 대해 두려워하고 있었습니다. 그는, "만일 당신들이 이 아이를 원치 않는다면, 나는 그 아이를 풀밭에 던져 버릴 수밖에 없습니다. 자칼들도 그 아이에게 관심을 갖지 않을 겁니다"라고 했습니다. 그 말을 들었을 때 내 심장이 얼어붙는 것 같았습니다.
불쌍한 아이 같으니라고!
아이는 너무도 연약했고 눈까지 멀어 있었습니다. 완전히 보이지 않았습니다. 너무도 불쌍한 마음에 연민과 사랑의 마음으로 그 아이를 제 품에 안았습니다. 그리고 제 앞치마로 그 아이를 감싸 안았습니다. 그 아이는 두 번째 어머니를 찾았던 겁니다(Spink 1997, 15).

인도에서 죽어가는 사람들을 대상으로 사역한 것으로 전 세계에 알려진 마더 테레사는 그녀가 인도에 도착하기 전부터 이미 가난한 사람들을 돌보는 일에 깊은 관심을 가지고 있었다. 그녀가 가난한 사람들 중에서도 가장 가난한 사람들을 돌보는 실천으로 복음을 증거하고, 사람들을 사랑하는 일생의 사역을 시작한 것은 다르질링에서 수련수녀로 지내는 몇 년의 기간 동안 발생했다.

기독교의 사랑은 마더 테레사로부터 시작된 것이 아니다. 그러나 그녀가 가난한 사람들을 사랑하고, 그들을 사랑하고 있음을 드러낸 방식은 전 세계 기독교인들의 상상력을 사로잡은 선교활동이었다. 그녀는 가난한 사람 한 사람 한 사람을 열정적으로 그리고 전적으로 사랑했다.

그녀는 모든 사람 안에 존재하는 하나님의 형상, 곧 사람됨의 존귀함을 보았다. 그리고 그녀는 모든 병자와 죽어가는 사람들을 마치 그리스도의 고통을 감내하고 있는 사람들로 여기며 존중했다. 그녀는 각 사람에게서 신음과 야윈 얼굴, 또는 그들의 얼굴을 덮은 때가 아니라 고통당하시는 그리스도의 얼굴을 보았다.

1. 마더 테레사는 누구인가?

마더 테레사는 캘커타의 가난으로 죽어가는 사람들을 돌보는 사역을 향해 그녀의 여정을 떠났다. 그 여정을 시작했을 때 그녀는 여전히 어린 아이에 불과했다. 1910년 세르비아의 알바니아인 중산층 가정에서 태어난 그녀는 자신이 여덟 살 때 아버지가 돌아가신 이후 가난을 경험했다.

홀로된 그녀의 어머니 다나가 겪은 재정적 어려움들은 어린 아그네스의 연약한 건강이 견뎌내기 어려운 육체적 궁핍을 초래했다. 그녀의 어머니는 다른 두 명의 자녀들에게 아그네스가 그들과 오랜 함께 하지 못할 것 같다는 언급을 하곤 했다. 종교적 소명으로의 부르심이었든 아니면 병이 그 원인이 되었든, 그녀는 가족들과 헤어지게 되었다.

자신들이 처했던 가난에도 불구하고, 아그네스는 그녀의 어머니 다나가 가난한 사람들을 특별히 돌보는 것을 직접 목도했다. 그녀는 매주 주일마다 파일(File)이란 이름의 알코올에 중독된 늙은 여인을 방문했는데, 가끔씩 아그네스를 데리고 가곤 했다. 다나는 파일이 가진 가장 심각한 문제는 그녀의 가난이 아니라 그녀가 아들에 의해 버려졌다는 것이라고 말하곤 했다. 그녀는 사랑을 받지 못하고 있었던 것이다. 한번은 다나가 한 가난한 과부가 사망하자 그녀가 남긴 여섯 자녀들을 그들의 가정으로 데리고 온 적이 있었다.

그것은 상당한 희생을 요구하는 자비의 행위였다. 그러나 그녀는 자녀들에게, "너희들이 선한 일을 할 때, 마치 대양에 돌 하나를 던지듯이 조용히 하도록 해라"고 말하곤 했다(Spink 1997, 7).

아그네스의 습관과 바람을 형성하는 데 있어 기도 또한 중요한 역할을 했다. 그녀의 어머니는 가족이 함께 기도함으로 서로가 가까워진다고 느꼈다.

어머님가 보여준 모범과 그녀의 가르침, 그리고 가족생활 중에 중요한 부분을 차지했던 기도는, 아그네스가 열두 살의 나이에 영적인 경험을 하는 데 기여했다. 아그네스는 그녀의 삶을 선교에 받치라는 하나님의 부르심을 느꼈다. 인도의 가난한 사람들을 섬기는 것은 그녀의 꿈들 중 하나였다. 아그네스의 어머니는 이런 그녀의 결심을 기뻐했다.

6년 후, 자신이 꾸던 꿈을 따를 시간이 되었을 때, 그녀의 어머니는 그녀를 떠나보내기가 어렵다는 것을 발견했다. 아그네스가 18살이 되었을 때, 마지못해 하는 어머니의 축복을 받고 그녀와 비슷한 의도를 가진 친구와 함께 자신들을 받아줄 로레토수녀회가 있는 파리를 향해 긴 기차 여행을 떠났다.

그들은 더블린에 간 직후, 라스판햄여자수도원(the convent Rathfarnham)에서 단지 2주 만을 머문 후 인도로 향하는 배에 승선했다. 인도에서는 영어가 공용어였기 때문에, 아그네스는 자신의 모국어를 겨우 약간만 알고 있던 영어로 바꿔야만 했다. 그녀의 어머니와 자매들은 그녀가 언어와 풍토가 다른 먼 나라로 떠나감으로써 그녀와 헤어지게 되었다. 그러나 가족 간의 연대는 강하게 유지되었고, 수 년 후 그녀의 어머니는 테레사가 자신의 소명을 잊을 위험에 처했을 때 그녀가 원래 품고 있던 의도가 가난한 사람들을 섬기는 것이었음을 기억나게 해주었다.

열정적인 배움의 소유자이자 타고난 교사였던 테레사 수녀는 다르질리에서 수련을 받는 동안 수녀회가 소속된 학교에서 사역하도록 배정되었다. 그녀는 또한 짧은 시간 동안 의료센터에서도 일했다. 의료센터에서의 일 때문에 그녀는 수녀회가 소속된 학교에서 벗어나 인도의 도심 속에 존재하는 가난의 한숨 소리와 냄새를 맡을 수 있었다. 아마도 그녀는 자신이 어린 시절부터 원했던 것이 무엇이었는지를 기억하게 되었을 것이고, 결과적으로 그녀의 마음은 특별한 간절함으로 가난한 사람들을 향하게 되었을 것이다.

자신의 수련 기간을 완료하고 최종 서약을 마친 후, 테레사 수녀는 자신이 사랑했던 가르치는 일을 계속했다. 그러나 그때 두 번째 부르심이 그녀를 마음에 부딪혀왔다. "소명 중의 소명"은 그녀로 하여금 수녀회 소속학교를 떠나 가난한 사람들 안으로 들어가 그들과 살며 그들을 위해 사역하도록 했다.

이 급진적 발걸음은 인도의 가난한 사람들을 향한 놀라운 증거의 기초가 되었다. 그녀가 사랑할 대상에는 제한이 없었다. 그들을 어느 정도까지 포용할 것인가에도 제약이 없었다.

가톨릭교회의 권위들과 함께 일한다는 것은 테레사 수녀가 자신의 사역을 즉시 시작할 수 없었다는 것을 의미했다. 신중한 지도자들이 그녀의 의도를 심사하는 데 시간이 걸렸다. 심사 기간에는 그녀와 주고받은 서신들과 다른 사람들과의 관계를 평가하는 기간도 포함되어 있었다. 그들은 한 명의 젊은 독신 여성이 슬럼가로 들어가는 것이 초래할 영향을 가늠해 보려했다. 그들은 그녀가 새로운 사역을 통해 스스로의 정체를 규명할 다양한 가능성에 대해 고려했다. 거기에는 수녀회가 소속된 학교를 떠나는 것, 테레사 수녀가 자신의 종교적 서약을 부정하는 것을 포함하여 로레토수녀회와 완전히 결별하는 것까지 고려되었다.

일 년간의 기다림 끝에, 테레사 수녀의 계획은 허락을 받았으나, 그녀가 했던 서약을 포기할 것을 요구받지는 않았다. 그리고 캘커타에서 가장 가난한 지역 중 한 군데로 들어가기 전에 그녀는 의료센터에서 수 개월간의 훈련 기간을 거쳤다.

테레사 수녀는 가난한 사람들을 돌보는 일은 그녀를 고갈시키기보다 활력을 넘치게 한다는 것을 발견했다. 그것은 마치 그녀가 의료센터에서 눈이 먼 한 아이를 껴안았을 때 경험했던 것과 같은 것이었다. 그 아이를 안고 있던 경험은 "그녀의 생애 최고의 순간"이었다.

그러한 경험은 그녀가 죽어가는 사람들을 돌보는 중에 지속적으로 경험할 수 있었다. 그 사람이 힌두교도이든 무슬림이든, 테레사 수녀는 병들고 죽어가는 사람들의 얼굴에서 고통당하시는 그리스도를 보았다. 그리고 그 얼굴들이야말로 바로 그녀가 사랑한 그 얼굴들이었다. 그녀에게 활력을 더하게 했던 것은 고통당하는 그리스도를 자신의 품에 품는 것이었다.

여기에 그녀가 복음을 증거하는 사람들을 사랑하는 것에 대한 신학이 있다. 그 신학이 미친 사람들, 피를 흘리는 상처로 고통당하는 사람들, 스스로를 돌보기에는 너무 약하고 더러운 사람들 그리고 사랑으로 돌보는 손길이 그들을 돌볼 것이라는 소망이 없는 사람들을 돌보는 대단히 어려운 여건 가운데서 그녀를 유지할 수 있게 해 준 그 신학이다.

2. 단순히 선교에 초점을 맞춤

가난으로 죽어가는 사람들을 돌보는 것으로 실천된 마더 테레사의 사랑의 선교는 몇 가지 독특한 특징이 있다. 우선, 마더 테레사가 실천한 사랑의 선교는 단순했다. 그녀는 노상에서 죽어가는 사람들을 발견하고 그들을 구했다. 그녀는 바로 실재적인 필요를 다루었는데, 그 필요는 누구라도 발견할 수 있는 것이었다.

그녀는 복잡한 논거를 만들지 않았다. 그녀는 가난의 구조적 원인들에 대해 다루지 않았다. 그녀는 어떤 운동도 조직하지도 않았다. 그녀는 다른 사람들의 불의한 행동을 매도하지도 않았다. 그녀는 단순하게 한 사람을 돕고 난 다음에 다른 사람을 도왔을 뿐이다.

바로 그런 단순한 행동은 상징적인 것이었다. 캘커타라는 거대한 도시에 거주하는 수많은 빈민들은 거리에서 죽어가도록 버려졌다. 1943년의 흉년은 상황을 더욱 악화시켰다. 가난한 사람들 중 수많은 사람들이 가족에 의해 유기되었다.

어떤 사람들은 그들이 아무런 간섭 없이 그들이 할 수 있는 최선을 다해 자신의 나쁜 카르마를 안고 살아가야 한다고 믿었다. 다른 사람들은 개인적인 이유로 인해 가족들로부터 외면당했다. 그런 사람들의 육체적 필요들을 돌보는 것으로 그들에 대한 사랑을 실천한 테레사 수녀의 행동은 단순하고 직접적인 것이었다.

그러한 돌봄을 베푸는 데 있어, 그녀가 집중한 것은 치료하는 것이 아니라 위로하는 것이었다. 겨우 몇 달이 지나지 않아서 그녀는 의료센터에서의 수련을 그만 두고 떠날 수 있게 해 달라고 호소했다. 비록 그녀는 많은 사람들에게 명백한 혜택이 되는 의료적 돌봄을 제공하기는 했으나, 마더 테레사는 특히 자신의 사역이 성장하고 있을 때 사랑을 받지 못하는 사람들이 사랑받고 있음을 느끼도록 돕는 일에 가장 많은 관심을 기울이고 있었다.

유기된 사람을 품어줌으로써, 병든 사람에게 짚을 넣어 만든 깨끗한 요를 제공함으로써, 혼란에 빠진 채 건너 방에 앉아 있는 늙은이에게 미소를 보냄으로써, 마더 테레사는 그녀가 받은 소명인 진정한 사랑을 보여주었다.

그녀의 신학적 논거 또한 사람들의 단순한 필요와 가난한 사람들을 통해 하나님과 맺는 우리의 관계에 맞춰져 있었다. 성경, 특히 복음서는 가난한 사람을 사랑하는 그녀의 신학에 중요한 역할을 했다. 예수께서는 십자가 도상에서 "내가 목마르다"라고 부르짖으셨다. 죽어가는 사람에게 제공되는 물 한 컵은 그 부르짖음을 돌보는 것이다.

마더 테레사에 의해 세워진 회중의 목표는 "영혼들을 사랑하시기 위해 십자가에 달리신 예수 그리스도의 무한한 갈증을 풀어드리는 것이었다"(Spink 1997, 14). 사랑의 선교사들은 음식과 음료수를 나르는 사람들이 될 것이다. 왜냐하면 그리스도께서는 결핍한 사람들과 당신 자신을 동일시하시기 때문이다.

> 내가 주릴 때에 너희가 먹을 것을 주었고, 목마를 때에 마시게 하였고, 나그네 되었을 때에 영접하였고, 헐벗었을 때에 옷을 입혔고 병들었을 때에 돌보았고, 옥에 갇혔을 때에 와서 보았느니라(마 25:35-36).

마더 테레사는 단지 가난한 사람들을 돌보고자 열망했을 뿐만 아니라 사랑의 선교사들은 가난한 사람들이 사는 것처럼 사는 것에 관심을 가지고 있었다. 만일 먹을 것이 생긴다면, 그녀는 그녀와 동역하는 수녀들이 쌀과 물만 먹기를 원했다. 왜냐하면 그것이 가난한 사람들이 먹을 수 있었던 일용한 양식이었기 때문이다. 그러나 그녀의 상관은 그렇게 할 경우 수녀들은 얼마 지나지 않아 가난한 사람들만큼이나 병에 들게 될 것이라는 점을 지적했다. 그래서 좀 더 많은 음식의 섭취가 강제되었다. 그렇다 하더라도 그들이 먹는 음식은 여전히 간소한 것이었다. 수녀들은 자신들의 건강을 유지할 정도의 음식을 섭취할 것이 요구되었으나, 그들이 한 가난의 서약에 위협이 될 만큼 많이 섭취하지는 않았다.

숙소는 그들이 소유한 것이 그렇듯이 모두 검소했다. 각각의 수녀는 각자가 입고 있는 흰색과 푸른색이 섞인 사리와 옷을 세탁하기 위한 버킷 하나, 그리고 몇 가지 간단한 세면도구만을 소유하고 있을 뿐이었다.

여러 차례에 걸쳐 후한 기부자들이 수녀들의 생활조건을 개선하시고 싶어 했으나, 마더 테레사는 이러한 제의를 거부했다. 왜냐하면 그녀는 수녀들이 가능한 그들이 섬기는 가난한 사람들이 사는 것 같은 삶을 살아야 한다고 믿었기 때문이다. 비록 마더 테레사의 소명이 기독교적 사랑에 맞추어져 있었으나, 역설적으로 종교적 포괄성에도 관심을 기울이고 있었다.

어떤 사람이 추종하는 종교와 영적 여정이 무엇인지와 상관없이, 마더 테레사는 그를 맞아들이고 사랑했을 것이다. 그녀는 위로를 제공했고 돌보는 사람이 추종하는 종교가 무엇이든 마지막 의례를 행하도록 허용했다.

그러나 그녀는 가난한 사람들의 얼굴에서 칼리나 무함마드, 또는 부처의 얼굴을 보지 않았다. 그녀는 그리스도의 얼굴만을 보았다. 종교적 차이는 문제가 되지 않았다. 그리스도는 각 사람 안에 계셨다. 그리스도께서 이 어려운 사역 중에 그녀를 지탱해 주셨다.

박스 13.1
복음을 증거할 대상자들을 사랑하기 위한 습관들

사랑은 프로그램으로 가능해지거나 명백한 요소들로 구분될 수도 없다. 그러나 우리는 일관된 실천과 더불어 선교사들(missioners)과 그들이 보내심을 받은 사람들 간의 관계를 육성하는 습관들에 대해서는 진술할 수 있다.

1. 접촉을 시도하라
접근해 오기를 기다리기보다는 관계를 맺기 위해 필요한 문화적 접근 방식들에 대해 배우라.
다른 사람들 혹은 공동체와 관계를 맺어가는 것에 대한 문화적 의미를 배우고 난 후, 문화에 부합한 방식으로 그들에게 접근하도록 하라.

어떤 경우에 이것은 중재자를 통해 접근하거나, 다른 사람들에게 접근하기 위해 경의를 표하는 특정한 의식을 행하거나, 특정한 관계를 위한 관례적인 언어와 적절한 호칭이라는 형식을 사용하는 것을 의미할 수도 있다.

2. 반응에 주목하라
당신이 관계를 맺기 위해 시작한 접촉에 대한 다른 사람들의 반응을 듣고, 보고, 느껴라.

당신에 대한 상대방의 반응을 통제할 것을 기대하거나 시도하기보다, 그 사람이 당신에게 어떻게 반응하는지를 관찰함으로써 당신의 행동이 문화적으로 의미하는 것이 무엇인지에 대해 배우라.

당신의 행위를 적절하게 조절하도록 하라.

만일 호의적인 접근 방식이 거리를 벌이는 반응을 초래한다면, 다른 사람들이 친분관계를 시작할 때 어떻게 하는지 잘 지켜보고 다른 접근 방식을 시도해 보도록 하라.

3. 다른 사람을 확증하라
다른 사람이 당신에게 반응할 때, 그 사람에 대해 확증하는 방식을 찾으라.

당신에 대한 그녀의 반응에서 가치 있는 사람에게 드러내는 진정한 친근감이 있는지 살펴보라.

확증에 대한 모든 언어적 표현과 비언어적 표현은 상대방에 대한 당신의 진정성을 드러내고, 다른 사람을 향한 사랑의 감정을 증가시킨다. 부정적인 반응이나 비판은 반대의 효과를 초래한다. 그리고 상호작용의 가치를 감소시킨다.

4. 스스로 다른 사람을 평가하라
다른 사람들이 갖고 있는 복잡함과 신비함에 대해 인식하라.

당신이 그 사람을 자세히 알고 있다고 가정하거나 당신에 대한 그의 반응도 예측할 수 있다고 가정하지 말라.

무의식중에라도, 그러한 자세가 자기 충족적인 기대를 초래할 수 있기 때문인데, 왜냐하면 사람들은 다른 사람이 기대하는 방식에 따라 행동하는 경향이 있기 때문이다.

그런 가정들을 하는 대신, 그 사람의 있는 그대로의 모습을 평가하는 습관을 가지라. 그 사람이 당신을 위해 한 일, 또는 그 사람의 결점이 당신에게 꺼림이 되는 방식, 또는 그 사람의 행동이 그 사람의 성장에 도움이 될지 방해가 될 여부가 당신의 관심사가 될 수도 있다.

그러나 이러한 것들이 그 사람을 향한 당신의 사랑을 형성하는 기반이 되지 않게 하라.

5. 다른 사람의 유익을 위해 행동하라
상대방의 행복을 최우선으로 여기는 관계를 형성할 때 다양한 유형의 상호작용을 수반하게 된다. 명랑함과 우려에 대한 심각한 표현, 부드러우면서 단호한 개입, 협력적이면서 경쟁적인 행위, 이런 것들은 다정한 관계가 야기하는 상호작용의 수많은 유형 중 일부이다. 관계를 맺고 있는 각 사람이 다른 사람의 유익을 위해 행동하고자 할 때, 사랑이 깊어진다. 때때로 가장 명백한 최선의 행동은 상대방을 기쁘게 하는 것이다.

6. 연약한 사람에게 특별한 관심을 기울이라
상대방이 연약할 때 관계의 중요한 요소들을 인지하는 것이 더 어려워진다. 경제적 불균형, 교육의 부족, 연령 차이 그리고 인종적, 문화적, 종교적 차이는 상보성과 존중의 관계를 수립하고자 하는 우리의 능력에 방해가 될 수 있다. 연약한 사람에게 특별한 관심을 기울임으로써, 이 같은 차이로 인해 야기되는 능력의 격차 때문에 드러나는 거만과 교만의 성향을 상쇄하게 된다.

7. 선물을 공여하라
이 모든 선교 행위를 통해 흘러나오는 일반적인 습관이 본서에 포함되어 있다. 특히, 다정한 관계를 표현하는 것의 일부로서 선물을 공여하는 것에는 사역을 위해 우리가 들어가는 문화가 갖고 있는 선물을 공여하는 풍습을 이해하는 것을 포함한다. 그러한 풍습과 권력의 역동성에 대한 인식과 함께, 마음을 담아 제공하는 선물은 사람들 사이에 밀접한 관계를 형성하게 한다. 이러한 선물은 서로의 관계를 깊게 하고 상대방에 대한 사랑과 돌봄의 감정을 느끼도록 함으로써 서로에 대한 의무감을 형성하게 한다.

8. 선물을 받으라
우리가 복음을 증거하는 사람들을 사랑하고 있음을 특징짓는 상보성은 선물을 받음으로 유지된다. 주는 자는 강한 사람이고 받는 자는 약한 사람이다. 회의를 제공하는 사람은 집주인이고 호의를 받는 사람은 나그네다. 선물을 받음으로써, 선교사는 돕고, 위로하고, 그리고 충고를 하는 안정지대에서 벗어나 의무를 받고 초래하는 불안정한 영역으로 들어간다. 받는 행위는 선교사가 사람들이 복음을 취하게 허용하고 사람들은 선교사에게 좋은 소식이 전달되도록 허용함으로써 선교사와 공동체를 결속시킨다.

3. 사랑 확산하기

테레사 수녀의 행동은 캘커타 사람들의 양심에 경종을 울렸다. 정부 관료들은 거리에서 죽어가는 가난한 사람들의 수에 당황했다. 보건과 관련된 실질적인 문제들을 처리하는 것과 더불어 거리의 시체들을 처리하는 일로 인해 정부 자원이 고갈되었다. 도시의 중상류층에 속한 사람들은 그들 주변에서 흔하게 목도할 수 있는 거리에서 죽어가는 사람들과 굶주린 아이들로 인해 불편해 했다.

어떻게든, 사람들은 비록 그 역할이 굶주리고 병든 상태에 머무는 것이라 할지라도, 그것이 사회에서 그들에게 주어진 역할이라면 그대로 살아가야 한다는 힌두교의 교리는 도시의 양심을 달래기에는 충분하지 않았다. 사람들은 불편해했다. 그리고 그 때 누군가가 그곳에서 도움이 필요한 사람들에게 도움을 제공하는 것으로 행동을 시작했다.

얼마 되지 않아 사람들은 테레사를 "마더"라고 부르기 시작했다. 그녀의 행동은 사랑으로 채워져 있었기 때문에 그녀의 섬김을 받은 사람들은 그녀로부터 배어나오는 어머니의 사랑을 느꼈다. 그러나 그녀가 행한 사람의 실천은 그녀의 손과 마음을 훨씬 넘어서는 데까지 뻗어 나아갔다. 그녀의 영적인 불꽃은 곧 확장되어 나갔고, 다른 사람들이 그녀의 일에 협력하기 위해 모였다.

캘커타에서 마더 테레사와 걸음을 시작했던 열 명의 여성들은 로레토수녀원학교에서 그녀가 가르쳤던 학생들이었다. 가난한 사람들을 향한 그녀의 열정은 이미 젊은 여성들에게 전이되었고, 그들 중 일부는 용기를 내어 그들의 일상 삶에서 떠나 그녀를 따라 슬럼가로 들어왔다. 다른 수녀원들의 수련 수녀들의 수는 줄어들었지만, 사랑의선교회 소속 수련수녀들의 수는 증가했다.

젊은 여성들은 "하나님을 위해 뭔가 아름다운 일을" 하고자 하는 그녀의 열정에 이끌렸다. 마더 테레사의 초점은 캘커타의 슬럼가 내의 그녀 주변에 산재한 충격적인 가난에 맞춰져 있지 않았다. 그녀는 그녀의 품속에 있는 한 사람, 그녀가 한 젊은 수련수녀에게 하루 종일 안고 있어 달라고 요청한 한 명의 죽어가는 아기에게 초점을 맞췄다.

그녀는 누구도 사랑을 받지 않는 상태로 죽어가서는 안 된다고 믿었다. 사랑으로 돌보는 모든 행동은 세상에 하나님께서는 각 사람을 사랑하신다는 것을 보여주었다.

남성들 또한 마더 테레사의 헌신된 사역에 이끌렸다. 밴 이젬(Van Exem) 신부는 사역 초기부터 그녀의 비전에 붙들렸다. 대주교 페리에르(Perier)는 사랑의선교회의 새로운 회중을 인증해 주고 이사회의 일원이 되었다. 이 후, 서로 얼굴을 마주 대한 적이 없는 앤드류 수사와 함께, 그녀는 사랑의선교수사회(the Missionary Brothers of Charity)를 세웠다. 어떤 곳에서는 수녀들과 함께 사역했고, 다른 곳에서는 자신들만의 사역을 형성하면서, 수사들은 가난한 사람들 중에서 가장 가난한 사람들을 대상으로 사역을 펼쳤다. 앤드류 수사는 28년 동안 회중을 이끌었다.

마더 테레사의 비전은 다른 사람들의 상상력을 사로잡았다. 왜냐하면 마더 테레사의 비전은 말이 아닌 행동으로 전하는 증거라는 분명한 초점이 있었기 때문이다. 그녀는 자신의 생애를 오직 한 가지 목표를 중심으로 살아갔다. 마더 테레사는 그 목표에 대해 말을 하기보다, 행동으로 보여주었다. 그녀의 개인적 성품에는 긍정적인 면과 부정적인 면 모두가 있었지만, 그 모든 것이 그녀의 증거에 기여했다.

마더 테레사는 선교를 자신이 지향하는 방식으로 하길 주장하는 교조적이고 고집스러운 사람이었다. 실재로 그런 식의 접근 방식이 작동하는 경우가 있곤 했다. 동일한 특징이 갖는 긍정적인 면은, 그녀가 지향하는 선교 방식을 실재 행동으로 실천하는 헌신과 신뢰였다. 그녀는 자신의 사역에 관심을 갖는 사람들과 상호작용하는 데 그리 우아하거나 부드럽지 않았다. 그러나 그녀의 단순명쾌함과 그녀가 말하는 순전한 진리는 사람들의 마음을 울렸다.

말콤 머거리지(Malcolm Muggeridge)가 BBC 방송을 위해 그녀와 인터뷰를 진행했을 때, 처음에 감독들은 방영되기 어려울 것이라고 생각했다. 머거리지의 질문들에 대한 마더 테레사의 답변은 거의 무례에 가까울 정도로 간결했다. 그러나 이 인터뷰는 청취자들에게 놀라운 영향을 끼쳤고, 이로 인해 마더 테레사의 사역은 국제적 주목을 받게 되었다. 그녀의 신학은 복잡하지 않았지만, 본질적이었다.

그녀의 인터뷰 내용은 그 시대에 아주 잘 일치하는 메시지였다. 그리고 그 메시지가 사람들의 마음을 울렸다. 병든 사람을 청해 목욕을 제공하거나 창문가에 위치한 욕조에 들어가게 해서 거리의 먼지와 분주함에서 벗어나 휴식을 취할 수 있게 했다. 돌봄을 제공하고 있던 수녀들도 이 메시지를 들었고, 죽어가는 사람들을 옮기는 사람들을 지켜본 이웃 사람들도 이 메시지를 들었다.

이 메시지는 정부 관료들도 들었는데, 이들은 아무도 건드리지조차 않았던 극빈자들을 위해 자신을 희생한 작은 여성 한 명 때문에 상당한 당혹감을 느꼈다. 그리고 그 메시지는 세계 곳곳에 있는 사람들에게도 들렸다. 그 메시지는 전 세계에 흩어져 있는 선한 의지의 소유자들을 감동시켰다. 이 사람들은 그와 같은 지독한 가난은 불행한 것이고, 불의한 것이며, 일말의 동정심조차 없는 것이며, 개탄스러운 일이라 믿었다.

박스 13.2
마더 테레사의 격언들

Benenate (1997); *Benenate and Dyrepos* (1997); *Le and Chaliha* (2002)

사랑에 관하여

우리 모두가 서로 안에서 하나님을 보게 될 때, 그분께서 우리를 사랑하신 것처럼 우리도 서로를 사랑하게 될 것입니다. 서로 사랑하라는 것, 이것이야말로 율법의 요구를 성취하는 것입니다. 이것이 바로 예수께서 오셔서 가르치신 모든 것입니다. 즉, 하나님이 우리를 사랑하신다는 것과 바로 당신이 우리를 사랑하시는 것처럼 우리가 서로를 사랑하기를 바라신다는 것입니다.

우리는 단지 세상에 존재하는 한 명으로가 아니라, 단지 학위나 자격증을 받기 위해서가 아니라, 단지 이 일 저 일을 이루기 위해서가 아니라, 그런 것들보다 더 큰 일을 감당하기 위해 창조되었다는 것을 알아야 합니다. 우리는 사랑하기 위해 그리고 사랑받기 위해 창조된 사람들입니다.

우리는 단지 세상에 존재하는 한 명으로가 아니라, 단지 학위나 자격증을 받기 위해서가 아니라, 단지 이 일 저 일을 이루기 위해서가 아니라, 그런 것들보다 더 큰 일을 감당하기 위해 창조되었다는 것을 알아야 합니다. 우리는 사랑하기 위해 그리고 사랑받기 위해 창조된 사람들입니다.

하나님이 계신 곳에는 사랑이 있습니다. 그리고 사랑이 있는 곳에는 항상 섬김을 위한 출구가 열려있습니다. 이 세상은 하나님을 향해 굶주려 있습니다.

행동에 관하여

우리의 사명은 하나님의 사랑을 전달하는 것입니다. 우리의 사명은 죽은 하나님이 아니라 살아계신 하나님의 사랑을 전달하는 것입니다. 그 하나님은 사랑의 하나님이십니다.

그렇다면 위대한 사랑을 품고 무언가 소박한 일을 하십시오.

누군가를 도와주세요.

아마도 정의가 미소를 지을겁니다.

누군가 당신을 괴롭히는 사람이 있습니까?

가서 그 사람을 용서해 주십시오.

비통함이 있습니까?

가서 용서받았다고 말씀하십시오.

그러면 당신은 그분을 발견하게 될 것입니다. 우리가 용서하지 않을 때 우리는 하나님을 발견할 수 없습니다.

당신이 무엇을 하든지, 심지어 당신이 길을 건너는 사람을 도와준다 할지라도, 당신은 예수께 한 것입니다. 심지어는 누군가에게 물 한 잔을 대접한다 할지라도, 당신은 예수를 대접한 것입니다. 그와 같은 가르침이 비록 보잘것없어 보일런지는 모르지만, 사실 그것은 중요하고도 중요한 가르침입니다.

우리가 병자와 가난한 사람들을 돌볼 때 우리는 고통받는 그리스도의 몸을 만지는 것입니다. 이 만짐은 우리를 영웅적인 존재로 만듭니다.... 이렇게 고통과 아픔으로 상처받은 육신들을 돌보기 위해서는 그리스도의 손길이 필요할 것입니다. 극심한 사랑은 측정할 수 없습니다. 그저 줄 뿐입니다.

묵상에 관하여

저에게 있어, 묵상은 어두운 장소에 홀로 있는 것이 아닙니다. 저에게 있어 묵상은 예수로 하여금 우리 안에서 당신의 수난과 사랑, 그리고 겸손을 살아내도록 허용하고, 우리와 함께 기도하고, 우리와 함께하시며 우리를 통해 당신의 거룩을 이루어 내도록 허용하는 것입니다.

침묵의 마음에 하나님께서 말씀하십니다... 오직 당신이 아무것도 아님을 인지할 때라야, 당신의 공허함을 인지할 때라야, 비로소 하나님께서는 당신의 마음을 하나님 자신으로 채우실 수 있으십니다. 기도의 영혼들은 위대한 침묵의 영혼들입니다.
기도는 하나님, 그리스도와 더불어 하나됨의 생활입니다. 그러므로 기도는 공기와도 같이, 우리 몸속을 흐르는 혈액과도 같이, 우리로 하여금 하나님의 은혜 안에서 살아있도록 하는데 필수적으로 요구되는 것입니다.... 만일 우리가 기도하지 않는다면, 우리의 실존은 아무런 능력을 갖지 못하게 될 것이고, 우리의 말은 아무런 권세도 갖지 못할 것입니다.

마더 테레사는 하나님에 대한 신뢰로 넘쳐흘렀다. 그녀는 바티칸에 인준을 받은 새로운 회중을 얻기 위해 끊임없이 사역에 임했다. 사역의 지원자였던 세레스테 반 에젬(Celeste Van Exem) 신부는 그녀 대신에 페리에르 주교를 성가시게 했다. 그녀는 사역의 한계에 대한 강한 느낌을 받았고, 따라서 가난한 사람들 위에서가 아니라 가난한 사람들과 더불어 살며 지속적인 증거를 하도록 하는 사랑의 선교회 규칙을 개발했다.

그녀가 발전시킨 규정들로 인해 캘커타사랑의선교회는 사역을 잘 감당했다. 이후 수년 동안 그녀의 사역은 다른 나라로까지 확대되었다. 사랑의선교회 규정들은 새로운 상황에 맞게 잘 번역되었다.

마더 테레사는 하나님의 섭리가 그녀의 필요를 채워주실 것이라 믿었다. 그녀는, "우리에게는 수입이 없습니다. 정부의 지원도 없습니다. 교회 유지 비용도 없습니다. 오직 하나님의 섭리만이 있을 뿐입니다"라고 말했다(Gonzalez-Balado and Playfoot 1985, 61). 그녀는 사역을 위해 필요한 것들을 알리는 데 아무런 갈등을 하지 않았다.

그러나 그녀가 돈을 요청한 적은 결코 없다. 비록 그녀가 사역에 도움이 되는 정부와 교회, 그리고 개인들로부터 오는 도움을 허용하기는 했으나, 어떤 식으로든 사랑의선교회 사역을 타협하는 것이라 판단되는 것일 경우 모든 선물을 거부하는 데 지체하지 않았다. 마더 테레사는 많은 선교사들이 가난한 사람들을 섬기는 것으로 사역을 시작했다가 그 자신들의 부를 늘이는 데로 나간다는 것을 인식하고 있었다.

그녀는 심지어 그녀의 자서전 작가인 캐서린 스핀크(Kathryn Spink)의 미용을 캘커타에 소재한 죽어가는 사람들을 위한 집인 니르말 리다이(Nirmal Hriday)의 여성병동에서 하도록 했다(Spink 1997, 146-47). 마더 테레사는 도우미들을 원했는데, 그녀는 필요한 재정적 필요와 함께 하나님께서 그들을 보내실 것이라 믿었다. 그러나 인도에서 마더 테레사는 구걸하는 법을 배웠다. 그리고 그녀는 사랑의자매선교회 소속 구성원들에게 가난한 사람들을 위해 구걸하라고 가르쳤다.

도대체 왜 가난한 사람들의 음식과 거처를 위해 인간의 존엄까지 요구하는 그런 수치를 겪어야만 했을까?

도대체 왜 가난한 사람들이 사랑을 받고 있다고 느끼게 하는 데 필요한 것이라면 그것이 무엇이 되었든 필요한 것을 애걸하는데 주저해야 했을까?

이 두 가지 질문은 사랑의 선교회의 필요를 알리는 데 서로 상반된 접근 방법처럼 보이지만, 필요에 따라 그녀는 이 두 가지 질문을 효과적으로 사용하였다. 부유한 서구인들에게 비는 것은 수치를 당하는 것이었다. 선교사들은 그들에게 다른 사람들을 도울 수 있는, 즉 하나님께서 그들이 이 사역에 참여길 원하신다는 것을 목도할 수 있는 기회를 제공하는 접근 방법이 필요했다.

그리고 아무 곳에 가더라도 거지들이 넘쳐나고 또 그 거지들의 필요를 충족시킬 수 있는 사람들이 있는 인도에서, 가난한 사람들 중에서 지극히 가난한 사람들을 위한 자원을 구하는 것은 단지 필요한 접근 방법일 뿐이었다.

마더 테레사는 많은 사람들이 돕고자 한다는 것을 알았다. 그리고 그녀는 각 사람이 어떤 식으로든 사역에 기여할 수 있도록 하는 방법을 발견했다. 인도의 지극히 가난한 사람들의 얼굴에서 고통당하시는 그리스도의 얼굴을 보기 위해 반드시 인도에서 선교하는 수녀들의 사역에 가담할 필요는 없다. 다른 방식으로라도 자원하여 참여할 수 있다.

그녀와 함께 인도에서 사역했던 영국인 친구 앤 블래이키(Ann Blaikie)는 그녀의 사역에 관한 소식을 영국 전역에 알렸다. 그녀는 대영연방 전 지역에서 많은 사람들을 모아 마더 테레사가 하고 있는 일에 대해 들려주고 어떤 방식으로든 사역에 기여할 수 있게 했다.

마더 테레사와 매우 유사한 비전을 가지고 인도에 간 재클린 드 덱커(Jacqeline de Decker)는 건강 문제 때문에 인도에 머무를 수가 없었다. 마더 테레사는 그녀를 원거리에서 품었고, 재클린을 그녀의 "또 다른 자아"라 불렀다. 여기에 건강상의 문제로 인도로 돌아와 그녀를 도울 수 없었던 병들고 고통당하는 여인이 있었다. 마더 테레사는 그녀를 자신과 동일시하는 사역(the ministry of identification)을 한 것이다. 즉 재클린의 고통을 가난한 사람들의 안녕에 기여하는 마더 테레사 자신의 고통과 동일시 한 것이다.

전 세계의 수많은 개인들과 다른 많은 이들은 기도와 공여, 그리고 자원봉사를 통해 사역의 지경이 한꺼번에 다양한 방향으로 뻗어나갈 수 있도록 지원하는 동역자 네트워크를 조성했다. 마더 테레사는 중요한 기여를 했음에도, "이것은 그저 외적인 것에 지나지 않습니다. 이제 나는 제 자신의 일부를 드리고 싶습니다"라고 말한 오스트레일리아 남성에 대해 말한 적이 있다. 죽어가는 사람들의 집에서 정기적으로 자원봉사를 함으로써, 그 남성은 자신을 드렸다(Benenate 1997, 69).

마더 테레사는 그녀가 가끔 돈과 전혀 관련이 없는 선물들을 요청한 적이 있다고 말했다. 왜냐하면 사역을 위해서는 누구든 기여할 수 있는 수많은 다른 일들이 있기 때문이다. 그녀는 사람들의 사랑과 그들의 손으로 드려지는 희생을 원했다. 그래서 그녀는 그녀의 사역에서 자신이 감당할 수 있는 자리를 모색하는 사람들이 자신을 드릴 수 있게 도왔다. 가난한 사람들을 사랑하는 사역에는 모든 이를 위한 공간이 있었다. 이것은 하나님이 은혜로 주신 선물 공여 선교(giftive mission)였다.

마더 테레사는 그녀가 캘커타에서의 경험을 통해 정부 자원을 잘 활용하는 방법을 만들기도 했다. 죽어가는 사람들을 위한 첫 번째 집은 칼리신에게 헌정된 힌두 사원에 있던 두 개의 방이 딸린 집이었다. 그 시설은 정부가 그녀에게 제공한 것이었는데, 그녀는 감사하게 그 시설을 받았다. 이후 그녀가 도시를 더 나은 곳으로 만들기 위해 일할 때마다 좋은 감정과 보호뿐 아니라 그녀의 사역에 자원을 공급해 주는 정부 관료들과의 상호작용이 있었다.

마더 테레사는 자신의 메시지가 주변 문화와 양립이 가능하도록 하는 방법이 있음을 발견했다. 가톨릭 수녀들이 전통적으로 착용하던 검은 색의 수녀복을 착용하기보다, 그녀는 사랑의수녀선교회 소속 수녀들에게 힌두 여성들이 착용하는 것과 많이 유사하면서도 무슬림의 감정을 자극하지 않을 수 있을 정도로 단정한 흰색의 사리를 입도록 했다. 그녀는 칼리신전에 있던 사람들과 협력했는데, 그곳에는 그녀가 죽어가는 사람들을 위해 마련한 첫 번째 집이 있었다. 그녀는 사람들이 지나친 의료적 개입 없이 죽을 수 있도록 허용했다. 그녀의 이같은 허용은 이웃 힌두교도들이 이해할 만한 조치였다.

지역 풍습과 경쟁을 하거나 그녀의 사역을 지역 종교 중심지로부터 분리시켜 세우기보다, 사회 규범과 종교 행위들을 수용해 줄 수 있는 방안을 찾음으로써 그녀는 그들과 함께 협력했다. 그렇기 때문에, 그녀와 함께 일한 사람들 가운데 힌두교도들이 포함되어 있었다는 것은 놀랄만한 일이 아니다. 언젠가 한 힌두교 지도자가 수녀들이 한센병 환자들을 섬기는 것을 보면서 그리스도께서 이 땅에 한 번 더 오심을 느꼈고, 이제 자신도 선한 일을 해야 하겠다는 느낌을 받았다고 말한 적이 있다.

캘커타에 있는 죽어가는 사람들을 위한 집을 방문한 한 남성 힌두교도는 "당신의 종교는 참된 종교임이 틀림이 없습니다. 만일 그리스도께서 지금 당신들이 하고 있는 일을 돕고 계신다면, 그분은 참이심이 틀림이 없습니다"라고 말했다(Gonzalez-Balado and Playfoot 1985, 92). 바로 그 점이 마더 테레사의 사역이 갖는 매우 아름다운 부분이다.

> 사역은 가난한 사람들에 대한 관심과 그들이 바로 우리의 형제요 자매이며 그들 모두가 우리를 사랑하시는 동일한 손길에 의해 창조되었다는 것에 대한 각성을 조성했습니다. 그런 식으로 하나됨은 점차 실재가 되어가고 있습니다(92).

물론 어떤 사람들은 그녀의 사역에 반대했다. 마더 테레사와 그녀가 선교회의 일원으로 받아들인 사람들은 지역민들에 의해 비판을 받기도 했다. 처음에, 칼리신전의 사제들은 죽어가는 사람들을 위한 집을 그들의 신전 내에 마련하는 것에 대해 끈질기게 반대했다.

그들의 지도자들 중 한 명이 병이 들었음에도 병원이 입원을 거부하고 결국 수녀들의 돌봄을 받게 되자, 힌두교 사제들은 신전 안에서 이루어지는 마더 테레사의 사역에 대해 수용적인 자세를 취하기 시작했다.

그녀의 사역에 반대하는 데모가 발생하는 것은 사역 초기에 흔한 일이었다. 어떤 사람들은 그녀가 인도의 가난이라는 엄청난 문제에 중대한 영향을 끼칠 수 있다는 어리석은 믿음을 가지고 있다고 비판했다. 그들에게 그녀는 자신은 그들이 하는 식으로 일을 하고 있지 않다고 답변했다.

그녀는 인도의 가난한 사람들의 숫자를 늘리지 않았고 그들에게 영향을 끼치려고 노력하지도 않았다. 그녀가 한 일이라고는 가난한 사람들의 수를 줄이고, 인도의 가난한 사람들의 총수에서 한 사람씩 한 사람씩 감소시켰을 뿐이었다.

아마도 테레사 수녀가 오직 한 사람이었고, 건강이 온전치 못한 사람이었다는 사실 또한 그녀의 혁신적 실천을 가능하게 하는 요인이었을 것이다. 한 사람을 향한 사랑이 더욱 실천하는 사랑을 성장시켰다. 결과적으로 가난과 기독교에 대한 사람들의 태도를 바꿨을 뿐 아니라 사람들이 가난을 이해하는 방식도 변화시켰다.

박스 13.3

반선교사: 사자왕 리처드(King Richard The Lion-Heared)

실천: 사랑-우리가 복음을 증거할 사람들 사랑하기

선교의 성공, 적어도 장기적인 성공은 선교를 하고자 하는 대상에 대한 선교사의 사랑의 정도와 직접적인 연관이 있다. 사랑이 적다는 것은 신실한 기독교적 증거가 적다는 뜻이다.

영국 왕 리처드 1세(1157-99, 1189-99년까지 제위)는 그의 군사적 경험 때문에 사자왕(Loon-Hearted)이라 불렸다. 의심할 여지도 없이 그는 위대한 전사였다. 그가 감행한 군사적 모험은 그를 영국 역사책에서 전설적인 인물로 기록되게 했다.

그러나 그는 기독교 선교사로서는 결코 효과적이지 못했다. 오해가 없길 바란다. 그는 자의적으로 자신의 군사적 재능을 기독교 복음의 증진을 위해 헌신했던 사람이다. 그는 군사를 일으켜 이교도인 무슬림들로부터 성지를 회복하기 위해 중동으로 진군해 갔다. 이 같은 리처드 왕의 군사적 여정은 교회 역사가 십자군전쟁이라고 부른 것 중의 하나가 되었다.

이 당시 기독교 선교 사역자들은 모든 인간과 모든 피조물을 위한 자기희생적 사랑을 설교하는 복음과 가용 가능한 모든 무기를 동원한 가장 폭력적인 군사력의 사용 간에 아무런 갈등 요소도 발견하지 못했다.

이러한 불일치는 전사로서의 그의 이미지뿐만 아니라 당시 군인들이 붙들고 있던 규율(code of honor)을 손상시켰다. 리처드는 그의 주요 무슬림 대적자인 살라딘(Saladin)의 기술과 명예를 존중한다고 선언했다.

살라딘은 리처드에 필적하는 군사적 기술을 보유하고 있던 무슬림 장군이었다. 살라딘 또한 리처드를 존중했다. 그랬기 때문에 살라딘은 리처드와 그의 군대를 지중해 근처의 요새에서 꼼짝 못하게 봉쇄할 수 있었다.

살라딘은 최후의 공격전에 리처드에게 안전하게 후퇴할 길을 제안했다. 리처드도 훗날 전쟁에서 유사한 기회를 가졌을 때 일부 무슬림 시민들에게 빠져나갈 안전한 길을 제안했다.

스티븐 런치맨(Steven Runciman)은 그의 기념비적 작품인『십자군의 역사』(A History of the Crusades)에서 리처드에 대해 가장 잘 묘사했는데, 그는, "리처드 왕은 나쁜 사람이었고, 나쁜 아들이었으며, 나쁜 남편이었고, 나쁜 왕이었다. 그러나 용맹하고 훌륭한 군인이었다"고 기록했다(1987, 127). 아마도 우리는 몇 가지를 더 보탤 수 있을 것이다. 그는 기독교 신앙을 잘못 제시한 나쁜 전달자이자 나쁜 선교사였다.

기독교 역사를 통틀어, 예수 그리스도에 대해 말하기 위해 폭력적이고 강제적인 수단을 사용하고자 하는 미혹을 받은 기독교 선교 사역자들의 모든 잘못을 리처드의 책임으로 돌리는 것은 지나친 처사이다. 그러나 리처드가 감행한 군사적 모험의 성공은 비기독교 이웃들을 향한 온전한 사랑에 기초하지 않은 채 복음증거의 소명을 실천하고자 했던 모든 선교사들에 대한 리처드의 영향력을 증진시켰다.

• 생각과 토론

1. 이웃들에 대한 사랑과 강제의 양립불가능성을 제시하는 성경 구절 세 가지를 찾아보라.
2. 예수께서 "내가 세상에 화평을 주러 온 줄로 생각하지 말라. 화평이 아니요, 검을 주러 왔노라"(마 10:34)라고 말씀하셨을 때 의미한 것이 무엇이라고 생각하는가? 이 구절을 10장 전체의 맥락에 비추어 설명해 보라.
3. 마태복음 10장에서 예수께서 가르치시는 내용과 첫 번째 질문에 위해 당신이 찾은 세 가지 성경 구절이 어떻게 종합할 것인가?

제14장

선교적 통합: 교회 협력 프로젝트로서의 선교 실천하기

선교 사례: 빌리 그레이엄
장소: 전 세계, 미국
청중: 세속주의자들
시기: 20세기

연대표
- 1918년 노스캐롤라이나 샬롯(Charlptte) 근처에서 출생
- 1939년 남침례교 목사로 안수 받음
- 1943년 휘튼칼리지 졸업
  루스 벨(Ruth Bell)과 결혼
- 1948년 미네소타주 세인트 폴(St. Paul) 소재 노스웨스턴성경대학(Northwestern Bible College) 총장이 됨
- 1949년 십대선교회(Youth for Christ) 공동설립
- 1950년 빌리그레이엄전도협회(Billy Graham Evangelistic Association) 창립
- 1956년 크리스차너티투데이(Christianity Today) 창립
- 2007년 빌리그레이엄도서관 개장

빌리 그레이엄의 선교에 관한 자료들

Billy Graham, *A Biblical Standard for Evangelists* (Minneapolis: World Wide, 1984)
Billy Graham, *Just As I Am* (San Francisco: HarperCollins/Zondervan, 1997)
William Martin, *A Prophet with Honor* (New York: William Morrow, 1991)
William G. McLoughlin, *Billy Graham: Revivalist in a Secular Age* (New York: Ronald, 1960)
Curtis Mitchell, *Billy Graham: The Making of a Crusader* (New York: Chilton, 1966).
John C. Pollock, *Billy Graham: The Authorized Biography* (New York: McGraw-Hill, 1966)
Billy Graham, *Peace with God* (『하나님과의 평화』, 생명의 말씀사 刊)
Billy Graham, *The Secret of Happiness* (『빌리 그레이엄의, 행복』, 두란노 刊)

본질적으로, 선교는 포용하는(to include) 행동이다. 선교는 더 많은 사람들을 포용하며 더 넓은 원을 그려가는 사역이다. 사도 바울은 예수의 복음이 모두를 위한 것이라 가르친다. 패트릭은 사람들의 배경과 영적인 성숙 정도에 상관없이 모두를 교제 범주 안에 포함시켰다.

키릴과 메소디우스는 모든 사람이 자신들이 이해할 수 있는 언어로 성경과 각종 의식들, 그리고 신학자들과 목회자들이 기록한 글들을 이해해야 하며, 선교사역은 하나님과 하나님의 사역에 대한 그와 같은 문학적 표현들을 모든 사람에게 유용하게 하는 것이라 생각했다. 대체로, 수세기 동안 이어 내려온 선교는 하나님 나라의 성장을 목적으로 하는 포용사역이었다.

그러나 현대에 이르러서는, 로버트 벨라(Robert Bellah)와 리처드 니버(H. Richard Nieburh) 같은 사회 관찰자들이 제시했듯이, 문화 양상이 매우 복잡해졌고 개인의 충성도 매우 다양한 방향을 정향하고 있기에, 포용(inclusiveness)을 주장한다면 그것이 무엇이라 할지라도 문화적으로 케케묵은 이야기에 불과한 것으로 취급되고 있고, 따라서 엄청난 혹평에 직면할 수밖에 없게 된다.

심지어 개인의 종교 정체성에 대한 이슈들조차 관련된 문화적 요구들로 인해 파편화되고 있다. 교회들마저 이러한 복잡성에 사로잡혀 모든 사람을 위한 하나님의 사랑이 주는 메시지가 갖는 하나됨(oneness)을 상실하곤 한다. 심지어 서로 경합하고 있는 것으로 보이는 선교사역들조차도 파편화의 함정에 빠지곤 한다.

선교 배타성(mission exclusions)은 단지 불신자들(nonmembers)뿐만 아니라 다른 기독교 집단들로까지 확대되었다. 한 때 선교가 복음 이야기를 선포하는 사역을 위해 교회 안의 다양한 집단들, 즉 다양한 교단과 선교 단체, 그리고 민족별로 갈라진 교회들을 하나로 연합하는 일이었다면, 19세기와 20세기 선교는 그러한 교회의 연합을 한층 더 분열시켰다.

성장이란 언어가 복음 이야기 안에서 함께 포용하고자 하는 사람들을 의미하는 것이 아니라, 우리 교단, 우리 방식의 교회, 우리식의 기독교 문화에 대한 표현에 가입하는 것을 의미하는 기독교 내 집단 사이에서 벌어지는 경쟁적 일(competitive affair)이 되어버렸다. 교회의 성장과 더불어 교회의 구성원이 된다는 것은 복음의 성공이 아니라 제도의 성공을 의미하는 것이 되어버렸다.

빌리 그레이엄으로 더 잘 알려진 프랭클린 그레이엄은 복음 메시지의 하나 됨을 요청하며 부르짖는 목소리였다. 우리가 작성한 선교 혁신가들 명단에서, 빌리 그레이엄은 배재의 교회론에 반대하고 복음 이야기의 보편성을 되찾은 20세기 선교 인물들 중 한 명이라는 점에서 마더 테레사와 같은 반열에 서는 인물이다.

두 사람은 이 사명을 성취하기 위해 상당히 다른 수단을 사용했다. 우리가 살펴본 것처럼, 마더 테레사는 가난한 사람들과 병든 사람들을 돕는 의료 선교적 접근 방식을 사용했다. 반면 빌리 그레이엄은 대중 설교 방식을 활용했다. 많은 사람들이 배재라는 유행을 추구할 때 그에 반대하는 행로를 걸었기 때문에, 사람들은 그들이 올바른 궤적 위에 서 있던 진귀한 사람들로 인식하고 있을 것이다.

두 사람 모두 갤럽이 선정한 20세기에 가장 위대한 사람 명단에 올라 있다(마더 테레사는 1위에, 빌리 그레이엄은 7위에 각각 올라 있다). 그들은 영적인 영웅들이 되었는데, 왜냐하면 그들은 자신들의 사역을 통해 사람들로 하여금 이념이나 제도가 아닌 예수를 바라보게 했기 때문이다.

1. 빌리 그레이엄은 누구인가?

빌리 그레이엄은 노스캐롤라이나주 샬롯 근처 낙농장에서 태어났다. 그의 부모인 윌리엄 프랭클린 그레이엄(William Franklin Graham)과 모로 코피 그레이엄(Morrow Coffey Graham)은 한 장로교 교회의 교인이었다. 비록 그레이엄이 어린 시절 교회에서 활동적이었고, 비록 이후 남침례교회 교인이 되었지만(1939년에 그는 남침례교회 목사로 안수 받았다), 교단에 초점을 맞춘 종교생활은 그의 관심사가 아니었다. 어린 시절부터, 그는 본능적으로 복음이 교회를 섬긴 것이 아니라 교회가 복음을 섬겼다는 것을 알았던 것 같다. 다른 어떤 것보다 이런 통찰력이 그의 선교 혁신의 뿌리가 되었다.

그레이엄의 부모가 그를 교회 안에서 양육했을 뿐만 아니라, 그에 더하여 그를 다양한 종교 모임에도 데리고 갔다는 것은 분명해 보인다. 왜냐하면 그레이엄이 1934년 한 부흥회 도중에 헌신(부모의 유산을 따라서가 아니라 스스로)한 기독교인이 되었기 때문이다. 일반적으로 사방이 시원하게 뚫린 들판에 친 커다란 천막에서 열리곤 했던 부흥회는 당시 남부 기독교 신앙을 특징짓는 중요한 요소였다.

이 특별한 부흥회는 전도자 모르데카이 함(Mordecai Ham)이 인도하고 있었다. 그 부흥회는 그레이엄의 영적인 헌신을 불러일으킨 사건이었을 뿐만 아니라 그레이엄 자신의 장래 직업을 선택하는데도 중요한 사건이었다. 그는 열여섯 살 나이에 복음 전도자가 되기로 결정했다.

그레이엄의 대학교육은 밥존스대학(Bob Jones College, 현재의 밥존스대학교)에서 시작했다. 그러나 대학의 엄격한 생활 규칙이 너무나 구속적이라는 것을 발견하고는 다른 대학으로 전학했다. 그는 여러 대학을 전전했는데, 밥존스대학에서 플로리다성경신학원(Florida Bible Institution, 현재의 플로리다 트리니티대학교)으로 전학했다가, 마지막으로 일리노이주 휘튼대학으로 전학하여 그곳에서 1943년에 졸업했다. 빌리 그레이엄은 교육을 잘 받았을 뿐만 아니라 광범위하게 독서를 했다. 그러나 스스로 자신을 학자로 생각해 본 적은 한 번도 없었다. 그의 자기 정체성은 설교자였다. 그는 대학 마지막 해에 일리노이주 웨스턴 스프링스에 있는 작은 교회에서 목회를 했다.

그가 휘튼대학에 있을 때 루스 벨(Ruth Bell)을 만났다. 2년 후 둘은 결혼했고, 이후로부터 거의 65년의 세월 동안 인생의 동반자로 함께 지냈다.

> 나는 그녀가 언덕 위에서 나를 향해 걸어 내려오는 것을 보았습니다. 나는 그녀가 다가 올 때 그녀를 바라보는 것을 그만 둘 수가 없었습니다. 그녀도 나를 바라보았고, 결국 두 사람의 눈이 서로 마주쳤지요. 그 때 나는 이 여성이 바로 내가 결혼하길 바라는 바로 그 여성이 틀림없다고 느꼈습니다.

루스 그레이엄은 2007년에 87세의 나이로 사망했다. 그레이엄과의 사이에 다섯 명의 자녀를 두었고, 열아홉 명의 손주, 그리고 스물여덟 명의 증손을 보았다. 그들 사이에는 네드 그레이엄(Ned Graham)과 프랭클린 그레이엄(Franklin Graham)이라는 두 명의 아들이 있는데, 둘 다 딸인 앤 그레이엄 롯(Anne Graham Lotz)처럼 아버지의 사역을 이어가는 데 열심이다.

그레이엄은 일종의 대중전도사역을 발전시켰는데 그는 자신의 사역을 십자군이라 불렀다. 이 사역은 그레이엄식 텐트부흥회였다. 그의 전도집회사역은 해가 갈수록 성장했다. 일단 그와 그의 팀이 부흥회를 할 도시를 선정하면, 그는 지역목회자협의회를 초청해 만났다. 그는 복음전도를 위한 명확한 메시지와 더불어 지역연합성가대와(5천 명 규모) 전문적인 복음성가 가수들을 참여시켰다. 그는 로스앤젤레스에서 열린 일련의 부흥회 초반에 긴 휴식기를 가졌다. 보수적이고 반공산주의적인 대중 설교자를 찾고 있던 신문계의 거물 랜돌프 허스트(Randoph Hearst)는 그레이엄을 자신의 신문을 통해 알렸다. 이러한 지원이 부흥회 모임에 수없이 많은 사람이 운집하게 했고,

그레이엄의 뛰어난 대중 설교 능력이 나머지를 담당했다.

그의 일생 동안, 그중에서도 그의 사역 초기 기간 동안, 그레이엄은 끊임없는 활력으로 몇 가지 중요한 사역들을 이끌거나 시작했다. 30세에 그는 미네소타주의 트윈시 소재 노스웨스턴성경대학을 인수함으로써 최연소 4년제대학 총장이 되었다. 그는 또한 1949년에 십대선교회(Youth for Christ)라 불리는 대단히 중요한 십대청소년사역을 위한 단체를 세우고 증진시켰다. 7년 후 그는 복음주의 신학자들과 목회자들이 학술적이고 학문적인 감각을 펼쳐 보일 장이 필요함을 목도하고, 그 목적의 성취를 위해 「크리스차너티 투데이」(*Christianity Today*)를 설립했다.

1950년, 그는 미네아폴리스(Minneapolis)에 그의 주력 사역 조직이자 훗날 빌리그레이엄전도협회(the Billy Graham Evangelistic Association, BGEA)라 불리게 되는 단체를 설립했다. 원래 그의 순회사역을 돕기 위한 조직 구성을 위해 조직했던 빌리그레이엄전도협회는 점차 장편 극영화 제작사인 **월드와이드영화사**(Worldwide Pictures), 사람들의 흥미를 끄는 짧은 글들을 싣는 「디시전 매거진」(*Decision Magazine*), 주 일회씩 40년 이상을 지속한 라디오 프로그램인 **결정의 시간**(Hour of Decision), 영적인 조언을 제공하는 신문 칼럼인 "나의 응답"(My Answer), 그리고 이보다 늦게 시작된 10대를 위한 웹사이트인 passageway.org 등과 같은 다양한 사역 단체를 거느린 다면적 기관이 되었다.

빌리그레이엄전도협회의 본부는 미네아폴리스에 있었으나, 그레이엄은 노스캐롤라이나주 산중에서 살았다. 후에 그는 빌리그레이엄전도협회를 그의 고향인 노스캐롤라이나주 샬롯 근처의 더 넓은 부지로 옮겼다. 그가 사역을 이끄는 동안, 자신의 전도집회 지역을 외국 도시들로도 확대시켰다. 이로써 그는 전 세계적으로 유명한 종교인사가 되었다.

마지막 20여 년간, 그는 전 집회를 십자군운동(crusades)이라 부르는 것에 대해 재고했다. 이는 과도하게 공격적인 선교 방법론들에 대한 심각한 의문이 제기됨에 따른 조치였다. 기독교선교사역을 전쟁과 연결시키는 대신(자신의 전도 집회를 10세기와 11세기에 있었던 십자군전쟁과 연결시키려는 잘못된 인식의 증가를 피하기 원했기 때문에), 그는 자신의 부흥집회를 "축제"라 부르기 시작했다. 비록 그의 아들 프랭클린이 허리케인 카타리나의 피해자들을 위해 뉴올리언즈에서 개최한 부흥집회 말엽에 잠시 모습을 드러내기는 했으나, 그가 인도한 마지막 전도축제는 2005년 뉴욕에서였다.

박스 14.1

빌리 그레이엄

- 갤럽이 선정한 20세기 가장 존경받는 인물 명단 7위에 기재
- 남침례교회 총회회원
- 민주당 당원으로 등록
- 185개국에서 2억 1,500만 명의 청중을 대상으로 설교
- 1948년부터 2005년까지 41년이 넘는 기간 동안 전도집회를 개최
- 미국 의회가 수여하는 명예훈장 수훈
- 템플턴재단으로부터 종교 진보를 위한 템플턴상 수상
- 로널드레이건대통령기념재단(Ronald Regan Presidential Foundation)이 수여하는 자유상 수상
- 가스펠 뮤직 명예의 광장(Gospel Music Hall of Fame)에 가입
- 대영제국 명예기사작위 수임
- 미국 대통령들의 영적 조언자/친구

    대중들이 그레이엄에 대해 가장 오랫동안 간직하고 있는 이미지는 미국 대통령들의 친구라는 이미지이다. 복음주의적 기독교인들의 투표 향배를 대표하는 사람으로서 그레이엄의 영향력은 수적으로나 질적으로나 증가했고, 정치 인사들은 그레이엄 사역의 지지자들로 비춰지기 위해 줄을 섰다.

    해리 트루먼(Harry Truman)으로부터 시작해서 대통령들은 그레이엄을 만나 그의 지지를 부탁했다. 비록 그레이엄이 그의 생애의 상당 기간을 민주당 당원으로 등록하고 있었으나, 그는 당을 가리지 않고 대통령들을 만났고 영적인 조언을 아끼지 않았다. 그와 가장 가까웠던 친구 중 한 명은 리처드 닉슨(Richard Nixon)이었는데, 워터게이트 녹음테이프 기록이 공개되어 그가 신실한 사람의 범주에 미치지 못했음이 드러났을 때 그레이엄은 매우 당혹해 했다. 닉슨과의 관계는 젊은 그레이엄이 공개된 워터게이트 관련 테이프

일부에서 미국의 대표적 유대인 지도자들에 대해 불만 섞인 언급을 닉슨과 주고받았다는 사실이 알려지자 그에 대한 정치적 비난으로 돌아왔다.

그레이엄이 이스라엘에 대한 강력한 지지자 중 한 명이었고, 미국 유대인 지도자들과 특히 친분관계를 맺고 있었으며, 유대인들을 기독교로 개종시키는 일을 거부했기 때문에, 워터게이트 사건으로 드러난 내용은 앞뒤가 맞지 않는 놀라운 폭로로 여겨졌다. 이로 인해 초래된 동요는 그레이엄이 감내해야 할 일들 중 하나였다.

대중 설교자의 역할을 선택한 이후부터, 그레이엄은 그 시대의 대단히 폭발력 있는 사회적 이슈들에 대해 개인적 의견을 표명해 줄 것을 정기적으로 요청받았다. 그는 그러한 사회적 이슈들에 대해 기꺼이 자신의 의견을 표명해 왔는데, 보통은 보수적 기독교 가치들과 사회적 문제에 대한 연민 어린 인식을 잘 조화하는 방식을 사용했다. 그러나 간혹 잘못 말할 때도 있었다.

그가 90세가 되어갈 무렵, 그레이엄은 몇 가지 육신적 질환으로 인해 고통을 겪기 시작했고, 대중에게 모습을 드러내는 일이 점차 줄어들었다. 그러나 완전히 은퇴한 것은 아니었다. 영적으로 자조하는 것에 관한 대중적인 책들을 쓰는 작가로서, 그는 글을 통해 사랑하는 미국 대중을 향한 사역을 지속했다.

2. 선교적 통합을 위한 언급들

선교 혁신가로서 그레이엄에 대해 토론하는 한 가지 방법은, 그가 전 세계의 청중들을 대상으로 복음을 대중적인 방식으로 복음을 설교하기 위해 어떤 특정 종파(혹은 교파)를 이롭게 하려는(religious self-promotion) 노력을 허용하지 않았다고 말하는 것일 것이다.

세속주의, 종교적 불신, 무신론, 그리고 종교적 선교와 정치적 동기인 지하드가 의심스럽게 뒤섞여 있는 현상 등이 만연한 세대 속에서, 그레이엄은 설교의 내용을 관리하고 그 시대의 이슈들에 대해 언급하면서도 미국 정보기관들의 허수아비로 비춰지지 않음으로써 불필요한 오해를 불러일으키지 않았다. 이것이 그가 거둔 가장 큰 소득이었다. 그러나 아마도 우리가 앞 장에서 주목했던 사례들이 갖는 역량 정도의 혁신에는 미치지 못할 것이다.

그러나 그레이엄은 21세기 교회의 성공과 실패를 결정할 수도 있는 혁신을 주장했다. 그레이엄은 이 혁신을 **선교적 통합**(missional ecumenism)이라고 불렀는데, 이것은 두 개의 경합하는 세력, 즉 세계화(globalization)와 부족화(tribalization)로 인해 고통받는 세상에서 복음 이야기를 말할 수 있는 방법을 모색하는 것을 의미했다.

그레이엄은 시장과 과학의 힘에 의해 일반화된 이해로 무리하게 끌려가는 동시에, 자신들만의 방식을 고수하고자 하는 개별 문화들의 주장이라는 방향으로 끌려가고 있는 세상에서 점차 자신의 역할을 높여갔다. 이런 상황은 세계화를 향한 관심과 개별 민족에 대한 관심 사이에, 그리고 국정운영(statecraft)과 세계운영(worldcraft) 사이의 정치적 분리를 조장했다. 이러한 정치세력들 간의 충돌은 세상을 매우 빠른 속도로 변화시키고 있다.

같은 일이 세계 종교 내에서도 발생하고 있다. 종교계에는 많은 갈등이 분출되고 있는데, 많은 면에서 지정학적 갈등을 그대로 반영하고 있다. 이러한 갈등이 기독교 내부의 분쟁으로 표출될 수 있는데, 우리는 이러한 분쟁을 동종교내(intrareligious) 갈등이라 부를 수 있겠다.

또 타종교와의 분쟁으로는 기독교 역사가 발전하는 과정에서 발생한 갈등을 예로 들 수 있는데, 유대교와의 갈등이 이 유형에 속한다. 또 다른 분쟁에는 인종과 종교가 불안한 혼합상태를 이루고 있을 때 발생하는 갈등이 있다.

그리고 세계 종교들 간에 발생하는 분쟁들이 있다. 이 같이 종교 스펙트럼 내에서 경쟁하는 다양한 종교세력들 간 발생하는 수많은 분쟁 때문에, 오직 한 종교의 텍스트만이 옳은 것임을 선포할 가능성이 좌절되기 쉽다. 빌리 그레이엄은 하나의 복음 이야기를 분열이 아니라 연합의 방식으로 설교했다는 점에서, 20세기 그 어느 종교 지도자들보다 더 많은 일들을 해냈다. 우리는 이 같은 혁신을 **선교적 통합**이라 부르기로 했다.

선교적 통합은 유일한 하나의 종교적 이야기에 집중할 수 있는 능력이다.

동시에 그 이야기가 전체적으로든 혹은 부분적으로든 다양한 문화 형식을 취하고 있음을 인식할 수 있는 능력이다. 빌리 그레이엄은 이것을 이뤄가는 데 대단한 능력을 보여주었다. 그가 이 능력을 하나의 기술로 인지했든 혹은 하나의 목적으로 인식했는지 여부와는 상관없이, 그는 실천적인 차원에서 선교적 통합을 수행했다.

앞부분에서 우리가 언급한 네 가지 영역들, 즉 기독교 내부에서 발생하는 상호작용, 유대교와 기독교 간 상호작용, 종교 간 상호작용, 그리고 인종-종교적(racial-religious) 정체성에 대해 고려해 보라.

그레이엄은 이 네 가지 영역에서 선교적 통합을 진전시키는 방법을 보여주었다.

1) 기독교 내부의 상호작용

그레이엄은 종교의 배타성에 본능적으로 저항했다. 그는 대학을 노스캐롤라이나주의 그린보로(Greenboro) 소재 밥존스대학(후에 대학교로 바뀜)에서 시작했다. 밥 존스는 학생들이 단지 종교적 규범과 교육적 규범뿐 아니라 사회적 규범에도 부합할 것을 주장하는 것으로 잘 알려져 있었다. 그리고 사회적 규범에는 춤금지와 카드 게임금지, 술담배금지 등과 같은 규범뿐 아니라, 데이트금지와 이성과의 친분관계(fraternalizing with opposite sex)금지 등과 같은 규범들도 포함되어 있었다.

그레이엄은 이러한 규범들이 현대 기독교를 진전시키는 방식이 아니라는 생각을 했고, 그런 이유 때문에 신학적으로는 밥존스대학만큼이나 보수적이지만 사회적으로는 덜 보수적인 대학으로 전학했다.

아마도 더욱 중요한 것은 그가 기독교와 기독교의 선교 노력에 대한 세계의 인식이 어떠한지에 대한 이해가 깊어지고 있었다는 점일 것이다. 그레이엄이 살아 있는 동안, 서구 식민주의와 서구 식민제국주의 역사와 결탁한 기독교 선교 역사에 대한 비판이 점증하고 있었다. 비판자들이 제기하는 20세기 기독교 선교에 대한 가장 일반적인 은유는 아마도 전쟁일 것이다. 비록 대부분의 기독교 선교사들이 최소한 자신들이 사역하는 곳에서 만큼은 전쟁 이미지를 소위 영적 전쟁으로 제한했지만, 대다수 외부 관찰자들, 특히 타종교인 관찰자들은 영적 전쟁과 군국주의(militarism) 행태를 구별하지 않았다.

기독교 선교 역사가 기독교 선교와 군국주의 간의 연합으로 가득 차 있다는 것은 아무런 도움이 되지 않는다. 그리고 10세기와 11세기에 발생한 십자군 전쟁은 기독교의 선교적 목적을 위해 군사 능력을 사용하려 했던 명백한 시도였다.

빌리 그레이엄은 그가 인도한 거의 40차례가 넘는 주요 부흥집회를 "십자군"이라 불렀다. 이 단어를 통해 그가 의미하려 했던 것은, 예수 그리스도라는 해답을 제공하는 것으로 이 세상의 죄악에 대항해 치르는 전투였다. 부흥전도자로서 자신의 경력 후반기에, 그는 이 명칭이 만들어낼 수밖에 없는 문제점을 보기 시작했다. 지금 그레이엄의 사역을 이어가고 있는 그의 아들 프랭클린은 부흥집회를 훨씬 더 행복한 의미를 함축하는 "축제"(festival)라 부르고 있다.

더 나아가서, 그레이엄은 그가 어떤 도시에서 부흥집회를 갖고자 고려하기 전에 그 도시의 지역 기독교 공동체에게 특별한 요청을 했다. 우리는 이미 그가 자신의 전도집회에 지역 목회자들을 초청해야 한다고 주장했음에 대해 언급했다.

이보다 한 걸음 더 나아가서, 그는 지역 목회자들과 그들이 섬기는 교회들이 부흥집회를 위해 함께 동역해야 한다고 주장했다. 오천 명에 이르는 성가대를 조직했던 것 또한 연합을 위한 조치였다. 성가대원은 부흥집회를 후원하는 지역 교회들의 성가대가 모여 구성한 것이었다. 개신교인인 그레이엄은 또한 로마 가톨릭을 부흥집회 준비과정과 집회가 열리는 주간 동안 플랫폼사역에 동참시켜야 한다고 주장했다.

2) 유대-기독교 간 상호작용

그레이엄은 유대인 공동체에 대한 일관된 지지자였으며, 유대-기독교 관계의 증진을 주창하던 인물이다. 사역 초기, 그는 미국의 유대인 지도자들과의 우정을 형성하기 위해 자신의 방식에서 벗어났다. 그는 이스라엘과 이스라엘의 정치적 실존 권리에 대한 강력한 지지자였다. 이런 노력의 결과로 브나이 브리스(B'nai B'rith)의 반-중상연맹(Anti-Defamation League)과 기독교인과 유대인전국위원회(the National Council of Christians and Jews) 같은 유대인 단체들이 그의 말을 인용했다. 왜냐하면 그는 유대교와 기독교의 관계에 긍정적인 기여를 했기 때문이다.

더 나아가, 그레이엄은 유대인들을 개종의 대상으로 삼는 것에 항상 저항했다. 사실, 그레이엄은 그리스도를 필요로 하는 사람들에 대해 말할 때 항상 포괄적인 용어를 사용했고, 특정 종교와 이념에 대한 판단을 거부했다. 단순하게 그는 복음이란 종교적 배경에 상관없이 모든 사람의 구원에 대한 긍정적인 이야기라고 주장했다. 그레이엄은 부흥회 기간 동안 그가 마음속으로 생각하는 모든 사람을 대상으로 설교했는데, 하나님께서 그리스도를 통해 제공하시는 도움을 필요로 하는 모든 상처받은 사람이 그 대상이었다. 그레이엄은 자신의 청중의 범주를 그리스도를 필요로 하는 모든 사람, 그 중에서도 특히 세속주의자들로까지 확대해 생각했던 것으로 보인다.

3) 종교 간 상호작용

비록 구체적으로 표명한 적은 없지만, 그레이엄은 자신이 유대인들을 바라보는 방식을 타종교 공동체에 속한 사람들에게도 확장시켰던 것처럼 보인다. 그는 타종교에 속한 사람들을 표적으로 삼는 것을 거절했다. 심지어 자신이 외국에서 부흥집회를 열 때 모여든 사람들 중 상당수가 타종교에 속한 사람들이라는 것을 알았을 때조차 그렇게 하는 것을 거절했다.

이러한 입장의 고수는, 그가 유대인들을 향해 유지했던 입장보다 유지하기가 훨씬 더 까다로운 것이었다. 기독교인과 유대인들은 공통의 역사적 기반을 공유하고 있는데 반해, 힌두교, 불교, 이슬람 그리고 그 외 다른 종교들은 기독교와는 상당히 거리가 멀기 때문이었다. 이러한 입장을 유지하는 것의 어려움은 타종교에 속한 사람들에 관해 그레이엄 자신이 한 진술에 묘사되어 있다.

> 나 자신은 기독교 신앙의 근본적인 교리를 확실히 붙들고 있습니다.... 그러나 미국인으로서, 나는 하나님을 향해 가는 다른 길들을 존중합니다.

그레이엄을 비판하는 사람들은 그레이엄의 이러한 태도는 그가 타종교를 구원에 이르는 타당한 길로 수용한 것을 의미하는 것일 수 있다고 주장한다. 비록 그레이엄이 이점에 대해 확실하게 언급하지는 않았지만, 이런 식의 비판적인 검토와 추측은 그레이엄이라는 세간의 주목을 끄는 사람이라면 받을 수밖에 없는 것이었다. 그리고 지금 인용하고 있는 진술에는 도발적인 가능성들로 가득하다. 그레이엄은 자신이 온전히 의미하고자 했던 것만 말할 수 있을 뿐이다.

그러나 적어도 최소한, 그레이엄의 진술은 21세기 선교에 헌신한 많은 사람들이 아직까지 도달하지 못했던, 타종교 전통에 서 있는 사람들에 대한 존중을 보여주고 있다. 이것은, 만일 모든 사람을 향하신 하나님의 보편적 사랑을 증거할 수 있기만 하다면, 새 천년의 선교는 새로울 뿐만 아니라 더욱 종교-친화적인 입장을 취할 필요가 있다는 것에 대한 그의 인식을 나타내는 것이다.

4) 인종-종교적 정체성

그레이엄은 인종 정체성을 둘러싸고 있는 전투의 최전선에 서 있었다. 아마도 인종에 대한 문제는 종교다원주의와 더불어 21세기의 가장 중요한 이슈(the issue)일 것이다. 그레이엄은 한결같이 인종 간 평등에 대해 강력하게 주장했다. 미국에서 이것은 시민인권운동(the civil right movement)에 대한 강력한 지원 형태를 띤다.

그레이엄을 지켜보는 사람들이 가장 좋아하는 이야기는 마틴 루터 킹 주니어 목사가 시민인권을 위한 항의시위 중에 체포되었을 때 킹 목사를 위한 보석금을 내고 그를 감옥에서 나오게 한 이야기에 대해 말하는 것이다. 수십 년 동안 그레이엄은 남아프리카공화국에서 대중집회를 여는 것을 거부했다. 왜냐하면 아파르트헤이트(apartheid, 백인과 흑인을 차별하는 남아공의 악법-역자 주)법이 부흥집회에서 아프리카 흑인이 대표를 맡는 것을 허용하지 않았기 때문이다.

미국에서 부흥집회를 열 때마다, 그레이엄은 특정 도시에서 집회를 열어달라는 초청을 수락하기 전에 흑인 종교 공동체의 지원이 있어야 한다는 점을 요구했다. 흑인 종교 지도자들이 그의 지원을 보는 방식에 대한 증거는 조지가버기념재단(Georgy Garber Memorial Institute)과 같은 단체들을 통해 볼 수 있다. 이 재단은 그레이엄을 더 나은 인종관계를 위해 기여한 사람으로 인식하고 있다.

복음전도와 세계선교에 대한 그레이엄의 헌신은 그의 사역이 갖는 전형적인 특징이었다. 그는 항상 부흥사 전통 안에 서 있는 전도자로서 자신의 소명을 이해하고 있었다. 그는 중국의료선교사의 딸과 결혼했고, 전 세계를 대상으로 하는 부흥집회를 통한 전도에 대한 그의 헌신은 그가 전 세계를 대상으로 하는 교회사역에 대해 이해하고 있었음을 확증해 준다.

그레이엄은 자신의 일생을 세상의 구세주이신 그리스도께로 회심하라고 설교하는 데 보냈다. 대중매체, 즉 텔레비전, 라디오, 잡지, 신문사역에 대한 그의 헌신은 교회의 생명뿐만 아니라 모든 생명에 대한 복음의 책임에 대한 그의 관점을 보여준다.

3. 선교와 총체적 교회(the Whole Church)

선교적 총체주의는 하나의 혁신이기에, 논쟁의 대상인 것은 틀림없다. 우리가 본서에서 다룬 다른 선교 혁신가들의 시각을 통해 확인한 것처럼, 내부선교(missio interna)는 거의 항상 외부 선교(missio externa)만큼 어려웠다. 말하자면, 선교적 총체주의에 대한 비판자들이 있다. 선교적 총체주의는 기독교 신학 스펙트럼의 양 극단으로부터 강력한 비판을 받는 입장이었다.

스펙트럼의 왼편에 선 사람들은 고전적 기독교 교리들에 대한 그레이엄의 무조건적인 헌신과 사람들은 복음 이야기를 들을 필요가 있으며 그 결과 그들의 삶의 변화가 있어야 한다는 것에 대한 그의 흔들리지 않는 확신에 대해 의심스러운 눈길을 보냈다. 그들은 또한 그레이엄이 주장한 통합주의(ecumenism)에 대해서도 의심스러운 눈길을 보냈다. 왜냐하면 그레이엄의 보수적인 신학적 입장을 고려할 때, 교회의 연합이라고 불리는 개념에 응당 그가 반대할 것이라고 가정하기 때문이다.

어떻게 보편적으로 적용될 수 있는 복음에 대한 하나의 진리만이 있다고 믿는 사람이 통합적일 수 있단 말인가?

기독교 신학 스펙트럼의 오른 편에 선 사람들 또한 그레이엄을 비판한다. 그들은 그레이엄이 기독교 신앙의 핵심이라고 자신들이 생각하는 많은 이슈들에 대해 너무 "무른"입장을 가지고 있다고 비판한다. 그들은 그레이엄이 일단의 사람들, 심지어는 그가 그 사람들이 주장하는 특정한 이슈에 대해 동의하지 않을 때조차 그들에 대한 공개적인 비난에 거의 참여하지 않는 점에 대해 당혹해 한다.

예를 들면, 앞에서 우리가 인용한 하나님께로 향하는 길들(paths)에 대한 그의 진술은, 비록 그들의 신앙에 대한 특정한 평가와 자신의 지지를 분리하기는 하지만, 자신들의 종교적 탐구 내에 머무른 사람들에게 지지를 보내는 것으로 보인다. 오른 편 극단에 서 있는 사람들에게 있어, 이러한 분리는 동의하기 힘든 것이다(실상, 왼편 끝에 있는 사람들도 같은 어려움을 겪는다).

선교적 총체주의는 우리가 살아가는 현재를 위한 혁신이기 때문에, 아마도 무엇이 혁신인지에 대해 앞부분에서 다룬 네 가지 범주를 사용하는 것이 도움이 될 것이다. 또한, 이 네 가지 범주를 사용하여 무엇이 혁신이 아닌지를 아는 데도 도움이 될 것이다.

1) 기독교 내부의 상호작용

대다수 교회 구성원들은 말로는 기독교 연합에 대해 긍정적으로 언급한다. 교회는 하나이어야 한다는 성경의 가르침은 충분히 명확하기 때문에 다양한 교단들, 교회연합회 그리고 심지어는 독립 교회들조차 어느 시점에 이르게 되면 교회연합이 그저 소망하는 수준에서 현실화된 결실로 변환될 것이라는 데 동의한다. 그렇다면 교회의 연합 문제에 관한 것은 목표에 대한 것이 아니라 어떻게 다양한 문화와 인종, 종교적 배경, 신념, 예배 형식 등을 유지하고 있는 기독교인들을 연합시키느냐에 대한 질문이 된다.

스스로를 기독교인이라 여기는 자기 정체성(self-identification)만으로 충분하지 않다는 것은 분명하다. 당혹스럽게도, 세계의 많은 기독교인들은 자신의 정체성을 기독교인으로 생각하면서 다른 사람들은 진정한 기독교인 또는 충분한 기독교인이 아니라고 일축하는 데 거리낌이 없다.

많은 기독교 집단들에게, 서로 이질적인 기독교 집단들을 연합하는 것은 역사에 관한 문제이다.

이 집단은 사도적 계승에 관한 적절한 계승 안에 머물고 있는가?

많은 기독교 집단에게 있어, 서로 이질적인 기독교 집단들이 연합하는 것은 교리에 관한 문제가 된다. 우리가 믿는 교리를 믿는 사람들이라면 같은 기독교이지만, 우리가 믿는 교리를 믿지 않는 사람들은 기독교인이 아니다.

생각이 다른 사람들에게 있어, 서로 이질적인 기독교인을 연합하는 것은 단순히 연합이라는 개념 자체를 실현하는 것이다. 연합은 아주 좋은 일이고 너무나 명확한 성경적 목표이기 때문에, 연합된 교회를 구성한다는 생각만으로도 우리 모두가 하나가 되기에 충분한 기반이 된다.

이들 각자가 가진 입장은 나름의 강점들과 약점들을 내포한다. 지금 우리는 여기에서 그런 문제를 토론하려는 것은 아니다. 여기에서는 선교적 통합주의자들이 연합을 이루는 요소로 고려하는 네 번째 요소가 있다고 말하는 것만으로 충분하다.

그 요인은 선교 그 자체다. 복음 이야기에 대해 들어보지 못한 사람들 가운데로 들어가 그곳에서 하나님의 사역을 진작시키는 일을 위해 연합하는 사람들은 하나님의 교회가 갖는 뚜렷한 표지를 보여주는 사람들이다. 선교적 통합주의자들은 어떤 형식을 취하는 지의 여부와 상관없이 하나님께서는 그러한 노력들을 축복하시며, 바로 그것이 연합을 유지하는 기초가 될 것이라 믿는다.

2) 유대-기독교 간 상호작용

지난 수 세기 동안 지속되어 온 기독교 집단들과 유대 집단들 간의 상호작용에 대한 두 가지 기정사실이 있다.

첫째, 유대 민족이 오늘날 세계의 민족들 내에서 특권적 지위를 누리고 있다는 것이다.

그들은 하나님께서 선택하신 민족이었다. 하나님께서는 유대 민족과 더불어 언약을 맺으셨다. 만일 다른 민족들이 하나님을 영화롭게 하고자 한다면, 비-유대 민족들은 유대인들이 하나님과 더불어 맺은 언약을 존중해야 한다.

둘째, 원래 하나님께서 유대인들에게 부여하신 일련의 특권들을 모든 민족, 즉 비 유대인 또는 이방인들에게 확장시키셨다는 것이다.

하나님께서 이방인들에게 주신 언약은 하나님께서 유대인들에게 주신 언약만큼이나 법적 구속력이 있고 중요한 것이다. 만일 유대인들이 하나님을 영화롭게 하고자 한다면, 비-이방인인 유대인들은 그 언약들을 존중해야 한다.

수세기에 걸쳐 끊임없이 이어 내려오고 있는 유대-기독교 간 갈등의 원인 중 한 가지는(이 갈등에는 다른 많은 원인들이 있다), 대다수의 유대인과 기독교인들이 두 가지 기정사실 중 어느 한 가지만 믿고 있기 때문이다.

선교적 통합주의자들은 예수의 이야기가 모든 사람, 모든 종족 집단, 모든 인종, 모든 문화, 모든 종교를 위해 유익할 뿐만 아니라 그들의 구원에 관한 이야기이기도 하다는 것을 믿는다. 따라서 모든 사람은 예수의 이야기를 통해 구원의 능력을 보게 될 것이라는 소망 안에서 그 이야기를 들을 필요가 있다.

그러나 사람들은 그들의 종족, 인종, 문화, 또는 종교 때문이 아니라 그들이 하나님과 모든 인류를 위한 하나님의 계획을 거부하기 때문에 예수의 이야기 밖에 머물러 있다. 하나님께서는 모든 사람과 더불어 관계를 맺기를 원하신다. 바로 그것이 기독교인과 유대인을 연합하게 한다.

3) 종교 간 상호관계

예수 이야기는 또한 기독교인과 무슬림, 불교도, 힌두교도, 유교인, 도교인, 토착 종교 신봉자들 그리고 새로운 종교운동을 추구하는 사람들을 연합하게 한다. 모든 사람은 하나님의 형상대로 지으심을 입었고, 하나님께서는 모든 사람과 민족이 하나님과 화목된 관계의 일부로 참여하길 간절히 원하신다. 하나님께서는 이 모든 민족과 더불어 언약을 세우셨다. 세상 모든 민족과의 화목은 하나님께서 가장 바라시는 열망이다. 하나님께서는 예수를 통해 이 화목을 가능하게 하셨다.

선교적 통합주의자들은 기독교인들이 다른 종족 집단, 타종교, 다른 문화에 대한 맹렬한 비난이 아닌 하나님께서는 예수 그리스도를 통해 우리 모두와 화목의 관계를 맺을 뿐 아니라 우리도 서로 화목의 관계를 맺기를 간절히 원하신다는 소망의 메시지 안에서 서로 연합할 수 있다고 믿는다. 선교적 통합주의는 우리를 지으신 분과 우리가 지으심을 받은 방식 때문에 우리 각자가 소유하고 있는 가능성에 초점을 맞춘다. 하나님께서는 하나님의 형상에 따라 우리를 지으셨다. 우리는 그분의 형상대로 지으심을 받은 결과들을 거부했다. 그 거부가 화목을 어렵게 한다. 그러나 그리스도를 통해 그 화목이 다시 가능하게 된다.

4) 인종-종교 정체성

세계 안에서 종교 간 발생하는 분쟁은 현재 만연한 인종 간 긴장으로 인해 가중되고 있다. 오늘날과 같은 세계에서, 인종 정체성은 종교 정체성만큼이나 강력한 요인으로 작용한다. 인종 정체성을 다른 "정체성들," 즉 국가, 직업, 이념에 더하고 나면, 21세기 세계에서 정체성에 대한 질문이 왜 중요한지를 볼 수 있다.

선교적 통합주의자들은 기독교 정체성이라는 하나의 정체성으로 다양한 정체성을 극복하는 것이 어렵다는 것을 보기 시작했다. 그리고 선교의 미래는 기독교 이야기를 현재를 살아가는 대부분의 사람이 보유한 다양한 정체성들을 정의하고, 해석하고, 포용하는 방식으로 만드는 데 달려 있다는 것을 인식하기 시작했다.

다른 말로 하자면, 오늘날 우리가 직면한 도전은 모든 사람이 가지고 있는 정체성들을 기독교 정체성 때문에 없애는 것이 아닌, 복음 이야기를 통해 복잡하게 얽혀있는 정체성들을 개선하는 데 사용하는 것이다. 예수 이야기는 우리 모두가 관련되어 있으며 복잡하게 얽혀있는 정체성들의 의미를 새롭게 확립하는 방법이다.

4. 결론

20세기에 어떤 식으로든 선교 혁신이 필요하다는 것은 매우 명백한 사실이다. 빌리 그레이엄과 마더 테레사는 대단히 생산적인 방식을 통해 선교사역을 섬겼고, 자신들의 삶을 통해 한 걸음 더 나아감으로써 그 방식을 우리에게 보여 주었다. 두 사람 모두 이전 기독교 선교 사역자들이 접할 수 없었던 기술과 의학 그리고 의사전달 방식이 주는 이점을 활용했다.

오늘날 세계는 분쟁이 극심하다. 이 분쟁은 정치적이기도 하지만 종교 간 분쟁이기도 하다. 정치와 종교가 구별할 수 없어 보일 때도 있다. 오늘날 우리가 목도하는 극심한 분쟁은 역사에서 그 유래를 찾아볼 수 없다. 인류는 불꽃이 위를 향해 타오르는 것이 확실한 것만큼이나 분쟁을 일으키도록 운명지어진 것처럼 보인다.

20세기 후반부에 발생한 분쟁은 그 이전의 분쟁과 달랐고, 21세기에 직면할 분쟁도 계속해서 달라질 것이다. 다만 분명한 것은 분쟁이 초래하는 파괴력이 증가할 것이라는 점이다. 핵무기가 비국가 집단들의 손에 떨어지게 될 것이다(만일 그들이 아직까지 보유하지 못하고 있다면). 그리고 세계는 전통적인 정치 방식과는 어떤 식의 협상도 거부하는 세계관을 소유한 종교 테러리스트들을 상대할 수밖에 없을 것이다.

좋아하든 말든, 이미 선교는 종교에 그 뿌리를 둔 복잡한 문제의 일부가 되었다. 선교는 분쟁을 야기하고, 분쟁을 영속화시키고, 분쟁으로 인해 수용 불가능해진 위험의 수위를 상승시키는 것과 연관되어 있다. 우리는 선교라는 주사위(mission dice)를 굴리고, 가장 많은 수의 성도들과 세상에서 유일하게 남아 있는 초강대국인 미국과의 정치적 연결에 힘입어 기독교가 세상에서 가장 강력한 종교 세력이 될 것이라고 가정할 수 있다.

첫째, 만일 우리가 이런 선택을 하게 된다면, 최소한 부분적으로나마 종교적인 동기로 인해(religiously motivated) **발생한 전쟁에 처한 우리를 발견하는 것과 같은 상황을 맞이하게 될 것이다.**

이 선택은 복음 메시지와 부합해 보이지 않는다.

둘째, 또 하나의 선택은 모든 종교적 선교를 포기하라는 아우성에 굴복하는 것이다.

본서를 쓰고 있는 지금 이 순간에도, 이 목적을 지향하는 합법적이고 신학적인 선택들이 개발되어 적용되고 있다. 반개종법안들(anticonversion laws)

이 제안되고 있고, 세계의 많은 지역에서 실재로 통과되는 경우가 발생하고 있다. 이들 법의 일반적 목표는 기독교 선교 노력을 제거하는 데 있다.

그리고 일부 기독교 신학자들이 이 선택을 지지하며 이점에 대해 글을 쓰고 있기도 하다. 뿐만 아니라, 이들 신학자들은 기독교 선교의 필요성을 본질적으로 제거하는 신학들을 주창하고 있다. 이 선택 또한 복음 메시지에 부합해 보이지 않는다.

셋째, 선교적 통합주의는 새로운 선택을 제공하는 혁신이다.
이 선택은 예수의 이야기를 세상에 전하라는 성경적 명령을 포기하지 않는다. 그러나 이 선택은 세상 사람들이 자랑스럽게 간직하고 있는 정체성들과의 대립을 극적으로 줄여나가는 방식으로 예수의 이야기를 전하려 시도한다.

제15장

예수, 선교 혁신가: 선물로 받은 은혜를 나누는 선교에 대한 예수의 모델

만일 우리가 지금까지 본서에서 사례로 든 모든 선교 혁신가를 하나의 방안으로 불러 모을 수 있다면, 그들은 서로 공유하는 공통점이 상당히 많다는 점을 발견하게 될 것이다. 선교의 보편성에 대한 바울의 주장은 빌리 그레이엄의 선교적 통합성에서 잘 공명되고 있다. 교제의 중요성에 대한 패트릭의 초점은 모두를 위한 사랑을 강조한 마더 테레사와 매우 유사하게 들린다.

반대 경우도 마찬가지이다. 마테오 리치가 중국에서 실천한 창의적인 상황화는 19세기 영국에서 살아가던 부유층과 빈곤층 모두의 필요를 인식한 캐서린 부스의 사역을 통해 빛을 발했다. 이 외에도 많은 것들이 있을 것이다.

그러나 그들 모두가 동의했던 핵심은, 선교전략이나 신학적 통찰이 아니라 한 분 예수 그리스도이실 것이다. 그들 모두, 즉 바울, 패트릭, 키릴과 메소디우스, 아퀴나스, 라스 카사스, 리치, 캐리, 부스, 셰퍼드, 마더 테레사, 그레이엄은 예수라는 닻이 없다면 그들 모두가 혼동이라는 바다 위를 부표처럼 떠돌 수밖에 없을 것임을 재빨리 인지했다. 그들 모두가 자신들이 해야 할 일을 했다고 확실하게 말할 수 있었던 것은 바로 예수 때문이었다.

아마도 그들은 이 이상의 말을 할 수도 있을 것이다. 그러나 확언하건대, 예수야말로 이 모든 것의 이유였다. 예수께서는 그들이 이룬 일들을 어떻게 완수해야 할 것인지에 대한 모델이기도 하셨다. 예수는 최고의 선교 혁신가

이셨다. 그는 새로운 메시지를 옛 종교(the old religion)에 전달하는 방식을 보여주셨다. 그가 전하신 메시지는 옛 종교에 속한 구성원들을 위한 것이었다.

그분이 감당하신 내부를 향한 선교는 고통스러운 사역이다. 내부를 향한 선교는 분노와 통렬한 비꼼, 적대감과 핍박을 불러일으킨다. 이 모든 부정적 반응은 예수께서 전하신 메시지를 가장 잘 이해하는 사람에게서 온 것이다. 궁극적으로, 예수께서는 이 선교를 실행하시기 위해 인간이 지불할 수 있는 최상의 값을 기꺼이 치르셨다. 아울러 예수의 메시지는 옛 종교에 속한 구성원들을 넘어서는 대상들을 위해 의도된 것이었다. 이 메시지는 모든 인류를 위한 것이었다.

외부를 향한 선교 역시 어렵다. 이 또한 분노와 통렬한 비꼼, 적대감과 핍박, 두려움 그리고 당혹감을 불러일으킨다. 그러나 이러한 저항이 예수의 사역을 멈추지는 못했다. 예수께서는 그러한 저항에 굴하지 않으셨고, 마침내 반응하고자 하는 모든 사람에게 아무런 대가 없이 주어지는 구원의 선물은 1세기 중동에서 그 발판을 마련할 수 있었다. 결과적으로, 이 구원의 소식은 전 세계에서 가장 거대한 종교가 되기까지 성장했다. 오늘날 세계 인구 세 명 중 한 명은 예수 이야기를 참되고 유일한 것으로 수용하고 있다. 그러나 전 세계에서 세 명 중 두 명은 예수 이야기를 받아들이지 않고 있다. 그렇기 때문에 예수께서는 여전히 당신의 이야기를 전할 선교 사역자들을 찾고 계신다.

지금 본서를 읽고 있는 당신이 그 자원자가 되지 않겠는가?

바울, 패트릭, 키릴과 메소디우스, 아퀴나스, 라스 카사스, 리치, 캐리, 부스, 셰퍼드, 마더 테레사, 그리고 그레이엄의 이야기가 전 세계 도처의 사람들에게 당신이 대가 없이 받은 선물을 값없이 나누어 주는 자가 되라는 영감을 주지 않는가?

만일 그렇다면, 독자는 그들 한 사람 한 사람이 예수를 어떻게 의지했는가에 주목하는 것으로 시작할 수 있다.

그들 각 사람이 하나님에 대한 예수의 가르침에 어떻게 의존했는지 주목해 보라.

그들이 예수의 사역을 배우기 위한 목적에서, 예수의 사역 이야기에서 무엇인가를 얻기 위해 그 이야기로 돌아가기를 멈추지 않았던 이유에 주목해 보라.

예수께서 감당하신 일과 당신이 하고 있는 일을 대조하기를 두려워 말라.

당신의 사역이 예수의 사역에 필적해야 할 필요는 없다.

그러나 당신의 사역이 예수의 사역에 부합하는지에 대해서는 판단해야 한다. 당신이 수행하는 선교가 예수의 선교를 어설프게 모방하는 것일 수도 있다. 그럼에도 불구하고, 당신이 섬기는 선교가 예수의 감당신 선교를 그대로 모방하는 것일 필요가 있다.

예수께서 혁신가셨음에 주목하는 것으로 시작하라.

이점에 대해서 실수가 있어서는 안 된다. 예수께서는 자신이 이 땅에 거하실 당시 실존했던 종교 공동체의 내면과 외면 모두가 변화되길 원하셨다. 그분은 지체하지 않고 가장 핵심인 하나님의 사랑에 대한 놀라운 이야기로 시작하셨다.

사랑은 모든 선교의 시작점이며 근원이다. 그리고 바로 그 사랑이 우리가 이야기를 끝낼 지점이기도 하다. 만일 우리의 선교가 하나님의 축복을 받는다면, 모든 선교의 열매는 사랑으로 열매 맺게 된다.

1. 혁신가 예수

어떻게 사랑을 말하면서 동시에 혁신가가 되는 것이 가능한지를 물을 수 있다.

글쎄, 어떤 인간 사회도 완벽한 사랑을 표현할 수 없음에 대해 생각해 보라.

기독교 복음이 접촉하는 모든 문화가 사랑에 대한 나름의 표현을 소유하고 있을 것이다. 그러나 그 사랑은 온전한 사랑에 대한 흠결 있는 표현에 불과할 것이다. 그리고 경우에 따라서는 성경이 증거하는 사랑을 심각하게 손상시킨 표현일 수도 있다.

예수께서는 사랑을 잘 표현한 문화 안으로 들어오셨다. 그 문화가 표현한 사랑은, 비록 완벽하지는 않았지만 괜찮은 것이었다. 이 문화에 속한 사람들에게는 일련의 지침이 있었다.

첫째, 이웃들을 위한 것으로, 아마도 같은 민족 사람들을 위한 것일 것이다.
그러나 같은 집안 사람들에 대한 것은 아니었다. 이웃을 향한 사랑의 지침은 그들을 향해 복수하거나 원한을 품지 말라는 정도의 사랑이었다. 이웃에게 복수하거나 원한을 품는 대신, 네 자신을 사랑하는 것처럼 네 이웃을 사랑하라(레 19:18)는 것이었다.

이것은 잘못된 것에 대한 복수를 참는 것이 체면 문제(point of honor)로 치부되고, 전문적인 통제력을 갖추지 못한 사람들을 통제하기 위한 중요한 사회적 통제 수단으로 작용하는 집단 사회에서나 볼 수 있는 높은 기준(high standard)의 사랑이다.

둘째, 예수께서 사역하신 사회에는, 이웃은 아니지만 그들 가운데 거하는(아마도 단시간 동안만 거하는) 이방인들에 대한 사랑의 기준이 있었다.
이방인이란 명칭은 성경 텍스트가 그런 부류에 속한 사람들을 부르는 명칭이다. 이들은 다른 신들을 섬기는 사람들, 즉 다른 종교에 속한 사람들이었다. 이들 이방인들에 대한 지침은 그들 또한 사랑을 받아야 한다는 것, 즉 너 자신을 사랑하는 것처럼 사랑하라(레 19:34)이다. 이것은 사랑에 대한 매우 높은 차원의 기준이었다.

이런 기준을 가지고 있는 사회를 향해, 예수께서는 도대체 어떤 혁신을 제공하실 수 있었을까?

이 문화가 가진 기준을 넘어서는 방식을 보여주실 뿐만 아니라, 어떤 새로운 메시지를 제공하심으로 천국의 사랑이 임재하게 하셨을까?

셋째, 사랑에 대한 예수의 혁신은 이웃과 이방인들에 대한 사랑에 더해 세 번째 사랑의 범주를 설정하는 것이었다.

예수께서 태어나신 문화에는 사랑해야 할 사람들에 관한 규범에 허술한 구멍이 있었던 것 같다. 그 구멍은 **원수**(enemies)에 관한 것이었다. 아마도 우리의 집단, 즉 우리 민족에 속하지 않은 모든 사람은 이방인으로 간주되었을 것이고, 이방인을 사랑하는 것에 대한 지침의 적용은 있었을 것이다. 그러나 원수라는 새로운 범주가 등장했다. 당시의 유대 문화에 따르면, 만일 어떤 사람이 당신의 원수라면 그 사람은 당신 자신을 사랑하는 것처럼 사랑하지 않아도 되었다.

그렇기 때문에, 당시 예수의 이웃들은 이방인들을 원수로 돌리는데 재빨랐다. 심지어는 같은 민족인 유대인에 속한 일부 이웃마저 원수로 돌리는 경우도 있었다(미 7:6). 원수는 사랑할 필요가 없었다. 다만 싸우고 핍박하고 하찮게 취급하고 묵살해 버리면 그만이었다. 원수는 강제력을 동원해 굴복시켜야만 하는 대상이었다. 강제로 굴종시키면 그만이었다. 오직 미움만이 원수를 향한 바람직한 분출구였다. 예수께서는 이러한 당시의 분위기를 혁신하셨다. 예수께서는 "원수를 사랑하라"고 말씀하셨다. 다음은 예수께서 직접 하신 말씀이다.

> 네 이웃을 사랑하고 네 원수를 미워하라 하였다는 것을 너희가 들었으나, 나는 너희에게 이르노니, 너희 원수를 사랑하며 너희를 박해하는 자를 위하여 기도하라. 이같이 한즉 하늘에 계신 너희 아버지의 아들이 되리니 이는 하나님이 그 해를 악인과 선인에게 비추시며 비를 의로운 자와 불의한 자에게 내려주심이라.
> 너희가 너희를 사랑하는 자를 사랑하면 무슨 상이 있으리요? 세리도 이같이 아니하느냐?
> 또 너희가 너희 형제에게만 문안하면 남보다 더하는 것이 무엇이냐? 이방인들도 이같이 아니하느냐?
> 그러므로 하늘에 계신 너희 아버지의 온전하심과 같이 너희도 온전하라(마 5:43-48).

당신은 예수의 이 언급으로 인해 발생했을 소란에 대해 상상이나 할 수 있겠는가?

만일 우리가 힌두교인, 불교인, 그리고 무슬림도 사랑받아야 할 대상이라고 주장한다면, 심지어 우리 자신을 사랑하는 것처럼 사랑해야 한다고 주장한다면 어떤 반응이 올까?

이러한 가르침은 매우 급진적 가르침일 뿐만 아니라 매우 어려운 가르침이기도 했다. 이것은 실천할 수 없는 가르침이었다. 원수를 사랑하라는 가르침을 반대하는 논박이 계속되었다. 원수를 사랑하라는 예수의 가르침은 지난 2천 년 동안 논쟁과 논란의 대상이었고 분석의 대상이었다. 그러나 그것은 여전히 우리(선교 사역자들을 포함하여)가 지향하는 목표로서 실존한다.

예수께서 태어나시고 자라신 문화 안에서 예수께서 반대하셨던 문화의 구멍(사랑의 대상으로서 원수를 제거한 것)은 지금도 여전히 우리 가운데 존재한다. 원수를 사랑하지 않는 것은 상당히 괜찮고 편한 선택이다. 온전하지 못한 모든 종류의 행동으로 채워 넣을 수 있는 괜찮은 칸막이 통에 비유할 수 있다. 바알 숭배자와 바빌로니아인, 그리고 예수 시대 유대인들의 원수였던 로마인 대신, 오늘날 우리에게는 유대인과 흑인, 동성연애자들과 공산주의자들, 그리고 무슬림들이 있다. 예수 시대의 함정은 오늘날 우리 가운데도 생생하게 존재하고 있다. 따라서 예수께서 원수에 대해 하신 일에 주목하는 것은 온전한 선교를 실천하는 것과 매우 깊이 상관이 있다.

그러나 이 부분에 대해 우리가 저지르고 있는 죄악은 예수 당시와는 다른 방식으로 새어나가고 있다. 우리가 태어나서 살아가고 있는 문화에는 이웃을 자기 자신처럼 사랑하라는 명령을 회피하고자 할 때 편리하게 사용할 수 있는 구멍만 있는 것이 아니라, 사랑 그 자체에 관해 우리 문화가 이미 저지른 것이 있다. 우리는 사랑을 하찮은 것으로 만들어 버렸다.

우리는 사랑 그 자체를 하찮은 것으로 만들어 버렸다. 우리 문화에서 사랑은 성관계와 동의어가 되어 버렸다. 사랑은 하루를 지내며 우리가 느낄 수 있는 정도로 적당하게 작동하는 적극적인 감정-아이스크림에 대한 감정, 태양 아래서 잠시 동안 앉아있는 동안 느끼는 감정, 새로 산 블라우스나 셔

츠에 대한 감정-을 의미하는 단어가 되어 버렸다.

이같이 사랑을 하찮은 것으로 취급하는 현상은 진실로 부끄러운 일이다. 이렇게 된 데에는 우리 문화사에 사랑의 미덕을 칭송하는 자원들이 없기 때문이 아니다. 인류 역사에, 두꺼운 책으로 쌓여 있는 사랑에 대한 논문들과 시들이 가득하다. 아가서에 등장하는 인간의 사랑에 대한 묘사로부터 요한복음에서 말씀하듯 예수께서 사랑하신 것처럼 사랑하라는 새 계명에 이르기까지, 성경도 다양한 방식으로 사랑에 대한 정의를 내리고 있다.

하나님의 영원한 사랑은 시편에서 묘사하고 있으며, 이는 호세아서에 나오는 변덕스러운 인간의 사랑과 대조된다. 그리스 비극에서는 사랑을 전쟁의 원인으로 묘사하고 있다. 우파니샤드는 자신의 사랑을 찾는 지배자 라마찬드라에 대해 이야기한다. 낭만적인 시들은 사랑이라는 가장 신비로운 경험에 대한 순간의 감정에 대한 애절함을 표현하고 있다. 우정과 사랑은 선한 삶에 대한 아리스토텔레스 사상의 핵심점이며, 오늘날 안부를 묻기 위해 보내는 카드에 담을 내용이 된다.

오늘날 대부분의 결혼식 순서에 고린도전서 13장에 등장하는 사랑의 송가 전체를 낭송하는 순서를 포함시키는 것은 어떤 면에서건 실수를 범하는 것이 아닐까?

우리 모두는 실재를 느끼고자 하는 열렬한 바람을 품고 있다. 그런데 결혼식에서 고린도전서 13장을 읽을 때, 마치 하나의 성상을 보는 것처럼, 마치 결혼이라는 매듭을 묶기 위해 지나야 하는 일종의 통과의례인 것처럼 읽고 있다. 그렇게 사랑에 대한 실재감이 결여된 결혼식을 치르고 결혼식장 밖으로 한 걸음 내딛는 순간, 별다른 갈등 없이 이웃이나 이방인을 사랑해야 할 필요가 없는 적의 범주에 올리기를 주저하지 않으며 사랑이란 진부한 것에 불과하다고 부추기는 매디슨가(미국 광고업계가 밀집한 곳, 역자 주)의 수많은 광고와 신문의 주요 기사 제목의 폭격을 받게 된다.

예수의 선교 혁신이 가르치는 이웃에 대한 위대한 사랑은 모든 사람에 대한 사랑을 의미한다는 것, 즉 사마리아인을 사랑하는 것을 포함해야 함을 보여준다. 그리고 만일 선교 사역을 시작하고자 한다면, 마땅히 사랑할 준비가 되어 있어야 함을 보여주어야 한다. 왜냐하면, 만일 당신이 복음 이야기를 전달할 대상을 사랑하지 않는다면 선교는 발생할 수 없기 때문이다.

2. 선교 신학자 예수

선교 영웅이 되고자 하는 사람들을 위해 제시된 범주 중 하나는, 누가 되었든 선교 영웅이 되고자 하는 사람은 사랑이 최고의 명령이라는 것을 인지해야 한다는 것이다. 우리가 본서에서 선교 영웅의 열 가지 사례로 선정한 모든 사람은 이점을 잘 인지하고 있었다. 그리고 우리가 본서에서 언급할 수 없었던 수많은 선교 사역자들 또한 이점을 잘 인식하고 있었다. 선교는 사랑으로 시작하고 사랑으로 끝마친다.

이점에 대한 전형적인(paradigmatic) 가르침은 마태복음 22:34-40을 통해 확인할 수 있다. 아이러니하게도, 본문의 사건은 사랑이 없는(unloving) 상황에서 발생했다. 예수께서 가르치신 내용이 내포하는 급진성이 불편했던 일단의 종교 율법, 즉 모세 율법의 전문가 집단이 모여 어떻게 하면 예수를 공중 앞에서 거꾸러트릴 수 있을지에 대한 모략을 논의했다. 예수께서는 모세의 율법, 특히 하나님을 사랑하는 것에 대한 신명이 6:5과 이웃을 사랑하는 것에 대한 레위기 19:18을 인용하시며, 그들의 어리석은 시도에 곧바로 답변하셨다.

> 예수께서 사두개인들로 대답할 수 없게 하셨다 함을 바리새인들이 듣고 모였는데, 그 중의 한 율법사가 예수를 시험하여 묻되, 선생님 율법 중에서 어느 계명이 크니이까?
> 예수께서 이르시되, 네 마음을 다하고 목숨을 다하고 뜻을 다하여 주 너의 하나님을 사랑하라 하셨으니. 이것이 크고 첫째 되는 계명이요. 둘째도 그와 같으니 네 이웃을 네 자신 같이 사랑하라 하셨으니, 이 두 계명이 온 율법과 선지자의 강령이니라(마 22:34-40).

여기에서 예수께서는 두 가지 관계에 대해 말씀하시며 사랑이라는 용어를 사용하고 계셨음에 주목할 필요가 있다. 그 하나는 우리가 증거하는 사람들과의 관계이고, 다른 하나는 우리가 증거하는 분이신 하나님에 대한 사랑이다. 우리가 증거하는 사람들을 사랑하는 것은 증거하는 중에 수없이 발생할 수 있는 상호관계의 역동성을 포함할 수 있다. 사랑, 섬김, 나눔, 상호 지원, 우정, 그리고 이해를 위해 채용한 의사소통 방식 같은 것들 자체가 우리가 증거하는 사람들을 사랑하고 있다는 표현의 일부일 수 있다.

이런 관계에서라면 하나님께서는 제 삼자가 되신다. 우리의 삶이 다른 사람들의 삶과 상호작용할 때, 하나님께서는 우리가 드리는 충성의 초점, 즉 우리가 증거하는 분이 되신다. 우리는 우리가 보내심을 받은 목적 대상인 사람들이 하나님께 대한 충성을 발견하고 개발하기를 원한다. 우리가 값없이 받은 은혜의 선물을 공여하는 선교를 수행할 때, 하나님께서는 우리와 선교 대상자들이 공동으로 드리는 충성의 대상이 되신다. 이것이야말로 선교 사역자들 모두가 공통적으로 간직해야 하는 핵심적인 통찰이다.

지난 열한 장에서 다룬 선교 영웅들이 형성한 핵심 관계들이 무엇이었는지 돌이켜보라.

패트릭은 아일랜드 사람들을 너무 사랑했기 때문에, 자신이 지난 6년 동안 노예로 사로잡혀 있었던 곳이었음에도 불구하고 그들에게 복음 이야기를 전해 주기 위해 돌아갈 수 있었다. 데살로니가의 시장에서 보낸 어린 시절부터 키릴과 메소디우스는 자신들이 받은 은혜를 슬라브 민족에게 전해 주고 싶어 했다. 그들은 슬라브 민족을 너무도 사랑했기 때문에 자신들의 일생을 슬라브 민족을 섬기는데 헌신했다.

라스 카사스는 스페인 식민주의자들에게 대량으로 학살당했던 아메리카 원주민들을 너무도 사랑했다. 캐서린 부스는 가난한 사람들-그리고 부유한 사람들도-을 사랑했다. 마더 테레사는 병들고 죽어가는 사람들을 사랑했다. 윌리엄 셰퍼드는 아프리카인들을 사랑했다. 빌리 그레이엄은 현대의 재 조건들에 붙들려 살아가며 하나님에 대해 너무도 쉽게 잊어버리고 사는 20세기 사람들을 사랑했다. 이들 모두는 그들이 보내심을 받은 선교 대상자들을 사랑했다. 그러나 이들 모두는 자신들의 사랑을 다른 무엇보다 하나님을 향한 사랑이라는 맥락 안에 위치시켰다.

3. 기준이신 예수

사랑에 대한 예수의 혁신을 바라보는 다른 한 가지 방법이 더 있다. 사랑을 기독교 현상으로 바라보는 것이다. 결국 이것은 예수께서 사랑을 독점하는 분이 아니라는 것이다. 인간은 그들의 친구와 이웃, 이방인, 그리고 심지어는 경우에 따라 적을 향해 사랑의 행동을 하는 경우도 있다.

박스 15.1
선교 사역자 비교

우리가 제2부에서 연구한 선교사들의 관점을 비교해 보라.
선교 영웅 한 사람 한 사람에 대해 다음에 제시된 질문들에 답해보라.

1. 하나님에 대한 선교 영웅의 신학은 무엇인가?
2. 선교 영웅은 인간을 어떤 관점에서 보는가?
3. 세상에 대한 선교 영웅의 관점은 무엇인가?
4. 선교 영웅의 사역에 성경이 차지하는 중요성은 어떤 것이었나?
   선교 영웅이 성경을 사용하는 방식은 무엇인가?
5. 선교 영웅이 갖고 있는 종말론은 무엇인가?
   미래에는 어떤 일이 발생할까?
6. 영웅적인 선교사는 하나님과 인간 사이의 상호작용에 대해 어떻게 설명할까?
7. 선교 영웅에게 있어서, 기독교 선교의 목적은 무엇인가?

예수께서 보여주신 선교 혁신의 일부는 이웃에 대한 사랑을 기준으로 삼는 것이다. 모든 선교 사역자는 이웃 사랑을 척도로 자신의 성공과 실패를 가늠해야 한다. 그리고 예수께서 보여주신 선교 혁신의 일부는 인간 사랑에 대한 기독교의 사랑이 무엇인지를 규명하는 것이었다.

기독교의 사랑은 하나님에 대한 사랑으로 시작한다. 그리고 이웃에 대한 사랑은, 하나님에 대한 첫 번째 사랑의 반영이어야 한다. 기독교의 사랑은 기독교적이다. 왜냐하면 그 사랑은 하나님에 대한 사랑에 뿌리를 내리고 있기 때문이다.

> 이르시되, 네 마음을 다하고 목숨을 다하고 뜻을 다하여 주 너의 하나님을 사랑하라 하셨으니, 이것이 크고 첫째 되는 계명이요. 둘째도 그와 같으니, 네 이웃을 네 자신 같이 사랑하라 하셨으니, 이 두 계명이 온 율법과 선지자의 강령이니라(마 22:37-39).

모든 율법과 선지자는 이 두 가지 명령에 달려 있다.
당신도 가서 이와 같이 하라.

제3부

방법론: 우리가 그것을 어떻게 해야 할까?

제16장 상승 나선형 지식 습득: 새로운 문화와 종교에 대한 배움
제17장 경험하기: 우리 개인사의 영향
제18장 잠시 내려놓기: 확신 보류하기
제19장 대면하기: 새로운 문화와 종교로부터 배우기
제20장 평가하기: 기독교 관점에서 새로운 문화와 종교 평가하기
제21장 통합하기: 우리의 관점과 선교적 실천 행위 재형성하기

기독교 역사에 등장하는 선교사들에 관한 이야기는 우리에게 영감을 준다. 각각의 선교 영웅들에 대해서는 제2부에서 간략하게 살펴보았다. 이들 선교 영웅들은 나름의 방식을 이용하여 예수께서 모범으로 보여주신 방식을 반영하는 동시에, 각자가 처했던 나름의 독특한 역사적 상황과 문화적 상황에 알맞은 방식을 채택함으로 복음 이야기를 나누는 방식을 발전시켰다.

그들은 어떻게 이 같은 일들을 해낼 수 있었을까?

그들 각자는 이질적인 상황 속에서 예수 그리스도의 주되심을 전하기 위한 혁신적 실천 방안을 사용했는데, 그들이 이와 같은 실천 방안을 발견하는 데 기여한 지혜는 무엇일까?

그들은 어떻게 예수의 메시지를 전파하는 그들만의 독특한 방식을 발견할 수 있었을까?

각각의 이야기들을 통해 확인할 수 있듯이, 선교 영웅들이 얻은 통찰들은 그들이 원했던 선교지에 도착하자마자 생긴 것이 아님은 명백한 사실이다. 그런 통찰들을 얻기까지 상당 기간 동안 배움의 시간이 선행되었다.

패트릭은 아일랜드에 공동체를 형성하는 일에 관해 여하간의 생각조차 해 보기도 전에 아일랜드에 노예로 끌려갔고, 6년 동안의 노예생활 후 탈출했다. 바르톨로메 데 라스 카사스는 신세계에서 수년 동안 살아본 다음에야 비로소 **엔코미엔다** 시스템의 가혹한 결과들에 대해 인식할 수 있었다. 마더 테레사는 가난한 사람들과 함께 살아가라는 그녀의 소명을 받기 전에, 인도의 학교에서 일정 기간 가르치면서 가난한 사람들의 상처를 목도했다.

값없이 받은 선물 공여 선교(giftive mission)에 부합하도록 개발하는 데 기여한 통찰을 획득한 경로는 저마다 다르다. 그러나 그들 선교 영웅들이 혁신적인 선교를 실천하는 데 영감을 더해준 여정이 공유하는 특징들이 있다.

첫째 단계는 다음과 같다.

선교 영웅들은 자신의 어린 시절, 사회적 여건 그리고 그들이 속한 문화로부터 수집한 경험을 보유한 채 선교지에 도착했다. 새롭게 직면한 선교지의 상황 속에서 각자 경험한 것을 반추하는 것은 예수 그리스도께서 모범으로 보이신 태도를 반영하는 방식으로, 복음을 제시하는 데 필요한 감수성을 개발하는 첫째 단계이다.

둘째 단계는 선교지라는 특정 상황에 부합하는 선교 활동을 발견하는 과정으로 선교지의 삶에 대한 선교사의 문화적 해석을 일시적으로 배제시키는 것이다.

낯선 사람들과 낯선 장소의 낯선 풍습과 종교에 대한 공감(appreciation)을 개발하기 위해서는 함부로 판단을 내리지 않는(nonjudgmental) 태도가 요구된다.

마테오 리치는 중국인들의 철학과 종교를 폄하하지 않았다. 그는 유교에 초점을 맞추고 난 후, 유교에 대해 공부했고, 유교의 가르침 중에서 기독교와 양립 가능한 것이 무엇인지 찾아내려고 애썼다. 그리고 마침내 복음을 확장시키는 데 유교를 활용하는 것이 갖는 가치에 대한 논거를 발전시켰다.

가치와 중요한 것에 대한 선교사 자신의 확신, 즉 세계를 해석하는 것에 대한 자기 자신의 방식과 구체적 상황에 대한 선교사의 문화적 반응을 일정 기간 유보하지 않고서는 그 과정을 완수할 수 없었다.

셋째 단계는 이제 값없이 받은 선물 공여 선교를 실천하기 위해 필요한 배움 과정, 즉 개방된 자세로 새로운 문화와 종교와 마주하기로 나아갈 준비가 되었다.

사도 바울이 아테네에 갔을 때, 여신 숭배자들을 비판하는 것으로 사역을 시작하지 않았다. 바울은 새롭고 호기심을 자극하는 생각에 대해 끊임없이 탐구하는 철학적 탐구자들에 대해 혹평하지도 않았다. 대신 바울은 철학자들의 말을 인용하고 그들의 사원을 방문하기도 했다. 그는 그들이 숭배하는 알지 못하는 신을 존중하는 태도를 보여주었다.

넷째 단계는 그들이 믿는 종교를 하나님에 대한 자신의 이해를 기초로 평가하는 것이다.

바울은 아테네인들의 종교를 열린 마음으로 대면했을 뿐 아니라, 그들이 믿는 종교를 하나님에 대한 자신의 이해를 기초로 평가했다. 이것이 값없이 받은 선물 공여 선교를 실행에 옮기는 방식을 개발하는 다음 단계이다.

바울은 아테네인들의 종교를 자신이 알고 있는 하나님에 대한 지식에 따라 평가했다. 이 단계에서는 다른 종교를 열린 마음으로 대면하기 위해 잠시 배제했던 확신을 대화의 장으로 다시 끄집어낸다. 그같은 평가에 기초하여, 바울은 아테네인들에게 복음에 대해 증거했다. 바울은 아테네인들에게 알지 못하는 신의 이름이 예수 그리스도라는 것을 드러냈다.

다섯째 단계는 최종 단계이다. 즉, 배움의 과정은 다른 문화에 대한 지식이 세상에 대한 자신의 해석과 여러 측면에서 융합되어 새로운 통합의 국면(an integrating phase)에 도달할 때 최고조에 이른다.

새로운 의미들이 만들어지고, 선교사는 복음과 문화적 상황 모두에 부합되는 값없이 받은 선물 공여 선교 방식을 발견하게 된다. 아퀴나스는 자신의 사상적 확신을 잠시 배제한 상태에서 아리스토텔레스 사상을 열린 마음으로 연구했을 뿐만 아니라, 훗날 자신의 기독교적 이해에 기초해 아리스토텔레스 사상을 재평가하기도 했다. 아퀴나스가 자신의 저술을 통해 제시한 통합된 지혜는 세상을 조망하는 새로운 방식을 설정했다.

이 방식은 기독교적인 것이었지만 아리스토텔레스 연구를 통해 확장된 것이었다. 그가 가진 사상의 한계가 확장되었다. 바울 역시 헬라 문화의 영향하에 있던 자신이 살아가던 세상에서 공감할 수 있는 방식을 통해 복음을 제시하는 데 적합한 훨씬 더 나은 방식을 깨닫기에 이르렀다.

제3부에서 설명하는 배움의 과정은 그 자신에 대한 지식과 다른 문화에 대한 지식을 더 심화시킬 것이다. 이 과정은 자신의 경험을 반추하는 것으로 시작한다. 이 과정은 자신의 확신을 일단 배제하고 새로운 문화에 열린 마음으로 직면할 것을 요구한다. 그러고 나서 새로운 문화와 종교를 기독교적 이

해에 기초해서 평가할 것을 요구한다.

마지막으로, 이 과정은 새로운 개념과 통찰을 원래의 이해와 통합시킨다. 값없이 주어진 선물 공여 선교의 실천은 제3부에서 요약된 상승 나선형 인지(spiral of knowledge) 방식에 참여하는 것으로 발전시킬 수 있다.

제16장

상승 나선형 지식 습득: 새로운 문화와 종교에 대한 배움

제2부에서 설명한 선교 실천은 경쟁하려는 욕구와 협력하려는 욕구 모두를 넘어서는 것이다. 이런 식의 실천은 선교사가 사역을 위해 대면하고 있는 공동체뿐 아니라 선교사(messenger)와 그 선교사가 속한 공동체 모두에게 선물 공여 선교 형식을 발생시킨다.

선교사는 새롭게 받는 것을 거의 없이 끊임없이 공급해야 하는 입장이기 때문에 탈진 상태에 도달하지는 않는다. 두 공동체 모두, 즉 선교의 대상인 공동체와 선교사가 속한 공동체 모두 상호 간에 선물을 주고받는다. 이러한 과정을 선물 공여 선교(giftive mission)라 부름으로서, 우리는 선교사들(messengers)과 선교 대상자들(receivers) 모두가 받게 되는 보상에 대해 강조할 것이다.

바울은 이 과정을 고린도후서 9장에서 설명한다. 그는 고린도교회 성도들에게 다른 교회들과 그 교회들의 사역을 지원하는 것에 관대하라고 격려한다. 그리고 이런 주는 행위는 보상받을 것임을 시사한다.

첫째, 바울은 공동체들이 서로 나눌 때 모두가 충분하게 될 것이라 말한다 (고후 9:13-15).

둘째, 사람들이 다른 사람들의 필요를 지원하기 위해 공여할 때, 하나님께 대한 감사의 표현이 넘쳐나게 된다(고후 9:12).

이 같은 공정한 나눔과 하나님께 대한 감사의 결과에 더하여, 받는 자들이 올려 드리는 선물 공여자를 위한 기도가 있을 것이고, 결과적으로 이들 두 공동체 간의 관계가 발전하게 될 것이다.

> 그들이 너희를 위하여 간구하며 하나님이 너희에게 주신 지극한 은혜로 말미암아 너희를 사모하느니라(고후 9:14).

선물 공여 선교(giftive mission)가 초래하는 결과들 그 자체가 하나님의 선물이며, 이 선물은 세상을 향하신 예수라는 하나님의 선물을 반영한다(고후 9:14; 2:14).

박스 16.1
값없이 받은 선물 공여 선교-고린도후서 9장

개척된 지 얼마 되지 않는 신생 교회에 보낸 이 서신에서, 바울은 고린도교회 성도들에게 다른 교회들과 그들의 사역을 지원하는데 관대할 것을 격려한다. 그리고 이 과정에서 그들 또한 받게 될 것임을 확신시킨다. 이와 같이 선물을 나누는 접근 방식의 결과는 다양하게 드러날 것이다.

- 공동체들이 서로 나눌 때, 모두가 충분히 가지게 될 것이다.
- 하나님께 대한 감사가 넘칠 것이다.
- 수혜자들이 드리는 공여자들을 위한 기도가 따를 것이다.
- 공동체들 간에 건강한 관계가 발전될 것이다.
- 하나님의 은혜가 공여한 자들에게 주어질 것이다.

과정은 상보적인 관계로 생각될 수 있다. 이러한 관계를 통해 공여와 수혜가 서로를 향해 흘러들어가며, 선물 공여 선교로 인한 통합(synthesis of giftive mission)이 발생할 것이다. 주는 쪽은 공여를 통해 얻게 되는 선물들에 대해 알게 될 것이다. 선교사는 영적 행위로서 공여의 기술(the art of giving)을 발전시키는데, 이 기술에는 특정 상황 안에서 선물을 공여하는 문화 형식들에 민감해지는 것이 포함된다.

주는 것이 곧 받는 것이라는 신학 원리는 이런 상황 속에서 발전한다. 예를 들어, 우리가 가난한 사람들의 얼굴에서 그리스도를 본다고 할 때, 고통에 대한 신학적 가치를 이해하기 시작하거나, 가난한 사람들을 섬기는 것이 실재로 완성을 위한 노정임을 발견하게 된다.

주고받는 관계에서 공여하는 편에 서있다고 생각되는 선교사가 자신의 필요를 표현하는 방식을 배우게 된다. 공여자는 지속적인 신뢰나 통제의 입장을 취하기보다, 선물을 요청하고 받는 법을 배운다. 선교사가 자신이 파송받은 공동체에 의존함으로써, 공여와 수혜의 상호침투가 가중된다. 비록 말로는 쉬워 보이지만, 이를 실재로 실행하기 위해서는 상당 정도의 겸손이 요구된다.

선생된 자가 진짜 도움을 구할 수 있을까?

밥이 되었든 감자가 되었든, 외국인이 타국에 와서 자기 본국의 음식 맛을 간절히 보고 싶다고 말하는 것은 어려운 일이다. 그러나 적절한 방식으로 자신의 필요에 대한 욕구를 표현함으로써, 다른 사람으로부터 감사하게 선물을 받을 준비를 할 수 있어야 한다. 심지어 모든 선물 중에서 가장 귀한 선물인 복음이라는 선물을 공여하고 있는 과정이라 할지라도, 선교사가 적절한 방식을 통해 자신의 필요에 대해 표현하는 것은 지역 공동체로 하여금 무엇인가를 공여할 수 있는 위치에 자리하게 함으로써 해당 공동체의 자긍심을 고양시킬 수 있다. 일상적인 상황에서 선물을 받는 행위를 통해 이웃들과의 상호의존성을 강화시킬 수 있다.

이러한 행위는 선교 대상자들을 공여자의 자리에 앉게 함으로써 그들의 마음을 고양시켜 줄 수 있다. 마을 사람에게 바나나 하나나 한 잔의 물을 받는 것이 의사를 교환하는 통로를 여는 상호작용을 일으키고 손님과 주인 사이에 우정을 형성하게 한다.

1. 세 가지 기본적 확신

만일 제대로 인식하기만 한다면, 세 가지 기본적 확신은 선물 공여 선교가 성장하고 발전할 수 있는 풍성한 토양을 제공해준다.

첫째, 선교는 경험을 통해 성장한다.

다른 문화와 종교에 대한 배움이 타문화 선교를 위한 기반이라고 주장하는 현대 선교학이 잊어버리곤 하는 것이 있는데, 그것은 신실한 선교는 우리 자신을 통찰하는 지식에서 시작해야 한다는 인식이다. 그 누구도 세상에 대한 객관적 지식을 소유할 수 없다. 우리의 이해는 우리의 배경과 경험에 의해 틀이 잡히기 때문이다.

우리의 사회적 실재와 종교적 실재를 형성하는 개인적인 경험들과 "상황화된"(situated) 지식은 선교에 대한 우리의 접근 방법을 형성해 준다. 개인적인 지식은 상호이해를 위한 공간을 마련해 주고 주고받는 과정을 시작하도록 한다.

박스 16.2
선물 공여 선교의 호혜성

호혜성: 선물을 주고받음을 통해 얻어지는 것

공여	받음
· 다른 사람을 위한 선물로서의 자기 · 공여를 통해 받음에 대해 인식 · 영적 연습으로서의 공여 · 받음으로서의 공여의 신학 　-가난한 사람들 안에서 그리스도를 봄 　-고통의 가치 　-성취를 향한 여정으로서 가난한 사람들을 섬김	· 상황에서 필요를 표현-의존 · 감사하게 받음-다른 사람들이 힘을 갖게 함 · 주고받음에 대한 일상의 연습은 다음과 같은 결과를 초래한다 　-이웃과의 상호 의존관계 　-필요한 자들과의 상호 의존관계

둘째, 선교는 쌍방향적이다.

다수 세계에 산재한 다양한 사회에서 살아가는 사람들에게 서구 문명을 통해 복음을 전달하던 선교 전성기(제국주의적 선교)에서 비서구 사회 출신 선교사들을 받아들이고 비서구 자료를 통해 얻은 신학적 통찰을 수용하는 일이 일반화되어 가고 있을 뿐만 아니라 증가하고 있는 시대(호혜적 선교)로 이동하고 있다.

서구 선교사들은 파송된 지역의 공동체들을 통해 얻는 기독교적 통찰들을 수용하고 있다. 오늘날에는, 서구 교회가 아프리카, 아시아 그리고 라틴 아메리카 출신 선교사들을 받아들이고 있다. 세계 도처에 산재한 기독교 공동체뿐만 아니라 타종교에 속한 사람들도 기독교인들에게 공여할 선물을 소유하고 있다. 선교를 쌍방향적 과정으로 인식하는 것은 다른 문화 개념들, 신학 그리고 종교에 속한 사람들에 대한 개방적 태도를 조성하게 한다.

셋째, 선교는 성령께서 그 방향을 인도하신다(Spirit-directed).

성령은 사람들을 움직이시며 모든 문화 구조와 종교 구조 안에서 역사하신다. 하나님께서 다른 사회 안에서 역사하시는 방식에 대해서는 그 사회에 손님으로 와 있는 사람들, 즉 다른 문화에서 온 선교사들이 인식하기가 쉽지 않을 수 있다.

성령께서 타문화 사회 안에서 역사하신다는 것에 대한 믿음은 선교사로 하여금 그 자리에서 역사하시는 하나님에 대한 이해를 추구할 수 있게 하는 기초가 된다. 사람들이 예수 이야기를 받아들이는 방식, 각 공동체가 예배와 종교기관을 조직하는 방식, 그리고 우리가 다른 문화 혹은 종교와 상호작용을 하는 중에 우리 자신을 변화시키는 방식에 역사하시는 하나님을 인식하는 것은, 선물 공여 선교에서 대단히 중요하다.

> **박스 16.3**
> **선물 공여 선교의 기저를 형성하는 확신들**
>
> · **선교는 경험으로부터 성장한다.**
>   나의 경험 → 새로운 경험 → 선물 공여 선교의 실천
> · **선교는 쌍방향적이다.**
>   기독교 선교사들은 선물을 나눈다. ↔ 수용자들은 기독교인들과 더불어 선물을 나눈다.
> · **선교는 성령이 그 방향을 인도하신다.**
>   하나님께서 선교사들 안에서 역사하신다.
>   하나님께서 문화/종교 안에서 역사하신다.
>   상호작용 가운데 역사하시는 하나님을 목도하는 기독교인

2. 상승 나선형 지식습득

선물 공여 선교의 사역자가 된다는 것은 새로운 학습 방법을 개발한다는 것을 의미할 수 있다. 아마도 이것이야말로 당신이 지금까지 경험해본 것 중에서 가장 어려운 일 중 하나에 속할 것이다. 우리들 대다수는 일방통행식 학습과정을 통해 제국주의적 방식을 훈련받아왔다.

"우리는 모든 해답을 갖고 있다"라는 이런 방식이 우리의 교육이 의미하는 모든 것이 아니었는가?

"우리는 세상을 완전하게 이해하고 있다"라는 서구 문명, 서구의 세계관이야말로 인간 노력의 최고봉이 아니던가?

"우리는 복음 이야기를 완전하게 이해하고 있으며 그 이해에는 교정이 필요하지 않으며," 만일 우리가 완전한 기독교인이 아니라면 어떻게 기독교 선교 사역자가 될 수 있겠는가?

선물 공여 선교의 사역자가 되는 과정은 새로운 문화에 속한 사람들과의 상호이해를 통해 성장해 간다. 선교사는 다섯 가지 단계라는 과정을 거침으로써 그와 같은 상호이해를 향해 나아간다. 각각의 단계들은 다른 단계들과

서로 반복되기도 하고, 중첩되기도 하고, 교차되기도 하고, 융합되기도 한다.

다른 문화나 종교에 대한 지식을 얻는 것은, 이미 규정된 정적인 또는 선적인 일련의 행동이기보다 역동적으로 운동하며 직관적 통찰들에 기초하여 세워지는 것이며, 두 문화 간의 오랜 상호작용을 통해 더욱 깊어지고 넓어져 간다.

마치 상승 나선형 원추처럼, 새로운 문화에 대한 배움과 그 문화와의 상호작용은 과거에 습득한 통찰들 위에 세워져 알지 못하는 것(the unknown)을 향해 나아간다. 이 과정이 복음을 전하기 위해 우리가 보내심 받은 사람들과의 상호이해를 향해 나아가게 하며, 동시에 우리로 하여금 선물 공여 선교에 참여할 수 있도록 준비시킨다.

비록 과정 그 자체는 유동적이고 역동적이지만, 다섯 개의 뚜렷한 단계에 대한 설명은 상호작용의 중요한 측면들을 파악하고 그 측면들에 주목할 수 있도록 도움을 준다. 이제 우리는 다음 다섯 장에서 다섯 단계 각각에 대해 좀 더 상세히 토론할 것이다.

1) 1단계: 우리의 과거 경험을 인지하고 이해하기

다른 종교에 속한 사람들을 대상으로 사역하는 선교사는 자신의 경험에 대해 인지하는 것으로 상호작용을 시작한다. 그 경험은 우리의 현재를 있게 한 영향력들, 우리가 속한 사회가 형성한 세계에 대한 우리식의 이해들이 갖는 특징들, 그리고 우리가 성장한 특정 공동체내에서의 경험을 포함한다.

우리가 보유하고 있는 신념들과 헌신들에 대해 명확하게 생각하고 우리가 선호하는 것들과 확신하는 것은 문화가 갖고 있는 다른 특징들에 대해 인지하고 그 진가를 인정할 준비를 할 수 있다.

예를 들면, 인도네시아의 일부 무슬림 소녀들과 여성들은 신에 대한 그들의 헌신의 상징으로 머리에 스카프를 쓴다. 기독교인들이 사용하는 상징들, 예컨대 십자가 목걸이를 건다든지, 거실 테이블 위에 성경책을 올려놓는 것 등을 생각해 본다면, 이슬람 여인들이 얼굴에 베일을 쓰는 것이 갖는 종교적 중요성을 충분히 인정할 수 있을 것이다. 이런 고려가 없다면, 단순히 서구적 관점에서 볼때, 얼굴에 베일을 쓰는 것을 여성들에 대한 억압이나 정부 통제 방식 중 하나라고 단순하게 생각해 버리기가 쉽다.

우리 자신의 문화에 대해 잘 살펴보고, 우리의 경험이 보편적인 것이 아니라 가족들의 시각과 사회적 관습, 기독교 신학, 경제적 기대 그리고 다른 문화의 영향을 받아 형성된 것임을 인지하는 것은 우리가 다른 사회에서 발견하게 될 다름의 가치를 인정하기 위한 첫 걸음이다.

2) 2단계: 우리의 확신을 잠시 유보하기

과정의 두 번째 부분은 과거의 경험들이 미친 영향들로 인해 형성된 확신들을 잠시 내려놓는 것이다. 이렇게 해야 하는 이유는 그렇게 함으로써 다른 문화에 속한 사람을 열린 자세로 조우할 수 있기 때문이다.

"잠시 유보하기"는 우리 자신의 문화에 대해 잊어버리거나 우리가 깊이 인지하고 있는 확신들에 대해 평가절하하거나, 또는 기독교 진리에 대한 우리의 확신을 신학적으로 "완화"시키는 것을 의미하지 않는다. 확신을 잠시 유보하자는 말은 특정 범주의 주제에 관해 특정한 관점을 형성하게 만든 경험이 갖는 특징들을 일시적으로 내려놓자는 것이다.

그렇게 함으로써 다른 사람이 갖고 있는 가치관과 관습이 갖는 가치를 인정할 수 있기 때문이다. 선교사들이 낯선 풍습과 맞닥뜨릴 때, 자신들이 가지고 있는 기독교적 기준(서구적 기준일 경우가 상당히 많은)을 가지고 해당 풍습에 대해 즉각적인 판단을 내리는 대신, 낯설게 다가온 풍습을 다른 문화의 가치를 표현하는 풍습으로 수용하려는 노력을 해야 한다.

인도네시아에서 사는 동안, 프랜시스는 대화를 하며 동료를 상대하는 최고의 방법은, 솔직하고 개방적으로 말하며 따뜻하고 우호적인 분위기를 유지하는 중에 상대방과 눈을 마주치는 것이라는 그녀의 확신을 "잠시 내려놓았다." 공손한 상호작용에 대한 자바인들의 패턴은 그녀가 배웠고 가치 있는 풍습으로 여기던 것과는 극적인 차이를 보이는 것이었다. 인도네시아에서는 차분한 어조로 자신의 생각을 간접적으로 표현하며 눈을 마주치지 않는 것이 공손한 방식이다.

만일 그녀가 대화에 관해 자신이 가치 있다고 생각하는 방식을 유보하지 않았다면, 그녀의 생각에 대한 저항을 불러일으켰을 뿐만 아니라, 그녀의 남성 동료들이 그녀의 태도를 오해하는 일이 발생했을 것이다. 왜냐하면 인도네시아에서 다른 이성과 눈을 마주친다는 것은 도덕적으로 미심쩍은 메시지를 보내는 것이기 때문이다.

자신을 다른 문화에 개방하기 위해 자신의 경험이 갖는 문화적 틀을 인식하고 그 틀을 잠시 유보하는 것은 선물 공여 선교의 실천을 개발하기 위해 밟아나가야 할 우선적 단계들이다.

3) 3단계: 열린 자세로 다른 사람들과 접촉하기

우리가 속한 문화 형식들이 갖는 특징들을 인식함으로써 우리는 다른 사람들이 보유하고 있는 다른 문화적 방식들에 대해서도 유사한 태도를 취할 수 있다. 그들이 가지고 있는 풍습과 습관은 우리가 속했던 공동체와 사회 내에서 그랬던 것과 같은 방식으로 그들이 속한 공동체와 사회 내에서 습득된 것이다.

그들의 상징과 의식은 우리가 우리의 상징과 의식을 우리가 속한 신앙 공동체 안에서 습득했던 것과 마찬가지로 그들의 종교 공동체 안에서 습득한 것이다. 우리 자신이 우리가 속한 문화와 인식에 매여있음을 이해하는 것은, 다른 사람들이 소유한 다름에 대해 우리 자신을 개방시키는 데 도움이 된다. 그리고 물론 이러한 사실은, 다른 사람들이 사물을 바라보는 그들의 방식에 집착하고 있음을 설명해 주는 것이기도 하다.

열린 자세는 다른 문화에 대해 학습할 수 있는 기초를 제공해 주고 우리와 다른 문화에 속한 사람들을 용납할 수 있는 자세를 준비시켜 준다. 우리는 단지 우리의 실천과 다른 실천을 한다는 이유로 다른 사람들이 틀렸다고 판단한 적이 많다.

만일 우리가 우리 자신의 관점으로 다른 사람의 행동과 의례를 평가하지 않는다면, 우리는 다른 행동이 내포하는 의미를 그 행동에 참여하는 사람들이 이해하는 방식 그대로 이해할 수 있는 좋은 기회를 가질 수 있을 것이다.

말레이시아 깔리만딴에 위치한 주 모스크(the state mosque)를 방문했을 때, 우리는 전 세계 수많은 모스크에서처럼 여성들이 대예배실 안으로 입실하는 것이 허락되지 않는다는 점에 주목했다. 서구 기독교인으로서, 우리는 이러한 풍습이 여성에 대한 억압을 의미하는 것으로 판단할 수 있었다.

그러나 좀 더 열린 자세를 유지하면 좀 더 심층적인 관찰을 하게 된다. 우리는 그 모스크의 위층 전체가 여성들을 위해 마련된 공간임을 알게 되었다. 그곳은 열대지방의 집중적인 낮 더위의 열기로부터 피할 뿐만 아니라, 노상에서 남성들에게 당할 수 있는 가능한 괴롭힘으로부터 벗어나 종교적으로 헌신적인 과부들과 가난한 여성들이 쉬며 예배할 수 있는 곳이었다.

예배를 드리러 온 남성과 여성을 분리하는 이 같은 풍습은 남성과 여성의 자리를 구분하지 않는 서구의 기독교 예배 풍습과 달랐기 때문에, 서구 기독교인들은 이와 같은 말레이시아 이슬람 풍습이 부적절하거나 억압적인 것에 불과하다는 판단을 내릴 수도 있었다.

그러나 우리는 이와 같은 예배와 휴식을 위한 풍습이 무슬림 세계에서는 일상적인 일일 뿐만 아니라, 말레이 여성들에게 혜택을 제공하는 것임을 발견했다. 개방적인 자세는 선교사에게 다른 종교와 사회를 이해할 수 있는 기회를 제공한다.

4) 4단계: 확신의 재적용을 통해 평가하기

다른 종교적 아이디어와 풍습에 대한 개방적 태도가 지식과 공감을 산출하기는 하지만, 그렇다고 해서 다른 문화나 종교의 모든 아이디어와 실천을 포용할 수는 없는 일이다. 다른 사람들의 실천이 갖는 의미와 그 결과에 대한 평가에 개방적인 태도를 취하는 것과 관련하여, 균형 잡힌 태도를 취하는 것은 선교사의 기독교 정체성을 유지하게 하는 동시에 상호 이해를 진작시킨다.

이 단계에서, 선교사는 타문화 속에서 명확하게 드러나는 하나님의 현존하심과 역사하시는 부분이 어느 부분인지에 대해 자문할 수 있어야 한다. 그럼으로써, 선교사는 타문화 혹은 타종교가 품고 있는 관점과 가치의 일부에 대해 배우게 된다. 이제 사회과학적 도구 뿐 아니라 신학적 통찰들을 사용하여 선교사는 자신이 원래 가지고 있던 관점으로(own perspective) 선교지의 종교적 상황과 문화적 상황을 평가하게 된다.

자신이 확신하고 있는 바들을 평가과정에 재적용함으로써, 선교사는 자신의 기독교적 관점으로 해당 문화를 조망하게 된다. 이 과정에서, 선교사는 타문화가 내재하고 있는 가치들을 평가할 수 있고, 예수 이야기를 그 문화에 속한 사람들의 신앙 체계(belief structures)와 사회 윤리(societal mores)에 소개할 방식들을 기획할 수 있다.

인간에 대한 이해를 넘어서, 고등신(a high God)에 대한 토착 신앙의 믿음은 아프리카로 파송된 선교사로 하여금 토착민들의 종교 신념에 부합하도록 복음을 재구성하는 데 도움을 준다. 아크로폴리스에서 예수는 알지 못하는 신을 알려주시는 분이라고 말하던 바울처럼(행17장), 선교사도 마을 사람들에게 그들이 말하는 고등신이 이 땅에 예수를 보냈기 때문에 비로서 그들이 인간의 이해를 초월하는 하나님의 사랑과 선함을 이해할 수 있게 되었다고 말할 수 있다(Donovan 2000).

동시에, 타종교에 속한 사람들의 종교적 행동과 풍습을 통해 얻은 통찰력도 기독교인에게 영향을 미친다. 예를 들면, 신에 대한 찬송을 부르며 오랜 시간 동안 진행되는 아프리카인들의 종교 모임은 예배에 대한 선교사들의 관점에 긍정적인 영향을 끼칠 수 있다.

인도네시아 기독교인들의 신실하면서도 구체적으로 드려지는 기도는 서구 선교사들이 일상의 삶 가운데서 하나님께 더욱 의지할 수 있도록 영향을 줄 수 있다. 불교도들의 묵언명상은 기독교인들이 기도에 대해 새로운 태도를 배우는 데 도움을 줄 수 있다.

이러한 평가 과정을 통해 기독교 정체성을 재확인할 수도 있고 성장의 패턴에 대해 파악할 수도 있다. 동시에 종교적 필요가 요구되는 영역을 확인하고 이를 기독교 신앙과 창조적으로 연결하는 것의 가능성에 대한 개략을 잡을 수 있다.

5) 5단계: 의미에 대한 지평 통합하기

선교사들이 현지 토착민들의 풍습이 갖는 적합성을 이해하기 시작하고, 타종교나 타문화에 속한 사람들과 열린 마음으로 접촉하기 시작하고, 그들의 문화를 기독교적 방식으로 평가하고자 할 때, 상호작용에 참여하는 타문화권 토착민들과 그들의 문화와 접촉하는 선교사들 모두에게 변화가 발생한다.

사람들은 예수 이야기에 영향을 받되, 문화적으로 적절한 방식을 통해 받아들인다. 부와 가난에 대한 그들의 인식이 변할 수 있다. 개인의 자율성과 사회 집단에 대한 그들의 개념도 변화될 수 있다. 초자연적 현상에 대한 그들의 관점과 인간의 통제를 넘어서는 능력들이 세상과 관계를 맺는 방식에 대한 그들의 인식 역시 바뀔 수 있다. 그들이 예수를 구세주로 기꺼이 받아들일 수도 있다. 기독교회의 형성이 해당 문화에 새로운 사회형식과 종교 개념을 도래케 할 수 있다.

기독교인들 또한 자신들이 대면하는 문화의 특성과 형식에 의해 변화될 수 있다. 예를 들면, 인도네시아 자바에 살다가 미국으로 돌아온 선교사들은 자신들의 대화 방식이 겸손하고, 정제되고, 간접적 의사전달 방식에 더 많은 가치를 부여하는 식으로 변했음을 발견할 수 있다. 그들은 미국식의 솔직한 대화에 대한 의존도가 줄어들고 비언어적 신호라는 자바식의 의사전달 방식에 더 의존할 수 있다. 아마도 선교사들이 분쟁을 공개적으로 표현하는 것에 저항감을 가질 수도 있다. 한마디로 말하면, 이들 선교사는 정제된 자바 문화의 영향 하에서 변화의 과정을 겪은 것이다.

선교사의 종교풍습과 선교지 문화에 속한 종교 풍습에 대한 상호이해는, 두 종교의 상호이해를 증가시킬 수 있다. 예를 들면, 인도네시아에 도착하자마자 기도 시간을 알리는 모스크의 코람 낭송을 듣고 그것이 이교적인 의례에 불과하다고 단순히 평가해 버리는 선교사의 경우라면, 새벽부터 시작되어 하루 다섯 차례 무슬림의 기도시간을 알리는 대형 스피커를 통해 들리는 소리 때문에 방해를 받을 것이다.

그러나 좀 더 개방된 태도를 가진 선교사라면, 그 소리가 담고 있는 의미와 공동체에 속한 사람들이 그 소리에 반응하는 방식, 그리고 그들의 일상생활 중에 기도를 어디서 하는지에 관해 무슬림들에게 질문하는 것으로 반응할 것이다.

단순한 평가로 인해 지속적인 불편함을 느끼기보다는, 매일 다섯 번씩 반복해서 들리는 기도를 알리는 소리를 통해, 선교사들은 무슬림들처럼 자주 하나님을 찾는 것에 대해 다시 한 번 생각하게 될 수도 있다. 그리고 선교사가 무슬림들에게 자기가 드리는 기도 방식(개인적인 기도 방식과 공적 기도 방식)에 대해 설명할 때, 무슬림들은 자신들이 생각했던 것처럼 기독교인들이 **카피르**(*Kafir*, 종교적으로 상스럽고 적절하지 않은 사람)가 아니었음을 발견하게 될 것이다.

박스 16.4
상승 나선형 지식습득

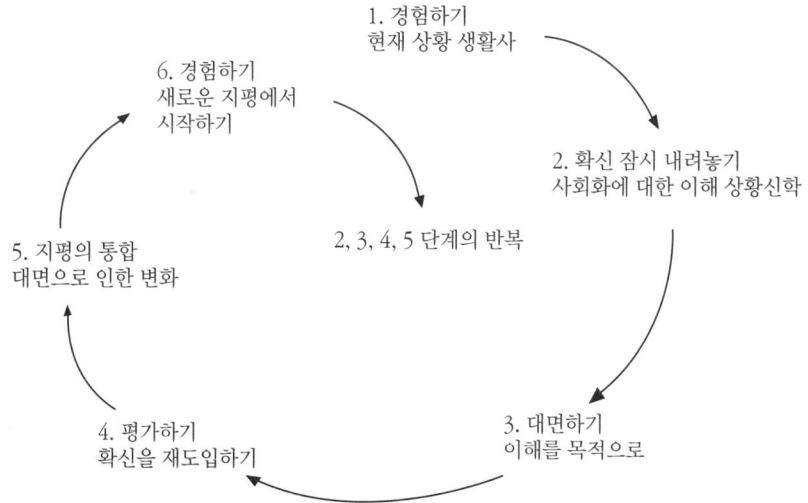

두 문화가 서로 접촉할 때, 심지어 두 문화에 속한 사람들 모두가 기독교인들이라 할지라도 모두에게 변화를 초래한다. 이 같은 변화는 의식적인 변화일 수도 있고 무의식적인 변화일 수도 있다. 경우에 따라서는, 의식과 무의식이 혼합된 변화일 수도 있다.

브라질의 한 신학교가 미국의 두 장로교 회중들에게 신학교 커리큘럼의 재건을 돕는 프로젝트에 참여할 것을 제안했다. 장로교 선교 동역자였던 준과 잭 로저스(June and Jack Rogers)가 이 프로젝트를 진행하기 위해 바히아신학교육원(Institute for Theological Education of Bahia, ITEBA)으로 갔다. 신학교는 새로운 교육 방법과 학습 방법에 대해 배웠다. 바히아신학교육원에서 온 브라질 강사들은 두 회중을 방문하고 강의와 세미나를 열었다. 두 교회에 속한 회중들은 브라질 북동부에 위치한 브라질 흑인 문화(African Brazilian culture, 아프리카에서 유입되어 브라질 현지에 정착한 아프리카식 브라질 문화-역자 주)에 대해 배웠고, 이 과정에서 노예와 억압의 역사에 대해서도 배웠다.

서로를 이해해가는 과정은 브라질 방문자들과 두 회중으로 하여금 자신들의 과거 경험을 돌아보게 했고, 이어 자신들의 관점을 잠시 내려놓은 가운데서 상대방의 문화를 열린 마음으로 직면하게 했고, 과정이 진행되면서 브라질 방문자들과 두 교회의 회중들 모두 자신들이 지니고 있던 확신에 대한 평가가 필요함을 느끼게 되었다.

그 결과, 신학교의 변화가 진행되었는데, 이 변화는 상황적으로는 브라질 문화를 지향하면서도 성경적으로 건전한 방향으로 진행되었다. 브라질신학교뿐만 아니라 미국의 두 회중에도 변화를 초래되었는데, 이 변화는 해방신학을 브라질인의 관점에서 이해하는 과정에서 발생했다. 상호이해가 촉진되면서, 양자 간의 관계도 발전되었다. 브라질 기독교인들과 미국 기독교인들은 서로에 대한 새로운 이해 안에서 기쁨을 경험했고, 양편 모두의 신앙도 깊어져 갔다.

상승 나선형 변화는 계속해서 진행된다. 두 문화 간 의미의 지평이 만날 때 두 문화 모두에게 영향을 미친다. 새로운 경험이 관점의 초점을 옮기고 생각과 습관을 변화시킨다. 사회 집단들이 개혁한다. 사회 규범들을 수정한다. 사회 구조를 변화시킨다. 선교 단체와 문화 간 상호작용이 계속됨에 따라, 두 사회와 종교 모두에 변화가 발생한다. 그리고 변화가 초래한 새로운 이해에 기초하여, 우리는 새로운 선교적 실천을 개발하게 되고, 서로에게 선물을 공여할 수 있게 된다.

다음 다섯 장에서는 각 단계(stage)에 포함된 소 단계들(steps)과 소 단계들이 어떻게 중첩되고 서로에게 영향을 미치는지에 대해 초점을 맞추면서 상승 나선형 지식습득에 대한 윤곽을 서술하고자 한다. 이 과정에 대한 연구는 예수 이야기가 어떻게 사람들과 문화의 삶 속으로 짜여들어갈 수 있는지를 보는 데 도움이 될 것이다. 상호이해가 성장함에 따라, 다른 사회 출신 사람들과의 관계를 발전시키게 된다. 종교와 문화도 지식습득에 관한 이 같은 상호이해과정을 통해 확장된다.

이 과정을 통해 우리는 우리가 직면하는 새로운 상황에 적절한 방식으로 반응하는 선물 공여 선교에 대한 새로운 실천을 구상할 수 있을 것이다. 우리가 우리의 신앙을 증거하는 법에 대해 배우고 다른 종교에 속한 사람들과의 접촉하는 방식에 대해 배울 때, 그로 인해 초래되는 긍정적인 결과가 우리의 기독교 신앙에 새로운 기운을 불어넣을 것이다.

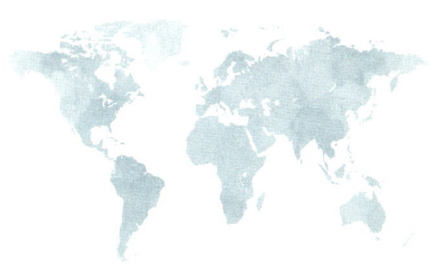

제17장

경험하기: 우리 개인사의 영향

개인적인 경험에 대해 언급하는 것으로 선물 공여 선교(giftive mission)의 실천 방안을 탐구를 시작하는 것이 약간 이상해 보일 수 있다. 어쩌면 이상한 것을 넘어 심지어는 이기적인 것으로 비춰질 수도 있다. 그러나 유대-기독교 전통과 우리가 그 전통을 전용하는 방식은 전혀 이상한 것이 아니다.

예를 들어, 기독교인들은 시편 139편을 읽으면서 큰 기쁨을 얻는다. 우리는 이 말씀에서 하나님께서 우리는 아시는 다양한 방식에 대해 묵상하면서 위로를 경험한다.

> 여호와여 주께서 나를 살펴보셨으므로 나를 아시나이다(시 139:1).
> 주께서 내가 앉고 일어섬을 아시고 멀리서도 나의 생각을 밝히 아시오며(시 139:2).
> 여호와여 내 혀의 말을 알지 못하시는 것이 하나도 없으시니이다(시 139:4).
> 주께서 나의 앞뒤를 둘러싸시고 내게 안수하셨나이다(시 139:5).
> 내가 하늘에 올라갈지라도 거기 계시며 스올에 내 자리를 펼지라도 거기 계시니이다(시 139:8).

시편 기자는 우리를 향하신 하나님의 사랑이 완벽한 앎으로 표현되고 있음을 발견했고, 우리는 그 표현 때문에 위로를 받는다고 믿었다.

우리가 하나님께서 우리를 아시듯 심오한 방식으로 우리 자신을 아는 것은 실로 매우 어렵다는 사실을 발견한다. 때때로 우리는 우리가 이해하지 못하는 방식으로 행동하기도 한다. 우리는 우리의 개성과 가치를 좀 더 심오하게 표현하려다가 문화적 스타일이나 사회 조건에 관한 실수를 범하기도 한다.

다른 경우에는 그와 정반대되는 방식으로 행동하기도 하는데, 문화적 영향에 신경 쓰느라 개인적 독특함에 관한 실수를 범하는 경우도 발생하곤 한다. 우리는 우리가 하는 행동을 최선이라고 생각하거나 심지어는 그것만이 용납 받을 수 있는 방법이라고 생각하기도 한다. 우리 문화의 재 조건들과 개인적 성벽(idiosyncrasy)에 대해 아는 것은 타문화와 타종교에 속한 사람을 이해하려 할 때 중요하다.

박스 17.1
너 자신을 알라

어떻게 하면 나 자신을 더 잘 알 수 있을까?

1. 하나님께서 당신을 아는 방식들에 대해 숙고하는 것으로 시작하라.
   당신이 태어나기 전에 당신을 아셨고
   당신이 매일 반복하는 습관들을 알고 계시고
   당신의 생각을 아시고 당신이 말하는 것들을 아신다.
   당신의 삶에 임재하신 하나님은 당신을 온전히 아시는 하나님이시다.
   어떻게 하면 당신 자신을 더 잘 아는 것을 시작할 수 있을까?

2. 다음으로 당신의 현재를 조성하는데 도움이 된 다음의 영향들에 대해 숙고해 보라.
   당신의 부모로부터 물려받은 성격들
   가족들의 영향과 상호작용하는 패턴들
   당신이 자란 곳과 당신이 살고 있는 곳으로부터 유래한 사회적 영향들
   당신의 부모와 당신 자신의 경제적 지위(계층)
   사회적 영향(문화)

교육
교회생활
개인적 특성들

이들 각각의 영향은 당신의 삶에 긍정적인 영향과 부정적인 영향 모두를 끼쳤다.

3. 이제, 당신이 위의 영향들로 인해 적응하게 된 가치들에 대한 명단을 만들어 보라.

1. 우리 자신을 아는 것이 왜 어려운가?

만일 우리가 우리 자신과 역사, 문화, 가치 그리고 우리를 형성한 유전인자에 대해 무지한 상태에서 다른 문화를 대면한다면, 두 가지 중요한 어려움에 봉착하게 될 것이다.

첫째, 우리는 우리의 문화적 관점을 세상을 이해하는 유일한 방식으로 볼 뿐만 아니라 예수 이야기를 제시하는 데 필요한 진실하고 유일한 방식으로 보는 실수를 범할 수 있다.

이렇게 될 때, 다른 사람들의 신앙과 풍습은 자동적으로 무지한 것으로 취급하고 무시하게 된다. 기독교 신앙을 표현하고 실천해가는 데 있어, 우리에게 친숙하지 않은 방식들을 이교적인 것들로 딱지 붙일 수도 있다. 만일 우리가 우리와 다른 것들에 대해 탐구하지 않고 판단해 버린다면, 우리가 이해하고자 하는 사람들과의 의사소통이 붕괴되고 말 것이다.

둘째, 우리 혹은 우리와 다른 입장을 견지하는 여타의 문화 집단 중 어느 하나의 입장과 신앙을 지나치게 동일시함으로써, 우리들 스스로와 신앙을 이해하는 우리만의 독특한 방식을 잃어버릴 수 있다.

신앙을 실천하는 것에 관해 우리의 문화적 틀이 갖는 중요성을 상실함으로써, 우리만이 갖고 있는 독특한 문화적 초점과 기독교적 초점을 상실할 수 있다. 다른 문화가 갖고 있는 모든 면을 수용하려는 시도는 우리의 삶이 갖는 의미와 가치를 망실해 버리는 결과를 초래할 수도 있다.

이 같은 함정을 피하기 위해, 우리는 개인적인 회고로 선교사역을 시작할 필요가 있다. 우리의 경험, 즉 우리가 이해하는 방식과 자원들이 선물 공여 선교를 개발하는 첫 발자국이 될 것이다.

박스 17.2
의미의 상실

폴 라비노(Paul Rabinow)는 다른 문화의 모든 가치를 확증하려 시도하는 문화인류학적 접근방식은 의미를 상실하지 않고는 절대로 가능할 수 없는 접근방식이라고 주장했다. 어떤 사람이 자신의 가치관과 모순되는 가치들을 수용하고자 한다면, 자신이 갖고 있는 어떤 가치도 보편적 선이라 주장할 수 없게 된다. 결국 이러한 입장은 모든 가치를 부정하는 허무주의로 나가게 된다.
폴 라비노의 "허무주의로서의 인본주의"(Humanism as Nihilism, 1983)를 읽어보라.

2. 우리 자신에게 묻는 질문들

우리는 다섯 가지 범주에 속해 있는 다양한 질문을 제기하는 것으로 이 과정을 시작할 수 있다(박스 17.3을 보라).

타종교를 신앙하는 사람들과의 관계, 다른 신앙공동체나 예배 모임에 소속되어 있는데 나와 인접해 살고 있는 이웃, 가족 구성원의 종교적 배경이 다양한 경우, 타문화에 대한 호기심, **카이로스**(*kairos*)의 순간 그리고 소명에 대한 감각 등은 타종교에 대한 호기심을 불러일으킬 수 있는 경험의 일례들이다.

예를 들어, 요한복음 4장이 언급하는 우물가의 여인은 예수와 만남으로서 통찰의 순간을 갖게 되었다. 그녀는 자신의 삶에 대해 명확히 볼 수 있었고, 자신에 대해 알면서도 자신을 염려하시는 예수에 대해 인식했다. 이 카이로스의 순간이 그녀에게 영향을 끼쳤을 때, 그녀는 흥분해서 그녀가 잘 동화되지 못했던 공동체와 함께 자신의 신앙을 나눌 수 있었다. 그녀는 마을로 뛰어 돌아가 다음과 같이 외쳤다.

> 내가 행한 모든 일을 내게 말한 사람을 와서 보라. 이는 그리스도가 아니냐 하니(요 4:29).

특정한 선교로 부르신 부르심의 일부를 구성하는 분리는 지리적으로 멀어지는 것만이 아니라 친구들로부터의 분리, 편안하게 생각을 나누는 안전지대로부터의 분리, 판에 박힌 일상으로부터의 분리, 경제적 생활 형식으로부터의 분리, 혹은 문화 행위로부터 멀어지는 것을 포함할 수 있다.

새로운 환경 속에서, 나 자신과 내 신앙에 양분을 공급하려면 어떤 자원들을 찾아야 할까?

내 삶에 익숙한 여러 국면을 뒤로 하고 떠나면 나는 어떤 변화에 직면할까?

박스 17.3
16가지 질문들

내가 누구인가에 대한 질문들
1. 복음의 메신저로서 나는 누구인가?
2. 나의 개성을 구성하는 뚜렷한 특성들을 어떻게 이해하고 있는가?
3. 내가 자라난 공동체는 어떤 공동체인가?
   그 공동체는 나를 어떻게 형성했는가?
4. 나는 어떤 달란트로 선교사역에 임하려 하는가?

나의 확신들과 가치들에 대한 질문들
5. 내가 선교사역에 임할 때 취하는 확신(들)과 독특한 관점은 무엇인가?
6. 내가 가지고 있는 확신(들)을 대변하는 가치(들)은 무엇인가?
7. 이러한 확신들을 갖게 된 근거(들)은 무엇인가?

목표들에 대한 질문들
8. 기독교 선교라는 임무에 임할 때, 마음에 품고 있는 목표들은 무엇인가?
9. 굳이 다른 선교 목표들이 아닌 그 목표들에 헌신하려는 이유는 무엇인가?
10. 나의 목표들이 나의 확신들, 가치들 그리고 정체감과 어떻게 연관되는가?
11. 그 목표들을 성취하기 위해 어떤 의도를 가지고 있는가?

나의 경험들에 대한 질문들
12. 어떤 경험들이 나로 하여금 타종교에 속한 사람들에 대한 기독교적 참여에 관심을 갖게 하고 헌신하게 했는가?

분리에 대한 질문들
13. 특정한 선교로의 부르심에 순종하기 위해 내가 뒤에 두고 떠나야만 하는 것은 무엇인가?
14. 내가 직면할 수 있는 분리들, 아마도 가족과 공동체, 또는/그리고 국가로부터의 분리에 대해 어떻게 느끼는가?
15. 새로운 환경 속에서 나 자신과 내 신앙에 양분을 공급하기 위해 어떤 자원들을 찾아야 할까?
16. 내 인생의 여러 국면들을 뒤로 하고 떠나는 것이 나를 어떻게 변화시킬까?

3. 나는 누구인가? 정체성, 공동체, 그리고 문화

지난 수세기 동안, 신학자들은 자아의 본성과 자아와 하나님과 사이에 맺어지는 관계의 본성에 대해 사색해왔다. 아마도 우리가 태어난 그 순간부터 하나님께서는 우리 각자의 개성들에 대해 알고 계셨을 것이다(시 139:13). 아마도 우리들 각자의 형질에 대해서도 알고 계셨을 것이다(시 139:15-16). 또한 아마도 우리 개개인이 하나님과 더불어 상호작용할 때 자아가 변화될 것이다(시 139:3, 19-24).

현대인들이 소유하는 정체성은 부가적인 복잡한 특징들을 드러낸다. 찰스 테일러(Charles Taylor)는 자아는 개인적이고 인식 가능한 것뿐만이 아니라고 주장한다. 그는 현대인의 자아가 사회적이고 공동적이기도 하다고 주장한다. 테일러는 그의 저서 『자아의 근거: 현대 정체성이해』(Sources of the Self: The Making of Modern Identity, 1989)에서, 역사적 사건들, 지적 동향들과 사회적인 동향들, 가치들, 그리고 종교 감정들을 개인의 자아감 형성에 영향을 미친다는 관점에서 분석하고 있다. 그는 사회화된 자아에 내재된 도덕적 구성요소를 주장한다. 테일러는 사람들은 자신들이 가치 있다고 여기는 것에 대해 대단히 높게 평가한다고 주장한다.

그런 식의 도덕적 평가는 사회적 상호작용이라는 과정을 통해 사회 내부에 형성된 것이기 때문에, 개인의 정체성을 형성하는 데 영향을 끼친다. 북미인들에게 있어 자유와 평등, 박애, 그리고 정의가 갖는 선한 가치는 그들이 살아가고 있는 사회를 구성하는 데 영향을 끼칠 뿐 아니라 개별 구성원들의 자아감(sense of self)을 구성하는데도 영향을 끼친다.

이러한 관점은 자아, 하나님, 그리고 다른 문화를 이해하는 데 영향을 끼친다. 그러나 테일러의 이론은 우리가 소유하는 정체감(sense of identity)을 형성하는 것에 관한 수많은 현대 이론들 중 하나일 뿐이다. 실재론자(essentialist) 대 사회적 자아 논쟁(A. Smith 1982; Mead 1934), 인지적 발전 패턴 대 관계적 발전 패턴에 대한 분석들(Kohlberg 1981; Gilligan 1993), 그리고 기독교 신앙과 이런 논의들과의 관련성, 기독교 신앙과 다른 이론들과의 관련성에 대한 논의(Fowler 1995; Taylor 1989) 등은 자아 이해의 다양한 국면들과 관련해 우리의 관심을 끈다.

자아 정체성에 대한 논의는 현대 사회들 중 비서구권에 속한 수많은 사회에서 제시하는 자아 관련 이론들 때문에 한 층 더 복잡해진다. 기독교 신학자인 롤랜드 치아(Roland Chia 2003)는, 근대성에 대한 싱가폴의 경험이 상대적으로 짧은 역사와 생존 지향적이고 실용적인 정책들로 인해 독특한 경향을 형성했다고 주장한다. 더 나아가서, 비록 수많은 사회 안에서 정체성에 관한 이슈가 철학적으로 사고되고 있기는 하지만, 기독교 선교가 진행되고 있는 모든 문화가 나름의 정체성 이론을 발달시킨 현대 사회가 아니라는 점도 이 점에 대한 논의를 복잡하게 만드는 한 가지 요인이다.

박스 17.4

정체성에 관한 숙고를 위한 여덟 가지 질문

1. 당신은 어디에서 태어났는가?
   어느 종족(ethnic) 공동체와 사회 계층에서 태어났는가?
   당신의 조상과 당신이 차지하는 사회적 위치(social location)가 당신에게 어떤 영향을 끼쳤나?
2. 당신의 확대가족과 친구들, 그리고 사회 집단들을 포함하는 사회 공동체가 당신의 자아감과 삶의 방향에 어떤 영향을 끼쳤나?
3. 당신이 출석하는 학교와 당신이 참여하고 있는 또래 집단들이 당신의 개성을 형성하는데 어떤 영향을 끼쳤는가?
   당신의 자아감이 갖는 주요한 특징들에 대한 목록을 작성해 보는 것으로 그 결과에 대해 설명하라.
4. 당신의 삶에서 종교에 대한 개인적 경험, 책을 통한 종교에 대한 학습, 그리고/또는 당신이 참여한 우정관계와 교회 공동체를 포함하여 종교가 끼친 영향에 대해 설명하라.
5. 북미인(또는 싱가포르인, 캐나다인, 오스트레일리아인, 한국인 등등)이라는 실재가 현재의 당신을 형성했다고 생각하는 방식에 대한 목록을 작성해 보라.
6. 당신이 생각하기에 당신 개성의 일부를 구성하면서 다른 문화와의 상호작용 중에도 불변할 것이라 믿는 독특한 요소들에 대해 묘사해 보라.
7. 타문화와의 상호작용을 통해 변할 것이라 믿는 정체감(sense of identity)의 영역들에 대해 간단하게 기술해 보라.
   이 영역들에, 당신이 생각하기에 타문화와의 상호작용을 통해 얻을 수 있는 유익들을 포함시켜 보도록 하라.
8. 예수 이야기가 어떻게 당신의 인생 이야기의 일부가 되었는가?
   인생의 현재에 이르는 당신의 신앙 여정에 대해 말해 보라.

결론적으로, 비록 정체성 이론에 대한 일부 이해가 자아 성찰에 도움이 될 수 있지만, 모든 이론에 대한 철저한 지식이 기독교 선교를 수행하는 데 필수적인 것은 아니다. 필요한 것은 자신이 참여하는 문화에서 흔히 사용하는 정체성 이론의 핵심적 특징들에 대해 인식하는 것이다. 왜냐하면 이런 이론들의 렌즈를 통해 자아에 대한 이해를 발전시키고, 정체성 질문에 관한 자아 성찰이 자아에 대한 한층 더 깊은 이해를 발전시키기 때문이다.

4. 정체성 이론들이 공유하는 연속체(continuum)

개인 정체성에 대한 일부 공통적 한계요인들(parameters)이 자기 이해에 관한 문헌들에 등장한다. 특정한 사회에 속한 개인이 갖는 자아 정의의 한계요인들은, 한 사람이 다른 사람들과 어떻게 상호작용할 것인가에 대한 기대에 영향을 미친다. 그리고 사회마다 바로 이 질문에 관한 현저하게 다른 생각들을 갖고 있다. 다양한 정체성 이론이 공유하는 연속체에 대한 개략을 서술하는 것은, 타문화 안에서 대면할 수 있는 개인들이 취하는 행동들이 내포하는 다양한 기대들을 처리하는 데 도움이 된다.

당신과 당신이 속한 사회는 다음의 연속체 중 어디에 해당하는가?

1) 개인주의-공동체주의

사회적 상호작용의 최소 단위는 사회에 따라 개인이 될 수도 있고 공동체가 될 수도 있다. 예를 들어, 유교적 가르침을 따르던 고대 중국 사회의 농경적 특징은, 가족과 씨족 구성원에 대한 강조를 개인의 정체성을 규정하는데 핵심 역할을 하는 요소가 되게 했다(Hu Wenzhong and Grove 1999, 1). 19세기 후반 유럽에서 심리학이 하나의 학문 분야로 부상한 이후, 서구 이론가들은 개인, 그리고 다양한 관계와 사회 집단이 개인의 정체감 형성에 어떤 영향을 끼치는가에 대한 연구에 집중해왔다.

지구촌화와 시장경제 모델이 중국 사회에 영향을 미치면서 서구의 경우가 그런 것처럼 중국 사회에도 개인주의에 대한 강조가 등장하고 있다. 최근

초등학교 교육에서 유교의 가르침을 정규 교육의 일환으로 다시 시작한 것은, 오늘날 중국에서 이러한 정체성 이론들에 관해 균형을 모색하려는 시도가 있음을 보여주는 것이다.

자아를 이해하는 것에 관한 개인주의와 공동체주의 사이에서 발생하는 유동성에 대한 또 다른 예는 인도네시아의 경우에서 볼 수 있다. 인도네시아처럼 전통적으로 공동체 지향적인 사회에서, 개인주의를 피해야 할 서구화가 은밀하게 확산되는 것의 사례로 보는 경향이 있다. 박사과정을 밟고 있던 프랜시스의 인도네시아 학생들 중에서, 인도네시아 사회의 남성 지배 성향에 관심을 가진 한 여학생은 인도네시아에서 아버지 같은 존재가 거머쥐고 있는 권력을 의미하는 **바빡이즘**(bapakism)을 더 잘 이해하기 위해 심리학을 공부하기로 결정했다.

그녀는 가정생활에서 드러나는 어머니의 역할에 대해 연구함으로서 프로이드의 남성 강조에 대해 균형을 잡으려는 시도를 했다. 그 여학생이 연구의 초점을 개인이 아니라 가정에 집중한 것은 인도네시아 사회가 갖고 있는 공동체 지향성을 보여주는 것이다. 여전히, 어머니의 역할에 대한 연구는 어머니 자체가 아닌 개별 어머니와 그 어머니가 자신의 남편과 맺는 관계에 초점을 맞추고 있다. 이 연구에서, 사회 정체성과 공동체 내에서 개인이 차지하는 지위의 중요성은 가정생활에서 여성이라는 개체가 갖는 중요성과 함께 균형을 잡아야 했다(Adeney 2003a).

당신의 인생관은 개인주의와 공동체주의 중 어느 것에 의해 더 많은 영향을 받고 있는가?

2) 소속-독립

서구에서 개발된 이론들은 자아의 사회적 위치에 대해 다방면으로 탐구해 왔다. 그러나 이들 서구에서 개발된 이론들의 연구 초점은 자율적이고 독립적인 개체(entity)에 맞추어져 왔다. 이러한 연구 방식은 정체성 연구의 기준을 사회 집단, 심지어는 국가에 맞추고 진행하는 자아에 대한 다른 지역의 이론들과 대조를 이룬다.

"저는 파키스탄에 속한 사람입니다."

이 말은 한 여학생이 전도에 대한 보고서 도입 부분에 쓴 언급이다. 이런 식의 진술은 자아 지향적인 북미인들의 관점과 뚜렷한 차이를 보인다. 보고서를 쓴 여학생은 자신의 소속에 대해서는 질문조차 하지 않았다. 처음부터 그녀는 자신의 소속을 그녀가 소유한 정체성의 출발점이라 **가정**(assume)했기 때문이다.

캐롤 길리간(Carol Gilligan)의 최근 연구는 의사 결정에 관한 개인주의적 강조에 도전했다. 그녀는 특히 이 문제가 여성과 연관된 경우 더 강력하게 도전했다. 그녀의 연구는, 콜버그(Kohlberg)와 다른 이들이 주장했던 것처럼, 여성들이 개인의 자율적 의사 결정을 성숙함을 재는 척도의 최상위에 두는 연속체에 기초한 윤리적 결정을 내리기보다, 그들의 삶 속에 존재하는 중요한 관계들의 맥락에서 결정을 내린다는 것을 보여준다(Gilligan 1993; Kohlberg 1981).

프랜시스가 지도한 학생의 경우가 예시하는 것처럼, 파키스탄에서 소속이란 기독교인이나 무슬림이나 할 것 없이 국가 공동체 중심으로 이해하고 있다. 이 학생은 자신이 파키스탄 사람이기 때문에 파키스탄에서 복음전도를 해야 할 것이라고 믿고 있었다. 파키스탄에서는 기독교인으로 개종하는 것만으로도 처형될 위기에 처할 수 있음에도 불구하고, 이 학생은 자신의 조국으로 돌아가 닥칠 수도 있는 비극적 결과를 피해 가면서 예수 이야기를 파키스탄 사람들에게 전할 방법을 모색하고자 할 것이다. 그녀는 이 일에 헌신되었는데, 왜냐하면 그녀의 정체성이 그녀의 국적과 강하게 결속되어 있기 때문이다.

하나님에 속한 것 다음으로, 당신은 누구(혹은 무엇)에게 속해 있는가?

3) 성취-태생에 따른 취득(Ascription)

자아에 대한 많은 서구 이론들은 성취를 강조한다. 진보에 대한 믿음이 진화론적 관점과 결합하여 발전에 대한 단계 이론(Fowler 1995), 인간의 순차적 욕구 이론(Maslow 1994), 그리고 다양한 자조(self-help) 이론을 산출하고 있다. 이에 더하여, 변화에 대한 확고한 믿음을 가진 많은 미국인들이 스스로를 변화시키는 개인의 능력을 믿는 독력(獨力, bootstrap) 신학을 보태고 있다.

개인의 능력에 대한 이와 같은 이론들은, 자기 정체성을 다른 사람들의 행동에 대한 반응으로 상정하는 자아에 대한 사회 이론들과는 대조를 이룬다. 조지 허버트 미드(George Herbert Mead 1934)와 아키 스미스(Archie Smith 1982)는 자아 발전과 관련하여 이와 같은 상호작용적 요인에 집중한다. 심리학과 목회 연구에서 거론되는 체계 이론(systems theory) 또한 자아 정체성의 사회적 차원을 강조한다.

공동체 이론에 대한 고려는 다른 문화권으로 이동해 갈 때 매우 중요하다. 효과적이고 긍정적인 변화에 영향을 끼치는 개인의 성취를 강조하는 철학을, 일부 사회 안에서 특정 관계를 수립해 나가는 과정에 적용하는 것은 적절치 않다. 예를 들면, 관계를 맺어가는 과정에서 우위를 점하는 중요한 요소로 나이를 보는 중국인의 관점에서 볼 때, 사회생활에서 개인의 변화와 성취를 인식하는 것은 중국인들의 관점과 대조적인 것이다.

나이가 많은 형제자매가 지위 면에서 더 우위를 점한다. 모임에서 나이가 많은 사람이 발언하는 내용이 더 무게감을 갖는다. 젊은 사람들은 나이가 많은 사람들의 의견을 따른다. 그리고 이러한 지침을 존중하지 않는 사람들에게는 심각한 사회적 제제가 가해진다(Hu Wenzhong and Grove 1999, 7).

많은 점에서, 인도네시아 사회에서 명예는 그 사람의 태생적 지위에 기초한다. 예를 들면, 사회적으로 매우 존중받는 씨족 내의 할머니 또는 구성원, 또는 태생에 따라 특정한 소임을 물려받은 사람이 누리는 사회적 명예는 매우 높다. 미국 내에서도 일부 종교 공동체들, 예컨대 아미쉬(Amish)공동체와 플리모스형제회(Plymouth Bredren)도 공동체 리더십을 세우는데 연령과 성별에 의존한다. 문화적 영향으로서 태생에 따른 취득 지향성과 성취 지향성을 이해하는 것은, 우리와 다른 문화적 배경과 종교적 배경을 가진 사람들 사이에서 사회관계를 맺어가고 자아 개선을 이뤄가는 방식에 대한 이해를 증진시킨다.

당신의 개인적 발전이 당신 자신의 노력에 더 달려 있는가?

아니면 당신이 속한 집단(들)에 달려 있는가?

박스 17.5
정체성 이론들의 연속체

정체성 이론들은 정체성 형성에 가장 중요한 요소로 개인 아니면 집단을 상정할 것이다. 어떤 이론들은 집단의 사회적 지위와 가족 안에서의 지위에 의존하는 사회적으로 타고난진 역할을 수용할 것을 강조한다. 다른 이론들은 개인의 자율성과 한 사람이 삶의 여정을 선택하는 능력을 개발하는 사회화의 중요성을 강조한다. 그러므로 개인이 어떻게 행동하는 것이 적절한 것인가에 대한 강조점에 따라 다양한 사회가 존재하다. 사회는 다음의 연속체 중 어느 편을 더 강조할 것인가에 따라 다양하다.

개인주의 ↔ 공동체주의
소속 ↔ 독립
성취 ↔ 태생에 따른 취득

개인주의, 소속, 그리고 성취(또는 공동체주의, 독립, 그리고 태생에 따른 취득)가 성격 이론(personality theories)을 발전시키는 일군의 가정들(a nexus of assumptions)을 형성함을 인지하는 것은 문화적 배경이 다른 상황 안에서 사역을 시작하는 기독교인들에게 매우 중요하다. 만일 선교사가 모든 사회에 정체성에 대한 그런 식의 특정한 가정들이 발전되어 있으며, 따라서 그 가정들은 해당 사회의 정체성을 이해하는 특정한 방식이라는 사실을 인식할 수 있다면, 타문화들 내에서 나타나는 다양한 정체성들을 가늠해 보는 일을 시작할 수 있을 것이다.

정체성과 소속, 그리고 다양한 사회 구조 내 지위에 관해 우리가 소유하고 있는 관점들을 고려하는 것으로 우리가 속한 문화라는 렌즈를 통해 우리 자신의 정체성을 이해하기 시작한다. 이런 숙고 과정을 진행하는 중에, 개별성 또는 공동 정체성에 대해 우리가 강조하는 내용을 형성하게 한 영향들에 집중할 수 있을 것이다.

우리는 소속 혹은 독립을 향한 강력한 끌림에 대해 갖고 있는 개인적 감(感)에 대해 탐구하고 그 감을 형성한 출처에 대해 탐구할 수 있을 것이다. 우리는 특정 상황 내에서 우리가 갖는 태생적 지위에 대해 검토해 볼 수 있을 것이다. 그리고 그것을 우리가 성취해 얻어낸 것들과 대조해 볼 수도 있을 것이다. 또한 그러한 영향들이 개인의 성장과 변화를 위한 가능성을 형성했는지 여부에 대해서도 탐구해 볼 수 있을 것이다.

이러한 질문들은 자아에 대한 우리의 감을 이해하고 그 감을 우리가 처한 사회적 상황에 적용하는데 도움이 될 뿐만 아니라, 우리가 다른 사람 혹은 문화에 관해 동일한 질문들을 할 때 반사적 이해(reflexive understanding)를 제공할 수 있다. 다른 문화에 속한 사람들과의 조우에 대해 토론하는 제19장에서, 우리는 다른 문화에 속한 사람들이 자신들의 정체성을 이해하는 문화 형식들을 파악하는데 도움이 되는 질문의 틀을 만들 것이다.

우리는 우리가 조우하는 타종교에 속한 사람들에 대해서도 동일한 질문을 할 것이다. 그들이 개인주의와 공동체의 중요성, 소속과 독립의 중요성, 그리고 성취를 통해 획득하는 지위와 태생적으로 부여받은 지위의 중요성에 대해 어떻게 평가하는가에 대해 질문할 것이다.

물론, 우리는 어떤 일들을 수행하는 것에 관한 우리 방식들에 가치를 부여한다. 이는 그렇게 될 수밖에 없다. 우리가 우리 자신을 어떻게 이해하는지, 우리가 소속된 공동체와 어떻게 조화를 이루어 가는지, 그리고 우리가 우리에게 부여된 역할들과 우리가 성취하고자 애쓰는 삶의 영역들에 어떻게 반응하는지에 대해 신중하게 고려할 때, 우리는 우리 자신의 장점들과 재능들을 평가할 수 있다.

아마도 당신은 탁월한 관찰자일 것이고, 따라서 다른 문화에 속한 사람들의 특성들과 그들이 선호하는 것들에 맞춰 당신 자신을 재빨리 조정해 나갈 것이다. 아마도 당신은 사회성이 남다르게 관용적이기 때문에, 다른 문화에 속한 사람들이 당신을 대할 때 편안하고 있는 그대로 인정받고 있다는 느낌을 갖게 할 수도 있을 것이다. 혹은, 당신이 갖고 있는 재능은 하나의 문화와 다른 문화 간의 차이들을 처리하고 비교하는 능력일 수도 있다. 타종교에 속한 사람들과 상호작용할 때 당신이 활용할 수 있는 어떤 능력을 갖고 있는지에 대해 생각해 보는 것만으로도, 당신이 다른 문화적 환경 속에 들어갔을 때 좋은 청취자(listener)와 손님으로 역할 하도록 준비하는 데 도움이 될 수 있다. 뿐만 아니라, 당신의 문화 환경으로 들어온 타문화 출신 사람들을 편안하게 환대해 주는 좋은 집주인 역할을 하도록 준비하는 데도 도움을 될 것이다.

5. 나의 가치들이 어떻게 나의 확신들과 연결되는가?

일반적으로, 우리는 우리가 갖고 있는 확신들을 형성시키는 가치들이 당연한 것이라 간주하곤 한다. 이런 이유로 인해 우리는 우리가 갖고 있는 가치들에 대해 세밀하게 생각하지 않을 수 있다. 대부분의 경우, 심지어 우리는 그런 가치들이 어디에서 유래했는지에 대해서조차 규명하지 않는다. 우리는 우리가 갖고 있는 가치들의 토대가 될 뿐만 아니라 그 가치들을 상호 연결하는 보다 더 광범위한 개념들에 대해서는 거의 생각조차 않는다. 우리가 어떤 윤리적 결정을 내릴 때, 그 결정의 선택에 영향을 끼치는 지적, 사회적, 실천적, 그리고 감정적 영향들이 무엇인지를 항상 규명하며 사는 것은 아니다.

그럼에도 불구하고, 지금 우리가 고수하고 있는 가치들은 우리 정체성의 중요 부분을 형성하고 우리가 삶을 경험해 나갈 때 상당한 영향력을 행사한다. 우리가 하는 행동이 논리적이거나 자연스럽게 나오는 것이라고 생각할 수도 있지만, 우리의 선택은 다양한 요인들-우리가 신뢰하는 권위들, 우리가 고수하는 원리들, 우리 자신과 공동체를 위해 좋은 것이라 믿는 목적들 또는 목표들, 우리가 살아가는 상황, 우리의 일상적 행위들, 그리고 우리의 성격들, 심지어는 우리의 유전자에 이르기까지-의 영향을 받는다.

가치들 간의 충돌이 발생할 때, 어떤 사람들은 자신들이 확신하는 것들에 대한 종교적 이유들을 확언한다. 다른 사람들은 공동의 감수성에 호소한다. 그리고 또 다른 사람들은 개인의 선택에 의존한다. 대부분의 가치는 여러 사회에서 공유하고 있다. 그러나 전반적인 패턴, 가치의 순위, 그리고 다른 가치들에 비해 더 상위에 있는 가치에 대한 강조는 사회마다 천차만별 다르다.

후 웬지홍(Hu Wenzhong)과 코넬리우스 그로브(Cornelius Grove)는 중국 전체 인구의 90% 가량을 차지하는 한족의 근본적인 세 가지 가치에 대해 규명했다.

첫째, 상호의존적일 수밖에 없는 농촌사회의 삶에서 유래한 집단주의는 중화인민공화국의 정책들로 인해 강화되었다.

큰 권력 거리(power distance)는 중국의 일반적인 사회 구성원들이 수용하는 것으로, 중국인들은 권력이 불공평하게 분배되었다는 사실을 받아들이는데, 이것은 중국인들을 특징짓는 요인 중 하나이기도 하다.

둘째, 노인들에게 부여된 지위는 중국인들 사이에 존재하는 불공평한 사회적 지위와 권위의 경계선들을 존중하게 하는 수많은 요인 중 하나에 불과하다.

셋째, 중국인들이 갖는 마지막 근본적인 가치는 집단 내부의 조화에 대한 것이다.

아시아의 다른 수많은 사회에서 살아가고 있는 사람들처럼, 중국인들은 집단 내부 구성원들 사이에서 공공연히 발생할 수 있는 분란을 회피한다. 가족 구성원들, 친한 친구들, 그리고 동류들과 조화로운 관계를 유지하는 것은, 세계 인구의 거의 25퍼센트를 점유하는 중국인들에게 대단히 중요한 가치이다(Hu Wenzhong and Grove 1999).

찰스 테일러에 따르면, 북미인들이 공유하는 특징들은 중국인들이 공유하는 것과는 상당히 다른 일련의 핵심 가치들을 형성한다. 테일러는 캐나다와 미국 사회가 중요하게 생각하는 것은 선(善, the good)에 대한 개인적 평가라고 주장한다. 캐나다와 미국 사회에 속한 사람들은 다른 여러 가치 중 하나인 인권에 대해서도 높이 평가한다. 공동체 내의 정의와 평등은 반인종차별주의(antiracism)와 동등한 기회의 제공으로 표현되는데, 테일러에 따르면 공동체 내의 정의와 평등 또한 현대 서구 사회의 기본 가치에 속한다(1989).

중국 한족의 가치 명단과 캐나다와 미국 백인들의 가치 명단을 비교해 보면, 선(善, the good)에 대한 기본 확신들이 다양하다는 것이 드러난다. 이런 실례는, 역사와 문화가 우리의 것과 확연하게 다른 사람들과 상호작용할 때, 우리 자신의 가치들과 그 가치들의 문화적/역사적 근거를 이해하는 것이 갖는 중요성을 강조한다. 우리가 타종교에 속한 사람들과 관계를 형성할 때 이런 상황과 맞닥뜨리게 된다.

미국 출신의 서구 백인 여성인 프랜시스는 개인의 결정, 성 평등, 그리고 사회적으로 상호작용할 때 자신의 의사를 직접적으로 전달하는 것을 가치 있게 여겼다. 만일 그녀가 중국인 불교 신자와 상호작용을 하게 된다면, 그녀는 집단의 선, 조화로운 관계, 그리고 사회 활동에서의 겸손을 강조하는 것을 가장 우선하는 가치들로 인식하는 일련의 가치체계와 조우하게 될 것이다. 최우선적 가치들에 대한 이러한 차이는 좋은 대화를 성사하는 것에 대한 또 다른 관점으로 인도한다.

구체적인 상황 속에서 어떻게 행동할 것인가에 대한 확신들 또한 다양하다. 그녀 자신의 가치 구조를 이해하는 것은, 불교 신자들이 틀렸다고 반응하는 것이 아니라 다름을 인식하고 존중하는 데 도움이 된다. 그녀는 중국 불교 신자들이 소유하는 가치들에 대해 배우고 그 가치들이 갖는 진가를 평가하기 위한 목적에서, 자신이 확신하고 있는 바를 일시적으로 내려놓을 수 있다. 이와 같이 자신의 확신을 "일시적으로 유보하는"(bracketing) 것에 대해서는 다음 장에서 다룰 것이다.

박스 17.6
사회적 가치들: 중국과 미국/캐나다 비교하기

중국 한족의 가치들	미국/캐나다의 가치들
부모에 대한 효, 다른 사람에 대한 인내, 겸손, 의례와 사회적 의식들의 준수, 친절(용서, 연민), 부, 산업(열심히 일하기), 다른 사람들과의 조화, 상급자들에 대한 충성, 인사와 호의 그리고 선물 교환(Hu Wenzhong and Grove 1999, 7)	도덕에 대한 개인적 평가, 인권, 자유, 평등, 박애, 정의, 민주, 반인종차별주의, 동등한 기회(Taylor 1989)

6. 가치의 근거

우리가 소유하고 있는 가치의 근거를 밝히는 일은 다른 종교 혹은 문화 집단들이 고수하는 다른 가치와 조우할 때 도움이 될 수 있다. 우리가 고수하고 있는 확신의 근거를 이해함으로써, 우리는 그것과 다른 사람들이 소유하고 있는 가치에 대한 확신과 그 근거를 비교해 볼 수 있다.

우리가 내리는 평가가 상정하는 "자연스러움"(naturalness) 또는 논리는 이 과정을 밟아 나가면서 그 평가가 갖는 문화적 편견을 드러내게 된다. 이는 우리로 하여금 좀 더 상대적인 빛에 비추어 우리 자신의 가치를 조망하는 데 도움이 된다. 결과적으로 이는 다른 사람의 관점이 갖는 가치를 제대로 평가할 수 있는 방법을 배우는 길을 열어준다.

이제 우리가 보유하고 있는 가치들에 대한 중요한 다섯 가지 근거들(우리가 신뢰하는 권위들, 우리가 고수하는 원리들, 우리 자신과 공동체를 위해 좋은 것이라 믿는 목적들과 목표들, 우리가 작동하는 상황 그리고 우리 자신의 성격)을 검토해 보자.

1) 권위들

어린 시절, 우리는 어떤 것을 선택할 때 우리를 인도해 줄 권위를 찾는 법에 대해 배운다. 부모와 교사는 무엇인 선한지, 어떻게 행동해야 하는지, 그리고 무엇에 가치를 두어야 하는지를 말해 준다. 성인으로서 우리는 이러한 사회화 과정에 참여하는데, 어린 아이들이 가치와 적절한 행동이 무엇인지를 배우는 데 도움을 제공한다. 우리는 또한 우리가 호소할 수 있는 범위까지 권위의 근거를 확장해 나간다.

종교 텍스트와 의식들, 역사적 인물들, 철학자들, 정치 지도자들, 공동체의 규범들 그리고 우리 시대의 지혜와 양심이 제공하는 목소리가 우리 삶 가운데 권위로 등장한다. 모든 결정 사안을 결정해 가는 과정에서 에너지를 낭비하는 대신, 우리는 이러한 권위 근거들에게 우리가 일관성 있고 똑바른 방식으로 살아갈 수 있는 방향에 대한 도움을 구한다. 다른 종교와 문화에 속한 사람들은 조언을 위해 우리가 호소하는 권위들과는 다른 조언을 제공하는 권위들에게 호소할 것이다.

다음의 두 가지 격언을 비교해 보라.

"당신이 옳다는 것을 확신하라, 그리고 앞으로 나아가라."

"두 남자가 마음을 하나로 합할 때, 그들은 무쇠조차 쉽게 자를 수 있는 힘을 얻게 될 것이다."

첫째 격언은 미국의 개척자이자 대중의 영웅인 데이비 크로켓(Davy Crockett)의 말로, 내적인 권위에 호소하며 자립의 미덕을 보여준다.

둘째 격언은 중국의 것으로, 두 사람 간의 연합에 호소하고 협의와 담화의 미덕을 보여준다.

둘 중 어느 하나만이 "옳은 것"도 아니고 어느 하나만이 "틀린 것"도 아니다. 그러나 각각의 격언은 다른 권위에 호소하고 있다.

대다수의 사회에서, 종교 텍스트와 종교 지도자는 평가에 대한 강력한 권위를 제공한다. 무슬림들은 꾸란에서 가족법에 대한 금언들을 얻는다. 기독교인들은 결혼식에서 언급할 언어의 틀을 짜기 위해 성경을 찾는다. 이렇게 서로 다른 종교적 권위들에서 기인하는 서로 다른 생활방식은 서로 다를 뿐만 아니라 상호 조화를 이루는 것이 어렵거나 심지어는 불가능할 수도 있다. 그럼에도 불구하고 특정 문화에 속한 사람들이 유지하고 있는 권위의 근거를 종교적인 권위에서 찾아보는 것은, 그 사람들이 지켜나가는 풍습을 잘 이해하는 데 큰 도움이 된다.

내부로부터 파생되는 권위 외에, 관계를 통해 형성되는 권위, 종교적 권위, 그리고 다른 권위 근거들은 가치를 발생시키고 유지하는 데 작동하고 있을 것이다. 공동체가 삶에 대한 강력한 가치 평가를 내릴 때, 사회 기관들과 정치 형식들, 그리고 심지어는 경제 권위들도 함께 작동한다.

인도네시아의 촌부에게 있어, 열대림의 보호는 부유한 미국 대학생이 생각하는 것만큼 중요하지 않을 것이다. 경제적 필요라는 권위는 인도네시아 촌부와 미국 대학생 모두에게 영향을 끼친다. 양성평등에 관한 이슈에 관해 말할 수 있는 자유는 아프가니스탄의 탈레반 무슬림 여인에게만큼이나 미국의 근본주의적 기독교인에게 중요하지 않을 것이다. 그들의 삶에 영향을 주는 제도적 권위들과 그 권위들의 변화는 무슬림 여인들이 만드는 가치평가에 강력한 영향을 끼친다.

2) 원리들

많은 사람은 그들의 행동 기반이 되는 강력한 원리들을 고수하고 있다. 공정, 응징, 연민 그리고 평등 개념들은 그중 몇 가지의 예에 불과하다. 다양한 환경 속에서, 원리들은 다양한 환경 속에서 종교의 일부로 또는 국가 정체성의 일부로 조성될 것이다. 일부 기독교 공동체들, 예를 들면 인도에 있는 마더 테레사의 수녀회와 월드비전 같은 공동체는 연민의 원리를 강조하는 것으로 알려져 있다. 티벳의 달라이 라마와 그를 따르는 집단과 같은 일부 불교 공동체들은 다양한 개념들을 수용하는 것으로 알려져 있다.

소카 각카이(Soka Gakkai, 13세기 일본 승려 니시렌의 가르침에 기초한 불교운동-역자 주) 불교 공동체와 같은 다른 공동체들은 올바른 삶을 중심으로 모여 있다. 프랑스의 경우처럼 세속적 자유에 기초한 국가의 성격을 세워나가는 것, 또는 이란의 경우처럼 종교적 순결에 기초한 국가의 성격을 세워나가는 것 또한 원리들이 종교적 혹은 국가적 가치의 근거가 될 수 있음을 보여준다.

가치의 근거로 원리를 고수하는 것은 보편적 가치를 고수하고 있음을 암시한다. 만일 원리에 비추어 무엇이 옳거나 틀린 것으로 판명된다면, 그것은 문화적으로나 지리적으로 한정되지 않고 모든 시대와 장소에 존재하는 모든 사람을 위해 좋은 것 혹은 나쁜 것으로 고려된다.

정의로운 응징의 원리는 소설 『레미제라블』(Les Misérables)에 등장하는 경찰관이 고수하던 것으로, "범죄자" 장발장(Jean Valjean)이 선한 사람이란 것이 반박 불가능한 사실로 드러난 이후 그로 하여금 삶을 지속할 수 없게 만든 정체성의 핵심이었다. 원리의 사람이 된다는 것은 무엇이 옳고 그른 것인가에 대한 불변하는 개념들에 의존하는 일관된 행동을 하는 사람임을 암시한다.

원리들에 대한 이 같은 보편적 이해 때문에, 보편적 원리들은 개인과 공동체가 가치 판단을 내릴 때 안정성과 일관성을 제공한다. 보편적 원리들은 도덕성을 받치고 있는 명확하고, 인식 가능하며, 적용 가능한 개념들이다. 정의 또는 연장자에 대한 존중과 같이 폭넓은 원리들은 공동체가 모두가 수용할 수 있는 특정 선행을 발전시키고자 할 때 도움이 될 수 있다. 대부분의 문화와 종교 집단이 가치 있게 여기는 원리는 다수다. 그러나 그중 한두 가지 원리를 강조함으로써 해당 문화 혹은 종교 집단의 성격을 드러내기도 한다.

때로 다른 종교 혹은 문화 출신 사람이 그런 원리들을 안일하게 해석함으로 그 원리들을 오해하기도 한다. 예를 들면, 평등은 특정 공동체에 속한 모든 사람이 동등한 목소리를 낼 수 있도록 보장하는 원리로 이해될 수 있다. 때로 그 원리가 공동체 사회나 종교 집단에 투사되는 경우가 있다. 예를 들면, 친교회(Society of Friends, 퀘이커 교파의 공식 명칭-역자 주) 모임에서는 누구나 목소리를 낼 수 있다. 그렇다고 해서 이것이 한 젊은이의 주장이 한 노인의 주장과 동등하다는 것을 의미하는 것은 아니다. 사실, 노인의 주장이 "출석자들의 의향"으로 반영되는 결정적인 주장이 될 수 있다.

만일 우리가 공동체 상황에서 드러나는 권력의 서열에 대해 이해하지 않는다면, 다른 원리가 더 우선적으로 적용돼야 할 때 주장에 대한 평등성의 원리를 투사하려 할 수도 있다. 친교회의 경우, 성령의 음성이 최우선적인 것으로 고려된다. 그런데 성령의 음성은 공동체의 연장자들의 의견을 통해 가장 강력하게 전달되는 것으로 이해된다.

3) 목표들

아리스토텔레스는 행동의 목표 또는 "목적"을 도덕적 추론과 연계시켰다. 아리스토텔레스는 그의 저서 『윤리』(Ethics)에서 주체에 대한 합리적 사고는 고려 대상인 개념 또는 프로젝트의 목적 또는 목표를 되돌아보는 것을 포함해야 한다고 주장했다. 개인들과 공동체들이 선한 결과를 얻는 것에 자신들의 행동을 맞출 때, 그 결과로 인간의 안녕이 나타난다.

하나의 행동이 초래할 마지막 결과가 어떨지를 생각하는 것이 선한 결과를 산출하는 데 어떤 도움이 될 것인지에 대해 생각해 보라.

만일 다음 주에 세 가지 시험을 치러야 한다면, 토요일 저녁에 친구나 가족을 방문하기보다 공부하기로 결심할 것이다. 당신의 결정은 원리(시험이 가족이나 친구보다 더 중요하다)가 아니라 목표(당신은 세 가지 시험 모두를 잘 치루길 바랄것이다)에 의거한다.

도덕적인 결정을 내리거나 어떻게 행동할 것인지에 대한 결정을 내릴 때 한 가지 원리만 고려하는 경우는 매우 드물다. 예를 들면, 만일 당신이 수영장 깊은 곳에 어린아이 한 명이 빠진 것을 보았다면, 당신은 자동적으로 그 아이를 구하려고 뛰어들 것이다. 이 결정은 한 가지 결과에 근거한 것이다. 즉 물에 빠진 아이를 구하는 것에 근거한 결정이다.

그러나 이것이 다른 원리들과 연결되어 있을 수도 있다. 예를 들면, 인간의 생명의 가치 또는 연약하고 순결한 존재들은 사회 내의 능력 있는 구성원들의 도움을 받아야 한다는 구체적인 원리와 연결되어 있을 수 있다. 어린아이를 구하고자 물속에 뛰어든 사람은 자신이 행동에 옮긴 선한 행동의 근거들이 무엇인지 고려해볼 시간적 여유가 없다. 그러한 근거들의 영향은 즉각적으로 발생할 뿐만 아니라 주로 무의식적으로 발생하기도 하는데, 이는 우리가 강력한 도덕적 평가 근거들과 얼마나 깊이 연결되어 있는가를 보여주는 것이다.

만일 행동의 목표 또는 목적이 유일한 고려 사항이라면, 결정이 도덕적으로 혼란스러워질 수도 있다. 예를 들면, 만일 수익창출을 사업의 유일한 목적으로 삼고 모든 행동을 수익창출을 지향하는 것에 맞춘다면, 사업상 불공정한 거래, 부족한 공동체 생활과 가정생활, 그리고 피고용인들을 위한 작업 환경의 부실 등이 그 결과로 따라올 것이다.

사업상 이윤을 추구하는 목적에 더하여 윤리적 원리뿐 아니라 종교적 그리고 사회적 권위까지 고려한다면, 훨씬 더 건강한 기업을 일구어 낼 수 있을 것이다. "목적이 수단을 정당화시키지 않는다"는 이점에 관해 고려해야 할 금언이다.

4) 상황

위에서 예로 든 특정한 사업 환경이 처한 상황도 사업상의 결정과 관련된 도덕적 근거에 영향을 끼친다. 사업 환경 주변의 공동체와 그 공동체가 보유하는 역사와 문화가 가치 평가의 근거로 작용한다. 만일 이윤추구의 동기가 한 사람의 사업 소유자가 아닌 집단의 목적이라면 사정은 달라진다. 만일 처한 상황이 이윤을 똑같이 배분하기는 하지만 극단적인 빈곤에 처한 상황이라면, 좋은 작업 조건과 공동체/가정생활은 사람들을 배불리 먹이기에 충분한 수익을 내는 일에 비해 부차적인 것이 될 것이다.

이것은 또한 그와 같은 빈곤이 사업 수행에 대한 일관성의 원리(the principle of integrity)를 부차적인 것으로 밀어내는 것을 의미하는 것일까?

원리들에 대한 한 사람의 관점을 변화시키는 데 상황이 어느 정도까지 작용할까?

가치의 근원이 되는 하나의 근거로 상황을 생각할 때, 한 사람을 그 사람이 처한 환경과 분리하는 것이 어려울 때가 있다. 필자(프랜시스)의 큰딸이 열다섯살 때, 그녀는 합창단과 뉴욕시를 향한 여행길에 올랐다. 큰 딸이 캘리포니아 버클리에 있는 집으로 돌아왔을 때, 나를 향해 "나는 항상 버클리가 세상의 중심이라고 생각했는데, 이제 뉴욕에 대해서도 알게 되었어요!"라고 외쳤다. 자신이 속한 공동체가 공유한 관점과 태도를 이해하려면, 자기가 속한 집단이 가지고 있는 독특한 관점에 대해 인식하기 위해 그 공동체를 "떠나는" 것이 요구될 수 있다.

자신이 속한 공동체의 독특한 관점을 인식하는 것은 다른 텍스트를 연구하거나, 영화를 보거나, 다른 문화권에서 온 사람들을 만나거나, 근방에 있는 타종교의 종교시설을 방문하거나, 지리적으로 움직이지 않는다 하더라도 자신이 처한 상황과 다른 상황들에 대해 배우는 것을 통해 가능할 수 있다.

리처드 니버(H. Richard Niebur)는 "우리는 물고기가 물속에 있는 것처럼 역사 안에 머물고 있다"라고 말했다(1967, 48). 이와 유사한 방식으로, 우리는 우리가 처한 문화적 그리고 종교적 상황 내에 있다. 우리가 처한 상황이 우리의 가치에 어떻게 영향을 미치는 지를 이해하는 것은 그 상황으로부터 벗어나서 새로운 관점으로 그 상황을 바라보려고 노력할 것을 요구한다.

다른 문화와 종교에 대한 당신의 연구가 당신이 속한 사회와 종교가 당신의 가치에 어떻게 영향을 끼치고 있는지에 관해 무엇을 보여주는가?

프랜시스가 가르치는 학생들 중에는 학업을 위해 자바로 온 수마트라 출신 인도네시아 학생이 한 명 있었다. 수주가 지난 후, 그녀는 수마트라 기독교인들이 그들의 떼루스 떼랑(terus terang, 솔직히-편집자 주), 즉 선택과 필요에 대해 솔직하고 열려 있다는 것을 인식하기 시작했다고 말했다. 그녀는 자바인들이 좀 더 간접적이며, 다른 사람들에게 불만을 전달하는 데 비언어적 단서에 의존한다고 말했다.

그 학생은 불일치하는 점에 대한 개방적인 토론을 가치 있게 여겼다. 왜냐하면 그녀의 출신 문화와 수마트라의 바딱족(Batak) 기독교인 공동체가 처한 상황이 솔직하고 개방적인 태도를 가치 있게 여기기 때문이었다. 같은 아파트에서 이 학생과 함께 생활하던 자바족 기독교인들은 그녀와 달리 직접적 대립을 피하는 정제되고 간접적인 형식의 의사전달을 가치 있게 여겼다.

그렇다면 한 쪽이 다른 쪽보다 더 도덕적일까?

각각의 학생이 처한 상황이 도덕에 대한 그들의 감수성을 형성했고, 분쟁을 다루는 것과 관련하여 다른 방식을 선호하도록 했다.

5) 성격

개인과 공동체가 소유하고 있는 가치의 근거에 대한 명단에 개개인들이 소유한 성격을 더하고자 한다. 우리의 성격이 주로 환경과 사회화 과정에 의해 형성되었는지 여부와 또한 우리의 성격이 갖고 있는 특성들이 주로 유전적 유산으로 물려진 것인지의 여부는 사회 과학자들 사이에서 벌어지는 흔한 논쟁의 원인이다.

우리의 성격 형성이 우선적으로 타고 난 것인지 아니면 양육되는 과정에서 생긴 것인지 여부는, 한 사람의 성격이 일상 행동과 윤리적 결정에 어떻게 영향을 끼치고 있고 또한 그 사람의 가치를 형성하는데 기여하는지를 살펴보는 것이 이 부분에서 다루고자 하는 이슈이다.

정직, 조화, 충성, 일관성, 그리고 용기는 성격이 갖는 몇 가지 특성의 예인데, 이것들이 우리가 가치 여부에 대한 결정을 내리는 근거가 된다. 아리스토텔레스는 특정한 행위를 지속적으로 반복함을 통해 성격이 개발된다는 생각을 발전시켰다. 우리는 끊임없이 동일한 방식을 행동으로 옮김으로써, 우리의 성격을 형성하는 버릇을 생성하게 된다. 용기 있는 사람이 되기 위해서는, 눈앞의 두려움에도 불구하고 행동으로 실천하기를 반복해야 한다.

정직한 사람이 되기 위해서는, 작은 일에나 큰 일에나 언제나 진실만을 말해야 한다. 신중한 사람이 되기 위해서는, 신중한 방법을 반복적으로 수행해야 한다. 가치를 강화하는 일상의 행위를 반복함으로써, 우리의 성격이 형성된다.

중국인들의 지혜는 성격 개발에 대해 비슷한 패턴을 주창한다.

"싸움은 용기 있는 정신에 대한 시험이다."
"도덕적인 사람은 결코 패하지 않는다."
"함부로 나대면 전략의 부족을 드러내게 된다."

이러한 금언들은 용기, 정직, 그리고 신중함이 갖는 동일한 가치를 드러내

준다. 그리고 도덕적인 행동을 반복적으로 할 것을 선택할 때 그런 특성들이 성숙할 수 있음을 보여준다.

7. 나의 선교사역 목표들

우리의 경험에 관해 심사숙고해야 할 또 다른 중요한 분야는, 다른 신앙에 속한 사람들과 상호작용하려는 열정을 품고 있는 사람들로서 우리의 사역을 어떻게 이해해야 하는가에 대한 것이다. 기독교 선교의 다양한 목표들과 그 목표들을 이루기 위한 근거들에 대해서는 이미 제3장에서 다루었다. 다양한 선교의 목표들 중에서 당신 자신과 당신이 속한 공동체가 선택해야 할 목표들에 대해 심사숙고하고, 이 목표들이 당신의 가치와 정체성과 어떻게 연결되는지를 검토해 봄으로써 더 깊은 자기 이해로 나아갈 수 있다.

당신의 선교 목표들은 이 책을 시작할 때 제시했던 접근 방식의 스펙트럼인 "그런 목표들을 완수하자"(wipe them out)라는 주장과 "아무것도 하지 말자"라는 주장 사이 어느 지점에 위치하는가?

기독교 선교를 위한 당신의 목표는 삼위일체적 관점과 일치하고 있는가? 아니면 좀 더 예수 중심적 관점과 일치하는가?

당신의 선교는 예배 지향적 선교(a service orientation)를 추구하는가? 아니면 말로 증거하는 것에 좀 더 초점이 맞추어져 있는가?

당신의 선교가 지향하는 목표들은 당신이 속한 교회의 전통, 당신의 가치, 그리고 당신의 현재 모습 그리고 당신이 되고자 하는 모습과 잘 일치하고 있는가?

타종교에 속한 사람들과 상호작용할 때 당신이 지향하는 선교의 특정한 임무가 무엇인지에 대해 스스로 숙고해 보라.

아마도 많은 요인, 즉 하나님께 받은 소명의식, 당신이 속한 교회의 전통, 선교에 대한 당신이 속한 회중의 이해, 다른 종교에 대한 호기심, 그리고 그 외 여러 가지 것들이 선교사역에 대한 당신의 관점 형성에 영향을 끼쳤을 것이다. 만일 당신이 목표로 하는 것들에 다른 사람과 주고받는 상호접촉을 강조하는 것이 포함되어 있다면, 그것은 당신이 선물 공여 선교(giftive mission)에 헌신하고 있다는 증거이다.

선교 실천을 중심으로 이 책을 구성하면서, 우리는 개인의 성격과 공동체에 영향을 끼치는 일상적인 생활방식에 근거해서 내리는 다양한 선택에 초점을 맞추었다. 선물 공여 선교에 대한 헌신은 이러한 매일의 실천을 형성하는 힘(formative power)을 수용하는 것을 포함한다. 우리가 타종교에 속한 사람들과 상호작용하면서 생활 속에서 이러한 실천들을 발전시켜 나갈 때, 우리는 선물을 받기도 하고 주기도 한다. 공여자와 수여자 모두는 이 과정을 밟아나가는 동안 변화된다. 그 변화는 선물 공여 선교에 대한 헌신의 근거가 될 뿐 아니라 그러한 헌신을 해야 할 여러 가지 이유 중 하나가 된다.

마더 테레사의 사랑의 수녀회(Sisters of Charity)는 그들이 하는 공여를 통해 오히려 하나님의 은혜의 수혜자가 될 수 있다는 사실을 매일같이 되새겼다. 그들은 복종과 사랑, 그리고 가난의 서약을 했으나, 자유를 느꼈고, 충만함을 느꼈고, 부유함을 느꼈다. 사랑의 수녀회 소속 수녀들은 네 번째 맹세를 했는데, 가난한 사람을 만나는 것을 영적 성취를 향하는 노정으로 삼겠다는 것이다.

그들은 캘커타의 길거리에서 죽어가는 사람들의 얼굴 속에서 예수의 얼굴을 본다고 주장했다. 그들은, 고통에는 구원의 가치가 있다는 것을 믿었다. 그들은 베풂으로 영적인 선물을 받는다. 이 선물들 중 지극히 작은 것에도 생명과 가난한 사람에 대한 깊은 감사의 마음이 어려져 있다.

선물 공여 선교의 다른 측면은 받는 것이다. 다른 사람에게 빚을 지는 수여자가 되는 것은 재물이 많은 사람이나 독립적이길 원하는 사람들에게는 어려운 일이다. 선교사들이 섬기는 사람들로부터 받는 법을 배울 때 선교사와 다른 문화나 종교에 속한 사람들 사이에 진정한 상호의존성이 자라게 된다. 선교지 상황에서 무언가 얻을 수 있는 것이 있는 한, 자신이 필요로 하는 무언가를 구하는 것은 중요하다.

가난한 사람들에게 돈을 요구하는 것은 적절하지 못하다. 그러나 앉을 자리를 요청하거나 물 한 잔을 요청하는 것, 또는 대화를 나눌 수 있는 기회를 요청하는 것 등은 적절한 요청이 될 것이다. 공동체가 공급할 수 있는 것을 감사하게 받는 법을 배우는 것은 공여자와 수여 공동체 간 어그러질 수 있는 권력 관계에 균형을 잡아준다.

마더 테레사가 캘커타의 노상에서 살기 위해 로레토 수녀원을 떠날 때, 그녀는 도시의 거리를 다니면서 거처할 수 있는 방을 구했다. 고메즈(Gomez)라는 성을 가진 네 명의 무슬림 형제들이 그녀에게 자신들이 살고 있는 연립주택 위층에 있는 방 한 개를 내주었다. 그곳에서 그녀는 안전하게 몸을 눕힐 수 있었고 가난한 사람들에 대한 그녀의 사역을 시작할 수 있었다. 배가 고플 때, 마더 테레사는 고메즈 가족에게 먹을 것을 요청하는 쪽지를 남기곤 했다. 그녀는 결코 실망하지 않았다. 캘커타 사람들에 대한 이 같은 의존의 표현들 때문에 많은 사람이 문을 열어 가난한 사람들과 함께 하는 마더 테레사의 사역을 돕게 했다.

훗날, 다른 수녀들이 그녀의 사역에 동참하게 되었을 때 더 넓은 장소가 필요하게 되었다. 다른 무슬림 남성이 사랑의 수녀회에게 땅값에도 미치는 않는 가격에 자신 소유의 큰 집을 팔았다. 그는, "이 집은 내가 신으로부터 받은 것입니다. 이제 내가 다시 신께 그 집을 돌려드립니다"라고 말했다. 필요에 대한 마더 테레사의 표현과 기꺼이 받고자 하는 마음은 선물 공여 선교를 시작하도록 했다. 마더 테레사의 선교는 다른 종교에 대한 신앙을 가진 남성으로 하여금 그 자신의 방식으로 하나님을 섬기게 허용함으로써 시작되었다.

감사하게 받는 법에 대해 배우고 공여를 통해 사람들이 받는 선물들이 무엇인지에 대해 알아감으로써, 선교사와 다른 종교에 속한 사람들 간에 신뢰와 상호성이 성장하는 역동적인 과정이 시작된다. 선교사는 자신을 환영하고 상호작용하기를 수용하는 공동체를 섬길 수 있다. 선교사와 공동체 모두는 자신들이 가진 선물을 서로에게 공여하고 수용함으로써 부요해진다.

8. 선교 목표를 가치와 정체성에 연결하기

만일 앞에서 기술한 선물 공여 선교의 과정이 당신의 공명을 불러일으킨다면, 당신은 선물을 공여하기도 하고 받기도 하는 그 같은 변증법적 방식을 당신의 정체성과 당신이 가치로 받아들이는 것들과 어떻게 연결할 수 있는지에 대해 숙고해 볼 수 있다. 당신은 관계 지향적인가?

당신은 상호 함께 공유하는 것을 가치 있게 여기는가?

당신은 당신의 삶에서 더 깊은 차원의 영성을 추구하고 있는가?

새로운 친구를 만드는 일뿐 아니라 당신이 속한 교회와의 연결을 지속하는 일도 당신에게 중요한가?

당신이 이와 같은 여러 가지 질문에 대답하는 것은 당신이 편하게 느낄 수 있는 선물 공여 선교를 형성하는 데 도움이 될 것이다. 또한 당신이 당신에게 친숙한 방식들을 떠나 새로운 문화에 참여하게 될 때 당신이 직면하게 될 어려움들을 미리 대비하는 데도 도움이 될 것이다.

예를 들면, 마더 테레사가 실천한 선물 공여 선교의 장점 중 하나는 세계 도처에 있는 사람들과의 연결을 지속하는 것을 실천하는 것이었다. 그녀는 수많은 사람들을 선교에 참여시키는 것으로 이 장점을 실천했다.

그녀는 어떤 사람이 가난한 사람들을 섬기는 그녀의 사역에 특별한 관심을 보이고 있음을 알게 되었다. 그 사실을 알게 된 그녀는 그 사람이 선교 사역에 참여할 수 있는 방안들을 마련했다. 그 방식은 가난한 사람들을 섬기는 사역에 직접적으로 참여하는 것일 수도 있다. 선교를 위해 기도하는 것이 될 수도 있다. 필요한 물품을 공급하는 것이 될 수도 있다. 또는 병으로 고생하고 있는 사람과 함께 고통을 나누는 것이 될 수도 있다. 이러한 사역들이 사랑의 수녀회 선교를 섬기는데 어떻게 작용할 수 있는지에 대해 설명함으로써, 테레사 수녀는 그녀의 사역을 폭발적으로 확장시킨 전 세계적 동역자 네트워크를 구성할 수 있었다.

그녀가 섬기는 사역의 일부로 동역자 네트워크를 구성하기 위해서는, 사람들을 향한 사랑, 가난한 사람을 위해 역사하시는 하나님의 사역의 넓이에 대한 이해, 선교 현장으로부터 먼 곳에 있는 사람들과 명확하고 자주 소식을 주고받을 수 있는 능력, 그리고 선교사역에 대한 기록과 회계 능력을 필요로 했다. 당신의 달란트는 이런 영역에 속할 수도 있고 저런 영역에 속할 수도 있다.

그렇다면 어떻게 하면 당신의 기술을 선물 공여 선교에 사용할 수 있을까?

당신의 은사와 재능을 파악하는 것은 동전의 한쪽 면에 해당한다. 당신이 섬기고 있는 사람들로부터 당신이 받고 있는 선물이 무엇인지 규명하는 것은 동전의 다른 면에 해당한다. 만일 당신 자신의 영적 성장을 높게 평가한다면, 당신이 섬기는 사람들로부터 받는 영적 선물들을 찾고 싶을 것이다.

마더 테레사는 자신이 섬기던 사람들로부터 받은 영적 선물들에 관해 자신이 경험한 많은 것들에 대해 기록했다. 만일 당신이 성취 지향적이라면, 공동체 안에 있는 사람들과 함께 하는 한 가지 프로젝트에 집중함으로써 큰 만족감을 얻게 될 것이다. 만일 당신이 리더십을 좋아한다면, 다른 문화 환경에 있는 회중에 대한 공감이 당신에게 선물이 될 수도 있다.

이와 같은 숙고 과정을 거치면서, 당신은 당신의 정체성, 가치들, 그리고 선물 공여 선교에 대한 지향성을 형성해 준 경험에 관심이 끌릴 수도 있다. 아마도 당신은 타문화적 상황에서 성장했을 수도 있다. 아마도 당신의 부모가 각기 다른 종교를 신앙하는 사람이었을 수도 있다. 선교에 대한 하나님의 부르심을 감지하는 **카이로스**(*kairos*)의 경험이 당신의 삶에 중요할 수도 있다. 이 같이 두드러진 경험들을 당신의 마음 안에 명확한 틀로 형성하고 당신의 삶에서 그 경험들이 차지하는 중요성에 대해 생각하는 것은, 훗날 문화 충격과 타문화에 대한 오해들 때문에 선교 사역에 대해 중압감을 느낄 때 중요하게 작용할 것이다.

이스라엘 민족은 선지자 예레미야를 통해 그들이 하나님에 대해 경험한 중요한 경험들에 대해 기억하라는 말씀을 들었다.

하나님께서 너희를 이집트의 속박에서 어떻게 건져 내셨는지에 대해 기억하라.

하나님께서 너희를 대적의 손아귀에서 어떻게 구원하셨는지를 기억하라.

너희의 자녀들과 더불어 걷거나 저녁 식탁에 둘러앉아 있을 때 그들에게 이러한 기억에 대해 이야기하는 습관을 가지라.

이러한 기억들은 오늘날 선물 공여 선교를 실천하는 사람들에게 도움이 될 수 있다. 외국에서 살아가거나 낯선 공동체로 들어가는 것은 혼란스러운 경험이 될 수 있다. 우리가 소유하고 있는 유대-기독교적 유산에 대해 말하는 것으로 용기를 북돋아 줄 수 있다. 하나님께서 어떻게 우리를 그곳에 있게 하셨는지, 그리고 하나님께서 과거에 우리를 어떻게 구원하셨는지를 기억하는 것은 시련의 시간을 거쳐야 할 때 도움이 될 수 있다.

9. 우리가 버려야 할 것은 무엇인가?

선교 프로젝트를 착수하거나 타종교에 속한 사람들과의 상호작용을 유지하는 것은 우리가 많은 것들을 버려야 한다는 것을 의미한다. 우리는 우리가 있는 안전지대에서 벗어나 다른 세계로 들어가기를 선택했다. 이것은 대양을 건너가 자녀들을 다른 환경의 학교에 보내고, 새로운 언어를 배우고, 새로운 풍습과 음식의 진가를 알아본다는 것을 의미할 수 있다.

또는 이웃들과 상호작용을 나누고, 집 근처에 있는 사원이나 모스크에서 공동체 활동들에 참여하고, 우리가 원래 소속된 공동체 구성원들에게 다소 낯선 사람들로 인식되던 사람들과 친구관계를 맺음으로써 인근의 다른 공동체로 들어가는 것을 의미할 수도 있다. 어떤 경우든, 여기에는 타종교에 속한 사람들의 경전을 이해하고 다른 관점에서 세계를 바라보는 법을 배우는 것을 포함할 것이다.

우리가 낯설고 새로운 문화와 밀접한 접촉을 함으로써 우리가 놓치게 될 일들에 대해 예상해 보는 것은 쉽지 않은 일이다. 어떤 경우에는 새로운 장소임에도 그다지 달라 보이지 않을 수도 있다. 예를 들면, 영국은 그곳을 여행한 북미인들에게 미국과 많은 점에서 유사해 보인다.

그러나 캠브리지대학교에서 몇 달을 보낸 프랜시스는 교수들에 대한 사회적 기대가 상당히 다르다는 것을 알게 되었다. 프랜시스의 자녀들은 영국의 학교 친구들과 언어와 풍습이 얼마나 다른가 하는 것을 배웠다. 심지어 그들은 운전할 때 전혀 반대 차선, 즉 영국에서는 "다른" 차선으로 운행해야 하는 것에 대해서도 배워야만 했다.

박스 17.7
나의 이웃은 누구인가?

누가복음 10:33-37에 등장하는 잘 알려진 예수의 비유는 후미진 길에서 공격당하고, 강도당하고, 해를 입은 사람에 대한 종교인들이 보인 반응에 대해 묘사한다. 예수께서는 당신을 시험하고 그들 자신의 의로움을 드러내고자 했던 율법 전문가들의 질문에 답변하시는 중에 이 비유를 말씀하셨다. 이 이야기는 문화적/종교적 관점들이 얼마나 제한적일 수 있고, 결과적으로 종교 그 자체의 가치가 모호하게 될 수 있음을 설명하고 있다.

그러나 이웃을 사랑하는 것의 가치를 예시하는 **또 다른 문화**의 관점을 보게 된다. 유대인들이 자신들보다 덜 거룩하다고 믿고 있던 사마리아인이 유대의 문화적 환경에서는 잊힌 이웃에 대한 사랑의 가치를 구체적으로 표현하고 있다. 이 이야기는 선물 공여 선교가 우리가 복음을 주고 **받는** 타문화적 상황에서 얼마나 반사적으로 작용하는지를 보여주고 있다.

우리가 자신에게 발생할 수 있는 모든 불편한 변화를 예상할 수 없다면 선교지라는 새로운 상황에서 발생하게 되는 일련의 "결핍 요소들"을 처리할 준비를 할 수 없다. 만일 우리가 섬기는 선교지가 고향으로부터 멀리 떨어진 곳에 있다면, 우리는 친구들과 가족들을 그리워하게 될 것이다. 심지어 지리적으로 멀리 떨어져 있지 않는다 하더라도, 새로운 공동체에 깊이 침잠해 들어갈 때, 우정을 나누는 것에 관한 결핍감을 느낄 때가 있을 것이다.

박스 17.8
나에게 가장 중요한 것은 무엇인가?

당신의 삶에서 가장 중요하게 생각하는 가치 열 가지를 밝혀보라.
그 가치에 대한 당신의 관점에 대해 생각해 보라.
그 가치의 근거를 밝혀보라.
첫 번째는 실례로 제시되었다.

	가치	관점	근거
1	매일의 기도	기도는 하나님과의 관계를 유지한다	성경: 바울 서신들, 교회의 가르침, 가정생활
2			
3			
4			
5			
6			
7			
8			
9			
10			

기독교들이 가지고 있는 개념들은 상황에 따라 다양하다. 그러나 그런 차이들은 우리가 다른 환경 속에서 타종교에 속한 사람들을 접할 때 부딪히게 되는 다름만큼 크지는 않을 것이다. 이런 점들과 관련하여 당신이 경험한 것들에 대해 숙고해 봄으로써, 당신이 다른 종교와 다른 문화를 향해 개방적인 자세로 조우할 때 놓치지 말아야 할 것이 무엇인지에 대해 이해할 준비를 할 수 있다.

제18장

잠시 내려놓기: 확신 보류하기

우리의 과거 경험들에 대해 말하고 우리의 오늘을 형성한 영향들에 대해 인식하는 것은, 우리가 보유한 지식의 한계와 개인적으로 우리가 가지고 있는 자원이 얼마나 풍성한지를 보여준다. 학습 과정은 보편적 지식을 습득함으로써가 아니라 우리의 삶에 누적되는 경험으로부터 시작된다. 우리는 축적된 경험에 새로운 경험을 더하는 과정을 통해, 새로운 경험을 축적하기 전까지 우리가 겪은 다양한 경험들에 기초하여 내린 결론을 확증하거나 교정한다.

우리가 경험을 통해 배운 것은, 새로운 경험을 함으로써 기존하는 지식에 대한 재평가 과정이 발생하기 전까지 타당한 것으로 여겨진다. 새로운 경험이라는 과정을 거쳐 내린 재평가는 미래에 겪을 새로운 경험을 평가하기 위한 기초가 된다. 이런 방식을 통해, 우리는 우리의 지식 창고를 채워 나간다. 우리는 삶을 살아가면서 확증과 교정을 통해 끊임없이 변화의 과정을 경험한다.

새로운 경험을 통해 우리의 기존 지식을 끊임없이 수정한다는 사실을 인식하는 것만으로, 우리는 뭔가 새로운 것을 배울 수 있는 준비를 하게 된다. 이런 인식을 통해, 우리는 특정한 주제에 관한 우리의 관점을 변화시킬 수 있다는 생각을 즐길 수 있게 된다. 우리는 새로운 경험에 비춰 기존 지식에 대한 의문을 제기하고 그 진위에 대한 테스트를 시작한다. 우리가 과거에 배웠던 것이 우리의 현재 기대에 못 미칠 경우도 있다. 물론 새로운 경험을 통해서도 우리가 예상했던 기대치와 조우하지 못할 수도 있다. 그러나 그것이 무엇이 되었든 우리가 새로운 경험을 통해 얻은 것은 우리의 지향성에 변화를 일으킨다. 우리가 새롭게 습득한 지식을 통해 변화될 때, 그 지식은 우리의 것이 된다.

이러한 변화 과정은 우리 자신에 대해 많은 것들을 가르쳐 준다. 이러한 변화 과정을 통해 우리가 고수하고 있는 다양한 인식들이 무엇인지를 알게 되고, 그 인식들이 사물에 대한 다른 시각들과 만남을 통해 어떻게 변화되어 가는지에 대해서도 알게 된다.

만일 새로운 경험을 통해 우리의 시각이 옳았음을 새롭게 확증하게 된다면, 우리는 우리가 인식하고 있던 방식에 대한 신뢰를 더욱 공고히 하게 된다. 반대로, 새로운 경험이 우리의 이전 관점이 갖는 부당성을 증명한다면, 우리는 과거 경험이 우리가 가지고 있던 기존의 이해를 어떻게 형성했는지에 관한 보다 명확한 이해를 갖게 될 것이다. 그렇게 되면 우리는 기존 이해를 수정하게 될 것이고, 그로 인한 변화 과정에서 우리 자신을 더 잘 이해하게 될 것이다..

박스 18.1
확신 보류하기

제가 잠시 보류해도 될까요?
· 신념들
· 가족의 영향
· 경험들
· 기독교적 확신들
· 가치들
· 풍습들
· 내가 옳다고 생각하는 것

다음 단계는 지금 이해하는 방식에 대한 우리의 확신으로부터 자유로워지는 것이다. 우리 자신이 믿고 있는 확신들에 지나치게 집착하는 태도는, 다른 관점을 이해하는 우리의 능력을 훼방하는 요소로 작용한다. 그런 태도 때문에 우리와 다른 관점을 가지고 있는 사람들에게 귀를 기울이지 못하게 된다. 그런 태도 때문에 타종교나 문화에 속한 사람들에 대해 방어적인 태도를 취하게 된다.

풍습과 다양한 의식을 통해 우리에게 보여지는 다름에 대한 경험이, 배울 수 있는 기회로 인신하기보다 우리의 이해, 심지어 우리의 정체성에 대한 위협으로 인식할 수 있다. 그런 태도는 의사소통의 흐름과 경험을 통해 스스로를 교정할 수 있는 배움의 과정을 멈추게 하는 부정적인 태도에 불과하다.

우리 자신의 확신들에 지나치게 집착하는 태도로 인해 발생할 수 있는 교착상태를 피하고, 우리와 다른 신앙들과 관습들을 가진 사람들과 조우하기 위한 다음 단계는, 우리가 품고 있는 확신들을 일시적으로 유보하는 것이다. 우리는 본 장을 통해, 자신의 확신들을 잠시 내려놓는 것의 필요성을 제안할 것이다.

우리는 본 장에서 자신이 확신하는 바를 잠시 유보하는 방법에 대한 개요를 제시할 것이다. 그리고 자신의 확신을 잠시 보류하는 것이 어떻게 우리와 다른 사람들의 관계를 긍정적으로 주고받는 관계로 발전시키는지에 대해서도 설명할 것이다.

1. 자신의 확신을 잠시 보류해야 하는 이유들

자신의 인생을 기독교 선교에 받친 사람들에게, 선교지로 가서 파송 지역 사람들을 만났을 때 자신들이 가지고 있던 확신을 잠시 보류해야 한다고 제안하는 것은 매우 이상하게 들릴 수 있는 제안이다. 비록 확신에 대한 보류가 일시적일 뿐이라는 사실을 전제로 한 언급이기는 하지만, 피선교지 사람들을 이해하기 위한 목적 때문에 의도적으로 판단을 멈추어야 한다는 제안은 여전히 듣기 어색한 일이다.

그럼에도 불구하고, 다른 사람들의 풍습과 신앙에 대한 판단을 유보하는 과정을 기꺼이 수용하는 것은, 그로 인해 우리가 경험하게 될 일시적인 불편에 비해 훨씬 긍정적인 결과를 초래한다.

확신을 잠시 유보하는 것에 대한 다음에 소개되는 네 가지 이유들을 고려해 보라.

① 예수 이야기를 효과적으로 전달하기 위해, 우리가 선교 대상으로 삼은 사람들의 세계관, 태도, 그리고 확신들을 이해하려 하는 것은 선교를 수행하는 과정에 있어 본질적인 부분이다. 만일 자신들이 확신하고 있는 바를 잠시 유보하지 않는다면, 다른 사람들이 갖고 있는 신앙과 풍습에 대한 판단과 평가가 대단히 빨리 이루어질 것이다. 결과적으로, 그렇게 된다면 다른 사람들이 갖고 있는 신앙과 확신을 이해할 수 있는 기회가 봉쇄될 것이다. 선교사들은 선교 대상자들의 신앙이 갖는 깊이를 가늠할 수 없게 될 것이고, 다양한 행위를 촉발시키는 복잡다단한 이유들에 대해서도 이해할 수 없게 될 것이다. 그리고 복음 이야기를 소개하기 위해 필수적으로 요청되는 적절한 언어와 은유도 알아채지 못하게 될 것이다.

② 다른 사람들이 가지고 있는 확신과 풍습에 대해 기꺼이 듣고 이해하려는 태도는 해당 문화에 속한 사람들의 신앙에 대한 대화로 나아가게 한다. 만일 선교 대상자들이 외부에서 온 사람이 자기의 문화나 종교를 토대로 자신들의 종교와 문화에 대해 도덕적 판단을 내리려 한다고 느낀다면, 그들은 외부인을 알아보려는 탐구조차 시도하려 하지 않을 것이다. 예수 이야기는 선교지의 문화 혹은 종교를 통해 전달되어야 한다는 선교에 관한 가장 핵심적인 문제조차 수면 위로 부상하지 못할 것이다.

③ 관계는 깊이 뿌리 내리고 있는 가치에 대한 대화를 통해 세워진다. 선교 대상자들이 타문화권 혹은 타종교에서 온 방문자(선교사)들이

자신들에 향해 진정한 관심을 품고 있다는 것을 감지하게 될 때, 양자 간의 대화는 우정이라는 단계로 발전할 수 있다. 제2부에서 토의했던 교제와 사랑의 실천은, 복음을 전하고자 하는 기독교인들이 섬기고자 하는 선교 대상자들이 품고 있는 가치들에 대한 판단이라는 벽 뒤에 경계선을 치지 않을 때 비로소 성립될 수 있다.

④ 복음의 상황화는 오직 문화 내부에서만 발생할 수 있다. 선교지 사람들이 갖고 있는 문화 형식과 종교적 표현에 대한 이해가 상황화 과정을 발생시키는데, 이 상황화는 다른 사회에서 온 기독교인들의 판단이나 간섭을 배제시켰을 때 발생한다. 만일 선교사들이 자신들이 확신하는 바에 근거한 판단을 잠시 유보하지 않는다면, 자신들이 조우하는 종교나 사회의 문화 형식들에 담긴 가치들을 제대로 읽어내지 못한다. 선교지 문화에 속한 사람들이 예수 이야기를 수용하고 자신들의 이야기로 삼으려 한다고 가정해 보자. 만일 선교지 문화에 대한 선교사들의 이해가 변변치 않다면, 예수 이야기를 선교지의 문화 형식에 적용하는 일이 혼란스러워질 것이다. 외부 문화권에서 온 기독교인이 선교지 사회가 소유하고 있는 가치들과 신앙들에 대한 진정한 이해가 없을 때, 상황화에 대해 무의식적으로든 의식적으로든 저항할 수 있다.

2. 문화 형식들을 통해 이해하기

비록 일을 처리하는 방식들이 자연스럽고 우리 눈에 옳게 보일지라도, 그런 습관들이 우리의 경험과 사회화 과정과 어떻게 연결되는지에 대해 무지할 경우가 있다. 사회학자 피터 버거(Peter Berger, 1990)는, 우리가 소유한 지식 대부분이 우리가 소속된 공동체가 우리가 처한 사회적 자리에서 주변 환경과 상호작용하는 과정을 통해 형성된다고 주장한다.

그는 사회가 의미 체계들(social worlds of meaning)을 어떻게 건설하는지에 대해 설명한다. 이 과정은 훗날 자연스럽게 보이게 될 뿐만 아니라 앞으로도 불변할 것처럼 보이는 우리의 사고 체계로 통합될 의미의 세계를 창조한다. 특별히 종교 영역은 종교적 개념들이 형성되고, 소통되고, 종교적 의례와 실천을 통해 실현되고, 사상과 기도와 거룩에 대한 개념으로 내재화됨으로써 이 과정의 적용을 받는다.

예수께서는 그가 만나는 사람들에게 그들이 소유하고 있는 많은 가치뿐 아니라 문화 형식들도 하나님을 예배하는데 절대적인 것이 아니라 그들이 속한 사회 안에서 발전되어 온 것임을 반복적으로 보여주려 하셨다. 예수께서는 우물가의 여인에게 사마리아와 유대의 예배 형식 모두가 예배의 절대적인 조건이 아니라는 것, 즉 예배 형식은 그들 각자가 처한 상황과 관련되어 있다는 점에 대해 설명해 주셨다. 그분은 "때가 이를 것"에 대해 말씀하셨다.

> 이 산에서도 말고 예루살렘에서도 말고 너희가 아버지께 예배할 때가 이르리라.... 하나님은 영이시니 예배하는 자가 영과 진리로 예배할지니라(요 4:21, 23).

비록 사마리아 여인을 향해 유대인들에게는 예배의 대상이 누구인지에 대한 지식이 있다고 말씀하시긴 하셨지만, 예수께서 하신 말씀의 핵심은, '하나님께서 찾으시는 예배는 신령과 진정으로 드리는 예배라는 것이었다.' 일단 사람들이 고안한 예배의 규칙들로부터 자유하게 되면, 예배는 각 사람의 마음에서 솟아오르는 생수의 샘이 된다. 종교적인 상징들과 의례들은 예배에 본질적이다. 그러나 그러한 상징들과 의례들이 예배의 대상 되신 하나님을 예배하는 완전히 배타적인 방식인 것은 아니다.

유대인들과 사마리아인이 그들 각각이 속한 사회 집단들에게 특별한 의미를 주는 장소에서 예배를 시작했던 것처럼, 기독교인들 또한 각각의 역사적 상황에 응하는 다양한 예배 형식을 발전시켰다. 칼빈이 제네바에서 설교했던 교회는 그 당시 기독교 예배가 지나치게 형상들에 집중했던 점을 교정하려는 생각에서 형상들을 의도적으로 배제시켰다. 오늘날 많은 개신교 교회가 고수하는 단순함은 칼빈의 급진적 변혁을 반영하는 것이다. 예술적 형상들에 대한 반응과 단순성에 대한 반응 모두, 특정한 상황 속에서 바르고 선하다고 생각되는 방식으로 하나님을 예배하기 위해 표현한 문화적 형식들임을 기억해야 한다.

기독교에 대한 우리의 경험은 그와 같은 혹은 다른 문화 형식들에 의해 형성되었다. 그러한 기독교 전통에 뿌리내린 풍성한 경험이 우리로 하여금 특정한 방식을 지향하는 성향을 갖게 한다. 다른 사람들과 상호작용하면서 우리가 보고 듣는 것은 우리가 속한 공동체 안에서 종교를 경험하는 방식과 밀접한 연관이 있다. 경험은 우리로 하여금 보고 배울 준비를 하게 한다. 그러나 경험은 배움의 **방향을 정하기도** 한다. 세계를 바라볼 때, 우리는 우리가 겪은 경험과 그와 같은 경험들을 통해 형성된 다양한 문화 형식을 통해 바라본다.

무언가 새로운 것이나 낯선 것에 대해 배울 때, 과거의 경험들이 배움에 방해가 될 수 있다. 과거에 겪은 경험들 때문에, 우리는 새로운 주제를 특정한 관점과 일련의 전제를 통해 바라보게 된다. 결과적으로, 우리가 갖고 있는 일련의 전제에 맞는 대상의 특정 부분만을 보게 된다. 우리는 대상의 구성요소들에 대해 평가할 때, 우리가 가지고 있는 인식과 일치하도록 평가하려는 경향을 보인다.

이런 방식에 따라 우리의 경험을 신학에 투사할 때, 우리는 우리가 가지고 있는 신학적 기준들에 따라 주제의 가치와 진실성을 평가한다. 그 결과, 심지어 우리에게 제시된 개념들과 실천들을 명확하게 "보지" 못할 수도 있다. 우리는 우리가 가진 프리 텍스트(경험과 경험이 우리에게 영향을 끼쳐 형성된 전제의 합)로 인해 "볼 수 없게" 된다.

박스 18.2
의미 형성 과정

버거(Berger 1990, 3-28)

의미는 세상을 창조하는 행동, 즉 인간집단과 물질세계 간의 작용으로 이루어지는 변증법적 과정을 통해 구성된다.

1. 인간은 의미의 세계에 태어난다.
  - 인간은 태어날 때 완성된 존재로 태어나지 않는다.
  - 인간은 개방된 세계에 거주하지만 다른 포유동물처럼 전적으로 본능의 지배를 받지 않는다.
  - 그러므로 인간은 가능성으로 가득한 세상에 태어난다.
  - 세상에서 살아가는 인간은 그 세상의 산출물이다.

2. 그러나 동시에, 인간은 세상을 구성하는 주고받는 과정을 통해 의미의 세계를 산출하기도 한다.
  - 외면화: 인간은 사회의 의미와 구조들을 만든다.
  - 객관화: 만들어진 의미들은 인간에게 외면화되고 외면화된 의미들은 인간에게 힘을 행사한다.
  - 내면화: 인간이 만들어낸 것들은 "자연스러워" 보이기에 의식 구조에 영향을 끼친다.

3. 세계를 구성하는 이같은 과정의 결과가 인간 생산의 총체, 즉 문화이다.

유대인들에게 종교적 내용에 대한 새롭고 급진적인 방식에 대해 말씀하셨을 때, 예수께서는 이미 이 점을 이해하고 계셨다. 예수께서는 새로운 방식을 따르고자 하는 사람들을 향해 그들이 결코 이 방식을 이해하지 못할 것이고, 만일 그들이 "어린아이와 같이 되지 않는다면" 결단코 하나님의 나라에 들어가지 못할 것이라고 말씀하셨다. 어린아이들은 경험이 많지 않다. 어린아이들은 인식을 여과하거나 그 방향을 규정하려는 협소한 시각이나 실망스러운 기대감을 갖고 있지 않다. 어린아이들에게는 새로운 개념들을 배우거나 새로운 방식 혹은 새로운 인생의 방향을 시도하고자 하는 생각을 방해할 장애물들이 적다. 경험의 부족 때문에 사물을 바라보는 새로운 방식에 개방적인 태도를 가질 수 있다.

어린아이들의 경우와 대조적으로, 성인인 우리는 많은 경험을 통해 학습했다. 우리는 우리의 신앙을 실천하고 지식과 지혜를 산출하는 방식을 통해 세상에 대한 우리의 이해를 연마해 왔다. 그러나 그와 동시에, 우리는 우리가 조우하는 새로운 경험들의 패턴을 분류하고 구조화시킬 여과장치를 개발했다. 우리 중 일부는 기독교 외 모든 종교는 거짓된 것이거나 심지어는 우상숭배적인 것이라고 배워왔다. 우리 중 일부는 다른 종교뿐 아니라, 심지어는 우리와 다른 기독교 교단에 대해서조차 부정적인 인상을 가지고 있다. 그러한 선입견들은 다른 종교를 이해하고자 하는 우리의 능력에 장애물로 작용한다.

좀 더 긍정적인 종류의 선입견들조차 새로운 것을 이해하려는 우리의 노력을 단념시킨다. 우리 각인을 돌보시며 우리를 향한 당신의 돌보심을 보여주시는 하나님의 선하심에 대한 직접적인 지식은, 하나님이 아니라 우주의 중심에 있는 공허함(emptiness)에 주목하는 종교를 이해하고자 하는 우리의 노력에 장애가 될 수 있다. 사물을 관조하는 다른 방식을 대하는 태도를 개방할 방법을 발견하지 못하면, 타종교에 대한 정확한 인식을 얻지 못하거나 그에 대한 온전한 평가를 내릴 수 없게 될 것이다.

그리고 만일 우리가 타종교를 이해할 수 없다면, 우리는 그 종교를 따르는 사람들도 이해할 수 없게 될 것이다. 그렇게 되면 배움과 대화를 멈추고, 우리 자신이 갖고 있는 평가 기준에 의거해서만 보려 할 것이다. 즉 우리의 과거 경험이 조성한 선입견이 조성한 이해의 패턴에 따라서만 보려 할 것이다. 문제는, 이런 방식이 우리가 이해하려는 사람들이 갖고 있는 생활 방식과는 아무런 상관이 없다는 데 있다.

물론 우리는 과거로 돌아가 우리의 경험을 무효화시킬 수 없다. 예수께서 말씀하신 믿음이 없다면, 우리는 예수께서 제안하신 어린아이들이 될 수 없다. 우리가 어린아이들처럼 될 수 있는 최선의 방법은 우리의 과거 경험을 통해 배운 것들을 잠시 내려놓고, 우리가 새롭게 직면한 "다른" 것들을 참신한 관점으로 대면하기 위해 의도적이고 의식적으로 노력하는 것이다. 우리의 선입견을 잠시 유보할 수 있어야 한다. 우리는 의도적으로 우리의 과거 경험이 만들어 낸 여과장치를 잠시 내려놓아야 한다. 이것에는 우리가 믿는 종교를 이해는 방식들, 우리 자신의 문화에 대해 우리가 긍정적으로 평가하는 면들, 우리가 속한 사회가 우리에게 가르친 가치들, 그리고 우리 관점으로 볼 때 부합될 것이라 기대하는 모든 것들이 포함된다.

그러나 우리의 확신들을 잠시 옆에 내려놓는다는 것이 하나의 이상이라는 점, 즉 시도는 하지만 성취는 기대하지 않는 것이라는 점에 주목하는 것이 중요하다. 오직 우리는 세상에 관한 확신들을 투사하고, 우리의 경험이 그 확신들을 확증해 주는지 여부를 살펴보는 것을 통해서만 학습할 뿐이다. 우리의 선입견을 잠시 유보하고자 하는 시도를 감행할 때, 우리와 대화를 나누고자 하는 사람들이 우리에게 접근하는 것을 용납할 수 있다. 그러나 우리는 결코 우리의 관점을 완전히 내려놓을 수는 없다. 그런 시도는 불가능하기 때문이다.

그럼에도 불구하고, 우리가 소유하고 있는 프리 텍스트를 잘 이해하는 것과 일시적으로 우리의 확신을 내려놓으려는 시도를 반복하는 노력은, 다른 종교가 갖고 있는 신앙과 실천이 갖는 한도와 의미를 좀 더 명확하게 인식하는 데 도움이 될 수 있다.

3. 우리의 확신들을 잠시 유보하는 것의 걸림돌들

문화적으로 조건 지어진(cultural-conditioned) 우리의 종교 의례들과 풍속들의 본질을 이해함으로써 아무런 두려움 없이 자유롭게 다른 사람들의 종교와 풍습을 탐구할 수 있게 된다. 우리는 하나님의 능력 혹은 하나님의 실재를 제한하는 것(bracketing)이 아니라는 것을 이해한다. 우리는 우리가 진리를 제한하려 하는 것도 아님을 이해한다. 우리가 하나님의 돌보심으로부터 벗어나는 것이 아니다. 우리는 하나님께 받은 그분의 선하심 혹은 지혜를 거부하지 않는다. 다만 우리의 확신들을 일시적으로 내려놓음으로써, 사회적으로 구성된 형식들, 즉 우리가 하나님과 세상을 이해하는데 사용하는 사회적 형식들을 잠시 유보하는 것일 뿐이다.

그러나 이러한 일반적인 인식은 우리가 다른 사람들을 이해하는 데 방해가 되는 선입견들을 유보하는 데 방해가 되는 많은 걸림돌을 돌파하지 않는다. 이제 우리의 확신들을 내려놓으려 할 때 우리를 가로막는 주요 장애물 세 가지에 대해 살펴볼 것이다.

1) 안경으로서의 선입견들

우리가 살아가는 세상을 이해하는 관점으로 우리가 소유하고 있는 프리텍스트를 검토하는 일은 결코 쉬운 일이 아니다. 우리는 새로운 상황(텍스트일 수도 있고, 종교일 수도 있으며, 개인적 대면일 수도 있다)과 맞닥뜨릴 때 우리가 소유하고 있는 기존의 의미를 통해 이해하려 한다. 이렇듯 "우리가 이미 소유하고 있는 의미들"(foremeanings)은 우리가 새로운 상황에 접근할 때, 그 상황을 이해하기 위한 배경이 된다.

그와 같이 기존하는 의미들이 없다면, 우리는 새롭게 대면하는 상황이 내포하는 중요 측면들에 주목하지 못하거나, 그런 의미들이 우리가 기존에 소유하고 있는 총체적 그림에 끼치는 영향에 대해 아무런 판단을 내릴 수 없을 것이다. 그러나 그런 의미들을 상세히 살펴봄으로, 마치 안경을 착용하고 바라보는 것처럼, 새로운 텍스트를 특별한 방식으로 보게 된다.

우리가 이미 소유하고 있는 기성의 의미들은 기독교를 이해하는 데 중요하다. 그러나 그들 의미는 도교를 이해하는데 필요한 안경과는 다를 것이다. 아이오와주 농장에서 사는 십대 기독교인 소녀는 "살아 있는 동안 위험으로부터 사회를 지키라. 그리고 그 방식을 실증하기 위한 영웅적 죽음을 택하라"는 중국 격언을 이해하기가 아마도 어려울 것이다. 그녀가 소유하고 있는 배경 의미들-농부들이 식량을 얻기 위해 중요한 것은 근면이라는 것, 또는 오랜 겨울의 어려움을 인내로 이겨내는 것의 중요성에 관한 것으로 구성된-은 위에서 예시한 중국 격언을 이해하는 데 도움이 되기보다 방해가 될 것이다. 그녀가 투사한 의미가 중국 격언이 조성된 상황과 그 내용을 이해하는 것과 동떨어진 것이라면, 당혹스러워하거나 그 격언이 원래 의도한 의미와 유사한 점이라고는 거의 없는 다른 의미로 해석해 버릴 수도 있다.

박스 18.3
선입견들
가다머(Gadamer 2005, 267-71, 351-56)

한스-게오르그 가다머(Hans-Georg Gadamer)는 우리가 겪은 다양한 경험들, 그리고 이 경험들의 통합이 우리가 적응하는데 영향을 끼친 성향들 혹은 태도들의 총체를 선입견이란 용어라 정의한다. 가다머는 계몽주의 이전까지만 하더라도 선입견이란 용어가 계몽주의 이전에는 부정적인 함의를 가지고 있지 않았다는 점을 지적한다. 실험을 통해 "객관적" 진리를 확증하려는 과학적 방법론의 융기와 더불어 선입견이라는 용어가 부정적인 의미를 내포하게 되었다. 경험을 통해 얻게 되는 "주관적" 지식은 과학적 방법론이 열망하는 보편성을 확보하지 못한다. 그러므로 경험을 통해 얻은 지식인 "선입견"은 열등한 지위로 강등되었다. 그러나 가다머는 경험을 통해 얻은 이해는 세상에 대한 지식을 얻는 가장 우선적 방법이라고 주장한다.

우리의 투사가 텍스트에 대해 우리가 이미 가지고 있는 의미들(foremeanings)에 근접하면 할수록 우리의 이해는 더욱 풍성해질 것이다. 우리가 새로운 텍스트나 상황을 이해하고자 할 때, 그 이해의 배경으로 작용하는 의미의 안경을 인지한다면, 비록 어려움이 있기는 하겠으나, 낯선 텍스트나 상황을 더욱 잘 이해하는 데 도움이 될 수도 있다. 텍스트를 이해하고자 하는 우리의 임무는 우리가 소유하고 있는 의미 체계가 아닌 텍스트 그 자체의 의미 구조에 부합하는 것이라야 한다. 상황과 텍스트의 내용 또는 새로운 환경 그 자체를 분석하는 일의 두 번째 단계는, 우리가 이미 소유하고 있는 의미들에 대해 알고, 새로운 텍스트와 대면할 때 그 의미들을 잠시 유보하고자 시도할 때, 가장 잘 성취될 수 있다.

2) 정체성의 일부로서의 선입견들

우리가 확보하고 있는 확신들은 단지 생각들에 불과한 것이 아니라 우리 정체성의 일부를 형성한다. 그러한 확신들을 잠시 유보하고자 하는 시도가 두려움이나 혼란을 불러일으킬 수 있다. 기독교 신앙에 대한 보배로운 확신들이 없다면 기독교인으로서 나는 도대체 누구란 말인가? 내 확신들을 잠시 유보하는 것이 나의 신앙을 유실하도록 하지는 않을까? 기독교에 대한 나의 이해가 혼합주의적으로 변질되지 않을까?

이러한 두려움은 일반적으로 발생할 수 있는 두려움이고, 따라서 마땅히 언급될 필요가 있는 두려움이다. 우리는 설사 우리가 타종교에 대해 가능한 개방적인 태도로 조망하기로 결정한다 하더라도 하나님께서 우리를 절대 포기하지 않으신다는 점을 확신하며 안심할 수 있다. 우리의 확신을 일시적으로 유보하는 과정은, 우리가 소유한 기독교 신앙을 거부하는 것이 아니라 다른 종교를 좀 더 명확하게 조망하고자 하는 시도이다.

이해의 과정은 지식습득을 위한 상승형 원추를 통해 움직여 가는 동시에 그 과정 면면을 통해서도 작동한다. 따라서 설사 우리가 이미 가지고 있는 의미에 근거해서 판단하려 하지 않을 때조차, 이면에서 진행되는 평가과정은 학습 과정의 일부로 작동한다. 우리의 확신을 잠시 유보하는 일은 평가 작업을 다소 완화시키고자 하는 것이지만, 이 과정은 우리에게 새로운 상황이 함의하고 있는 의미들을 이해할 수 있는 기회를 제공한다.

우리는 타종교나 다른 문화와의 접촉으로 인한 변화를 기대할 수도 있다. 그러나 타종교나 다른 문화와의 대면이 자기 이해를 산출하는 과정이기 때문에, 우리의 정체성은 기독교 신앙과 조화를 이뤄 나갈 것이다. 우리는 타종교에 속한 사람들과의 상호작용 후 생성되는 새로운 빛에 우리 자신을 비추어 볼 것이다. 궁극적으로 우리는 기독교 신앙에 대해 더 좋은 이해를 갖게 될 것이다. 우리의 신학의 일부 측면이 바뀔 수도 있다.

그러나 어떤 텍스트도 어떤 공동체도 우리의 정체성을 우리 자신으로부터 분리할 수 없다. 그보다, 기독교인들로서 우리는, 우리가 어디에 있든지 또는 우리가 대변하는 텍스트와 공동체들이 무엇이든지 간에 하나님 안에서 그리고 그분과 더불어 성장하며 변화될 것이다.

3) 공동체 가치로서의 선입견

우리가 태어나고 자란 문화 속에서 사회화 과정을 거치는 동안, 우리는 문화와 종교의 관점을 통해 세상을 조망하는 패턴화된 방식을 숙지하게 된다. 우리가 속한 공동체는 다음 세대에게 공동체가 전수받은 전통적 가치를 전수하는데 엄청난 주의를 기울인다. 우리의 확신을 잠시 유보하고 다른 사람들의 가치에 개방적인 태도를 취하는 동안, 우리는 자신이 속한 공동체, 심지어는 자신이 따르는 신앙을 배신한다는 느낌을 가질 수도 있다.

타종교가 유지하고 있는 가치들에 영향을 행사하려 하지 않는다는 것, 그 가치들을 교정하려 하지 않을 뿐만 아니라 그 가치들에 귀를 기울여 보려는 행위만으로도 뭔가 잘못하고 있다는 느낌을 가질 수도 있다. 우리는 다른 사람들이 소유하는 가치들에 대해 귀를 기울이는 것만으로도, 우리가 소유하고 있는 가치의 통합성(integrity)을 타협한다는 느낌을 가질 수도 있다.

자신을 기독교인이라 고백하는 아프리카인이 어떻게 한 남자가 네 명의 아내를 취할 수 있다고 허용하는 이슬람의 샤리아에 대해 긍정적인 평가를 내릴 수 있다는 말인가?

자신을 기독교인이라 고백하는 인도인이 어떻게 종교적 수행 과정의 일환으로 감각적 쾌락을 추구하는 것을 인정하는 힌두교 교리를 아무렇지 않게 듣고 앉아있을 수 있단 말인가?

자신을 기독교인이라 고백하는 인도네시아인이 어떻게 코카콜라를 만드는 원료로 사용되었던 물을 축복하는 마을 샤먼의 풍습에 반응할 수 있단 말인가?

이런 질문들을 포함하는 유사한 다른 질문들에 대해 신중하게 생각할 때,

우리는 우리가 가지고 있는 확신을 잠시 유보하는 것이 우리가 보배롭게 생각하는 가치를 포기하는 것을 의미하는 것이 아님을 이해할 필요가 있다. 우리의 확신을 잠시 유보하는 것은, 우리가 가지고 있는 기독교적 확신에 부합하지 않는 낯선 가치를 실천하는 것이 아니라, 단지 다른 사람들의 관점에 대해 진심으로 귀를 기울이기 위해 우리의 확신을 잠시 내려놓는 것일 따름이다.

새로운 경험을 통해 "우리가 지금까지 당연히 그렇게 될 것이라고 생각했던 것이 사실은 그렇지 않다는 것"을 감지하곤 한다(Gadamer 2005, 354). 그와 같은 불일치에 대한 경험은, 우리의 관점과 다른 사람의 관점을 좀 더 명확하게 비교해 보는 데 도움이 된다. 우리가 고수하는 프리 텍스트를 잠시 유보하는 것으로, 우리는 다른 사람들의 목소리를 들을 수 있는 기회를 얻게 된다.

선교 공동체로서 우리의 확신을 잠시 유보하는 일이 모든 상황에서 가능한 것은 아닐 것이다. 빈센트 도노반(Vincent Donovan)은 아프리카에 섬겼던 자신의 선교사역에 대해 회고하면서, "교회가 선교의 진행(missionizing)을 구조화하고 제약함으로써, 선교의 가능성을 무너뜨리고 있다"라고 진술하고 있다(Donovan 2000, 7).

도노반은 자신이 아프리카에서 사역할 때 문화적 선입견을 잠시 유보하는 일을 할 수 없었다는 것, 교회 구조의 요구에 부응하기 위해 전도의 진행 과정이 방해받았다는 것, 그리고 지난 200여 년 동안 교회의 메시지를 통해 구조화 된 교회의 형식들 때문에 그가 대면하는 현대 아프리카인들이 제기하는 다양한 질문들과 그들의 소유하고 있는 관점들에 대해 "들을 수" 없었음에 대해 절감했다.

도노반과 마찬가지로, 우리 또한 우리가 가지고 있는 선입견을 잠시 유보하자는 주장에 반대하는 공동체 내부의 저항에 직면할 수도 있다. 우리를 다른 문화권에 파송한 교회 또는 선교회가 기독교인 우리가 타종교를 따르는 사람들과 함께 협력하는 활동을 금지할 수도 있다. 선교사들이 선교지 토착민들로부터 무언가를 "신중하게 들을" 기회를 갖기도 전에 교회부터 개척하거나 복음부터 선포하라고 압력을 받을 수도 있다. 선교지의 새로운 공동체에 속한 기독교인들이 선교사에게 그들이 속한 사회 내의 "타종교"인들과 분리하라는 압력을 가해 올 수도 있다. 선교지의 기독교 공동체와 타종교 공동체 모두에 대한 민감성은 프리 텍스트를 잠시 유보하는 과정에 필수적이다.

4. 선입견을 어떻게 유보할 것인가?

우리를 특정한 관점으로 사물을 조망하게 만드는, 우리 안에 이미 형성되어 있는 강력한 의미들(foremeanings)의 "미몽에서 깨어날 수" 있을까?

새로운 상황이 우리로 하여금 우리가 소유하고 있는 성향과 다른 사람들의 성향 간에 존재하는 차이를 목도하는 충격에 빠짐으로서 미몽에서 깨어나는 경우가 있다. 어떤 풍습이 우리에게 "아무런 의미가 없어" 보이는 경우도 있다. 그렇지 않다면, 우리가 인지하고 있던 의미가 우리가 기대하고 있던 것과 반대로 드러날 경우도 있다. 어떤 경우가 되었든, 우리가 기대하는 의미를 발견하지 못한 결과 때문에 받는 충격은, 우리가 가지고 있는 선입견이 무엇인지 파악하고 그것을 일시적으로 유보하도록 하는 데 도움이 된다.

이런 일이 발생할 때, 우리가 소유하고 있는 아이디어가 내포하고 있는 내용에 대해 잊을 필요는 없다. 그러나 그 내용이 무엇인지에 대해서는 인지해야 하고, 그것이 우리가 텍스트 또는 상황을 해석할 때 어떻게 작용하는지에 대해서도 인지해야 한다. 어린 시절의 특정한 경험, 사회화의 특정한 패턴, 또는 우리가 속한 문화에서 배운 관점이 우리가 새롭게 대면하는 텍스트나 상황을 이해하거나 이해하지 못하게 한다는 것을 아는 것은, 우리가 잠시 유보해야 할 필요가 있는 것이 무엇인지에 대한 단서를 제공해 준다.

예를 들면, 해변에서 신체의 중요 부분만 겨우 가려주는 비키니를 입고 있는 미국 여성을 바라보는 인도네시아 기독교인 여성은 매우 당황할 수 있다. 그녀는 미국 여성을 보자마자 그녀가 기독교인이 아닐 것이라 추측할 수 있다. 왜냐하면 그런 차림으로 해변에 있는 것은 정숙하지 못한 행동이기 때문이다. 베일을 둘러쓴 무슬림 여성을 바라보는 미국 기독교인 여성은 그 무슬림 여성이 자신의 종교에 의해 억압을 당하고 있다고 추측할 수 있다.

이와 같은 인식들은 그들이 직면한 정확한 상황에 근거한 것이 아니라 두 기독교인 여성이 속한 공동체에 의해 사전에 형성된 의미들(foremeanings)에 근거한 것이다. 만일 오해로 인해 빚어진 충격을 받은 후, 앞에서 언급한 인도네시아 기독교인 여성과 미국 기독교인 여성이 자신들의 문화적 의미가 그들이 접한 새로운 상황에 대해서는 적용이 불가능하다는 사실을 인식하게 된다면, 자신들의 프리텍스트를 잠시 유보하고 그들이 목도하고 있는 비키니 혹은 베일의 의미에 대해 배우는 일을 시작할 것이다.

다른 사람들이 취하는 행동이 내포하는 의미를 배우기 위해, 학습자는 자신이 처한 상황에서 대면하는 의미가 내포할 수 있는 다양한 가능성에 대해 **열린 자세**를 유지할 필요가 있다. 학습자가 가지고 있는 의미를 포함한 다른 의미들이 가능할 수 있기 때문이다. 비키니를 착용하는 것은 스포츠 활동을 위해 허용 가능한 자유를 의미하는 것일 수 있다. 그리고 인도네시아에서는 생소한 일이겠지만, 햇볕에 몸을 태우기 위한 문화적 활동일 수도 있다. 베일을 쓰는 것이 종교적 헌신을 명시하는 것을 수도 있다. 또한, 특정 종교 공동체에 속한 사람이라는 것을 표시하기 위한 신호일 수도 있다.

기존에 우리가 소유하고 있는 선입견을 잠시 내려놓음으로써, 텍스트 또는 우리가 가지고 있는 의미 전체와 관련된 행동에 대한 재해석이 가능해진다. 비록 미국인 여성의 드레스 코드가 인도네시아 여성이 수용할만한 드레스 코드는 아닐지라도, 비키니를 입고 있는 미국인 여성의 의미를 그녀의 문화가 갖고 있는 스포츠의 의미 영역 혹은 개인의 미를 가꾸는 것과 관련하여 재해석할 수 있을 것이다. 비록 기독교인 여성이 베일을 쓰고 있는 무슬림 여성으로 인해 충격을 받았다 할지라도, 하나님에 대한 그녀의 헌신이나 교회 공동체의 허락에 근거하여 자신의 이해를 재해석할 수 있을 것이다. 다른 의미에 대해 개방적인 태도를 유지하고 텍스트를 자신이 갖고 있는 전체 의미 내에서 재해석하는 것은 우리가 다른 사람들을 이해하는 데 도움이 될 수 있다.

우리가 이미 습득하고 있는 선제적 의미들에 대한 환상에서 깨어나는 또 다른 방식은, 오해가 발생할 때 그 점에 대해 질문하는 것이다. 특정한 행동이 내포하는 의미에 대한 다른 사람들의 이해를 분명히 아는 것은, 그 행동을 우리의 선입견에 부합하는 방식이 아닌 다른 사람들이 의도에 부합하는 방식으로 재해석하는 데 도움이 된다. 우리는 우리가 마음속에 간직하고 있는 의미의 한계를 극복할 때까지, 특정 텍스트나 주제가 내포하고 있는 의미의 실재를 무시해서는 안 된다. 무시하는 것이 아니라, 오해가 발생할 때 우리의 선입견을 잠시 유보함으로써 그 텍스트 또는 다른 사람이 우리에게 전달해 주고자 하는 그 무엇인가를 이해할 준비를 할 수 있어야 한다.

마지막으로, 우리는 대상 자체에 부응하기 위해 우리가 이미 인식하고 있는 의미들을 재검토해 볼 수 있다. 이미 인지하고 있는 의미들에 대한 **지속적인 재평가**(constantly reassessing)는 학습 과정의 일부이다. 특정 행동이 내포하는 의미는 처한 상황마다 다르기 마련이다. 그리고 특정 텍스트에 대한 의미는 종교마다 다를 수 있다. 우리가 낯선 상황에 들어가 새로운 경험을 통해 배운다는 것은, 이와 같이 끊임없는 반복되는 재평가 과정을 포함한다.

만일 그와 같은 재평가가 우리가 앞에서 예로 든 두 가지 상황에서 발생한다면, 인도네시아인 기독교 여성은 미국 여성이 착용한 비키니에 대해 좀 더 인내할 수 있을 것이다. 미국 기독교인은 베일을 쓴 무슬림 여성을 볼 때 그들이 갖고 있는 종교적 헌신과 소속감에 대해 인지할 수 있을 것이다.

다른 가능성들에 대한 개방적인 태도를 유지하며 재평가를 시도하는 과정에서, 사람들은 다른 사람들이 보이는 낯선 행동 때문에 경험하는 당혹감을 본인들의 선입견을 인식하는 계기로 삼기 시작할 것이고, 그 결과 두 문화 간에 상호 이해가 점증하게 될 것이다. 동시에, 특정 행동을 하는 사람들의 관점으로부터 얻게 되는 상황들에 대한 더 진정한 해석들은 자신의 선입견을 잠시 유보하고 개방적인 태도를 취하는 과정을 통해 산출된다(Gadamer 2005, 267-70).

박스 18.4
사전에 형성된 의미들(Foremeanings)

가다머(2005)

새로운 경험에 직면할 때, 우리는 과거의 경험으로 형성된 인식의 틀을 가지고 그 경험을 평가하게 된다. 안경을 통해 사물을 바라보는 것처럼, 이와 같이 "사전에 형성된 의미들"(foremeanings)과 프리 텍스트들은 중요한 것이 무엇인지를 인지하게 한다. 가다머는 해석과정이 이와 같이 사전에 형성된 의미들로부터 시작된다고 주장했다. 그러나 이 같은 의미들은 이해와 해석의 과정을 통과하는 동안 좀 더 적절한 의미들로 대체된다. 새로운 경험에 대해 기존의 기대치들이 부합되지 않을 때, 사람들은 사전에 형성된 의미들 또는 선입견에 변화를 시도하기 시작하는데, 새로운 경험에 부합하는 다른 의미들로 대체해 버린다(267).

새로운 경험으로 인해 우리가 가지고 있던 사전에 형성된 의미들을 교정할 때, 우리는 다른 새로운 경험들에 대해 좀 더 개방적인 태도를 취하게 된다. 헤겔은 의식적 경험이 그 자체로 더이상 낯설지 않은 자기 이해로 인도한다고 단언했다. 그 정도까지는 아니라 할지라도, 가다머는 경험자는 교조적인 틀에서 벗어나는 급진적인 자유를 맛보며 새로운 경험을 위한 준비를 할 뿐만 아니라 그 경험을 통해 새로운 것을 배우게 된다고 단언한다. 그렇다면, 새로운 경험에 대한 개방은 경험 그 자체로 가능해지는 것이다(355).

5. 우리가 잠시 유보해야 하는 것은 무엇일까?

어떻게 하면 경험을 통해 문화적으로 형성된 확신들의 내용이 무엇인지를 규명하고 유보할 수 있을까?

다음은 이 점에 대해 고려해야 할 몇 가지 중요한 내용들에 대한 것이다.

1) 명백한 차이들

상대적으로 더 명백하게 드러나는 몇 가지 차이들에는 복식(服飾), 행동, 태도, 가치, 공동체 구성형태, 권위의 패턴, 정치조직, 법, 관습 등이 포함된다.

2) 문화적 차이가 암시하는 불협화음

이것은 우리의 행동이나 태도가 부적절하다는 것을 암시하는 문화적 신호들이다. 예를 들어, 프랜시스의 학생들은 프랜시스에게 인도네시아에서 여성 교수가 빨리 걷거나 땀을 흘리는 일은 부적절한 것임을 알려주었다. 우리가 이해하기 힘들어 보이는 행동방식들에는 가족 구성원 가운데 연장자들과 젊은이들 간에 드러나는 관계에 관한 것일 수도 있고, 일상적으로 맞대면하며 살아가지만 다른 지위, 경제 계층, 혹은 종교에 속한 사람들 간에 존재하는 명백한 불평등 관계들에 관한 것일 수도 있다.

3) 내부의 경고

우리가 소유하는 문화적 관점이 새롭게 접촉하는 문화가 보유한 방식을 이해하는데 방해 요소가 되는 경우가 있음을 감지하는 경우가 있다. 이런 감지로 인해 우리가 앞에서 설명한 인식의 충격이 발생한다. 예를 들면, 사고 방식에 대한 질문이 이에 해당한다.

왜 둘 다가 아니고 둘 중의 하나인가?
왜 일부다처제나 일처다부제가 아니고 일부일처제인가?

이런 경우가 아니라면, 생각을 표현하는 것을 불편해하는 감정이 우리로 하여금 우리의 관점을 잠시 유보할 필요를 느끼게 할 수도 있다. 예를 들어, 술을 마시는 것이 사회적 위험으로 여겨지는 상황에서라면, 포도주를 이용하여 성만찬을 하자는 요청을 유보할 수 있고, 또는 포도주를 구할 수 없는 곳이거나 비용이 너무 비싼 곳이라면 포도 주스를 사용하자고 요청할 수 있다.

4) 종교적 차이들

다른 신앙이 지배적인 상황일 때, 다른 사람들의 관점을 이해하기 위해 우리의 신앙을 잠시 유보하는 것은 쉬운 일이 아닐 것이다. 그러나 장기적으로 볼 때, 시도해 볼 만한 가치가 있는 일이다.

인도네시아 기독교인들은 우리가 일상을 영위해 나가는 세상에 개인들이나 공동체를 돕거나 해를 가할 수 있는 영들이 실존한다고 믿는다. 인도네시아 선교사였던 프랜시스는 그녀의 사역 초기에 고등교육을 받은 기독교인들 사이에 이러한 믿음이 일반적이라는 것을 인지하지 못했다. 그녀 자신이 영들의 실재에 대한 믿음에 관해 개방적인 태도를 취하기 시작했을 때가 되서야 비로소 대학원생들과 교수들이 영적 대결에 대한 그들의 이야기를 그녀에게 말해주기 시작했다.

이와 같은 일은 그녀가 서구의 과학주의에 기초한 자신의 선입견을 잠시 유보하기 전까지 발생하지 않았다. 그녀가 자신의 선입견을 잠시 유보했기 때문에, 인도네시아 기독교인들이 믿는 영적 세력들에 대한 실재 관점에 대한 탐구를 시작할 수 있었다.

6. 선입견을 잠시 유보하는 것이 초래하는 긍정적 결과들

우리 자신이 현재 보유하고 있는 관점은 개인적 경험과 개인사의 영향을 받은 결과라는 것을 인지할 때, 우리가 섬기기 위해 보내심을 받은 피선교지 선교 대상자들을 더 잘 이해하려는 목적에서 기존의 우리 관점을 잠시 내려놓으려는 시도를 하게 된다.

우리의 관점을 잠시 유보하는 과정이 주는 긍정적 효과들은 매우 중요하다. 이것은 우리의 이해, 다른 사람과 나누는 대화, 관계 설정 그리고 심지어는 새로운 환경 속에서 복음을 상황화하는 과정에 이르기까지 강력한 영향을 끼친다.

긍정적인 효과들에 대해 차례대로 살펴보도록 하자.

1) 이해

만일 우리가 타문화권 사람들이 그들의 종교를 이해하는 방식을 평가하는 데 지속적으로 우리의 문화적 기준만을 사용한다면, 문화적 이슈들에 대해 그들이 취하는 관점 혹은 일상생활 속에서 그들이 취하는 행동방식에 대한 많은 이해를 놓치게 될 것이다. 우리의 확신들을 잠시 유보하는 것은 다른 사람들의 방식을 더 깊이 이해하기 위한 문을 개방하는 것이다.

그러려면, 우리는 먼저 우리가 다른 사람들의 관점을 이해하고 있지 못하고 있다는 것을 인식하는 지점에 도달해야 한다. 환생을 설명하는 불교 신자의 말을 듣는 것이 기독교인을 혼란스럽게 할 수도 있다. 지하드에 대해 말하는 무슬림의 설명을 듣는 것이 우리를 불안하게 할 수도 있다.

힌두교인이 우유를 신상에 들이 부으면서 그 이유를 특정한 신에게 예배하는 것이라고 설명할 때, 기독교인으로서 불편한 마음을 가질 수도 있다. 우리가 가지고 있는 기독교적 확신들이 다른 사람들에 대한 우리의 이해에 제한적 요소로 작용할 수 있다. 그 확신들로 인해 다른 사람들을 이해하고자 하는 우리의 노력이 막다른 골목에 이를 수도 있기 때문이다.

우리가 이해하지 못하겠다고 솔직하게 인정하는 것(다른 사람들의 신앙에 대해 반응하는 것이 불편할 수 있기 때문에)이야말로 다른 사람들의 관점을 진실하게 이해하기 위해 필요한 출발점이 될 수 있다. 팔레스타인들과 유대인들과 함께 일하는 잘리 구레비치(Zali Gurevitch)는 서로의 입장을 이해하지 못했다는 것을 인식하는 것이 의미 있는 상호작용을 위한 출발점이 되었다는 것을 발견했다(1988, 1179-99).

서로에 대해 이해하지 못했다는 것을 인식함으로써, 우리는 자신에게 이렇게 고백하므로 시작할 수 있다.

"그들이 **정말** 생각하는 것이 무엇인가?

그들이 토지소유, 환생과정, 지하드, 또는 신들에게 바치는 헌물 공납에 대해 실재로 어떻게 이해하고 있는가?

나는 모르겠다.

그렇지만 진실로 이해하고 싶다."

다른 사람들의 관점에 대한 개방은 의식적인 노력, 즉 이해를 얻기 위해 자신이 믿는 것을 잠시 유보하려 하는 신실한 열망을 필요로 한다. 프랜시스가 인도네시아 수도 자카르타에서 무슬림들과 이웃하며 살고 있을 때, 그녀는 무슬림 이웃이 그녀의 평상형 침대 옆 마루 위에 놓여 있는 성경을 보며 아주 불쾌한 반응을 보이는 것을 보고 놀랐다. 그녀의 이웃으로부터 성경은 그 일부가 코란에 포함되어 있는 거룩한 경전이기 때문에 함부로 다루어서는 안 된다는 설명을 들은 후, 그녀는 코란에 대해 새로운 태도를 갖게 되었다.

그 경험을 통해, 프랜시스는 코란이 무슬림 이웃 마수마(Masooma)에게 거룩한 경전이라는 사실을 자신의 생각만으로 뿐만 아니라 그녀의 마음으로도 이해할 수 있게 되었다. 마수마에게 있어, 코란은 책 이상의 것이었다. 그녀에게 있어 코란은 하나님의 거룩한 말씀이 물리적으로 구체화된 것이었다.

이러한 새로운 태도를 가지게 되자, 프랜시스는 코란이 담고 있는 거룩한 의미(무슬림들에게 전달되는)에 대해 탐구하고자 하는 좀 더 개방적인 태도를 가지고 코란을 읽게 되었다. 하나님께서 성경을 통해 인간들과 대화를 나누신다는 그녀의 이해를 잠시 내려놓고, 그녀는 코란의 구절들 속에서 문자 그대로 "실재로 하나님이 말씀하시는 것을 들으려" 노력했다.

그녀는 무슬림들이 영어판 코란을 하나님의 문자적 말씀으로 간주하지 않는 이유와 하나님의 말씀을 실재로 듣기 위해 거룩한 언어인 아랍어를 알아야 한다고 생각하는 이유를 이해할 수 있었다. 그리고 이제 그녀는 성경을 마루 위에 내려놓지 않게 되었다.

2) 대화

그 경험으로 인해 프랜시스는 이웃인 마수마와 더 깊은 대화를 나누게 되었다. 마수마는 그녀를 자신의 방과 후 수업에 초대했다. 마수마는 자카르타의 국제파키스탄학교에서 아이들에게 아랍어 강독을 가르치고 있었다. 프랜시스가 아이들에게 자신의 신앙을 기록한 언어를 가르치는 일을 긍정적으로 평가하는 것을 목도한 후, 마수마 스스로도 그 수업에 대해 새로운 의미를 갖게 했다.

그리고 유대 기독교 성경이 마루에 닿아서는 안 되는 이유에 대한 마수마의 설명에 대한 프랜시스의 열린 자세는 성경에 대한 마수마의 관점과 프랜시스가 가진 기독교 신앙과 종교 행위들에 대해 이전에 비해 어떤 식으로든 한층 자발적인 태도를 가지고 대화를 나누고 싶어 하는 태도를 갖게 했다. 물론 프랜시스도 아랍어가 이슬람의 거룩한 언어라는 것을 알고 있었다. 그러나 마수마가 그 언어의 중요성에 대해 그저 말로만이 아니라 프랜시스를 실재 그녀의 수업에 초대하여 아랍어가 무슬림인 그녀에게 주는 중요성에 대해 나누었을 때, 프랜시스는 그 의미에 대해 좀 더 명확하게 알게 되었다.

3) 관계

관계는 자신의 관점을 잠시 유보하고 다른 사람의 관점을 그 사람의 관점에서 이해하고자 하는 개방적인 태도를 취했을 때 더 깊어질 수 있다. 이해가 깊어질수록, 대화도 개방적이게 되고, 그럼으로써 관계가 발전된다. 마수마와 프랜시스는 그들의 신앙에 대한 대화를 나누기 시작했다. 마수마는 그녀의 친절한 호의가 어디에서 비롯되는지에 대해 프랜시스와 나누기 시작했다.

마수마가 일자리를 잃은 하인의 자매를 집으로 받아들였을 때, 프랜시스는 그 일이 장기적으로 지속될 수 있으며, 따라서 그녀의 가족에 재정적인 어려움을 초래할 수 있을 것이라는 점에 대해 경고했다.

그 충고에 대해 마수마는 미소를 지어 보이며 "집과 쉴 곳은 내게 속한 것이 아닙니다"라고 대답했다.

"내가 나누는 것은 내 것이 아니라 신께 속한 것입니다."

모든 재산은 알라가 허락한 것이기 때문에 지금 자신에게 속해 있다는 것이다. 만일 프랜시스가 세상을 이해하는 것에 대한 마수마의 방식에 개방적인 태도를 보이지 않았다면, 마수마가 자신의 신앙에 대해 개인적으로 설명해 주는 일에 대해 상상할 수도 없었을 것이다. 심지어 성경을 마루 위에 놓아 둔 일로 인해 마수마에게 책망을 들은 일을 기꺼이 받아들이고 방과 후 학교의 아랍어 교실에 오라고 청한 마수마의 초대를 기꺼이 받아들였기 때문에, 마수마가 그녀에게 신앙에 대한 개인적인 생각을 나눌 수 있었던 것이다.

이런 일련의 일들을 통해 프랜시스는 이슬람과 파키스탄 문화에 대해 배우는 과정을 시작했다. 프랜시스는 마수마와 더욱 깊은 관계를 맺어갈 수 있게 되었는데, 오래지 않아 마수마는 프랜시스의 어머니가 머나 먼 미국에 있기 때문에 프랜시스가 인도네시아에 머무는 동안 자신이 그녀가 인도네시아에 머무는 동안 그녀의 "어머니" 역할을 하겠다고 공표했다.

4) 상황화

다른 종교와 문화에 속한 사람들과의 관계를 돈독히 하는 것은 복음을 전달하는데 가장 적합한 은유를 발견할 수 있는 문을 열어 준다. 하나님께서는 우리에 앞서 다른 문화 안으로 들어가신다. (일반 은총에 속한-역자 주) 하나님의 지혜는 다른 종교의 많은 부분에서 발견될 수 있다. 바로 그와 같은 접촉점들이 특정 개인이나 공동체로 하여금 엄청난 값을 치루고 진주를 발견하게 하고, 복음을 포용하게 하고, 그리스도 안에서의 삶을 발견하게 하는 지점으로 이끄는 연결점들이 될 수 있다.

약 일 년 동안 마수마와 더불어 나누었던 토론은 직업, 가정, 가족, 그리고 종교에 대한 다양한 주제를 망라했다. 프랜시스는 파키스탄식 차를 만드는 법을 배웠고, 그녀의 남편과 아이들과 함께 차를 마시는 파키스탄식 다도에 참여했다. 프랜시스가 새끼 고양이들을 마수마의 딸들에게 분양하려 했을 때, 마수마의 집에 고양이가 허용되지 않는 이유를 배울 수 있었다. 프랜시스와 마수마는 예수에 대한 대화도 나누었는데, 각자의 종교에서 예수의 삶과 사역을 어떻게 이해하고 있는지에 대해서도 나눌 수 있었다. 성탄절이 지난 어느 날, 마수마는 프랜시스에게 성탄절 카드를 얻을 수 있겠느냐고 물어

왔다. 마수마는 크리스마스 카드들, 그중에서도 특히 예수의 그림이 그려져 있는 카드가 마음에 든다고 했다.

복음이 마수마를 위해 상황화되고 있었을까?

예수에 대한 그녀의 관점이 프랜시스와 우정을 나누는 동안 변했을까?

이 경우에 정말 그랬을지 여부에 대해서는 우리는 모른다. 우리가 아는 것은 복음이 선포되었다는 사실인데, 그 선포는 일방적인 전달이 아니라 선물 공여 선교를 통해 전달되었고, 말이 아닌 행위를 통해 전달되었다. 이런 행위 중에 가장 중요한 것은, 마수마의 관점을 진심으로 듣기 위해 문화와 종교를 바라보는 자신의 방식을 잠시 유보한 채 마수마의 방식에 스스로를 개방시키고, 마수마의 환대를 받아들이고, 마수마가 속한 종교 공동체 안에서 그녀가 갖는 역할을 존중하고, 자신이 이해한바 마수마의 종교적 확신들에 대해 있는 그대로 평가한 프랜시스의 개방성이었다.

제19장

대면하기: 새로운 문화와 종교로부터 배우기

우리의 경험과 우리의 은사에 대해 숙고하고 우리의 확신을 잠시 유보하는 자세를 취하는 것으로, 우리는 타종교에 속한 사람들을 대면할 준비를 한다. 우리는 이제 선물 공여 선교를 할 준비가 되었다. 이제 우리는 새로운 선교상황에서 발생하는 의미에 대한 질문들을 듣고 그 의미를 발견할 준비가 되었다. 쉽사리 결론을 내거나 판단하기보다는, 이해하고자 하는 노력에 초점을 맞출 것이다.

만일 우리가 현재 소유하고 있는 모든 지식이 우리 경험이라는 렌즈를 통해 보는 것임을 인식한다면, 우리와 다른 배경과 경험을 가지고 있는 사람들의 관점을 더 쉽게 이해할 수 있을 것이다. 우리가 아는 것은 우리가 이미 가지고 있는 의미를 통해 해석되기 마련이다.

마찬가지로, 다른 사람들이 알고 있는 것은 그들의 관점, 즉 그들이 이미 가지고 있던 의미를 통해 해석되어진다. 이해는 항상 해석된 이해이다. 이러한 이해는 보편적 진리들을 지향하지만 그 진리들의 일부분을 볼 뿐이다.

우리 자신과 다른 사람들을 이해하고자 할 때, 우리는 우리가 품고 있는 전반적 목표를 잘 기억한다. 우리가 품고 있는 구체적인 선교 목표들(가르침, 사회봉사, 전도, 교회 개척, 또는 특정 회중을 섬기는 일 등)이 무엇이든 간에, 기독교 선교의 전반적 작동원리(*modus operandi*)는 사랑이다. 네 이웃을 네 몸과 같이 사랑하라는 두 번째 계명이 성경 텍스트 전반에 흐르고 있다. 하나님과 사람 모두를 사랑하는 방식을 배우는 것은 선교사역의 핵심 부분이다.

이해하지 않고는 사랑할 수 없다. 사람들을 알지 못하면서 그들을 섬길 수 없다. 상호이해에 초점을 맞추는 대화는, 우리가 이방인을 사랑하는 법을 배우는 방식의 일부다. 이런 대화를 통해, 다른 사람들과의 관계를 통제, 주도, 혹은 착취하기 위해서가 아니라 이해를 조성하기 위해 인간의 이성을 사용한다. 이 결과로 이어지는 행동이 그 자체로 가치 있는 사람들인 주체들 사이에서 발생한다.

16세기에 세뿔베다(Sepúveda)는 인디언들을 정복하는 것으로 남아메리카 지역 인디언들이 복음을 받아들일 수 있도록 준비시킬 수 있을 것이라 생각했다. 그들을 복속시킴으로써 그들로 하여금 그리스도의 사랑에 대해 더욱 수용적인 태도를 갖게 할 수 있을 것이라 생각했다.

그러나 세뿔베다는 남미 인디언들에 대해 아는 것이 없었다. 그는 인디언들의 언어를 배우지 않았다. 그는 그들의 문화에 대해 탐구하지 않았다. 그는 그들을 인간으로 존중하지 않았다. 인디언들에 대한 이해가 부족했기, 세뿔베다는 인디언들을 사랑할 수 없었고 그들에게 그리스도의 사랑을 보여줄 수 없었다. 세뿔베다는 토착민들이 기독교를 수용하게 만들기 위해서는 먼저 그들을 정복해야 한다고 주장하는 유의 실용주의적 사고를 가지고 있었다. 그는 인디언들과 그들의 문화에 대한 이해를 조성하기 위해 이성을 사용하지 않았다.

이해를 지향하는 것과 맞물린 이성은 사랑을 실천하기 위한 기반을 설정할 것이다. 이와 같은 "대화를 위한 이성"(communcative reason)은 자신의 문화 안에서 뿐만 아니라 타문화적 상황이나 낯선 텍스트를 다룰 때도 동일하게 사용될 수 있다. 대화를 위한 이성은 다른 사람들과의 상호작용을 위해 상대방에 대한 이해를 추구한다. 위르겐 하버마스(Jürgen Habermas)는 대화를 위한 이성을 성취나 통제를 추구하는 대화 방법인 기술적 이성(technical reason)과 대조시켰다(박스 19.1을 보라).

박스 19.1
이성에 관한 하버마스의 입장

위르겐 하버마스의 해석철학(the hermeneutics philosophy)은 유럽의 비판철학학파(the critical school of philosophy)로부터 발전된 것이다. 그는 이성에 대한 유럽 전통이 비이성(unreason)으로 귀결되었다고 주장했다는 점에서 막스 호크마이어(Max Horkeimer)와 데오도르 아도르노(Theodor Adorno)를 따랐다.

그렇다면 이성에 대한 유럽 전통은 무엇인가?

아리스토텔레스가 구분한 이성의 차원들(이론, 기술, 그리고 실천)은 임마누엘 칸트에 의해 분리되었는데, 칸트는 이 세 가지 각각의 범주를 발전시켰다. 기술 이성을 실천 이성으로부터 분리함으로써 개인들로 하여금 각자의 목적을 선택할 수 있게 허용했는데, 이로써 개인들은 어떤 도덕적 권위에도 호소할 필요 없이 무슨 목적을 추구할 것인지 자발적으로 결정할 수 있게 되었다.

이런식의 분리를 통해 계몽주의 사상가들은 억압적인 교회 권력으로부터 자신들을 분리해 낼 수 있었다. 그러나 이는 세상에 존재하는 어떤 것을 창조하거나, 개발하거나, 제작하는데 사용하곤 했던 이성으로부터 실천적 또는 윤리적 추론을 분리하는 결과를 초래하기도 했다.

하버마스는 실천적/윤리적 이성을 기술적, 즉 무언가를 어떻게 만들 것인가에 관한 이성으로부터 분리함으로써 근대 사회가 인간의 안녕과는 상관없는 거대 경제구조와 정치구조를 개발하도록 했다고 주장한다. 기술적 이성의 도구들인 돈과 권력은 도덕적 제약으로부터 자유롭게 되었다. 이 결과 근대 세계의 경제와 정치권력은 인류의 선(the good of humanity)이 요구하는 제약의 점검을 받지 않고 작동하도록 허용되었다. 하버마스에 따르면, 현대 세계에서 작동하고 있는 이성에는 두 가지 영역 또는 유형이 있다.

첫째, 기술적 이성인데, 이것은 돈과 권력의 요구와 보상과 맞물려 있다.
둘째, 하버마스가 대화를 위한 이성(communicative reason)**이라고 부르는 것이다.**

이런 유형의 이성은 인간 이해와 맞물려 있다. 하버마스는 모든 개인이 그 혹은 그녀의 복지에 관한 결정에 관하여 동일한 목소리를 내길 원한다고 믿는다. 대화를 위한 이성은 사람들이 상호이해라는 목적하에서 대화를 나눌 때 발생한다. 그런 방식으로, 모든 목소리가 들릴 수 있고, 그 결과로 인류가 번창할 수 있다.

하버마스는 현대 세계에서는 기술적 이성이 대화를 위한 이성에 그림자를 드리우고 있다고 믿는다. 그는 대화를 위한 이성을 조성하는 비정부 기관들(교육 시스템들, 사회 기관들, 공동체 프로젝트들)의 개발을 주창한다. 오직 대화를 위한 이성이 갖는 중요성을 재천명함으로써, 우리는 규제받지 않는 기술적 이성의 산물인 물질주의와 정치적 억압으로 발생하는 파괴적 힘을 피할 수 있다.

예를 들어, 윤리학자로서 프랜시스는 아리스토텔레스의 『윤리학』(Ethics)을 연구했는데, 그녀는 아리스토텔레스의 윤리를 바꾸거나, 이용하거나, 조작하기 위해서가 아니라 그의 관점을 이해하기 위해서 연구했다. 그녀는 아리스토텔레스가 설명한 것이 그의 청중들에게 **타당할** 것이라는 신뢰를 가지고 텍스트에 접근했다.

따라서 그녀는 아리스토텔레스 청중의 일부가 되었다. 그녀는 아리스토텔레스의 판단이 그가 처한 상황에서 **옳고** 적절할 것이라는 것을 믿었다. 그녀는 아리스토텔레스가 자신의 담론을 제시하는데 **신실하다**는 것을 믿었다. 진리, 옳음 그리고 신실함에 대한 이러한 가정들은 이해를 위한 대화의 기저를 이룬다(Habermas 1985).

타종교 또는 낯선 공동체와 대면할 때, 우리는 상호이해를 발생시키는 대화를 나누려 노력한다. 우리는 자신이 품고 있는 가정들을 살펴보는 것으로 이 목표를 성취하기 위한 우리의 능력을 가늠해 볼 수 있다.

이 텍스트에 표현되어 있는 진리가 이 진리가 전달되는 사람들에게 타당한 진리로 수용될 것이라 믿는가?

전달되는 가치들이 그 집단에 적절한 가치들일 것이라 믿는가?

우리는 우리를 부르신 텍스트의 저자(the author)나 공동체의 신실함에 의존할 수 있는가?

예를 들어, 종교학자 테리(Terry)는 싯다르타 고타마 부다(Siddhārtha Gautama Buddha)의 삶과 가르침을 연구한다. 테리는 부처의 가르침을 변경하거나 이용하거나 조작하기 위해서가 아니라, 먼저는 부처의 관점을 이해하기 위해서, 그리고 그 종교적 관점을 가지고 부처를 따르는 사람들을 이해하기 위해 연구한다. 테리는 지난 2,500백 년 동안 불교의 가르침을 따른 사람들이 삶에 대한 타당한 관점을 가지고 있을 것이라 가정하며 불교 텍스트들을 대한다. 실재로 그들은 자신들의 삶을 통해 무언가 선한 것을 산출시켜왔다.

테리는 고타마가 내린 판단들이 기원전 5세기 경 인도 상황에 비추어 볼 때 중요한 점에서 옳은 판단이었다고 믿는다. 그는 부처가 종교 철학에 대한 신실한 스승이었다고 믿는다. 이렇게 가정함으로써, 테리는 현대 불교인들을 더 잘 이해하게 되었고, 그렇게 함으로 더 나은 입장에 서서 불교인들과 대화(혐오감을 주기보다는 호소력을 갖는 방식으로 예수 이야기를 말하는 것)를 나눌 수 있게 되었다.

박스 19.2
대면의 단계들

당신이 대면하고 있는 타종교 혹은 문화로부터 당신이 이해하지 못하는 실천 행위(정기적으로 구체적인 방식으로 이루어지는 특정 행위)를 한 가지 선택하라.
대면을 위한 네 가지 단계에 관한 다음의 질문들에 답변해 보라.
당신의 답변이 당신이 의문을 품고 있는 실천 행위를 대면하는데 필요한 전략을 개발하는 데 도움이 될 것이다.

1. 들으라.
당신이 듣기 위해 필요한 것은 무엇인가?
종교적 이해들, 사회적 상호작용들, 신체 언어들 등으로 시작해 보라.

2. 그들이 제시하는 질문들이 무엇인지 발견하라.
어떤 관심사들이 그들로 하여금 그러한 방식으로 행동하게 하는지 생각해 보라.

3. 메시지를 파악하라.
그들의 실천 행위가 얼마나 좋은지에 대해 평가를 내리려 하기보다, 이해하고자 하는 자세를 가지고 그들이 당신에게 한 설명을 반복해 보라.

4. 다른 사람들과 함께 걸으라.
이 실천 행위를 하고 있는 당신을 상상해 보라.
당신의 마음속으로 한 단계씩 시도해 보라.
어떻게 느껴지는가?

기독교 선교사들은 상호이해를 발전시키는 데 매우 중요한 이러한 전제들에 대해 고민해 볼 필요가 있다. 지난 장에서, 우리는 자신의 확신을 잠시 보류하는 것이 갖는 중요성에 대해 강조했다. 상호이해라는 목적을 이루기 위해서는 일시적인 유보가 요구된다.

만일 내가 다른 사람들의 삶의 방식이 그들에게 유익한 진리를 담지하고 있다는 사실을 인정할 수 없다면, 무슨 수로 다른 사람들의 삶의 방식을 이해할 수 있겠는가?

상호이해의 목적은 내가 다른 사람들의 삶의 방식이나 종교에 대한 나의 판단을 일시적으로 유보할 때라야 비로소 도달할 수 있다. 만일 우리가 다른 사람들의 삶의 방식을 분석 가능할 정도의 작은 단위로 나눌 수 있다면, 상호이해라는 목적에 이르기가 더 용이할 것이다. 이 장을 통해, 우리는 선교사들이 보내심 받은 공동체와 상호이해를 배양하기 위해 밟아나가야 할 단계들에 대해 제언했다.

1. 대면의 단계들

첫째, 듣는 것이야 말로 가장 우선되고 기본적인 단계이다.

우리는 다른 텍스트나 표현된 생각에 동의하느냐와 그 텍스트나 생각에 어떻게 반응할 것이냐에 집중하기보다, 다른 사람들이 그 텍스트와 생각을 통해 **의도한 의미가 무엇인지 듣는 것**에 집중한다.

인도네시아의 한 대학에서 수년간의 교수사역을 마친 후 떠나는 미국 선교사가 프랜시스에게 다음과 같이 말했다.

> 당신은 자바인들이 무슨 생각을 하는지 결코 알지 못할 것입니다. 아마도 그들은 당신에게 매우 좋게 말할 것입니다. 그러나 그 이면에 자신들의 진실한 감정을 숨기고 있지요. 당신은 누가 당신의 적이고 당신의 친구인지 결코 알지 못할 것입니다.

대단한 실망감에 빠진 그 선교사는 인도네시아라는 상황 속에서 듣는 법을 배우지 못했다. 인도네시아에서는 다른 사람에 대한 감정을 전달하는 의

사소통의 대부분은 비언어적인 방식으로 이루어진다. 그 선교사는 그 방식을 배우지 못한 것이다.

대신 그는 오로지 말로 표현되는 내용만 들었을 뿐, 자바 사회에서 불만족을 명백하고 효과적으로 전달하는 방식인 얼굴 표정과 곁눈질을 통해 얻을 수 있는 단서들을 놓쳤던 것이다. 듣는 법을 배운다는 데에는 다른 사람이 의사소통을 하는 방식을 배우는 것이 포함된다. 자바인들이 정보를 전달하는 형식들은 미국인들이 전달하는 방식과는 매우 다르다.

둘째, 우리는 그들이 제기하는 질문들이 무엇인지를 파악하려고 노력해야 한다.

우리는 성숙해 감에 따라, 자신과 우리가 속한 공동체가 소유하고 있는 의미에 대한 질문을 제기하는 법에 대해 배우게 된다. 의미에 대한 질문들은 모든 종교와 문화 속에서 발생한다.

그러나 당연한 것이기는 하지만, 제기되는 질문들은 종교와 문화에 따라 달라진다. 진리, 가치, 생산성, 아름다움, 기원, 초월, 또는 그 외에 다른 근본적인 주제들에 대한 기본적 질문들이 무엇인지 알고자 하는 열린 마음을 가지고 듣는 것은, 그 사회에서 사용되고 있는 지식 구조에 대한 우리의 지식을 재정향(reorient)하는 데 도움이 될 것이다.

인도네시아에서 대학원생들을 대상으로 종교 사회학을 가르치는 동안, 프랜시스는 매우 긴 분량의 연구 보고서를 많이 읽었다. 학생들은 그녀에게 더 긴 자료들을 사용할 필요가 있겠다고 말했다. 왜냐하면 인도네시아 공용어(Bahasa Indonesian)로 생각을 표현하기 위해서는 영어보다 더 많은 단어들을 사용해야 했기 때문이었다.

그러나 보고서들을 읽어나가다, 프랜시스는 보고서들이 주제 자체에 대한 논의로 시작되는 것이 아니라 그 보고서를 쓰게 된 동기에 대한 긴 서론으로 시작한다는 점에 주목했다. 주제에 대한 논의가 본격적으로 시작되기도 전에 그녀는 이미 열에서 열 두 페이지 가량의 서론을 읽곤 했다. 프랜시스는 학생들에게 그들이 서론에서 언급하는 자료들에 관해 질문하는 과정에서, 인도네시아 사람들이 질문의 기원에 대해 매우 큰 흥미를 느끼고 있다는 점을 배우게 되었다. 인도네시아 사람들에게는 주제를 선정하게 된 상황이 어떻게 시작되었고 그것이 어떤 과정을 거쳐 주제로 발전하게 됐는지를 밝히는 것이야말로, 주제 자체를 다루기 전에 이해되어야 하는 부분이었던 것이다.

셋째, 우리는 메시지를 이해하는 데 주의를 기울여야 한다.

이 시점에서는 다른 사람에 대해 우리가 정립하고 있는 이해가 당사자들이 이해하고 있는 바를 정확히 반영하고 있는지에 대한 여부, 또는 그들에 대한 우리의 이해가 우리 자신의 세계관이나 심리적 투사로 인해 흐려진 것은 아닌지에 대한 여부를 체크하는 방법들에 대해 탐구할 것이다.

인도네시아 대학원생들이 제기하는 근원에 대한 질문을 통해, 프랜시스는 인도네시아의 모든 지성인이 그와 같은 질문을 하고 있음을 인식했다. 그러나 연구 보고서에 기원에 대한 질문과 관련된 자료를 포함하는 것은 미국인인 그녀보다 인도네시아 사람들의 이해에 더 일치하고 있었던 것으로 보인다.

미국인인 그녀는 주제 그 자체에 관한 변수로 한정된 보고서를 선호했다. 비록 흥미롭기는 했으나, 연구 질문을 제기하게 된 기원에 대한 논의는 그녀가 마음속으로 생각하고 있던 과제의 일부가 아니었기 때문이었다. 프랜시스가 의미에 대한 학생들의 질문에 집중했을 때, 그녀는 그들이 말하고자 하는 메시지를 이해할 수 있었다. 그녀는 인도네시아 대학원생들이 연구주제를 설정할 때 연구를 하게 된 근원에 대한 질문들을 포함시킨다는 점을 이해하기 시작했다. 왜냐하면 기원에 대한 질문은 그들의 이해에 매우 중요한 부분이기 때문이다.

넷째, 우리는 다른 사람과 함께 동행하는 과정에 대해 배운다.

이해를 하게 되면 우리는 그 이해에 반응하게 된다. 우리가 지식을 습득할 때, 우리가 이전 장들에서 요약한 실천들이 새로운 공동체 안에서 사람들과 함께 행동하기 위한 기초가 된다. 앞에서 논한 일반적인 실천들에 특정한 문화 형식을 더할 때 우리와 다른 사람들과 함께 동행 할 수 있게 된다.

프랜시스가 자신이 가르친 인도네시아 대학원생들에게 기원에 대한 질문이 갖는 중요성의 비중이 크다는 메시지를 알아챘을 때, 그녀는 보고서를 작성할 때 근원에 대한 질문을 고려하도록 과제의 내용을 재조정하기 시작했다. 그녀는 선물 공여 선교(gifitive mission)를 실천하는 법을 배우고 있었던 것이다.

2. 스가랴: 성경의 실례

두 개의 문화, 즉 종교가 다른 두 개의 공동체가 개방적으로 서로 상호작용할 때 어떤 일이 발생할까?

스가랴서는 이런 종류의 조우에 대한 한 가지 실례를 보여준다. 우리는 스가랴서에서 많은 나라를 모으시고 그들 가운데 거하시는 하나님에 대한 비전을 본다(슥 2장). 그러나 많은 나라가 함께 모임으로 인해 택함을 받은 유다의 지위가 폐지되지는 않는다(슥 2:12). 그러나 나라들이 함께 모이는 것은 모인 나라들이 서로 상호작용하는데 두 가지 면에서 중요한 영향을 끼친다.

첫째, 이들 다양한 사람들은 이웃으로 모일 것이다.

모든 사람들이 이웃들을 청하여 자신들 소유의 포도나무와 무화가 나무 아래 함께 앉을 것이다(3:10). 이방인들이 서로를 환영할 것이고, 함께 앉아 이야기를 나누고, 서로로부터 환대를 받을 것이다. 스가랴서의 시대적 배경인 유수의 기간 동안 유대인들과 주변 나라들 간에 서로를 향한 환대가 나누어지고 있다는 것을 고려할 때, 스가랴서에서 말씀하는 이와 같은 비전은 기적과도 같은 것이다.

둘째, 나라들이 예루살렘에서 모이는 것의 다음 영향은 이들 다양한 국적 배경을 가진 이웃들이 하나님께서 유대인들과 함께 하심을 목도하기 시작할 것

이라는 점이다.

많은 백성들이 예루살렘으로 올 것이다. 그들은 유대인들을 찾아 그들의 옷자락을 잡으며 하나님에 대해 물을 것이다(슥 8:20-23). 이방인들은 하나님께서 유대인들과 어떻게 만났으며, 그들과 더불어 지혜를 나누시고 그들의 보호자가 되실 언약을 맺으시면서 어떻게 그들 가운데 거하게 되었는지에 대해 자발적으로 탐구하려 할 것이다.

이 비전에서 나타나는 유대인들은 그들의 이웃과 더불어 진리와 평화를 실천한 사람들이었기 때문에, 이스라엘 사람들에게 의미에 대한 질문을 제기하려 한 사람들은 언약에 대해 낯선 사람들이다(슥 8:16-22).

의미에 대한 질문들이 제기되게 하려면, 유대인들이 더불어 신뢰를 쌓을 필요가 있던 사람들의 말에 얼마나 신중하게 귀를 기울였어야 했겠는가!

의미에 대해 이방인들이 제기한 질문 내용들을 스스로 토론할 수 있도록 하려면, 유대인들이 이방인들의 이해와 세계관을 얼마나 정확하게 반영했어야 했겠는가!

더 심도 있는 의사소통을 가능하게 하려면, 얼마나 많은 담소와 식사 그리고 서로의 삶을 나누는 가운데 함께하는 삶을 살았어야 했겠는가!

스가랴가 마음에 그렸던 상호이해는 이와 같은 상호작용을 통해 발전할 수 있었다. 이러한 상호이해는 이스라엘의 이야기를 들으며 역사의 세대가 흐르는 동안 그들을 구하시고 보호하신 하나님을 만나기를 갈망하는 이방인들이 등장하는 것으로 결과 될 수 있다.

이런 일들은 오직 유대인들이 그들의 거룩한 도성인 예루살렘에서 이방 나라들에게 스스로를 개방할 때라야 비로소 가능해질 수 있었다. 이런 일들은 유대인들이 이웃하고 있는 이방인들과 더불어 앉아 담소를 나누며 서로에게 가장 중요하게 여겨지는 것들을 배우며 그들에게 환대를 보여줄 때만 가능해질 수 있는 일이었다. 스가랴의 비전은 열방 가운데 드러나는 평화에 대한 위대한 비전이다. 이 비전은 하나님에 대한 신뢰와 도덕적 행동, 그리고 상호이해의 기반 위에 세워진 비전이다.

이러한 성경적 사례를 하나의 모델로 삼아 마음에 간직하면서, 개방성을 가지고 다른 사람들과 대면하는 네 가지 단계에 대해 살펴보도록 하자.

3. 들으라

때때로 듣는 것에 대한 연구들이 언어학 이론 또는 목회적 돌봄에 대한 연구들로 경감되는 경우가 있다. 듣는다는 것은 의사소통을 위한 하나의 방법론적 도구로 여겨져 왔다.

만일 우리가 들음을 다르게 조명했다면 어떤 일이 발생했을까?

만일 들음을 우리 개인의 정체성과 공동체의 정체성을 발전시키는데 핵심적인 부분으로 조명하면, 그리고 하나님과 세상에 대한 우리 이해의 본질적 차원으로 조명하면 어떨까?

니느웨에 대한 구약성경의 이야기를 하나의 실례로 들 수 있다. 니느웨는 파멸에 직면해 있었다. 하나님께서는 니느웨 백성들이 자행한 엄청난 악행으로 인해 그 도시를 파괴하기로 결정하셨다. 그 파괴를 선언하기 위해, 하나님께서는 요나를 그 백성의 선교사로 파송하셨다. 요나는 하나님의 부르심에 저항했으나, 궁극적으로 하나님의 집요하심은 요나를 그 도시의 성문으로 인도하셨다. 그곳에서 요나는 자신의 임무를 완수했다.

그런데 바로 그 지점에서 이야기의 흐름이 다른 방향으로 전환된다. 니느웨 백성이 하나님의 심판 선언에 귀를 기울인 것이다. 그들은 자신들의 악행을 깨닫고 회개했다. 그들은 하나님께로 돌이켜 용서를 간구했다. 그러자 하나님께서 생각의 방향을 바꾸셔서 그들을 용서하셨고, 도시를 파괴하지 않으셨다.

이 결정에 대해 요나는 기쁘지 않았다. 그러나 이 이야기는 요나를 제외한 모든 사람에게 행복한 결말로 종결되었다. 그 백성은 하나님의 말씀을 들었고 변화되었다. 하나님께서는 그 백성의 회개를 들으셨고 방향을 바꾸셨다. 심판은 번복되었다. 그리고 백성은 구원받았다. 하나님의 자비가 승리한 것이다.

이 예를 통해, 우리는 듣고 사람들과 상호작용하는 것이 하나님의 성품과 방식의 일부임을 보게 된다. 듣는 것은 열외적인 것이 아니다. 그리고 하나님은 선한 의사 전달자나 효과적인 상담가가 되기 위해 듣지 않으신다.

요나의 관점에서 볼 때, 이 사건은 다른 이야기가 된다. 요나는 이스라엘의 언약을 모르는 이방인들이 파괴되는 것을 보고 싶었다. 그는 니느웨 사람들의 의사소통이 내포한 타당성이나 올바름, 또는 신실함을 신뢰하지 않았다. 그는 상호이해라는 목적을 성취하기 위해 듣지 않았다. 그는 니느웨 사람들의 생활방식 중 단 하나의 면모에 대해서도 가치를 부여하지 않았다. 그가 볼 수 있었던 것은 오직 그들이 저질렀던 악행뿐이었다.

아마도 요나가 옳았을지도 모른다. 요나서는 도시가 범한 죄악이 엄청났음을 말하기 때문이다. 그러나 하나님께서는 요나의 완고한 태도를 무시하셨다. 하나님께서는 요나를 통해 당신의 메시지를 전달하셨다. 하나님께서는 회개를 수반한 니느웨 백성의 응답을 이해심을 가지고 들어주셨다. 상호이해의 목적이 달성되었다. 들음이 세상을 변화시켰다. 백성은 회개했다. 하나님께서는 계획을 바꾸셨고, 도시를 구원하셨다.

4. 어떻게 들을 것인가

우리는 잘 들으려 하지 않는 것 같다. 왜냐하면 듣는 일은 상당히 힘든 일이기 때문이다. 듣는 것은 말하는 방법을 배우는 과정에서 무색해진 하나의 기술이다. 부모들은 아기들이 말을 할 수 있을 정도로 자라날 때까지 기다릴 수 없다. 당신은 친척 중 한 명이 와서 이제 막 걸음마를 시작한 아기 엄마에게 "아니, 아이가 아직도 듣는 법을 배우지 않았나요?" "아이가 들은 첫 번째 단어가 무엇이었나요?"라고 질문하는 것에 대해 들어본 적이 없을 것이다.

들음은 몇 가지 단순한 지침에 주의를 기울이는 것으로 증진시킬 수 있는 기술이다.

박스 19.3
귀 기울이는 자아

레빈(Levin 1989, 24-6)

우리가 다른 사람의 말에 귀를 기울일 때 하나님께서 우리와 더불어 상호작용하시는가?

마틴 하이데거(Martin Heidegger)의 학문적 논거를 따르는 데이비드 미카엘 레빈(David Michael Levin)은 궁극적 존재에 대한 "본질적 진리"의 전형인 무관심하고, 냉담하며(dispassionate), 탈육화된(disembodied) 입장을 가정하는 궁극의 존재(Being, 혹은 하나님) 이론에 대해 비판했다.

그 대신, 레빈은 관계를 통해 스스로를 드러내는 궁극적 존재(혹은 하나님)에 대한 언급, 즉 욕심이 없고(nongrasping) 비구상적(nonrepresentational)인 생각(construct)을 제안한다. 이런 의미에서, 궁극적 존재는 통제하거나 이론적으로 관계를 맺으려는 노력 자체를 시도하지 않는다. 오히려 자유롭게 유동하고 운동과 변화를 용인하는 방식으로서의 "함께 함"을 시도한다.

이런 방식이 하나님께서 우리에게 "귀 기울이는" 방식으로 어느 정도까지 적용될 수 있을까?

1) 불일치를 활용하라

다른 사람들의 말을 듣고 있다고 생각하지만, 우리가 실재로 듣는 것은 우리가 투사한 것들뿐일 경우가 있다. 우리는 우리가 세상을 이해하는 방식과 일치하는 것을 듣는다. 우리는 우리의 감정에 울림이 되어 부딪쳐 되돌아오는 것을 주목해 듣는다. 우리는 화자가 우리 중 하나처럼 말할 때 듣는다.

그렇기 때문에, 불일치의 순간이 발생하게 되면, 그로 인해 충격을 받는다. 우리는 우리가 그 사람을 이해했다고 생각했다. 우리는 대화 상대방이 우리와 같다고 생각했다. 그런 와중에 느낀 불일치로 인해 발생한 불편한 마음은 우리의 인식에 충격을 초래한다. 갑작스럽게는 하지만, 그 순간 우리의 들음이 우리의 관점과 맞물려 있었다는 사실을 인식하게 된다. 바로 이때가 우리의 관점에 주목해야 할 순간이다. 그리고 이때가 우리의 선입견을 살짝 뒤로 물리고 잠시 유보할 때이다.

몇 년전, 프랜시스와 테리는 스리랑카에 있는 사원을 방문했다. 사원에는 힌두신당, 불교신당 그리고 토착 종교신당들이 있었다. 사원 바로 바깥마당에는 모스크가 있었다. 우리를 안내하던 가이드는 사람들이 그곳으로 와서 아이를 위해 기도하거나 병치료를 위해 기도한다고 말해 주었다. 그리고 사람들은 자신들이 드린 기도에 대해 긍정적 응답을 받은 것에 감사하려고 매년 사원으로 돌아온다고 했다.

우리는 사원 주변을 감싸고 있던 평화로운 장면을 매우 인상적으로 바라보았다. 그곳에는 서로 다른 종교를 가진 사람들이 조화를 이룬 채 함께 살아가며 각자가 받은 축복에 대한 감사를 표하며 살아가고 있었다.

그런데 그 같은 목가적인 장면에 대한 훈훈한 인상은 우리가 "저주하는 돌"에 다다랐을 때 완전히 깨져버렸다. 허리 높이로 둘러친 자그마한 울타리 안에는 큰 바위가 하나 있었다. 이 신당 주변에 모인 사람들은 그 바위를 향해 코코넛을 던지며 소리를 지르고 있었다.

그들은 몹시 화가 나 있는 듯 보였다. 어떤 사람들은 자신이 가져온 코코넛을 바위를 향해 세차게 던지고 나서 눈물을 흘리며 그 장소를 떠났다. 무더운 날씨 탓에, 깨진 코코넛 액이 바위 위에서 흘러내리자 파리들이 바위 위로 날라들었다. 너무나도 평화로워 보이던 예배 장소에서 저주하는 돌을 목도한 일은 우리 둘 모두에게 충격적인 일이었다.

2) 상황에 대해 연구하라

그 일이 있고 난 후, 우리의 문화적 상황과 비교하면서, 우리가 그곳에서 목도했던 새로운 불일치의 경험을 이해하려 노력했다. 우리는 불일치가 발생했던 순간 우리가 알게 된 다양한 인식들에 끼칠 수 있는 영향을 이해하려 노력했다.

스리랑카의 사원이라는 특정한 상황 속에 있던 사람들이 가지고 있던 세상과 장소에 대한 관점이 우리의 것과 다른 것이었을까?

그 공동체에는 다양한 행동들을 유발하는 우리가 모르는 다른 가치들이 있는 것일까?

신성에 대한 우리의 이해가 우리가 들은 것을 이해하는 우리의 능력에 방해가 되는 것일까?

경제적 혹은 정치적 상황이 특별한 종류의 들음을 발생시키는가?

이때, 우리가 듣는 것에 대한 우리의 해석들을 일상적인 상황과 분리시키고, 현재의 상황이 의사소통에 정보를 제공하는 방식을 세심하게 들여다보는 것이 중요하다.

우리가 스리랑카의 다종교적 사원에서 불일치의 순간을 경험했을 때, 우리는 그 사원에서 예배하던 모든 사람이 복을 빌기 위해서만 온 것이 아니라는 명백한 사실에 직면했었다. 그들 중 일부는 복을 빌기 위해서가 아니라 저주를 퍼부을 목적으로 왔기 때문이다. 우리는 가이드를 통해 그곳에서 비는 저주는 저주의 대상자에게 오랫동안 해를 가하는 효력을 발휘하는 특별한 능력이 있다고 믿어진다는 말을 들었다.

그제야 우리는 사랑의 하나님과 예배에 대한 우리의 "선입견들", 그리고 기도에 대한 우리의 이해가 그 사원에서 드려지는 예배의 개념을 이해하는 우리의 인식에 방해가 되었다는 것을 알 수 있었다. 우리는 그들이 드리고 있던 예배를 우리가 갖고 있던 예배에 대한 기독교적 이해라는 렌즈를 통해 보았던 것이다. 다른 사람들을 저주하기 위한 신적 간섭을 모색하는 예배 행위를 이해하기 위해, 우리는 하나님과 예배, 그리고 종교간 조화에 대해 우리가 가지고 있던 확신들을 잠시 유보해야만 했다. 우리가 소유하고 있던 관점의 개입을 배제한 채 우리가 목도하고 경험한 상황에 대해 좀 더 상세히 연구해야 했다.

3) 들은 것을 반복하라

우리와 대화를 나누고 있는 사람 혹은 집단에게 우리가 들은 것을 다시 재 진술하는 과정을 통해 모호할 수 있는 부분을 좀 더 명확히 하는 데 도움을 얻을 수 있다. 만일 우리가 들을 때 받은 인식이 정확한 것이 아니었다면, 재 진술 과정을 통해 대화 상대자가 부정확한 부분을 교정해 줄 것이다.

만일 이해가 불완전하다면, 이 과정을 통해 아이디어를 확장시킬 수 있다. 만일 여러 가지 중요한 내용 중에 좀 더 중요하거나 좀 덜 중요한 부분들이 있다면, 대화 상대자들이 핵심적인 부분과 주변적인 부분들을 좀 더 명확하게 구분해 줄 수 있을 것이다. 이와 같이, 단순히 들은 내용에 대해 숙고해 보는 것만으로도 상호이해에 기여하는 대화를 증진시킬 수 있다.

우리를 안내했던 스리랑카인 안내인과 함께 저주하는 돌과 우리가 방문했던 사원에서 일상적으로 발생하는 다른 예배들에 관해 대화를 나눈 것만으로도 우리의 이해를 명확히 하는 데 도움이 되었다. 조화는 각기 다른 종교적 배경을 가진 사람들이 동일한 사원 공간을 공유했을 때 발생했다. 이전에 자녀들과 병의 치유를 위해 사원을 방문했다가 서원이 성사된 많은 사람들이 재차 사원을 방문한 데에는 감사를 표하고자 하는 이유가 포함되어 있었다.

그러나 분노를 풀 기회, 즉 자신의 적을 저주하거나 삶이 그들에게 초래한 불행에 대한 분노를 표시할 기회를 갖기 위해 사원을 방문한 사람들도 있었다. 우리는 사원에서 벌어지는 활동들과 그곳에서 행해지는 의례들이 의미하는 바에 대해 더욱 풍성한 이해를 갖게 되었는데, 이는 우리가 목도하고 들은 내용에 대해 심사숙고해 보고, 실재 예배를 위해 방문한 순례자들이 그런 활동을 이해하는 방식에 대한 안내인의 설명을 듣고 그 내용을 명확히 함으로써 가능했다.

4) 이해를 재조정하라

우리가 새로운 생각에 대해 듣거나 사물을 다른 방식으로 조망하는 방식을 볼 때마다, 우리의 이해 전체가 영향을 받는다. 심지어 그 문제에 대해 실재로 생각해 보지 않았다 하더라도, 불일치에 대한 경험과 들은 내용을 명확하게 하는 과정은 우리의 총체적 관점을 교정하는 기능으로 작용한다.

인식에 대한 의식적인 재조정은 우리가 나성형 지식 습득 과정의 다음 과정으로 구분한 **평가 과정**에 해당한다. 그러나 비록 어느 정도 한계가 있기는 하지만, 만일 그런 평가 과정이 자동적으로 발생한다는 사실을 인식하기만 하더라도, 그것을 활용할 수 있을 뿐만 아니라 그 영향이 갖는 한계를 정할 수도 있다. 그리고 의도적으로 다른 사람들의 인식 세계에 좀 더 오랫동안 머물며 해석에 대한 우리 자신의 틀로 지나치게 빨리 돌아오지 않을 수 있다.

다양한 종교가 공존하는 사원에서 벌어지던 예배에 대한 시각은, 우리가 경험한 불일치의 경험이 우리의 인식을 재조정하는 과정을 거치고 나서야 변화되었다. 그 사원에서는 단지 인간의 긍정적인 감정만 장려된 것이 아니라 좌절과 분노 심지어는 미움 같은 부정적인 감정까지 표현하는 것이 허용되고 있음을 인식할 수 있었다. 이제는 우리가 이해하고 있는 것처럼, 스리랑카인들에게는 인과응보 개념이 예배 과정의 부분으로 드러난다.

5. 그들의 질문을 발견하라

타종교나 문화에 속한 사람들의 관점을 좀 더 온전히 이해하기 위해, 우리는 그들이 다루는 이슈들, 즉 그들이 중요한 것으로 간주하는 삶의 문제들이 무엇인지 발견할 필요가 있다. 따라서 개방적 자세로 다른 사람들과 대면하는 다음 단계는 **그들이 제기하는 질문들이** 무엇인지 찾는 것이 될 것이다. 이것은 다양한 방식으로 발생할 수 있다.

1) 좀 더 심층적인 질문들을 찾아내라

한층 더 심층적인 질문을 들춰내기 위해서는, 다양한 관점을 제시하고 듣는 것에 대한 소크라테스 방식을 사용할 수 있다. 교육에 대한 대화가 기록된 저서『피타고라스』에서, 플라톤은 교육을 피교육자의 지위를 상승시켜 주는 기술이라고 생각하는 소피스트들의 말을 듣는다. 그는 교육은 피교육자에게 세상을 명확하게 정리해 주기 위한 것이라 주장하는 이의 말을 듣는다. 그는 교육이 특정한 재주를 익히기 위한 기술을 습득하는 것이라 주장하는 사람의 관점에 대해서도 듣는다.

그들이 각기 제기하는 주장들을 들은 후, 플라톤은 교육이 무엇인지에 대한 결론을 내리지 않으면서, 그들이 나눈 대화가 한 가지 더 심층적인 질문, 즉 '지식은 무엇인가?'라는 질문을 드러낸다는 점에 주목한다. 이 질문이야말로 교육의 목적에 대한 다른 모든 질문을 촉발하는 본질적인 질문이다. 바로 이것이 다양한 문화가 공유하는 질문을 발견해내는 플라톤의 방식이었다.

저주하는 돌의 경우를 예로 들면, 감정의 분출이 비탄에 빠진 사람에게 카타르시스 효과를 주는지 여부에 대해 질문할 수 있다. 아니면 정의에 대한 질문(위해를 가한 사람 또한 고통을 겪어야만 하지 않는가?)을 제기할 수 있다. 이와 같은 다양한 질문에 대한 답변을 찾는 과정에서, 스리랑카의 종교 상황에서 목도하는 고통의 의미에 대한 좀 더 심층적인 질문으로 인도될 수 있다.

2) 아이디어에 대한 답변을 찾으라

우리가 이해하고자 하는 사람들이 중요하게 생각하는 질문들이 무엇인가를 발견하기 위한 또 다른 방법은, 그들에게 하나의 아이디어를 제시하고 그 아이디어에 대한 그들의 생각이 무엇인지 질문하는 것이다. 그들의 답변은 당신이 제시한 담론을 통해 그들이 듣는 것이 무엇인지 드러낼 것이다. 그들의 답변을 통해 그들이 **세상을 바라보는 방식**에 관해 중요하게 생각하는 것이 무엇인지 드러낼 것이다.

그들이 제시한 답변에 대해 논박하지 말고 일단 들은 후에, 그들이 그 아이디어와 관련된다고 생각하는 **다른 이슈들**이 어떤 것들이 있는지에 대해 질문해 보라.

빈센트 도노반(Vincent Donovan)은 그의 저서 『기독교 재발견하기』(*Rediscovering Christianity*)에서 이 과정에 대해 설명한다(2000). 동아프리카 선교사로 파송된 도노반은 15년 동안 가톨릭 선교사역을 감당하고 난 후, 마사이족 사람들이 여전히 기독교 복음을 이해하지 못하고 있음을 발견했다. 그곳에서 사역하고 있던 선교사들은 집단군락지를 형성하고 함께 살아가고 있던 마사이족들과 분리된 장소에서 따로 생활하고 있었다. 그들은 마사이족 사람들을 섬기기 위한 교육 기관들과 보건 기관들을 설립했다.

그러나 그들은 마사이족 사람들의 종교와 신앙에 대해서는 탐구하지 않았다. 선교사들은 마사이족 사람들이 처한 종교 상황에서 기독교가 의미하는 바가 무엇인지에 대한 대화를 나누지 않았다. 궁극적 실재에 대한 마사이 사람들의 아이디어 혹은 이해에 대한 대화는 거의 나누지 않았다. 선교사들은 마사이족 사람들의 말에 귀를 기울이지 않았다. 따라서 선교사들과 마사이족 사람들 사이에 서로를 이해하기 위한 접점이 형성되지 않았다.

도노반은 그때까지 진행되었던 방식과는 다른 방식으로 선교사역을 진행할 수 있게 해 달라고 교회에 청원했다. 그는 복음 전도자가 되고자 하는 자신의 소명이 의미하는 것이 무엇인지를 이해하고 있었기 때문에, 가톨릭 집단 거주지에 머물기보다 그 곳을 떠나 마사이족 사람들이 거주하는 마을을 방문하는 여행을 허락해 달라고 청원했다. 교회는 그의 계획을 승인했다. 그래서 그는 마사이족 마을들 중 한 마을로 가서 기독교 복음을 제시했다. 그리고 사람들에게 자신이 전한 기독교 복음에 대한 의견을 말해 달라고 요청했다.

도노반은 마사이족 사람들의 답변에 근거해서, 복음 이야기를 전달하는 방식을 바꾸었다. 도노반이 마을 사람들이 이름을 지어 부르는 영들과 신들의 영역 너머에 존재하는 고등신(a high God)을 믿고 있다는 말을 들었을 때, 도노반은 그 고등신이 하나님이시며 예수께서 그분에 대한 소식을 이 세상으로 가지고 오셨다고 선언했다. 도노반은 자신이 전하는 복음 메시지를 마사이족 사람들이 하나님의 신비와 능력에 관해 이미 가지고 있던 계시에 병치시킴으로써, 기독교 복음을 초자연적 세계에 대한 마사이족 사람들의 이해 방식과 연결시켰다.

6. 메시지를 이해하라

도노반이 방문한 일부 마을에서, 사람들이 복음 메시지를 이해하지 못하는 경우가 있었다. 물론 도노반이 사람들의 메시지를 제대로 이해하지 못했을 수도 있다. 도노반이 마을 사람들이 의미에 관해 제기하는 질문을 충분히 이해하지 못했을 수도 있다. 결과적으로, 예수를 보내신 하나님의 크신 선이 마을 사람들의 질문들에 대해 답하는 방식을 충분히 보여줄 수 있을 만큼 그들이 제기하는 질문의 의미를 이해하지 못했을 수도 있다. 메시지를 이해하는 것은 양방향 도로와 같다. 상호 간 이해가 없이는, 양자 사이의 의사소통이 봉쇄될 수밖에 없다.

처음 타종교와 조우할 때, 우리는 양자 간의 공통점을 찾으려 한다.

타종교 추종자들이 믿는 내용들 가운데서 우리가 세상을 이해하는 방식과 관련시킬 수 있는 것들은 무엇이 있을까?

기독교인은 공(空, emptiness)에 대한 불교의 개념에 공명하는 부분을 발견할 수 있다. 침묵기도나 명상기도, 또는 예수기도(the Jesus prayer)를 반복함으로써, 삶에 대한 불교식 방식 간에 연결점이 만들어질 수 있다. 이 연결점은 기독교인들이 상호이해를 시작하는 데 도움이 될 수 있다. 불교 개념들에 대한 긍정적 평가(appreciation)가 개발될 수 있다.

그러나 이처럼 공통점을 모색하는 방식이 어려움에 봉착하는 데는 그리 오랜 시일이 걸리지 않을 것이다. 기독교인들에게 있어, 하나님에 대한 침묵 예배는 비워진 상태가 아니라 하나님의 현존하심으로 충만한(Presence-filled) 것이다. 그러나 공(emptiness)에 대한 불교의 개념은 비움(emptiness)에 대한 기독교의 이해보다 훨씬 풍성하다.

따라서 "공통점을 찾는 방식"(the way of common)은 불안정하다. 오해가 발생하기도 한다. 기독교인들은 불교 신자들이 얼마나 공을 갈망하는지에 대해 도무지 이해하지 못하고 있는 자신들을 발견한다. 불교 신자들이 인격적인 하나님을 포용하는 것이 어려워 보인다는 사실도 발견한다. 이런 식으로, 양자는 서로의 관점을 이해하지 못하는 지경에 이르게 된다.

그런 이해의 부재(nonunderstanding)가 수용하기 어려울 수 있다. 상호이해를 추구하는 목적은, 이해의 부재라는 막다른 골목을 수용하기 위한 것이 아니라 상호이해를 성취하려는데 있기 때문이다. 그러나 단절점(the point of disconnection)이 좀 더 심층적인 상호이해를 위한 출발점을 확보하는데 필요한 단계일 수 있다.

예루살렘에 있는 히브리대학교의 사회학자 잘리 구레비치(Zali Gurevitch)는 상호대화를 시도하던 일단의 팔레스타인 집단과 유대인 집단을 대상으로 조사연구를 실시했다(1988). 이 집단의 절반은 팔레스타인들 그리고 절반은 유대인들로 구성되었는데, 이들은 만남을 40일 동안 지속하고 있었다. 이 구성원들의 임무는 이스라엘 내 토지소유권에 관해 양자가 가지고 있는 서로 다른 견해에 대해 토론하는 것이었다. 이 일은 실재로 그 지역에서 토지소유권에 대한 논쟁이 진행 중이었다는 점에서 결코 쉬운 일이 아니었다.

구레비치는 40일간 진행된 연구기간 동안 반복해서 발생하는 하나의 패턴을 발견했다. 처음 이틀 동안에는 "공통점을 찾는 방식"으로 대화가 진행되었다. 사람들은 자기 자신에 대해 소개했고, 그들의 삶에 대해 토론했고, 그들 상호간에 일련의 공유하는 태도와 의견들이 있음을 발견하고 이 점들에 대해 토론했다.

그러나 대화가 절반가량 진행되는 지점에 이르자 수면 밑에 감추어져 있던 긴장감이 수면 위로 부상하는 일이 일상적으로 벌어졌다. 어떤 사람에 의해 촉발되었는지 여부와 상관없이, 결국 불일치점에 집중한 어떤 한 사람 때문에 긴장이 촉발된 것인지 아니면 공통적으로 느끼는 불편함 때문에 긴장이 시작되었는지 여부 자체는 문제로 보이지 않았다. 모든 모임은 서로가 상대방의 입장을 진정으로 이해하지 않고 있다는 인식에 대한 충격으로 귀결되었다. 팔레스타인 사람들은 그들의 토지임을 주장하는 유대인들의 입장을 이해할 수 없었다. 유대인들은 그러한 자신들의 주장을 거부하는 팔레스타인 사람들의 입장을 이해할 수 없었다. 양자 간 존재하는 교착상태는 실재였다.

구레비치는 상대방의 입장을 이해할 수 없다는 사실을 인지한 양 집단이

교착상태에 빠져 있음을 인지했음을 발견했다. 그들은 입장차이에 관한 상호이해에 이르는 실질적인 대화를 발전시키기 시작했다. 서로에 대한 이해의 부재를 인정하자, "낯선 방식"(the way of strange)이라는 새로운 과정으로 나아갔다. 그들의 서로에 대한 이해의 부재가 어떻게 발생했고 왜 발생했는지에 대해 토론하기 시작했다.

이 과정은 참여자들로 하여금 다름에 대한 이해의 차원으로 나갈 수 있게 했는데, 이는 상대방의 인식에 대한 총체적인 이해의 부재를 인식하지 않고는 달성할 수 없는 것이었다. 결과적으로 이들은 양자 간 존재하는 실재를 수용하는 데로부터 다시 시작할 수 있었다(Gurevitch 1988).

도노반은 기독교를 받아들이지 않는 마사이족 마을에서 위 경우와 유사한 경험에 맞닥뜨렸다. 도노반은 기독교를 수용하지 않는 마사이족 마을을 떠나면서 실망감을 느꼈다. 그러나 그는 이해의 부재를 수용할 수 있었다. 그 결과, 도노반과 마을 사람들은 "낯선 방식"으로 나아갈 수 있었고, 상호간 실재하는 다름에 대해 토론함으로서 서로에 대해 제대로 이해하지 못하고 있었음을 인정하게 되었다.

비록 마사이 마을들이 기독 공동체가 되지는 않았지만, 상호이해라는 새로운 차원은 상호이해의 부재를 인정함으로써 도달할 수 있었다. 그리고 이로 인해 그들이 미래 어느 시점에 복음 이야기를 듣게 될 때, 하나님의 선물에 대해 폐쇄적인 태도를 취하지 않고 좀 더 개방적인 태도를 취할 수 있게 되었다.

박스 19.4
사회적 자아

1930년대에 조지 허버트 미드(George Herbert Mead)는 사회적 자아(social self)에 대한 자신의 개념을 발전시켰다(1934). 이 이론은 자아는 개인적이거나 자율적인 것이 아니라 사회적 상호작용을 통해 개발되는 것이라고 주장한다. 초기 미국 철학자인 조시아 로이스(Joshia Royce)는 의사소통의 삼개소 체계(a triadic system of communication)에 대한 주장을 발전시켰다. 이 주장에 따르면, 모든 사람은 자신이 의사소통을 나누는 상대방과 연결되어 있으며, 의사소통을 나누는 양 당사자들은 "공통적으로 동의하는 세 번째 대상"(the common loyalty)과 연결되어 있다.

두 사람 혹은 공동체 간의 의사소통은 세 번째 실체에 대한 이해 그리고 그 실체에 대한 헌신, 즉 그들이 동의하는 세 번째 대상에 대한 헌신에 의존한다. 미드는 사회적 자아에 대한 자신의 개념을 발전시키기 위해 이 개념을 기초로 사용했고 미국의 실용주의 철학자인 존 듀이(John Dewey)와 C. S. 퍼스(C. S. Peirce)의 사상을 채용했다.

미드는, 한 사람이 다른 사람에게 무엇인가를 말할 때, 두 사람 사이에 나눠지는 의사소통의 의미는 대화 당사자 중 청취자가 발화자의 말에 반응을 보이기 전까지 발화자에게 온전하게 이해되지 않는다고 주장했다.

예를 들면, 만일 대화자 A가 농담을 말했는데 대화 대상자 B가 울기 시작했다면, A는 그들 사이에 나누어진 것이 농담이 아니라 다른 의미를 담고 있을 것이라는 점을 알게 된다. 정체성에 대한 감각은 특정인에게 그 혹은 그 사람의 자아감을 규정하는 사회적 상호작용을 통해 개발된다. 따라서 자아는 본질적 실재가 아니라 사회적 담화를 통해 발전된다.

언어와 의사소통은 사회적 자아에 대한 미드의 핵심 견해가 되다. 자아는 타고난 지위를 통해서만, 혹은 자신이 되고 싶은 지위를 성취하는 것으로만 형성되는 것이 아니다. 자아는 시간이 흐르면서 다른 사람들과 맺는 상호작용을 통해 형성된다.

독일계 미국인 기독교 신학자인 리처드 니버(H. Richard Neibuhr)는 자신의 저서 『책임 있는 자아』(The Responsible Self, 1999)를 통해 이 언급에 대한 신학적 적용을 발전시켰다. 이 책에서, 니버는 선한 목적과 맞물린 목적론적 윤리와 올바른 원리들에 맞물린 의무론적 윤리는 세 번째 유형의 윤리인 책임윤리를 소유한 사람은 선한 삶을 발견하고 삶을 영위할 때 다른 사람들로부터 오는 다양한 의견(input)에 반응한다.

7. 함께 동행하라

상호 간 나누는 토론을 통해서는 진심으로 서로를 이해하는 데 이를 수 없다는 결론에 이르렀을 때, 두 대화 당사자가 얼마나 멀리까지 함께 동행할 수 있을까?

도노반은 마을 사람들이 복음의 좋은 소식을 포용하기를 원하지 않는다는 것을 확신했을 때, 그 마을에서 나와 다른 곳으로 이동하기로 결정했다. 팔레스타인 사람들과 유대인들 간에 나흘 동안 진행되었던 토론에 대한 구레비치의 연구관찰은, 이스라엘 내 토지에 대한 논쟁이 약화될 기미가 보이지 않자 중단되었다.

만일 도노반이 대화 당사자 간에 발생하는 이해의 부재 개념을 받아들인 후 토론을 지속했다면 상호 이해에 대한 새로운 돌파구가 열리게 되었을까? 동일한 질문이 팔레스타인 사람들과 이스라엘 사람들 간의 대화에 대한 연구에 대해서도 제기될 수 있다.

선물 공여 선교를 개발하기 위한 지침이 상호이해가 어느 정도까지 나갈 수 있고 결렬이 언제 필요하게 될지를 결정할 수는 없다. 대화가 발생하는 상황 그 자체가 함께 동행하는 것이 적절한 대응인지 여부를 결정한다. 전도서의 지혜자는 씨를 뿌릴 때가 있고 열매를 거둘 때가 있으며, 품을 때와 품을 풀을 때가 있다고 말한다.

선물 공여 선교가 작동하는 동안, 어떻게 하면 우리가 타종교에 속한 사람들과 더불어 동행 할 수 있을까?

본서 중간 부분에 선물 공여 선교에 대한 열한 가지 실천이 요약되어 있다. 우리는 타종교를 대면할 때 활용할 수 있는 도구를 발견하기 위해 이 실천 내용들로 돌아갈 것이다. 이들 실천 내용들은 우리가 다른 사람들과 대면하여 그들의 관점을 이해하는 법을 배울 때 특정 문화의 형식들을 덧입을 수 있다. 그러나 실천을 위한 특정 형식들을 개발하기 위해, 우리는 세상을 이해하는 우리 자신의 방식으로 되돌아갈 필요가 있다. 우리가 대면하고 있는 공동체의 방식을 평가하기 위해서는 우리의 확신으로 다시 돌아가야 한다는 것이 다음 장이 다룰 주제이다.

제20장

평가하기: 기독교 관점에서 새로운 문화와 종교 평가하기

상승 나선형 지식 습득(the knowledge-acquisition spiral, 즉 경험 인지하기, 확신 잠시 유보하기, 그리고 개방적 태도로 대면하기)의 첫 번째 단계를 다루면서, 사람들을 대면할 때 그 사람들이 처한 상황 안에서 대면해야 할 것과, 사람들을 이해할 때 세상을 조망하는 **그들의** 방식을 통해 이해해야 할 것에 대해 설명했다. 우리는 우리의 관점을 잠시 내려놓고 가치 판단을 잠시 유보했다.

다른 사람들의 관점을 배운다는 것은, 우리가 이미 알고 있다고 생각하는 것의 배경을 비판적으로 비교해 보는 것의 필요성을 제기한다. 그러나 우리가 확신하는 내용을 잠시 유보하는 것은 불완전한 시도일 뿐만 아니라 완전히 성취할 수 없는 과정이기도 하다. 그럼에도 불구하고, 우리가 상호작용하고 있는 상대방의 관점들과 의견들에 대한 개방성은 판단을 유보하는 노력을 통해 확산되어 왔다. 다른 사람들을 대면하는 것, 즉 다른 사람들의 관점을 듣고, 그들이 제기하는 질문들이 무엇인지 발견하고, 이해의 부재가 발생하는 지점들(points of nonunderstanding)을 용인하는 법을 배우고, 메시지를 이해하고, 그들과 더불어 동행하는 것은 우리에게 주제의 범위에 관한 정보와 새로운 관점을 제공해 준다.

우리가 이 장을 통해 살펴보게 될 평가 과정은, 새로운 이해들과 오랜 확신들을 하나로 묶어준다. 이 단계에서, 우리는 의식적으로 우리의 관점을 다시 부각시킨다. 타종교에 속한 사람들을 개방적인 태도로 대면하기 위해 잠시 유보했던 우리의 이해들, 가치들, 관계들, 그리고 과거의 경험을 통해 숙고하고 형성된 우리의 관점들을 다시 부각시킨다. 우리는 우리가 확신하고 있는 점들로 다시 돌아가서, 다른 사람들과의 개방된 대면을 통해 배운 것들과 기존에 우리가 갖고 있던 신앙과 가치들을 비교한다.

박스 20.1
잠시 유보했던 확신들 전환시키기

당신이 배우고 있는 문화가 내포하고 있는 가치들의 근거들에 대한 명단을 왼쪽에 작성하고, 당신이 속한 문화가 갖고 있는 가치들의 근원들에 대한 명단은 오른쪽에 작성하라.

새로운 문화의 가치들의 근원들	우리 문화의 가치들의 근원들
권위들(예, 조상들, 부모, 손위 형제, 하나님, 공동체, 자신 등)	
원리들(예, 겉으로 드러나는 것이 가장 중요하다, 의도가 가장 중요하다)	
인생의 목적들(예, 자신에게 주어진 역할을 완수하라, 새로운 길을 계획하라)	
상황(예, 상황과 공동체와 일치하라, 주변 환경과 구별되라)	
성격(예, 공격적이지 않는, 내적으로 강한, 솔직, 담백한, 외향적인 리더십)	

1. 측정 도구들 발견하기

평가한다는 것은 측정할 수 있다는 것을 의미한다. 측정을 위해, 우리는 선(the good)에 대한 규범 또는 격식(statement), 측정 방식 그리고 측정 도구가 필요하다. 예를 들어, 특정인의 신장을 평가하려면, 우리는 어떤 신장이 규범적이고 좋은 것인지 알 필요가 있고, 신장을 측정하기 위한 기준 방식(인치 또는 센티미터, 아니면 다른 무엇이 되었든)을 고안해야 하며, 측정 도구로서 자가 필요하다. 모든 평가를 위해서는 세 가지 요소, 즉 규범, 기준 그리고 측정 도구가 필수적으로 요구된다.

상승 나선형 지식을 습득하기 위한 처음 세 단계에서 우리가 의도적으로 수집했던 타종교 전통에 대한 경험을 평가하기 위해 우리가 사용할 수 있는 도구들, 즉 규범, 기준, 측정 도구는 무엇일까?

기독교인의 경우라면, 어떤 점에서 볼 때 성경은 평가를 위해 필요한 세 가지 도구 전부를 제공한다. 성경은 우리에게 무엇이 선한지를 이해하는 데 필요한 규범들을 제공한다. 성경의 선포에 대한 우리의 해석, 즉 우리의 신학은 특정한 신앙 또는 풍습이 선에 얼마나 부합하는지를 측정할 수 있는 기준을 제공한다. 또한, 측정 도구로서 우리가 소유한 복음에 대한 이해라는 안경을 통해 보이는 우리의 개성과 수반되는 경험을 사용한다.

우리가 경험과 성경 연구를 통해 획득한 관점들은 우리가 대면하는 우리와 매우 다른 문화와 종교를 평가할 때 영향을 끼친다. 우리는 그러한 평가 도구들을 특별한 상황 안에서 사용한다. 그리고 그 상황 안에 있는 사람들 또한 우리의 평가에 영향을 끼친다.

박스 20.2

측정 도구들

규범(성경적 주제들-선에 대한 격식)	사랑 성령 인격적 하나님 다른 것들
측정 방식-상황별 측정 기준	기준 상황을 활용하라-새로운 상황 속에서 발견된 기준 측정하기 그들의 질문들과 이슈들에 집중하라. 규범, 즉 내가 이해하는 바로서의 선과의 접촉점들을 발견하라.
도구 측정하기	상황들 간에 대화를 나누게 하라. 규범에 대한 대화에 참여하라. 그들이 필요로 하는 것들을 다룰 규범을 사용하라.

다른 문화의 관점들과 대화를 나누는 우리의 관점들을 재평가하라(통합)

　우리가 이미 살펴보았듯이, 성경은 타종교에 속하며 그 종교를 신앙하는 사람들에 대한 기독교인의 의무에 대해 많은 것들을 말씀한다. 다양한 신학들이 성경적 가르침의 다양한 측면들에 대해 강조한다. 복음 전체를 한꺼번에 이해한다는 것은 지극히 어려운 일이다. 따라서 다른 시간과 다른 장소에서 복음이라는 보석이 갖고 있는 다양한 면들을 광택이 나게 닦을 필요가 있어 보인다. 우리가 처한 상황에서 필요한 것은 다른 상황이나 시대가 필요로 하는 것과 상당히 다를 수 있다.

　이렇게 복잡한 상황에 직면할 때면, 우리는 복음이라는 진리의 세계로 들어가는 출입구로 작용하게 될 특정 주제를 선택하곤 한다. 우리가 제2장에서 이미 살펴보았듯이, 이 목적을 이루는 데 유용하며 건전한 성경적 주제들이 많이 있다. 그 중 어느 것도 완전한 것은 없다. 이점에 대해서는 우리가 언급한 것들 중 어느 것도 예외일 수 없다. 그러나 오늘날 하나님의 말씀을 신실하게 번역하기 위해 이런 저런 방법을 사용하는 것은 가능하다.

2. 세 가지 성경적 실례

세 가지 주제, 예컨대 평가를 위한 전체적 기준으로서 사랑, 성령 그리고 인격적 하나님에 대해 생각해보자.

1) 사랑

사도 요한은 그의 첫 번째 목회 서신에서 종교적 신앙들과 실천들을 평가하는 과정에 대해 언급한다. 그는 교회에 출현하는 거짓 선생들에 대해 경고하면서, "사랑하는 자들아 영을 다 믿지 말고 오직 영들이 하나님께 속하였나 분별하라 많은 거짓 선지자가 세상에 나왔음이라"(요일 4:1)라는 말로 충고한다. 요한은 비록 하나님의 빛이 "세상에 와서 각 사람에게 비추기는" 하지만(요 1:9), 모든 가르침이 건전한 것은 아니라는 사실을 분명히 말한다. 기독교인들은 어둠과 빛을, 오류와 진리를, 의로움과 죄를 구분할 필요가 있다. 요한의 서신은 이 과정에 대해 설명한다.

이제 요한이 우리가 설명한 평가 도구들을 어떻게 사용했는지 살펴보자.

요한이 찾은 **규범** 혹은 **선**은 사랑이다. 사랑의 현존을 결정하는 **주요 기준**은 특정한 상황 안에서 사랑이라고 간주할 수 있는 것이 하나님의 사랑을 반영하는지 여부를 보는 것이다. 요한은 우리에게 "사랑은 하나님께 속한 것이니 사랑하는 자마다 하나님으로부터 나서 하나님을 알고"(요일 4:7)라고 말한다.

가르침과 실천을 통해 하나님께서 적극적으로 역사하시는지 여부를 테스트하는 **측정 도구**는 예수에 대한 개인적인 반응을 보는 것이다. 이 측정 도구는 하나님의 사랑에 대한 가장 기본적인 표현이 하나님께서 예수를 세상에 보내셨고 그래서 우리가 그로 말미암아 살게 되었음(요일 4:9)을 믿는 것이라 강조한다.

요한은 사람들이 하나님의 사랑을 증거하시는 담지자 되신 예수께 반응하는 방식을 봄으로써 참된 사랑이 **현존하고 있는지 여부를** 인식할 수 있다고 말한다. 요한은 예수께서 하나님께로부터 오신 분이라는 것을 직접적으로 부인한다면, 그것으로 그들이 거짓 선지자임을 드러내는 것이라 말한다(요일 4:2-3).

우리가 자신의 확신을 다시 채택하고 타종교와 타문화에서 배운 것들에 대해 평가하기 시작할 때, 성경이 제시하는 이같은 권면이 도움이 된다. 모든 것을 포괄하는 선(the overarching good)인 사랑이 보일 수 있는 곳이라면, 다른 공동체의 행위들도 포용될 수 있다. 예수를 향한 공동체의 태도 또한 결정될 수 있다. 간혹 타종교에 속한 사람들이 예수의 중요성을 인지하고 예수를 경배하는 기독교인들의 태도를 존중하기도 한다.

요한 서신은 예수께서 하나님으로부터 보내심을 받은 분이심을 부정하는 것이야말로, 기독교 지도자들이라 **주장**하면서도 실재로는 그렇지 않은 사람들을 판단하는 구체적 지점이라고 가르친다. 요한 서신의 상황 지향적 측정 도구가 우리가 처해 있는 새로운 상황과 상관성이 없어 보일 수도 있다. 왜냐하면 오늘날 우리가 찾고자 하는 것은 교회로 들어와 가르치려 하는 거짓 선지자들이 아니기 때문이다. 우리가 평가하고자 하는 것은 하나님께서 이미 그 공동체 안에서 역사하고 계신지를 포착하기 위한 공동체의 사랑에 대한 것이다.

요한 서신은 우리가 사랑의 현존을 확인할 수 있는 구체적인 범주에 대한 윤곽을 보여준다. 사랑은 삶을 내어주는 것이고(요일 4:11-16), 선을 행하는 데 열심을 내는 것이며(요일 4:17-18), 신뢰하고 두려움을 내어 쫓는 것이다(요일 4:17-18). 그러나 사랑의 열매는 심지어 하나님의 빛이 각자의 마음에 비추는 것으로서 복음을 수용하지 않는 타문화들과 종교들 안에서도 볼 수 있다(요 1장).

바로 그 열매들이 우리가 평가를 할 때 보조적인 역할을 하게 되는 것들이다. 타종교의 텍스트나 문화 속에 실존하는 생명을 부정하는 행위들과 거짓 가르침들을 무시할 수는 없을 것이다. 그러나 "타종교의 텍스트"(foreign text) 안에서 발견할 수 있는 하나님의 사랑을 드러내는 표현 양식들과 새로운 문화가 예로부터 보유하고 있는 공동체적 그리고 종교적 실천들을 발견할 수 있다.

2) 성령

예수께서는 당신이 죽임을 당하신 후, 하나님께서 특별한 방식으로 성령을 세상으로 보내실 것에 대해 약속하셨다.

> 내가 아버지께 구하겠으니 그가 또 다른 보혜사를 너희에게 주사 영원토록 너희와 함께 있게 하리니 그는 진리의 영이라(요 14:16-17).

"모든 사람을 비추시는 빛"에 대한 믿음 외에도, 기독교인들은 예수의 죽으심과 부활하심 이후, 하나님의 성령이 특별한 방식으로 세상에 충만하시다는 사실을 믿는다. 우리가 이 같은 개념을 포용할 때, 우리는 수많은 장소와 사회 구조들, 가르침들 그리고 전 세계 공동체들의 실천 속에서 역사하는 하나님의 활동을 보기 시작한다. 성령의 역사하심은 타문화와 종교 내에서 역사하시는 하나님의 현존을 평가하기 위한 중요한 기준이 될 수 있다.

아프리카 선교사로 섬겼던 북미 루터교 신학자인 리 스눅(Lee Snook)은 아프리카에서 사역하는 동안 성령에 대한 그의 이해를 교정했다. 그의 이해는 두 가지 면에서 변했다.

첫째, 그는 아프리카인들이 예수의 이름에 대해 들어보기도 전에 아프리카인들의 신앙을 통해 역사하시는 하나님의 성령을 목도했다.

그는 하나님에 대한 신앙을 보았다. 그는 실재를 변화시키는 하나님의 능력에 대한 신뢰를 보았다.

둘째, 눅은 사람들이 기독교를 수용하고 난 후 역사하시는 성령의 활동을 목도했다.

이 두 번째 범주에 속하는 하나님의 역사는 첫 번째 범주에 속하는 것에 비해 더욱 직접적이고 강력했다. 성령에 대한 자신의 신학을 "모든 사람을 비추시는 하나님의 빛"에 근거해 정립하면서, 눅은 성령의 구체적인 사역(그리스도의 몸을 세우시고, 건강한 삶을 권면하시며, 사람들로 하여금 방향을 바꾸어 어둠에서 빛으로 움직이게 하시는 사역)을 목도하기 시작했다(Snook 2000).

3) 인격적인 하나님

빈센트 도노반은 자신이 품고 있던 기독교적 확신들을 재적용하는 것에 기초하여 특정 문화 안에서 역사하시는 하나님의 사역에 대해 평가한 다른 기독교 선교사의 예를 제시한다. 도노반은 아프리카의 마사이족을 대상으로 사역했는데, 그곳에서 그는 마사이족의 종교가 귀신의 활동과 물활론적 예배에 대해서 뿐만 아니라 인격적인 한 고등신(a God)에도 초점을 맞추고 있음을 발견했다. 인격적 고등신(a personal God)에 대한 개념은 마사이족들이 공유하고 있는 깊은 형제애로 인도했다. 도노반은 모든 사람이 공유하고 있는 깊은 충성과 가치에 대한 감각이 그들의 종교에 내재하고 있음을 발견했다.

도노반은 자신의 선입견을 잠시 유보하고 마사이 문화와 종교를 개방적인 태도로 대면하는 과정을 통해 그런 가치들을 발견할 수 있었다. 마사이 사람들이 품고 있던 질문들이 무엇인지 발견하고, 그들의 신앙에 비추어 복음에 대해 함께 토론하는 과정을 통해, 도노반은 기독교 복음의 좋은 소식이 그들의 삶과 상관이 있다는 결론에 이르게 되었다.

사실, 어떤 식으로든 성경의 인격적 하나님은 일정 범위 내에서 그들의 마음에 비춰지고 있었던 것이다. 복음의 보편적 성격은 그들이 제기하는 질문들과 그들이 따르는 종교의 실천들 속에 복음의 흔적들이 배태되어 있음을 증명한다.

도노반은 마사이족 사회 내에 실존하시는 하나님을 발견했다. 그는 인격적 하나님에 대한 마사이족들의 기준을 그들에게 복음 이야기를 말하는 초입구로 사용했다. 그는 인격적 하나님에 대한 지식이 마사이족의 신앙을 평가하는데 적합하다는 것을 발견했다. 평가를 위한 도구는 실천들이 그 기준에 얼마나 부합하는지 혹은 그 기준에서 얼마나 동떨어져 있는가를 측정하는 것이 되었다.

마사이족에게는 복음의 좋은 소식이 필요했다. 마사이족 공동체가 실천하는 모든 행위가 도노반이 알고 있는 성경이 증거하는 인격적 하나님의 기준에 부합하는 것은 아니었다. 마사이족 문화와 실천들을 평가하는 과정은 마사이족이 발전시킨 실천들에 의해 측정되고 성경의 인격적 하나님이 규정하시는 선을 측정하는 도구들에 달려있었다.

3. 복음을 확산시키기 위한 평가 도구들 사용하기: 상황적 방법

중요 판단 기준으로 사용하기 위해 전반을 포괄하는 성경 주제 하나를 발견하는 것은 타문화나 종교를 평가하기 위해 거쳐야 하는 첫 번째 단계이다. 두 번째 단계는 세상 가운데 역사하시는 하나님을 표현하는 것으로, 발견한 성경 주제가 문화 속에서 어떻게 작용하고 있는지를 제시하는 것이다.

어떤 신앙과 문화 형식들이 하나님의 사랑을 증거하는 것으로 이해될 수 있을까?

하나님의 성령에 영향을 받은 것으로 보여질 수 있는 정치적 사고 혹은 사회 구조로는 어떤 것을 들 수 있을까?

종교 실천의 일부가 인격적인 하나님에 대한 증거를 담고 있다면, 어떤 은유와 유비를 예로 들 수 있을까?

타종교를 따르는 사람들이 이미 소유하고 있는 개념들이 어떻게 예수의 이야기를 통해 전달되는 복음을 증거하는 데 사용될 수 있을까?

이같은 질문들에 대한 답변이 일반적인 답변일 수는 없다. 이런 질문들에 대한 답변은 특정 종교와 상황에 한해서만 언급할 수 있을 뿐이다. 기독교 신학자들이 발전시킨 모든 중요 기준이 모든 상황과 종교 속에서 발견되지는 않을 것이다. 타문화에서 실천하고 있는 모든 행위가 하나님의 사랑, 성경의 역사, 혹은 기독교인들이 이해하는 인격적 하나님의 실재에 대해 증거하지는 않는다.

사도 요한은 특정 공동체 속에서 드러나는 하나님 사랑의 현존을 평가하는 방식들에 대한 개요를 제공한다. 눅은 구원을 위해 역사하시는 성령의 구체적인 사역과 대조되는 것으로서, 생명과 선의 능력으로 만물 안에서 역사하시는 성령의 실재를 발견했다. 도노반은 잠시 유보했던 자신이 확신을 다시 도입함으로써, 마사이족 문화를 평가할 때 도움이 되는 형제애에 대한 모티브를 발견했다. 그는 마사이족 소집단들에게 예수 그리스도에 대한 복음을 제시할 때, 이 형제애에 대한 모티브를 활용했다.

선교사들이 자신들이 확신하고 있는 것들을 다시 사용할 때, 기독교 복음 메시지를 지지하는 문화 구조가 무엇인지를 보여줌으로써, 세상에서 역사하시는 하나님의 사역에 대한 증거가 그들의 평가 방향이 나갈 방향을 제시해 줄 것이다.

4. 나는 어디에 있는가? 상황 고려하기

실천들, 신앙들, 그리고 사회구조들의 유익함(wholesomeness)을 평가하기 위해 대단히 포괄적인 성경 주제를 사용하는 것은 우리에게 하나의 기준을 제공해 준다. 그러나 평가 과정은 진공상태가 아닌 구체적인 지역에서 발생한다. 우리는 평가 과정을 시작하기 위한 방식으로서 특정한 방법론도 필요한데, 이는 우리의 확신들과 선입견들, 그리고 특정 상황에서 살아가는 사람들의 신앙과 가치들 간에 발생하는 상호작용의 중요한 차원들에 우리의 주의를 집중시킬 것이다.

우리는 특정 공동체의 문화와 종교를 조사해왔다. 그 같은 연구조사는 **특정 지역에서**, 누군가에 **의해** 그리고 누군가를 **위해** 수행된다. 이들 영역 각각에 대한 면밀히 조사는 공동체 내에 현존하는 하나님의 사랑을 평가하는 구조를 제공해 준다.

박스 20.3
평가를 위한 질문들

새로운 문화와의 개방적인 조우를 위해 잠시 유보했던 내 경험 분야를 어떻게 다시 재적용할 수 있을까?

1. 대면 국면 중에 유보한 특정한 개념들, 느낌들 그리고 확신들의 명단을 작성해 보라.
   이해: 다른 문화에 대해 내가 생각했던 것, 내가 해당 문화의 윤리, 예절, 그리고 종교를 이해한 방식
   사회화: 학습하고 행동하는 방식들, 내 가족과 학교, 그리고 교회에서 배운 습관들
   상황: 내 고향에서, 지역에서 그리고 나라에서 중요했던 것들
   신학: 내가 하나님과 세상 그리고 인간에 대해 믿고 있는 것

2. 이제 이러한 확신들을 새로운 문화와 종교에 대해 얻은 지식과 병행해 놓으라.
   이 부분에서 나는 본장에서 내가 설명한 측정 방식을 사용하여 새로운 문화를 평가하기 위해 내가 확보한 이해를 사용한다.
   이해: 나의 문화와 비교하여 타문화에 대해 내가 가지고 있는 생각은 무엇인가? 내가 보는바, 윤리와 예절, 그리고 종교에 대하여 해당 문화가 갖고 있는 확신들의 강점들과 약점들은 무엇인가?
   사회화: 내가 보는 바, 내가 배운 행동과 신앙의 방식들과 이 문화에서 보여 지는 인격 형성과 배움의 패턴들 간 차이는 무엇인가?
   상황: 내 고향에서는 핵심적이지 않지만 여기에서 중요한 삶의 측면들은 어떤 것들인가?
   이 상황에서 부상하는 다른 가치들이 내가 믿고 있는 것과 양립 가능한가? 내가 고향에서 배운 것들 중에서 이 시점에 도움이 될 만한 것에 어떤 것이 있는가?

신학: 기독교인으로서 나의 확신들과 새로운 상황에서 살아가고 있는 사람들의 신앙들 사이에서 발견되는 유사성들은 무엇인가?

내가 참되다 확신하는 하나님과 세상에 대한 신앙들 그리고 내가 참되다 믿는 것과 상호작용하는 사람들의 방식이 내가 관여하고 있는 종교에서 반영되지 않는다면, 그것은 무엇인가?

이 종교 안에서 이미 역사하시는 하나님을 발견할 수 있는 지점은 어디인가?

기독교 진리를 가지고 이와 같은 상황 속에서 살아가는 사람들에게 접근할 때 어떻게 해야 하는가?

나의 기독교적 확신들과 새로운 상황에서 살아가고 있는 사람들의 신앙들 간에 발견할 수 있는 유사성이 있는가?

3. 이 문화에 대해 내가 배운 것들을 내가 가지고 있는 관점과 어떻게 일치시킬 수 있을까?

이 종교와 문화에 대해 배운 것이 내가 가지고 있던 확신들을 어떻게 변화시켰는가? 만일 이 사람들이 기독교를 수용한다면 어떻게 변할까?

4. 내가 이 종교를 대할 때, 사람들에게 그리스도의 사랑을 보여주고 내가 해당 종교에 관여하기 이전에 이미 하나님께서 선재적으로 역사하고 계셨다는 사실을 긍정적으로 평가하기 위해 개발할 수 있는 실천들에는 어떤 것들이 있을까?

1) 지역

다른 텍스트, 종교, 또는 문화를 "개방적으로 대면하고자 하는 자세"는 우리를 다른 상황으로 인도한다. 그리고 그 "상황"에 주의를 기울이는 태도는 지금까지 우리가 대면해온 것들을 평가할 때 중요한 요소로 작용한다.

만일 우리가 개방적인 자세로 귀를 기울인다면, 타종교에 대한 우리의 인식은, 비록 완전하지는 않더라도, 그 종교 그 자체에 진실한 것이 될 것이다. 우리는 지금까지 그 공동체에게 중요한 질문들이 무엇인지 밝혀왔다. 이제 그 상황에서 얻은 구체적인 지식과 우리 자신의 관점 사이에 대화를 시작하도록 하겠다.

2) 연구조사자

연구조사자(우리가 다른 공동체에 속한 사람들과 대면할 때 우리 자신을 지칭하는 용어로, 학습자라고도 할 수 있다)로서, 이제 우리는 우리 자신의 관점으로 되돌아가고자 한다. 우리가 하나님, 세상 그리고 인간에 대해 믿고 있는 확신은, 우리가 특정 문화 속에서 역사하시는 하나님의 방식에 대해 평가할 때 중요한 역할을 한다.

지금까지 우리는 그 문화 속에서 하나님이 역사하시는 자리들을 관찰해 왔다. 우리는 해당 종교 내에서 하나님의 역사가 드러나는 지점들에 대해 살펴보았다. 하나님의 역사가 발견되는 곳에서는 삶이 개선되고, 선한 행동이 지배적이 되며, 두려움도 사라진다. 우리의 가치들과 확신들을 다시 도입하는 것은, 그 문화가 납득할 수 있는 방법으로 복음을 소개함으로써 그 상황 안에서 하나님의 사역이 더욱 확장되게 하는 방식을 이해하는 기초를 제공한다.

3) 청중

우리의 학습은 우리 자신을 위한 것일 뿐만 아니라 다른 사람들을 위한 것이기도 하다. 우리는 우리를 이 상황으로 파송한 교회가 그 사람들을 이해하고 그들 가운데서 역사하시는 하나님에 대해 이해하길 원한다. 우리는 보내심을 받은 이 상황에 적절한 선교 목적들, 즉 하나님의 성령께서 이미 그곳에서 역사하고 계시다는 사실에 부합하는 다양한 신학이 개발되길 원한다.

우리는 또한 우리가 보내심을 받은 사람들이 기독교 복음의 좋은 소식에 대해 이해하기를 바란다. 우리는 그곳에 교회가 세워지고 성장하길 원한다. 우리가 앞서 이미 역사하시는 하나님께서 계신 사회에 속한 사람들과 의사소통을 나누고, 그들이 제기하는 질문들에 대해 고심하고, 우리와 그들 간에 존재하는 유사점을 파악하고, 그들이 살아가는 상황 속에서 복음 이야기가 명확하게 되는 데 기여할 은유들을 사용하는 것 등은 평가 과정에서 중요하게 다뤄져야 할 요소들이다.

5. 코수케 코야마(KŌSUKE KOYAMA)와 물소신학

평가 과정은 선교사의 확신과 선입견뿐만 아니라 선교사가 파송된 문화에 속한 공동체의 상황과 질문들과도 연결되어 있기 때문에, 우리는 이 같은 평가 과정을 타문화와 대면하고 그 문화를 기독교 신앙과 문화의 영향이라는 관점에서 평가한 한 사람의 인생 경험을 통해 살펴볼 것이다. 구체적인 사례를 살펴봄으로써, 우리는 특정 상황과 연관된 실재적인 평가 과정을 볼 수 있을 것이다.

동경연합신학교(Tokyo Union Theological Seminary)와 프린스턴신학교(Princeton Theological Seminary)에서 수학한 일본인 신학자 코수케 코야마는 태국 북부지역 마을들로 파송된 선교사로서 자신이 대면한 상황과 관점을 통합시키는 일이 갖는 중요성을 인식했다. 새로운 상황에 기독교를 전달하기 위해, 코야마는 "신학으로 하여금 그 상황 안에서 그리고 그 상황을 통해 말하도록" 해야 한다고 말했다(1999, 21).

우리의 신학과 우리가 다른 종교적 환경 가운데서 조우하게 되는 다양한 질문들 그리고 상황이 서로 대화를 나누도록 할 때, 우리는 상황 그 자체가 우리의 숙고와 행위를 위한 최우선적 자리를 가정하게 허용한다.

코야마에 따르면, 그런 과정, 즉 평생 동안 새로운 상황에 참여한 결과는 단순한 문화적 수용(mere cultural accommodation)이 아니라 그보다 한층 더 어려운 비판적 수용(critical accommodation)이다. 코야마는 진정한 상황화는 오직 비판적 혹은 예언적 수용을 통해서만 발생할 수 있다고 단언한다.

코야마가 의미하는 상황화는 특정 상황에서 발생하는 적절한 기독교 신학의 생성과 발전이다. 개념과 문화의 그와 같은 조우는 평가 과정 중에 발생할 수 있다.

코야마에 따르면, 신학은 과학보다는 시와 유사하다. 그리고 태국에서 자신이 경험한 구체적인 이야기(narrative)는 제약 없는(open-ended) **생생한 방법론**(lived methodology)을 보여준다. 그가 태국에서 발전시킨 지역신학(local theology)인 **물소신학**(Water Buffalo Theology)에 대한 상세한 내용이 담겨있는 25주년기념 저서에는, 자신의 이중문화 경험과 그 자신이 태국 북부에서 경험한 인생의 교육을 통합하기 위해 노력한 코야마의 분투가 묘사되어 있다.

그 이야기를 추적하는 과정에서, 우리는 상승 나선형 지식 습득이 어떤 것인지를 코야마의 경험적인 배움을 통해 보게 된다. 그 과정에 대한 평가 국면은 책 전체를 통해 되풀이된다. 우리는 코야마가 자신이 확신하고 있던 바와 태국 농부들의 관점을 상호 대면하게 하면서 그가 밟아나갔던 과정을 서술하면서 그 과정을 추출해낼 것이다.

프린스턴에서 수학하던 중, 코야마는 자신의 신학적 훈련과 일본인으로서의 정체성을 통합하고자 시도하지 않았다. 선교사로서 태국에 도착했을 때, 그에게 정확히 세 번째 문화이자 동시에 타종교인 불교와 조우하게 되었다.

코야마는 자신이 태국에서 경험한 것을 평가하기 위해 자신이 확신하고 있는 바들로 되돌아갔던 것에 더하여, 그러한 확신들과 선입견들이 무엇인지에 대해 규명해야 했다. 코야마는 자신이 개발한 **물소신학**을 자신의 원래 상황인 동경과 뉴저지와 치앙마이(Chiang Mai)라는 나머지 두 개의 상황들이 "세 각을 이뤄 대화를 나눈" 결과물이라 불렀다.

지구촌이라는 현대적 상황 안에서 살아가는 사람들은, 심지어는 타종교와 대면하기도 전에, 경우에 따라서는 이중 혹은 삼중의 문화적 배경을 가지고 시작하는 경우가 있다. 만일 누군가 타문화 혹은 종교와 대면하기 전에 자신의 원래 경험에 대해 숙고하지 않았다면, 평가 과정을 계기로 숙고할 필요가 있다.

오직 자신이 원래 소유하고 있던 세계관과 실천을 이해하고 포용할 때라야 비로소, 다른 사람들의 세계관과 실천과 더불어 나누는 양방향(two-way)식 대화가 가능할 수 있기 때문이다.

코야마가 태국에 도착했을 때, 그는 상승 나선형 지식 습득과정을 거치기 시작했다. 그는 우선 태국어 공부를 하기 시작했다. 그는 태국어 공부가 너무도 어렵다는 것을 발견했는데, 언어습득이라는 어려운 과정이 그를 회개로 이끌었다. 태국어를 이해하지 못하고 대화를 나눌 능력이 없는 스스로에 대한 "부끄러움"이 자신의 연약함을 드러나게 했고, "태국 사람들의 얼굴에서 하나님의 얼굴을 보고자 하는 데" 헌신하는 자리로 나아가게 했다. 자신이 태국인을 이해하지 못하고 있다는 사실을 인식하는 것으로, 코야마는 태국이라는 상황과 공동체 안에 거하시는 하나님을 찾는 일을 시작했다.

다른 사람들의 얼굴에서 하나님을 목도하기 위해서는 세상에서 하나님이 보여지는 방식에 대한 자신의 생각과 확신을 잠시 유보하는 과정이 포함되어야 한다. 태국어를 이해할 수 없는 자신에 대한 부끄러움과 태국어로 대화를 나눌 수 없는 것에 대한 좌절감은 코야마로 하여금 자신의 정교한 신학이나 문화적 배경을 잠시 유보하고 다른 사람들, 즉 불교/물화론적 문화에서 살아가던 태국 농부들과의 대면에 개방적인 자세를 가질 수 있게 했다.

이 같은 개방적인 대면에서, 태국 농부들이 소유하고 있는 문화와 종교에 대한 존중은 핵심요소로 작용했다. 불교인들의 용어를 사용하고, 우월감이나 열등감 없이 태국의 불교인들과 기독교인들과 상호작용하는 가운데, 코야마는 "자연스럽게" 종교 간 대화로 나갈 수 있었다. 상대방을 대체하는 것이 아닌 서로 함께 누리는 풍성함이 종교 상호 간 나누는 대화의 목적 중 하나가 되었다. 그러나 코야마의 목적은 단지 종교 간 대화를 나누는 것 이상의 것을 포함하고 있었다. 그는 자신이 섬기는 태국 농촌 지역 공동체와 상관성을 갖는 신학을 개발하고 싶었다. 코야마는 이 목표를 달성하기 위한 세 가지 단계를 요약했다.

첫째, 지역민들의 질문이 무엇인지 분명히 하면서, 우리가 당장 당면하고 있는 이슈가 무엇인지 규명해야 한다.

우리는 지식 습득을 위한 대면 과정의 일부로서 이점에 대해 토론했다.

둘째, 우리는 우리의 관점이 지역민들이 처한 상황에서 중요한 것으로 드러난 그들의 질문들 그리고 필요들과 어떻게 관련되는지 알아야 한다. 즉, 우리의 신학은 그들을 섬기기 위한 것이어야 한다.

이것은 평가의 단계이다.

셋째, 우리는 바로 그 환경 속에서 그들을 섬기기 위해 그들이 제기하는 질문들과 이슈들에 비추어 우리의 관점을 재평가한 결과로 우리가 얻은 새로운 지식을 사용해야 한다.

통합의 과정은 다음 단계로서 다음 장에서 탐구할 것이다. 그리고 나서 우리는 우리의 경험에 영향을 미친 개선된 의미의 지평으로부터 시작하여 지식 습득을 위한 상승형 나선을 지속적으로 가로질러 가야 한다.

이것이 우리가 코야마의 물소 신학에 대해 숙고하면서 가장 중요하게 여긴 평가 부분이다.

그는 어떻게 잠시 유보해 두었던 자신의 프리텍스트와 기독교인으로서의 확신들을 다시 다루는가?

이 일을 위해, 어떻게 그는 자신의 프리텍스트와 기독교인으로서 자신이 가지고 있는 확신들을 자신이 새롭게 접한 상황이 제기하는 질문들, 그리고 이슈들과 대화를 나누게 하는가?

자신이 동경과 뉴저지에서 획득한 신학적 지식과 이해를 적용하는 과정에서, 코야마는 태국의 상황에 대해 평가하고 그 상황에 적절한 지역신학(a local theology)을 개발했다. 코야마는 다양한 서구 텍스트를 통해 얻은 신학적 훈련들, 예컨대 그가 습득한 토마스 아퀴나스와 칼 바르트의 신학이 그가 섬기던 태국 북부 농부들에게 어떤 유익을 줄 수 있는지에 대해 질문했다.

한 걸음 더 나아가, 그는 자신이 섬기는 새로운 상황과 상관성이 있는 것으로 이해되기 전까지, 의미에 대해 자신이 갖고 있는 오랜 지평의 일부로 존재하며 의미에 대해 본인이 가지고 있는 신학을 진실로 **이해한** 것이 아니라고까지 주장했다. 즉, 아퀴나스와 바르트의 신학 사상은 코야마 본인이 이해하고자 한 불교를 숭상하며 벼농사를 짓고 있는 태국 북부 농민 공동체의 관심과 생활방식에 비춰 **재형성되고**(reshape), 재구성될 필요가 있다는 것이다. 그는 그 상황의 지배적 영향과 상관성을 갖지 않는 어떤 신학적 평가를 내릴 수가 없었다.

코야마 자신이 동경과 프린스턴에서 이해했던 아퀴나스와 바르트의 신학의 의미는 자신이 새롭게 접한 상황과는 별반 상관이 없는 것으로 여겨졌다. 이 신학자들의 신학을 태국 문화와 그들이 품고 있는 관심사들과 대화를 나누도록 하는 과정에서 새롭게 인지된 이해는 태국이라는 새로운 상황 속에서 이들 텍스트가 갖는 진정한 의미가 되었다.

그러나 코야마가 태국에서 습득한 신학이 갖는 타당성을 온전히 발견하기 위해서는 이들 신학과 자신의 과거 경험과 통합시킬 필요가 있었다.

그가 연구한 다양한 신학 전통의 어떤 부분들이 그의 삶과 상관성이 있는 것일까?

만일 그가 자신의 이중 문화적 교육과 경험을 통해 무엇이 중요하고 무엇이 폐기되어야 하는지를 이해하지 못했다면, 그가 무슨 수로 자신의 신학과 태국의 문화를 통합시킬 수 있었겠는가?

코야마가 자신의 문화와 언어를 유보했던 칠년이라는 "신학적 부유기"는 그가 통합에 대한 필요성을 더이상 무시할 수 없게 되었을 때 마침내 종결되었다. 온전한 통합을 이루기 위해, 코야마는 태국 문화와 종교뿐만 아니라 자신의 신학도 평가할 필요가 있었다.

자신의 인생의 경험과 배움을 되돌아보면서, 코야마는 자신의 경험이 지속적인 전쟁의 폭력으로 특징지어짐을 인식했다. 기독교 가정에서 태어나고 자란 그는, 성경의 하나님은 일본과 당시 일본에 폭격을 가하고 있던 미국을 포함한 열국의 안녕에 관심을 기울이고 계신다고 가르치던 목사를 통해 세례를 받았다. 코야마가 받은 이 같은 첫 번째 에큐메니컬 교훈은 그의 신학을 세상에서 폭력의 제거라는 핵심 사상이 갖는 중요성과 연결시켰다. 그는 폭력을 자신의 성경적 주제, 즉 이후 자신의 평가에서 사용할 중요한 기준으로 규정했다.

기독교를 포함하여 종교가 폭력을 줄이는 데 기여하는지 여부는 그 종교가 갖는 진리와 상관성을 평가하기 위한 핵심 기준이 되었다. 코야마는 "만일 카르마 교리가 유대교(Semitic) 교리에 비해 폭력을 줄이는데 기여한다면 어떨까?"라고 묻는다.

> 십자가의 신학(the theologia cruces)의 진실성을 판단하는 마지막 시험은, 기독교의 가르침이 세상에서 폭력을 제거하는 데 진정으로 기여하느냐의 여부일 것이다(1999, 179).

폭력의 감소에 대한 그의 관심은 윤리적 기준일 뿐만 아니라 기독교 신학자로서 코야마의 정체성의 일부가 되었다. 찰스 테일러는 현대인들은 그들의 심층에 자리잡은 개인적 바람과 경험을 공명하는 무엇인가를 그들의 외부에서 찾는다고 제언했다(1989). 누군가가 이런 방식으로 외적인 삶과 내적인 삶을 연결시킬 때, 강력한 도덕적 평가가 그 사람의 정체성의 일부로 발전하게 된다.

코야마의 인생 이야기는 이런 과정의 흔적들을 보여준다. 한 사람의 젊은이로서, 그의 삶에는 전쟁의 음영이 드리워져 있었다. 동경에서 수학하는 한 사람의 대학생으로서, 그는 전쟁의 황폐함이 초래한 굶주림으로 고통을 당했다. 뉴욕시에서 발생한 유대인들과 흑인들을 대상으로 한 폭력은 코야마의 자기 정체성에 위협을 가한 또 다른 종류의 "폭탄"과 같은 것이었다. 폭력이라는 이슈는 이해되어 그의 신학과 자아감에 통합될 필요가 있었으며, 결과적으로 전체 복음으로 들어가는 출입구가 되었다.

한 사람의 젊은이로서 이 문제를 해결하고자 노력하던 코야마는 성경과 아시스의 성 프란시스코의 삶에 대한 연구로 눈을 돌렸다. 이런 식으로, 그는 폭력 문제에 대한 정체성 경험을 기독교 신앙과 연결시켰다. 그가 자신의 신학적 그리고 경험적 관점을 태국 불교와 더불어 나누는 대화의 자리로 가져왔을 때, 자신의 경험 이해의 중요한 측면인 이 주제를 다른 사람들에 대한 자신의 경험을 평가하는 데 사용했다. 지식의 재구성, 그리고 다음 장에서 우리가 탐구할 지평들 간의 통합은 세상에서 폭력의 제거라는 중요성이 갖는 핵심적 기준에 의해 심대한 영향을 받았다.

그렇다면, 평가 과정은 특정인의 경험 과정과 다른 사람들과의 개방적 대면에 근거한다. 코야마가 그랬던 것처럼 동일한 외적 자극 요소들을 통과하는 사람들은 다른 인생 경험으로 인해 이 과정에 대한 다른 해석 과정을 밟아나갈 수도 있다. 제임스 맥클레돈(James McCledon)이 자신의 저서 『신학으로서의 자서전』(Biography as Theology, 2002)을 통해 잘 보여준 것처럼, 예를 들어 마틴 루터 킹 주니어(Martin Luther King Jr.) 같은 사람은 폭력 대신에 정의라는 안경을 통해 기독교 신학을 발전시켜 나갔다.

새로운 신학은 이러한 과정을 통해 등장하게 된다. 평가 과정 그 자체는 특정인의 신학을 다른 사람들의 이슈와 상황에 비춰 재구성하는 것을 포함한다. 이와 같은 지식의 두 가지 측면, 즉 특정인의 핵심적 정체감과 그 정체감에서 유래되는 도덕적 평가는 평가 과정의 세 번째 단계가 된다. 특정인의 자아감이 내적 열망이나 외적 사건 또는 실재와 연결될 때, 평가 과정의 진행이 시작된다.

코야마는 그리스도의 흔적에 대해 연구했고, 그리스도의 고통의 신학을 발전시켰다. 그리고 그는 자신이 발전시킨 그와 같은 신학적 개념들을 태국 농민을 위한 상황화된 신학은 무엇이 되어야 하는지에 대한 그의 점증하는 이해의 일부로 자리잡은 태국 농민들의 분투와 연결시켰다.

전쟁의 폭력에 대한 개인적 경험과 기독교인으로서 자신이 겪은 경험과의 연결은 자아정체성의 형성과 그 자신의 삶을 통해 통합된 신학을 형성하는 데 도움이 되었다. 경험, 신학 그리고 정체성이 결합됨으로 인해, 태국 사람들(불교인들과 기독교인들)과 대화를 나누는 자리로 나아갈 수 있었다.

6. 상황을 특별하게 취급하라

삶의 경험을 통해 얻어진 코야마의 방법론은 평가 과정에서 상황 그 자체가 갖는 중요성 또한 보여준다. 오직 상황으로 하여금 특정인의 이해를 좌우하고 그의 관점을 재형성하게 허용하는 것만이 다음 단계인 지평들의 통합을 가능하게 할 것이다. 아퀴나스와 바르트의 신학은 그 신학이 태국의 상황 안에서 이해될 수 있고 태국 교회를 섬기는데 사용될 수 있을 때라야 비로소 현재에 대한 의미가 있을 것이라는 코야마의 주장은 이 핵심 개념을 분명히 보여준다.

상황을 특별하게 취급함으로써, 코야마는 자신의 신학적 개념과 그의 관점에 영향을 미치는 우선적 요인들이 재구성될 수 있도록 허용했다. 만일 상황이 이와 같이 특별한 방식으로 취급되지 않는다면, 특정인이 소유하고 있는 이해의 재강화, 아니면 자신의 이전 이해에 대한 거부와 수반하는 새로운 문화 상황에 대한 무비판적 수용이라는 결과에 이르게 될 것이다.

새로운 상황으로 하여금 다른 상화에서 유래된 지식을 재형성하도록 허용하면, 걸림돌 없이 지평들의 통합 과정을 진행되는 것이 가능하게 한다. 평가 과정을 통해 지평들의 통합을 향해 나아가는 것이야말로, 코야마가 "진정한 상황화"라고 부른 것으로 인도하는 과정이다.

코야마에게 있어, 세 번째 단계는 태국의 농민들을 섬기고자 하는 목적에서 아퀴나스와 바르트에 대한 새로운 이해를 사용하는 것이다. 즉 평가를 거치는 과정에서, 태국 농민들이 가지고 있는 관심사들이 코야마 자신이 가지고 있던 기존의 사고를 재형성할 수 있도록 허용할 때, 양자 간에 발생하는 상호작용 과정을 통해 형성된 새로운 지평이 태국 회중을 섬기는 상황화된 신학이 된다.

이 지점에서 코야마는 지평들의 통합을 넘어 상승 나선형 지식 습득과정을 다시 한 번 횡단해 가는 과정을 시작하는 데로 나아간다. 그는 자신의 행동에 영향을 미치는 의미에 대한 자신의 새로운 지평을 형성하는 새로운 이해를 허용한다.

박스 20.4
코야마의 상승 나선형 사용 방식

경험하기

일본이라는 문화적, 인종적 배경;
일본에서 경험한 2차 세계대전; 뉴욕시에서의 생활;
프린스턴대학에서의 교육;
코야마는 이와 같은 경험적 배경을 가지고
태국 북부지역에 도착했다; 의사소통 능력의 부재는
그로 하여금 회개 후 태국어를 공부하는 데로 이끌었다.

지평들 통합하기

이 같은 과정을 통해, 코야마는 신학적으로
"부유하던" 시절을 종결시켰다.
그는 태국인들의 이슈와 종교에 비추어
자신의 관점을 재평가했다.

확신 잠시 유보하기

코야마는 일본인으로써
그리고 기독교 신학자로서의
우월감을 잠시 유보했다.
그리고 그는 태국인들 가운데
보이는 하나님의 얼굴을 보기로 결심했다.

평가하기

코야마는 일본인 기독교인으로서
그리고 프린스턴대학에서의 연구를 통해 얻은
자신의 신학을 태국인들의 필요를 다루는 데 사용했다.
그는 비 태국 상황과 연관된 옛 의미들을 폐기했다.
비폭력은 코야마가 태국 문화와
자신의 신학을 평가하는 핵심 규범이 되었다.

대면하기

이 같은 새로운 태도를 가진 코야마는
자신이 태국 불교인들의 문화를
이해하지 않았다는 인식을 갖게 된다.
그러자 그는 태국 북부에 거주하는
사람들이 갖는 질문들과
이슈들에 대해 규명하기 시작했다.

그는 독자들을 자신의 일상사로 초대함으로써 이 적용에 대해 설명했다. 어느 날 아침 그가 교회로 향해 걸어가고 있을 때, 그가 알고 있는 바 성경도 아니고 그가 배운 아퀴나스나 바르트의 신학도 아닌, 그가 늘 목도하던 들녘에서 쌀을 경작하는 농부들의 은유를 가지고 설교해야 한다는 점을 인식했다. 바나나, 질은 밥, 그리고 물소야말로 그가 사용할 은유들이 되었다.

루터의 경우에도, 신학이나 서적을 읽거나 묵상하는 것이 아닌 자신의 삶과 죽음 속에서 자신의 신학을 발견했다. 하나님의 고통과 농민들의 고통, 그리고 그 자신의 고통이 신학의 고통이 되었다.

제21장

통합하기: 우리의 관점과 선교적 실천 행위 재형성하기

우리가 앞 장에서 살펴보았던 것처럼, 우리가 소유하고 있는 확신들로 돌아가서 우리가 조우하고 있는 문화/종교를 평가하더라도, 특정 문화/종교적 상황에 내재하는 사고들과 가치들 때문에 문화를 가로지르는 타문화적 대화가 불가능할 정도의 배타적인 상황이 발생하지는 않는다. 평가에 대한 다수의 사례 연구는 사랑하시는 하나님의 현존(God's loving presence)이 기독교가 아닌 다른 종교에도 영향을 미친다는 사실을 보여준다. 하나님의 성령은 온 세상에서 사역하신다. 우리가 우리 고유의 신앙과 가치들에 다시 연결될 때, 다른 문화와의 상호작용에 변화를 야기한다. 이 과정을 거치면서 우리 자신이 변화된다. 그렇다면 이제, 선교에 대한 우리의 접근 방식도 재형성될 수 있다.

본 장은 지식을 습득하는 과정에서 우리가 어떻게 **변화되는지**에 집중할 것이다. 다른 종교에 대한 경험은 우리의 종교와 문화에 대한 인식에 변화를 야기한다. 우리는 이 과정에서 이 세상에서 역사하시는 하나님의 사역에 대한 여러 가지 통찰을 획득한다. 우리는 다른 문화 안에서 복음을 전달하는 통로로 사용되는 사회구조와 그 구조가 내포하는 가치들을 규명한다. 우리가 속한 종교/문화적 상황 안에서 갖게 되는 교회에 대한 이해, 그리고 그 이해가 다른 종교/문화에 속한 공동체와 맺는 관계에 변화가 발생한다.

이런 과정을 통해, 우리 자신에 대한 지식이 점차 확장된다. 이제 우리가 본래 가지고 있던 지식과 우리가 새롭게 획득한 지식을 통합하고, 우리의 선교적 실천들을 좀 더 명확하고 배려하는 방식으로 재형성할 준비가 되었다. 이제 우리는 선물을 공여하는 선교를 실천할 준비가 되었다.

평가하기와 마찬가지로, 이러한 변화를 만들어내기 위해서는 숙고의 과정이 필요하다. 선교사들은 선교 현장 혹은 선교적 환경 안에 있는 사람들이다. 그들은 심중에 간직한 굳은 확신을 품은 체 그들과 다른 사람들, 즉 다른 문화와 종교에 속한 사람들에게 복음을 전달할 목적으로 새로운 환경 속으로 들어가는 사역자들이다. 상호작용 과정을 통해 조성된 변화들을 일반적인 방식(general way)으로 평가하면, 그 상호작용을 통해 얻을 수 있는 구체적인 내용(specificity)을 놓치게 된다. 일반화는 통합이 두 진영의 지식을 엮어내는 방식을 통해 성취하고자 하는 목적을 보여주는데 미진하다.

따라서 통합과정은, 타종교나 문화에 속한 사람들의 삶에 참여하여, 그들의 종교나 문화를 이해하기 위해 자신들이 확신하고 있는 바를 잠시 유보하고, 개방적인 자세로 새로운 생각들과 실천들과 조우하고, 그것들을 자신의 기독교 신앙에 근거해 평가해 본 경험이 있는 선교사들이 제공하는 구체적인 사례 연구들을 통해 설명할 수 있다.

이들 선교사들은 어떻게 변화되었는가?

이들 선교사들이 시도한 새로운 선교 실천들이 갖춘 형식들을 무엇인가?

박스 21.1

변화 방식에 대한 질문들

지식 습득 과정에서 당신이 어떻게 변화되었는지 이해하는 데 대한 도움이 받기 위해, 아래 제시한 질문들에 답변해 보라.

1. 타종교에 대한 당신의 경험이 종교에 대한 당신의 인식들을 어떻게 변화시켰는가?
   - 타종교에 대한 당신의 경험이 문화에 대한 당신의 인식들을 어떻게 변화시켰는가?
   - 타종교에 대한 당신의 경험이 양육 방식에 대한 당신의 인식들을 어떻게 변화시켰는가?
   - 타종교에 대한 당신의 경험이 사회생활과 당신과 당신이 상호작용하는 사람들의 삶 사이에 존재하는 다름에 대한 당신의 인식들을 어떻게 변화시켰는가?

2. 개방적인 조우를 통해, 세상 안에서 역사하시는 하나님의 사역에 대해 어떤 통찰들을 얻었는가?
   - 당신이 대면한 사회 내부 어느 지점에서 사랑이 작동하고 있는지 목도했는가?
   - 선교사가 기독교를 제시하기 전에 성령께서 이미 타종교 내부에서 역사하고 계셨다는 주장에 대한 당신의 의견은 무엇인가?
   - 예수에 대한 사람들의 태도와 반응이 그들의 문화에 대해 무엇을 말하고 있는가?

3. 새로운 문화의 사회 구조들, 가치들, 또는 행동 방식들 중 기독교 복음과 양립할 수 있는 것들은 어떤 것들인가?
   - 이점에 대한 지식이 복음에 대한 당신의 이해에 어떤 영향을 미치는가?

4. 당신 자신에 대한 당신의 생각이 어떻게 확장되었는가?

5. 선교에 대한 당신의 접근방식이 어떻게 변화되었는가?

6. 당신이 처한 상황에서 인식하는 교회에 대한 이해, 그리고 다른 사람들의 공동체와 교회 간 관계에 대한 당신의 이해가 어떻게 변화되었는가?

1. 새로운 문화 안에 존재하는 지식에 반응하는 방식들

통합 과정은 한 개인이 가진 관점과 지식의 상승 나선형 구조를 종단하는 과정에서 얻은 일부 새로운 지식을 하나로 통합시키는 과정이다. 이와 같은 지평의 융합은 선교사의 관점에 변화를 가져온다. 세상을 조망하는 것과 관련해 우리와 다른 관점을 갖고 있는 방식과 상호작용하는 과정에서 자연스럽게 취득되는 새로운 지식에 대해 고심하는 과정에서 우리가 가지고 있던 이전의 관점을 재구성한다. 따라서 서로 다른 관점들 사이에 발생하는 지평들의 융합은 다른 형식(들)을 취할 수 있다.

1) 통합

예를 들면, 인도네시아에서 무슬림들과 생활하는 경험은 이슬람교에 대한 프랜시스의 관점에 변화를 가져왔다. 프랜시스는 모든 무슬림이 중동의 극단적 무슬림들과 같지 않음을 알게 되었다. 그녀는 이슬람식 생활에 대한 인도네시아인들의 패턴은 힌두교로부터 깊은 영향을 받은 문화적 기반에서 흘러나온 것이라는 점을 배웠다.

인도네시아 무슬림 여성들의 복장은 시원한 파스텔톤 색들을 반영한다. 머리에 쓰는 짧은 수건은 미소가 가득하고 조용한 인도네시아 여인들의 얼굴을 가리기보다는 드러내주는 역할을 한다. 인도네시아 무슬림들의 기도 생활 또한 기도에 대한 그녀의 관점을 재형성하는 데 영향을 끼쳤다. 기도를 위해 새벽에 일어나고, 한낮의 뜨거운 열기에도 불구하고 뙤약볕이 내리쬐는 밭 한가운데서 기도하고, 하루를 알라를 찬양하는 것으로 마치는 무슬림들의 헌신이 그녀에게 깊은 인상을 남겼다.

그녀는 좀 더 깊은 신앙적인 태도로 기도의 부르심에 응답함으로써, 기독교인으로서의 자신의 기도생활을 재형성하기 시작했다. 그녀 주변을 둘러싸고 있는 이슬람 사회의 영향을 수용함으로써, 그녀는 그들의 종교뿐 아니라 자신의 신앙을 이해하는 방식을 재형성하면서 의미에 대한 자신의 지평을 변화시킬 수 있었다.

테리도 스리랑카에서 불교의 비구니들(Bhikkhus)과 도덕적 삶에 대한 그들의 접근 방식에 대해 연구하던 중에 유사한 경험을 했다. 소승불교(Theravada) 전통에 속한 승려들은 공동체 생활 속에서 삶을 형성하도록 상세하게 규정된 227개의 규칙에 따라 살고 있다. 그들은 그러한 규칙들에 따라 사는 것을 도덕이라 부르며, 그런 도덕적 삶은 좀 더 높은 영적 지대로 나아가기 위한 전제조건으로 간주한다.

이 같은 통찰은 테리로 하여금 규칙에 기반을 둔 기독교적 삶에 대한 그의 이해를 확장시켰다. 기독교적 실천에서 이 같은 도덕적 규칙들은 더 넓고 더 높은 영적 통찰을 얻기 위한 기초라기보다 요구사항 정도로 취급되는 경우가 종종 있다.

도덕적 삶이 성령의 열매를 생산하기도 하지만, 또한 그것을 성장을 위한 하나의 기초 또는 뿌리로 봄을 통해 다른 유익을 얻을 수도 있다. 불교 수도원에 대해 연구하고 인터뷰하는 과정에서, 테리는 만일 다른 작업을 갖고 있었다면 얻을 기회조차 없을 수 있었던 기독교의 도덕적 삶에 대한 다양한 통찰들을 얻을 수 있었다.

2) 거부

지평의 융합 또는 조화로운 통합은 타종교와 조우하고 그 종교를 우리가 소유하고 있는 확신들에 비춰 평가하는 과정에서 자연스럽게 결과물을 산출하지 않는다. 대신, 우리가 잠시 유보해 놓았던 관점들을 재확인할 수도 있다. 타종교 안에서 하나님을 영화롭게 할 무엇인가를 발견하는 대신, 성경적으로 지지받지 못하기 때문에 거부해야 할 신앙 양태들을 발견한다. 그런 경우라면, 변화가 발생한다 하더라도 그 변화는 이전부터 갖고 있던 관점들을 더욱 견고하게 하고, 아마도 더욱 강화시킬 것이다.

일반적으로, 타종교와의 대면 결과 우리는 우리가 가지고 있던 기존 견해들에 더욱 깊이, 강력하게, 가끔은 연민 어린 방식으로 집착하게 된다. 비록 다양한 방식으로 결론이 나기는 하지만, 상승 나선형 지식 습득의 가치는 매우 중요하다.

테리의 경우, 영적인 구원을 얻기 위해 사람들이 의존할 수 있는 궁극적 신 존재는 없다는 부처의 주장은 구원이라는 은혜의 선물 때문에 믿고 의존하는 인격적 하나님에 대한 성경적 신앙에 부합하지 않는 것으로, 거부의 대상이다. 비록 영적 자율성과 숙련된 명상의 필요성을 강조하는 불교 신자들은 자신들이 믿는 신앙으로 인해 풍성함을 경험했고, 그 결과 가치 있는 영적 실천들을 개발한 것도 사실이다.

그러나 하나님의 은혜에 대한 테리의 경험은 그에 반하는 불교도 친구들의 신실한 증거에도 불구하고 바뀔 수 없는 신앙의 핵심이었다. 그러나 상승 나선형 지식 습득 과정을 거친 후, 자신의 기독교 신앙을 재확정하는 과정으로 돌아갔기 때문에, 본인이 동의하지 않는 불교의 가르침을 "거부"했다 하더라도 불교도 친구들에 대한 테리의 존중심이 감소한 것은 아니었다. 오히려 반대로, 그의 존중심은 더욱 깊어졌다.

프랜시스도 유사한 경험을 했다. 그녀는 여성의 옷차림과 행동에 대한 온화하고 칭찬할만한 이슬람식 표현 형식들을 발견했다. 그러나 남성뿐만 아니라 여성도 하나님의 형상대로 창조되었다는 그녀의 확신 때문에, 여성의 지위를 부차적인 것으로 경감시키는 대다수 이슬람 샤리아법을 확증하는 데에는 동의할 수 없었다.

3) 다른 결과물들

물론, 다른 가능한 결과물들이 있다. 어떤 사람은 종교를 바꿀 수 있었다. 어떤 사람은 이것을 **대체 결과물**이라 부를 수 있을 것이다. 달란트에 대한 성경의 비유가 우리에게 가르치는 것이 있다면, 하나님께서 우리를 부르신 까닭이 우리가 받은 영적 달란트를 모래 속에 감춰두는 것이 아니라, 하나님 나라의 성장을 소망하는 가운데 다양한 노력을 통해 예수 그리스도에 대한 이야기를 전함으로 세상이라는 위험한 시장에 투자하도록 하게 하기 위해 부르셨다는 점일 것이다. 우리에게 허락하신 하나님의 은사들을 안전하게만 다루는 것은 하나님의 계획의 일부가 아니다.

어떤 사람은 모든 종교가 많은 점에서 동일한 것이라는 결론에 이를 수도 있다. 하나의 종교는 다른 종교만큼이나 좋은 것이고, 따라서 어느 한 종교를 선택하는 것이 반드시 필요한 것이 아니라는 것이다. 이것을 **상대주의적 결과물**이라 부를 수 있을 것이다. 모든 종교에 대한 상대주의적 관점은 삶을 대하는 다른 방식과의 상호작용하는 과정을 통해 도출된 결과일 수 있다. "당신에게 참된 것이다."가 이런 반응의 모토가 된다.

이런 경우라면, 자신이 원래 가지고 있던 확신들을 유지한다. 그러나 왜 그렇게 되는지는 알 수 없지만, 그 확신들이 갖고 있던 힘을 상실한다. 이제 그 확신들은 다른 관점들과 더불어 "동등하게 타당한" 것으로 여겨질 뿐이다. 폴 레비노(Paul Rabinow)는 자신의 사상에 대한 깊은 헌신 없이 다른 관점들을 용인하는 상대적인 태도가 어떻게 진리에 대한 모든 주장을 동등하게 취급하는 지점으로 나가게 되는지에 대해 설명한다(1983).

그러나 나선(the spiral)에 대한 우리의 경험은, 헌신적인 기독교 선교사들이 보여주는 통합과 거부가 지평들의 융합이 초래하는 단연코 가장 일반적인 결과물임을 보여준다. 그리고 이 융합은 대단히 다양한 형식들로 발생한다. 거의 무한정한 상황들과 개성들 때문에, 어떤 일이 발생할지에 대한 감을 얻으려면 실재로 모든 사람의 이야기를 들어봐야 한다. 다른 말로 하자면, 무엇인가 발생하는 것은 실재하는 것이다. 우리가 택할 수 있는 유일한 조건은, 이 과정에 포함된 역학관계를 좀 더 잘 이해하고, 결과적으로 그 역학관계가 조성하는 다양한 선교의 기회를 더 잘 활용할 수 있게 되는 것이다.

이 사실을 마음에 새기고, 다양한 방식으로 나성형 지식 습득을 선교신학 개발에 통합시키는 수준까지 나간 세 명의 선교사들에 대한 사례 연구를 소개하는 것으로 이 장을 마치도록 할 것이다. 이 사례연구들은 통합과정을 이해하는 데 도움이 될 것이다. 여기에서 소개하는 세 개의 사례 연구는 다양한 기독교 교단 가운데서 임의로 선택한 것이다.

사례연구 1: 코야마와 물소신학

앞장에서 우리는 코야마가 태국 문화 비폭력에 대한 소승불교의 강조를 평가하는 과정에서 스스로를 밀어붙여 자신이 기존에 가지고 있던 확신들을 다른 관점에서 조망하는 것을 보았다. 일본이 제2차 세계대전 전쟁에 참전하고 있을 당시 한 명의 어린 아이로서 자신이 경험했던 폭력을 되새기면서, 코야마는 기독교인으로서 자신이 갖고 있던 확신들에 대해 몇 가지 질문을 제기했다. 그리고 자신이 습득한 서구 신학자 아퀴나스와 바르트의 신학도 재검토했다.

코야마는 태국의 문화와 종교에 대해 평가만 가한 것이 아니라, 태국문화와 종교에 비춰 자신의 확신들을 평가하기도 했다. 통합과정은 어떤 한 사람이 여러 문화를 병행 평가할 때 이미 시작되는 것이다. 코야마는 무해(nonharm)라는 불교의 언급이 내포하는 가치를 보았다. 그는 자신이 대면하는 태국의 마을 주민들이 수행하는 평화로운 실천들 속에 내포되어 있는 일관성(integrity)을 인지했다. 그가 이런 가치들을 자신이 속한 일본문화가 내포하고 있는 확신들, 그리고 기독교가 내포하는 확신들과 대조하는 과정에서, 자신의 관점이 변화하고 있음을 목도했다. 코야마에게 있어, 비폭력은 평가를 위한 핵심 주제가 되었다. 이는 자신이 속한 문화나 종교에 기초해서만이 아닌, 코야마 자신이 태국문화와의 접촉 과정에서 획득한 지식과의 생생한 대화를 통해 얻은 것이다.

평가과정을 진행하던 중에, 코야마의 의미 지평(horizon of meaning)이 변화했다. 코야마는 자신의 기존 관점을 태국에서 대면한 가치들에 비춰 비평했기 때문에, 그는 평가하는 동시에 통합을 진행했다. 코야마가 발전시킨 물소신학(the water buffalo theology)은 일본이라는 배경만을 통해 성취한 것이 아니다. 물소신학은 프린스톤에서의 신학 수업을 통해서만 얻어진 것도 아니었다. 또한 태국 문화와 불교를 통해서만 얻어진 신학도 아니었다. 코야마 스스로 진술하듯, 그의 신학은 그의 인생의 일부분을 형성하는 세 가지 확신들로부터 유래한 것이다. 일본인인 그가 물려받은 일본의 문화유산이 그에게 끼친 영향, 그가 경험했던 태국의 문화적 상황, 그리고 그가 프린스톤에서 받은 신학교육이 상호 소통하며 융합되었다.

코야마는 더 이상 그가 과거에 채택하곤 했던 방식에 비춰 의미를 조명하지 않는다. 사실, 그는 이제 자신이 예전에 품고 있던 의미 지평으로 되돌아갈 수도 없다. 그는 자신이 믿는 기독교적 관점에 비춰 평가한 태국의 문화와 종교에 의해, 그리고 그가 경험한 태국 문화의 관점에 비춰 비평한 자신이 소유하고 있던 확신들에 의해 의미 지평이 완전히 변화되었다.

코야마에게 있어, 지평들 간의 통합은 태국 문화와 종교에 대한 그와 평가와 함께 발생했다. 그가 물소신학에 대해 숙고할 때, 그는 태국 문화에 대한 평가를 태국 문화로부터 그가 받은 영향의 일부와 예전 자신이 가지고 있던 관점을 통합시키는 것으로부터 분리하지 않았다. 그 과정은 이음매가 없는 하나의 망으로 연결된다. 이 사례를 통해 확인할 수 있는 것은, 통합 국면은 돌출되어 나온 불연속적인 과정이 아니라 다른 국면들로부터 흘러나온 결과라는 점이다.

사례연구 2: 티모시 리처드의 중국에서의 상황신학

통합 국면은 새로운 환경에서 얻은 영향 때문에 자신이 이전에 가지고 있던 견해들 중 일부를 내려놓는 특별한 선택을 통해 형성될 수 있다. 중국에 파송된 침례교 선교사인 티모시 리처드(Timothy Richard)는 이와 같은 좀 더 의식적인 지평들의 융합에 대한 사례다. 리처드의 이야기에 대한 요약은 주로 앤드류 월스(Andrew Walls)의 설명에서 인용한 것이다(2002, 236-69).

19세기 선교운동이 최고조에 달했을 때 살던 티모시 리처드는 중국을 섬기는 선교사로서 소명을 강하게 느꼈다. 그는 중국내지선교회(the China Inland Mission)에 매력을 느꼈으나 궁극적으로는 자신이 속한 교단인 침례교 소속 선교사로 중국으로 갔다. 당시 대다수 선교사들과 마찬가지로, 리처드는 신학은 불변하는 것이라 생각하고 있었다.

선교사역의 목적은 가장 짧은 시간 내에 가능한 많은 영혼을 그리스도께로 돌아오도록 하는 것이었다. 성경은 그리스도를 수용하는 사람들을 위한 지혜의 근원일 뿐만 아니라 그러한 회심자들을 인도하는 지침서였다.

그러나 중국의 농촌지역에서 살아가던 리처드는 당신 그 지역을 강타했던 극심한 흉년으로 인해 전도하는 일이 매우 어렵다는 사실을 발견했다. 식량이 떨어져 갔고, 농장의 동물들은 굶주림 때문에 죽어갔다. 아이들은 영향실조로 죽어갔다. 인간의 기초적 필요가 사람들의 종교적 필요를 압도할 때 그의 설교는 아무런 효과를 발휘하지 못했다.

이 일이 계기가 되어 리처드는 미국으로 돌아와 농업을 공부했다. 그가 중국으로 돌아왔을 때, 그는 발전된 농업기술들에 관한 신문 기사들을 쓰기 시작했다. 선교를 위한 그의 실천은 이제 사람들로 하여금 흉년으로 인한 절망적인 상황을 줄이는 방법들을 찾을 수 있도록 돕는 것에 맞추어졌다.

그의 사역을 통해 많은 사람들이 이생에서 구원받았다. 중국 상황에 대한 그의 지식을 복음에 대한 그의 지식과 통합시켰을 때, 내생에서 구원받는 것에 관해서만 사람들에게 도움을 주겠다던 그의 원래 계획을 벗어났다.

의미에 대한 리처드의 지평은 그가 미국인으로서 자신의 경험을 중국에서 자신이 경험한 굶주림과 고통스러운 삶과 통합시켰을 때 변화되었다. 그러한 이해를 기초로 하여, 그는 자신의 선교를 재형성시켰다. 그의 사역 초점은 생존을 위해 농업에 관한 지식을 필요로 하는 사회 속에서 농업에 대한 진일보된 지식을 공급하는 것에 맞춰지게 되었다. 리처드가 세상의 구원자 되신 예수에 대한 그의 신앙을 "잃은" 것이 결코 아니었다.

그러나 중국에서의 그의 경험이 그가 그 신앙을 실천하는 방식을 재형성했다. 그는 설교를 통해서가 아니라 신문기사를 쓰는 것을 통해 자신의 신앙을 실천했다. 중국인들에게 더 많은 쌀을 생산함으로써 흉년을 피하는 방법에 대해 교육하는 것이 리처드 사역의 초점이 되었다.

그는 자신이 처한 새로운 상황 안에서 겪은 삶에 대한 경험을 자신의 기독교적 확신들에 통합시켰고, 이 과정에서 선교 실천의 새로운 목표와 새로운 태도가 부상되었던 것이다. 리처드식의 선물 공여 선교는, 중국의 흉년에 취약한 지역에서 굶주림을 막는 것이 되었다. 그의 실천은 그가 처한 새로운 상황에 대한 이해를 반영했다.

리처드의 동료들 중 어떤 이들은 중국인들을 상대로 한 그의 새로운 선교 방식에 의문을 제기했다. 스스로 흉년에 대한 고통을 경험하지 않은 채, 그들은 리처드의 새로운 선물을 활용하는 선교 실천에 대해 함부로 평가하고 결핍을 발견해냈다. 심지어 그 중 일부는 리처드의 기독교 신앙에 대해 의문을 제기하기까지 했다.

그러나 상승 나선형 지식 습득을 이해했기 때문에, 우리는 리처드가 복음의 틀을 정하는 방식을 그가 사역하는 사람들에게 의미를 주는 패턴으로 이동시킨 것을 볼 수 있다. 어떤 식으로든 그런 식으로 재형성한 실천을 실행에 옮긴 리처드의 기독교 신앙에 이의를 제기할 수 없다. 복음의 편재성(ubiquity)은 리처드의 삶 속에서 분명하게 드러난다. 그는 실천을 통해 복음을 잘 선포했다. 농업 기술에 대한 그의 조언을 통해 수많은 생명들을 살릴 수 있었다.

그랬기 때문에, 건강한 사람들이 이후 복음전도자들이 말로 전하는 복음에 대해서 들을 수 있었다. 리처드의 선물을 활용하는 선교가 수많은 중국인들이 생존하는 데 도움을 주었기 때문에, 리처드 이후 세대 선교사들은 더이상 굶주리지 않아도 되는 사람들 가운데 교회를 세울 수 있었다.

리처드는 자신의 선교 실천들만 변화시킨 것이 아니라 중국의 여러 종교와 대화를 나누는 가운데 그의 신학을 재형성하기도 했다. 그는 중국인에 의해 중국 전 지역으로 확대될 수 있는 아시아 기독교에 대한 그의 비전, 그리고 언젠가 서구 기독교를 풍성하게 하는 데 도움이 될 아시아 기독교에 대한 그의 비전을 확장하기 위해, 자신의 평생 텍스트로 마태복음 10:11("어떤 성이나 마을에 들어가든지 그 중에 합당한 자를 찾아내어 너희가 떠나기까지 거기서 머물라")을 사용했다.

이제 리처드가 살며 선교사역을 실천한 중국에서 행한 신학적 통합을 좀 더 자세히 들여다보도록 하자.

잃어버린 중국의 수백만 영혼들에게 하나님의 말씀을 전하는 것으로서의 복음전도에 대한 전통적인 복음신학으로 시작한 리처드는 그의 비전을 확대하는 데 몇 가지 면에서 중국으로부터 영향을 받았다.

■ 전도는 무엇인가?

중국 문화에 대한 리처드의 점증하는 민감성으로 인해, 얼마 지나지 않아 그는 복음전도에 대한 기독교 전통의 관습들이 중국인들의 눈에 얼마나 야만적으로 보이는지 알게 되었다. 그러나 비록 그의 비전이 확대되기는 했지만, 선교사로 사역하는 오랜 세월 동안 리처드는 그리스도 중심적인 복음전도에 대한 비전을 결코 잃지 않았다. 그는 예수께서 새로운 장소에서 복음을 들을 가치가 있는 사람들을 찾으라고 제자들을 훈계하신 방식에 주목하면서 마태복음 10:11에 집중했다. 리처드는 중국에서 불교학자들이 중요한 인물들로 존중받을 것이라 추측했다. 그들은 종교적 해답을 구하며 진리를 추구하는 사람들이었다. 그리고 사회에서 발생하는 종교적 영향들에 민감한 사람들이었다.

전통적인 선교 방법들을 지속하기보다, 리처드는 중국의 지식인들을 양성하는 데 집중하기 시작했다. 그들 지식인들은 그의 말을 듣는 청취자들이 될 것이다. 그리고 그들이 돌이켜 중국 전역에 기독교 복음을 전파하게 될 것이다.

이런 이유로 인해, 그는 중국 불교에 대해 배웠다. 성경적 진리에 대한 그의 헌신을 결코 포기하지 않는 반면, 리처드는 하나님께서 기독교가 도래하기 전부터 중국에서 역사하고 계셨다는 결론에 이르렀다. 은혜에 대한 중국 정토종(The Chinese Pure Land Buddhism)의 언급 그리고 구원에 대한 중국 정토종의 개념은 서구에서 배운 것이 아니었다. 리처드가 조직적으로 사고하는 사람은 아니었지만, 중국 불교에 대한 그의 글은 기꺼이 그 종교로부터 무엇인가를 배우고자 했다는 것을 보여준다. 이러한 그의 의지는 기독교 진리에 대해 불교 신자들을 납득시키려 하던 중에도 발현되었다.

■ 상황이 기독교 선교사역에 어떤 영향을 미치는가?

리처드는 대다수의 선교운동이 말을 통해 복음을 전하는 전도와 동일한 의미였을 시대에 사역하고 있었다. 사회봉사와 정치 행위도 선포와 더불어 선교사역의 일부로 통합시킬 수 있다는 생각은, 당시로서는 시도하기 어려운 생각이었다. 중국이라는 상황이 이 모든 것에 대한 리처드의 생각을 변화시켰다.

비록 사역 초기, 기독교로 개종할 사람을 끌어들이기 위해 흉년 자체를 이용할 수도 있었지만, 얼마 지나지 않아 리처드는 흉년이 초래하는 비극 자체가 기독교인으로서 자신의 응답을 요구하고 있음을 인식했다. 그리고 그 인식에 대한 리처드의 응답은, 그가 사역하는 지역의 식품 분배 구조를 조사하고 그 구조의 변화를 시도하는 것이었다.

이것은 지역의 공무에 참여함을 의미했다. 이것은 본국 기독교인들에게 후원금을 조성해 줄 것을 요청하는 것을 의미했다. 이것은 복음을 선포하는 것에 더하여 굶주린 사람들에게 음식을 공급하는 데 집중하는 것을 의미했다.

리처드는 흉년을 극복할 수 있는 도구들을 공급하는데 필요한 과학 지식으로 관심을 돌렸다. 비록 과학 지식이 기독교 복음 자체의 일부는 아니라 할지라도, 자연에 대한 기독교적 관점의 일부임에는 틀림이 없었다. 만일 중국이 농업과 관련된 과학 지식을 활용할 수 있다면, 당 시대의 중국인들만 먹일 수 있는 것이 아니라 미래에 발생할 흉년도 미리 예방할 수도 있을 것이었다.

■ 아시아가 서구 기독교에 어떤 영향을 미칠 수 있을까?

상황은 리처드에게 기독교 복음을 어떻게 제시할 것인가에 대해서 뿐만 아니라 하나님께서 세상의 선을 위해 어떻게 활동하고 계시지에 대해서도 가르쳤다. 그의 확장된 비전은 사회봉사뿐만 아니라 평화와 정의에 관한 이슈들도 포함했다. 그의 선교 경험에 근거하여, 리처드는 더 많은 물질과 더 많은 좋은 군비의 확충을 추구하는 서구세계를 비평했다. 아시아는 기독교 복음을 통해 유익을 얻을 수 있을 뿐만 아니라, 그 반대급부로 서구의 관점에 대해 비평할 수도 있다.

리처드가 경험한 지평들의 융합은 자신의 기독교적 확신을 고수하는 것을 의미했다. 그러나 동시에 그것은 리처드의 비전을 확장하여 중국과 중국 종교와의 대면을 통해 그가 배운 사상에 대한 다양한 이슈와 차원을 포함하는 것을 의미하기도 한다. 중국에서 복음을 선포하도록 파송받은 선교사로서 그의 소명이 약화된 적은 결코 없었다.

그러나 선교사역에 대한 그의 이해는 확장되었다. 복음이 선포되는 방식을 해석함에 있어서 성경에 대한 의존은 핵심적인 부분으로 유지되었다. 그러나 그의 해석, 특히 마태복음 10:11에 대한 그의 해석은 확대되었다.

지식인들을 발견하는 것은 중국인 지식층들과 그들 가운데 참여하는 반응적 복음전도(reflexive evangelism)에 대한 강력한 강조로 나아가게 했다. 기독교 메시지의 핵심으로서 그리스도와 십자가 형벌에 대한 그의 이해는 변하지 않았다.

그러나 창조주 하나님과 선을 행하시는 하나님의 행위의 전조로서 성령에 대한 그의 강조는, 그의 신학적 초점을 확장시켰다. 동양의 지혜는 티모시 리처드의 삶과 사역을 통해 서구의 지혜와 만났다. 그리고 하나님이 세계는 지평들의 융합을 통해 더욱 풍성해졌다.

사례연구 3: 아프리카의 빈센트 도노반(Vincent Donovan)

우리가 앞 장에서 배웠던 것처럼, 도노반의 선교 경험은 리처드의 경험과 거의 정반대의 경험이었다. 그는 아프리카에서의 교회사역을 통해 선교사들이 사회사역에 우선 집중하면서 회심을 위한 선포사역은 거의 하지 않고 있다는 것을 확인할 수 있었다. 그에게 있어 후자야말로 마사이족이 거주하는 아프리카에 부르심을 입은 이유로 보였다.

일단 아프리카의 전통 종교에 대해 개방적인 태도를 갖고 그들의 신앙체계 속에 성경적으로 공존이 가능한 지식과 직감적인 것들이 풍성하게 존재한다는 점에 주목하게 되자, 도노반은 자신의 기독교 신앙과 고등신의 존재, 도덕적 보편성, 그리고 내세에 대한 아프리카인의 인식들 간에 존재하는 지평들 간의 융합을 통해 매우 성공적인 기독교 선교를 산출해낼 수 있었다. 독자들이 박스 21.2에서 볼 수 있듯이, 도노반이 『재발견된 기독교』(Christianity Rediscovered)에서 설명하는 것처럼 그의 경험은 상승 나선형 지식 습득의 과정들과 일치한다.

새로운 지식을 통합하는 과정은 자칫 잘못된 방향으로 나갈 수 있다. 새로운 관점들이 무비판적으로 채택될 수 있다. 또는 모든 관점을 동등하게 타당한 것으로 고려하려는 유혹이 지배적인 생각이 될 수도 있다. 그러나 이런 생각은 양 지평이 갖는 활력을 오히려 감소시킨다.

그런 방향으로만 나가지만 않는다면, 새로운 지식을 자신의 확신과 통합시키는 과정은, 우리의 확신을 잠시 유보하고, 개방적으로 새로운 종교와 대면하고, 우리의 경험을 평가하고, 새로운 지식을 삶과 기독교를 이해하는 우리의 방식과 통합시키는 방식에 관해 숙고할 수 있는 성공적인 과정이 될 수 있다. 그런 방식으로 우리는 하나님의 말씀과 은사를 주고받는데 초점을 맞추는 새로운 선교 실천에 대한 참된 새로운 신학을 개발하게 된다.

박스 21.2
도노반의 상승 나선형 지식 습득 사용

아래의 원형은 도노반이 자신의 선교 방법론을 변화시키기 위해 상승 나선형 지식 습득을 어떻게 사용했는지를 보여준다. 그의 선교 목표는, 물활론적 신앙(정령신앙, animism)이 주요 종교인 동아프리카의 농촌 마을들 안에 교회를 세우는 것이었다.

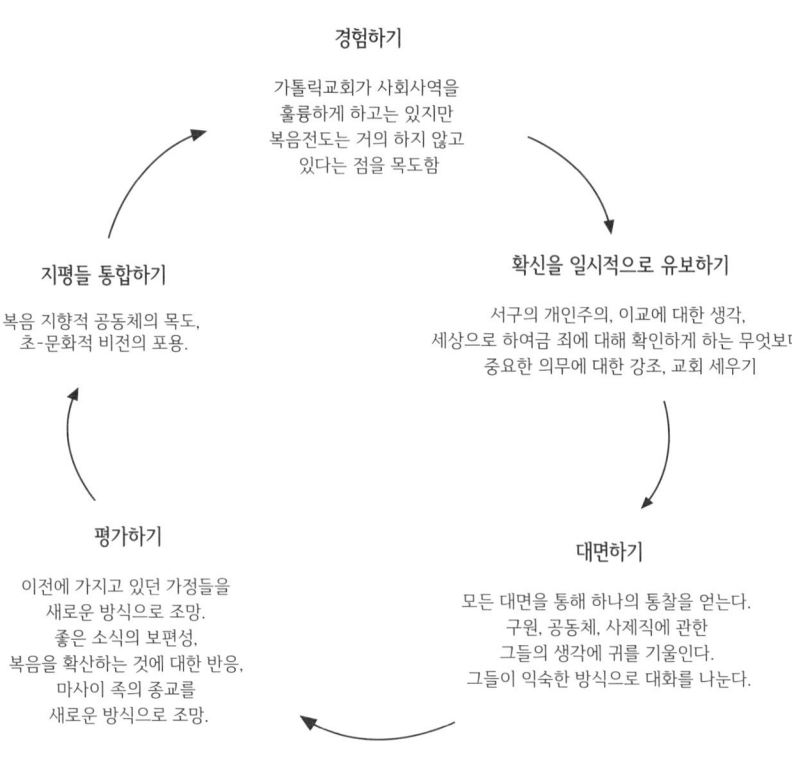

제4부

선물 공여 선교

제22장 선교를 위한 은유들
제23장 네 가지 선물
제24장 선물 공여 선교

세계의 종교들, 경제 여건들 그리고 정치 여건들이 변화하고 있기 때문에, 기독교 선교사들은 21세기에 선교를 한다는 것이 무엇을 의미하는지에 대한 새로운 은유를 탐구할 필요가 있다. 우리는 이 과정에 도움이 될 수 있는 가장 중요한 성경적 이미지 중 하나는 선물 공여에 대한 개념이라고 제안한다.

선물 공여에 대한 은유는 우리가 예수 이야기를 말하면서 우리가 하는 일을 설명하는 데 도움이 될 수 있는 방식이다. 우리는 전통적인 성경적 은유들과 함께 선물 공여에 대한 은유도 전 세계에서 사역하는 선교 사역자들의 도구상자 안에 있어야 한다고 생각한다. 우리는 이것을 선물 공여 선교라 부른다.

선물 공여 선교에는 몇 가지 강점들이 있다.

① 이것은 성경적이다. 성경은 우리에게 허락된 하나님의 선물들과 그 결과 우리가 다른 사람들에게 공여하는 유사한 선물에 대한 사례로 가득하다.
② 기독교 신학, 즉 은혜의 신학은 선물 공여에 대한 개념과 특히 잘 들어맞는다.
③ 세상의 모든 문화는 선물 공여의 경험을 공유하고 있다. 비록 문화의 다양성은 선물 공여에 대해 매우 다양한 방식으로 조망하고 있기는 하지만, 선물 공여가 모든 문화에 존재하는 일반적이라는 사실은, 선물 공여가 토론과 관계 개발을 위한 생산적인 기반으로 활용될 수 있다는 것을 의미한다. 선물 공여는 또한 다른 사람들에게 복음 이야기의 의미에 대해 가르치기 위한 풍요로운 기반이 된다.

제22장

선교를 위한 은유들

소년 테리는 아버지의 전도캠페인에서 솔리스트였다. 그가 가장 자주 연주하던 곡은 "기쁨으로 단을 거두리로다"(Bringing in the Sheaves)였다. 그리고 돌이켜 보건데, 그 노래의 가사는 다른 어떤 것보다 기독교 선교에 대한 그의 이해를 형성하는데 기여했다. 테리에게 있어 기독교 선교는 잃어버린 영혼들을 추수하는 것을 의미했다.

그러나 지난 수년간 발생한 몇 가지 일들이 그가 선교에 관해 가지고 있던 가장 중요한 은유인 추수 이미지를 변하게 하는 데 중요한 역할을 했다. 한 가지 일은 목소리의 변화였는데, 그는 더이상 높은 음 C를 낼 수 없었고, 그래서 더이상 "기쁨으로 단을 거두리로다" 부르기를 할 수 없었다.

더 중요한 것은, 비록 그가 "들의 곡식이 이미 희어졌다"(요 4:35)는 생각을 포기한 것은 아니었지만, 신학 공부를 통해 선교의 충동이 잃어버린 영혼들을 거둬들이는 것보다 더 넓고 깊다는 것을 알게 되었다. 그리고 공부를 통해 은유는 그 은유가 발생하는 문화적 상황에 관한 것일 때 효과적이라는 것을 배웠다. 그리고 우리가 속한 문화(글로벌, 상호의존적인, 기술적인, 다문화적인, 도시화된 사회)는 교회의 선교를 세상에 전달하기 위해 새로운 핵심 은유(혹은 은유들)를 요구한다(본장 전체를 통해, 우리는 적절한 은유, 직유 그리고 그와 유사한 종류의 문학적 수단들을 언급하기 위해 **은유**라는 일반적인 용어를 사용할 것이다).

우리가 무엇인가를 설명하기 위해 사용하는 은유를 바꾸는 일은 간단해 보인다. 우리는 명확하게 의사를 전달하기 위해 언어를 사용한다. 무엇인가를 전달하기 위해 말하는 방식이 청자가 잘 알아들을 수 있게 정확한 의사를 전달하는 방식이 아닐 때, 전달하고자 하는 바를 용이하게 전달할 수 있는 다른 방법을 찾아봐야 한다.

예를 들어, 내가 소송(lawsuit)은 불만(gravamen)이라고 말했는데, 청자가 불만의 의미를 모른다면, 소송에 대해 말하기 위해 내가 사용하는 은유를 바꿔, 소송은 오기(sour grapes)의 문제라고 말할 것이다. 만일 청자들이 오기라는 단어가 무엇을 의미하는지 안다면, 나는 성공적으로 의사를 전달한 것이다. 은유를 바꾸는 것은 이처럼 간단한 일이다.

박스 22.1
추수할 들녘

예수께서, "'넉 달이 지나야 추수할 때가 이르겠다' 하지 아니하느냐? 그러나 나는 너희에게 이르노니 '너희 눈을 들어 밭을 보라 희어져 추수하게 되었도다. 거두는 자가 이미 삯도 받고 영생에 이르는 열매를 모으나니, 이는 뿌리는 자와 거두는 자가 함께 즐거워하게 하려 함이라.' 그런즉, '한 사람이 심고 다른 사람이 거둔다.' 하는 말이 옳도다"(요 4:35-37; 마 9:37; 눅 10:2; 고전 9:7-12; 고후 9:9-10; 갈 6:7-10; 히 12:11-13; 약 3:17-18; 계 14:13-16도 보라)."

이들 성구에 나타나는 추수 이미지는 의인의 추수, 신령한 것을 뿌린 대가로 얻는 육체를 위한 유익의 추수 그리고 영원한 생명의 추수에 대한 언급들이다. 초점은 들녘이 무르익어 추수할 준비가 되었다(추수할 때가 되었다)는 데 맞춰져 있다. 그리고 씨를 뿌리고 수확을 위한 노력이 가지는 협동적 성격에 맞춰져 있다. 우리는 추수할 곡식을 거둬드리는 하나님의 사역에 동역한다.

농업 이미지는 아마도 교회 역사를 통틀어 선교에 관해 사용된 가장 빈번한 예일 것이다. 16세기 중국을 선교하던 중에 기록한 일기를 통해, 마테오 리치(Matteo Ricci)는 자신의 동역자들 중 한 사람인 카타네오(Cattaneo) 신부를 추천했는데, 그는 카타네오 신부가 "관리를 잘 했고, 중국인들 가운데 많은 개종자를 얻음으로써 풍성한 추수를 거두는 사람"이라고 말했다(Ricci 1953).

은유를 바꾸는 일이 정말 그렇게 단순한 일일까?

어떤 것에 대한 은유를 바꿀 때, 내가 언급한 내용에 대해 전혀 무해한 방식으로 바꾸고 있는 것인가?

그럼으로써 청자들이 내가 의미하는 것을 이해할 수 있게 하고 있는가?

나는 그렇게 하고 있을 수도 있다. 그러나 어쩌면 나는 지나치게 과하게 바꿨을 수도 있다. 어떤 사람들은 은유(우리가 다른 것에 대해 말하기 위해 선택하는 어떤 것과 연관된 단어들)가 우리가 인식하는 경향보다 더욱 강력한 도구라고 말한다.

그런 사람들은 우리가 어떤 것에 대해 말하는 방식을 바꾸라고 제안한다. 그러면 우리는 그것 자체를 바꾸는 긴 여정을 시작하게 된다. 갑자기 우리는 좀 더 깊은 물 속에 있다(은유를 사용하자면). 은유는 매우 강력한 도구이다. **필수적인**(indispensable)과 **한정적인**(determinative), 그리고 **이상적인**(ideological)과 같은 단어들은 우리가 은유를 이런 방식으로 생각할 때 우리의 마음속으로 서서히 들어오기(creep into) 시작한다.

우리는 이와 같이 좀 더 심층적인 방식으로 선교를 위한 은유들에 대해 생각하고자 한다. 우리의 가설은, 지금 우리가 사용하고 있는 선교에 대한 은유는 한때는 의사전달을 원활하게 하는 방식으로 작용했으나 현재는 그러지 못하는 은유라는 것이다. 우리가 실재로 사용하고 있는 많은 은유가 우리를 의심의 눈초리로 바라보는 대중들에게 선교에 대한 잘못된 내용을 전달하고 있다. 타종교들에 속한 사람들은 우리가 사용하고 있는 은유들 때문에 기독교에 대한 잘못된 인상을 받고 있다.

우리는 지금 우리가 사용하고 있는 은유를 바꿔야 한다고 생각한다. 우리는 우리가 살아가고 있는 21세기라는 세상에서 복음 이야기가 의미하는 바가 무엇인지에 대해 타종교에 속한 사람들에게 좀 더 잘 전달할 필요가 있다. 그러나 은유의 변경이 단지 문학적인 훈련이 아니다. 이것은 아주 심각한 일이다. 이것을 잘하기 위해, 우리는 은유가 무엇인지에 대해 좀 더 잘 이해할 필요가 있다. 그리고 나서 우리는 선교에 관해 성경이 사용하는 다양한 은유에 대해 살펴보아야 한다. 그리고 마지막으로, 우리는 다른 대안적 은유

(성경에 기초한 은유)를 제안해야 한다.

1. 은유는 무엇인가?

위에서 논의한 토론에 비춰 볼 때 독자들이 예상하는 것처럼, 위에서 논의한 토론에 대해 고려할 때, 은유의 개념이 헛갈릴 수 있다. 우리가 가지고 있는 스크래블(Scrabble, 철자 맞추기 게임을 위한 일종의 보드게임-역자 주) 사전은 은유를 "하나의 담화 유형"이라 정의한다. 한편, 필자가 가지고 있는 『옥스퍼드 영어 사전』(Oxford English Dictionary)은 은유라는 "단순한" 단어가 갖는 다양한 차원의 의미들을 소개한다.

은유의 의미를 단순화시키기 위해, 그리고 은유의 의미를 좀 더 확실히 알기 위해, 은유를 이해하기 위한 세 가지 우선적 방식이 있다고 말해보자.

첫째, 은유의 첫 번째 차원은 문학적 수단으로서의 은유이다.
이 차원의 은유는 당신이 5학년 영어 작문 수업에서 배운 것이다. 내가 가지고 있던 영어 작문 교과서는 은유에 대해 다음과 같이 말하고 있다. 은유는 어떤 것의 성격을 설명하기 위해 그와 전혀 다른 것을 언급하는 언어사용 방식이다. 이를테면, "나의 아버지는 황소처럼 힘이 세십니다"는 하나의 은유가 된다. 은유는 나의 아버지라는 사람의 육체적 힘을 설명하기 위해 황소라는 동물의 대표적 특징을 사용한다.

"내티 알바라도(Naty Alvarado)는 고양이처럼 빠르다"는 다른 은유이다. 이 은유는 핸드볼 선수라는 한 인간의 특징을 묘사하고 설명하기 위해 동물의 특징적 속성을 사용한다. 동물들 자체가 우리에게 은유를 제공하는 것은 아니다. "그는 기둥처럼 멍청하다"는 은유는 동물을 사용하지 않는다. "백악관은 오늘... 이라고 말했습니다"라고 말하는 텔레비전 뉴스 앵커는 대통령이나 그의 보좌진들을 언급하기 위해 건축물을 사용하고 있는 것이다.

문학적 도구로서의 은유는 가장 기본적 차원의 은유이다. 이 차원의 은유는 모든 사람이 사용한다. 우리는 일상 대화를 나누면서 수많은 은유를 사용한다. 우리는 말을 하면서 은유를 사용하고 있는지 여부에 대해 인지조차 하지않는다. 모든 문화는 각 문화가 사용하는 언어가 관습적으로 사용하는 은유로 가득 저장소를 가지고 있다.

물론, 상투적인 문구라 불리곤 하는 너무 흔해 빠진 은유들에 만족하지 못하는 은유 "전문가들"도 있다. 다른 말로는 작가와 시인이라 불리는 이들 은유 전문가들은 지금까지 아무도 사용하지 않았던 새롭고 독특한 은유를 사용하는 것에 대해 자부심을 갖고 있다. 런던의 도심으로 불어오는 런던의 안개를 살금살금 기어 다니는 고양이의 발로 묘사한 T. S. 엘리엇(T. S. Elliot)은 이와 같은 은유 전문가의 좋은 실례이다.

그러나 이와 같이 가장 기본적인 차원의 은유에 대해서조차, 실재에 대한 일련의 가정들이 만들어진다. 만일 우리가 은유의 개념이 사용되는 다른 방식들을 온전히 이해해야 한다면, 이 가정들을 아는 것이 중요하다. 한 가지 가정은 "나의 아빠는 황소처럼 강하다"라는 문구가 실재에 대해 사실적으로 잘 묘사한다는 것이다. 나의 아빠와 황소는 모두 실존하는 실재들이다. 사실로 말하자면, 아빠와 황소는 현존하는 가장 실재적인 존재들이다. 이런 식의 은유에서, 언어의 임무는 이 두 가지 실재에 대해 가능한 정확하게 말하는 것이다.

우리가 사용하는 언어는 이 세상에 존재하는 실재에 대해 설명한다는 점에서 실재에 종속된다. 따라서 좋은 언어인지 여부에 대한 테스트는 그 언어가 실재 세상에 대해 정확히 묘사하고 있는지 여부에 달려 있다. 아마도 여러분은 이 시점에서 "뭐라고요!"라고 말할 수도 있다. 왜냐하면 이런 주장은 사실상 상식에 속하기 때문이다. 아마도 이 같은 사실은 독자들에게도 상식일 것이다.

둘째, 은유의 두 번째 차원에 대해 고려해보라.
이 차원의 은유는 **실재 그 자체로서의 은유**(metaphor as reality itself) 또는 **모든 것으로서의 은유**(metaphor as everything)라 부를 수 있다.

이 차원에서, 은유는 단지 실재에 대해 단순히 말하는 것이 아니다. 은유는(즉, 인간의 언어 그 자체는) 실재하는 것이다. 인간으로서 우리는, 어떤 것이 되었든 우리가 그것에 대해 언급하기 전까지 실제로 존재하는 것이라 말할 수 없다.

어떤 의미에서, 내가 나의 아버지를 황소와 관련시킬 때, 나는 그렇게 묘사함으로써 두 실재를 창조하고 있는 것이다. 그리고 내가 두 실재를 서로 관련시키고 있기 때문에, 내가 은유를 사용해 언급하지 않았다면 존재하지 않았을 관계의 실재를 창조하고 있는 것이다. 이런 관점에서 볼 때, 실재는 구체적으로 "나의 외부에"(out there) 존재하는 어떤 것이 아니라, 내가 생각하고 그것들에 대해 말함을 통해 마음속으로 창조하는 어떤 것이다.

따라서 은유는 단순히 나의 외부에 존재하는 실재를 더욱 정확하고 호감 가는 방식으로 묘사하는 문학적 도구가 아니다. 그것은 좀 더 중요한 어떤 것을 의미하는 것이라 볼 수 있다. 즉, 모든 것이 은유이다, 영어 그 자체는 하나의 거대한 은유이다. 좀 더 정확하게 말하자면, 영어는 더 작은 단위의 은유들이 끝없이 연결된 거대한 은유의 연결이다. 이것은 하나의 은유인 황소의 힘에 대한 언어가 아니다. 핸드볼 선수인 내 친구를 묘사하기 위해 사용된 내티 알바라도(Naty Alvarado)라는 이름도 하나의 은유이다.

이런 관점에서 볼 때, 은유의 가치(또는 성공이라고도 말할 수 있겠다)는 문학적인 혹은 시적인 방식에 대한 관심 정도로 한정되지 않는다. 또한 은유는 우리로 하여금 아버지에 대해 좀 더 정확한 방식으로 이해하도록 돕는 정도, 즉 외부에 존재하는 (황소라는-역자 첨부) 실재와 상응하게 하는 정도로 한정될 수도 없다.

실재 그 자체로서의 은유에 대한 이런 관점에서 볼 때, 은유는 내 주변에 있는 다른 사람들이 내가 사용하는 은유가 실재를 언급하는 좋은 방식이라는데 동의하고 함께 사용하는 한에서만 성공적이다. 청자와 독자로서, 내가 언급한 "은유들"에 대해 듣거나 읽는 사람들은 그것들이 의미하는 것이 무엇인지 이해할 때 그 은유들에 관한 자신들의 경험에 기초하여 이해하고 사용함으로써 스스로 그 의미를 결정한다. 만일 그들의 경험이 내가 사용한 은유를 잘 묘사하는 경우라면, 그들과 나 사이에 동일한 의미(아마도 동일한 경험이라는 것이 좀 더 나은 표현이겠다)를 공유하게 된다. 의미의 공유는 동일한 생각을 가진 사람들의 공동체와 문화로 인도된다. 이런 식으로, 객관적 실재들을 서로 연결시키는 다양한 은유를 사용함으로써, 우리 모두가 공유하는 실재가 우리의 마음속에 형성되게 된다.

은유에 대한 이런 관점이 상당히 이상하게 들릴 수 있다. 문학적 도구로서의 은유를 말하는 첫 번째 관점이 설득력을 가지는 반면, 은유에 대한 두 번째 차원은 낯설게 보일 수도 있다.

누가 그런 관점을 만들어 낼 수 있었을까?

그리고 왜 그렇게 하려 했을까?

은유를 이런 식으로 보는 방식이 갖는 가치는 무엇인가?

오늘날, "모든 것으로서의 은유"라는 이와 같은 시각은 오늘날 대중화되었다. 왜냐하면 이 관점이 실재에 대한 주관적 관점으로 알려진 것, 즉 지자(智者)로서의 인간에 초점을 맞추는 실재에 대한 관점을 강조하기 때문이다.

이런 관점을 강조하는 언어학자들과 철학자들은 실재를 조망하는 객관적인 방식이 과학으로 인해 지나치게 강조되어 왔다고 주장한다. 이들은 실재를 조망하는 객관적인 방식은 인간 존재 혹은 그 혹은 그녀의 감정과 선입견, 그리고 문화적 배경과 종교적 관점들이 실재와 참된 것이 무엇임을 결정하는 데 얼마나 중요한지를 무시한다고 주장한다.

그러나 우리는 실재에 대한 주관적 관점이 너무 나아갔다고 생각한다. 우리는 실재에 대한 주관적 관점이 은유의 개념에 적용되었을 때 확실히 도움이 되지 않는다고 생각한다. 만일 모든 것이 은유라면, 만일 모든 언어가 은유라면, 개념은 우리의 목적을 위해 사용하기 까다로워진다. 따라서 우리는 문학적 도구로서의 은유 이해를 넘어가면서도 모든 실재가 우리의 마음속에 형성되고 우리의 언어로 결정되는 것이라 말하는 이상적 철학자들에 못 미치는 지점에서 멈추는 세 번째 은유에 대한 이해를 제안한다.

셋째, 우리는 이 관점이 문학적 도구로서의 은유에 대한 관점과 모든 것으로서의 은유에 대한 관점 중간 지점 어딘가에 위치하는 것으로 사용한다.

이 관점을 위한 명칭이 필요하다.

이 관점을 은유에 대한 복잡한 관점(complex view of metaphor)이라고 부르도록 하자.

이 관점에서 볼 때, 은유는 무언가에 대해 말하는 흥미롭고 통찰력 있는 방식이라는 점에서 문학적 자산을 가지고 있다. 이 관점으로 조망하는 은유는, 우리가 생각할 수 있는 모든 것이 순수하게 설명 가능하고 과학적인 언어라는 관점을 고수해야 한다고 주장하는 것에 비교해 볼 때, 객관적인 것 이상의 것에 대해 배울 수 있게 해 준다.

그러나 은유는 무엇인가를 조명해 주는 것 이상의 역할을 한다. 은유에는 창조적인 자산들도 있다. 우리가 어떤 인간활동을 설명하기 위해 일단의 상호 연관된 은유들을 사용할 때, 처음에는 활동에 대해 말하는 단순한 방식들이었던 것들이 시간이 지나면서 힘을 얻게 되고 나중에는 활동 자체를 결정하게 된다.

예를 들어, 만일 정치를 "추잡한 게임"(dirty game)이라 말한다면, 정치에 대한 이런 식의 언급은 정치라는 실재를 인식하는 데(또는, 이미 존재하는 실재를 강화하고 구체화시키는 데) 적지 않게 기여하고 있는 것이다. 반면, 만일 공익사업과 관련된 전반적인 생활방식을 성립시키는 본질적 요소로서의 정치에 대해 말하고 있다면, 그 언급이 정치라는 실재에 인식하는 방식이 될 것이다. 우리가 사물에 대해 말하는 방식은 그것이 갖는 실재와 성격을 규정하는 데 기여한다. 그런 점에서 은유는 엄청나게 창조적인 힘을 가진다.

우리는 은유에 대해 이런 방식으로 말하는 것을 좋아한다. 왜냐하면 오늘날 우리가 말하는 방식에 일부 심각한 문제가 있어 보이고, 결과적으로 기독교 선교에 대해 말하고 행동하는 방식에 일부 심각한 문제가 있어 보이기 때문이다.

우리가 선교에 대해 말하고 은유를 사용하는 방식이 선교 활동 자체에 어떤 영향을 미치는 것일까?

2. 은유에 기대어 사는 우리의 삶

1980년 조지 레이코프(George Lakoff)와 마크 존슨(Mark Johnson)은 은유는 사물을 시적으로 표현하기 위해 선택할 수 있는 방식이 아닌 다양한 개념과 개념체(clusters of concepts)를 형성하는 데 본질적인 요소라는 점을 설득력 있게 주장한 『은유에 기대어 살아가는 우리의 삶』(*Metaphors We live By*)이란 책을 발간했다.

> 우리가 소유하는 일상적인 개념체계, 즉 우리가 생각하고 행동하기 위한 기반을 제공하는 개념체계는 본질상 근본적으로 은유적이다(3).

이 주장이 새로운 생각처럼 들릴 수 있다. 레이코프와 존슨은 이 언급이 새롭게 들려질 수 있다는 것을 안다. 그들은 그 원인을 일반적으로 우리가 다양한 개념과 아이디어를 구성하는 방식이 주로 무의식적인 과정을 통해 이뤄진다는 사실로 돌린다.

> 우리의 개념체계는 우리가 평범하게 인지하는 어떤 것이 아니다. 우리가 매일 실행하는 대다수 사소한 일들은 다소간의 차이는 있겠으나 일정한 노선들을 따라 자동적으로 발생한(3).

레이코프와 존슨에게 있어서, 은유는 언어에 관한 하나의 생생하고 흥미로운 문제가 아니다. 그들에게 있어서 인간의 다양한 사고 과정은 주로 다양한 방식으로 전개되는 은유의 흐름 방향에 따라 형성된다.

박스 22.2

은유를 이해하는 방식들

1. **문학적 도구로서의 은유:** 하나의 사물이 다른 것을 설명한다.
    그녀는 그림처럼 예쁘다.
    그는 황소처럼 힘세다.
2. **모든 것으로서의 은유:** 이미지가 실재에 대한 인식들을 결정한다.
    그녀는 그림처럼 예쁘다(아름다운 대상으로서의 여성).
    그녀는 회초리처럼 똑똑하다(빠르고 정확한 여성).
    그는 황소처럼 힘세다(강하고 느리게 걷는 남성).
    그는 소처럼 힘세다(강하고 힘센 남성).
3. **복잡한 이미지로서의 은유:** 사회에 영향을 끼치기 위해 은유 재구성하기
    정치는 더러운 게임이다. ─────▶ 정치는 체스 게임과 같다.
    (단순하고, 정직하지 않고, 불명예스러운) (복잡하고, 요구가 많고, 명예로운)
    그녀는 그림처럼 예쁘다. ─────▶ 그녀는 좋은 와인과 같다.
    (정적이고, 젊고, 소박한) (변화가 있고, 성숙하고, 복잡한)

이런 사고방식은 임의의 개별 은유들의 축적에 대한 것이 아니라 "은유적 개념들," 즉 하나의 아이디어를 중심으로 서로 연결되어 큰 집단을 형성하는 은유체(隱喩體, metaphor cluster)에 대한 것이다.

하나의 예로, "논쟁은 전쟁이다"라는 은유에 대해 생각해보자.

이 문장은 그 자체로 하나의 은유이다. 아마도 당신도 사용해 본 적이 있을 수 있다. 그러나 이것은 "논쟁은 전쟁이다"라는 단순한 진술이라기보다 정치를 훨씬 복잡한 방식으로 표현한 은유이다. 하나의 개념으로서, 이 진술은 이 진술과 연관된 여러 다른 은유들에 의해 뒷받침된다. 레이코프와 존슨은 이 같이 상호연결된 은유들에 대한 몇 가지 예를 든다(박스 22.3을 보라).

우리가 다른 사람의 입장에 대해 동의하지 않을 때 우리가 취하는 행동에 대해 묘사하기 위해 이와 같이 확장된 은유(논쟁은 전쟁이다)를 사용하기 때문에, 우리는 상대방의 의견에 동의하지 않음을 표현하기 위해 마치 전쟁을 벌이는 것처럼 행동한다. 왜냐하면 우리는(적어도 우리 문화에서는) 논쟁을 전

쟁에 비견하기 때문이다. 우리는 전쟁 모드가 아닌 다른 방식을 통해 반대 의견을 표명하기가 어렵다고 생각한다.

우리는 기분 좋은 불일치(agreeable disagreement)에 대해 말할 수도 있는데, 그런 불일치가 발생할 경우, 경우에 따라 행동으로 표현하기도 한다. 그러나 다른 사람의 의견에 대한 반대를 표명하는 가장 일상적인 방식은 말로 대립하는 것이다. 우리가 논쟁을 묘사하기 위해 전쟁에 관련된 언어를 사용하기 때문에, 설전(verbal battles)이라고밖에 불릴 수 없는 일에 참여한다.

박스 22.3
은유적 개념들

은유적 개념들은 너무 흔하기 때문에 일상에서 포착하기가 쉽지 않다.
예를 들어, 논쟁이라는 개념에 대해 생각해보자.
두 개의 정의를 비교해 볼 수 있다.

논쟁에 대한 인지적(cognitive) 정의
논쟁은 둘 혹은 그 이상의 사람들이 하나의 주제에 대해 의견을 달리할 때 발생한다. 논쟁을 벌일 때, 먼저 한 사람이 주제에 대한 자신의 견해를 진술한다. 그러고 나서 다른 사람이 동일한 주제에 대한 자신의 의견을 진술한다. 대화는 이런 식으로 진행된다.

논쟁에 대한 감정적(affective) 정의
논쟁은 의견을 달리하는 사람들이 가열된 그리고 경우에 따라서는 자신이 취하는 입장에 대해 부정확한 진술을 하는 등 감정에 치우친 대화이다.
우리는 또한 논쟁을 은유적으로 생각하는 두 가지 방식 또한 볼 수 있다.

전쟁 같은 논쟁	스포츠 같은 논쟁
당신의 주장은 변명의 여지가 없다.	그녀는 내 논점을 잘 빠져 나갔다.
그는 나의 논점이 갖는 모든 약점을 공격한다.	나는 그 점에 대해 반칙을 했다.
그의 비판은 정확히 표적을 맞춘다.	우리는 그 주제에 관해 한 시간이 넘도록 논쟁의 볼을 주고 받았다.
나는 그의 논점을 파괴했다.	우리는 매치 포인트에 다다르고 있었다.
나는 그와의 논쟁에서 이겨본 적이 없다.	그는 거기에서 홀인원을 했다.
동의하지 않는다고요?	그녀는 나를 향해 커브볼을 던졌다.
좋습니다.	내가 옳다는 것을 보여주는 일은 슬램덩크와 같았다.
어디 한 번 맞춰보시지요.	그 사람이 그렇게 말했을 때, 그것은 마치 공원 밖으로 공을 날려버리는 것과 같았다.
만일 그런 전략을 사용하신다면, 그가 당신을 쓸어버릴 겁니다.	
그는 나의 모든 논점을 공략했다.	

만일 이것이 우리가 말하는 방식이라면, 그리고 우리가 말하는 방식이 어느 정도 우리의 행동방식을 결정한다면, 논쟁을 전쟁으로 비유하는 은유체를 좋아하지 않는다고 결론 짓는 것이 무슨 의미가 있을지에 대해 잠시 생각해 보라.

그 점에 관해 우리가 할 수 있는 것이 무엇일까?

최소한 이론적으로나마 우리가 할 수 있는 것이 무엇이 있을까?

행동에 대한 두 가지 이론 과정이 마음에 떠오른다.

첫째, 문제의 뿌리가 어떤 논쟁에 대한 것인지 만큼이나 명확하지 않다고 말할 수 있다.

둘째, 그 결과, 전쟁과 관련된 은유적 언어에 의존함으로써, 서로 다른 의견의 교환이라 부를 수 있는 소통의 실재로부터 지나치게 멀어진다.

우리는 논쟁의 내용에 대해 설명하고 외부의 아이디어들이 논쟁의 개념(the concept of arguments)으로 유입되는 결과 초래되는 문제를 해결하기 위해, 단순히 좀 더 객관적이고 과학적인 언어로 전환할 필요가 있다.

나는 독자들에게 다음과 같은 노력을 시도해보라 제안하려 한다. 나는 이미 그와 같은 제안을 했다. 나는 이미 앞에서 다음과 같은 내용을 제시했다.

> 논쟁은 두 사람 혹은 그 이상의 사람들이 한 가지 주제에 대해 의견을 달리할 때 발생한다. 논쟁에서, 한 사람이 특정 주제에 대한 그(그녀)의 견해를 진술한다. 그러고 나서 다른 사람이 동일한 주제에 대한 그(그녀)의 관점을 진술한다. 그런 다음 동일한 방식으로 대화를 진행한다.

이와 같은 "객관적" 설명이 상당히 드물다는 사실에 주목하라.

객관적인 설명이 답변하지 않는 것에 주목하라.

그것이 사랑하는 마음에서 한 것이든 미움 혹은 무관심에서 한 것이든 간에, 서로 다른 생각의 교환이 발생하는 방식에 대한 설명의 대부분에는 무엇인가가 결핍되어 있기 마련이다. 그 결핍 때문에, 이기든 지든 아니면 협력을 하든 말든, 그것도 아니면 상호 마주 보고 독백을 하든 말든 간에, 논쟁을 통해 이루고자 하는 목적들이 무엇인지 설명하지 않는다. 이런 질문들은 전적으로 주관적 성격을 내포하기 때문에, 즉 사람들은 개인적 취향과 문화 상황에 따라 제기된 질문들에 대해 상당히 다양한 답변을 내놓을 것이기 때문에, 이와 같은 질문들에 대한 객관적 설명을 분명하면서도 재빨리 내놓기가 힘들다.

만일 독자 자신이 진정으로 생각하고 있는 바를 표현할 수 있는 은유적 언어에 의존하는 일이 얼마나 자연스러운 일인지 그리고 그것이 어떤 식으로 실행되어야 할지에 대해 답변하고자 한다면, 그것이 얼마나 어려운 일인지를 알게 될 것이다. 그리고 논쟁의 성격(the nature of argument)에 대해 당신이 원하는 진술들을 함에 있어, 주관적 설명에 대한 끌림이 매우 강력할 뿐만 아니라 필수적이기도 하다는 것을 알게 될 것이다.

그렇다면 이 점이 도대체 선교와 무슨 상관이 있을까?

이제 선교와 은유에 대한 주제로 되돌아갈 때가 되었다. 선교에 관한 모든 은유의 원천, 즉 성경과 선교를 설명하기 위해 성경이 사용하는 은유들로 돌아갈 때가 되었다.

3. 선교에 대한 성경적 은유들

성경은 선교 활동을 설명하기 위해 수많은 은유와 은유체를 사용한다. 그러나 지난 수 세기 동안 성경학자들은 이와 같은 은유와 은유체를 주목해 보지 않았다. 테리는 자신이 신학교에서 수학하고 있을 때 읽었던 교과서 하나를 기억한다. 이 교과서는 1800년대 후반에 기록된 것으로, 선교활동을 설명하기 위해 신약성경이 사용한 은유들에 대해 상세히 설명한 책이었다. 저자는 다섯 가지 원리, 즉 농업에 비유한 원리, 군사에 비유한 원리, 건축에 비유한 원리, 운동선수에 비유한 원리, 그리고 시장에 비유한 원리에 대해 설명하고 있었는데, 이들 원리는 1세기에 예수, 바울, 그리고 요한이 처음 사용했을 때만큼이나 오늘날에도 적절하게 적용할 수 있는 것들이었다.

지난 수년간 선교에 관한 성경적 은유들에 대해 설명하려는 의도로 쓰인 많은 책들이 있다. 2006년, 스탠리 스크레스리트(Stanley Skreslet)는 신약성경이 드러내는 선교에 관해 저술한 『기독교 증인 포착하기: 선교하는 제자들에 관한 신약의 이미지』(*Picturing Christian Witness: New Testament Images of Disciples in Mission*)라는 제목의 탁월한 책을 발간했다. 이 책에서, 그는 선교 활동을 묘사하려고 사용한 주요 "이미지들"(레이코프는 이것을 은유체라 부른다)에 대해 토론했다. 그가 심층적으로 토론한 다섯 가지 이미지는 복음을 선포하는 내용에 관한 것들로, 친구들과 그리스도에 대해 함께 나누고, 복음을 해석하고, 목양하고, 교회를 세우고, 개척하는 것에 관한 것들이다.

스크레스리트가 이들 다섯 가지 이미지를 선택한 이유는 이 이미지들이 오늘날에도 적용하기 적절한 이미지들로 보였기 때문이다. 비록 스크레스리트가 오늘날 크게 도움이 되지 않는 군사 이미지와 시장 이미지와 같은 이미지들을 다루는 데 많은 지면을 할애하지는 않았으나, 그의 저술이 갖는 장점은 우리가 사용하는 이미지들이 성경텍스트에 그 뿌리를 내리고 있어야 한다는 사실을 인식하고 있다는 점이다.

스크레스리트의 책은 신학교에서 테리가 읽었던 19세기에 저술된 선교에 관한 교과서 내용을 여러 가지 점에서 개선한 저술이다. 왜냐하면 스크레스리트는 은유체가 상황에 특화된 성격(the context-specific nature)을 갖는다는 점에 대해 인식하고 있었기 때문이다. 어떤 은유체는 다른 문화적 상황들보다 어떤 특정한 문화적 상황에 복음을 전달할 때 더 유용하게 사용될 수 있다. 스크레스리트의 연구는 본인이 의도했던 작업에 관해서는 완벽한 성과를 내었다. 그러나 성경에 기록된 다른 은유들이 21세기 선교를 위해 어떤 점에서 더 적절해 보이는지에 대한 연구, 그리고 성경의 저자들이 처음 사용한 이래 2,000여 년의 기독교 역사가 전개되는 과정에서 은유들이 가졌던 그 본래의 가치를 상실한 이유가 무엇인지에 대한 연구는 후학들에게 남겨 두었다.

은유는 문화적 상황에 따라 그 적용여부의 구체성이 결정되는 것이라 보는 것이 복잡한 은유들에 대한 우리의 견해이기 때문에, 우리가 살아가는 이 시대에는 어떤 특정 은유만이 적절하고 보편적 의미에서 다른 은유들은 그렇지 않다고 단정하기가 어렵다. 농업에 관한 이미지는 농촌이 지배적인 문화적 배경에서는 여전히 적절할 수 있지만, 도시화가 지배적인 문화적 배경에서는 그렇지 못할 것이기 때문이다. 아마도 성경적 이미지를 적용하는 가장 적절한 방식은, 일련의 구체적인 성경 이미지들을 선택하여 현대 선교에 적절한지 혹은 부적절한지 여부를 토론하는 것이다.

1) 농업에 대한 은유

만일 성경이 기록된 당 시대에 보편적으로 적용하는 것이 가능했다고 생각할 수 있는 은유들이 몇 가지 있다면, 아마도 농업에 관한 은유가 그것들 중 하나로 포함될 것이다. 예수와 바울이 활동하던 시대에, 90퍼센트 이상의 사람들이 농업에 종사하거나 사냥과 채집으로 살아가고 있었다. 그런 문화적 환경에서라면, 농업 활동을 통해 선교에 대해 말하는 것이야말로 선교에 대한 의미를 전달하는 적절한 방법이었을 것이다.

이런 문화적 환경에서 선교에 대해 설명하기 위해 사용되었던 성경적 은유체의 예들을 생각해보자.

> **추수할 것은 많되 일꾼이 적으니**(마 9:37).
> **천국은 마치 사람이 자기 밭에 갖다 심은 겨자씨 한 알 같으니**(마 13:31).
> **내가 너희로 사람을 낚는 어부가 되게 하리라 하시니**(막 1:17).
> **나는 심었고 아볼로는 물을 주었으되 오직 하나님께서 자라나게 하셨나니**(고전 3:6).
> **적게 심는 자는 적게 거두고 많이 심는 자는 많이 거둔다**(고후 9:6).
> **때가 이르매 거두리라**(갈 6:9).
> **땅의 곡식이 다 익어 거둘 때가 이르렀음이니이다**(계 14:15).

농업에 관한 은유는 오늘날에도 여전히 강력하다. 그러나 이제 세계 인구의 거의 절반이 농촌이 아니라 도시에 거주하고 있기, 많은 사람들이 더이상 예수께서 사역하시던 때처럼 농업과 목가적인 이미지에 손쉽게 연결되지 않고 있다. 따라서 이런 이미지는 좀 더 선택적으로 사용될 필요가 있다.

나는 기술이 고도로 발전된 사회의 도시 거주민이기 때문에, 이미 앞에서도 언급했듯이, 나는 더이상 "기쁨으로 단을 거두리로다"(Bringling in the Sheaves)라는 찬송을 부르지 않는다. 이제는 다른 찬송을 찾을 필요가 있기 때문이다. 이제 나와 동일한 도시 문화권에서 살아가는 많은 사람들은 선교를 위한 은유체를 제공하는 새로운 "찬송들"을 부르고 있다.

2) 군사에 대한 은유

선교에 관한 이미지를 전달하기 위해 성경에서 가장 많이 사용된 농업에 대한 은유에 뒤이어 두 번째 빈도로 등장하는 이미지는 군사활동에 대한 은유다. 불행하게도, 현대의 군사활동도 성경 시대에 그랬던 만큼이나 일상적으로 발생하고 있다.

군사활동은 이 지구상에서 살아가는 사람들이 경험해 온 인간생활의 표준적 특징이다. 그리고 불행하게도, 사람들에게 종교적 노래를 군사적 형식을 빌려 부르도록 요청하는 것으로 사람들에게 감정적 동요를 불러일으키는 것은 어려운 일이 아니다.

교회에서 "믿는 사람들은 군병 같으니"(Onward Christian Soldiers)라는 찬송을 부르다가 감정이 마구 요동쳐 일어나던 기억이 있지 않은가?

다음과 같은 성경 구절들에 대해 생각해 보라.

> 이는 내 주께서 여호와의 싸움을 싸우심이요(삼상 25:28).
> 내가 세상에 화평을 주러 온 줄로 생각하지 말라 화평이 아니요 검을 주러 왔노라(마 10:34).
> 내 지체 속에서 한 다른 법이 내 마음의 법과 싸워(롬 7:23).
> 구원의 투구와 성령의 검 곧 하나님의 말씀을 가지라(엡 6:17).
> 믿음의 선한 싸움을 싸우라(딤전 6:12).
> 너는 그리스도 예수의 좋은 병사로 나와 함께 고난을 받으라(딤후 2:3).
> 그가 공의로 심판하며 싸우더라(계 19:11).

폭력을 동원해 반대를 표명하는 인간의 능력은 여전히 견고하게 유지되고 있다. 다만 가장 극적으로 바뀐 것이 있다면 전쟁무기의 발달과 그 무기가 보유하는 파괴력의 확장이다. 한 사람이 사용할 수 있는 폭력은 손칼과 장검 그리고 창과 같이 손으로 다룰 수 있는 무기를 이용해 다른 사람에게 위해를 가하는 것으로 제한되어 있었다.

이제 우리는 폭탄 하나를 터뜨림으로써 수많은 사람을 살상할 수 있는 능력이 우리에게 있음을 안다. 심지어 이론적으로 지구상에 살아 있는 모든 생명을 몰살할 수 있는 핵무기들을 보유하고 있기도 하다. 오늘날과 같은 세상에서, 선교에 대한 이미지를 전달하기 위해 군사적 은유를 사용이 그 개념을 통해 전달할 수 있는 것보다 더 많은 부작용을 초래할 수 있다는 점은 분명해 보인다. 군사적 은유를 사용해서 복음을 전달할 수는 있다. 그러나 군사적 은유의 사용은 잘못된 암시를 전달하기도 한다.

성경 저자들조차 전쟁 이미지를 사용하는 것에 대해 꺼려했다고 말하는 것이 정당하다. 바울은 고린도에 보내는 그의 두 번째 서신에서 "우리는 세상처럼(원문에 있음) 육신에 따라 싸우지 않는다"(고후 10:3)는 점에 주목했다.

바울이 은유 사용을 포기한 것은 아니지만, 은유를 어느 정도 상대화시킨 것은 사실이다. 현대를 살아가는 우리는 전쟁에 대한 은유를 포기할 필요가 있다. 빌리 그레이엄은 전쟁에 관한 은유체가 암시하는 이미지로부터 멀어지기 위해, 자신이 진행하던 전 집회를 "십자군"과 "원정"이라 부르는 것을 중단했다.

3) 건축에 대한 은유

가장 탁월한 이미지는 아니지만, 선교에 관한 세 번째 이미지는 다른 이미지들과 마찬가지로 대단히 중요하다. 이 은유는 특히 고린도 교회에 보내는 바울의 첫 번째 서신에서 사용되었다. 고린도전서는 건물을 세우는 것에 대한 이미지를 사용하고 있는데, 물리적 건물의 건축과 제도를 세우는 일 모두에 사용되었다. 이 은유의 요소에는 다음과 같은 것들이 포함된다.

> 여호와께서 집을 세우지 아니하시면 세우는 자의 수고가 헛되며 (시 127:1).
> 건축자들이 버린 돌이 모퉁이의 머릿돌이 되었나니(마 21:42).
> 하나님을 금이나 은이나 돌에다 사람의 기술과 고안으로 새긴 것들과

같이 여길 것이 아니니라(행 17:29).

너희는... 하나님의 집이니라(고전 3:9).

내가 지혜로운 건축자와 같이 터를 닦아 두매 다른 이가 그 위에 세우나(고전 3:10).

기둥 같이 여기는 야고보와 게바와 요한도(갈 2:9).

그의 안에서 건물마다 서로 연결하여(엡 2:21).

그가 하나님이 계획하시고 지으실(히 11:10).

산 돌 같이 신령한 집으로 세워지고(벧전 2:5).

건물을 세우는 것에 대한 은유는 오늘날처럼 복잡하게 돌아가는 문화에서도 유용하게 사용할 수 있는 강력한 이미지이다. 오늘날에는 거대한 건물을 짓는 일을 통해 기술적 놀라움과 예술적 성취를 표현하기 때문이다. 오늘날처럼 복잡한 문화는 제도적 다양성을 포함하고 있는데, "건물을 짓는 것"에 대한 개념은 구제도들이나 신제도들 모두에 적용될 수 있다.

따라서 건물에 대한 이미지를 사용하는 것은 오늘날에도 적절한데, 이 이미지는 신약성경의 교회와 하나님의 나라를 설명하는데 사용되었던 탁월한 은유와도 잘 통한다. 이 은유로 표현할 수 있는 도전은, 공명을 야기하는 일과 불일치하는 것들을 지적하는 일 모두를 포함한다.

"하나님의 나라는 사람이 세운 제도 같기는 하지만, 여러 가지 중요한 면에서 다르다."

4) 운동선수에 대한 은유

이 은유체는 디모데에게 보내는 바울 서신에서 많이 사용되었다. 그러나 운동선수에 대한 아이디어는 신약성경 곳곳에서 등장하기도 한다. 운동선수 이미지는 중요하다. 왜냐하면 이 이미지는 오늘날의 문화적 환경에도 적절하고, 따라서 그 중요성이 감소되기보다는 상승할 것이기 때문이다.

운동선수 이미지는 오늘날에도 상당한 중요성을 갖기 때문에, 아마도 이 은유는 과거보다 현대 사회에 더 적합하게 사용될 수 있을 것이다. 다음의 성구들은 이 이미지에 대해 성경 저자들이 사용한 사례들이다.

> 이기기를 다투는 자마다 모든 일에 절제하나니(고전 9:25).
> 너희가 달음질을 잘 하더니(갈 5:7).
> 경기하는 자가 법대로 경기하지 아니하면(딤후 2:5).
> 교훈과 책망과 바르게 함과 의로 교육하기(training)에 유익하니 (딤후 3:16).
> 나는 선한 싸움을 싸우고 나의 달려갈 길을 마치고(딤후 4:7).
> 무릇 징계(discipline)가 당시에는 즐거워 보이지 않고(히 12:11).
> 말로 말미암지 않고… 행실로 말미암아 구원을 받게 하려 함이니 (벧전 3:1).

건축 은유와 마찬가지로 운동선수 이미지도 약간의 부작용이 있다. 모든 사람이 스포츠를 좋아하는 것은 아니다. 모든 사람이 텔레비전에서 방영되는 스포츠를 좋아하지는 않는다. 모든 사람이 축구, 야구, 농구 그리고 하키 등과 같은 스포츠를 대표하는 운동선수들을 좋아하는 것은 아니다.

현대 스포츠 산업이 오용, 즉 탐욕, 스테로이드, 부정 행위 그리고 그와 같은 것들이 되는 경우가 있다는 점을 미루어 볼 때, 복음의 가치를 효과적으로 전달하기 위해서는 살짝 차이를 줄 필요가 있다. 그러나 이 운동선수에 대한 은유가 성경이 기록되었던 시대보다 오늘날에 더 큰 잠재력을 갖는다는 것만큼은 분명하다.

5) 시장에 대한 은유

우리가 제1장에서 언급했듯이, 시장에 대한 은유만큼 오늘날 세상과 관련성을 가질 수 있는 것은 없다. 민주적 자본주의가 전 세계 정치/경제체계의 전형(default)이 되어가고 있기 때문에, 복음 선교를 민주적 자본주의식 사고와 연결시키는 이미지들은 분명히 유용한 부분이 있다.

사고파는 것은 매일의 일상생활에서 발생하는 일이다. 우리는 어떤 물건이 갖는 가치를 평가할 때, 그것의 가격과 그 가격을 지불할 때 얻는 유익에 준하여 평가한다.

성경이 이 이미지에 대해 어떻게 말하는지 살펴보자.

> 이미 도끼가 나무뿌리에 놓였으니 좋은 열매를 맺지 아니하는 나무마다 찍혀 불에 던져지리라(마 3:10).
>
> 마치 좋은 진주를 구하는 장사와 같으니(마 13:45).
>
> 한 달란트 받은 자는 가서 땅을 파고 그 주인의 돈을 감추어 두었더니(마 25:18).
>
> 네가 마땅히 내 돈을 취리하는 자들에게나 맡겼다가(마 25:27).
>
> 아이들이 장터에 앉아(눅 7:32).
>
> (너희는) 값으로 산 것이 되었으니(고전 6:20).

박스 22.4
선교를 수행함에 있어 제자도에 관한 신약성경 이미지들

	여기에 스탠리 스크레스리트의 은유체를 설명하는 신약성경의 구절들이 있다.
친구들과 그리스도에 대해 나누기	잔치의 비유(눅 14:16-24) 다메섹 도상에서 제자들과 더불어 음식을 나누신 예수님(눅24:28-32) 공동체 안에서 서로 공유하는 제자들(행 4:32-35)
복음 해석하기	교회들에 대한 바울의 서신들(예, 롬 1:1-7; 갈 1:1-3; 엡 1:1-14) "알려지지 않은 신"은 예수라고 주장하는 바울(행 17:22-31)
목양하기	예수께서 베드로에게 "내 양을 먹이라"고 권면하심(요 21:15018) 아볼로를 교훈하는 브리실라와 아굴라(행 18:24-26)

교회 세우기와 개척하기	하나님을 위해 거룩한 성전으로 지어져 감(벧전 2:5) 하나님의 종들이 함께 섬김: 바울은 씨를 심고, 아볼로는 물을 주고, 하나님은 자라게 하심(고전 3:5-6)
복음 선포하기	성전의 예수(눅 4:16-21) 지상명령(마 18:16-20)

불행하게도, 많은 이들은 현대 교회가 이미 시장 이미지를 과도하게 사용해 왔고, 제도 교회가 작동하는 방식에 침투한 시장에 대한 일부 불미스러운 측면이 제도 교회가 작동하는 데 지대한 영향을 끼치고 있기 때문에, 현대 교회가 시장 이미지를 은유적으로 사용하는 것 이상으로 나아갔다고 생각한다. 성경은 시장 이미지를 사용하는 데 매우 신중하다. 예수께서는 환전상들이 성전 생활에 끼친 영향을 보시며 어이없어 하셨다.

내 아버지의 집으로 장사하는 집을 만들지 말라(요 2:16).

바울은 일상적 사업과 복음 "사업"을 신중하게 구별했다. 현대 교회는 이러한 경고에 주의를 기울일 필요가 있다. 우리가 삶을 영위하고 있는 문화 내에서, 시장 은유는 교회의 현실에 지나칠 정도로 많은 영향을 행사하고 있다. 너무도 많은 경우에, 시장 이미지가 교회의 실재가 되어가고 있다.

이것은 단지 하나의 실례에 불과하다. 성경은 선교를 설명하기 위해 다른 중요한 은유적 개념들도 사용하고 있다. 그 개념들 중 세 가지만 언급하자면, 구조에 대한 은유체, 치유에 대한 은유체, 이야기에 대한 은유체를 들 수 있다.

이 외에도, 우리가 다음에 더 자세하게 논의할 은유체 중 하나인 은사에 대한 은유체도 종종 사용되고 있다. 그러나 우리가 그 점에 대해 논의하기 전에, 다음과 같은 중요한 질문에 대해 좀 더 많은 시간을 보내야 한다.

과연 우리가 사람들이 선교활동에 대해 은유적으로 생각하는 방식에 실재로 많은 변화를 일으킬 수 있을까?

만일 우리가 그렇게 할 수 있다면, 그 목적을 이루기 위해 우리는 어떤 방식을 취할 수 있을까?

4. 선교에 관한 은유 바꾸기: 예와 아니오(SIC ET MON)

몇 가지 중요한 방식으로 인해, 단순히 누군가 은유체(metaphor clusters)를 부적절하다 생각하고 있다는 이유 때문에 은유체에 변화를 초래할 수 없다. 은유는 마치 우리가 호흡하고 있는 대기의 일부와도 같다. 오늘 우리가 살아가는 일상의 삶은 우리가 살아내는 시대와 문화적 상황이 내포하는 은유들 속에 깊이 침잠돼 있다. 어느 날 갑자기 잠에서 깨어나 대머리독수리가 미국을 상징하는 것이 부적절하다는 결정을 내린다 하더라도 많은 것이 변하지 않는다. 오랫동안 유지해 온 이미지들을 바꾸거나 수정하는 방법들이 있기야 하겠지만, 그 같은 변화를 혼자서 만들어 낼 수는 없는 노릇이다.

바로 이 점이 은유체에 대해 우리가 인식해야 하는 첫 번째 것이다.

첫째, 본질상, 은유체들은 개별적인 이미지들이 아닌 집단적 이미지들이다. 따라서 당신과 나와 같은 개인이 은유체에 변화를 줄 수 없다. 은유체는 개인의 능력 밖에 존재한다. 본서의 초입 부분에서, 이 세상에 존재하는 종교 공동체들을 묘사하기 위해 지배적인 이미지가 사용되곤 했다는 점과, 기독교인들이 다른 종교 공동체들과 관계를 맺는 방식이 종교시장에 대한 은유체들(marketplace of religions metaphor clusters)이라는 점에 주목했다. 그 이미지들이야말로 현대 서구 문화가 가장 이해할만하고 우리가 살아가는 시대에 가장 적합한 이미지들이라 밝힌 바로 그 이미지들이다. 우리는 선교적 주제들에 관해 문화가 상상하는 대체적인 방식을 변경시킬 수 없다.

그렇다고 그런 이미지들에 대해 비판적인 평가를 내릴 수 없다고 말하는 것은 아니다.

우리는 이런 이미지들이 이런 저런 면에서 신학적으로 부적절하다는 것을 밝혀낼 수 있다. 우리는 시장에 대한 이미지가 기독교와 다른 종교들 간의 상호작용을 복음에 합당하지 않은 경제적 역동성으로 축소한다고 판단할 수 있다.

반대로 바울이 그랬던 것처럼, 만일 우리가 경제적 이미지를 적절히 사용하기만 한다면 좋은 면들도 있다고 판단할 수도 있다. 하나님의 사역을 사람들이 말하는 방식들에 대해 신학적 판단을 내리는 것은 공적 신학자들로서 우리가 감당해야 할 사역의 일부다. 그러나 만일 그와 같은 이미지들에 대해 우리가 생각하는 방식과 다르게 생각하는 사람들의 방식을 즉각적으로 바꿀 수 있다고 생각한다면, 그것은 큰 실수가 될 것이다.

둘째, 우리가 선교에 관한 은유체를 쉽게 바꿀 수 있다고 생각하는 것이 갖는 다음 문제는, 그런 은유체가 개별적이고 집중적이며 일시적인 은유가 아닌, 총체적이고(holistic) 복잡한 생각의 집합체라는 점이다.

예를 들어 여행에 관한 은유를 생각해 보자.

이 은유를 둘러싸고 있는 수많은 생각의 복합체가 있다. 이 생각의 복합체는 삶의 여정으로서 종교에 대해 그저 단순히 말로 표현하는 그런 식의 은유가 아니다. 이 은유체는 특정인이 이러한 여정을 어떻게 시작하는가에 대한, 다른 사람들이 이 길을 함께 할 수 있도록 돕는 것에 대한, 그러한 여정 중에 어떤 어려움들에 봉착할 수 있는지에 대한, 그리고 그 외에도 다른 측면들에 대한 다양한 생각을 포함하고 있다.

존 번연이 기본적으로 여행에 대한 은유체를 확장한 『천로역정』(*Pilgrim's Progress*)을 쓸 수 있었다는 점과 그에 관한 생각이 얼마나 복잡한지에 대해 어떻게 당신이 인식하기 시작하는지에 대해 고려해 보라.

다시 한 번 말하지만, 아이디어가 복잡한 것이기 때문에 아이디어에 도전할 수 없다고 말하는 것이 아니다. 그러나 우리는 그 도전이 얼마나 힘든 일인지를 평가절하하면 안 될 것이다. 무엇보다도 우리는 이미지의 깊이와 넓이를 온전히 이해하기 위해 이미지를 해체할 수 있는 능력을 갖추어야 한다.

그럴 수 있다면, 이미지의 요소들을 드러낸 후 그 각각의 요소들이 전달되는 방식에 대해 평가하는 일을 시작할 수 있다. 번연이 우리에게 보여준 것처럼, 여행에 대한 은유는 상당한 이점으로 사용될 수 있다. 그러나 오늘날 뉴에이지 추종자들이 제시하는 것처럼 상당히 부적절한 방식으로 사용될 수도 있다. 그런 경우라면, 방식의 부적절함에 대한 문제 제기가 반드시 있어야 한다.

우리가 은유에 관한 이런 문제를 다루는 데 도움이 필요하기 때문에 그런 시도를 해서는 안 된다는 의미가 아니다.

선교에 대한 우리의 은유를 우리가 선택할 수 있을까?

이 질문에 대한 답변은 제한적이기는 하겠으나 명백히 그럴 수 있다는 것이다. 충분한 시간, 신학적 논쟁 그리고 다른 교회의 대안문화로부터 도움을 받을 수만 있다면, 우리는 사람들이 선교에 대해 말하는(그리고 생각하고 행동하는) 방식에 변화를 만들어 낼 수 있다. 이처럼 복잡한 생각들이 마치 지면 아래로 수십 평방미터에 걸쳐 복잡하게 뻗어 나간 뿌리처럼 우리 문화 속에 단단히 뿌리를 내리고 있다는 단순한 사실이, 우리가 그런 생각들의 뿌리를 드러내고 변화를 주는 단계들을 밟아 나갈 수 없다는 것을 의미하지 않는다.

두 가지 이유에서 희망을 발견할 수 있다.

첫째, 은유는 인간이 만든 것이다.

인간이 만든 것들과 문화의 변화는 자연스러운 것이다. 어떤 사람도 정적이지 않다. 따라서 사람이 하는 것도 하나님의 영원성과 하나님의 말씀에 완전히 접근할 수 없다.

둘째, 은유는 그 본질상 변화하고 발전한다.

선교에 대한 현대 문서들을 읽는 누구라도 특정 이미지들은 다른 것들에 비해 더 자주 사용되고 있음을 분명히 알 수 있을 것이다. 우리가 제안했듯이, 아마도 시장에 대한 은유가 가장 흔할 것이다.

기독교인으로서 우리는 타종교에 속한 사람들과 시장 경쟁 상태에 있다.

기독교는 성장하고 있는데(시장의 지분을 더 많이 확보하고 있는데), 아마도 다수 세계 지역에서 특히 성장하고 있다. 그러나 다른 종교들(힌두교, 불교 그리고 이슬람) 또한 빠르게 성장하고 있다.

우리는 여전히 복음을 모른 채 타종교에 헌신하고 있는 사람들에게 복음을 전하려고 이 종교들과 경쟁하고 있다. 우리는 경쟁이 무엇인지, 경쟁을 위해 사용되는 방법이 무엇인지 그리고 경쟁을 통해 얻는 성공이 무엇일지에 대해 알고 있어야 한다. 그렇게 함으로써, 우리는 그들의 소득을 우리의 소득으로 대체할 수 있다.

시장에 대한 이 같은 모델은 위에서 언급한 여러 가지 이유들로 인해 농업에 대한 모델(성경에서 가장 일반적인 모델)보다 더 보편적인 모델이 되어가고 있다. 현재 더 많은 사람이 도시로 이주하고 있기 때문에, 시장 모델은 현대적이고 경제적인 문화를 보유하고 있는 전 세계 많은 곳에서 농업에 대한 모델보다 더 잘 맞아 들어가고 있다. 농업에 대한 모델이 지금도 많은 곳에서 중요하게 작동하고 있기는 하지만, 세계화가 진행된 많은 곳에서는 시장에 대한 은유가 한결 더 일치한다.

말하자면, 선교에 대한 은유는 "스스로" 변화한다. 즉, 선교에 대한 은유는 문화 상황의 변화에 반응하며 변화한다. 선교에 대한 은유는 우리의 노력 여하에 따라 변화가 "장려될 수" 있다. 이것은 바람직한 것이다. 성경이 성경의 다양한 환경 속에서 대면할 수 있는 다양한 문화 상황을 위해 고안된 다양한 은유를 포함하고 있듯이, 요령 있는 선교단체들도 그들이 파송되어 사역할 다양한 문화 상황 안에서 사용할 수 있는 여러 가지 은유를 가지고 있을 필요가 있다.

어떤 상황 안에서는 농사에 대한 은유가 가장 적합할 수 있고, 다른 상황 안에서는 운동선수에 대한 은유가 최선일 수 있으며, 또 다른 상황 안에서는 시장에 대한 은유가 가장 적합할 수 있다. 또 다른 상황 안에서는 여행에 대한 은유가 최선의 적합성을 보일 수 있다.

박스 22.5

은유의 특성들

은유는 다섯 가지 특성을 가지고 있다.

1. 은유는 공동체적이다.
은유는 개인이 아니라 사회 안에 존재한다. 공적 신학(public theology)은 우리 시대의 은유에 대해 말할 수 있다.
예: 깨끗한 폭탄(clean bombs)
이 용어는 사람들은 죽이지만 건물은 손상시키지 않는 무기를 언급할 때 사용한다. 기독교인들은 "깨끗한 폭탄"이 가지는 파괴력을 암시하되 "깨끗한"이란 적극적인 함의를 떼어 생각함으로써 그것이 가지는 의미를 명확하게 할 수 있다.

2. 은유는 복잡하다.
은유는 하나의 생각이 아닌 생각들의 합을 대표한다. 따라서 그 구성요소들은 분석되고 평가될 수가 있다.
예: 불법 거주 외국인(illegal aliens)
이 용어는 적절한 법적 문서 없이 미국 내에 거주하고 있는 사람들을 언급할 때 쓰인다. 대중문화에서 외계인이란 용어는 외계에서 온 낯선 생명체들을 언급할 때 사용된다. 그렇다면, **불법 거주 외국인**이란 용어는 범죄성, 낯섦 그리고 심지어는 비인간이라는 함축적 의미를 담은 복잡한 용어가 된다.
이렇게 사용되고 있는 언어의 의미를 자세히 들여다봄으로써, 더 나은 이해를 제공하면서도 그 용어가 담고 있는 편견적인 함의를 줄일 수 있는 비판적 평가를 내릴 수 있다.

3. 은유는 사람이 만든 것이다.
언어는 은유들을 서로 결합시키고 그렇게 함으로써 의미를 강화시킨다. 그렇기 때문에 사회는 이러한 은유를 실재의 일부로 이해한다.
예: "그의 마음은 마치 강철 올가미 같아요."
이 은유는 지식이 냉정하고, 객관적이며, 정적이라는 것을 암시한다. 이러한 은유는 남성들에 의해 포착되고 유지될 수 있다. 이런 개념적 은유의 반복적 사용은 지식의 주관적이고, 공동적이고, 유동적 측면에 대한 평가절하를 야기할 수 있다. 이러한 은유는 남성들이 여성들에 비해 더욱 지적이고 감정적인 면이 적다는 일반적이지만 잘못된 통념을 강화시킨다.

4. 은유는 변한다.

은유는 지속적으로 변화한다. 인간은 은유의 상대성을 인식하기 시작할 수 있다. 인간 집단들은 새로운 방식으로 은유를 만들어낼 수 있다.
예: 자동차의 마력은 차의 엔진이 얼마나 강력한지를 가시적인 방식으로 보여주기 위해 사용되어 왔다.
현대 공동체들은 말을 운송수단으로 사용하던 시기와 역사적으로 상당한 거리가 있기 때문에, 이 은유는 적절한 의미를 전달하지 못한다. 마력이 갖는 은유는 더이상 사용하지 않고 단지 차의 실린더에 대해서만 말할 뿐이다. 자동차의 추진력에 대한 새로운 은유가 비행기나 로켓, 또는 빛의 속도에 비추어서 만들어 질 수 있다.

5. 은유는 잠정적이다.

은유는 그 유용성에 비해 더 오랫동안 지속된다. 은유는 기독교인들에 의해 평가되고 미묘한 차이가 더해질 수 있다.
예: 선교를 전쟁에 비유(전투, 십자군, 갑주, 행진에 대해 말하면서)하는 은유는 현대 사회 내에서는 유익을 주기보다는 손해를 줄 것이다.
전쟁에 대한 은유는 기독교인의 내적 갈등을 가리키는 영적인 것으로 내면화될 수 있다. 아니면 그 의미를 좀 더 약화시킬 수 있다. 그것도 아니면, 아예 사용하지 않을 수도 있다.

성경은 이점과 관련해서 우리를 다른 방식으로 인도한다. 몇 가지 선교에 대한 은유에 대한 필요를 모델로 삼는 것에 더하여, 성경은 모든 은유가 잠정적이며 불완전한 것이라는 사실을 다루는 방식을 우리에게 보여준다.

우리에게 다양한 환경 속에서 적절하게 사용할 수 있는 은유에 대한 선택권이 있다는 것과 우리가 개발한 은유들이 있다는 것은 은유들 중 그 어느 것도 모든 시대와 장소에 보편적으로 적용할 수 없음을 의미한다. 이런 사실은 영원하고 불변하는 복음 이야기가 일시적이고 변화하는 형식을 통해 우리에게 제시되는 것의 불가피성을 우리에게 되새겨 준다.

이것은 약점이 아니다. 오히려 하나의 강점이 될 수 있다. 이는 비록 복음 이야기가 다양한 방식(다양한 은유들을 사용하여)을 통해 전달될 수 있으나, 우리가 다른 사람들에게 전달하고자 하는 복음 이야기 그 자체는 인간의 언어와 경험으로 묶어둘 수 없는 차원의 것임을 아는 데 도움이 된다.

성경은 우리에게 은유를 통해 복음 이야기를 전달하는 방식에 대해 가르치는 교사이다. 선교의 목적을 위하여 은유체를 사용하는 데 있어, 성경 저자들은 거의 항상 "그렇다. 그러나..." 은유 접근법이라 부르는 방식을 사용한다.

"그렇다. 선교는 마치 성장하는 곡식과 같다. **그러나** 선교는 곡식이 자라는 것 이상의 것이다."

선교에 대한 은유에 관한 "그렇다. 그러나..." 접근 방식과 대해 아래에서 다룰 세 가지 예를 고려해 보라.

첫째, 이미 제2장에서 보았듯이, 바울은 고린도후서 2:12-17에서 시장 은유를 사용하고 있다.

고린도의 시장인 아고라에서 물품을 팔기 위해 자신들의 좌판을 세운 상인들에게 둘러싸인 바울은 그들 가운데 서서, "기독교는 지금 당신들의 모습처럼, 좌판에서 종교 상품을 파는 것과 같다"고 말한다. 이 부분은 "그렇다. 그러나..." 식의 접근 방법에서 "그렇다"에 해당하는 부분이다. 그러고 나서 그는, "그러나 기독교의 가르침은 상품 그 자체보다 성공적인 좌판을 둘러싸고 있는 향내와 같다"라는 말을 더한다. 이것이 "그렇다 그러나..." 식의 접근 방법의 "그러나"에 해당하는 부분이다.

바울은 기독교 선교의 수행이 시장에 대한 어떤 이미지와 유사한지를 설명하고 있다. 그러나 그러고 나서 기독교 선교가 시장 이미지에 대한 인간의 행동이나 생각을 넘어 어떻게 나갈 수 있는지를 보여 준다.

둘째, 다른 예는 고린도교회에 보낸 바울의 두 번째 서신에서 발견된다. 거기에서 바울은 군사에 대한 은유를 언급하는데, 다른 곳에서는 동의를 구하기 위해 이 은유를 사용했다(롬 7:23; 엡 6:17).

그러나 여기에서 그는 "그렇다. 그러나..." 접근 방식을 사용한다. "비록 우리가 이 세상에서 살고 있으나, 우리는 세상이 하는 것처럼 싸움을 하지는 않는다"(고후 10:3). 바울은 우리는 "싸움을 한다"고 말한다. 그러나 그 싸움은 세상이 하는 것과 같은 싸움은 아니다. 왜냐하면 우리가 말하고자 하는 것은 땅에 대한 요구나 세상적인 지배, 또는 인간의 폭력에 대한 표현이 아니라 복음이기 때문이다.

셋째, 또 다른 예는 알지 못하는 신에게 진상된 사원 앞에서 아테네인들을 대상으로 하는 이미 잘 알려진 바울의 연설이다(행 17장).

여기에서 바울의 "그렇다"는 예배를 받아야 하는 신이 있기는 하지만 모든 사람이 그 신이 어떤 신인지 또는 누구인지 알지 못한다는 인식이다. 여기에서 바울의 "그러나"는 그 알지 못하는 신이 자신에게도 알려지지 않은 것이 아니라는 것과 그들에게도 알지 못하는 신으로 남아 있을 필요가 없다는 것이다. 그리고 바로 그 신은 다른 모든 신과는 다른 유일무이한 신이라는 것이다.

선교를 위해 사용할 수 있는 은유는 많다. 이 은유는 상황에 따라 상호호환하여 사용할 수 있다. 모든 은유는 잠정적이다. 우리의 임무는 우선 복음 이야기를 가장 잘 전달할 은유를 선택하는 것이다. 우리의 두 번째 임무는, 최상의 은유라 할지라도 일정선에서 상대화시키는 것이다. 왜냐하면 그 은유가 우리를 바른 이해로 인도하는 것이라 할지라도, 그 은유가 가리키는 이야기는 인간의 은유체를 넘어서는 유일무이하고 초월적인 것이기 때문이다.

5. 선교 은유로서 선물

오늘날 선교를 수행하는데 대한 핵심적 은유로 선물 공여하기를 사용하는 데는 특별한 강점들이 있다. 우리는 이 부분에서 선물 공여 선교야말로 오늘날 타문화권 안에서 살아가며 다른 종교에 속한 사람들에게 복음을 전달하는 최상의 방법 중 하나가 될 수 있음을 확인하고자 한다.

필자들은 다음 장에서, 비록 선물 공여 선교가 다양한 문화 속에서 작용하면서 각기 독특한 특징들을 갖게 되지만, 선물 공여 선교가 가지는 보편성에 대해서 상세히 설명하도록 할 것이다. 그러나 우선, 선물을 공여하는 것이 성경 텍스트 전반에서 사용된 은유라는 점에 주목하는 것으로 시작하고자 한다. 선교를 위한 은유로서의 선물 공여는 성경의 강력한 보증을 받는다.

1) 구약성경

(1) 공여

구약성경이 제기하는 가장 중요한 질문은 창조에 대한 것이다.

최소한 우리의 제한적인관점에서 볼 때, 도대체 왜 전능하시고 자족하신 하나님께서 세상을 창조하심으로 아무런 정당성이나 그럴만한 이유를 갖추고 있지 못한 인간들에게 선의를 베푸시는 행위를 하셨을까?

이것은 모든 일이 잘 되어 가는 인생의 풋내기 시절에나 한 번 물어볼만한 나름 괜찮은 이론적 질문이다. 그런데 모든 일이 잘 돌아가지 않을 때에는, 즉 삶을 공여하는 일(the giving of life)이 더 문제가 있어 보일 때에는, 동일한 질문이 심각한 질문이 되고 만다. 욥은 고통 가운데서 울부짖으며 이 질문을 던졌다.

> 도대체 사람에게 생명(개역개정에서는 "빛"으로 번역-역자 주)이 주어진 이유는 무엇입니까?(욥 3:23)

사람이 도달할 수 있는 유일한 결론은 공여가 하나님의 성품의 한 부분이라는 것이다. 그리고 우리가 하나님의 형상대로 지으심을 받았기에, 만일 우리가 우리의 존재 안에 내재된 거룩한 의도를 인지하고자 한다면, 공여는 우리의 본성 중 일부가 되어야 한다. 온전한 인간이 되기 위해, 우리는 주어야 한다.

(2) 선물(들)

그렇다면 질문은 무엇을 주어야 하는가에 대한 것이 된다.
그리고 준다면 누구에게 준다는 것인가?

세상의 모든 종교는, 삶의 전형들은 신들 혹은 신에 의해 결정된 것이라 본다. 그러므로 기독교인들에게 있어, 무엇을 주어야 하느냐에 대한 질문에 대한 답변은 하나님께서 이 지구에서 살아가는 우리에게 주신 것이 무엇인지를 살펴보는 것으로 시작한다.

구약성경에 드러난 전형적 선물은 아브라함에게 주신 하나님의 선물로, 하늘의 별들처럼 그리고 바닷가의 모래알처럼 많은 수의 자손들에 대한 약속이다(창 15:4). 하나님께서 우리에게 그저 삶만을 주신 것이 아니다. 하나님께서는 우리를 위해 계획하신 모든 방식을 통해 풍성하게 꽃피울 자원들을 허락하셨다. 이렇게 보존되고 있는 선물들의 궁극은 이 지구 자체인 것이다.

> 그 지구(개역성경은 '땅'이라 번역, 역자 주)는 하나님께서 인간에게 주셨다(시 115:16).

그러나 하나님만이 주실 수 있는 선물(삶)을 우리가 어떻게 모방할 수 있을까?

이 목적을 성취할 수 있는 두 가지 방법은, 하나님께 무엇인가를 돌려드리는 것과 우리 자신을 다른 사람들에게 내어 주는 것이다. 구약성경은 우리가 하나님께 돌려 드려야 할 것에 대해 명확하게 말씀한다. 이것을 예증하기 위해 우리가 하나님께 돌려드리는 하나의 선물이 십일조이다.

하나님께 돌려드리는 선물에 대한 야곱의 맹세를 기억해 보라.

> 하나님께서 내게 주신 모든 것에서 십분의 일을 내가 반드시 하나님께 드리겠나이다(창 28:22).

그렇다면 사람에 대해서는 어떤가?

우리는 사람에게 생명을 줄 수 없다. 우리는 사람에게 온 세상을 줄 수도 없다. 그러나 우리는 그 중 일부를 줄 수는 있다. 우리는 가능한 곳에서라면 만일 그것이 인간의 안녕에 도움이 되기만 하다면 기여할 수 있다. 잠언은 이것에 대해 다음과 같이 요약했다.

> 네 원수가 배고파하거든 음식을 먹이고 목말라하거든 물을 마시게 하라(잠 25:21).

그러나 하나님의 자비의 대리자들로써, 우리는 물질적 지원 이상의 것을 줄 수 있다. 우리는 영적인 선물 또한 줄 수 있다. 우리는 매 주일 서로를 축복하는 말을 교환하는 것으로 영적인 선물을 주고받았다고 생각하며 예배를 마친다.

> 여호와는 네게 복을 주시고 너를 지키시기를 원하며, 여호와는 그의 얼굴을 네게 비추사 은혜 베푸시기를 원하며, 여호와는 그 얼굴을 네게로 향하여 드사 평강 주시기를 원하노라(신 6:24-26).

(3) 얻기(받기)

구약성경 텍스트의 많은 부분이 하나님의 위대하신 선물에 대한 우리의 응답과 사람들이 사람의 선물을 받는 방식에 대해 말씀하고 있다.

그러나 전체적으로 볼 때, 강조점은 선물을 주는 쪽에 맞춰져 있다. 선물을 주는 것은 관계를 촉발시킨다. 우리는 선물을 받는 사람 쪽에서 발생하는 선물의 세 가지 중요한 효과를 볼 수 있다.

첫째, 공여자나 수여자 양자 모두 풍요로워진다는 것이다.

수여자는 물론 선물로 인해서 풍요로워지지만, 공여자 또한 풍요로워질 것이다.

> 은혜를 베풀며 꾸어 주는 자는 잘 되나니(시 112:5).
> 구제를 좋아하는 자는 풍족하여질 것이요. 남을 윤택하게 하는 자는 자기도 윤택하여지리라(잠 22:9).

둘째, 선물은 관계를 세우기 위해 필요한 접근을 제공한다.

사람의 선물은 그의 길을 넓게 하며(잠 18:16).

셋째, 선물은 이미 성립되었으나 어려운 상태로 빠진 관계를 다시 원활하게 할 수 있는, 우리가 관계를 위한 윤활유라고 부르는 것을 제공해 준다.

은밀한 선물은 노를 쉬게 하고(잠 21:4).

(4) 너그러움

사람들이 너그러운 이유는 무엇일까?

왜냐하면 **첫째**, 하나님께서 너그러움의 모델이 되시기 때문이다. 시편 112편은 우리에게 하나님께서 "재물을 흩어 빈궁한 자들에게 주시는"(시 112:9) 분이라고 말씀하신다. 그러므로 우리도 빈궁한 사람들에게 자유롭게 주어야 한다. 잠언은 이것이 하나님께 온전히 드려진 사람의 성품이라는데 주목한다.

의인은 아끼지 아니하고 베푸느니라(잠 21:26).

이점에 대해 구약성경이 예시하는 가장 좋은 예 중 하나는 성막을 짓는 것에 대한 것으로, 이 이야기는 출애굽기 35장에 등장하는 이야기와 관련 있다. 모세가 시내산에서 하나님과 대면하여 백성을 위한 명령을 받은 후에 산에서 내려왔을 때, 그는 이스라엘 백성을 불러 모은 후 그들에게 하나님을 예배할 성막을 지어야 할 것에 대해 말한다. 그 성막은 공동체에 속한 개인들이 가지고 온 물질적 선물들, 예컨대 금, 은, 동, 실, 천, 양털, 염색한 염소 가죽, 나무, 올리브 오일, 향신료 그리고 보석과 같은 것들로 지어질 것이었다.

또한, 백성들은 자신이 가진 시간과 재능의 선물도 드려야 했다. 즉, 그들은 자신들의 재능들을 펼쳐 스스로 그 성막을 지어야 했다. 너그러움과 온 마음을 다해 하나님을 예배하는 것 사이에 연결점이 있다는 것은 분명하다.

(5) 감사

마지막으로, 선물을 받는 것에 반응하는 태도는 흔히 사용하는 "나는 주께 감사를 드릴 것입니다"라는 구절 안에 잘 담겨 있다.

우리는 이 구절이 구약성경 텍스트 전체를 통해 다양한 형식으로 표현된 것을 발견하지만, 대부분은 시편에 있다(예를 들면, 시 7; 28; 30; 35; 75; 100; 107; 118; 136편을 보라). 하나님의 선물에 대해 우리가 어떻게 반응해야 하는지에 대한 일반적인 내용에 관해 많은 것을 알려주는 감사에 대한 다른 구절은 하나님께 그 마음을 드리는 것을 적절한 감사로 묘사한다.

잠언 23:26은 "내 아들아 네 마음을 내게 주며"라고 말씀하고 있다. 민수기 8:16은 우리가 온전히 드려진 자들이라고 말씀하고 있다. 사무엘의 어머니인 한나의 경우에는 이 공여가 문자 그대로 이루어졌는데, 그녀는 만일 자녀를 구하는 그녀의 기도에 응답하신다면 그녀의 아들을 하나님을 섬기는 성전에 드리겠다고 약속했다.

> 내가 그의 평생에 그를 여호와께 드리고(삼상 1:11).

박스 22.6
구약성경이 증거하는 선교에 대한 은유로서의 선물

공여	받기
· 하나님의 성품의 일부로서의 공여 · 좋은 때나 나쁠 때나 하나님의 선물로서 주어진 삶 · 인간에게 주어진 하나님의 선물로서의 지구 자원들 · 하나님의 형상으로 지음받은 인간 성품의 일부로서의 공여 · 인간 개발의 일부로서의 공여 · 십일조와 예배를 통해 하나님께 돌려드리는 공여 · 다른 이들에게 공여함으로써 하나님께 돌려드리는 공여	선물을 받는 것은 관계를 여는 방식이다: · 공여자와 수여자 모두 풍요롭게 된다. · 선물을 공여하는 것은 공여자와 수여자 모두에게 관계를 세워가기 위한 통로가 된다. · 선물은 이미 성립된 관계를 풍요롭게 한다. 구약성경에서 선물을 받는 사람들에 대한 예들과 이미 성립된 관계에 대한 예들 · 룻은 보아스로부터 그녀의 생계를 받았다. → 보아스의 가계로 편입된 룻과 나오미 · 엘리야는 사렙다 과부로부터 빵을 받았다. → 과부와 그녀의 아들을 위한 생명 · 레아는 이삭으로부터 선물을 받았다. → 결혼 · 야곱은 이삭으로부터 장자의 권리와 축복을 받았다. → 야곱의 자손들과 하나님과의 관계
너그러움	감사
· 하나님께서 모든 인간을 위한 너그러움의 모델이 되신다. · 의인은 남김없이 준다. · 성막을 짓기 위해 공동체가 선물들을 가져온다.	· 하나님께 감사하기 · 하나님께 마음을 드리기 · 우리 자신을 하나님께 드리기 · 하나님과의 언약을 완성하기

- 이스라엘 백성은 자신들의 시간과 재능을 성막을 짓는데 드린다.
- 너그러움은 온 마음을 다해 하나님을 예배하는 능력으로 나아가게 한다.

- 하나님께서 모든 인간을 위한 너그러움의 모델이 되신다.
- 의인은 남김없이 준다.
- 성막을 짓기 위해 공동체가 선물들을 가져온다.
- 이스라엘 백성은 자신들의 시간과 재능을 성막을 짓는데 드린다.
- 너그러움은 온 마음을 다해 하나님을 예배하는 능력으로 나아가게 한다.

2) 신약성경

(1) 공여

사도행전 20:35은 받는 것보다 주는 것이 더욱 복되다 말씀하고 있다. 이것은 선물을 공여하는 것에 대한 성경적인 그리고 기독교인의 입장을 요약한 것이다.

① 모든 일에서 기독교인의 공여는 우리에게 선물을 주시는 하나님에 대한 모델로 시작한다.
② 그리고 이러한 이해는 우리가 할 수 있는 것을 하나님께로 돌려 드리는 것으로 진행한다.
"하나님을 두려워하며 그에게 영광을 돌리라"(계 14:7).
③ 그리고 나서 우리는 다른 사람들에게 너그럽게 공여함으로써 하나님께서 세우신 모델을 모방하고자 한다.
"긍휼을 베푸는 자는 즐거움으로 할 것이니라"(롬 12:8).

그러나 성경은 타락한 인간에게 순수한 이타주의는 불가능하다는 것을 W인지시켜 준다. 그래서 성경은 공여하는 것이 초래하는 일련의 내재된 유익들에 대해 소상하게 말씀한다.

예를 들면, 성경은 우리가 주는 것의 대가로 개인적으로 많은 것들을 받게 될 것임을 말씀한다. 바울은 고린도후서 8:2절을 통해, 주는 것이 커다란 기쁨을 가져온다는 점에 관해 말한다. 과부들에게 음식을 나누는 일을 돕던 초대 교회 집사들이 사도행전 6:1-7을 통해 배운 것처럼, 주는 것은 세상과 세상이 필요로 하는 것들(그리고 세상의 축복들)에 대한 이해를 증진시킨다.

주는 것은 중요한 일의 가치를 가르친다. 삭개오는 주는 것에 대해 배우기 전에 그가 소유한 것들로 인해 고통을 받았다(눅 19:5). 빌립보서 4:12은 주는 것과 받는 것은 주는 자와 받는 사람 양자에게 개인적 만족을 준다는 것을 확인해 준다. 그리고 모든 종류의 축복은 선물을 주는 자에게 주어진다.

> 이것이 곧 적게 심는 자는 적게 거두고 많이 심는 자는 많이 거둔다 하는 말이로다(고후 9:6).
> 심는 자에게 씨와 먹을 양식을 주시는 이가 너희 심을 것을 주사 풍성하게 하시고 너희 의의 열매를 더하게 하시리니(고후 9:10).
> 너희가 모든 일에 넉넉하여 너그럽게 연보를 함은 그들이 우리로 말미암아 하나님께 감사하게 하는 것이라(고후 9:11).

(2) 선물(들)

성경은 또한 우리가 하나님께로부터 받은 선물들에 대해서도 명확하게 말씀한다. 따라서 말씀하는 선물들이 암시적인 선물들인지 아니면 명확하게 진술할 수 있는 선물들인지 여부와 상관없이, 우리가 하나님께 받은 것들은 (우리가 할 수 있는 범위에 이르기까지) 반드시 다른 사람들에게 전달되어야 함을 인지해야 한다. 물론 우리가 하나님께로부터 받은 선물들 중 어떤 것들은, 우리가 찾은 것처럼 그들도 찾게 될 것이라는 소망 안에서 말할 수 있을 뿐인 것들도 있다. 그런 선물에는 삼위일체 하나님과 같은 선물이 있다. 기독교인으로서 우리는 하나님(마 10:40), 예수 그리스도(골 2:6) 그리고 성령(요 20:22)이라는 선물을 받는다.

우리는 또한 여러 가지 특별히 영적인 선물들을 받기도 하는데, 그 중에는 죄 용서(행 10:43), 하나님 나라(막 10:15) 그리고 영생(딤전 1:16)과 같은 것들이 있다. 우리는 행위와 관련된 선물을 받는데, 예를 들어 의(마10:41), 지혜(계 5:12) 그리고 위로(고후 1:4)와 같이 선물들이 이에 속한다. 그리고 우리는 물론 물질적인 선물들도 받는다. 이 선물들은 우리가 다른 사람들에게 전달해 주기 가장 쉬운 것들로, 권력(계 5:12)과 부유함(계 4:4) 같은 것들이 여기에 속한다.

사실, 우리는 우리가 구하는 것이라면 무엇이든 받는데(요일 3:22), 우리들 대다수가 구하는 것은 물질들이다. 우리가 하나님께로부터 받는 선물의 특별한 범주는 영적인 선물로 불리는 것들로, 하나님께서 우리들 각자에게 부여하시는 영적인 그리고 심리적인 재능을 언급한다. 우리는 그러한 선물들을 받음으로 하나님을 더 잘 섬길 수 있다(고전 14장).

(3) 얻기(받기)

성경 텍스트에 따르면, 선물을 어떻게 받느냐를 아는 것은 선물을 공여하는 과정에서 핵심 부분이다. 비록 전체적인 구성면에서 신약성경은 "받는 것보다 주는 것이 더 복이 있다"(행 20:35)라고 가르치고는 있으나, 우리가 무시할 경우 위험성을 무릎써야 하는 받는 것에 대해서도 상당히 많이 말씀하고 있다. 신약성경은 받는 것에 대해 네 가지 형식의 원리들에 대해 말한다고 요약할 수 있다.

> ① **우리는 하나님과 하나님의 대리인들에게 구해야 한다**(마 7:8; 요일 3:22). **구하지 않는 이유의 일부**(part of the dynamic of not aksking)**는 인간이 갖고 있는 완고한 자존심 때문이다. 구하고 받는 것은 부분적으로 하나님께 대한 우리의 의존을 인정하는 고백에서 나오**

는 것이다. 선교와 관련해서 우리가 저지르는 일반적인 실수는, 우리가 주는 일을 할 때만 선교 사역을 하고 있다고 생각하고 우리가 다른 사람들로부터 선교로 인한 선물(mission gift)을 받기 위해 그곳에 있다는 사실을 잊어버린다는 것이다.

② 우리는 하나님과 하나님의 대리인들이 우리에게 주는 것을 사용해야 한다.

각각 은사를 받은 대로 하나님의 여러 가지 은혜를 맡은 선한 청지기 같이 서로 봉사하라(벧전 4:10).

③ 우리는 선물을 받는 것을 다른 사람들에게 주는 일에 대한 자극으로 생각해야 한다.

너희가 거저 받았으니 거저 주라(마 10:8).

④ 우리는 우리가 하나님과 하나님의 대리인들을 통해 많은 선물을 받았음을 믿어야 한다(막 11:24). 받음의 이유 중 일부는 하나님과 하나님의 종들이 우리가 필요로 하는 것을 공급해 준다는 것을 믿음에서 기인한다. 이 같은 믿음이 없다면, 우리는 구할 때 거지가 되거나 탐욕스러운 사람이 되기를 구하는 함정에 빠지게 된다.

(4) 너그러움

고린도교회에 보내는 바울의 두 번째 서신 8장과 9장만큼 선물을 받은 것이 기독교적이고 성경적인 태도임을 요약 설명해 주는 것도 없다. 이들 두 장에서, 바울은 마케도니아 교회가 주는 것의 기쁨을 발견했으며 그 점에 대해 다른 교회들을 위한 모델이 될 수 있었음에 대해 설명한다. 그는 **거저** 주는 것에 관하여 우리의 기억을 상기시키며 너그러운 태도가 무엇인지에 대해 설명한다.

그러므로… 너희가 전에 약속한 연보를 미리 준비하게 하도록 권면하는 것이 필요한 줄 생각하였노니, 이렇게 준비하여야 참 연보답고 억지가 아니니라(고후 9:5).

기독교인의 선물은 **자발적으로** 주는 것이다.

> 내가 증언하노니 그들이 힘대로 할 뿐 아니라 힘에 지나도록 자원하여(고후 8:3).

기독교인들은 **신실한 마음으로** 주어야 하는데, 바울은 이에 대해 우리에게 "각각 그 마음에 정한 대로 할 것이요"(고후 9:7)라고 말한다. 기독교인들은 **기쁜 마음으로** 주어야 한다.

> 하나님은 즐겨 내는 자를 사랑하시느니라(고후 9:7).

기독교인들은 희생적으로 주어야 한다. 그렇기 때문에 심지어는 가난한 자들도 준다.

> 환난의 많은 시련 가운데서 그들의 넘치는 기쁨과 극심한 가난이 그들의 풍성한 연보를 넘치도록 하게 하였느니라(고후 8:2).

요약하자면, 바울에게 있어, 너그러움은 기독교인의 삶의 표징이며, 하나님의 성령의 열매이다.

> 오직 너희는 믿음과 말과 지식과 모든 간절함과 우리를 사랑하는 이 모든 일에 풍성한 것 같이 이 은혜에도 풍성하게 할지니라(고후 8:7).

(5) 감사

선물을 받은 사람의 반응인 감사에 대한 표준구(the locus classicus)는 데살로니가전서 5:18일 것이다.

> 범사에 감사하라 이것이 그리스도 예수 안에서 너희를 향하신 하나님

의 뜻이니라(살전 5:18).

모든 상황 **속에서**(모든 상황에 **대해서가** 아니라) 감사하라는 이 같은 교훈이 실재적일까?

현대의 연구는 그 방향을 지적하는 것 같아 보인다. 감사를 측정하는 데 있어 높은 점수를 받는 사람들에 대한 연구들은 그런 사람들이 심지어 나쁜 경험(그럼에도 불구하고 감사하는)으로부터도 교훈을 뽑아내는 능력이 있음을 보여준다. 감사를 통해 얻을 수 있는 유익들 중 일부는 다음과 같은 것들을 포함한다.

① 기회들: 감사의 태도는 사람들로 하여금 당면한 비극 너머에 존재하는 새로운 기회들을 보는데 도움을 준다.
② 기술들: 어려운 환경들은 사람들로 하여금 어려움을 극복할 수 있는 새로운 기술들을 개발하게 하는데, 사람들은 그와 같은 기술들로 인해 감사를 할 수 있게 된다.
③ 축복들: 축복을 인지하고 규명하게 하는 능력은 오직 사람들만이 소유할 수 있는 놀라운 강점이다.
④ 대조 효과들: 혹독한 겨울은 한 개인으로 하여금 따뜻한 봄에 대해 더 감사할 수 있게 한다.
⑤ 극복 방식들: 감사는 스트레스가 심한 삶의 형편을 다루는데 효과적인 방식이다.
⑥ 구속: 감사는 삶의 이야기들을 시험의 시간으로부터 승리의 시간으로 자연스럽게 움직여 나가게 한다.
⑦ 정신적 융통성: 감사하는 사람은 삶에 대해 덜 방어적이고 더 개방적이다(Snyder 2001, 467).

박스 22.7
신약성경에 등장하는 선교에 대한 은유로서의 선물

공여	받는 것

하나님께서 친히 우리에게 공여자의 모델이 되신다.
우리는 할 수 있는 데로 하나님께 돌려드린다.
하나님께 드리는 것은 우리가 드리는 예배의 일부이다.
다른 사람들에게 주는 것은 우리에게 주시는 하나님을 모방하는 것이다.
받는 것보다 주는 것이 더 복되다.
 	
주는 것의 유익들
- 주는 것은 기쁨을 초래한다.
- 주는 것은 세상에 대한 우리의 이해, 즉 세상의 필요와 축복에 대한 이해를 증진시킨다.
- 주는 것은 주는 자와 받는 자 모두를 만족으로 이끈다.
- 축복은 선물을 주는 자에게 온다 (고전 9:6, 11).
- 하나님은 주는 자를 의롭게 하신다 (고후 9:10).
	우리가 하나님으로부터 받는 선물들
	
	- 삼위일체의 선물
	  하나님(마 10:40); 예수 그리스도(골 2:6); 그리고 성령(요 20:22)의 선물
	
	- 영적인 선물
	  죄의 용서(행 10:43); 하나님의 나라(막 10:15); 영원한 생명(딤전 1:16); 하나님을 더욱 잘 섬길 수 있는 재능들(고전 14장)
	
	- 행위의 선물
	  의로움(마 10:41); 지혜(계 5:12); 위로(고후 1:4)
	
	- 물질적 선물
	  권력(계 5:12); 부유함(계 4:4)

너그러움	**감사**
기독교적인 공여를 특징짓는 태도들 (고후 8-9장)	범사에 감사하라 이것이 그리스도 예수 안에서 너희를 향하신 하나님의 뜻이니라(살전 5:18).

- 희생적으로 주라(8:2).
- 자발적으로 주라(8:3).
- 너그럽게 주라(8:7).
- 거저 주라(9:5).
- 신실한 마음으로 주라(9:7).
- 기쁨으로 주라(9:7).

감사로 인한 유익들
- 새로운 기회를 볼 것이다.
- 축복이 무엇인지 깨닫게 될 것이다.
- 다른 상황들과 다른 대조적인 것을 인식할 것이다.
- 스트레스가 많은 상황을 더 잘 극복할 것이다.
- 어려움으로부터 승리로 이동해갈 때 구원이라는 결과를 볼 것이다.
- 삶에 대해 덜 방어적이고 더 개방적이 될 것이다.

6. 은혜: 선물 공여 선교를 위한 성경적 보증

성경은 선교에 관한 은사체로서 선물 공여의 사용을 강력하게 보증한다. 기독교 신학 전통은 선물 공여와 오랜 시간 동안 교회가 하나님의 말씀을 개념화한 방식에 대해 중요한 공명이 있음을 인식했다. 이 공명은 하나님께서 예수 그리스도와 성령을 통해 세상과 관계하시는 방식을 간접적으로 설명하는 것인데, 이것은 은혜의 교리가 사용되어 온 방식을 통해 가장 분명하게 드러난다.

이 관점에서 볼 때 은혜는 하나님께 속한 것이다. 사실, 은혜를 베푸시는 것(공여하시는 것-역자 주), 즉 자격 여부와 상관없이 이 값없는 선물을 베푸시는 것은 하나님의 본질적 성품이다. 은혜를 베푸시는 하나님의 이 같은 측면에 대한 정의는, "모든 사람에게 값없이 주어진 하나님의 사랑과 보호"가 될 수 있다.

요한복음 첫 장은 하나님이 어떤 분이신지, 그리고 그 하나님께서 우리와 어떻게 관계하시는지를 전달하기 위해 은혜에 대한 이와 같은 설명을 사용한다. 요한복음 첫 장에서 하나님이 은혜가 충만하신 분이라는 것을 본다(14절). 모든 선한 것은 하나님의 은혜와 진리가 그 원천임을 본다(17절). 그리고 이러한 하나님의 은혜는 모든 인간에게 선물의 형태로 주어지기 때문에,

결과적으로 복(개역개정은 이를 은혜 위에 은혜로 번역함-역자 주)이 될 것임을 본다(16절).

그러므로 우리가 하나님에 대해 말하는 한 가지 방식은 은혜에 대해 말하는 것이라고 말할 수 있다. 많은 사람들은 은혜를 기독교 신앙의 중요한 교리, 즉 기독교라는 종교의 가장 중요한 특징이고 기독교를 이 세상의 다른 종교와 구별하는 교리라 불러왔다.

하나님의 은혜에 대한 이러한 이해를 선교적으로 적용하는 것은 매우 광범위한 작업이다. 선교학자들은 은혜에 대한 이 같은 정의의 마지막 두 개의 단어, 즉 "모든 사람에게"에 집중한다. 하나님은 단지 기독교인들의 하나님이 아니라 모든 사람의 하나님이시다. 우리는 모두 "하나님께로부터 난" 자들이다.

은혜는 기독교인들에게만 주어진 선물이 아니다. 이것은 모든 사람에게 주어진 선물이다. 힌두교도이든, 불교도이든, 혹은 무슬림이든 간에, 모든 사람은 이 공짜 은혜에 접근할 수 있다.

하나님의 은혜는 "나는 가지고 있지만 당신은 가지고 있지 않소"의 문제가 아니라, 하나님의 섭리를 통해 "우리 모두가 가지고 있는 것이오"의 문제이다. 이것이 모든 사람을 하나님 앞에 동등한 위치에 서게 한다. 모든 사람은 동일하게 선물을 받은 사람들이고, 동일한 심판을 받을 사람들이다. 하나님의 사역과 의도에 대한 이러한 주장에 입각한 선교는 우리를 갈라놓는 것이 아니라 함께하게 한다.

이런 관점에서 볼 때, 은혜는 하나님과의 관계 안에서 자신들을 발견하는 사람들과 그들의 상태를 설명하기도 한다. 만일 은혜가 "모든 인간에게 값없이 주어진 하나님의 사랑과 보호"라면, 모든 사람은 은혜를 받은 자들, 즉 "하나님에 의해 보호를 받는 상태에 있는" 자들이 된다.

바울이 로마서 5장에서 지적했듯이, 우리는 은혜가 다스리는 세상에서 살고 있으며(21절), 그 말은 우리가 은혜로 말미암아 보호받고 있다는 뜻이다. 우리가 죄에 둘러싸이고 죄에 잠식되어 있음을 발견할 때, 보호하시는 은혜의 분량이 그에 따라 증가한다. 우리가 항상 그 은혜를 알고 느끼는 것은 아니다. 그러나 우리는 하나님의 은혜에 의해 지속적으로 보호된다.

박스 22.8
선교에 있어 은혜가 의미하는 것은 무엇인가?

하나님의 선물로서, 은혜는 선교학적 적용을 갖고 있다.
- 모든 사람은 하나님께로부터 난 자들이다(요 1:3-4).
- 은혜는 모든 사람에게 유용한 것이다(요 1:16).
- 은혜로 모든 사람은 구원받는다(롬 3:24).
- 은혜로 모든 사람은 믿는다(롬 4:16).
- 은혜는 모든 사람을 위한 하나님의 섭리다(롬 5:1-2).
- 모든 사람은 하나님의 은혜에 접근한다(롬 5:15).
- 세상은 은혜의 통치를 받는다(롬 5:7; 골 1:17).
- 모든 사람은 하나님 앞에서 동등하다(롬 5:18-19).
- 모든 사람은 하나님의 은혜의 보호를 받는다(골 1:20).

박스 22.9
선교를 위한 은유: 숙고와 토론

다음과 같은 질문들을 던짐으로써 선교에 대한 은유들을 생각해 보라.

1. **당신과 당신이 속한 하부문화에 영향을 끼치는 두 가지 은유체들에 대해 설명해 보라.**
    (예를 들면, 밀레니얼스[1978년 이후 출생한 세대를 부르는 신조어-역자 주], X세대, 노년층, 미국 흑인, 노동 계층, 라틴계 등등).
2. **당신이 선택한 두 개의 은유체를 분석해 보라.**
    - 각각의 은유체가 담고 있는 구성 요소들은 무엇인가?
    - 그 요소들의 유래는 무엇인가?
      역사적으로, 문화적으로, 그 외 어디에서 유래했는가?
    - 그 요소들은 당신과 당신이 속한 집단에 어떤 영향을 미쳤는가?
    - 그 요소들과 관련하여 가장 흔히 사용되는 언급들은 무엇인가?

3. 당신의 은유들을 다른 사람들의 은유들과 교환한 후 그 혹은 그녀의 선택에 대해 분석해 보라.

4. 질문 1에서 당신이 선택한 두 가지 은유에 대해 평가하라.
    - 어떤 측면들이 기독교적인가?
    - 그 은유들 속에서 작동하는 은혜는 어느 부분에서 발견되는가?
    - 하나님의 은혜를 더 잘 반영하기 위해 그 은유들이 어떻게 변화될 수 있을까?
    - 어떤 점에서 그 은유들이 복음의 메시지와 양립할 수 없는가?

또한 선교학적으로 이 조건은 대단히 강력하다. 거의 틀림없이, 이 세상에서 안전하게 느끼는 것보다 오늘날 사람들이 필요로 하는 것은 없다. 우리 모두는 악한 사람들로부터, 핵미사일로부터, 테러리스트들로부터, 에이즈로부터, 조류독감으로부터 보호받기를 원한다. 은혜에 대한 성경적 관점에 따르면, 우리는 단지 하나님의 형상대로 지으심을 입은 사람들이기 때문에 지속적인 보호 하에 있다.

이것이야말로 복음이 아닌가?

기독교인들이 오직 좋게만 보이는 그런 용어들 속에 웅크린 채로 머물면서 복음을 전할 수 있을까?

이것은 심판에 대한 메시지가 아니라 자비에 대한 메시지이다. 우리는 선한 선물, 즉 하나님의 은혜의 소식을 전하러 가는 사람들이다. 그리고 이 소식은 당신이 이미 하나님에 의해 보호받고 있다는 것, 즉 당신이 하나님의 보호를 받고 있다는 것, 즉 은혜의 상태 안에 있다는 것이다.

그러나 성경이 은혜의 선물에 대해 말씀하는 다른 방식도 있다. 성경 저자들은 우리가 모두가 접근하는 세상 안에 존재하는 능력으로서의 은혜에 대해 언급하곤 한다. 이런 식의 언어는, 비록 전부는 아닐지라도, 이 세상에서 살아가는 많은 종교인들이 그들의 우주관이나 신화를 구성하는 방식을 강력하게 되새기게 하므로, 필수불가결한 선교학적 도구가 된다. 은혜는 세상을 돌아가게 하는 능력으로, 다른 종교에서 말하는 마나, 기, 도, "영들"이라는 단어들과 상통한다.

역사적으로 하나님의 은혜에 대해 들어 본 적이 없는 사람들은 이 세상이 사람과 사건이 스스로 만들어 낼 수 있는 것보다 더 풍성한 의미를 더해 주는 보이지 않는 능력들과 영들에 의해 운영되는 것처럼 보인다는 점을 관찰했다. 이 은혜에 의해, 사람들은 믿는다(행 15:11). 이 은혜에 의해, 사람들은 구원을 받는다(롬 3:23). 이 은혜에 의해, 사람들은 놀라운 일들을 행한다(행 4:33). 이 은혜에 의해, 우리는 영적인 영웅들, 즉 "하나님의 은혜와 능력으로 가득한" 남자들과 여자들이 된다(행 6:8). 모든 사람(성경적인 정의에 따르면 하나님의 은혜를 받은)은 은혜의 상태에서 살아간다. 그 은혜의 상태 속에는 은혜의 능력이 값없이 주어진다.

선교학적인 의미에서 우리는 이 이미지의 능력을 보는 것으로 시작할 수 있다. 선물을 공여하는 것을 중심으로 구성된 하나의 은유체는 종교적 메시지를 산출하는 사람들이 자아낸 의심과 불신으로 가득한 세상 안에서 많은 이점들 갖는다.

그러나 이 은유체를 세밀하게 만들어 특정한 선교지에 적용하는 일은 쉽지 않은 도전이다. 선교에 대한 다른 모든 은유들과 마찬가지로, 선물 공여 이미지는 그 자체로 완전하지 않다. 그리고 은혜를 공여하는 것을 바라보는 관점이 문화에 따라 다르기 때문에, 조심스럽게 적용해야 한다. 다음 장에서는 이에 관한 몇 가지 이슈를 선정해 집중적으로 다룰 것이다.

제23장

네 가지 선물

마르셀 모스(Marcel Mauss)는 그의 고전적 저작 『선물: 고대 사회에서 교환의 형식과 이유』(*The Gift: The Form and Reason for Exchange in Archaic Societies*, 1990)에서 다양한 문화 내에서 선물 공여가 내포하는 핵심적 역설에 주목했다. 이론적으로 볼 때, 선물은 공여자와 수혜자 양측이 아무런 조건도 걸지 않고 자발적으로 건네주고 받는 것이다. 그러나 실상을 볼 때, 선물은 시대와 문화를 초월하여 공여자나 수혜자에게 뿐 아니라 경우에 따라서는 그저 명목상 무관심한 구경꾼에 불과한 사람들에게조차 고도로 의례화된(ritualized) 기대의 일부를 부여한다. 문화에 따라 선물을 공여하는 것에 관한 나름의 규칙이 있다는 점에서 문화 간 차이는 존재한다. 그러나 "규칙" 자체가 있다는 점에서는 차이가 없다. 모스가 내린 결론은 공짜로 공여하는 선물은 없다는 것이었다.

모스는 신학자가 아닌 사회학자였다. 그의 의도는 선물을 공여하는 올바른 방식으로서의 기독교적 방식(혹은 힌두인들, 불교인들, 또는 무슬림들의 방식)에 대해 가르치는 것이 아니라, 선물을 공여하는 방식이 작동하는 역할에 대해 설명하는 것이었다. 자신의 저서 『선물』(*The Gift*)을 통해, 모스는 선물 공여라는 이 같이 흔하게 발생하는 행위가 갖는 법적, 경제적, 도덕적, 종교적 그리고 미학적 차원들에 대해 분석함으로써, 선물 공여라 불리는 총체적 사회 현상에 대해 설명한다. 그러나 모스는 선물을 공여하는 단 한 가지 방식만이 있다고는 결코 말하지 않는다.

모스가 다룬 내용 중에서 우리가 신학적 차원이라 부르는 것에 가장 근접한 내용이라 한다면, 비록 대다수는 아니라 할지라도 많은 종교가 값없이 공여하는 선물에 대한 개념을 갖고 있다는 그의 인식이다. 많은 종교는 선물을 아무런 대가없이 공여하는 행위를 이상적이라는 시각을 견지하고 있다. 모스가 관찰하는 것처럼, "이론적으로 선물은 자발적인 것이다. 그러나 실재로는 선물이 공여되었을 때 그에 대한 상보적 되갚음이 의무적으로 따르기 마련이다"(1990, 3).

그러나 모스의 작업이 언급하고자 하는 것은 이점에 대한 것이 아니다. 그는 이론과 실천 간의 차이를 매도해야 할 대상이 아닌 원활한 사회생활을 유지하기 위한 실재로 수용한다. 그는 선물을 공여하는 행위와 그 행위가 사회의 생존을 가능하게 하는(또는 경우에 따라 생존을 가능하게 하지 못하는) 역할에 집중한다. 그리고 **선물**에서, 모스는 선물을 공여하는 일의 역할이 어떤 것이 될 것인지, 특히 토착 사회에서 선물 공여의 역할이 무엇인지에 집중한다.

그러나 선물에 대한 개념이 각가 다른 문화에 거주하며 타종교에 속한 사람들을 대상으로 하는 기독교 선교의 역할에 대해 연구하는 우리의 흥미를 유발하는 까닭은, 문화에 따라 달라지는 선물의 모호한 성격 때문이다. 특정 문화 안에서 복음을 전하는(self-advocating) 기독교 신앙은, 복음의 이상이 가르치고자 하는 것과 해당 문화에 속한 사람들이 복음을 통해 듣고자 하는 것 사이에서 발생하는 즉각적인 문제에 봉착하게 된다. 모든 사람이 선포 받은 그대로 실천하지 않는다. 사실, 아무도 그렇게 하지 않는다.

그런 점에서, 복음 공여 행위가 마치 선물을 공여할 때 문화적으로 발생하는 일과 동일한 일이 발생하기를 바라는 것으로 비춰질 수 있다(즉, 선물을 공여할 때 문화가 규정한 유무형의 대가를 치러야 하듯이, 복음 공여 행위도 그런 대가를 요구하는 것으로 오해될 수 있다-역자 주). 이론과 실천 사이, 그리고 이상과 현실 사이에는 결코 안착할 수 없는 간격이 있기 마련이다.

이러한 실재에 직면한 사회학자 모스는, 선물에 대한 이론적인 측면은 거의 무시하고 실재로 실천되는 현상에 집중할 것을 선택했다. 그는 우리에게 자신의 특별히 기울인 관심이 무엇인가에 대해 다음과 같이 말한다.

> 낙후된 사회들이나 고대 사회에서, 받았을 때 의무적인 보상으로 되갚아야 하는 선물을 수용하는, 그래서 합법적인 사리추구를 가능하게 하는 규칙은 무엇일까?
> 선물로 건네진 물건에 스며있는 어떤 힘이 상보적 보상을 야기하는 것일까?(1990, 3).

다시 한 번 말하지만, 그는 이론과 현실 사이의 차이를 부정하지 않는다.

> 말하자면, 이와 같은 자발적으로 공여되는 선물은 사심 없이 무료로 공여되는 것처럼 보이지만, 실재로는 강제로 부과되는 대가가 있기 마련이고, 따라서 자발적으로 공여되는 선물은 실상 사리추구를 목적으로 하는 것이다(1990, 3).

모스는 이론이 아닌 실재에 대해 연구할 것을 선택했는데, 이는 그가 관찰할 수 있는 것이 실재였기 때문이다. 그러나 모스가 회피하려 했던 것을 우리는 포용해야 한다. 우리는 선물에 대한 이론과 실천 간의 간극에 관심이 있다. 왜냐하면 이것이 선포된 복음과 들려진 복음 사이에 존재하는 유사한 간극을 강하게 공명해 주기 때문이다.

우리의 관심은 값없이 공여되는 선물과 역시 값없이 공여되는 복음 사이에 존재하는 유사성을 탐구하고, 선물 공여가 내포하는 개념이 타종교에 속한 사람들을 대상으로 하는 선교라는 임무를 위한 유용한 은유가 될 수 있을지 여부에 대한 가능성을 탐구하는 것이다. 왜냐하면, 사실 값없이 공여하는 선물 공여와 복음 공여는 사회적 역할과 구조면에서 매우 유사하기 때문이다.

그러나 우리가 이 두 가지 일을 착수하기 전에, 우리는 선물 공여에 대해 좀 더 배울 필요가 있다. 모스는 고대문화들(우리가 토착문화들이라 호칭할 문화들) 안에서 발생하는 선물 공여에 대해 상당히 많은 것을 말해 준다. 고대문화들이 선물 공여에 대해 상당히 많은 것을 말해 준다. 비록 이러한 문화가 선물을 공여하는 방식이 동일하다는 말은 결코 아니지만, 하나의 이상적 유형을 뽑아내기에 충분할 정도의 구조적 유사성들이 존재하는 것은 사실이다. 따라서, 우리는 이러한 유사성을 토착적 선물 공여(indigenous gift giving)라 부를 수 있다.

그러나 우리는 또한 선물 공여에 대한 다른 이상적 유형들에 대해서도 배울 필요가 있다. 가르침을 위한 목적에서, 우리는 세 가지 이상적 유형들, 즉 서구식 선물 공여, 동양식 선물 공여(특별히 인도에서의) 그리고 종교적 선물 공여를 구분할 수 있다.

박스 23.1
"공짜 선물"의 조건들

정의하자면, 선물은 어떤 대가도 바라지 않고 공여되는 것이다.
그러나
1. 모든 문화에는 선물의 공여와 수용에 적용하는 규칙들이 존재한다.
2. 선물 교환에 대한 "규칙들"은 문화에 따라 다양하다.
3. 만일 선물을 받게 되면 그에 대한 보상을 할 것을 요청받는다.
4. (선물로 공여된) 물건에는 어떤 힘이 녹아져 있는데, 이 힘이 선물의 대가로 보상해야 할 것을 요구한다.

선물을 공여하고 받는 것에 대한 이들 네 가지 방식에 대해 설명하는 중에, 우리는 이들 방식들 간에 존재하는 상당한 차이점들을 발견할 것이다. 그러나 우리는 또한 인간의 일반적인 선물 공여에 대한 결론을 유추하기에 충분할 정도의 전반적인 유사성들도 발견할 것이다. 이러한 일반화는 선물 공여에 대한 인간의 노력을 기독교 선교에 대한 인간의 종교적 실천 또는 종교의 자기선전과 비교하는 데 유용할 것이다.

그리고 나서, 본장에서 우리는 선물 공여의 양 당사자가 갖는 실천적 목적에 대해 설명함으로, 마르셀 모스가 했던 것처럼 행동할 것이다. 우리는 이미 이전 장에서 이론과 실천 사이에 존재하는 의미론적 격차("예, 그러나…" 역학)에 대해 공부함으로써 언어학적 입지를 갖추었다. 다음 장에서, 우리는 선물 공여와 기독교 선교를 구두로 관련짓는 것에 대한 신학적 가능성들에 대해 숙고하는 신학자들이 될 것이다.

1. 토착적 선물 공여

토착 집단들은 이미 교환경제로 불리는 경제 원리에 따라 작동하고 있다. 즉, 그들은 상보적 관계라는 상황 안에서 선물을 공여하는데, 상보적 관계는 선물 공여자와 선물 수용자, 그리고 선물에 보답하는 사람(gift reciprocator)의 역할을 결정한다. 그 같은 문화 내에서는 선물 공여와 관련된 여러 가지 의무를 완수함을 통해 상호 신뢰를 구축한다. 교환경제 내에서, 선물을 공여하는 행위는 선물 그 자체보다(또는 최소한 그만큼) 더 중요하다.

교환경제 체계 속에서 살아가는 사람들은 선물을 공여할 것인지 여부에 대해 선택하지 않는다. 그리고 어떤 선물을 공여해야 하는지 여부를 선택하지 않는다. 선물의 공여는 기대되어지는 것일 뿐만 아니라, 의무적인 것이기도 하고, 더 나아가 비언어적 의례에 따라, 그리고 경우에 따라서는 구두로 언급된(그러나 일반적으로 글로 기록되지 않은 의례들) 규례들에 따라 정교하게 규정되어 있기까지 하다.

교환경제를 경제라 부르는 이유는 그 단어를 광범위한 의미로 사용하고자 함이다. 우리는 지금 단순한 금전의 교환이나 특정한 문화 내에서 화폐 대신 사용하는 것의 교환에 대해 말하고 있는 것이 아니다. 지금 우리가 말하는 것은 사람들과 다른 사람들, 신들, 심지어는 주변 환경에 속한 자연의 일부 요소들 사이에서 발생하는 총체적 교차교환(interchange) 체계에 대한 것이다.

이런 의미에서 경제는 생태와 거의 동의어로 사용되거나 총체적 교차교환 체계 내에 존재하는 모든 요소 간 발생하는 밀접한 통합과 상호작용을 의미한다. 이런 의미에서, 경제는 특정 문화의 물질적 교환을 포괄할 뿐 아니라, 정치적, 법적, 도덕적 그리고 윤리적 교환까지 포함한다.

교환경제 안에서, 발생하는 지배적인 상호작용 방식은 협력이라고 부를 수 있을 것이다. 그러나 그와 같은 상황 안에서 협력은 특별한 의미를 띤다. 여기에서 협력은 경쟁의 부재를 의미하거나, 관계가 항상 좋거나 조화로울 것임을 의미하지 않는다. 항상 그런 관계가 유지되는 것은 아니기 때문이다.

예를 들어, 미국 북서부에 거주하는 북미 원주민 사이에서 흔하게 발행하는 토착적인 선물 공여 형식이 있다. 포틀래치(potlatch)라 불리는 이들의 선물 공여 형식은 경쟁과 적대감으로 가득하다. 이들 미국 북서부 지역에 거주하는 부족문화에서 관찰되는 포틀래치는 부족의 부유한 구성원들이 자신들이 소유하고 있는 값비싸고 가치 있는 물건들을 부수어 "나누어 줌"으로써 대중 앞에서 자신의 화려함을 과시하는 것을 포함한다.

이와 같은 상황에서, 협력은 단지 모든 구성원(공여자, 수여자 그리고 구경꾼들)이 그들이 속한 문화에 존재하는 선물 공여의 "규칙들"을 이해하고 그러한 상호작용에 자유롭고 즐겁게 참여한다는 것을 의미할 뿐이다. 그들은 포틀래치에 참여함으로써, 자신들이 그러한 선물 공여와 의무와 의례를 준수하는 것으로 함께 묶이는 같은 집단의 일원임을 확인한다.

모스의 관찰에 따르면, 그런 부족 집단에서 발생하는 "결혼, 물품의 상속, 법적 유대와 사리사욕의 추구, 군대와 사제 내에서의 지위 등, 한 마디로 말하면 모든 것이 상호보완적이고 공여자들과 수여자들 간의 협력을 가정한다"(1990, 6).

비록 부족 집단에서 선물을 공여하는 의례들이 갖는 주된 목적이 부족의 결속에 있기는 하지만, 그런 문화에서 결속이 선물 공여의 유일한 목적은 아니다. 토착적 선물 공여에 내포되어 있는 다른 주요 목적에는 의사소통, 재분배, 그리고 명예/존중 등이 포함된다. 비록 시장 교환(가격 체계에 관한 구매와 판매)이 동양과 서양의 시장 문화 속에서 온전히 발전한 것이긴 하지만(나중에 자세히 다룰 것이다), 교환경제 내에서도 부차적이기는 하지만 시장경제의 일부 증거들이 발견될 수 있다.

그러나 여기에서는 교환 사회의 목적인 결속, 의사소통, 재분배, 그리고 명예/존중에 대해서만 살펴보도록 하자.

교환 사회에서, 선물 공여의 최우선적 가치는 집단의 결속이다. 데이비드 만(David Mann)은 다음에 주목한다.

> 〔아프리카의 부족 집단들 내에서〕 선물 교환은 관계를 강화시킨다. 다른 사람들과 나누는 것은 그 사람에게 유익을 가져다준다. 따라서 관계 네트워크를 세우는 것은 상호의무를 산출한다. 사회 전체를 통해 발생하는 지속적 나눔은 어려운 시기에 사회적 안전망을 산출해 낸다(1990, 51).

첫째, 교환 사회에 존재하는 선물 공여에 관한 정교한 규칙들은 같은 규칙들에 따라 작동하는 집단 내 구성원 전체의 실재를 창출하는 역할을 한다.

이렇게 획득되는 안정감이야말로 선물 공여를 교환하는 최고의 가치이자 목적이다.

둘째, 이 목적과 관련되어 있지만 다소 부차적인 목적은 의사소통이다.

브로니슬로브 말리노프스키(Bronislaw Malinowski)는 트로브리앤드군도 주민들(Trobriand Islanders) 사이에 존재하는 **쿨라**(*Kula*) 선물 공여 행위에 대해 상당히 상세히 기술했다. **쿨라**는 남태평양 주민들 사이에 존재하는 부족 간 관계 그리고 부족 내부 관계에 관한 하나의 완벽한 체계이다. **쿨라** 시스템(쿨라는 "원"을 의미한다)은 다음과 같은 체계를 의미한다.

> 트로브리앤드 지역 전체의 경제생활과 일반생활을 포괄하는 주체들 간에 상호 제공하는 선물 공여에 대한 광범위한 체계이다. 쿨라는 트로브리앤드 지역 주민 삶의 정점을 구성하는 것으로 보인다. 이것이 나라와 나라 사이에, 그리고 부족과 부족 사이에 적용될 때 특히 그럴

게 보인다. 확실히 쿨라 체계는 많은 섬들을 오가야 하는 기나긴 항해를 하는 사람들의 생존 보장을 목적으로 존재하는 체계이다(1953, 27).

쿨라는 군도의 주민들에게 새로운 소식과 사건, 그리고 다른 섬 주민들이 필요로 하는 것이 무엇인지에 대한 정보를 지속적으로 제공한다.

셋째, 재분배이다.
비록 물질적 이익이 교환 사회 내 사람들이 선물을 공여하는 주요 원인은 아니지만, 도움을 필요로 하는 사람들에게 부(富)가 흘러가게 하는 목적에 부합하도록 작용한다. 내 동료들 중 한 명이 오클라호마에 거주하는 일단의 북미 원주민들 사이에서 발생한 선물 교환에 대해 관찰한 적이 있다. 교환된 물건은 손으로 짠 담요였다.

이를 위한 의례는 외견상 선물인 담요를 이 손에서 저 손으로, 이 사람에게서 저 사람에게로 무작위적으로 건네는 것처럼 보였다. 담요를 건네받는 각 사람들은 다른 사람에게 그것을 건네주기 전 얼마동안 그 담요를 들고 있어야 하는 지에 대해 알고 있는 것처럼 보였다. 결국, 필자의 친구는 필자에게 담요는 그것을 가장 필요로 하는 사람의 손에 남는 것으로 마쳤다고 말했다.

넷째, 명예/존중이다.
예를 들면 다음과 같다.

> 부는 아프리카의 도와요(Dowayo) 문화의 지위의 최상위 지위에서 결정적인 역할, 즉 와아리오(*waaryaw*)를 한다. 도와요 문화에서 상위의 지위를 누리는 사회 계층에 속한 사람은 부족 내에서 큰 축제가 벌어지고 그 축제에 자신의 가족의 일원이 참석할 때마다 그 축제를 지원할 의무를 진다. 그 사람이 제공한 와아리오가 그 축제에 중요한 기여를 할 때, 그는 더 높은 지위를 얻게 되고 그 지위는 그와 그의 가족

평생 동안 누리게 된다(Mann 1990, 52-53).

앞으로 보게 되겠지만, 이 목적으로 인해, 포틀래치 축제의 경우처럼 선물 공여 행위가 과도해질 수도 있다. 포틀래치 축제에서는 권력과 부를 소유한 사람들이 서로에게 지지 않고 자신을 과시하기 위한 목적으로 단지 부수기 위해 매우 비싼 선물들을 단지 부수기 위한 목적에서 내어놓기도 한다. 과도한 경쟁 때문에 상대방에 대한 물리적 적대 행위가 발생하기도 한다. 그러나 이런 경우는 극히 드물고, 대다수의 경우에는 오직 명예를 얻기 위해 이와 같은 일들이 벌어진다.

비록 개인이 이런 목적을 추구하는 경우도 있지만, 토착 집단들 내에서 발생하는 선물 공여 기능을 면밀하게 이해한다면, 선물 공여가 참여자들을 진실로 하나의 집단으로 묶어주는 역할을 한다는 것을 알 수 있다. 모든 사람은 누군가 제공한 선물이 발생시킨 다양한 의무들 중 일부를 감당하게 된다. 그때 누군가 이렇게 부여된 의무를 완수하지 못할 때, 집단 내 모든 구성원이 의무의 미완이 초래한 사회적 공백 상태라는 고통을 경험하게 된다.

이 점에 대한 설명은, 교환경제 체제 내에서 선물 공여에 참여하는 세 부류, 즉 선물 공여자와 선물 수혜자, 그리고 (선물 교환이라는 끝없는 맴도는 원 안에서 또 다른 의미의 선물 공여자가 되는) 선물에 보답하는 사람으로 구분해 설명하는 것이 도움이 될 것이다.

사모아에서는, 선물 공여자가 선물을 공여하는 이유가 그 선물 공여자가 선물을 공여해야 할 의무가 있는 사람이기 때문이라는 사실을 수용할 때라야 비로소 선물 공여의 진가를 이해할 수 있다. 선물 공여는 누군가가 다른 누군가에 대해 좋은 감정을 가진 결과, 즉 좋은 감정을 느낀 사람이 "이런 저런 이유 때문에 저 사람에게 이런 저런 선물을 주어야 할 거야"라고 결정했기 때문에 발생하는 것이 아니다. 사모아에서 선물을 공여하는 것은 하나의 의무이다.

만일 당신이 한 사회 안에서 기여자가 되고자 한다면 당신은 선물을 공여하면 된다. 선물을 공여하지 않는 것은 마치 선물을 받지 않아 무시당했다고 느끼는 편에게 전쟁을 선포하는 것과 같다. 모스가 말했듯이, 그것은 "동맹과 공동체의 매듭을 거부하는 것"과 마찬가지다.(1990, 13).

선물 공여는 의무로 시작한다. 선물 공여는 당신의 선물을 받을 누군가의 초대로 인해 지속된다. 수혜자가 집단 외부에 있을 가능성은 거의 없다. 선물 공여는 가족 내부의 문제가 아닌 특정 집단을 구성하는 더 큰 규모의 사회에 대한 의무에 참여하는 것이다. 선물 공여에 대한 제안이 발생하고, 그 선물을 받는 사람은 선물을 수용해야 하는 의무를 진다. 만일 의무적 제안 또는 의무적 수용이 어떤 이유에서든 관례에 따라 실행되지 않는다면, 불신임 형식으로 가해지는 벌칙이 발생한다.

선물 그 자체에 대해 한마디 언급을 해야 할 것 같다. 한편으로 볼 때, 우리가 살펴본 선물 공여 시스템 내에서 선물 그 자체는 부수적인 것에 불과하다 말할 수 있다. 선물 그 자체보다 중요한 것은 전통에 따라 선물을 공여하는 것이다. 그럼에도 불구하고 선물 자체가 중요하지 않다고 말하는 것이 오해를 야기해서는 안 될 것이다. 왜냐하면 선물이 실재로 지니는 가치가 선물 공여자가 누리는 특권의 정도를 좌우하기 때문이다. 선물의 가치가 더 높을수록 받을 명예도 더 커진다. 값싼 선물을 공여하는 것은 공여자의 너그러움이 부족하다는 표식이 될 수 있기 때문에, 결과적으로 시작부터 선물 공여의 목적 중 한 부분의 상실을 초래할 수 있다.

이런 문화 내에서라면, 모든 선물은 행운을 가져오는 부적(talismans)이 된다. 모든 선물은 영적으로 살아있는 것이다. 바로 그 생생함이 선물 공여의 상보적 성격을 조성한다. 선물은 담요가 될 수도 있고 전복 껍데기가 될 수도 있다. 또한 모피, 집, 보트, 세공품, 또는 다른 예술 작품이 될 수도 있다. 이 모든 선물은 그 자체에 영이 깃들어 있는 살아있는 생생한 것들이다. 그렇기 때문에 그 선물을 소유하는 새로운 소유자는 부가적인 영적 능력을 덧입게 된다. 선물은 마치 관계와 경험의 에너지가 응축되어있는 살아있는 생명체 같다. 그리고 선물은 공여되는 물건과 영적으로 연결되어 있다. 이 영적 능력은 토착적 선물 공여가 토착문화 내에 반드시 존재해야 하는 확고한 이유가 된다.

선물의 수혜자도 동일한 의무를 진다. 공여자가 공여해야 하는 의무를 지듯이, 수혜자도 수용해야 하는 의무를 진다. 설사 선물을 원치 않는다 해도 그 선물을 받지 않겠다고 말할 수 없다. 왜냐하면 어떤 이유가 있든 간에, 예컨대 전복 껍데기를 원치 않거나 이미 많은 양의 전복 껍데기를 가지고 있기 때문에 거부하고 싶더라도, 당신은 선물을 거부할 수 없다.

한 걸음 더 나아가서, 당신은 특정한 선물을 공여하는 공여자에 대해 무엇인가를 되돌려 주어야 하는 의무를 지고 싶지 않기 때문에 선물을 원치 않는다고 주장해서도 안 된다. 또한 당신이 불편하게 생각하는 공여자에게 어떤 식으로든 신세를 지고 싶지 않다고 주장해서도 안 된다. 이들 중 그 어느 것도 수혜자의 권리나 자유가 아니다. 만일 누군가 당신에게 선물을 준다면, 선물을 받아야 한다.

나아가 또 한 가지 의무는 선물에 보답하는 것이다. 사람은 공여해야 할 의무를 지며, 받아야 할 의무를 지고, 적절하게 되갚아야 할 의무를 진다. 받은 선물에 대해 보답하는 의무에 실패하는 것에 대한 벌칙이 가장 심하다. 일반적으로 선물에는 되갚아야 하는 일종의 "이자"가 요구된다. 만일 담요 한 장을 받았다면, 두 장으로 돌려주어야 한다.

보답에 관한 의례는 정교하다. 선물을 받은 그 자리에서 보답해서는 안 된다. 선물을 받고 돌려주는 사이에는 기다려야 하는 적절한 시간차가 존재한다. 선물을 받은 사람은 그 선물에 대해 보답하기 위해 다음 축제나 포틀래치까지 기다려야 한다. 받은 선물에 대해 보답하지 않는 행위에 대한 벌칙은 사회적 추방으로부터 보답하지 못하는 것에 대한 대가로 노예의 지위까지 강등되는 것 등 다양하다.

지금까지 교환경제 원리를 사용하여 토착 사회의 선물 공여 행위에 대해 개략해 보았다. 토착 사회의 선물 공여는 공여하기, 수혜받기 그리고 보답하기라는 세 가지 의미에 따라 작동한다. 비록 공여자의 너그러움을 묘사하기 위해 값없이 공여되는 선물이라는 언어가 사용되기도 하지만, 선물 공여는 실재로 더 강력한 사회적 유대를 강화하기 위해 고안된 사회적 의무 체계이다. 이제 실재로는 값없이 선물을 공여하는 것이 아니라는 사실이 너무도 분명한 사회 안에서, 공짜 선물과 사심 없는 공여에 대한 언어가 갖는 역할이 무엇인지에 대해 제기할 질문들이 남아 있다.

(실재는 대가 없이 주어지는 것이 아님에도 불구하고-역자 첨부) 값없이 공여되는 선물에 대한 언어가 남아 있는 이유는 무엇일까?

그리고 값없이 공여되는 선물이 외부인으로부터(예를 들면, 값없이 공여되는 복음이라는 선물) 제공되었을 때, 이들 문화에서 어떤 일이 발생할까?

그런 문화에 속한 구성원들이 값없이 공여되는 복음이라는 선물을 어떻게 해석할까?

현재로써는 이점에 대한 약간의 초보적 인상만을 제공할 수 있을 뿐이다. 그러나 우리가 다양한 선물체계에 대해 본격적으로 토론하기 전에 몇 가지 점에 대해 숙고하는 것이 가치 있는 일일 것이다.

첫째, 그렇다면, 실재로는 결코(혹은 거의) 존재하지 않음에도 불구하고 값없이 공여되는 선물에 대한 개념을 유지해야 할 필요성은 무엇인가?

이 질문은 세 가지 차원에서 답변될 수 있다.

① 첫 번째 가능성은 기능적인 필요성으로, 이 필요는 모스와 다른 사회학자들/인류학자들과 관련 있다. 값없이 공여되는 선물과 같은 이상적인 개념을 보존하는 이유는 사회 내에 존재하는 복잡한 사정들과 해결되지 않은 모호한 점들을 설명하기 위한 사회적 역동성에 어느 정도 여지를 부여할 수 있기 때문이다.

어떤 사회체계도, 특히 도덕적 영역과 관련된 어떤 사회체계도 완전하게 작동하는 체계는 없다. 사회체계는 역동적이고 심지어는 초월적인 원리를 수용할 때, 변칙적인 것들까지 유용하게 이용할 수 있다.

② 두 번째 가능성은 "공여된 물건들에 내재된 영(the spirit)"을 포함할 수 있다는 점일 것이다. 공여된 선물에 일종의 영적인 차원이 있다는 사실을 상기시킴으로써, 일종의 초월적이고 이상적인 선물이 갖는 역동

성은 생명 없는 물건들, 즉 소유권과 공여된 선물로 인해 부여되는 영이 없는 물리적 사물들과 영적인 것(두 번째 가능성에서 언급한-역자 주)이 부여된 물건들 간에 존재하는 차이를 설명할 필요가 생기게 된다.
③ 세 번째 가능성은 신학적인 필요라 불릴 수 있다.

만일 공짜 선물에 대한 이상이 창조 이래 남아 있는 완벽함의 흔적이라면, 또는 이제 도래하실 값없이 공여될 선물 그 자체(예수 그리스도)에 대한 예시라면 어떨까?

박스 23.2
토착적 선물 공여

교환경제에서, 선물은 관계의 맥락 안에서 주고받는다.
- 선물공여자
- 선물 수혜자
- 받은 선물에 대해 보답하는 사람

교환경제 내 선물공여와 수혜의 결과들은
- 신뢰가 형성된다.
- 선물 공여와 관련된 모든 당사자는 선물 공여에 대한 규칙들을 따름으로써 협력한다.
- 선물 공여와 관련된 모든 당사자는 선물 교환에 참여한다.

교환경제 문화 내에서 발생하는 선물 공여의 목적들은
- 결속
- 의사소통
- 재분배
- 명예/존중

선물 그 자체의 힘은
- 선물은 수혜자의 권리를 결정한다.
- 선물의 가치는 공여자의 특권을 올리기도 하고 내리기도 한다.
- 선물의 "영"은 그 소유자에게 힘을 부여한다.
- 선물은 새로운 소유자의 "영"을 받는다.

선물 공여의 과정
- 어떤 사람은 선물을 공여해야 할 의무가 있다.
- 초대는 누군가를 초대하여 선물을 받게 하는데 가지 확장된다.
- 제안을 한다.
- 선물을 받는 사람은 그것을 수용해야 할 의무가 있다.
- 그 사람은 선물을 받는다.

선물 수혜의 의무들
- 공여자는 공여해야 할 의무가 있다.
- 수혜자는 받아야 할 의무가 있다.
- 수혜자는 받은 선물에 대한 보답을 해야 하는 의무가 있다.
- 공동체는 그러한 의무들을 완수하지 못하는 데 따른 "이자"와 벌칙들을 부과한다.

이제 두 번째 질문을 보자.

만일 복음과 같이 참되고 값없이 주어지는 선물이 제공된다면, 그와 같은 문화 내에 어떤 일이 발생하게 될까?

다행스럽게도, 모스의 관찰 대상자들인 남양군도(the South Sea Islands)의 경우를 통해, 우리는 어떤 일이 발생했는가에 대한 경험적 증거를 가지고 있다. 은혜의 복음이 들어가자 군도 주민들은 집단적으로 복음을 수용했다. "값없이 공여된 선물"인 복음 이야기를 가지고 들어 온 기독교 선교사들이 쏟아 부은 노력의 결과 이들 인구 중 매우 높은 비율이 기독교인이 되었다.

값없이 제시된 복음은 잘 맞아 들어가는 것 같아 보였다.

다음 장에서, 우리는 왜 그런 지에 대해 좀 더 자세하게 토론할 것이다. 그러나 여기에 약간의 맛만 보여주자면, 기독교 자체가 교환시장에 꽤 잘 맞아 들어갔던 것 같다. 그리스도 안에서 값없이 공여하시고 아무 것도 요구하지 않으시는 하나님이 제안하시는 은혜의 선물이 품은 이상은, 누군가 그와 같은 선물을 받았을 때 어떤 일이 발생하는지에 대한 좀 더 실천적인 이유와 결합한다. 우리는 그 선물을 다른 사람에게 공여하는 공여자가 됨으로써 받은 선물에 대해 보답할 것을 요청받는다.

이들 문화 안에서 거의 기적에 가까운 복음 이야기가 확산된 이유의 상당 정도는 복음 이야기라는 선물을 받고 그 선물을 다른 이들에게 전달해야 하는 의무감을 느낀 토착 선교 사역자들이 실행한 사역의 결과로 발생했다.

2. 서구의 선물 공여

전형적으로, 서구의 선물 공여는 시장 경제에 따라 작동된다. 우리의 토론에 중요한 "서구적"측면이 갖는 특징들은 인간의 책무와 대조되는 인간의 권리, 개인의 자유 그리고 (항상은 아니지만) 일반적으로 계급에 따른 역할을 능가하여 모든 사람에게 허용되는 동등한 기회에 대한 강조를 포함한다.

이를 하나의 문장으로 축약하자면, "서구적"이란 동등한 기회를 초래하는 개인의 자유를 강조하는 인권체계를 암시한다. 특별히 선물과 관련하여, 서구의 시장 경제는 선물이 갖는 성격, 즉 선물의 가치를 대단히 높이 평가한다. 그리고 물론, 서구의 시장 경제는 선물을 공여할지에 대한 여부와 그 선물에 대해 보상을 할지에 대한 여부를 결정할 때 공여자와 수혜자의 개성과 자유의 중요성을 대단히 강조한다.

시장 경제란 무엇인가?

시장 교환의 본질적 특징들은 공급과 수요라는 비인격적 힘에 의해 결정되는 시장 가격에 형성된 구매와 판매다.

선물 공여와 상당히 다르게 들리지 않는가?

그런 이유는, 시장 경제에서 선물 공여와 시장의 역동성은 서로 구분되기 때문이고, 이론적으로 선물 공여는 시장의 역동성과 무언가 다른 것으로 보이기 때문이다. 사고 파는 행위는 가격, 필요 그리고 공급에 따라 결정되는 반면, 선물의 공여는 개인의 결정, 정서적 가치 그리고 이타성에 따라 결정하기 때문이다.

이론은 선물 공여와 시장경제 간 구분이 고려되는 정도까지 유지되는 것으로 보인다. 어느 정도까지 구분하느냐에 따라 유지되는 것으로 보인다. 서구문화에서 살아가는 사람들의 마음에는 상품을 사고 파는 것은 선물을 주고받는 것과는 확연하게 구별된다. 사람들은 자신이 선물할 크리스마스 선물을 자신에게 선물을 제공하는 사람에게 구입하지 않는다. 사람들은 스물한 번째의 생일을 맞이한 사람에게 선물을 팔지 않는다.

이와 유사하게, 사람들이 식료품점에 가서 세탁 세제를 선물로 받는 것에 대해 말하지 않는다. 사람들은 하나의 세제를 다른 세제와 비교하며 그 세제가 가지는 세탁 능력에 따라 가격과 가치를 비교한 후, 어떤 세제를 구입할 것인지를 결정한다.

그 물건을 정확히 누가 나에게 팔았느냐는 설사 있다고 하더라도 큰 고려대상이 아니다. 내가 물건을 구입할 때, 물건을 구입한 물건의 제조회사 사장과 어떤 관계를 갖고 있느냐에 대해서는 고려하지 않는다. 물건을 사고 파는 것은 선물을 주고받는 것과는 다른 활동에 속한다.

그러나 이론은 시장경제에서 선물이 시장의 역동성 자체가 작동하는 것과는 다른 방식으로 설정된 규칙에 따라 공여된다는 점을 지적하는 데는 실패하는 것으로 보인다. 근본 사고(underlying thinking)와 역동성은, 심지어 과도한 행위와 사용된 언어가 뚜렷이 다르다 할지라도, 놀라우리만큼 유사해 보인다.

양자는 방법과 목적 면에서 유사하다. 양자 모두 시장과 유사해 보인다. 우리는 서구의 선물 공여가 내포하는 동기의 폭을 한 편에는 시장의 동기로부터 다른 편에는 관계적 동기에 이르기까지 폭넓게 만들어낼 수 있다.

공식적인 선물에 대해 생각해 보라.

크리스마스에 대다수의 서구 고용 시장의 근로자들은 함께 일하는 동료들에게 크리스마스 선물을 주어야 하는지 여부를 결정해야 할 상황에 직면한다. 많은 부분에 대한 결정을 내려야 한다. 예컨대, 선물을 주어야 할지 아니면 말아야 할지, 누구에게 주어야 할지, 무엇을 주어야 할지 등에 대한 결정을 내려야 한다.

기업문화는 중요한 요인이다.

예컨대, 다른 사람들이 그들의 동료들에게 선물을 줄까 주지 않을까?

회사에 따라 일터에서 일하는 방식이 상당히 다양할 것이다. 어떤 사람은 회사가 직원들에게 주는 선물을 쉽게 무시할 수 있다. 고용주가 보내는 크리스마스 선물은, 그것이 선물이든 아니면 돈으로 주어지는 상여금이든, 고용주의 명의로 주어지는 선물이다. 이러한 선물은 명확히 시장 경제의 사업적인 측면에 속하는 것이다. 그럼에도 선물이라고 부르는 것은 단어의 의미를 개념적 한계 너머로까지 확장시키기 때문이다.

그러나 피고용인/동료에 대한 선물은 좀 더 교훈적이다. 이러한 선물이 갖는 가장 중요한 특징은 선택이다. 각 개인은 세 가지 주요 결정(공여할 것인가 말 것인가, 누구에게 할 것인가, 무엇을 할 것인가)에 관한 선택을 할 수 있다. 이 세 가지 결정을 어떻게 할 것인가, 즉 어떤 동기를 가지고 내릴 것인가가 선물의 성격을 결정한다.

만일 공여자가 수혜자의 비위를 맞추기 위해 선물을 공여하는 것이라면, 이 행동은 자신이 제공받은 서비스에 대한 대가 때문에 공여하는 것이 아니면 뇌물이 될 위험을 안고 하는 사업상의 거래로 기울것이다. 그러나 만일 공여자가 선물을 받는 사람을 좋아하거나 그 사람과 맺은 우정 때문에 공여하는 것이라면, 이것은 선물이라는 범주에 속하게 될 것이다.

그러나 서구문화에서는 시장 모델이 너무도 흔한 것이기 때문에, 심지어 선물 공여의 범주에 속하는 관계적 목적에 부합하는 것조차 사업상 거래와 유사한 경향을 띤다. 심지어는 시장경제에서의 대다수 관계는 보상이라는 기반에 근거하여 결정된다. 만일 당신이 나에게 가치를 제공하면, 나는 대가로 동일한 가치를 당신에게 줄 것이다.

크리스마스카드를 주고받는 것에 대해 생각해 보자.

많은 사람들은 자신이 소유하고 있는 주소록에 올라 있는 사람들에게 크리스마스카드를 보내는 것이 일반적이다. 대부분의 사람들은 자신이 갖고 있는 주소록을 정기적으로 정리한다. 일반적으로 주소록에 올라 있는 사람이 자신에게 카드를 보냈느냐의 여부에 따라 주소록에서 지우기도 하고 새로이 올리기도 한다. 크리스마스 분위기가 담겨야 할 선물이 시장의 역동성에 따라 결정되는 것으로 바뀐다.

서구의 시장경제 내에서 결정된 선물 공여와 관련된 선택들은 일반적인 문화적 전례들에 따라 내려지는 개인적인 선택들이기는 하지만, 그 선택들 중 대다수는 자신이 하고 싶어 하는 것과 관련되어 있다. 이것은 일반적인 선물 공여 행위가 모두를 위한 것이고 개인적 선택은 참여할지의 여부(어떻게 참여할 지에 대한 것이 아니라)를 결정하는 것(불참할 경우에 닥칠 무서운 결과를 떠안은 채)에 대한 결정으로 제한되는 토착 사회의 선물 공여 행위와는 매우 다른 점이다.

서구의 시장경제는 토착 사회에서는 틈새 없이 하나의 전체로 연결되어 있는 경제, 관계 그리고 우정을 포괄하는 공여의 원(the circle of giving)을 효과적으로 분리했다. 서구문화에서 이 원은 비록 겹치는 공간이 있기는 하지만 세 가지 혹은 그 이상의 영역으로 쪼겠다.

그러나 서구문화는 이러한 각각의 영역들이 완전히 구분될 수 있는 자유 또한 허용한다. 이러한 서구문화에는 사람들을 함께 끌어 모을 수 있는 공동 의례와 선물 공여를 위한 축제를 벌이기 위한 여지가 거의 없다. 그리고 비록 사람들이 함께 서로에게 선물을 공여하는 경우(크리스마스처럼)가 있기는 하지만, 모두가 행동의 조화를 이룰 여지는 거의 없다.

그리고 서구문화에서 선물을 공여하는 행위는 시장의 의미 외에는 모두가 함께 공유할 수 있는 의미를 너무도 쉽게 소실한다. 부분적으로 이것이 사람들이 크리스마스와 같은 공휴일을 상업화하는 것에 대해 언급할 때 의미하는 것이다.

선물 공여에 차별화된 개인주의적 특징들을 부여하는 서구문화의 특징 중 한 가지는 그 전통이 갖는 세련된 성격이다. 서구문화는 점차 세련되어져 가는 동시에 점차 복잡해져 갔다. 개인주의적 서구문화의 다양한 기능들의 분화, 특히 개인적 영역에 비해 점차 약화된 관계적 분야의 경감은 구두문화와 대조해 볼 때, 세련된 문화가 성취할 수 있는 분석적 정밀성 때문에 가능해졌다. 좀 더 간단하게 말하자면, 선물 공여라는 주제는 서구 문학사 내내 토론의 대상이 되었다. 그리고 이 같은 토론의 전반적 효과는 복잡한 선물 공여의 다양한 측면들에 대한 일단의 개념을 창출하는 것이다.

대다수의 문화에서 볼 수 있는 것처럼, 서구의 선물 공여에도 종교적, 신화적 기반이 있다. 나중에 종교적 선물 공여에 대한 부분에서 이 기반에 대해 좀 더 상세하게 토론할 것이지만, 여기서는 서구의 종교 신화에서 나타나는 이상적인 선물의 전형은 창조 그 자체(태초에 하나님이 인간에게 공여할 수 있는 가장 완전한 선물인 천지를 창조하시니라)라는 선물임을 언급해야 한다. 인간은 창조라는 선물의 일부이고 피조세계에 대한 통치권을 부여받았다. 전형적인 인간의 선물은 하와가 아담에게 건네 준 선악과라는 선물이었다. 선물 공여에 대한 서구적 실천은 이와 같이 이상적인 선물(창조와 생명이라는 하나님의 선물)과 선물을 공여하는 실천에 대한 인간적인 시도(선악과를 주는 하와의 선물) 사이에 존재하는 변증법적 결과이다.

시장에 기초한 개인주의적 문화에서, 선물 공여가 갖는 주요 특징들이 있다.

첫째, 개별 선물 공여자가 갖는 감정 상태이다.

이것은 강점이 될 수도 있고 약점이 될 수도 있다. 그러나 약점이 되는 경우가 잦다. 선물 공여의 큰 부분이 선물 공여자 개인에게 주어지는 기쁨이 되는 체계에서라면, 불가피하지만 교만과 이기심이 그 체계의 주요 측면이 되고 만다. 많은 경우에, 누군가 필요한 사람에게 선물을 공여하는 것에 대해 느끼는 주관적 기쁨이 그 행동에 대한 다른 모든 측면을 가려 버린다. 장자크 루소는 『외로운 산책자의 몽상』(*Reveries of a Solitary Walker*)에서 자신이 사과 몇 개를 어려움을 겪는 사람에게 줄 때 느꼈던 감정을 기억한다.

> 내가 경험했던 기쁨의 종류를 되돌아보았을 때, 나는 그것이 선행을 한다는 내용 자체보다 (사과를 받고) 만족해 하는 얼굴을 보는 것이 주는 즐거움이 더 강했다는 것을 발견했다. 그러한 느낌을 갖는 것은 내게 매력적이었다. 비록 그것이 나의 심중을 관통하기는 했으나, 그것은 오롯이 감정의 문제였다. 만일 내가 불러일으킨 만족감을 목도하지 않았다면… 나의 즐거움은 절반으로 줄어들었을 것이다(1959, 1092-93).

사람들이 선물을 주는 이유는 그렇게 함으로써 기분이 좋아지기 때문이다.

둘째, 공여된 선물의 물질적 가치에 과도하게 집중한다는 것이다.

서구 개인주의 문화에서, 선물은 선물을 할 수 있는 여유가 있는 부자들의 특권이거나 운명의 여신이 관장하는 부분(의로운 자나 불의한 자나 똑같이 비를 맞는다. 아니면 의로운 자나 불의한 자 가릴 것 없이 적어도 그 일부는 비를 맞는다)이 되기 쉽다. 좋은 선물을 받는 사람이나 그러한 선물을 공여할 수 있는 여유가 있는 사람에 대한 부러움이나 질투는 선물 공여 그 자체가 내포하는 더 중요한 가치를 위협한다. 호혜를 베푸는 일은 개인적으로 풍성한 물질을 소유하고 있는 부자들의 영역이 된다.

다른 한편, 서구 개인주의 문화에서는 개인의 창의성과 에너지의 많은 부분을 상황에 가장 적절한 선물이 무엇인지를 결정하거나(혹은 결정하고) 세밀하게 준비하는 데 쏟아 부을 수 있다. 뵈티우스(Boethius)는 그의 저서『철학의 위로』(The Consolation of Philosophy)에서 서구에서 발생하는 선물 공여의 이러한 측면이 갖는 위험성을 포착했다.

> 비록 모든 것을 허락하시는 하나님께서 욕망과 명예, 지위, 그리고 명성을 구하는 인간에게 물질(gold)을 허락하시지만, 만족에 이르지는 못하고 모든 것을 집어 삼켜버릴 정도의 탐욕이 끊임없는 필요를 갈구하며 입을 벌린다(2000, 2.2).

그런 문화 속에서, 선물은 진짜로 독이 될 수 있는데, 고대 독일어에 기원을 두고 있는 **독극물**(gift)이라는 단어는 선물이란 의미도 갖고 있다.

셋째, 우리가 선물에 대한 보상이 의무적으로 요구되지 않는 시스템에 대해 생각할 때 부상한다.

사실, 서구문화의 이상적 선물 공여는 아무런 대가를 돌려받을 것을 기대하지 않고 주는 것이다. 결국, 그런 선물은 창조시에 하나님께서 우리에게 제공하신 것으로, 아무런 보상도 기대하지 않고 값없이 주어진 선물, 은혜의 선물이다.

선물을 공여하는 방식이 이러하다면, 낭만파 루소(the Romantic Rousseau)가 인정했듯이, 선물 공여자는 오로지 선물을 공여하는 것에 대해 자신이 느끼는 선한 감정에만 집중할 수 있다. 그러나 이런 선물 공여 체계는 가난한 사람들을 우리의 선물을 필요로 하는 사람들로 구성된 추상화된 계층으로 대상화하는 대로 나가게 할 수도 있다.

우리는 필요한 사람들에게 공여한다. 왜냐하면 사람과 관계를 맺는 상황 안에서 선물을 공여하는 것이 아니라 우리의 종교적 의무 때문에 공여하기 때문이다. 공여 행위는 자선 행위가 된다. 사치스러운 선물을 제공하는 순간, 값비싼 향유를 팔아 가난한 사람들에게 돈을 나누어주는 것이 아닌, 즉 그것을 필요로 하는 사람에게 제공하는 것이 아닌 다른 누군가에게 공여하는 것에 대한 죄책을 느끼게 순간이 된다.

넷째, 그것이 가난한 사람들을 객관화할 뿐만 아니라 선물 공여 행위 그 자체를 너그러움이라는 사람의 성품을 생산하는 것으로 상품화하기 쉬워진다는 것이다.

선물 공여는 참여하는 것 자체가 아니라 참여의 질에 따라 측정될 수 있다. 우리의 선물 공여는 너그러움이라는 이상적인 선에 맞게 얼마나 잘 처신하느냐에 따라 측정될 수 있다. 우리는 너그러운 영웅들에 대한 노래를 쓸 수도 있고, 이기심 없이 공여하는 것에 대한 귀감에 대한 시도 쓸 수도 있다. 괴테는 그가 쓴 소설 속 인물인 프로스트의 성격에서 이점을 포착했다. 소년 마부인 프로스트는 자신의 정체성을 다음의 시를 통해 드러냈다.

> 나의 이름은 헤픔(Lavishness)과 시(Poetry)라네
> 나는 자신의 내적 실체 대부분을 쏟아부을 때
> 자신의 목적을 성취하는 시인이라네
> 나 또한 무한한 부유함을 갖고 있고

여기에서 나는 플루토스(그리스 신화에 등장하는 부의 신-역자 주)의 친구
로 나 자신을 우러러 본다네
나는 그의 춤을 장식하며, 그의 잔치의 자랑이라네
그리고 그에게 부족한 것은 내가 채우네(1901, 3:113-15).

물론, 이 모든 것이 너무 일반적인 것이어서, 단순하게 이것만으로 선물 공여에 대한 서구식 접근 방식의 약점들에 대해 지적할 수 없다. 우리는 위에서 논의한 네 가지 요소 각각이 엄청난 선물 공여 시나리오를 창출할 수 있는 가능성을 갖고 있는 것으로 주목해볼 것이다. 그리고 우리가 개인화된 선물 공여에 대해 비판적일 수 있다는 명확한 사실이 그것이 가진 강점들 중 하나라는 것을 염두에 두어야 할 것이다.

비판하거나, 수정하거나, 편집하거나, 변경시킬 자유는 대다수의 토착문화에서는 허용될 수 있는 자유가 아니다. 이들 토착문화에서 선물 공여에 대한 "규칙들"은 즉각적으로 대면할 수 있는 것들이다.

시장경제에서 값없이 공여되는 선물이 갖는 의미에 대해 짤막하게 다루는 일만 남아 있다.

첫째, 값없이 공여되는 선물이이 단연코 실재하지 않는 문화에서라면, 그런 선물에 대한 개념이 있을 필요가 있을까?

누군가 선물 공여 행위를 변경시킬 수 있는 자유, 혹은 최소한 마음대로 참여할 수 있는 자유를 가지고 있을 때, 그것에 관한 모델을 찾아보려는 노력은 본질적인 것이다.

다른 식으로 말해 보자.

선물 공여 체계 내에는 체계 내 다른 모든 측면이 지지할 수 있는 중심 기둥이 필요하다. 토착 사회의 경우라면, 땅에 깊이 단단하게 박혀 있는 그 기둥은 문화적, 관계적 규칙들이다. 많은 규칙들이 서로 유동하는 시장경제 내에서는, 이와는 다른 기둥이 필요한데, 이것은 선물을 공여하시는 하나님에 대한 모델이다.

토착 사회에 존재하는 선물을 공여하는 "신(들)"에 대한 모델은 오직 신(들)만을 위한 것이다. 시장경제에서, 신을 통해 얻은 모델을 모방하는 것은 필수적이다. 창조를 통해 선물을 베푸시는 하나님의 자유로운 행위는 아무런 보상을 기대하지 않으며, 이는 서구인들이 모방하고자 하는 선물 공여 모델이 된다.

물론 서구인들이 그 모델을 성취하는 것은 아니다. 하나님의 완전한 선물에 대해 언급하고 난 후 따라오는 아담에게 선악과를 건네주는 하와의 이야기는, 선물을 공여하시는 하나님의 능력에 이르기 위해 어디까지 가야 하는지에 대해 대뇌이게 한다. 값없이 공여하는 선물은 자유롭게 선물을 공여할 수 있는 상황에서나 필요한 것이다.

둘째, 값없이 공여하는 선물에 대한 패러다임이 되는 복음 이야기가 토착사회에 소개될 때, 토착사회 내부에서 어떤 일이 발생하게 될까?

값없이 공여하는 선물에 대한 개념이 선물 공여에 대한 분명한 모델과 목적이 될 때, 선물 공여 행위에 어떤 일이 발생하게 될까?

이 질문에 대한 대답은 온갖 것을 모아놓은 잡동사니와 같을 것이다. 선물 공여 행위가 확산된다. 어떤 것은 좋은 것(예를 들면, 우리를 값없이 공여하는 선물 모델로 향해 나가게 하는)일 것이고, 다른 것은 나쁜 것(예를 들면, 우리로 하여금 값없이 공여하는 선물 모델로부터 밀어지게 하는)일 것이다.

서구문화에서 위험한 것은 서구인들이 자신들의 문화적 경향을 복음과 동일시한다는 점이다. 왜냐하면 그들은 자신들의 문화가 유대 기독교적 틀 안에서 형성되었다고 보기 때문이다. 문제는, 복음이 시장경제 모델을 통해 가장 잘 표현되고 있느냐 여부이다. 시장경제 모델이 실재로 교환 모델 또는 우리가 다음 단계에서 보게 될 재분배 모델(redistributive model)에 비해 더 나은 것인지 여부에 대한 심각한 질문들이 제기될 수 있다.

박스 23.3

서구의 선물 공여

서구의 선물 공여는 다음과 같은 핵심 가치들을 따르는 시장경제에 따라 작동한다.
- 책임보다 인권에 대한 강조
- 개인의 자유에 대한 집중
- 모든 사람에게 동등하게 주어지는 기회에 대한 강조

이 같은 상황 안에서 작동하는 선물 공여는 구분(compartmentalization)(경제관계와 우정은 구분된다)을 초래한다.
- 가격, 필요 그리고 공급에 따라 구매하고 판매할 수 있다.
- 개인적 결정, 감성적 가치 그리고 이타주의에 따라 선물을 주고받을 수 있다.

선물 공여의 목적들은 공여자의 자유로운 선택에 집중한다.
- 선물을 공여할 것인가의 여부를 결정하는 것
- 누구에게 선물을 공여할 것인가를 결정하는 것
- 어떤 선물을 공여할 것인지를 결정하는 것
- 선물 공여를 통해 개인적인 만족을 얻고자 하는 것

선물 그 자체가 갖는 힘은 다음의 것들을 중심으로 돌아간다.
- 선물의 물질적 가치
- 선물 교환에서 동일한 물질적 가치를 공여하기
- 하나님이 주시는 이상적인 선물(창조)과 실재로 발생한 선물 공여(하와의 선악과 선물)

3. 동양의 선물 공여

토착 선물 공여자는 선물 공여에 대해 암시적이면서 구두 형태로 표현되는 명확한 이해를 갖고 있다. 서구의 선물 공여자는 선물 공여에 대한 시장 규칙을 따른다. 이들이 제공하는 선물은 비공식적으로 기록되고 개인적 선택에 따라 실천된다.

동양의 선물 공여자들은 토착 사회와 같은 동질성을 추구하는 사회와 대조되는 고도로 계층화된(카스트 기반) 사회에서 살아가고 있다. 따라서 그들은 계층(카스트)의 의무가 강제하는 기록되어 전수되는 규범들에 따라 선물을 공여한다.

동양의 선물 공여에 대해 설명하기 위해, 비록 다른 아시아의 문화들(예를 들어, 중국)의 경우는 대단히 다를 것이라는 점에 대해 잘 알고 있기는 하지만, 본서에서는 인도 상황에 주의를 집중할 것이다. 그러나 이미 잘 알려진 카스트라는 사회구조를 가지고 있는 인도는 사회구조가 매우 세밀하게 구분되어 있는 사회에서 실행되는 선물 공여에 대해 우리가 지적하고자 하는 점들을 잘 갖추고 있다.

인도 사람들이 따르는 경제 경향은 교환경제도 아니고 시장경제도 아닌, 일반적으로 분배적이란 용어가 붙은 경제체계이다. 분배적 경제체계(redistributive economic system)는 그 체계 내부에서 권위(정치적, 종교적, 또는 도덕적)를 갖고 있는 일부 구성원들이 선물 공여가 어떤 방식으로 진행되어야 하는지를 결정한다.

그런 체계에서는 선물 공여에 대한 명확하고 문서로 기록된 규범들이 필요하다. 왜냐하면 다양한 계층들 또는 카스트들마나 저마다 자체적인 규범을 따르기 때문이다. 모든 계층을 만족시키는 규범(토착적 선물 공여)은 없다. 게다가 선물 공여에 입각한 자유시장(서구적 선물 공여)도 없다.

토착 사회 내에서, 선물 공여와 경제체계는 촘촘하게 연결되어 틈이 없이 전체(하나의 집단, 하나의 체계)이다. 서구 사회의 경우에는, 경제체계와 선물 공여체계는 의도적으로 분리되어 있다. 비록 선물 공여가 시장경제라는 경제체계에 의해 강력한 영향을 받기는 했으나, 두 개의 분리된 단어를 사용함으로써 서구사회 내 선물 공여는 경제체계와 분리되어있다. 동양 사회 내에서, 선물 공여는 일방적이다. 동양 사회에서의 선물 공여는 일방적으로 주어지고, 문서로 기록되어 있는 계층 내 규범과 카스트 규범에 따라 대가를 보상하지도 않는다.

동양 사회에서의 선물 공여는 경제체계와 일치하기도 하지만 동시에 분리되기도 한다. 동양 사회의 선물 공여는 사람들이 태어나서 생활하는 사회가 가지고 있는 총체적이고 문서로 기록된 "실제 생활"(life practices)의 일부라는 점에서 경제체계와 일치한다.

선물 공여에 따르는 의무들은, 결혼에 따른 의무들과 직업의 목적들이 그런 것처럼 명확하다. 그리고 그만큼이나 전통적으로 정의되어 있기도 하다. 그러나 의무들에 대해 설명하는 설명서를 보면, 선물 공여에 대한 장은 다른 것들과는 달리 따로 분리되어 있다.

그런 점에서 선물 공여에 대한 의무들과 다른 의무들 간에 일정 정도의 분리가 있다는 것도 확실하다. 그런 점에서 선물 공여에 대한 의무들은 빈틈이 없이 촘촘하게 연결된 체계는 아니다.

몇 가지 예들을 다룰 것이다. 그러나 우리는 이 예들이 인도와 남아시아의 문화적 상황에서 유래되었다는 것에 다시 한 번 주목해야 한다. 중국과 동아시아에서의 선물 공여에 대한 의례는 인도와 남아시아의 경우와는 상당히 다를 것이다.

힌두문화에서, 선물 공여의 실천은 "다르마사스트라스"(*dharmasastras*)라 불리는 글에 성문화되어 있다. **다르마**(*Dharma*)는 산스크리트 단어로 "일을 하는 올바른 방식"이란 의미이다. 그리고 **사스트라스**(*sastras*)는 "그 기원이 신적인 기원이든 아니면 인간적인 기원이든 간에, 일부 인간 행위에 대한 긍정적 그리고 부정적 규정을 위해 구두로 성문화된 규칙들"을 의미한다(Pollock 1985, 500-501. Heim 2004, 8에서 인용). 이러한『다르마사스트라스』는 인간의 삶과 관련된 거의 모든 측면을 규정하며, 어떤 작가가 "전체 삶의 방식에 대한 백과사전식 통합"이라 부른 것을 산출한다(Pollock 1993, 105).

인도에서, 산스크리트어로 작성된 문서들은 특히 브라만교의 삶이 내부적인 위협과 그리고 외부적인 위협에 직면했던 중세 시대(the Middle Ages)에 유명해졌는데, 브라만교가 받은 외부로부터의 위협은 무슬림의 침입이었고, 내부적인 위협은 박티(bhakti)신애운동(7세기 남인도에서 발생해 15세기에는 전 인도로 확산된 종교적 민중운동-역자 주)의 발흥이었다.

이러한 문화적 문법들은 아마도 과거에는 좀 더 암묵적인 것들이었을 것이고, 사회적 격변기에 필요했던 잘 정비된 생활방식의 실천에 대한 개요서들(conpendiums)이었을 것이다.

이들 문법들 중 일부는 선물을 공여하는 데 전적으로 할애되었다. 『남아시아의 선물에 대한 이론들』(Theories of the Gift in South Asia, 2004)에서, 마리아 하임(Maria Heim)은 세 가지 가장 탁월한 이론을 소개한다.

① 『바타 마크스미다라』(Bhatta Laksmidhara)로, 이것은 공여에 관한 책(Dana-Kanda)이다.
② 『발랄라세나 왕』(King Ballalasena)으로, 이것은 공여의 바다(Danasagara-비록 이것이 바랄라세나의 수상이었던 아니루다(Aniruddha)가 쓴 것이긴 하지만)이다.
③ 『헤마드리』(Hemadri)로, 이것은 네 가지 목적에 대한 소원을 성취하는 보석: 선물 공여(Caturvarga-Cintamani: Danakhanda)이다.

이 세 가지 책들과 다른 『다르마사스트라스』(dharmasastras)는 선물 공여에 대한 수백 페이지에 달하는 내용을 포함하고 있는데, 힌두사회에서의 사회적 그리고 도덕적 삶에 대한 중요한 주제 중 일부를 보여준다. 참으로, 선물 공여(dana)는 종교생활에서 도덕적인 진전과 명상의 진전을 위해 요구되는 근본적인 덕목들 중 하나이다.

요구되는 덕목 명단에서 **다나**(dana)는 첫 번째 덕목에 해당한다. 다른 말로 하자면, 누군가 삶 속에서 어떤 종류가 되었든 영적인 진보를 이루고자 한다면, 선물 공여에 대한 종교적 의식들은 카스트 제도가 요구하는 사회생활을 위한 선물 공여에 더하여 필수불가결한 기초로 작용한다.

불교 문화권에서도 비록 사회적 가치보다는 도덕적 가치에 더 많은 비중이 있기는 하지만, 선물을 공여하는 것의 중요성이 강조된다. 전통적인 힌두교 생활에 관해 부처가 강조했던 개혁 중 하나는 카스트 제도가 요구하는 것들(최소한 영적인 진보에 적용되었던 카스트 제도들)을 상대화시키는 것이었기 때문에, 부처는 특정 카스트에 적용되는 구체적인 내용보다 선물 공여와 같이 보편적으로 적용될 수 있는 방식을 발견하는 데 관심을 가지고 있었다.

그러나 부처는 여전히 **다나**를 영적 생활에 근본적이고 본질적인 것으로 보았다. 부처를 따르던 자들은 이와 같은 관점에서 선물 공여에 대해 기록하는 경향을 보였다. 불교 신자들은 이에 대해 기록된 텍스트들을 『상하스』(*sangahas*)라고 불렀는데, 이 단어는 "개요서"를 의미한다. 『상하스』는 광범위한 **팔리어로 기록된 경전들**(*Pali Scriptures*)의 가르침에서 유래한 주요 부분들을 모아놓은 모음집과 요약집이다.

다나에 관한 가장 중요한 작업들 중 일부는 **폴라나루바**(*Polannaruva*) 시대, 특히 **파라크라마바후** 1세(*Parākramabāhu I* 1153-86 CE) 치하의 스리랑카에서 팔리어로 기록되었다. 이 시기에 기록된 가장 중요한 텍스트는 밀림에 거주하고 있었던 승려 아난다(Ananda)가 기록한 『일반인들의 장식』(*Ornament of Lay People, Upasakajanalankara*)이었다. 아하야기리 카비차크라바르티 아난다(Abhayagiri Kavicakravarti Ananda)가 기록한 또 다른 텍스트인 『참된 다르마의 선물 공여』(*Gift Offering of the True Dharma, Saddhammopayana*)는 선물 공여를 포함하여 일반인들이 실천해야 하는 내용을 요약한 종교시이다.

선물 공여에 관한 자니교의 많은 텍스트들 또한 이 시기에 기록되었다. 자니교도들은 이들 텍스트를 **스라바카차라스**(*sravakacaras*)라 불렀는데, 이 단어가 의미하는 것은 "일반인들의 품행"이다. 자니교의 설립자인 마하비라(Mahāvīra)는 부처가 그랬던 것처럼, 특정 카스트가 요구하는 구체적인 내용들에 반대하여, 일반인들을 위한 가르침들을 만들어 내는 데 더 많은 관심을 기울였다.

자니교도들은 **다나**의 두 가지 측면을 강조했는데, 그 중 하나는 자니교도들이 종교의례를 수행하는 상황에서 드리는 서약에 특별히 집중하는 종교적 측면이었다. 일반인들을 위한 더 일반적인 가르침은 구원론적 범주보다 인간적 덕목인 너그러움에 초점을 맞추었다.

자니교도들은 **다르마**(*dharma*)를 이중적으로 정의했다.

첫째, 영혼을 구원으로 인도하는 다르마이다.
둘째, 일상의 삶 속에서 살아가는 사람들을 지원하는 다르마이다.

이 말이 모스가 구별한 선물 공여에 대한 실천과 이론 간의 구별을 떠오르게 하지 않는가?

선물 공여에 대한 몇몇 탁월한 자니교의 가르침은 헤마찬드라(Hemacandra), 즉 『훈련에 관한 조약들』(*Yogasastra*), 시다세나 가닌(Sidahasena Ganin), 즉 『진리의 의미에 관한 담화』(*Tattvartha Sutra*), 에벤드라 수리(Devendra Suri), 즉 『일반인의 일상 의례에 대한 의무들』(*Sraddhadinakrtya*) 그리고 수라차르야(Suracarya), 즉 『선물 공여로 시작하는 탐구』(*Danadiprakarana*) 등을 포함한다.

힌두교, 불교 그리고 자니교 텍스트는 언뜻 보아서는 토착문화와 서구문화의 선물 공여와 유사한 점이 많아 보이지만, 중요한 점에서 다른 선물 공여에 대한 독특한 접근 방법에 대한 하나의 그림을 그리고 있다.

가장 중요한 구별 요소들 중 하나는 공여한 선물에 대한 보상을 받을 것이라는 기대를 거의 완벽하게 하지 않는다는 점이다. 보상이 토착 사회의 선물 공여를 둘러싸고 있는 관계적 망의 본질적 요소이고, 서구 사회의 선물 공여에서는 묵언의 기대인 반면, 위에서 언급한 동양 텍스트에서는 보상에 대한 언급은 거의 찾아볼 수 없다.

따라서 마리아 하임이 동양의 선물 공여에 대해 토론하기 위해 사용하는 네 가지 범주는 보상에 대한 것을 포함하지 않는다. 우리가 그녀가 제시한 개요를 따라서 동양의 선물 공여를 공여자, 수혜자, 의식 그리고 선물 그 자체에 관해 토론할 때, 힌두교와 불교 그리고 자니교 전문가들이 보상에 대해 거의 언급하지 않는 이유를 명확하게 알게 될 것이다.

그리고 나서 선물 공여자에 대해 생각해 보라.

인도인들의 생각에, 공여자는 의무감 때문에 공여하지 않는다. 사실상, 앞에서 언급한 여러 가지 지침서들은 비록 **다나**가 영적 진보를 위한 기초이기는 하나 그렇다고 의무적으로 **다나**를 해야 하는 것은 아니라는 점을 명확히 하고 있다. 한 가지 명확해지는 사실은, 공여를 하는 이유는 내세에 얻을 혜택과 선물을 공여하는 것의 속성을 증진시키는 영성을 획득하기 위함이라는 것이다. 바로 이 점이 동양의 선물이 토착 사회의 선물과 구별되는 중요한 요소다.

또한, 동양적 사고에서는, 공여자는 자유로운 동기에서 공여하지 않는다. 동양적 사고를 가진 사람의 경우라면, 선물이 필요한 가난한 사람들을 돕는 과정에서 선한 감정이 느껴지기 때문에 공여하는 것이 아니다. 동양문화에서 빈곤층에 속한 사람들은 계층과 카스트와 관계된 영적인 역동성 때문에 돌봄을 받는다.

사실, 기분이 좋아서 하는 공여는 선물 공여가 빈약한 것임을 드러내는 표식에 불과하다. 이와 같이 자유와 선물에 관한 개인적인 감정의 결여야말로, 선물에 대한 동양의 접근방식을 선물 공여에 대한 서구의 접근방식과 구별 짓는 것이다.

그렇다면 동양의 선물 공여에서 공여자의 동기를 유발하는 것은 무엇일까? 선물을 공여하는 데 관한 종교적 언어와 동기는 대단히 흔하기 때문에, 이런 것들이야말로 동양의 선물 공여가 서양의 선물 공여를 구별하는 특징들이라고 말하고 싶은 생각이 들기도 한다. 그러나 그렇게만 치부하는 것은 너무 지나친 단순화의 우를 범하는 것에 불과하다. 왜냐하면 선물 공여에 대한 개요서는 도덕적(즉, 사회적) 가치에 대한 명확한 규범을 제공하기 때문이다.

그러나 만일 그 규범이 의무(토착 사회)나 너그러움/감사(서구 사회)에 기초한 것이 아니라면, 그것이 내포하는 가치는 무엇일까?

동양에서의 선물은 의도의 순수함에 기초한다. 동양문화에서 선물을 가치 있게 만드는 것은 사심 없는 마음이다. 공여자는 의무감에 대한 부담감을 덜고자 하는 바람 때문에 또는 수혜자의 마음에 감사의 감정을 불러일으키기 위한 바람 때문에 공여하지 않는다. 또한 선물을 공여하는 것으로 인해 기분이 좋아지길 원하는 마음에서 하지도 않는다.

동양문화에서 선물을 공여하는 이유는 그렇게 하는 것이 바른 일이기 때문이다. 『다르마사스트라스』 중 하나는 가장 올바른 선물을 "어떤 목적에 대한 고려 없이, 오직 내려놓음에 대한 생각만을 가지고 받을 만한 수혜자에게 지속적으로 공여하는 선물"이라고 정의한다(Heim 2004, 35).

올바르게 이해하기만 한다면, 이 원리는 가치를 조성하고 궁극적인 해방을 제공하는 공여에 대한 종교적 동기와 조화를 이룬다. 동양종교에서 영적 진보에 대한 탐구는 영적인 성취로 인해 얻은 명예와 가치가 초래하는 자기본위 또는 과도한 탐욕 때문에 손상을 받는다. 예를 들어, 어떤 사람이 영적 진보에 이르지 못하고 있다는 확실한 표식들 중 하나는 자신의 자격에 대해 주장하는 것이다. 이와 유사하게, 사리의 추구가 동기가 된 선물은 그저 낭비한 선물일 따름이다. 소마데바(Somadeva)는 선물 중에서 선한 선물(*sattvik*), 욕망이 가미된 선물(*rajasik*) 그리고 야비한 선물(*tamasik*)을 구별한다.

① 선한 선물은 사심 없는 공여자가 받을 만한 가치가 있는 수혜자에게 공여하는 것이다.
② 욕망이 가미된 선물(passionate gifts)은 다른 사람의 입장에 경의를 표하는 가운데 자신을 과시하기 위해 공여하는 선물이다.
③ 야비한 선물은 종들이 받을 만한 가치가 없는 사람에게 공여하는 선물이다(Heim 2004, 45).

동양의 선물 공여에서는 수혜자가 하는 역할의 중요성에 주목한다. 최선의 선물 수혜자는 의롭고 사심이 없는 사람이다. 누구든 악당 같은 사람이나 사심으로 가득한 사람에게 선물을 주고 싶어 하지 않는다. 왜냐하면 그와 같은 사람들은 사심 없는 마음으로 선물을 받을 만큼 영적으로 성숙하지 못할 것이기 때문이다.

그런 사람들은 많은 선물을 욕심낼 것이다. 그럼으로써 공여자를 당혹스럽게 할 것이다. 그렇지 않으면 받은 선물로 인해 너무 감동을 받아서 받은 친절에 보답을 해야 한다고 느낄 것이다. 받은 선물에 대해 보상하고자 하는 마음은 아무런 사심 없이 공여한 사람의 선물이 내포하고 있는 가치를 훼손한다. 하임이 올바르게 진술한 것처럼, "**다나**로 인해 구축되는 이상적인 인간관계는 공여자가 배려와 존중으로 일방적으로 공여함으로 구성되는 것이다"(2004, 54).

다나의 수혜자의 성격이 그 정도로 중요한 데에는 두 가지 이유가 있다.
첫째, 종교적인 이유로, 선물의 공여를 통해 영적 도상에 있는 사람들에게

선행이 축적된다.

둘째, 실질적인데, 만일 선물의 수혜자가 존중을 받을 만한 사람이라면 선물의 공여자는 적절한 존중을 얻기가 더 수월해진다.

만일 수혜자가 악한 사람이라면, 대부분의 경우 공여는 의무나 연민 때문에 주어지기 마련이다. 문제는, 이 두 가지 동기 모두가 선물 공여를 위한 좋은 동기가 아니라는 점이다.

의례, 즉 선물을 공여하고 받는 방식은 동양문화에서 매우 중요하다. 왜냐하면 적절하고, 잘 연결된 선물 공여 절차는 사심 없이 공여하는 공여자와 받을만한 가치가 있는 수혜자 모두에게 기여한다.

마을 사람들로부터 음식을 얻기 위해 매일 돌아다니는 불교 승려에 대한 예를 생각해 보라.

승려들은 이와 같이 음식을 공양받는 매우 구체적인 방식들에 대해 배운다. 그들이 음식을 구걸하기 위해 음식 담을 그릇을 내밀 때, 음식을 보거나(그렇게 함으로써 음식의 질이나 양, 그리고 종류에 대한 관심을 보이게 되는) 음식을 제공하는 사람의 눈을 바라보지(그렇게 함으로서 음식에 대한 감사를 표현하게 되는) 말라고 교육받는다.

반대로, 집주인들은 교만한 마음으로 공양하지 말고 승려들의 가치에 대한 존경심을 보이라고 배운다. 게다가 그들은 또한 승려들의 눈을 바라보지 말라고 배운다. 만일 특정한 승려에 대한 개인적인 호의에서 음식을 제공한다면, 그들이 제공하는 공양은 그 가치를 잃게 될 것이다.

그리고 선물 그 자체를 어떻게 봐야 할까?

만일 동양에서 시행되고 있는 선물 공여의 강조점이 선물 공여자의 내적 성향과 수혜자의 가치에 맞춰져 있다면, 선물 그 자체는 부차적인 것으로 여겨지게 된다. 몇 가지 의미에서 이것은 사실이다. 특별히 선물의 가치 또는 가치의 부족이 공여자와 수혜자의 마음 상태가 갖는 순결함에 위협이 되는 것으로 여겨질 경우 더욱더 그러하다. 사심 없는 마음은 탐욕이나 보상이라는 함정에 걸려 쉽게 좌초될 수 있다. 그러나 다소 놀랍게도, 텍스트들은 상당 정도의 관심을 선물의 성격, 그 선물의 적절성 여부에 할애한다.

첫째, 선물의 세 가지 범주, 즉 종교인들을 지원하기 위한 물질적 선물, 배우는 학생을 위한 선물, 그리고 두려움을 극복하게 하는 선물(fearlessness, 즉 이런 저런 이유로 폭력을 당한 사람들을 구출하기 위한 선물)이 등장한다.

이러한 선물들의 실재 내용은 주로 상황, 전통 그리고 계층이나 카스트의 요구 사항들에 달려 있다.

선물 공여에 대한 종교적 적용과 지금까지 우리가 질문한 질문들을 따로 다루는 것은 거의 불필요한 일로 보인다. 우리가 살펴보았듯이, 동양문화에서 우리가 종교적인 것과 세속적인 것이라고 부를 수 있는 것을 상호분리하는 것이 어려운 일이다. 왜냐하면 종교적 언어와 동기가 일반적인 문헌에서 상당히 자주 인용되고 있기 때문이다.

그리고 동양문화 체계 안에서, 값없이 공여하는 선물에 대한 이론과 선물 공여에 대한 문화 행위를 서구에서 종교적인 것과 세속적인 것을 구분하듯이 구분하는 것도 가능하지 않다.

만일 구분할 수 있다면, 동양문화 내에서 값없이 공여하는 선물이 하는 문화적 역할은 어떤 것일까?

어떤 의미에서 볼 때, 동양문화에서는 선물 수혜자의 작용에 대한 관심을 거의 보이지 않기 때문에, 값없이 공여하는 선물에 대한 개념은 고려해 볼 가치가 없다. 받은 선물에 대해 보상하는 것에 대한 어떤 의무도 암시하지 않고 있기 때문이다.

그런 의미에서, 모든 선물은 전적으로 값없이 공여하는 것이다. 감사에 대한 어떤 마음도 기대하지 않고 또 원하지도 않는다. 그런 의미에서, 모든 선물은 전적으로 값없이 공여하는 것이다. 아마도 동양문화의 경우에는 보완적인 질문을 하는 것이 더 생산적일 것이다.

만일 모든 선물이 (의무와 도덕적 반응으로부터 자유로운) 값없이 공여하는 것이라면, 선물이 어떤 사회적 역할, 예컨대 공동체의 결속이나 시장경제를 지원하는 것에 관해 어떤 역할을 하지는 않는가?

물론 이 질문에 대한 답변은 그렇다가 될 것이다. 그러나 그 역할은 복잡한 사회 내에 존재하는 계층들과 카스트들의 범주를 분명하게 유지하는 것으로 인해 제한된다.

그리고 그 같은 문화 내에서 값없이 공여하는 선물에 대한 무제한적인 실례로 복음을 제시할 때 어떤 일이 발생할까?

아마도 이런 질문에 대한 특별한 답변은 없을 것이다. 왜냐하면 이미 동양문화에서는 값없이 공여하는 선물이 자연스러운 것이고, 따라서 그에 대한 적절한 문화적 답변을 아무 것도 하지 않기 때문이다.

둘째, 그것은 계층과 카스트 간의 구별을 강화하는 어떤 것으로 받아들여진다.
이것은 복음이 그러한 구별을 상대화시키는 어떤 역할을 해야만 하는 그런 상황에서도 마찬가지일 것이다. 그렇기 때문에, 우리는 동양문화 내에서 값없이 공여하는 선물과 은혜가 의미하는 바에 대해 재고할 필요가 있다.

4. 종교적 선물 공여

종교는 시작과 종말에 관심을 갖는다. 물론 시작과 종말의 중간에 위치한 현재 여기에서의 삶 또한 종교적으로 중요하다. 그러나 현재의 중요성은 모든 것이 어디로부터 유래했는가(시작)와 우리가 궁극적으로 가고자 하는 곳(종말)이 어디인가에 달려 있다. 중간 부분은 종교적으로 연구될 수는 있으나, 인류학자들, 사회학자들, 그리고 철학자들도 접근할 수 부분이기도 하다.

시작과 종말은 오직 종교적 관점에서만 접근이 가능하다. 중간 지대인 지금 여기에서 이루어지는 선물 공여 문제를 다룰 때, 종교적 관점에서 종교적 기원과 종말에 대한 기대가 설정한 패턴이 우리를 어디로 인도하는지를 보는 것이 중요하다.

박스 23.4

동양의 선물 공여

복잡하게 분화된 사회에서, 선물은 계층의 의무라는 상황에서 제공된다.
- 통합된 체계가 있다.
- 개인들은 태어날 때부터 일련의 생활 실천을 포함하는 역할을 부여받는다.

계층이 분화된 사회 내 선물 공여와 수혜의 결과들
- 선물 공여에 대한 의무는 체계에 의해 명확하게 세워져 있다.
- 선물 공여는 일방적이다.
- 선물은 보상을 요구하지 않는다.
- 기록된 규칙들에 의해 선물 공여가 통제된다.
- 선물 공여를 통해 사후에 주어지는 영적인 이점을 얻는다.
- 현재의 삶에서 영적인 진보는 선물 공여를 통해 결과 된다.

선물 공여와 수혜의 목적들
- 도덕적 진보와 명상의 진보를 얻는 것
- 원만한 사회생활을 위해 카스트가 요구하는 의무를 따르는 것
- 선물 공여를 함에 있어서 순전한 의도를 갖는 것

선물의 힘
- 선한 선물은 사심 없는 공여자가 받을 만한 가치가 있는 수혜자에게 공여하는 것이다.
- 그런 선물에는 영성을 풍성하게 하고 영적인 이점을 제공하는 힘이 있다.
- 욕망이 가미된 선물은 과시를 드러내며 다른 사람의 반응들에 경의를 표한다.
- 비루한 선물은 종들이 받을 만한 가치가 없는 사람에게 주는 것이다. 그런 선물에는 영성을 풍성하게 하고 영적인 이점을 제공할 힘이 부족하다.

선물 공여와 수혜의 과정
- 선물은 일방적인 관심과 존중을 보여주기 위해 정교하게 숙고된 절차들에 따라 공여된다.
- 받을 만한 가치가 있는 수혜자가 받은 선물은 공여자에게 이점을 발생하게 한다.

선물 공여와 수혜의 의무들
- 공여해야 할 의무는 없다.
- 선물을 공여하는 것이 기분을 좋게 하기 때문에 선물을 공여해서는 안 된다.
- 선물을 공여하고 받는 것에 대한 계층의 규칙들을 따라야만 한다.
- 동정심과 공여를 위한 동기로서의 의무감은 피해야 한다.

동양의 선물 공여에서 사용되는 선물의 유형들
- 종교인들을 지원하기 위한 물질적 선물
- 학생들에 대한 선물
- 두려움을 없애주기 위한 선물

우리가 살펴본 선물 공여에 대한 세 가지 유형 모두 종교적인 시작과 종말에 의존한다. 토착문화, 서구문화 그리고 동양문화에 대한 설명과 교환경제 체계, 시장경제체계, 그리고 재분배 경제체계에 대한 설명에서 분명하게 볼 수 있는 것처럼, 세 가지 유형의 선물에는 모두 종교적 언어와 의미가 스며져 있다. 모스와 다른 사회과학자들이 이룩한 것처럼, 각각의 문화가 그 행동의 동기로 설명하는 초월적 개념을 언급하는 대신, 관찰 가능한 행동들을 연구 분석하는 사회학자들의 시각에서 다양한 문화를 연구하는 것도 가능하다.

그러나 몇 가지 점에서, 종교적 개념은 단순하게 사회적 사실로서가 아니라 종교적 개념 그 자체로 다루어져야 한다. 이제 우리는 이런 체계들을 종교적인 측면에서 다루고자 한다. 이를 위해 종교적 선물 공여의 다섯 가지 기능들, 즉 자선, 헌신, 제사, 자기 희생 그리고 의례적 추모를 포함하는 종교적 체계에 대해 논의하고자 한다. 그리고 난 다음에 다음 장에서 선교적 적용에 대해 말할 것이다.

토착 종교들이 말하는 시작은 세부적인 면에서 놀라운 정도로 다양하다. 그러나 일부 공통된 특징들도 있다. 대다수의 토착 집단들은 신(들)이 세상을 창조했다고 믿으며, 이 신(들)은 자신들이 만든 세상에서 살아가는 사람들이 신(들)이 살아가는 방식을 모델로 삼아 살아가기를 바란다고 믿는다. 물론 사람들은 신(들)이 살아가듯 살아갈 수 없다. 그러나 노력은 할 수 있다. 성공 또는 실패는 그 집단이 신적 경향에 따라 사는 정도 여부에 따라 측정된다.

그런 집단 내에서 종말은 일반적으로 사람들이 살아가는 방식 안에 편만한 조화의 정도에 따라 설명된다. 조화는 모두가 신적 경향을 알고 이해하는 것을 의미할 뿐만 아니라, 신적 경향 안에서 씨족 또는 집단이 할당해 준 역할에 따라 사는 것까지 의미한다.

박스 23.5
종교적 틀 내에서의 시작과 종말

토착: 신적 경향	· 신(들)이 세상을 창조했으며, 사람들이 그들을 모델로 삼아 살아가기를 기대했다. · 사람들은 신(들)이 행동하는 것처럼 행동하려고 노력한다. · 성공과 실패는 집단이 신적 경향에 따라 얼마나 잘 살아가느냐로 측정된다. · 종말은 부족들이 얼마나 조화롭게 살아가느냐에 따라 측정된다. · 각 사람은 신적 경향 내에서 씨족이나 집단이 할당한 역할에 따라 살아간다. · 신(들)이 어떻게 행동하고 선물을 공여하느냐에 대한 이야기는 부족 생활에서 중요하다.
서구: 이상적 상태	· 하나님께서 하나님과 관계를 맺도록 자유의지를 가진 인간을 창조하셨다.-이상적 상태 · 이상적 상태는 인간의 선택 때문에 실현되지 않았다. · 인간은 창조세계를 이상적 상태로 회복시키기 위해 하나님과 더불어 동역한다. · 이상적 상태의 회복은 간절히 원하는 목적이다. · 역사는 이상적 상태를 회복하기 위한 시도들에 대한 이야기를 한다. · 이상적 상태는 인간의 역사가 종결하는 또 다른 세상에서 실현될 것이다.

동양: 하나의 본질

- 시작은 하나의 본질로 이루어진 분화되지 않은 세상이었다.
- 세상은 쪼개지고 분화되었다.
- 목적은 모든 만물의 연합된 하나를 회복하는 것이다.
- 무(無) 또는 영적 성취의 상태에 도달하는 것은 우주의 미분화된 본질을 회복하는 데 도움이 될 수 있다.

이런 종류의 종교체계가 갖는 중요한 특징에 주목하라.

거의 대부분 "종말"은 이 세상의 시간이 끝나는 시점에 우리가 기대할 수 있는 다음 세상에 관한 어떤 것이 아니라, 현시점에서 행하는 실천과 관련한 것으로 보인다. 비록 이들 집단 중 많은 수가 죽은 영혼들이 갈 것이라고 생각되는 일종의 천상의 영역에 대한 믿음을 갖고 있기는 하지만, 심지어 그 영혼들조차 지금 현재의 삶에 지속적으로 참여한다는 것 또한 믿는다.

일반적으로 시간은 과거와 그 과거가 현재 여기에서의 삶과 관련되어 방식에 대한 기능이다. 미래가 하는 역할은 좀 더 작은 부분에 불과하다. 이들 체계에서 종말론적 시간은 중요한 특징이 아니다.

따라서 토착 사회의 선물 공여가 갖는 종교적 특징의 핵심은, 신적 선물 공여를 그대로 모방하고 자신들이 삶을 살아가는 바로 지금 여기에서, 자신들이 속한 집단의 내·외부와 조화를 이루어 가는 데 기여하는 것이다. 그런 체계에서, 신(들)이 어떻게 행동했는가에 대한 기원 이야기(original story)를 함께 기억하는 것은 지극히 중요하다. 이런 집단의 삶에서는 이야기꾼의 역할이 중요하다.

신(들)에 대한 "공여"는 어디에서 할 것인가는 오랜 전통의 일부이며, 그 같은 공여는 신(들)이 한 일에 대한 감사의 의미에서 드려지며(종교적), 신(들)의 선물 공여 경향을 재생한다는 의미에서 드려지며(의식), 신(들)의 행위로 인해 얻게 된 삶을 살아가는 데 신의 도움을 구하기 위해(제사) 드려진다.

개인적 혜택, 그리고 영적 그리고 그 밖의 (구호)를 위해 공여하는 것일 경우, 대부분은 물질적인 복과 악한 영들로부터의 보호에 관한 것이다. 자기희생에 관한 개념은 잘 발달되지 않았다. 문화는 집단적이고, 자기희생은 부족의 조화를 위한 일상의 참여라는 면에서 강조된다.

서구의 종교적 시작은 유일신(a single god)이신 하나님께서 창조한 이상적 상태를 포함한다. 이러한 창조적 행위는 자율적인 인간과의 관계에 관심 있는 하나님께서 수행한 것이다. 자율적 인간은 항상 최상의 선택을 하지는 않는다. 따라서 이상적인 상태가 실현된 적은 결코 없다. 그러한 종교체계에서의 종말은 태초에 하나님이 그리셨던 이상적 상태의 회복(에덴, 천국)이다. 지금 이곳은 그 이상적인 상태로 돌아가기 위해 역사하는 하나님과 인간들의 노력에 대한 이야기이다.

이런 종류의 체계가 갖는 두 가지 특징들에 주목하라.

① 역사는 이상적인 상태를 재창조하려는 하나님과 인간들의 시도에 대해 끝없이 펼쳐지는 서사시(saga)를 열어가는 것으로서 매우 중요하다. 인간은 지속되고 있는 신적 이야기의 일부가 된다. 이것은 단지 하나님의 행위를 기억하고 영화롭게 하는 것이 아니다. 이것은 그 이야기의 일부로 살아가는 것에 대한 것이다.

② 이상적 상태는 인간의 역사가 종결될 때라야 비로소 임하는 다른 세상(another world)의 일부이다. 그 이야기에는 타계적인(other worldly) 대단원이 있는데, 우리는 그 대단원에 참여하는 우리 자신을 발견하게 될 것이다.

선물 공여의 핵심적 특징을 서구의 종교화와 관련지어볼 때, 하나님께 드리는 종교적 선물 공여에 대한 강조가 강하게 드러난다. 이러한 종교체계 내에서 언급되는 하나님은 주권자이기 때문에, 제물로 움직일 수 있는 존재가 아니다. 구제는 하나님의 선한 성품을 사랑하고, 영예를 돌리고, 순종하기 위한 시도에서 제공된다.

의례적 회고(ritual remembrance)는 우리의 창조와 회복을 위해 하나님께서 이미 하신 것이기 때문에 우리가 지금 여기에서 행동할 수 있게 하는 동기를 제공하기 위해 행해진다. 자기희생은 중요하다. 왜냐하면 우리는 회복의 사역을 위해 시간과 에너지를 헌신해야 하는 이 드라마의 배우들이기 때문이다.

박스 23.6
종교적 선물 공여

종교적 선물 공여의 기능들과 그 기능들이 각 체계 안에서 성취되는 방식	
구제	· 토착: 물질적 복과 악한 영들로부터의 보호 · 서구: 하나님의 선한 성품을 사랑하고, 영화롭게 하고, 순종하기 위한 시도 · 동양: 영적 이점을 얻고 영적 진보를 하기 위함
예배	· 토착: 신들이 한 일들에 대한 감사하라. · 서구: 하나님과 바르고 공감어린 대화를 나누라. · 동양: 신들의 도움을 청하기 위해 신들에게 드리라.
제물	· 토착: 신의 도움을 청하기 위한 탄원 · 서구: 하나님은 주권자이시기 때문에 제물에 저촉 받지 않으신다. · 동양: 그리 중요하지 않다.
자기희생	· 토착: 부족의 조화에 참여 · 서구: 만물이 회복하는 데 참여하기 위해 자신을 드리라. · 동양: 자신을 초월하기 위해 자신을 포기하라.
의례적 회고	· 토착: 신(들)의 선물 공여 패턴의 재창조. · 서구: 현세에서의 행동을 위한 동기. · 동양: 미래가 과거보다 더 중요하기 때문에 강조되지 않는다.

동양의 종교적 시작은 분화되지 않고 하나의 본질을 가진 세상에 대한 이야기를 언급한다. 우리가 살고 있다고 생각하는 세상은 분화되었고 파편화

되어 있다. 비록 우리가 카스트와 개인주의 그리고 다양한 차원의 영적 성취로 인해 분화된 세상에서 어쩔 수 없이 살아가고 있기는 하지만, 우리의 목적은 그렇게 분화된 세상을 하나로 회복하기 위해 무엇이든 다하는 것이다.

힌두교는 이 목적을 긍정적 하나라고 설명하고, 불교는 이 목적을 무의 상태라고 설명하는 경향이 있다. 그러나 그 효과는 동일하다. "내가" 작아질수록, "우리" 또는 "모두"는 커진다.

이러한 체계의 핵심적 특징은 지금 여기라는 현 상태와 대조되는 것으로서의 이상적 상태에 대한 피할 수 없는 이원론이다. 일부 불교도들은 이것을 진리의 두 개의 바퀴, 즉 이상적 상태와 관련된 **니르바나**(nirvanic) 진리와 우리 자신이 갇혀 사는 세계관에 관한 부적절한 체계를 포함하는 **삼사리**(samsaric) 진리에 빗대어 설명한다.

그러한 체계 내에서 구제와 헌신을 위한 선물은 대단히 비중 있게 여긴다. 구제는 영적 이점과 영적 진보를 이루기 위해 하는 것이다. 예배는 신들의 도움을 청하기 위해 신들에게 드리는 것이다. 제사는 그 중요성이 퇴색되는데, 왜냐하면 신들은 대오각성을 위한 영감의 원천이지 무엇인가 요긴한 것을 주는 존재들로 그려지지 않기 때문이다. 의식을 통한 기억은 강조되지 않는다. 왜냐하면 미래가 과거보다 더 중요하기 때문이다. 자기희생은 모호하긴 하지만 핵심적이다. 자아를 포기하는 것은 자아를 그 이상으로 진보하여 모든 존재의 합일체인 가장 위대한 참된 자아(the greatest Self)의 일부가 되게 하는 방법이다.

5. 실행하기

다음에 다룰 내용은 우리가 복음이라는 선물을 우리가 사역하는 특정한 선교 상황에 연관 지을 수 있는 방법에 대한 몇 가지 언급들이다.

첫째, 당신이 사역하는 상황에서 의미하는 선물 공여 행위에 대해 가능한 많이 배우도록 하라.

각각의 상황이 독특하다는 사실을 기억하라. 당신이 선물 공여 행위에 대한 브로니스로우 말리노프스키(Bronislaw Malinowski)의 책을 읽었다고 해서 당신이 트로브리앤드 군도사람들(Tribriand Islanders)의 선물 공여 행위에 대해 알고 있다고 결코 생각해서는 안 된다. 마찬가지로 당신이 특정한 카스트 계급이나 장소와 관련된 『다르마사스트라』를 읽었다고 해서 당신이 인도의 한 마을에 있는 브라만 힌두교도들의 선물 공여 방식에 대해 알고 있다고 생각해서도 결코 안 된다.

비록 텍스트로 기록되어 있다 할지라도, 하나의 종교가 문화 내에서 그 모습 그대로 유지하는 경우는 결코 없다. 종교는 지역의 문화적 행위의 영향으로 항상 수정되고, 거의 예외 없이 그 지역의 민속종교 전통과 결합한다. 비록 유능한 인류학자들에 의해 상당히 세밀하게 보고되었다고 하더라도, 종교는 사람들이 행동하는 방식에 따라 거의 매일 조금씩 변한다. 종교가 변화하는 이유는 사람들이 변화하고 조건도 바뀌고, 종교적 필요도 상황의 변화에 따라 변하기 때문이다. 기독교 선교 사역자는 모든 상황을 상세히 탐구해야 할 새로운 상황으로 인식해야 한다.

둘째, 할 수 있는 만큼 전문가들이 성취한 연구 결과를 많이 읽으라.

첫 번째 언급이 당신이 섬기는 지역 내 지배적 종교에 대해 공부하는 것이 아무런 의미가 없다는 것을 의미하는 것이 아니다. 또는 인류학자들이나 종교사학자들이 당신이 섬기는 지역에 대해 연구한 민족지학적 연구에 대해 공부하는 것이 필요 없다는 의미도 아니다.

선교를 위한 준비에는 이런 종류의 연구 결과들에 대해 공부하는 것을 포함해야 한다. 당신이 섬기는 지역에 대한 공부를 통해 해당 지역에 대한 기본 기대치를 확보할 수 있다. 그리고 그 기대치는 현재 그 지역에서 실재로 선물을 주고받는 방식에 대해 당신이 진행하고 있는 관찰을 통해 수정될 수 있다.

셋째, 우리가 모든 사람과 모든 장소에 제공해야 하는 것은 하나님의 은혜의

선물임을 기억하라.

우리는 우리에게 허락하셨고 모든 곳에 심겨져야 할 하나님의 선물을 모방한 복음이라는 선물을 공여하는 사람들이다.

넷째, 지난 수 세기 동안 다른 기독교 선교 사역자들이 (복음이라는-역자 첨부)선물을 공여해 왔던 방식에 대해 연구하라.

먼저 우리가 복음에 충실하면서도 효과적인 결과를 맺은 사례로 소개한 열한 개의 사례들로 시작하라.

비록 이들 열한 개 사례가 보편적 진리의 다양한 측면들을 드러내기는 하지만, 이러한 사례들은 매우 특정한 지역 상황과 형편 속에서 형성된 구체적인 사례들이다. 선교사역에 대한 참된 기술은, 이 열한 가지 선교 사례들을 연구한 후 그 결과를 우리가 섬기는 지역 상황이 소유한 특정한 선물 공여 방식에 맞춰 자신의 것으로 만드는 것이다. 우리는 보편적 진리를 우리가 섬기는 지역 상황들에 맞게 만드는 사역에 종사하고 있다.

다섯째, 마지막으로 선물 공여에 대한 심적 지향성을 가지고 다양한 형식의 실천을 시도해 보라.

하나님께 영광을 돌리지 않는 일들은 그만두고 복음을 진보하게 하라. 지금 현재 진행하고 있는 사역을 잘 유지하라. 세상을 변화시키는 복음의 진리를 전달할 다양한 새로운 형식의 실천들에 대해 끊임없이 탐색해 보라.

박스 23.7

선물 공여: 숙고와 토론

1. 토착종교, 동양종교, 그리고 서구의 종교들이 갖고 있는 창조 이야기들이 각각의 문화 내에서 선물을 공여하는 방식에 어떤 영향을 미치는가?
2. 당신의 본 장에서 배운 내용에 기초하여, 당신이 속한 문화 내에 존재하는 선물 공여 방식에 대해 네 가지 내용을 기록해 보라.
3. 열한 가지의 실천 내용과 그 내용이 선물 공여 선교와 갖는 관련성에 대해 살펴본 후, 당신이 섬기는 상황에 가장 잘 일치하는 것이 무엇인지 생각해 보라.
4. 당신이 선교를 수행하는 상황의 새로운 문화/종교에 가장 잘 맞는 실천은 어떤 것인가?
   그렇게 생각하는 이유들에 대해 설명해 보라.
5. 핵심적 은유인 선물을 담고 있는 기독교 복음에 대한 이야기를 당신의 말로 이야기해 보라.
6. 성경의 세 가지 다른 구절을 찾아 구 구절들이 은유로서의 선물을 사용하는 복음 이야기를 당신의 말로 다시 이야기하는 것에 대해 어떻게 지지하는지를 설명해 보라.

제24장

선물 공여 선교

그러면 이제 우리는 선물 공여 선교(giftive mission)를 어떻게 설명할 수 있을까?

다양한 성경 텍스트에서 쉽게 발견할 수 있음에도 불구하고, 타종교에 속한 사람들을 향한 선교사역에 거의 적용되지 않았던 선물 공여 선교에 관한 은유체(the metaphor cluster)를 사용하는 선교에 대해 어떻게 설명할 수 있을까?

우리는 선물 공여 선교에 관해 우리가 갖고 있는 가정들, 그리고 선교 이론가들과 사역자들이 그 가정들을 사용하는 방식에 도전하는 것으로 시작할 수 있다. 비록 선교 이론가들이 선물 공여 선교에 대해 지금까지 우리가 살펴본 것처럼 의식적으로 살펴보지는 않았으나, 지난 수 세기 동안 선교를 수행해 온 선교 사역자들이 스스로를 아직까지 복음을 들어 본 적이 없는 사람들에게 복음의 선물을 전달하는 사람들로 여겼다는 것만큼은 분명한 사실이다.

그리고 우리가 본서에서 선정한 선교 혁신가들, 즉 바울, 패트릭, 키릴과 메소디우스, 아퀴나스, 리치, 라스카사스, 캐리, 부스, 세퍼드, 마더 테레사, 그리고 그레이엄을 면밀하게 살펴보면, 그들 모두가 스스로를 복음의 선물을 전달하는 사람으로 보았음을 알게 될 것이다. 따라서 한 가지 도전은, 선물 공여 선교에 관하여 새로운 것이 무엇이냐는 것이다.

그러나 우리는 이 질문이 우리가 선물 공여에 관한 확정으로 제시하고 있는 것에 대한 도전이라 보지는 않을 것이다. 그러나 만일 은혜의 선물을 자유롭게 공여하시는 하나님을 모방하는 것이 선교 역사 전체를 통해 선교 사역자들이 수행해 온 사역의 핵심이라면, 그 점에 관해 좀 더 명쾌하게 논의하는 것이 마땅할 것이다. 선교에 대한 우리의 언급은 이 실재에 관해 좀 더 구체적으로 논의하는 데 집중해야 할 것이다.

이 같은 숙고와 언급을 반영하는 과정에서, 오늘날 우리가 주변에서 목격하는 일부 과도한 선교 행위들(mission excesses)이 내포하는 부작용을 경감시킬 수 있는 미묘한 차이점들을 발견할 수 있을 것이다. 그리고 더욱 중요한 것은, 이를 통해 오늘날 우리 주변에서 날마다 발생하는 선교 노력들에 내포된 긍정적 실천들을 부각시킬(highlight) 수 있을 것이다. 이러한 긍정적 효과들을 옹호함으로써, 오늘날 기독교 공동체 안팎에 존재하는 반선교(antimission) 세력의 영향을 상쇄할 수 있을 것이다.

이제 우리 자신과 타종교에 속한 사람들과의 관계를 복음이라는 선물의 공여자와 수혜자로 볼 때가 되었다. 만일 힌두교인들, 불교인들, 무슬림들, 그리고 다른 명확하고 상당히 세련된 종교에 속한 사람들이 복음 메시지에 저항하는 한 가지 이유가 자신들이 경시받고 있다고 느끼기 때문이라면, 그 문제가 해결되지 않은 한, 복음이라는 선물의 교환이 요원해질 것이다.

우리는 우리가 상상할 수 있는 것 중에서 가장 위대한 선물을 공여하기 위해 선교의 길을 걷고 있다. 우리는 우리가 가장 소중하게 여기는 것을 제공하기 위한 여정을 떠난다. 그리고 우리는, 최소한 초기에는, 선물 공여 문화가 토착화되어 있는 특정한 상황 안에서 이 선물을 제공하게 된다. 만일 우리가 처한 상황이 그와 같다면, 우리는 해당 문화권이 규정한 의무 규범들을 준수할 것이다. 만일 그것이 우리가 처한 상황이라면, 우리는 해당 문화권 내에서 선물 공여가 갖는 이점들과 방식을 복음을 공여하는데 적용할 것이다. 그리고 비록 발견이 쉽지는 않겠지만, 이 모든 것에 기초하여, 각각의 문화 환경으로부터 추출해낼 수 있는 값없이 공여하는 선물에 대한 이상적인 모델을 찾아내기 위해 노력할 것이다.

그렇다면 선물 공여 선교에 대한 이와 같은 생각들을 어떻게 정리할 수 있을까?

제22장에서, 우리는 은유의 성경적 사용이 예측 가능한 패턴을 따랐다는 점에 주목했다. 이 패턴은 의미를 특정 문화집단과 연결하는 절호의 기회를 제공하는 은유를 사용한다는 점에서 "긍정"(yes)의 측면, 그리고 모든 은유가 가질 수밖에 없는 한계요소들과 하나님 사역의 핵심인 하나님의 선교를 설명하는 데 한계가 있을 수밖에 없는 인간의 언어가 갖는 제한적 요소들을 인식해야 하기 때문에 은유를 상대화시킬 수밖에 없다는 점에서 "부정"(but)의 측면, 그리고 어떤 언어를 사용하든 간에 하나님을 표현하는(신학의 내용) 것과 관련하여 과도한 의미를 담고 있을 수밖에 없음을 확인해 준다는 점에서 "여전히"(still)의 측면이 있다.

이 세 가지 국면은 선물 공여 선교에 대해 말하는 것과 관련해 좋은 개요가 된다. 이 세 가지 국면은 우리가 사용하고 싶어 하는 은유와 관련된 성경적 핵심으로부터 시작해서 오늘날 우리가 삶을 영위하고 있는 이 세상에 존재하는 다양한 문화(토착적, 서구적, 그리고 동양적)에 적용될 수 있는 방식으로 진행해 간다. 말할 필요도 없이, 이같이 일반적으로 유형화된 패러다임(토착, 서구, 동양)은 구체적인 적용 자체가 아닌 적용에 대한 방법을 가르치기 위한 의도에서 고안된 것이다. 구체적인 적용은 오직 현장, 즉 선교 사역자가 직접 관계하는 상황에서 만들어질 수 있을 뿐이다.

박스 24.1
선교를 위한 은유로서 선물 공여 선교를 사용하는 이유

- 성경이 선물에 대한 은유를 자주 사용한다.
- 선교사들은 전통적으로 스스로를 복음의 선물을 전달하는 전달자로 인식해 왔다.
- 은혜의 선물을 값없이 공여하시는 하나님을 더욱 의식적으로 모방할 수 있다.
- 선교지에서의 과도한 대립과 경쟁을 넘어설 수 있다.
- 선물에 관한 은유는 선교의 노력에 배태되어 있는 긍정적 실천들을 강조한다.
- 선물 공여 선교의 실천을 옹호함으로써 반선교 세력에 대응할 수 있다.
- 우리 자신을 선물의 전달자와 수혜자로 봄으로써, 타종교에 속한 사람들과의 관계를 신장시킬 수 있다.
- 다양한 환경 속에 존재하는 문화 규범들에 따라 선물을 공여/수혜하는 행위는 다른 사람을 존중하는 것으로 비춰진다.
- 선물 공여 선교에 대한 은유를 사용함으로써, 타문화 내에 실재하는 값없이 공여되는 선물에 대한 흔적을 발견한다.

1. 긍정, 예(Yes)...

우리가 제23장에서 주목하였듯이, 성경은 선물에 대해 많은 것을 말씀하고 있다. 선물에 대한 은유적 표현들의 상당 부분은 선교 이상의 것에 대한 관심을 드러내고 있다. 우리가 주목해 보았듯이, 값없이 공여되는 선물로서 은혜에 대한 개념은 기독교 그 자체의 특징적 가르침이라 주장할 수 있다.

그러나 선물로서의 은혜의 개념이 특별히 기독교 선교에 관한 것으로 사용될 때, 잠시 동안 은혜의 언어를 좀 더 제한적으로 다뤄보도록 하자.

우리가 집중하고자 하는 지배적 언어는 다른 사람들에게 실재로 "복음이라는 선물을 공여하는 것"을 포함한다. "공여"의 보편성과 "다른 사람들"이라는 범주가 갖는 보편성이 드러나고 있다. 은혜로 인해 조성된 백성들로서, 우리는 항상 공여하는 태도를 견지하고 있으며, 우리가 만나는 모든 사람은 우리가 받은 부요함(실재로, 하나님의 부요함은 우리를 통해 흐른다)을 공여받을 잠재적 수혜자들이다. 다른 말로 하자면, 우리는 항상 누군가에게 공여하는 사람들이다.

우리는 우리의 백성들, 곧 "동족들"에게 공여한다. 느헤미야는 우리가 항상 텍스트가 갖고 있는 의미, 즉 의미의 선물을 우리 백성들에게 가르치는 사람들이어야 한다고 말한다(8:8). 그러나 우리는 의미 그 이상의 것, 즉 우리 자신을 공여한다. 우리는 또한 하나님의 전능하신 행위를 송축하기 위해 선물을 공여한다. 우리가 공여하는 보잘 것 없는 선물들이 우리 모두에게 허락하신 하나님의 놀라운 선물을 기억나게 한다(에 9:19).

우리는 필요한 자들에게 공여한다. 우리는 목마르고, 춥고, 가난한 사람들에게 시원한 물 한 컵을 대접한다(마 10:42). 우리는 "능력"을 필요로 하는 자들에게 공여한다. 우리는 사람들, 적어도 자신들의 인간적 한계를 인식하고 자신들보다 훨씬 강한 능력에 의존하려는 중요한 지점에 이른 사람들에게 성령의 능력을 알려 준다. 성령은 모든 사람에게 베풀어지나, 이 같은 인식의 상태에 이른 사람들만이 실재로 성령의 능력을 받을 수 있다. 사람들로 하여금 이와 같은 보편적 능력에 대해 알게 하는 사역을 섬기는 우리는, 그 사람들이 성령을 공여받도록 돕는 자들이다(행 15:8).

마지막으로, 공여하는 행위는 겸손한 행위이다. 야고보와 베드로 모두 우리의 관심을 불러일으키는 말을 한다.

> 하나님이 교만한 자를 물리치시고 겸손한 자에게 은혜를 주시나니
> (약 4:6; 벧전 5:5).

이 구절은 두 가지 중요한 질문을 제기한다.

첫째, 우리가 제공하는 선물, 즉 우리가 하나님께 받은 은혜의 선물을 받는 사람들에게 어떤 일이 발생하는가?

둘째, 우리가 복음의 선물을 제공한 사람들이 우리에게 대가로 선물을 보상하고자 할 때 우리에게 어떤 일이 발생하는가?

어떤 문화에서는, 우리가 앞서 살펴보았듯이, 받은 선물에 대해 보상하는

것은 대단히 중요하다. 우리가 은혜의 선물을 제공했을 때 우리는 그 대가로 값어치 있는 선물을 제공받게 될 것이다. 특히 신약성경은 하나님과 다른 사람들로부터 선물을 받는 것에 대해 많은 언급을 하고 있다.

우리가 배우는 교훈들 중 가장 우선적인 것은, 우리가 복음의 선물을 받았을 때 우리는 즉각적으로 그 선물을 다른 사람들에게 공여하기 시작한다는 것이다. 성경에는 선물을 받는 것에 관한 뚜렷한 은유체가 존재한다.

> 사람은 그 입의 대답으로 말미암아 기쁨을 얻나니(잠 15:23).
> 의인의 이름으로 의인을 영접하는 자는 의인의 상을 받을 것이요 (마 10:41).
> 내가 너희에게 말하노니 무엇이든지 기도하고 구하는 것은 받은 줄로 믿으라 그리하면 너희에게 그대로 되리라(막 11:24).
> 성령을 받으라(요20:22).
> 너희는 더욱 큰 은사(gifts)를 사모하라(고전 12:31).
> 이런 사람은 무엇이든지 주께 얻기를 생각하지 말라(약 1:7).
> 능력과 부와 지혜와 힘과 존귀와 영광과 찬송을 받으시기에 합당하도다(계 5:12).

명백히 우리는 선물을 받을 것이다. 그리고 선물을 (겸손하게) 받을 수 있는 방법이 있는데, 결과적으로 그렇게 선물을 받음으로써 우리는 하나님의 자비로운 선물을 공여하는 활동의 일부를 감당할 수 있게 된다. 그러나 만일 우리가 우리 자신을 선물 공여자로 뿐만 아니라 선물 수혜자로 보지 않았다면, 그렇게 할 수 없을 것이다. 또 다른 은유체는 공여와 수혜는 은혜의 복음이 갖는 동일한 선물의 양면임을 강조한다.

> 흩어 구제하여도 더욱 부하게 되는 일이 있나니 과도히 아껴도 가난하게 될 뿐이니라(잠 11:24).
> 가난한 자를 구제하는 자는 궁핍하지 아니하려니와 못 본 체하는 자

에게는 저주가 크리라(잠 11:28).

너희가 거저 받았으니 거저 주라(마 10:8).

그리하면 성령의 선물을 받으리니(행 2:38).

주는 것이 받는 것보다 복이 있다(행 20:35).

각각 은사를 받은 대로 하나님의 여러 가지 은혜를 맡은 선한 청지기 같이 서로 봉사하라(벧전 4:10).

    토착문화가 되었든, 서구문화가 되었든, 아니면 동양문화가 되었든, 우리가 접촉하는 문화의 뚜렷한 특징들과 직접적으로 관련된 선물과 은혜에 대한 성경적 은유가 많다는 것은 분명하다.

    예를 들면, 성경이 사용하는 언어는, 우리가 토착문화에서 발견하는 선물 공여 의무들에 관한 생각을 낯설지 않게 한다. 이러한 사실은 놀랄만한 일이 아니다. 왜냐하면 성경문화는 인간문화를 형성해 나가는 데 있어 서구나 동양의 문화보다 토착문화에 더 가깝기 때문이다.

    그러나 성경문화가 보여주는 독특함이 우리가 서구문화나 동양문화에서 발견하게 되는 선물 공여개념과 완전히 이질적이라고 말하는 것은 아니다. 우리가 살펴보는 성경 텍스트 안에서 세 가지 문화에서 발견되는 것과 동일한 요소들을 발견할 수 있다.

    그러나 매우 가능해 보이는 것, 심지어 실재로 그래 보이는 것은, 선교와 선물 공여에 대한 일부 성경적 예들은 다른 문화들보다 일부 문화에 더 적절하다는 것이다. 어떤 것을 사용할 것인가를 선택하는 것은 선교를 수행하는데 실재로 필요한 기술이다. 아마도, 우리가 이 책에서 다룬 세 가지 유형들 중 한 가지 유형에 속하는 문화에 적용이 가능한 선물 공여에 대한 은유를 찾아내는 것은, 그 문화에 적절한 방식으로 복음을 전달하는 과정을 설명하는 데 도움이 될 것이다.

    다음의 두 가지 조건들에 주목해 보라.

첫째, 적용 가능성

둘째, 적절한 방식

박스 24.2
성경과 선물 공여 선교

- 우리는 우리의 "동족들"에게 공여한다(느 8:8; 에 9:19).

- 우리는 필요한 자에게 공여한다.
  한 잔의 시원한 물(마 10:42).

- 우리는 겸손함으로 공여한다(약 4:6; 벧전 5:5).

- 우리는 공여에 대한 대가로 받는다.
  사람은 그 입의 대답으로 말미암아 기쁨을 얻나니(잠 15:23).
  의인의 이름으로 의인을 영접하는 자는 의인의 상을 받을 것이요(마 10:41).
  내가 너희에게 말하노니 무엇이든지 기도하고 구하는 것은 받은 줄로 믿으라. 그리하면 너희에게 그대로 되리라(막 11:24).
  성령을 받으라(요 20:22).
  너희는 더욱 큰 은사를 사모하라(고전 12:31).
  이런 사람은 무엇이든지 주께 얻기를 생각하지 말라(약 1:7).
  능력과 부와 지혜와 힘과 존귀와 영광과 찬송을 받으시기에 합당하도다 (계 5:12).

- 공여와 수혜는 은혜의 일부분이다.
  흩어 구제하여도 더욱 부하게 되는 일이 있나니 과도히 아껴도 가난하게 될 뿐이니라(잠 11:24).
  가난한 자를 구제하는 자는 궁핍하지 아니하려니와 못 본 체하는 자에게는 저주가 크리라(잠 11:28).
  너희가 거저 받았으니 거저 주라(마 10:8).
  그리하면 성령의 선물을 받으리니(행 2:38).
  주는 것이 받는 것보다 복이 있다(행 20:35).
  각각 은사를 받은 대로 하나님의 여러 가지 은혜를 맡은 선한 청지기 같이 서로 봉사하라(벧전 4:10).

우리가 여기에서 제안하는 모든 적용은 단지 가능성들에 불과하다. 왜냐하면 모든 문화는 독특하기 때문이다. 모든 토착문화가 동일하지 않다. 모든 서구문화가 동일한 것은 아니다. 모든 동양문화가 동일하지 않다.

비록 우리가 본서에서 동일한 문화유형에서 나타나는 가족적 유사성들에 대해 언급하기는 했지만, 앞에서 설명한 이들 세 가지 문화, 즉 토착문화, 서구문화, 동양문화에 속하는 어떤 문화도 순전한 형태로 존재하는 이상적인 유형으로 존재하지는 않는다는 점을 강조했다. 세계화를 촉진하는 세력들로 인해, 오늘날 대다수의 문화는 토착문화, 서구문화 그리고 동양문화들이 뒤섞인 형태로 존재한다. 이런 사실 때문에, 어떤 상황에 어떻게 적용할지 구체화하는 과정이 더욱 필요하다.

이와 비슷하게, 우리가 복음이라는 선물 공여 방식은 우리가 처한 상황에 적절한 것일 필요가 있다. 복음 이야기는 다른 은유와 강조점을 가진 수많은 방식으로 전달될 수 있다. 어떤 특정 환경에서 적절했던 것이 다른 환경에서는 거부될 수도 있다.

사람들을 구원하기 위해 모든 사람에게 모든 방식을 동원할 수 있다고 강조하는 바울의 훈계는, 바울이 상대적인 복음(a relative gospel)을 인정음을 의미하는 것이 아니라, 이 세상의 다양한 사람들에게 복음을 제시할 때 각각의 사람들이 처한 상황에 맞는 적절한 방식과 부적절한 방식이 있음을 인정하는 의미이다.

이와 같은 바울의 교훈을 마음에 담고, 복음이 토착문화, 서구문화 그리고 동양문화에 적절하게 공여되도록 하는 방식, 즉 특정 문화의 선물 공여 방식과 대립하는 것이 아니라 잘 조화를 이룰 수 있는 방식에 대해 고려해 보자.

어떻게 하면 이들 각 문화에 속한 사람들이 우리가 제공하는 예수 그리스도라는 다른 어떤 것과도 비교할 수 없는 선물을 받아들일 수 있을까?

각각의 문화는 복음이라는 선물을 전달하는데 적용할 수 있는 어떤 비유를 제공하는가?

그리고 선물에 대한 비유를 어떻게 적용할 때, 특정 문화에서 거부감 없이 수용할 수 있을까?

1) 토착식 공여

우리가 앞서 살펴보았듯이, 토착적 선물 공여에 관한 은유체(隱喩體)는 윤리적으로는 **의무**(obligation)라는 단어로 요약될 수 있고, 경제적으로는 **상호 호혜성**(reciprocity)이라는 단어로 요약될 수 있으며, 신학적으로는 **공동체**(community)라는 말로 요약될 수 있다.

성경의 인물들에게는 공동체를 창조하는 삶의 공여 의무(life-giving obligations)가 갖는 중요성이 낯설지 않다. 물론 특정인이 공동체의 일원이 되기 위해서는 할례를 받아야 한다는 유대인의 특수 요건에 대해 생각할 것이다.

할례(그리고 코셔, 즉 율법에 준한 음식만을 섭취하는 것과 같은 독특한 삶에 관한 이슈들)는 하나님의 백성의 일원임을 드러내는 표식이었다. 태어난 지 8일 된 어린 아기는 당연히 할례를 받아야 했고, 유대인 공동체에 속하길 원하는 성인 남성들(개종자들)은 그들이 구성원이 되었다는 의지의 표식으로 할례를 받아야 했다. 할례의식을 행하지 않는 것은 공동체에 대한 헌신에 의문을 불러일으켰다(수 5:3).

공동체의 구성원을 표지하는 의식들에 관한 이런 구절들은 특히 토착 공동체 구성원들에게 잘 공명된다. 훗날 사도 바울이 이들 의식 중 몇 가지에 대해 의문을 제기하기는 했으나, 구원을 조력하는 요소로써 공동체가 갖는 본질만큼이나 공동체를 세우는 개념에 대해서는 어떤 의문도 제기하지 않았다. 바울은 공동체를 세우는 것에 반대한 것이 아니라 행위를 의롭게 됨의 근거로 여기는 것에 대해 반대했다.

바울에게 있어, 공동체(에클레시아)는 구원의 조건은 아니지만 성령의 열매이기는 했다. 만일 당신이 하나님께서 허락하신 구원의 선물을 수용했다면, 사랑하고 오래 참고 인내하는 것을 통해, 그리고 선물을 공여하는 것을 통해 공동체를 세우는 행위를 시작할 것이다.

바울은 서신서들에서 이점에 대해 수차례에 걸쳐 논증했다. 그의 기본적 논증은 은혜로 기독교인이 된다는 것이 의무로부터 자유롭게 되는 것이 아니라는 것이다. 그는 구원의 은혜는 의무의 방향을 인간이 만든 우상들, 인간적 공동체, 또는 인간이 만들어 낸 이념으로부터 하나님을 향한 총체적 의무로 변환시킨다는 입장을 유지했다.

충성과 의무의 대상을 인간이 만들어 낸 것들로부터 하나님께로 바꾼다 하더라도, 이전에 지고 있던 다른 사람들에 대한 의무들을 그대로 유지하는 경우가 종종 있다. 그러나 그 의무를 유지하는 이유는 하나님을 영화롭게 하기 위한 것으로 변한다. 충성과 의무감을 인간이 만든 것들로부터 하나님께로 옮긴다 하더라도, 그 결과는 공동체로 맺어진다. 그러나 이 공동체는 사람과 체계들에 대한 의무가 아닌, 공동체에 속한 모든 사람들이 하나님을 향해 지는 의무와 그 의무 때문에 실현되는 서로를 향한 사랑을 실천하는 것으로 맺어진다.

토착적 선물 공여는 지속적으로 실천될 수 있다. 그러나 선물 공여의 초점과 근거는 바뀐다. 토착 집단에 속한 사람들이 이들 성경 텍스트를 읽고 나서 그 가르침을 생업경제(subsistence economies)와 사회조직으로부터 계획경제(managed economies) 또는 시장 지향적 경제로 전환한 사람들과 다른 식으로 이해하는 것은 특별한 일이 아니다. 세심하게 관리되는 시장경제 내에서 공동체와 공동체 건설에 대해 말하는 것은 물리적 안녕을 논의하는데 필요한 괜찮은 방식들로 보여질 수 있다. 반면, 토착집단에게 있어 공동체는 그들 사회에 존재하는 전부와도 같다. 우리는 이들 텍스트를 읽으면서 충성의 방향을 급진적으로 재정향(reorientation)하는 바울의 방식을 (서구인들이 그렇듯) 공동체를 세우는 실천들로부터 멀어지게 하는 방식이 아닌 공동체를 산출하기 위한 더 좋은 방식을 제시하는 것으로 평가할 것이다. 만일 우리의 충성을 우선적으로 하나님께 올려 드린다면, 그 밖의 모든 것이 그에 더해질 것이다. 여기에는 공동체도 포함된다.

2) 서구식 공여

서구의 선물 공여에 관한 은유체는 윤리적으로는 **자유**(freedom)란 단어로, 경제적으로는 **가치**(value)라는 단어로, 그리고 신학적으로는 **개성**(personhood, imago Dei)이라는 단어로 요약될 수 있다.

아마도 이 세상에서 서구의 시장 지향적 문화보다 공짜 선물에 대한 개념을 이해하는데 더 큰 어려움을 겪는 문화는 없을 것이다. 토착집단에 속한 사람들은 무상으로 공여하는 선물을 사람들로 하여금 선물 공여의 실천에 관한 다양한 의무들로부터 자유롭게 하는 아름다운 일로 보고, 동양의 많은 문화가 값없이 공여하는 선물을 그들의 종교문화에 매우 친숙한 것으로 인식하고 그런 식으로 연결시키는 반면, 서구인들은 자신들이 이해했다고는 생각하지만 그들의 저변에 깔려 있는 시장경제에 대한 지향성 때문에 값없이 공여하는 선물이 내포하는 의미를 온전히 이해하는 것은 거의 불가능하다.

이것이 그럴 수밖에 없는 이유는 서구인들은 민주적인 정치적 절차에 내재한 개인이 갖는 자유에 대한 이해를 근간으로 값없이 공여하는 선물에 대한 생각 또한 이해할 수 있다고 간주하기 때문이다. 그것은 전혀 사실이 아니다. 값없이 공여하는 선물은 다른 어떤 유형의 문화보다 시장경제에 낯선 개념이다. 시장경제에서 살아가는 사람들에게 있어, 값없이 공여하는 선물은 얻을 것이라 기대되는 가치를 기대하면서 공여하는 것, 즉 받은 것에 상응하는 것을 보상하는 것에 대한 언어와 불가피하게 얽혀 있다.

서구 기독교인들이 은혜를 믿음에 대한 특징적인 가르침으로 강조하는 성향을 보이는 이유는, 그런 일이 존재할 수 있다는 것에 대해 도무지 믿을 수 없을 정도로 감탄하기 때문이다. 개인의 다양한 욕망 간에 조심스러운 균형을 유지함으로 지속할 수 있다는 개념 위에 세워진 시장경제 시스템에는 단연코 은혜가 존재하지 않는다.

이렇게 말한다고 해서 우리가 은혜를 서구 세속주의자들과의 접촉 창구로 삼자는 아이디어를 경시해야 한다는 것을 의미하는 것은 아니다. 서구인들이 은혜에 대해 상당한 호소력을 느끼며 은혜 개념이 이미 자신들이 갖고 있는 세계관의 일부가 되었다고 오해하고 있다는 사실은, 은혜의 개념을 그들의 사고 안으로 들어가기 위한 좋은 진입 창구로 사용할 수 있다는 것을 의미한다.

그러나 핵심은, 우리가 서구인들에게 은혜의 개념을 소개할 때, 선물 공여에 관해 서구인들이 가지고 있는 시장경제개념이 아닌, 어떤 이기심도 개입되지 않은(unself-interested) 값없이 주는 선물을 공여하기를 바라는 마음, 그러나 자신들은 그렇게 할 수 있는 능력이 없다는 사실을 인식하는 것에서 나오는 좌절감에 정주시켜야 한다. 은혜 개념은 로마서 7:14-15이 분명히 강조하고 있는 신학에 정주시켜야 한다.

> 우리가 율법은 신령한 줄 알거니와 나는 육신에 속하여 죄 아래에 팔렸도다. 내가 행하는 것을 내가 알지 못하노니 곧 내가 원하는 것은 행하지 아니하고 도리어 미워하는 것을 행함이라(롬 7:14-15).

따라서 생각은 다음과 같은 방향으로 흘러가게 된다.
나는 복음이라는 선물을 나의 사리사욕과 욕망으로부터 자유로운, 값없이 주는 선물로 공여하는 싶다. 그러나 나에게 그 선물을 허락하신 하나님의 도움 없이는 그렇게 할 수 없다.

서구식 선물 공여의 실천은 지속될 수 있다. 그러나 토착적 선물 공여의 실천에서처럼, 초점과 근거는 바뀔 수 있다. 우리는 동일한 영적 시장의 영역에서 이해되는 선물이 아니라 이기적인 동기로부터 벗어났기 때문에 하나님이 주신 것과 같은 선물일 수 있는 그 선물에 대한 이해에 대해 말하고 있는 것이다. 종교적 선물 공여에 관해, 서구인들의 마음에 가장 자연스러운 형식은 희생 제물과 의식적 기억이다.

3) 인도(동양)의 공여

선물 공여에 대한 인도(동양)의 은유체는 윤리적으로는 **이타주의**란 단어로, 경제적으로는 **단호함**(determined)이란 단어로, 그리고 신학적으로는 **사심 없음**(selflessness, *kenosis*)란 단어로 요약할 수 있다.

이타주의는 인도 내 다양한 문화 출신자들 사이에서는 강력한 반향으로 다가온다. 이타주의가 갖는 가치인 아무런 의도 없이 주어지는 공여는 그들의 생활방식 안에 깊이 뿌리내려져 있기 때문이다. 카스트 제도가 물질적인 것의 추구와 성취를 직업과 생활방식과 강력하게 연동시켜 놓았기 때문에, 선물 공여를 재화의 축적과 혼동할 위험성은 없다. 또한 카스트 제도로 인해 일생 동안 그 지위가 변경될 수 없는 공동체가 확정되어 있기 때문에, 선물 공여 자체는 공동체 구성원으로서의 자신의 지위를 유지하는 데 필요한 조건이 아니다.

그렇기 때문에 **다나** 혹은 선물 공여는 인도문화의 정신적 구조물의 두 가지 범주로 나뉜다. 선물 공여는 특정한 카스트 계층에 속한 구성원으로서 준수해야 할 의무의 질을 나타내는 것일 수 있다(왜냐하면 정교한 텍스트들이 어떻게 무엇을, 그리고 언제 선물을 공여해야 할지에 대해 상세히 규정하기 때문이다).

특정인은 언제나 자신이 속한 카스트에 속해 있을 것이다. 그 사람은 카스트 제도가 규정하는 의무라는 관점에 비춰 좋은 구성원인지 아니면 나쁜 구성원인지 규정될 수 있다. 또는, 진보의 표지가 될 뿐만 아니라 영적 진보를 산출하는 것에 대한 간접적인 표지가 되는 의무로서의 선물 공여는 특정인이 취하는 개인적인 영적 훈련의 일부일 수 있다.

의무에 따라 잘 공여된 선물이 갖는 환원 불가능한 요소들 중 하나는, 모든 선물은 선물에 대한 대가를 기대하지 않고 공여되어야 한다는 것이기 때문에, 인도인들 사이에서 사심 없는 행위에 대해 말하는 것은 자연스러운 일이다.

박스 24.3
예… 성경, 그리고 현대 문화에서 선물 공여 선교

선물 공여 선교는 각 문화가 소유하고 사용하는 선물에 대한 은유가 갖는 긍정적인 가치를 재설정할 수 있다.

토착문화: 선물 공여는 공동체를 만든다.
- 의무
- 상호호혜성
- 공동체

서구문화: 값없이 공여하는 하나님의 은혜의 선물은 우리를 놀라게 한다.
- 자유
- 가치
- 개성

동양문화: 최상의 선물은 대가를 기대하지 않고 공여하는 것이다.
- 이타주의
- 단호함
- 사심 없음

그런데 이런 유형의 이야기는 성경에서도 흔하게 등장한다. 예를 들어 야고보서 3:14, 16-18을 생각해 보라.

> 그러나 너희 마음속에 독한 시기와 다툼이 있으면 자랑하지 말라 진리를 거슬러 거짓말하지 말라(약 3:14).
> 시기와 다툼이 있는 곳에는 혼란과 모든 악한 일이 있음이라. 오직 위로부터 난 지혜는 첫째 성결하고 다음에 화평하고 관용하고 양순하며 긍휼과 선한 열매가 가득하고 편견과 거짓이 없나니, 화평하게 하는 자들은 화평으로 심어 의의 열매를 거두느니라(약 3:16-18).

사도 바울이 사심 없는 것을 하나님의 위대하심을 잘 이해하고 있는 표식이라고 말하는 경우가 있다. 이와 같이 "나는 작아지고, 당신은 더 커지는" 것에 관한 성구들은 아시아인들이 일반적으로 공유하는 가치를 자연스럽게 반영한다.

일본의 탁월한 선불교 학자 마사오 아베(Masao Abe)는 자신이 기독교와의 강력한 연결성을 느끼곤 한다고 말하는데, 그 연결성은 빌립보서 2장에 등장하는 케노시스 구절을 읽을 때 느낀다고 말하곤 했다. 전능하신 분이시지만 인간을 위해 마땅히 누릴 수 있는 특권을 누리지 않고 스스로를 비우시는 그리스도의 모델은, 다른 사람들을 섬기기 위해 자신의 삶을 내어주는 궁극적인 선물의 전형을 보여준다. 불교인들이 특히 비이기적인 행동이라는 형식을 통해 선물을 공여하는 것에 대해 읽을 때, 자신들이 읽는 성경 텍스트를 이상하거나 옳지 않은 것으로 보지 않는다. 오히려 핵심을 꿰뚫는 것으로 본다.

이러한 성구들은 불교인들이 가지고 있는 가르침의 핵심 내용들을 잘 공명하기 때문에, 서구 기독교인들이 인도인들에게 이런 성구의 내용을 제시할 때 깜짝 놀랄만한 새로운 진리로 제시할 위험성이 있다. 그러나 이 같은 내용은 수천 년 동안 인도 문명의 에토스를 구성하는 일부로 존재해 왔음을 기억해야 한다. 물론, 이 말이 우리가 하나님의 은혜에 관한 진리를 전달하지 말아야 한다고 주장이 아니다. 다만, 우리가 이 진리를 제시할 때 접촉점, 즉 인도인들이 깜짝 놀랄만한 새로운 개념이 아닌 우리가 근거하고 거기로부터 시작할 수 있는 우리와 인도인들 간의 유사성을 통해 제시해야 한다.

구호와 자기희생이 수반된 헌신적 선물 공여는 동양적인 마음을 갖고 있는 사람들에게 가장 자연스러운 형식이기 때문에, 종교적 선물 공여는 특히 이해되기 쉽고, 따라서 접촉점으로서 중요한 역할을 할 수 있다.

2. 부정, 그러나(But)...

우리가 확인할 수 있듯이, 선물 공여에 대한 문화적 표현들과 선물 공여에 대한 성경의 가르침들 간의 공명은, 우리가 구분한 세 가지 문화 유형에서 추출해내기 그리 어렵지 않다. 비록 핵심적이지는 않다 하더라도, 각 문화는 나름의 방식으로 세상을 바라보는 방식을 통해 선물 공여를 중요한 것으로 보고 있다. 오늘날 선물 공여 개념을 기독교 선교를 전달하는 방식으로 사용하고 있는데, 대단히 주목할 만한 선교학적 능력을 발휘하고 있다.

그러나 토착문화가 되었든, 서구문화가 되었든, 아니면 동양문화가 되었든, 복음의 모든 표현은 모든 지배문화에 대한 비평적 요소들을 내재하고 있다. 그 어떤 인간적 그리고 문화적 형식의 선물 공여도 값없이 공여하는 선물인 은혜에 견줄 수 없다. 따라서 우리의 은유적 방법에서 "그러나…"의 요소가 빠질 수 없다.

이제 토착문화, 서구문화 그리고 동양문화에 대한 구체적인 "그러나..."에 대해 살펴보기 전에, 문화에 대한 의구심으로서 "그러나..."가 표현되어야 하는 방식에 대해 언급하는 것이 충분히 가치가 있을 듯하다.

우리는 세 가지를 제안하고자 한다.

1) 비평을 위한 지침들

(1) 비평은 내부에서 제기되는 것일 때 가장 좋다

자기 비평은 외부로부터 유래하는 비평에 비해 항상 더 효과적이다. 우리가 제안하는 방법론에서 "긍정"에 해당하는 부분은 외부인들에게 좀 더 유연하게 수용된다. 왜냐하면 "긍정" 부분은 존중과 동의, 그리고 상대방에 대한 긍정적 평가와 혁신으로 구성되기 때문이다. 반면, "부정" 부분은 아무리 조심스럽게 표현한다 하더라도, 최소한 약간은 판단적이고 다소 승리주의적인 태도로 보일 수밖에 없다.

그리고 어느 수준이 되든 상관없이 선교사역에 참여하는 모든 사람은, 나는 그것을 가지고 있는데 당신은 그렇지 않다는 식의 태도는 장기적으로 좋은 관계를 유지해 나갈 수 없다는 사실을 배우게 된다. 이런 태도는 질투와 불신, 그리고 반목의 길로 나가는 경우가 발생하곤 한다.

우리의 선물은 교리가 아니다. 우리의 선물은 판단이 아니다. 우리의 선물은 우리에 대한 것이 아니라 예수에 대한 것이다. 우리의 선물은 예수에 대한 이야기이다. 외부인인 우리가 사역 대상 문화에 대해 크게 "긍정"하는 가운데 이 선물을 제시할 수 있다면, 최선을 다하는 것이다. 어떤 해석이나 주석을 가하지 않은 예수에 대한 이야기 자체가 제공될 때, 그 이야기는 놀라운 능력, 더 큰 능력을 소유하게 될 것이다. 사실, 예수 이야기가 아무런 장식 없이 수수하게 전달 될 때 더 큰 능력을 발휘하게 된다.

일단 우리가 열정과 헌신, 그리고 사랑으로 예수 이야기를 전달하고 나면, 이제 복음이라는 더 크고 더 포괄적인 이야기에 그들의 문화 이야기를 어떻게 맞춰 들어갈 것인가에 대한 방식의 선택은 순전히 문화 내부인들에게 달려 있다. 그런데, 이 두 이야기가 서로 맞춰 들어가서 한데 버무려질 때 여러 가지 의문과 불일치가 발생하게 된다. 이것이 바로 우리가 방법론을 사용할 때 "부정" 부분이 첨가되어야 하는 이유이다. 문화 내부에서 "부정"에 대한 문제가 제기될 때 가장 최상의 "부정"이 발생하게 되는 것은 물론이다. 외부인들이 제아무리 노력하며 배운다 할지라도, 내부인들이야말로 자신들의 문화 이야기에 대해 훨씬 더 잘 알고 있는 당사자들이기 때문에, 두 이야기가 서로 맞물려 들어가는 부분이 어디인지 가장 잘 알 수밖에 없기 때문이다.

예수께서 하나님의 아들이라 말하는 부분을 이야기에 포함시키는 것이 문제가 될까?

하나님께서 예수로 하여금 십자가상에서 돌아가게 했다는 사실로 인해 문제가 발생할까?

외부인들은 이로 인해 발생할 수 있는 어려움들에 대해 짐작만 할 수 있을 뿐이다. 그러나 내부인들은 그러한 어려움들을 안고 살아가야 한다.

더 나아가서, 내부인들은 어떻게 해야 문제들이 가장 원활하게 해결될지에 대해서도 더 잘 알 것이다. 문화들마다 자기 문화 형식을 비평하는 다양한 방식들을 소유하고 있다. 때로는 비평이 전체 공동체가 참여하는 토론 형식을 취할 수 있다. 때로는 소수의 핵심 엘리트 인사들에 의해 이루어질 수도 있다. 때로는 대단히 암시적으로 진행될 수도 있다.

문화 내부인들이 변화와 적응에 대해 심사숙고하지 않았음에도 불구하고 발생할 수 있다. 그러나 일단 과정이 발생하면 명백하고 거의 변하지 않는 양상을 따르는데, 그 양상은 오직 내부인들만이 평가하고 적용할 수 있는 과정이다.

(2) 만일 비평이 특정 문화의 구체적이고 지엽적인 것에 대한 비판이 아니라 전체 문화에 대한 보편적 비난이 된다면 그 효력이 상실될 것이고 결국에 가서는 괘도에서 탈선하고 말 것이다

반선교적 입장에 선 사람들(antimissionaries)이 저지르는 가장 큰 실수는,

아마도 복음 이야기가 내포하는 선물과 자신들의 문화가 가지고 있는 선물을 혼동하는 부분일 것이다.

예를 들어, 복음에 대해 서구문화가 저지른 가장 큰 실수 중 하나는, 식민주의와 제국주의라는 과도함으로 나아간 것이다. 식민주의와 제국주의는 소위 말하는 외래문화(선교지 문화-역자 주)를 서구문화로 대체하려는 시도였다.

일부에서 주장하듯이, 설령 그런 시도가 긍정적인 의도에서 진행했던 경우가 있었다 하더라도, 그 효과는 여전히 해당 지역문화를 약화시키는 것으로 드러났다는 사실을 부정하지 못한다. 지역문화가 보유하고 있던 문화적 독특성과 가치의 많은 부분들이 복음과 공존이 불가능한 것들로 여겨져 폐기되었기 때문이다.

그리고 비록 그런 시도로 인해 지역문화가 심각한 상실을 겪지 않았다 하더라도, 복음 이야기 그 자체에 미친 효과는 상당히 심각하다. 본질적 요소가 양립 불가능함에도 불구하고 복음 이야기가 지역문화 형식과 결합되어 약화되거나, 심지어 복음 자체에 미치지 못할 정도로 변질되기까지 한다.

예를 들면, 예수께서 세상을 구원하실 평화의 구주로 인식되는 대신, 전쟁 도발자, 자본주의자, 공산주의자(이 명단은 인간이 소유한 이념 명단만큼이나 길어질 수 있다)로 인식되기도 한다.

이 부분에서 중요한 신학적 진리 한 가지가 위기에 직면한다. 하나님께서 모든 인간을 하나님의 형상에 따라 창조하셨기 때문에, 그리고 **하나님의 형상**이 의미하는 것은 인간이 산출해낸 많은 것들(모든 종류의 인간문화를 생산하는 일을 포함하여) 속에는 여전히 많은 선한 요소들이 깃들어져 있다는 것을 의미하기 때문에, 문화는 본질적으로 선한 것이라고 주장하는 신학적 근거가 있다.

모든 문화는 인간 공동체가 제 기능을 하는 데 필요한 것들이다. 그러나 전적으로 선한 문화는 존재하지 않는다. 모든 문화에는 선한 것들과 악한 것들이 서로 뒤엉켜 존재한다. 선한 부분과 악한 부분을 분류해야 하는데, 그 자체가 도전이 된다.

어떤 사람들은 복음 이야기에 비춰 문화를 평가한다. 전부는 아닐지라도,

인간문화에 대해 인내하는 사람들 중 많은 이들은 문화 가운데서 복음 이야기와 공존 가능한 요소들을 발견할 것이다. 그러나 타락 때문에, 모든 문화가 가진 요소들, 경우에 따라서는 그 중에서도 중요한 요소들이 복음 이야기와 공존이 불가능하기 때문에 다른 방식으로 취급되어야 할 경우들이 있다.

그러나 일반적으로 볼 때, 성공적인 인간문화의 기본적 요소들은 유효하다. 문화 전체가 유기될 필요는 없다. 왜냐하면 문화는 복음 진리를 전달하는 창구로 봐야하기 때문이다. 가능한 많은 것을 변경하기보다는 적게 변경하는 것이 규범이다.

복음을 전달하는 과정에서 직면하는 "부정" 부분이 대상 문화에 대한 전면적인 비난으로 확대되는 경우가 그리도 잦은 이유는 무엇일까?

아마도 그렇게 하는 것이 더 수월하기 때문이다. 아마도 그렇게 하는 것이 사물을 바라보는 우리의 방식이 최선이라는 특권의식에 더 부합되기 때문일 것이며, 그렇게 하는 것이 가장 효과적인 방식이라 유혹하는 인간의 맹목적 자극에 더 호소력을 갖기 때문일 것이다. 반복음적 뉘앙스를 선별해 내는 것은 전체 문화구조를 무너뜨리고 새롭게 시작하는 것보다 더 까다로운 일이다.

(3) 비평은 그 기준이 상대적으로 더 나은 것으로 여겨지는 다른 인간 문화가 아닌 오직 복음 이야기의 세계라는 것이 명백할 때라야 비로소 그 효력이 발생한다

복음 이야기를 단순히 하나의 대안문화로 보는 것이 편한 경우들이 있다. 복음 이야기를 이렇게 이해할 때, 해야 할 일은 단지 하나의 문화를 다른 문화로 대체하는 것이 된다. 이런 시각은 **이야기**와 **문화**가 서로 다른 것을 의미한다는 것에 대한 인식하는데 실패한 실수에 불과하다.

사람들마다 **문화**가 의미하는 바를 다르게 인식한다. 그러나 우리가 사용하는 문화의 의미는, 대략적으로나마 프랑스 역사가 퍼르난드 브로델(Fernand Braudel 1995)이 내린 정의에 상응한다. 문화에 대한 우리의 정의는 다음과 같다.

문화는 일단의 사람들로 구성된 특정 집단의 삶을 형성하는 일단의 규범 원

리들, 가치들 그리고 이상들이다.

이러한 규범적 원리들, 가치들 그리고 이상들은 경우에 따라서 뚜렷하게 드러나 보이기도 하지만, 말로 진술되기도 하고, 또는 구성원들끼리 대화를 나누는 방식, 아이들을 교육하는 규칙들, 선호하는 행동 유형들, 심지어는 그들이 발의하고 따르는 법체계 속에 암시적으로 감추어져 있기도 하다.

그러나 비록 규범적 원리들과 가치들, 그리고 이상들이 암시적으로만 드러난다 하더라도, 의식의 표면 아래 잠식되어 있는 것은 아니다. 사람들은 자신들을 "안다." 왜냐하면 그들 자신이 호의를 느끼는 문화의 일부이기 때문이다. 사람들은 그들이 어떤 사람들이며 그에 맞춰 사는 것이 어떤 것임을 "안다."

한편, **이야기**는 문화와는 다른 것이다. 특정인들의 이야기가 문화와 전혀 상관이 없는 것은 아니지만 문화적 영향들에 비해 훨씬 심층적이다. 이야기(story)는 시작과 과정과 종결이라는 흐름이 있는 하나의 서술(narrative)이다. 문화의 시작과 과정 그리고 종결이 과거와 현재, 그리고 미래에 대한 문화의 관점과 대략적으로 상응하기도 한다.

이야기는 문화가 창조적이고, 보존하고, 구속적 의미를 끄집어내는 (역사적, 비역사적, 또는 반역사적) 서술이다.

이런 종류의 이야기들은 교훈적이지만 산만한 방식이 아니라 해당 문화 구성원들이 공유하는 보편적 의미(들)를 개인화할 수 있게 함으로써 의미를 제공한다. 한 문화의 구성원들은 그들만이 공유하는 일반 의미(들)를 공유한다. 특정 문화의 구성원들은 각기 그 이야기를 독특한 방식으로 개인화한다. 이런 방식을 통해, 구성원들은 각 개인의 특정한 삶이 갖는 특이점들을 더 큰 이야기에 연결시킨다.

이야기들의 범주는 광범위하다. 일부 문화의 이야기들은 의도적으로 해당 문화에 속한 집단으로 제한되기도 하다. 다른 이야기들은 일정한 방식으로 타문화 집단들이 포용할 수 있는 좀 더 보편적인 의도를 가지고 있다. 우리가 이야기라는 단어의 **첫 글자를 대문자화**했을 때(Story), 그 이야기는 다른 모든 개별 이야기가 공유할 수 있는 포괄적인 이야기임을 의미한다(그런 이야기들은 메타 내러티브라 불리곤 한다).

기독교 이야기(the Christian Story)는 이런 이야기에 해당한다. 이것은 특정 집단에 속한 사람들이 겪은 사건들을 묘사한다면 점에서 하나의 이야기이다. 그러나 이 이야기가 택한 민족, 즉 이스라엘 민족만을 언급할 때조차, 모든 민족에게 적용될 수 있는 보편적인 신적 사건을 설명하려는 의도로 언급된 것이기 때문에, 메타 내러티브(metanarrative, Story)가 된다. 그리고 일정 지점에 이르면, 그 이야기는 모든 인류를 명백한 청자로 포용하게 된다.

기독교인의 시각으로 볼 때, 세상에 존재하는 모든 문화는 기독교 이야기를 자기 문화의 이야기로 만들 수 있는 능력을 내포하고 있다. 일부 문화는 이미 그 여지를 이루기 위한 긴 여정을 떠났다. 다른 문화들은 여전히 그러지 않고 있다. 기독교 선교를 바라보는 한 가지 방식은, 예수 이야기(the Story)를 전달하고자 하는 노력으로 보는 것이다. 이 노력의 결과로, 세상 모든 문화가 그들이 소유한 이야기들이 복음 이야기라는 더 큰 이야기에 맞춰 들어가는 것을 볼 수 있을 것이다. 선교 사역자들은 무엇보다도 이야기꾼들이다. 그들은 복음 이야기를 선물로 가지고 가는 사람들이다.

그러나 어떤 지점, 그러니까 그들이 복음 이야기와 선교지의 문화 이야기 사이의 어울림이 완벽하지 않음을 인지할 때 선교사들은 재단사들이 된다. 어떤 재단은 필연적으로 요구되는 과정이다. 어떤 부분은 좀 짧게 재단할 필요가 있다. 허리선을 접을 필요가 있기는 하다. 좀 단정하게 접어 넣을 필요가 있기도 하다. 새로운 단추구멍을 만들 필요가 있다. 선교 사역자들은 필요한 재단의 일반적인 윤곽을 파악하기도 한다. 그러나 해당 문화에 속한 사람들이 재단을 할 때 최상의 결과를 얻을 수 있다.

복음이라는 선물에 대한 성경적 이해가 선물에 대한 문화의 이해를 어떻게 비평할까?

물론, 재단의 정도와 재단이 필요한 부분은 직면하는 문화마다 다를 것이다. 그러나 재단에 포함되어 있는 생각을 제공하기 위해, 우리가 지금까지 다룬 세 가지 유형의 일반 문화, 즉 토착문화, 서구문화, 동양문화의 경우에서 발견할 수 있는 몇 가지 가능성들에 대해 탐구해 볼 것이다.

2) 토착문화에 대한 비평

의무와 상호 호혜성을 강조하는 문화 안에서 복음이라는 값없이 공여하는 선물을 제공하기 위해서는, 그 문화가 품고 있는 이야기와 복음 이야기 간에 맞춰가야 할 부분이 상당 정도 있음을 인지해야 한다. 그러나 맞춰가는 과정은 재단의 기회이기도 하다. 하나의 문화 체계로서, 의무와 상호 호혜성은 복음이라는 좀 더 많은 것을 아우르는 이야기 안에서 계속해서 작동할 수 있다. 예를 들면 의무와 상호 호혜성은 산상수훈이 가르치는 윤리적 가르침들과 잘 맞물릴 수 있다.

그러나 복음은 문화 이야기를 두 가지 면에서 상대화시킨다.

첫째, 예수에 대한 이야기는 친절과 온유와 인내, 그리고 가난한 자들과 결핍한 자들을 돌보는 것과 같은 긍정적인 의무를 단지 같은 씨족과 부족, 그리고 다른 규모의 지리적 경계 내에 거주하는 사람들만이 아니라, 모든 곳에 존재하는 모든 사람에게까지 확장시키는 것에 대해 명확하게 진술하고 있다. 바울은 자신이 "헬라인이나 야만인이나 지혜 있는 자나 어리석은 자에게 다 내가 빚진 자"(롬 1:14)라고 말했다.

둘째, 의무의 근원을 포함한다. 의무는 인간의 체계와 이념에 대한 것이 아닌 하나님의 성령에 대한 것이다.

> 그러므로 형제들아 우리가 빚진 자로되 육신에게 져서 육신대로 살 것이 아니니라… 무릇 하나님의 영으로 인도함을 받는 사람은 곧 하나님의 아들이라(롬 8:12, 14).

의무는 자신이 속한 부족의 경계를 넘어서 모든 인류에게 확장되어야 한다. 왜냐하면 그것이 하나님의 성품이기 때문이다. "부정"에 대한 또 다른 흥미로운 예는 토착문화에 속한 집단은 악령의 능력에 관심을 갖고 있다는 점에 이를 때 발생한다. 대다수의 토착 집단들은 힘이 있고 그들의 삶에 결정적인 영향을 끼치는 악과 악령에 대한 이해를 가지고 있다. 악한 능력은 설명되고, 인지하고, 달래주어야 하는 존재이다. 악한 능력은 불쾌하고 지고가야 할 삶의 무게다.

토착문화 이야기가 가지고 있는 이와 같은 부분은, 가장 강력한 영이신 하나님의 성령이 모든 영과 악, 그리고 그 밖의 모든 것을 다스리신다는 복음 이야기를 소개함을 통해 긍정적인 방식으로 변화시킬 수 있다. 복음 이야기는 악령들이 실재하지 않는다고 말하지 않고, 존재하지만 가장 강력한 영이신 하나님의 성령에 의해 패배당할 것이라고 말한다.

토착 이야기는 악령에 대해 상당 부분을 언급하는 성경과 공통되는 부분이 있다. 그러나 그 이야기는 가장 강력한 성령이 이 땅에 존재하는 모든 다른 영을 통치하실 때 더 큰 복음 이야기의 일부가 된다.

3) 서구문화에 대한 비평

시장경제와 민주적인 정치체계의 자유는 값없이 공여되는 복음이라는 선물과 호의적으로 비교된다. 불행하게도, 서구문화는 이처럼 자연스럽게 상황화된 복음이라는 선물에 편승한 의도치 않은 요소들을 포착하는 근본 사고를 대단한 것으로 취급하지 않는다.

편승자들 중 하나는 **방종**(licence)이다. 이것은 초대 교회가 값없이 공여하는 은혜의 선물을 오용하려는 미혹에 빠지는 방식에 관해 바울 자신이 인식한 위험이다. 자유라는 값없이 주어진 선물이 우쭐거림이라는 방종의 방편이 되는 경우가 너무도 많다.

정치적 조건과 경제적 조건에 대한 자유로운 선택이 가능할 때, 우리 중 일부는, "가만히 들어온 사람 몇이 있음이라. 이들은 옛적부터 이 판결을 받기로 미리 기록된 자니, 경건하지 아니하여 우리 하나님의 은혜를 도리어 방탕한 것으로 바꾸고 홀로 하나이신 주재, 곧 우리 주 예수 그리스도를 부인하는 자"(유 4절)가 된다. 아마도 이점은 현대 세계에 존재하는 민주적 이야기들에 내포된 가장 큰 위험일 것이다.

그러나 자유의 위험은 단지 물질적인 것만이 아니라 영적인 것이기도 하다. 자유는 이 세상에서 일하시는 하나님의 방식과 동기를 이해하는 기독교 방식의 본질적 요소다. 하나님께서는 우리를 자유롭게 결정할 수 있는 존재들로 만드셨다. 왜냐하면 하나님께서는 우리들 각자와 더불어 자유로운 선택에 의해 맺어진 관계를 원하셨기 때문이다.

그러나 그러한 자유는 위험한 것이기도 하다. 우리가 항상 옳은 선택을 하지는 않는다. 서구의 이야기들 안에서 그 이야기(the Story)가 언급해야 하는 "부정"의 일부는, 우리가 하나님을 영화롭게 하는 결정을 내리기 위해서는 일정한 도움이 필요하다는 것이다. 이 도움은 친구로부터 오는 도움, 사회구조로부터 오는 도움, 교회로부터 오는 도움, 그리고 하나님으로부터 오는 도움이다.

주의를 요하는 또 다른 편승자는 **탐욕**이다. 시장경제는 일반적으로 개별적 탐욕의 균형이라 불리는 것에 따라 작동한다. 이는 민주적 종교다원주의가 종교적 이익들의 균형에 따라 작동하는 것과 마찬가지이다. 서구의 대다수 문화 이야기가 내포하고 있는 요소들 중 하나는, 경제적 신장을 위한 기회와 재정적으로 성공하는 기회이다. 이것은 서구의 문화 이야기가 갖는 좋은 특징이라 할 수 있다. 그러나 타락한 인간의 본성 때문에, 단지 성공하는 것만으로는 우리를 만족시키지 못하는 것 같다. 서구 이야기들의 물질적 자유는 가난한 자들과 결핍한 자들을 도우라는 복음 이야기의 명령에 의해 통제될 필요가 있다.

4) 동양문화에 대한 비평

선물 공여에 대한 은유가 은혜로 주어진 복음이라는 선물과 상호 호혜적 관계와 의도성 없는 공여를 강조하는 동양문화를 연결시키는 데 최적이라는 점에 대해 살펴보았다.

일면, 이 연결이 상당히 좋아 보이기는 하다. 전 세계 비동양 문화권에서 살아가는 사람들에게, 값없이 공여되는 선물로서 복음은 깜짝 놀랄만한 것이다. 이 선물은 눈이 번쩍 뜨일 만큼 인상적인 선물이기 때문이다. 이 선물은 오랜 세월동안 그들을 묶어 온 억압적 의무로부터의 예기치 못한 해방을 가능하게 하는 선물로 보인다. 부와 행복을 추구하는데 있어 타고난 기질(natural gifts)을 발휘하고자 하는 위험이 우리를 압도한다.

그러나 동양문화에서 선물에 대한 이러한 생각은 새로운 개념이 아니다. 동양 문화권에서, 수용가능하고 성공적인 선물이 갖는 표지 중 하나는 그 선물이 최소한 수혜자로부터 아무런 대가도 기대하지 않는 가운데 공여되었다는 점이다.

동양문화에서는, 선물을 받는 것이 수혜자로 하여금 더 값어치 있는 선물로 되돌려 주어야 할 압도적인 의무를 감당하게 하지 않는다. 사실, 그런 선물을 받는 것은 수혜자가 선물을 받을 만큼의 가치가 있는 사람이라는 것을 확증해 주는 것일 따름이다. 이 같은 사실은, 아무런 대가 없이 공여하는 선물에 대한 복음의 이상과 잘 어우러진다.

동양문화와 관련해서 "부정"에 해당되는 위험은, 우리가 이 개념을 복음 이야기의 본질로 제시하면서, 바로 복음의 본질이 수용자들의 문화 속에 이미 내재되어 있다고 주장하는 위험에 봉착할 수 있다는 점이다. 물론, 이점이 동양문화의 구성원이 선물 공여에 대해 생각할 수 있는 모든 것이기는 하다. 동양의 현인들은 오랜 세월동안 이 내용에 대해 가르쳐 왔다.

그렇다면, 복음 이야기가 동양문화에 줄 수 있는 다른 무엇이 있을까?

정말로 새로운 어떤 것이 있을까?

박스 24.4

그러나… 문화, 그리고 선물 공여 선교

인간의 선물 공여는 하나님이 허락하셔서 복음을 통해 제시하는 은혜의 선물에 견줄 수 없다.

비평: 선물 공여에 관한 다양한 문화 형식들에 대해 어떻게 비평을 할 것인가?
- 비평은 내부에서 제기될 때 최상의 비평이 된다.
- 비평은 해당 문화에 속한 독특하고 지역적인 요소를 제거하고, 문화 전체에 대한 보편적인 비난이 될 때 그 효과가 줄어든다.
- 비평은 인간의 문화가 아닌 복음 이야기 그 자체가 기준이 될 때 비로소 작동한다.

복음을 문화에 맞게 재단하는 것에 대한 몇 가지 아이디어

토착문화에 대한 생각
- 복음은 의무를 모든 사람에게 확대한다(롬 1:14).
- 의무의 근원은 하나님의 성령이시다(롬 8:12).
- 하나님의 성령이 모든 악한 능력을 다스리신다.

서구문화에 대한 생각
- 가치 있는 자유는 값없이 공여하는 복음의 선물과 잘 비교된다.
- 그러나 우리는 자유와 방종을 혼동하는 것에 대해 인지해야 할 필요가 있다(유 4절).
- 그러나 지혜로운 선택을 위한 도움이 필요하다.
- 그러나 탐욕스럽게 되지 않도록 조심할 필요가 있다.
- 그러나 우리는 선물을 받을 자유를 완화하고 가난한 자들에게 선물을 공여하는 우리의 자유를 기억할 필요가 있다.

동양문화에 대한 생각
- 아무런 의도 없이 공여하는 동양문화의 선물은 값없이 공여하는 선물에 대한 성경적 개념과 잘 맞아 떨어진다.
- 그러나 이러한 생각이 일상화될 때 냉담한 반응을 얻을 수 있다.
- 그러나 우리는 선물의 본질, 즉 하나님과 맺는 인격적인 관계를 강조할 수 있다.
- 우리는 하나님의 은혜의 선물을 수용한 결과로만 개발되는 다른 사람들에 대한 헌신의 관계를 강조할 수 있다.

아마도 동양문화 내에서 우리가 제시할 필요가 있는 "새로운" 것은 선물 공여의 관계적 목적일 것이다. 선물 공여의 중요성은 선물 그 자체나 선물의 사회적 비용이 아니라 선물이 갖고 있는 본질이다. 복음의 선물은 인격적 관계를 위한 선물이다. 먼저 가장 강력한 영이신 하나님과의 관계를 위한 선물이고, 그 다음에는 은혜의 선물을 받은 혹은 수용한 다른 사람들과의 관계이다.

그러한 선물에 대해 상상할 수 있나?

동양에서, 특히 인도문화에서, 이와 같은 인격적 관계와 헌신의 의미가 담긴 선물은 희귀하다. 인도문화에서 관계는 일정 지점까지 지속되고 계속되는 어떤 것이 아니라, 깨우침을 향한 개인의 진보를 위해 사용되어지고 극복되어야 할 대상이다.

3. 그리고 여전히…

복음을 소개하기 위한 목적에서 선물 공여에 대한 은유가 사용되고, 특정 문화가 자기 문화를 자평하고 그 문화의 이야기보다 더 큰 차원의 이야기인 예수 이야기에 맞춰 들어가는데 필요한 능력을 평가하는데 복음 자체가 기회가 될 때, 사역이 겨우 시작된다. 참으로 선교 사역자들은 아직까지 예수 이야기를 듣지 못한 문화에 그 이야기를 소개하는 사람들이다. 이야기하기는 중요하다. 그러나 이야기하기는 일시적인 사역이어야 한다.

그리고 세계 교회에서 파송된 선교 사역자들과 토착 공동체 지도자들은 예수의 이야기를 가지고 문화를 평가하는 일을 함께 시작할 수 있을 것이다. 이 일은 지속적인 사역으로, 결코 끝나지 않을 사역이다. 그러나 어느 정도의 시간이 지나고 나면, 평가는 다른 사역에 의해 보완될 필요가 있는데, 이 사역은 복음 이야기가 생성되었던 상황과 해당 문화의 이야기가 생성된 상황 모두에게 의미를 주는 복음에 대한 신학적 접근들을 창출하는 사역이다.

선교에 대한 은유들이 갖는 이중적 역할은, 우리가 그 은유들에 대해 토론할 때 단지 복음 진리를 전달하기 위한 목적에서 토착적, 서구적 그리고 동양적 사고 형식들을 사용하는 방법들에 대해 말하는 것뿐만 아니라, 선물 공여에 대한 토착적 은유들이 다른 나라와 문화에서 발달된 신학의 가장 중요한 부분이 될 수 있다는 것도 알아야 한다는 것이다.

은유적 구성들은 일방적인 방식이 아니다. 복음에 의해 강한 영향을 받은 각각의 문화는 그 문화의 사고 형식에 알맞은 자체적인 신학을 개발한다. 그리고 그렇게 개발된 신학은 미래에 다른 문화를 위한 교사의 역할을 감당하게 될 것이다. 서구에 사는 우리들은 서구 신학들을 통해 복음에 대해 배우는 것처럼 토착문화와 동양문화에서 개발된 신학들을 통해서도 복음에 대해 배우게 될 것이다.

21세기 기독교 신학은 최소한 우리가 볼 때, 성경이 생성된 중동의 사고 형식과 서구의 문화적 형식들(아마도 어거스틴, 아퀴나스, 루터, 칼빈, 웨슬리, 바르트 등이 이뤄낸 전통적 서구 신학들), 문명화된 종교 형식들(힌두교, 불교, 무슬림, 또는 토착 종교), 그리고 지구촌화된 도시문화가 갖는 새로운 언어의 신중한 조합이 될 것이다.

이러한 신학들의 일부는 이미 등장하기 시작했다. 그리고 우리는 본서를 통해 그것들의 일부(동남아시아의 코수케 코야마, 중국의 워치만 니, 아프리카의 머시 앰바 오두요예)를 소개했다. 그러나 우리가 본서를 쓰는 동안에도 새로운 신학들이 개발되고 있다. 그리고 미래 세대들 또한 라틴 교부들과 헬라 교부들, 어거스틴, 아퀴나스, 웨슬리 그리고 다른 모든 이가 복음 이야기가 모든 사람에게 생생한 복음이 되게 하려고 시도했던 일을 지속해 나갈 것이다.

이 일을 위한 새로운 은유들이 지속적으로 개발될 것이다. 지구촌 문화의 발전은 새로운 신학들의 개발을 위해 사용될 은유들의 생성되도록 특별한 압력을 가할 것이다. 우리는 그와 같은 지구촌 문화의 압력을 충족시킬 은유들 중 하나가 선물 교류(the exchange of gifts)가 될 것이라 생각한다. 그러나 21세기 세상의 필요를 동일하게 충족시킬 다른 은유들도 있을 것이다.

1) 타문화 간 상호 교류의 빈도

타문화 간 교류(cross-cultural exchange)는 문화 내 권력을 소유한 엘리트들의 소관이었고, 그 방향은 일방향(one-way, 또는 기껏 해봐야 쌍방향[two-way])이었으며, 상대적으로 드물고 특화된 경우에 해당되었다. 그런데 이제 이 모든 것이 바뀌었다.

해외 여행의 정도가 폭발적으로 증가되었다. 비교적 최근인 1990년에 해외 여행객들이 외국 여행을 위해 사용한 돈이 2,700억 달러였던 것에 반해, 2000년에는 해외 여행객들이 외유와 사업을 위해 사용한 돈은 4,750억 달러였다.

오늘날 문화들 간에 교차적으로 발생하는 교류는 그야말로 다방향이라고밖에 표현할 수 없다. 단지 서구 해외 여행객들만 동유럽이나 아시아로 가는 것이 아니다. 전 세계에서 규모가 가장 큰 단체 여행객은 일본과 중국인들로서 이들은 미국을 포함해 전 세계로 여행을 다니고 있다. 그리고 "여행"은 더이상 물리적인 여행만을 의미하지 않는다.

인터넷이 타문화적 상호 교류를 혁명적으로 변화시켰다. 집에 편하게 앉아 여행을 즐기는 여행객들은 자판을 두들기는 것만으로 전 세계 모든 문화로 접근할 수 있으며, 원하는 문화에 거주하는 사람들과 직접적인 접촉을 할 수 있다. 채팅방들, 블로그들, 그리고 개인이 운영하는 웹페이지가 국제 교류를 누구라도 즐길 수 있는 보편적 가능성이 되게 했는데, 이는 컴퓨터에 접근할 수 있는 사람이라면 누구라도 가능하기 때문이다(미국 가정의 절반 이상이 가정에서 인터넷에 접속할 수 있는 컴퓨터들을 소유하고 있다. 그러나 수백만 이상의 사람들이 공공 컴퓨터를 통해 인터넷에 접속하고 있기도 하다). 컴퓨터가 접근 제한 국가들의 의미를 바꾸고 있다. 특정 국가에 대한 물리적 접근의 제한이 갖는 가치는 거의 무제한적인(near-ubiquitous) 컴퓨터 접근성으로 인해 급격하게 축소되고 있다.

이러한 상황을 설명할 수 있는 용어들은 어떤 것들이 있을까?

지구촌 이웃(global neighborhood)이란 단어가 마음에 떠오른다. 오늘날 다양한 문화에 속한 사람들 간에 발생하고 있는 상호 교류는, 긍정적인 것과 부정적인 것 모두를 포함하여, 물리적 이웃들 간에서만 발생할 수 있었던 상호 교류와 유사하다.

비공식적(informal)이란 단어 또한 마음에 떠오른다. 문화 간 교류를 위한 접촉이 임의적으로 그리고 즉흥적으로 발생하는 경향을 보이고 있다.

개인적(personal)이란 단어도 이러한 상황을 설명하기 위해 사용할 수 있는 또 다른 단어다. 비공식적이고 이웃 간에 발생하는 개인적인 상호 교류는 공식적이고 국가의 통제하에서(statist) 발생하는 공식적 접촉 방식을 사용하지 않는다.

오래된 은유들은 오늘날의 상황에서는 더이상 작동하지 않는다. "동양이 서양을 만나다"는 뭔가 대치하고 있다는 느낌을 준다. "추수하기"(reaping the harvest)는 일방적(one-way)이고, 상대를 대상화시키고(objectifying) 조종하고 있다는(manipulative) 느낌을 준다. "영적 전쟁"은 너무도 쉽게 물리적 전쟁과 혼동된다.

비공식적이고 이웃이라는 관계 안에서는 어떤 일이 발생할까?

글쎄... 한 가지는 **선물 교환**이다. 그리고 이와 같은 선물 교환에 자신이 품고 있는 영적 이야기들에 대한 경험들을 이웃과 더불어 나누는 일과 같은 일을 포함시키는 것이 점차 흔하게 발생하고 있다.

예를 들면, 아시아로 사업차 여행을 떠나는 사람들이 문화적 상호 접촉(인사의 유형들, 의상 착용 방식 그리고 그 외의 것들)에 관한 수업을 듣는 일이 이제는 더이상 특별한 일로 여겨지지 않는데, 이런 수업은 선물 교환의 빈도에 대한 내용을 항상 포함하고 있다. 일상적이고 매일같이 발생하는 이와 같은 상호접촉에서 유래한 은유는 오늘날과 같이 전 세계가 하나의 거대한 이웃으로 변해가고 있는 이 세상에서 상당한 의미를 준다.

2) 물질주의로 뒤덮인 지구촌에 대한 영적 대안의 필요

역사적으로, 문화 간 발생했던 접촉은 군사적 접촉이었거나 상업적 접촉으로 시작되었다. 기독교 선교 사역자들은 이와 같은 일련의 전쟁이나 상업 관계가 있고 나서야 비로소 접촉을 위한 기반을 세웠다. 이런 접촉에 대한 관례(protocol)는 오늘날에도 크게 변화되지 않았다. 다른 문화 집단들과의 사이에서 발생하는 상호접촉의 지배적 양상은 여전히 상업적 접촉이다. 상품과 서비스의 교환은 나라 간 국제적 접촉을 위해 발생하는 가장 흔한 원인이다.

이런 식의 접촉에는 도매급 무역과 소매급 판매, 또는 여행객들의 구입 행위가 있는데, 이러한 상업 행위는 교류의 기회가 된다. 상업적 이유들이야말고 접촉을 위한 가장 강력한 동기가 되기 때문에, 이 외에 다른 동기들은 한 편으로 밀려나거나 아예 무시되기가 쉽다.

확신하건데, 그와 같은 상업적 접촉들에 대한 보상은 실로 대단하다. 다국적 기업들이 보여주는 명백한 이윤 추구 동기에도 불구하고, 지구촌화가 초래할 대체적이고 장기적인 효과(또는 아마도 지구촌화가 초래할 것이라 주장하는 약속이라고 말해야 할 것이다)는 인간의 안녕, 즉 세계 건강 지수의 상승, 전 세계로 확장되는 보편적 교육의 신장, 삶의 질에 대한 기준을 고도로 향상시키는 것에 대한 기여이다.

이런 말들이 익숙하게 들리지 않는가?

> 내가 주릴 때에 너희가 먹을 것을 주었고, 목마를 때에 마시게 하였고, 나그네 되었을 때에 영접하였고, 헐벗었을 때에 옷을 입혔고, 병들었을 때에 돌보았고, 옥에 갇혔을 때에 와서 보았느니라(마 25:35-36).

그러나 "사람이 떡으로만 살 것이 아니다"(마 4:4). 만일 우리가 시도하는 타문화 사역(cross-cultural engagements)이 물질적인 차원에만 머물러 있다면, 그것은 일방향적인 것이 될 것이다. 복음이 이런 저런 종류의 물질적 교류와 전적으로 동일한 것이 아니라는 것을 확실히 하기 위해, 우리는 영적 교류를 위한 언어를 개발할 필요가 있다.

먼저 그 언어는 모든 문화가 물질적인 어떤 것이라 인식하지 않는 공통된 경험에 집중해야 한다. 우리가 앞장들에서 어느 정도 상세히 살펴보았듯이, 모든 문화는 선물 공여를 그러한 경험이라 생각한다. 따라서 선물 공여에 대한 언어를 차용하는 것은, 특히 이 언어는 은혜의 복음과 양립이 가능하기 때문에, 물질적인 것 이상에 대한 토론으로 진입하는 좋은 방법으로 보인다.

이 언어는 전통적인 선교 언어가 일반적으로 사용하곤 했던 용어들(문명화, 식민화, 패배시킴, 구하기)을 사용하지 않기 때문에 특히 도움이 된다. 선물 공여 언어는 오늘날 다른 문화에 속한 사람들과 접촉할 때 그들이 실재 삶에서 경험하는 것과 일치한다.

그러한 대면은 관계적이고, 상호적이고, 상보적이다. 그들은 대면하고 있는 양 편 모두가 상대방에게 제공할 무엇인가가 있다고 인식한다. 21세기의 문화적 조건들을 고려해 볼 때, 문화적 실존의 일부 다른 측면은 복음을 설교하는 것이 실재로 의미하는 것과 양립이 가능하다.

3) 강압적인 힘으로부터 필요에 부응하는 모델로의 변환

기독교 선교 역사를 대충 피상적으로 읽어보더라도, 강압적인 힘이 사람들 간 상호교류에서 선택을 강요하는 방식으로 존재해 왔음이 드러난다. 언급하기 슬픈 사실이기는 하지만, 기독교 선교 사역자들이 자신들의 사역을 완수해야 한다는 유혹 때문에 강압적인 힘을 사용하는 실패에 너무도 쉽게 빠져왔다.

예를 들어 보자.

군사적 정복에 뒤이어 권력 공백기가 발생했을 때 복음을 제시했다. 불신자들을 유인하기 위해, 경제적 필요를 충족시킬 수 있는 힘을 사용했다. 심지어는 교회 내 질서를 유지하기 위해 강압적인 힘을 사용하기도 했다. 비록 이런 선교 전략이 단기적인 성취를 산출하는 데는 성공적이었다 하더라도, 장기적인 영향으로 볼 때, 문명화된 다른 종교들이 기독교인들에게 강압적인 힘을 동원하는 동일한 전략들을 사용하게 하는 결과를 초래했다고 말하는 것이 공정할 것이다.

강압적인 힘을 동원하는 전략이 복음이 내포하는 핵심 메시지 자체를 약화시키지는 않았다 하더라도, 예수 이야기는 전쟁이 아닌 평화에 대한 이야기가 아니던가?

복음의 진리는 오늘날 예측하기 힘든 사회 발전으로 인해 지지받고 있다. 강압적인 힘의 효과가 사람들을 통제하는 능력을 상실하게 한다는 증거들이 있다. 역사의 상당 기간 동안, 강압적인 힘의 사용을 통해 바라던 결과(힘의 사용 대상이 되었던 사람들에 대한 통제)를 산출해 왔다. 어떤 식의 힘의 메커니즘(전쟁, 법, 유죄)이 사용되었든, 통제 정도와 기간의 차이가 있더라도, 힘의 메커니즘의 통제하는 책임자들이 통제를 받는 사람들을 통제해 왔다는 것은 분명한 사실이다.

우리는 이 같은 역사에서 공통적으로 등장하는 역사적 역동성을 다음과 같이 요약할 수 있다. 강압적인 힘의 사용은 통제를 가능하게 한다.

두 가지 역사적 발전이 강압적인 힘의 사용이 초래한 불변할 것 같은 결과에 변화를 야기했다.

첫째, 힘 그 자체의 본질이다.

힘의 수단 그 자체가 지나치게 극단적으로 나아가는 바람에, 사람들을 통제하는 힘의 효과를 상실하고 있다. 우리는 물론 핵의 힘에 대해 생각하고 있다. 핵의 위협은 더이상 다른 사람들을 향한 효과적인 위협이 되지 못하고 있다. 왜냐하면 그와 같이 강력한 도구의 사용은 단지 "그들"만이 아니라 "우리"에게도 위협으로 작용하기 때문이다. 즉, 이와 같은 핵 능력을 사용하는 사람들은 다른 사람들을 통제하고자 시도하는 과정에서 자신들마저 파괴할 가능성이 있다. "얼굴을 괴롭히기 위해 코를 물어뜯는다"는 경구가 내포하는 진정한 의미가 21세기 정치 지형에서 점차 진실이 되어가고 있다.

둘째, 다른 하나의 발전은 힘의 사용에 저항하는 인간의 능력이 점차 신장하고 있다는 점이다.

국가나 주의 경계와 같은 물리적 경계는 힘을 가진 자들에 대한 저항을 조직하는 인간의 능력을 통제하는 데 예전과 같이 효과적이지 못하다. 일단의 사람들을 통제하는 경찰과 군대가 소유한 물리적 능력은 사람들이 국경 너머에 있는 사람들과 의사를 주고받을 수 있는 방법을 찾게 됨에 따라 점차 경감하고 있다.

인터넷의 사용은 힘에 저항하는 사람들로 하여금 저항을 위한 동지들을 찾는 데 뿐만 아니라, 자신들이 따르는 동기를 지지하도록 하기 위해 세계 여론을 움직이는 데도 도움이 되고 있다. 이러한 발전은 대단히 중요하기 때문에 "강제적인 힘의 사용이 통제를 창출한다"라는 옛 격언을 "강제적인 힘의 사용은 저항을 창출한다"는 새로운 격언으로 대체하는 것이 공정할 것이다. 그저 아무 저항이 아니라 **효과적인** 저항이다.

이러한 발전은 기독교 선교 노력에도 대단한 의미를 가진다. 이는 이제 우리가 자신들의 경계를 확장하기 위해 강압적인 힘을 사용하고자 하는 세력들과의 연계를 피해야만 하는 것을 의미한다. 강압적인 힘(신학적 함의가 무엇이든 간에)이 한 때 "긍정적인" 결과를 산출했던 것도 사실이다. 오늘날 강압적인 힘은 저항, 그것도 효과적인 저항을 산출한다. 우리가 기독교 선교사역을 하는데 이와 같은 강압적인 힘을 사용하면 할수록 복음에 대한 더 많은 저항을 산출하게 될 것이다. 그러므로 우리는 더욱 강압적인 힘을 삼가고 선물 공여와 같은 관계적인 것을 강조하는 기독교 선교를 위한 은유를 모색해야 할 것이다.

4) 종교적 경쟁

아마도 우리는 오늘날 세계에서 기독교가 직면하게 되는 다른 세계 종교들, 특히 힌두교와 불교, 그리고 이슬람교 같은 종교들과의 경쟁에 대해 우리가 서술해야 하는 것보다 더 많은 내용을 서술한 것 같다. 이들 종교는 성장하는 종교들이고, 기독교가 선교를 위해 사용하는 방법들과 동일한 방법들에 대한 사용 빈도를 점차 높이고 있다. 즉, 그들 종교도 성장에 초점을 맞추며 선교에 대해 마음을 기울이고 있다.

세계 종교들이 보이고 있는 이 같은 경향은, 적어도 우리의 마음 안에, 종교간 상호접촉을 설명하기 위한 우선적인 방식으로 시장의 은유에 지나치게 의존하는 경향을 만들어 냈다. 확신하건대, 있는 그대로의 현 세계 상황에 충실하기 위해, 이 상황을 종교 사상들 간 경쟁하는 시장으로 설명하는 것이야말로 우리의 흥미를 끄는 부분(part of the mix)이다. 현실적으로, 이것은 지금 발생하고 있는 일에 대해 묘사하고 있다.

그러나 만일 이것이 우리가 사용하는 유일한 은유라면, 우리는 비기독교인들에게 복음을 온전하고 신실하게 제시할 수 있는 호기를 놓치게 될 것이다. 시장 경쟁 은유(만일 이 은유가 사용되고 있는 유일한 것이라면)가 가지는 문제점들이 여러 가지 있다.

그 중 한 가지는, 이 비유가 두려움에 기초(아니면 아마도 21세기에 더 어울리는 단어로는 **불안**)하고 있다는 점이다. 이 불안감은 하나님 나라를 건설하기 위한 기반을 잃고 있는 것에 대한 불안이다. 구원받지 못한 사람들을 영원히 잃어버릴 것이라는 불안감이다. 우리의 아이들, 그 아이들의 아이들, 그리고 그 아이들이 가질 아이들이 가질 영적 기회의 상실에 대한 불안감이다.

그러나 불안은 복음을 설교하는 데 가장 적합한 기초가 아니다. 만일 불안감이 우리의 동기로 작동하면, 그 불안감은 반드시 우리가 전하는 메시지의 일부로 드러날 것이다. 그리고 오늘날 세계에는 더이상의 불안이 필요치 않다. 진정으로 필요한 것은 불안과 반대되는 것, 즉 소망이다. 그리고 소망이야말로 복음을 증거하기 위해 필요한 더욱 성경적인 동기이다(벧전 3:15).

박스 24.5

여전히… 선물에 대한 은유는 다음과 같은 이유 때문에 적절하다…

- 선물에 대한 은유는 타문화 간 발생하고 있는 물리적인 상호 접촉과 온라인상 상호 접촉의 빈번함 때문에 적절하다.
- 선물에 대한 은유는 물질화된 지구촌에 대한 영적인 대안이 긴급하게 필요하기 때문에 적절하다.
- 선물에 대한 은유는 필요에 부합하는 모델로서 인간의 사회적 결속력에 가장 효과적이라 여겨졌던 강압적인 힘으로부터의 전환이 필요하기 때문에 적절하다.
- 선물에 대한 은유는 종교간 경쟁 때문에 적절하다.
- 선물에 대한 은유는 은유로서의 선물 공여가 두려움을 소망으로 대체시키기 때문에 적절하다.
- 선물에 대한 은유는 선물 공여가 거래 이전에 관계를 세워주기 때문에 적절하다.
- 선물에 대한 은유는 일방적이라기보다는 쌍방향적이기 때문에 적절하다.
- 선물에 대한 은유는 하나님께서 (은혜와 값없이 공여해 주시는 선물을 가지고) 우리를 향해 사역하시는 방법을 반영하기 때문에 적절하다.

비록 우리가 복음을 증거하는 데 있어 양립 가능한 모든 수단을 사용해야 한다는 것은 사실이지만, 시장에 대한 은유는 복음을 전달하기 위한 인간의 수단을 과대평가하는 위험을 초래한다.

다른 말로 하자면, 시장 은유는 하나님께서 세상에서 하시는 일들에 대한 믿음의 부족이라는 위험을 초래할 수 있다. 성경적 메시지는 하나님께서 승리하실 것이라는 것과 하나님의 목적하신 바가 성취될 것이라는 것이다. 만일 인간의 구원이 하나님께서 바라시는 것이고 목적하시는 것이라면, 우리가 다른 종교와 더불어 시장 경쟁에 벌이는 것 여부와 상관없이, 반드시 이루어질 것이다.

은유로서의 선물 공여는 시장에 대한 은유가 내포하는 일부 명백한 부족함을 피한다. 선물 공여에 대한 은유는 두려움을 소망으로 대체한다. 선물 공여에 대한 은유는 종교를 내세우기에 앞서 먼저 관계를 맺고자 한다. 선물 공여 은유는 일방적이라기보다 쌍방적이다.

그리고 이 방식은 사업 모델이 허용하는 것에 비해 우리를 향하신 하나님의 역사(은혜 또는 값없이 공여하는 선물과 더불어)와 좀 더 양립 가능한 방식이다. 선교사역은 다른 어떤 은유보다 선물 공여 은유를 도입할 때 더 성공적인 결과를 산출할 수 있다.

4. 선물 공여 선교의 실천

선물 공여 선교는 선교의 실천을 어떻게 표현할까?

일단 선물 공여 선교의 진실성(성경적인 기반을 가지고 신학적으로 성립 가능한 것으로써)이 확립되기만 하면, 실재로 작동되는 것일까?

다른 말로 하면, 바울, 패트릭, 키릴과 메소디우스, 아퀴나스, 라스 카사스, 리치, 캐리, 부스, 쉐퍼드, 마더 테레사 그리고 그레이엄(그리고 귀감이 되는 다른 선교 사역자들)이 선물 공여 선교를 하나님의 선교를 언급하는 데 유용하고 효과적인 방식으로 인식했을까?

선물 공여 선교가 우리가 본서에서 강조했던 열한 가지 선교 방식들 각각과 어떻게 연결될 수 있을까?

(1) 보편성: 기독교인들을 포함한 모든 이에게 접근하기

사도 바울은 복음 이야기의 보편성을 강조했다. 그는 하나님의 자비로운 선물은 유대인들뿐만 아니라 모든 민족(바울은 이방인들이라고 명명했다)을 위한 것이라는 예수의 주장을 강조한 핵심 인물이다. 이 같은 주장은 선물 공여에 대한 은유와 양립 가능한 주장이다.

모든 문화, 모든 민족은 선물을 공여하고 받는 것에 대한 이해를 가지고 있다. 대다수 문화는 실제로 이 이상을 얼마나 성공적으로 모델화했는지 여부와 상관없이, 값없이 공여하는 선물에 대한 명확한 이해를 가지고 있다. 바울에게 있어서, 하나님의 은혜를 다른 사람들에게 공여하는 것은 성숙한 기독교인이 가질 수밖에 없는 필연적인 표지였다(고후 8장).

(2) 친교: 속함을 믿음에 선행하게 하기

패트릭의 전 생에는 다른 사람들을 향한 선물로서의 삶이었다. 그가 납치되어 아일랜드로 끌려간 날부터, 패트릭은 자신의 남은 생애를 자신을 고향과 가정으로부터 결별시킨 사람들(켈트족)을 위한 선물로 살아가겠다고 결심했다. 그러나 아일랜드 사람들을 향한 그의 선물은 좀 더 특별한 것이었다.

그는 보편적으로 유용한 선교의 원리를 포용하겠노라고 결심했다. 사람들이 소유하고 있는 영적 지위와 상관없이 모든 사람이 참여할 수 있는 교제를 위한 조건들을 만들어 냄으로써, 그는 어려운 문화로 진입해 들어갈 발판을 가능하게 했고, 궁극적으로는 그(실재로는 그가 아일랜드 전역에 세운 수도원들)의 실존이 복음에 대한 증거가 될 수 있었다. 값없이 공여되는 선물에 대한 패트릭의 생각은 기독교인의 교제와 사랑에는 어떤 조건, 심지어는 정통파에서 중요한 조건으로 간주하는 것들조차도 요구되지 않는다는 것이었다.

(3) 지역화: 지역 공동체의 질문들과 관심사들에 집중하기

우리가 살펴보았듯이, 메소디우스와 키릴이 한 위대한 기여는 선물이었다. 복음은 모든 사람을 위한 것이라는 사실을 인식하고 있던 그들은 복음을 모든 사람(그들이 직면했던 모든 사람인 슬라브족)이 이해할 수 있는 방법으로 전달하고자 했다. 그들이 줄 수 있었던 선물은 토착 교회의 언어로 복음을 전달하는 것이었다.

일반인들이 성경을 읽을 수 있는 능력을 갖추어야 하고 의식을 이해할 수 있어야 한다는 데 모든 사람이 동의한 것이 아니었기 때문에, 그들은 이 선물을 주기 위해 싸울 수밖에 없었다. 슬라브족들은 이 선물이 그들에게 엄청난 의미를 주는 선물이라는 것을 확실히 인지했음이 틀림없다. 메소디우스와 키릴 이전에는, 복음 이야기가 외국어를 통해 들려질 수밖에 없었다. 하지만 메소디우스와 키릴 이후에는, 슬라브족들은 자신들의 언어로 복음을 매 주일마다 들을 수 있었다.

(4) 헌신: 확신을 가지고 개념들 붙들기, 그 생각들로 인해 분열이 초래되도록 하지 말고, 그 생각들에 근거해 단호하게 실행하기

토마스 아퀴나스의 선물은 기독교인들에게 신앙에 대해 어떻게 생각해야 할지를 보여주는 것이었다. 그러나 그것은 다른 사람들이 처한 상황 속에서 그들이 사물들을 조망하는 방식에 부합하는 방식으로 보여주는 것이어야 한다. 그는 비기독교인들이 가지고 있는 그들의 이야기가 전적으로 틀린 것이 아니라, 복음 이야기를 포용할 정도로 충분하지 못한 것이라 믿었다.

그는 어떻게 하면 헌신을 포기하지 않으면서도 포용할 수 있을지에 대한 길을 제시해 주었다. 그는 무슬림들을 대상으로 한 선교에 관한 여섯 권 분량의 『대전』을 저술했다. 그는 이 저술을 통해 선교에 대한 자신의 생각들을 선물 공여라는 실천과 잘 연결시켰다. 그는 선교신학과 선교전략이라는 형식을 통해 교회에게 자신의 선물을 공여했다.

(5) 자유: 종교 선택 원리 존중하기

다양한 물활론적 종교를 따르고 있던 라틴아메리카 거주민들을 향한 선교의 동기를 옹호하던 중에, 라스 카사스는 자신이 다른 이들이 기독교 선교 사역자들이 옹호해서는 안 된다고 생각하는 원리를 옹호하고 있다는 사실을 알게 되었다. 당시에는 모든 인간이 동일하게 하나님을 사랑하고 그분을 영화롭게 할 수 있다는 원리가 공격의 대상이었다.

어떤 이는 라스 카사스가 라틴 아메리카 원주민들이 복음의 선물을 수용할 수 있었다고 주장했어야 했다고 말하는 사람이 있을 수도 있다. 물론 이 논쟁의 기저를 형성하고 있던 것은, 아메리카 원주님들이 선물이 필요하다는 생각, 그리고 그들에게 그 선물을 공여하는 것으로 유럽인들의 기독교적 의무를 다하고 있다는 생각이었다.

(6) 효과: 상황에 따라 복음 증거 형식 결정하기

마테오 리치는 복음의 선물을 중국인들에게 전달해 주었다. 처음에 그는 중국 불교에 입각해서 복음에 대해 말하는 것이 최상의 접근 방법이 될 것이라고 생각했다. 그러나 그 방법이 효과가 없다는 것이 증명되었다. 그래서 리치는 복음을 유교의 용어들을 통해 전달하기로 결정했고, 그 방식은 교회의 상관들이 그의 방식이 지나치다고 생각할 때까지 성공적으로 진행되었다.

리치에게 있어서 선물은 만일 그 선물이 수용자들이 중요하다 생각하는 필요를 충족시키지 않는다면, 그리고 그들의 언어로 전달되지 않는다면, 그것은 좋은 선물이 아니었다. 우리는 리치가 다른 사람들에 비해 선물의 본질에 집중했다고 말할 수 있다. 그런 사람들은 공여자, 수여자, 동기, 또는 결과에 집중할 가능성이 있을 것이다.

(7) 일관성: 방법들과 목표들 간의 일관성 추구하기

윌리엄 캐리가 살던 시대에, 선물로서의 선교에 관한 교회의 입장은 다음과 같이 요약될 수 있을 것이다. 교회는 복음의 선물을 공여하는 데 지나치게 많은 시간을 사용할 필요가 없다. 왜냐하면 하나님께서 이미 가장 중요한 선물인 당신의 아들 예수 그리스도를 주셨기 때문이다. 그 선물은 전능하신 선물 공여자가 주신 것이다.

도대체 그 이상 무엇이 더 필요하겠는가?

윌리엄 캐리는 그보다 훨씬 더 많은 일들이 이루어져야 할 필요가 있다고 생각했다. 그 중에서 가장 우선적인 것은 하나님의 선물이 시간을 초월하여 모든 곳에서 살아가고 있는 모든 사람에게 유용한 것이라는 사실을 세상 사람들에게 알려주는 것이다. 복음이 품고 있는 사랑의 원리에 부합되는 것이라면 이 메시지를 전달하기 위해 어떤 방법도 사용될 수 있다. 리치 자신도 인도의 힌두교인들을 대상으로 이 원리를 실천했다.

(8) 다양성: 다양한 형식으로 복음 전달하기

캐서린 부스는 가난한 사람들을 돌보았다. 그녀는 다른 기독교인들로 하여금 가난한 사람들에게 필요를 공여하고, 아픈 사람들에게 약을 제공하고, 혜택을 받지 못하는 사람들로 하여금 혜택을 받을 수 있게 하는 것이 지옥 불과 심판에 대해 설교하는 것만큼이나 복음의 일부를 구성하는 것이라 확신할 수 있게 하는 선교에 시간을 사용했다.

그녀는 두 가지 사역 모두를 할 수 있었고, 실재로 두 가지 모두를 했다. 그러나 그녀는 일단의 그룹에 속한 사람들이 가장 중요하다고 결정한 선별된 일부가 아닌, 복음에 속한 모든 선물을 공여하는데 자신을 헌신하는 삶을 살기를 원했다.

(9) 존중: 자신의 우위를 점하기 위해 다른 사람들을 편하하지 않기, 다른 사람들을 존중하기 위해 자신을 편하하지 않기

윌리엄 쉐퍼드는 아프리카의 전통 종교를 추종하는 사람들에 대한 선교의 중요성에 집중함으로써 효과적인 사역을 감당했던 선교사이다. 아프리카계 미국인이었던 쉐퍼드에게 있어서, 이와 같은 선교의 중요성은 전통적으로 백인들이 수행하던 선교사역을 감당하기 위한 지원을 지원받기 위해 겪어야 했던 모든 어려움을 상쇄하는 것이었다.

그는 공여할 선물을 가지고 있었다. 그리고 비록 그가 자신을 "후원했던" 사람들로부터 공여의 대가로 존중이라는 선물을 받지는 못했지만, 그는 존중심으로 자신이 가지고 있던 선물을 공여했다. 쉐퍼드에게 있어, 선물을 어떻게 공여할 것인가가 선물 자체보다 중요했다. 그리고 이러한 자세는 그가 아프리카에서 수행한 모든 선교사역에 스며져 있었다.

(10) 사랑: 우리가 복음을 증거하는 사람들 사랑하기

마더 테레사는 확실히 보상을 바라는 공여자가 아니었다. 그녀는 인도의 힌두교인들에 대한 자신의 선물을 도움을 구하기 위해 얼마나 많이 찾아왔느냐가 아니라 사랑의 수녀회(the Sisters of Charity)에 찾아 온 사람들이 얼마나 잘 대접받았느냐를 가지고 측정했다. 그녀가 대부분의 사람들과 자신은 계산법이 다르다고 말한 적이 있다.

그녀는 자신과 동료들이 의료적인 돌봄을 제공할 수 있는 믿을 수 없을 정도로 적은 수의 인도 힌두교인들에 대해 염려하지 않았다. 그녀의 계산법은 지금 자신이 사랑하고 있는 바로 그 한 사람, 바로 그 순간에 하나님 세계의 전부를 대변하는 그 한 사람에 대해서만 생각하는 것이었다.

(11) 선교적 통합: 교회 협력 프로젝트로서의 선교 실천하기

우리가 앞에서 언급했던 것처럼, 교회에 대한 21세기 복음 전도자로서 빌리 그레이엄의 역설적 선물은 통합(ecumenism)의 선물이었다. 그는 모든 곳에 존재하는 모든 교회가 복음을 전하는 일에 포함되어야 한다고 주장했다. 그리고 참여하는 모든 교회는 동역자로서 함께 참가해야 한다고 주장했다. 선물 공여에 대한 은유는 그의 주장을 분명하게 해 준다.

이상적으로는, 사람들이 선물을 공여할 때 일부 현대판 바리새인들처럼 상대방을 능가하려는 태도를 갖지 말고 사랑과 개방적이고 겸손한 마음으로 대하려 해야 한다. 한 때, 교회들은 함께 선교를 수행했다. 그런데 어떤 이유에서인지 현재 선교는 더이상 통합적 사역이 아니다. 우리는 파편화를 감소시키고 선교의 노력들이 서로 중첩되는 것을 피하도록 함께 사역해야 한다.

박스 24.6
증인으로서의 사람

선교사는 하나님의 은혜와 예수 그리스도 안에서 주어진 구원의 놀라운 선물에 대한 증인이다. 선물 공여 선교에 대한 은유를 개발하면서, 우리는 선물 공여와 수혜의 적절성을 증거의 일부로 강조했다.

다음에 나오는 도표는 하나님의 선교와 하나님의 선교를 수행하는 우리의 역할에 대한 네 가지 모델(생산자로서의 선교사, 시민으로서의 선교사, 답변자로서의 선교사, 그리고 증인으로서의 선교사)을 비교해 놓은 것이다. 각각의 모델은 선한 목적을 위해 생산적으로 사용될 수 있다. 선물을 공여하는 은유로서 증인을 개인적 특성에 대한 다른 모델들과 비교와 대조한 것에 주목하라.

	지상명령 선교	서구의 지상명령 선교	반응하는 선교	선물 공여 선교
우선적 업무	생산자	시민	답변자	증인
최고의 선	선	옳음	일치	은혜
윤리적 체계	목적론적	의무론적	상황적	긍휼하는

첫 번째 덕목	창조	복종	책임	사랑
규제 메커니즘	이상	법	문화	하나님의 의지
이상적 상호교류	경쟁	협력	공존(양립)	관심
하나님의 최우선 역할	창조자	구원자	보존자	친구
우선적 질문	무엇을 해야 하나?	어떻게 복종할까?	어떻게 답변할까?	하나님께서 무엇을 하시는가?
찬송	"기쁨으로 단을 거두리로다."	"거룩, 거룩, 거룩"	"주 예수 안에 동서나"	"저 장미꽃 위에 이슬"
표준성구	마 28:19	요 20:21	벧전 3:15	눅 10:27

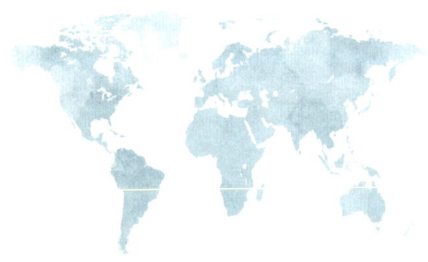

부록

성경에 등장하는 종교 간 대면

성경에는 하나님의 백성(이스라엘 백성, 기독교인들)이 성경의 하나님을 모르는 사람들과 접촉하는 사례들이 빈번하게 등장한다. 다음에 나오는 239개의 성경 인용구는 그러한 접촉들 혹은 그러한 접촉에 대한 가르침들에 대한 예이다.

1. 구약성경

창세기 3:1-24 – 아담과 하와와 뱀
창세기 6:1-22 – 노아와 네피림
창세기 11:1-9 – 바벨탑
창세기 12:1-3 – 아브라함 그리고 이스라엘로 떠남
창세기 12:10-20 – 아브라함과 애굽
창세기 14장 – 아브라함과 멜기세덱
창세기 15:12-1 – 아브라함과 하나님과의 언약
창세기 16:1-16; 21:8-20 – 아브라함과 사라와 하갈
창세기 17장 – 아브라함과 약속의 땅
창세기 18장 – 아브라함과 소돔과 고모라
창세기 19장 – 롯과 소돔
창세기 20장; 21:22-34 – 아브라함과 그랄 왕 아비멜렉
창세기 23장 – 아브라함과 헷 족속

창세기 24:3-4; 28:1 - 아브라함과 아들들의 근친결혼
창세기 26장 - 이삭과 아비멜렉
창세기 24; 29-31장 - 이삭과 라반
창세기 34장 - 디나와 세겜
창세기 38장 - 유다와 수아/다말
창세기 39-41장; 47장 - 요셉과 애굽인들
창세기 50:1-3 - 요셉과 애굽에서 야곱의 죽음
출애굽기 1:8-22; 2:1-10 - 이스라엘 자손과 애굽인들
출애굽기 17:8-15 - 이스라엘 자손과 아말렉 족속
출애굽기 22:18, 20, 21 - 이스라엘 자손과 무당,이방신,이방인들
출애굽기 23:4-9; 레위기 19:33; 신명기 5:15 - 이스라엘 자손과 이방인들
출애굽기 23:20-33; 34:10-35; 신명기 7:1-11 - 이스라엘 자손과 아모리 사람,
  헷 사람, 브리스 사람, 가나안 사람, 히위 사람, 여부스 사람
출애굽기 32장; 신명기 9:7-29 - 이스라엘 백성과 금송아지
레위기 24: 10-23 - 이스라엘 자손과 신성 모독자들
민수기 20:14-21 - 이스라엘 자손과 에돔 사람
민수기 21:1-3 - 이스라엘 백성과 가나안 사람
민수기 21:21-35 - 이스라엘 백성과 아모리 족속
민수기 22-24장 - 이스라엘 백성과 모압 족속
민수기 25, 31장 - 이스라엘 백성과 모압 족속, 미디안 족속
신명기 4:15-31; 6:13 - 이스라엘과 우상숭배
신명기 13장; 16:21 - 이스라엘 백성과 아세라 상
신명기 20장 - 이스라엘과 전쟁들
신명기 21:21; 22:21; 22:23, 24 - 이스라엘과 순결
여호수아 2장 - 이스라엘과 라합
여호수아 5:13-6:27 - 이스라엘과 여리고
여호수아 7, 8장 - 이스라엘과 아이성
여호수아 9장 - 이스라엘과 기브온 족속, 히위 족속
여호수아 10:1-28 - 이스라엘과 아모리 족속
여호수아 10:29- 43 - 이스라엘과 남방 도시들
여호수아 11장 - 이스라엘과 북방 도시들

사사기 1:1-36 – 이스라엘 자손(유다와 시므온)과 가나안 족속, 브리스 족속
사사기 2:1-5 – 이스라엘 백성과 가나안 족속의 실패
사사기 2:6-3:5 – 이스라엘과 블레셋 족속, 가나안 족속, 시돈 족속, 헷 족속, 아모리 족속, 브리스 족속, 히위 족속, 여부스 족속
사사기 3:7-11 – 옷니엘과 아모리 족속
사사기 3:12-31 – 에훗과 모압
사사기 4:1-24 – 드보라와 야빈
사사기 6:1-8:32 – 기드온과 미디안
사사기 8:33-35 – 이스라엘과 바알숭배
사사기 10:6-12:7 – 입다와 블레셋, 암몬 족속
사사기 13-16장 – 삼손과 블레셋
사사기 17, 18장 – 미가와 라이스 땅
룻기 1:1-22 – 나오미와 룻
사무엘상 4-7:1 – 이스라엘과 블레셋
사무엘상 7:2-17 – 이스라엘 족속과 블레셋, 아모리 족속
사무엘상 11:1-12 – 사울과 나하스
사무엘상 12:1-25 – 사무엘과 이스라엘 백성
사무엘상 13:1-14:52 – 사울/요나단과 블레셋
사무엘상 15:1-35 – 사울과 아말렉
사무엘상 17장 – 다윗과 골리앗
사무엘상 23:1-6 – 다윗과 블레셋
사무엘상 27:1-12 – 다윗과 그술 사람, 기르스 사람, 아말렉 사람
사무엘상 28:1-25; 31:1-13; 역대상 10:1-13 – 사울과 엔돌의 신접한 자
사무엘상 29, 30장 – 다윗과 아말렉 사람
사무엘하 1:1-16 – 다윗과 아말렉 전령
사무엘하 5:6-10; 역대상 11:4-9 – 다윗과 여부스 주민
사무엘하 5:11-12; 역대상 14:1-2 – 다윗과 히람
사무엘하 5:17-25;8:1; 역대상 14:8-17 – 다윗과 바알 브라심에서의 블레셋
사무엘하 8:2-12; 역대상 18:1-13 – 다윗과 블레셋, 모압, 아람, 에돔 사람
사무엘하 10:6-19; 역대상 19:1-19 – 다윗과 암몬, 아람 자손
사무엘하 12:26-31; 역대하 20:1-3 – 요압, 다윗과 랍바

사무엘하 15:19-22 – 가드 사람 잇대
사무엘하 21:1-14 – 다윗과 기브온 사람
사무엘하 21:15-22; 역대상 20:4-8 – 다윗과 가드에서의 블레셋
열왕기상 2:2-4 – 다윗과 솔로몬
열왕기상 5:1-16; 역대하 2:1-18 – 솔로몬과 후람
열왕기상 8:41-51; 역대하 6:32-39 – 솔로몬과 이스라엘 백성과 이방인
열왕기상 9:6-9; 역대하 7:19-22 – 하나님과 솔로몬과 우상들
열왕기상 9:10-28; 역대하 8:1-18 – 솔로몬과 후람과 이방인
열왕기상 10:1-13; 역대하 9:1-12 – 솔로몬과 시바 여왕
열왕기상 11:1-13 – 솔로몬과 그의 이방인 부인들
열왕기상 11:14 – 솔로몬과 하닷
열왕기상 14:21-28; 역대하 12:1-16 – 르호보암과 시삭
열왕기상 15:1-22; 역대하 14:2-3; 15:16-16:6 – 아사와 벤하닷
열왕기상 16:19-34; 18:4; 21:17-28; 22:37-38 – 아합과 이세벨
열왕기상 17:7-24 – 엘리사와 사렙다 과부
열왕기상 18:16-45 – 엘리야와 바알 선지자들
열왕기상 20:1-43 – 아합과 벤하닷
열왕기상 22:29-38; 역대하 18:28-34 – 아합, 여호사밧, 아람 왕
열왕기상 22:46; 역대하 20:31-32 – 여호사밧과 창녀들
열왕기상 22:52-53 – 아하시야와 바알
열왕기하 1:1-18 – 아하시야와 엘리야
열왕기하 3장 – 여호람, 여호사밧 그리고 모압 사람들
열왕기하 5:1-18 – 엘리사와 나아만
열왕기하 6:8-23 – 엘리사와 아람
열왕기하 6:24-7:20; 8:7-15 – 엘리사와 벤하닷
열왕기하 8:20-22; 역대하 21:5-11, 20 – 여호람과 에돔, 립나
열왕기하 8:25-29; 역대하 22:1-6 – 요람과 하사엘
열왕기하 10:18-35 – 예후와 바알 선지자
열왕기하 12:17-21; 역대하 24:23-27 – 요아스와 하사엘
열왕기하 13:1-8, 22-25 – 여호아하스와 하사엘
열왕기하 14:7; 역대하 25:11-12 – 아마샤와 에돔 사람

열왕기하 15:19-20 - 므나헴과 불
열왕기하 15:29 - 베가와 디글랏빌레셀
열왕기하 16:1-18 - 아하스, 디글랏빌레셀 그리고 르신, 베가
열왕기하 17:1-23; 18:9-12 - 호세아와 살만에셀
열왕기하 18:1-19:37 - 히스기야와 산헤립
열왕기하 19:21-34 - 이스라엘과 앗시리아
열왕기하 20:12-21 - 히스기야, 이사야, 부로닥 발라단
열왕기하 21:1-16 - 므낫세와 바알
열왕기하 22:1-13:28 - 호세아와 율법책
열왕기하 23:28-30; 역대하 35:20-36:1 - 요시아와 느고
열왕기하 23:31-35 - 여호아하스와 느고
열왕기하 23:36-24:6 - 여호아김과 느부갓네살
열왕기하 24:8-17; 25:27-30 - 여호아긴과 느부갓네살
열왕기하 25:1-26 - 시드기야와 느부갓네살
역대하 14:8-15 - 아사와 세라
역대하 20:1-30 - 여호사밧과 모압 자손, 암몬 자손
역대하 21:16-17 - 여호람과 블레셋 사람
역대하 25:14-15 - 아마샤와 우상들
역대하 26:6-8 - 웃시야와 블레셋 사람
역대하 27:5 - 요담과 암몬 자손
역대하 36:22-23; 에스라 1:1-3, 7-11 - 이스라엘 자손과 고레스
에스라 3:7 - 포로귀환과 시돈, 두로 사람
에스라 4:1-5 - 포로 귀환과 유다와 베냐민의 대적
에스라 4:6-24 - 유다/예루살렘 백성과 강 서편 사람들
에스라 5:1-6:15 - 유다/예루살렘과 강 서편 사람들/스달보스네
에스라 7:1-28 - 에스라와 아닥사스다
에스라 9, 10장 - 에스라와 이스라엘
느헤미야 2, 4, 6장 - 느헤미야/아닥사스다 그리고 호론 사람 산발랏과 암몬 사
　　　　람 도비아와 아라비야 사람 게셈
느헤미야 5:1-13; 13:1-9, 15-18, 23-28 - 느헤미야와 유다
에스더 - 에스더와 하만

시편 9:2-6, 13-16 - 다윗과 열방
시편 18:34-48 - 다윗과 그의 원수들
시편 44편 - 고라 자손과 대적들
시편 60:4-12 - 다윗과 에돔 사람들
시편 74:4-8 - 아삽과 그의 자손들
시편 83편 - 이스라엘과 원수들
시편 115편 - 레위인과 이방신들
시편 135편 - 레위인과 우상들
이사야 8:19-20 - 이사야와 신접한 자들
이사야 10:20-34 - 이스라엘 남은 자들과 열방
이사야 13:1-14:23 - 바벨로니아/앗시리아/다른 나라들 그리고 하나님
이사야 31:1-5; 31:1-9 - 이스라엘 자손과 애굽
이사야 44:6-23; 57:5-13 - 이사야와 이스라엘
이사야 56:3-8 - 이방인과 이스라엘
예레미야 1:11-19; 19:1-5 - 예레미야와 우상숭배
예레미야 22:1-9 - 예레미야와 악한 왕들
예레미야 25:15-38; 27:1-22 - 여호와의 분노
예레미야 29:1-23 - 예레미야와 느브갓네살
예레미야 38:7-13; 39:15-18 - 예레미야와 아비멜렉
예레미야 40:1-6 - 예레미야와 느부사라단
예레미야 40:7-41:15 - 그다랴와 이스마엘
예레미야 41:16-44:30 - 예레미야와 이집트
예레미야 46-51장 - 예레미야와 열국에 대한 예언들
예레미야애가 1:3, 5, 7-10, 17 - 유배간 유다
예레미야애가 2:7, 15-18; 4:12-13 - 예루살렘의 멸망
예레미야애가 5:6 - 이스라엘과 이집트/앗시리아
에스겔 11:16-25; 20:30-44 - 이스라엘의 회복과 열국에 대한 심판
　　　 21:28-32 - 열국에 대한 예언
다니엘 1:1-21; 4장 - 다니엘과 느부갓네살
다니엘 3장 - 사드락/메삭/아벳느고 그리고 느부갓네살
다니엘 5장 - 다니엘과 벨사살

다니엘 6장 - 다니엘과 다리우스
호세아 8:8-10; 10:5-8; 11:5; 13:1-2 - 이스라엘과 앗시리아
요엘 3장 - 이스라엘과 열국
아모스 1:3-2:5 - 아모스와 이스라엘의 이웃나라들
오바댜 - 오바댜와 에돔
요나 1:1-16 - 요나와 선원들
요나 3, 4장 - 요나와 니느웨
미가 4:2-5 - 이스라엘과 열국
나훔 - 니느웨 예언자들
스바냐 1:4-6 - 우상숭배
스바냐 2장 - 블레셋, 모압, 구스, 앗시리아
스가랴 9:1-8; 12:1-9; 14:2-21 - 이스라엘의 원수들에 대한 심판
말라기 2:11-12 - 근친상간과 우상숭배

2. 신약성경

마태복음 2장 - 예수와 동방박사
마태복음 5:43-48 - 예수와 종교 지도자들
마태복음 6:5-6 - 예수와 기도
마태복음 6:7-8 - 예수와 이방인의 종교적인 행위들
마태복음 7:1-5 - 예수와 비판적인 태도
마태복음 7:6 - 예수와 적대적인 대중들
마태복음 7:15-20 - 예수와 성령의 열매
마태복음 8:5-13 - 예수와 로마 백부장
마태복음 10:5-42 - 예수와 제자들
마태복음 13:24-30 - 예수와 곡식과 가라지
마태복음 15:3-20 - 예수와 거짓 가르침
마태복음 18:1-14 - 예수와 모범적인 행동
마태복음 22:36-40 - 예수와 큰 계명
마태복음 24장 - 예수와 거짓 선지자들
마태복음 25:14-30 - 예수와 달란트 비유들
마태복음 26:59-64; 27:11-14 - 예수와 산헤드린

마태복음 28:18-20 - 예수와 지상명령
마가복음 3:24-27 - 예수와 우리 자신의 증거내용 알기
마가복음 9:50 - 예수와 소금으로서의 크리스쳔
누가복음 2:44-50 - 예수와 권력을 갖는 것
누가복음 10:25-37 - 예수와 선한 사마리아인
누가복음 12:49-53 - 예수와 입장을 취할 것에 대한 필요성
누가복음 18:9-14 - 예수와 자기의 의
누가복음 24:46-49 - 예수와 성령
요한복음 2:12-23 - 예수와 성전 정화
요한복음 14:6; 15:1-17 - 예수와 포도주와 가지
요한복음 15:18-16:4 - 예수와 핍박
사도행전 2:1-12 - 초대 기독교인과 경건한 유대인
사도행전 8:1-25 - 바울과 마술사 시몬
사도행전 8:26-40 - 빌립과 에티오피아 사람
사도행전 10:9-23 - 베드로의 환상
사도행전 15장 - 베드로, 바울, 그리고 예루살렘 공의회
사도행전 17장 - 아덴에서의 바울
사도행전 19:23-20:38 - 바울과 아데미
사도행전 27장 - 바울과 파선
사도행전 28장 - 로마 감옥에서의 바울
로마서 1, 2장 - 바울, 죄, 양심, 하나님의 형상
로마서 3장 - 바울과 의
로마서 12장 - 바울과 기독교의 사랑
로마서 13장 - 바울과 정치
로마서 14장 - 바울과 약함과 강함
고린도전서 2:1-5 - 바울과 겸손
고린도전서 8:1-13 - 바울과 사랑과 지식
고린도전서 10:1-22 - 바울과 악한 것들
고린도전서 10:23-33 - 바울과 우상에게 바친 음식
고린도전서 13장 - 바울과 사랑
고린도전서 16:13 - 바울과 헌신

고린도후서 4장 - 바울과 증인
고린도후서 6:14-18 - 바울과 분리주의
갈라디아서 5:16-26 - 바울과 성령의 열매
빌립보서 2:1-11 - 바울과 그리스도의 겸손을 본받는
골로새서 2:16 - 어떻게 다른 사람과 분쟁하지 않는지
데살로니가후서 2:5-12 - 복음을 위한 주장
디도서 3:9-11 - 바울과 어리석은 변론
베드로전서 4:8 - 서로 사랑하라
베드로후서 2:1-22 - 거짓 선생들
요한일서 2:18 - 적그리스도
요한일서 3:11-24 - 서로 사랑하라
요한일서 4장 - 영을 시험하는 것
유다서 - 사람들 사이의 불경한 자들
유다서 - 어떻게 이웃을 사랑하는가

주제 색인

관계적 발전 패턴 398
구세군 283, 290, 291, 294
구세군 사역 291, 293
권위주의적 종교 122
귀 기울이는 자아 463
극단적 칼빈주의자들 274
근본주의-현대주의 논쟁 110
글라고리틱 알파벳 192, 195
급진적 방법론 139
급진적 혁신 139
기독교 내부의 상호작용 355
기분 좋은 불일치 523
기술적 이성 453
기준이신 예수 370

ㄱ

감정/가치 평가 121, 125
개별적 탐욕의 균형 630
개성 89, 118, 119, 120, 125
개성적 범주 89
개인적 지식 120, 121
개인주의-공동체주의 400
개종의 필연성 49, 50
격식을 차리지 않는 저녁 292, 293
경쟁 39, 40, 42, 49, 51
경쟁과 협력 모델 51
경쟁적 전도 27
경제시스템 53
경제 시장 모델 44
경제지상주의 28
계층화된(카스트 기반) 사회 586
고등신 387
고통의 신학 114
고트족의 사도 98
공 470
공격적 전도 288
공여의 기술 379
공여의 원 579
과도한 선교 행위들 607

ㄴ

낭만적 124, 125
낭만주의 298
낯선 방식 472
내부 선교 152, 174, 256, 354
네 가지 선물 562
네스토리우스 기독교인 247
네스토리우스 선교 247
네스토리우스 선교 방식 249
네스토리우스 선교사 249
논쟁 방식 208
논쟁의 개념 525
논쟁의 성격 525

ㄷ

다나 588, 589, 592, 619
다르마 587
다비드 데 실바 316
다양성 58, 282, 646
다원주의 1, 64, 65, 67
단순한 문화적 수용 488

단순한 존중 213
단절점 471
대면의 단계들 455
대면하기 451
대안적 은유 515
대이교도대전 202, 218
대체 결과물 502
대화적 사고 452
도구 측정하기 478
독자적 92
동방 정교회 97, 98, 104, 125, 195
동방 정교회 선교 97, 99
동방 정교회 선교사 98
동양의 선물 공여 585
동종교 내 갈등 348
되어감 114
디스푸타티오 208, 211, 212, 214

ㄹ

로마가톨릭 94
로마 가톨릭 선교 95, 96, 97
로마식 전도 177
로베르토 데 노빌리 96, 97

ㅁ

마사이족 468, 469, 472, 482
마사이족 문화 482, 484
토마스 아퀴나스 218
마테오 리치 97, 242, 243, 244, 245
마테오 리치의 선교 원리 248
매니토위시 공동체 교회 295
메소디우스 182, 186, 187, 188, 193
메타 내러티브 627
모든 것으로서의 은유 517

모라비안 선교 191, 193
모세오경 61, 62
문화변용 197
문화순응 197
문화의 다양성 512
문화제국주의 262
문화 형식 429
문화화 257
물소신학 114, 488, 489, 491, 504
미국 헌법 수정 31
민족 교회 99, 104, 197, 198
민주적 다원주의 28

ㅂ

바르톨로메 데 라스 카사스 96, 97, 179, 223, 224, 225
바빠이즘 401
바울 137, 138, 142, 150
바울의 경쟁 151
바울의 보편성 143
바울의 보편주의 140
바울의 사상 140
바울의 혁신 140, 144
박티신애운동 587
반개종법들 359
반개종주의자 51
반개종주의적 모델 50
반사적 이해 405
반사적 전도 27
반선교 세력 607, 609
반응적 전도 40, 48
반인종차별주의 408
발전에 대한 단계 이론 403
배타주의 64
보편성 137, 142, 643
보편성-특수성의 구별 66
보편적 선교 146

보편주의 64, 139, 141
부스 부부 289
부적 571
부적절한 선교 행위 14
부족화 348
분배적 경제체계 586
불교/물화론적 문화 490
불교의 무아 교리 316
불신자에 대한 아퀴나스의 증거 218
비움 470
비칭 주교 198, 199
비판적 수용 488
빈센트 도노반 509

ㅅ

사랑 318, 647
사랑의 선교회 318, 333, 334
사스트라스 587
사심 없음 618
사자왕 리처드 338
사회 윤리 387
사회적 가치들 409
사회적 자아 473
사회적 자아 논쟁 398
삶의 공여 의무 615
삼개 국어 사용론 185, 199
삼개소 체계 473
상관성의 이점 294
상대적인 복음 614
상대주의적 결과물 503
상보적 성격 571
상승 나선형 지식 습득 376, 377, 382, 475, 489, 509
상호 호혜성 615
상황신학 61, 505
상황적 방법 483

상황화 197
서구 다원주의 신학 114
서구식 선물 공여의 실천 618
서구의 선물 공여 576, 585
서구적 공여 616
선 408
선교계측 279
선교를 위한 성경적 은유 526
선교 방법으로서의 논쟁 214
선교 배타성 342
선교와 전도의 목표 49
선교 은유로서의 선물 542
선교적 총체주의 354
선교적 통합 340, 348, 648
선교적 통합주의 360
선교적 통합주의자 356, 357
선교 전성기 381
선교 혁신가 361
선물 공여 14, 512, 562
선물 공여 선교 8, 13, 90, 180, 377, 378, 511, 606, 643, 649
선물 공여 언어 638
선물공여자 14
선물 교환 636, 637
선물 수용자 14
선택의 자유 240
성격 이론 404
성경과 선물을 공여하는 선교 613
성공회 41, 100, 101, 117, 125
성공회 선교 102
성공회주의 100
성리학 255
성스러운 종교 의례 125
성취-태생에 따른 취득 403
세계 공동 종교 29
세계교회협의회 112
세계적 표현 197
세계화 28, 33, 48, 348

세람포 261, 268, 269
세람포 선교 269
소극적 관용 33, 34, 48
소속-독립 401
소속됨 164, 176
소크라테스 방식 467
수여자 545
수용 교회 103
슬라브 알파벳 194
시장의 역동성 28
시장의 은유 27, 34, 37, 39, 50
시장의 자유 39
시험 가능성 294
식민주의 262
신비 종교 62
신비 종교의 전도자 150
신비 종교 전도자 147
신비 종교 전도자들 149
신비주의적 탐구 126
신앙전파성 96
신앙체계 25, 215, 316, 387, 509
신학과 개성 89
신학적 개성 121, 125, 127, 128, 129
신학적 범주 89
신학하기 92
신학화 121, 123
실재 그 자체로서의 은유 517
실재론자 398
십자군운동 345

ㅇ

아다이 신조 98
아시아 선교 115, 116
아시아 선교사 115
아시아적 신학 114
아일랜드 교회 162

아퀴나스의 논쟁 모델 204
아프리카 선교 116, 117
알로펜 98
야훼의 배타성 62
양립가능성 293
양방향식 대화 489
양성 평등 284
에큐메니컬 111, 113
엔코미엔다 180, 225, 232, 373
엔코미엔다 시스템 225, 226, 230, 232, 234
여성사역 284
역설적 124, 125
연사의 모퉁이 149
영적 상품 45
예수회 242, 245, 247, 250, 251, 254, 257, 258
예언적 수용 488
오순절/은사주의 107
오순절/은사주의 선교 108, 109
오순절/은사주의 선교사 108
오순절/은사주의 운동 107, 108
올바른 행동 126
외부 선교 152, 154, 256
외부지향 선교 354
요나 157
우삼부 와 잠비 314
울필라스 98
원시감리주의 284
원시 감리주의자 289
웨슬리주의자 92
윌리엄 셰퍼드 303, 308
윌리엄 캐리 105, 106, 109, 261, 262, 263, 264, 265
유교 250, 374, 400, 401, 646
유대교 전도자들 148
유대-기독교 간 상호작용 351, 356
유대-기독교적 유산 422
유대식 전도 177

은사주의적 회복운동 108
은유로서 선물 공여 선교 609
은유를 이해하는 방식 522
은유에 대한 복잡한 관점 520
은유의 렌즈 13
은유적 개념들 523
은유체 522, 526, 535, 536
의도적 상황 67
의례 논쟁 257
의미의 상실 395
이그나티우스 로욜라 97
이마고 데이 211
이상주의자 65
이야기 다시 말하기 204, 206, 626
이야기들 45
이야기 잡아내기 207
이웃 윤리 42
이중적 보편성 142
이타주의 618
이해의 부재 471
이해의 부재가 발생하는 지점들 475
이해의 재강화 495
인간의 본질 39
인간의 순차적 욕구 이론 403
인격적 고등신 482
인권에 대한 유엔 선언 31
인도(동양)의 공여 618
인식의 충격 444
인종-종교적 정체성 349, 352, 358
인지적 발전 패턴 398
일관성 261, 646

ㅈ

자료 영역 59, 60
자연 계시 78
자유 223, 645
자유교회 104
자유교회의 선교 106
자유시장 27
자조 이론 403
잠시 내려놓기 425
잠시 유보하기 384
재분배 모델 584
적극적 관용 34
적응 197, 258
적절한 선교 행위 14
전도 전 대화 253, 254
전방 선교 165
정교회 선교 99
정체성 이론 400, 404
정치/경제적 기능 53
정치시스템 53
제도적 다양성 531
존 라이랜드 298
존중 302, 647
존중의 동심원 313
종교 간 대면 131
종교 간 상호관계 357
종교 간 상호작용 351
종교 경쟁 23, 46
종교다원주의 32, 53, 61, 62, 63, 68, 352, 630
종교 분쟁의 완화 53
종교 분포 46
종교 사상 27
종교시장 33
종교시장에 대한 은유체들 535
종교의식 150
종교의 자유 30, 33, 48
종교적 경쟁 641
종교적 기능 53
종교적 선물 공여 601, 618, 621
종교적 이익들의 균형 630
종교적 틀 내에서의 시작과 종말

598
주류 교회의 선교 102, 104
주술적 명상 126
주자학자 255
주제 영역 59, 60, 66
증거의 은유 90
지구촌 이웃 636
지속적인 재평가 442
지식 121, 127
지역신학 491
지역의 방식 199
지역적 표현 197
지역화 182, 198, 199, 644
지혜문서 61
진정한 상황화 495
질문 영역 59, 60, 63
짐크로우법 304

ㅊ

책임윤리 473
체계 이론 403
총체적 교차교환체계 566
총체적이고 복잡한 생각의 집합체 536
추상적인 범주 29
측정 도구들 478, 479
친교 644

ㅋ

카이로스 395, 421
카피르 389
칼빈주의자 92, 274, 298
캐서린 부스 282
캐서린 부스의 신학 287
켈틱식 전도 177
코야마의 상승 나선 사용 방식 496

쿨라 선물 공여 행위 568
키릴 182, 184, 186, 188, 193
키릴릭 I 195
키릴릭 II 195

ㅌ

타문화 간 교류 635
타문화 사역 638
타종교의 텍스트 481
타종교 전통 56, 67
토마스 데 또르케마다 279
토마스 아퀴나스 201, 202, 203, 491, 645
토착적 선물 공여 565, 566, 567, 616
통합 648
통합주의 354
통합하기 497

ㅍ

파송 교회 103
파트로나토 레알 95
패트릭 161, 162, 163, 174
패트릭의 사상 166
패트릭의 혁신 176
패트릭의 흉갑 169
평가하기 475
폐쇄된 동산 78
포용주의 64
포틀래치 567, 572
프란시스 샤비에르 96, 97
프리 텍스트 22, 24, 89, 431, 434, 435, 439, 440, 443
피에르 장 데 스메트 258

ㅎ

하나님의 선교 112
하나님의 형상 39
하나님 중심적 기독론 62
합리적 탐구 127
해방문서 308
해방신학 114, 116, 390
해석철학 453
해석학적 순환 48
헬라의 철학 교사들 149
현대주의자-근대주의자 논쟁 109
현실주의자 65
협력 49, 52, 81, 82
확신 보류하기 426
후니페로 세라 96, 97
후안 세뿔베다 179